OLDENBOURG
GRUNDRISS DER
GESCHICHTE

Oldenbourg Grundriss der Geschichte

Herausgegeben von
Jochen Bleicken
Lothar Gall
Hermann Jakobs

Band 3

GESCHICHTE DER RÖMISCHEN KAISERZEIT

VON

WERNER DAHLHEIM

3., überarbeitete und erweiterte Auflage

R. OLDENBOURG VERLAG
MÜNCHEN 2003

Bibliografische Information Der Deutschen Bibliothek
Die Deutsche Bibliothek verzeichnet diese Publikation in der Deutschen National-
bibliografie; detaillierte bibliographische Daten sind im Internet über <http://dnb.ddb.de>
abrufbar.

© 2003 Oldenbourg Wissenschaftsverlag GmbH, München
Rosenheimer Straße 145, D-81671 München
Internet: http://www.oldenbourg-verlag.de

Das Werk einschließlich aller Abbildungen ist urheberrechtlich geschützt. Jede Verwertung
außerhalb der Grenzen des Urheberrechtsgesetzes ist ohne Zustimmung des Verlages
unzulässig und strafbar. Dies gilt insbesondere für Vervielfältigungen, Übersetzungen,
Mikroverfilmungen und die Einspeicherung und Bearbeitung in elektronischen Systemen.

Umschlaggestaltung: Dieter Vollendorf
Gedruckt auf säurefreiem, alterungsbeständigem Papier (chlorfrei gebleicht).

Satz: primustype Robert Hurler GmbH, Notzingen
Druck und Bindung: Oldenbourg Graphische Betriebe Druckerei GmbH, München

ISBN 3-486-49673-5

VORWORT DER HERAUSGEBER

Die Reihe verfolgt mehrere Ziele, unter ihnen auch solche, die von vergleichbaren Unternehmungen in Deutschland bislang nicht angestrebt wurden. Einmal will sie – und dies teilt sie mit anderen Reihen – eine gut lesbare Darstellung des historischen Geschehens liefern, die, von qualifizierten Fachgelehrten geschrieben, gleichzeitig eine Summe des heutigen Forschungsstandes bietet. Die Reihe umfaßt die alte, mittlere und neuere Geschichte und behandelt durchgängig nicht nur die deutsche Geschichte, obwohl sie sinngemäß in manchem Band im Vordergrund steht, schließt vielmehr den europäischen und, in den späteren Bänden, den weltpolitischen Vergleich immer ein. In einer Reihe von Zusatzbänden wird die Geschichte einiger außereuropäischer Länder behandelt. Weitere Zusatzbände erweitern die Geschichte Europas und des Nahen Ostens um Byzanz und die Islamische Welt und die ältere Geschichte, die in der Grundreihe nur die griechisch-römische Zeit umfaßt, um den Alten Orient und die Europäische Bronzezeit. Unsere Reihe hebt sich von andern jedoch vor allem dadurch ab, daß sie in gesonderten Abschnitten, die in der Regel ein Drittel des Gesamtumfangs ausmachen, den Forschungsstand ausführlich bespricht. Die Herausgeber gingen davon aus, daß dem nacharbeitenden Historiker, insbesondere dem Studenten und Lehrer, ein Hilfsmittel fehlt, das ihn unmittelbar an die Forschungsprobleme heranführt. Diesem Mangel kann in einem zusammenfassenden Werk, das sich an einen breiten Leserkreis wendet, weder durch erläuternde Anmerkungen noch durch eine kommentierende Bibliographie abgeholfen werden, sondern nur durch eine Darstellung und Erörterung der Forschungslage. Es versteht sich, daß dabei – schon um der wünschenswerten Vertiefung willen – jeweils nur die wichtigsten Probleme vorgestellt werden können, weniger bedeutsame Fragen hintangestellt werden müssen. Schließlich erschien es den Herausgebern sinnvoll und erforderlich, dem Leser ein nicht zu knapp bemessenes Literaturverzeichnis an die Hand zu geben, durch das er, von dem Forschungsteil geleitet, tiefer in die Materie eindringen kann.

Mit ihrem Ziel, sowohl Wissen zu vermitteln als auch zu selbständigen Studien und zu eigenen Arbeiten anzuleiten, wendet sich die Reihe in erster Linie an Studenten und Lehrer der Geschichte. Die Autoren der Bände haben sich darüber hinaus bemüht, ihre Darstellung so zu gestalten, daß auch der Nichtfachmann, etwa der Germanist, Jurist oder Wirtschaftswissenschaftler, sie mit Gewinn benutzen kann.

Die Herausgeber beabsichtigen, die Reihe stets auf dem laufenden Forschungsstand zu halten und so die Brauchbarkeit als Arbeitsinstrument über eine längere Zeit zu sichern. Deshalb sollen die einzelnen Bände von ihrem Autor oder einem anderen Fachgelehrten in gewissen Abständen überarbeitet werden. Der Zeitpunkt der Überarbeitung hängt davon ab, in welchem Ausmaß sich die allgemeine Situation der Forschung gewandelt hat.

Jochen Bleicken Lothar Gall Hermann Jakobs

INHALT

Vorwort XVII

I. Darstellung 1

1. Augustus: Der Monarch bemächtigt sich der Republik 1
   a. Die Macht der Tradition 1
   b. Die Grundlagen der augusteischen Restaurationspolitik 3
   c. Das Bündnis mit der Republik 7

2. Die Monarchie: Ihre Ausgestaltung und ihre Funktion 13
   a. Die rechtlichen und politischen Formen der Herrschaft 13
   b. Die sozialen Grundlagen 19
   c. Die sakrale Weihe 22
   d. Die Repräsentation der kaiserlichen Macht 26

3. Die politischen Eliten 30
   a. Die Zusammensetzung: Reichsadel und kommunale Eliten .. 30
   b. Der Reichsadel und seine Aufgaben 32
   c. Die soziale und politische Abgrenzung des Senatoren- und Ritterstandes 39
   d. Die Loyalität des Reichsadels 42
   e. Die sozialen Pflichten des Reichsadels 45
   f. Die lokalen Eliten der Städte 48

4. Der Bürger der Stadt und der Bauer 54
   a. Die wirtschaftlichen Bedingungen des städtischen Lebens ... 54
   b. Das gesellschaftliche Leben in den Städten 59
   c. Grundherr und Bauer 65

5. Das Heer 69
   a. Die Unterwerfung der Armee unter die Interessen des Staates 69
   b. Die Aufgaben und die Organisation des Heeres 73
   c. Die Verschmelzung der Armeekorps mit den Grenzprovinzen 77

6. Die Behauptung und die Erweiterung des Weltreiches 79
   a. Die Antriebskräfte der Expansion 79
   b. Die Ziele und die Grenzen der Außenpolitik 85
   c. Die Mittel der Außenpolitik 92

7. Das Imperium Romanum 97
   a. Der Zustand der unterworfenen Welt 97
   b. Die Herrschaftsmittel: Provinzialisierung, Stadtpatronat,
      Urbanisierung 100
   c. Die Dauer des Reiches 111

8. Der Aufbruch in eine neue Welt: Das Christentum 115
   a. Die Anfänge 115
   b. Die Ausbreitung, die Festigung der Glaubensinhalte, die neue
      Würde des Schwachen 118
   c. Das christliche und das römische Staats- und Religions-
      verständnis 123
   d. Der Konflikt 128
   e. Der Weg zum Bündnis von Staat und Kirche 134
   f. Zusammenfassung 138

II. Grundprobleme und Tendenzen der Forschung 141

1. Der weltgeschichtliche Ort der römischen Kaiserzeit 141
   a. Moderne Periodisierungsversuche und ihre historischen
      Wurzeln: Prinzipat und Dominat..................... 141
   b. Das christliche Verständnis vom Gang der römischen
      Geschichte 143
   c. Römische und europäische Geschichte 144
   d. Das Imperium sine fine: Die welthistorische Leistung Roms . 149
   e. Zeit des Umbruchs: das dritte Jahrhundert 152

2. Die Quellen 155
   a. Die Inschriften 155
   b. Die literarische Überlieferung 157
   c. Der Roman als historische Quelle 160
   d. Die Geschichtsschreibung 163

3. Die Begründung der Monarchie und das augusteische Zeitalter .. 169
   a. Die Quellen und ihr Urteil 169
   b. Moderne Augustusbiographien 172
   c. Das augusteische Zeitalter 175

4. Die Monarchie: Gestalt und Aufgabe 178
   a. Die Herrschaftsform 178
   b. Die Herrschaftslegitimation 182
   c. Die Herrschaftspraxis 187
   d. Die Repräsentation 190
   e. Der kaiserliche Hof 192
   f. Der Senat und die Opposition gegen den Kaiser 193

5. Die politischen Eliten des Reiches 196
   a. Die Senatoren 196
   b. Die Leitbilder des sozialen Lebens 199
   c. Die Prinzipien des Herrschens und Dienens 200
   d. Die ethische Bindung an den Staat 203
   e. Die Eliten als Diener der Monarchen 206

6. Gesellschaft und Wirtschaft 208
   a. Die Bevölkerungsgeschichte 208
   b. Die Grundzüge des sozialen und wirtschaftlichen Lebens und
      Denkens 211
   c. Die Sklaven 215
   d. Die Freigelassenen 217
   e. Familie, Mann und Frau 220
   f. Die Bauern 223
   g. Der Handel 224

7. Soldaten und Veteranen 226
   a. Der Aufbau des stehenden Heeres 226
   b. Die Berufsarmee 228
   c. Soldat und Gesellschaft 230

8. Die Herrschaft über das Imperium 234
   a. Die Aussagen der Quellen 234
   b. Die Formen der Herrschaftsausübung 237
   c. Das Gesicht der Städte 242

    d. Die Binnenstruktur des Reiches 245
    e. Die strukturelle Labilität des städtischen Eigenlebens 247
    f. Die Bürgerrechtspolitik 250

9. Die Legitimation des Reiches 253
    a. Die römische Außenpolitik 253
    b. Die Romanisierung der Unterworfenen 254
    c. Die Legitimationsformeln imperialer Herrschaft 257
    d. Die Einheit des Reiches 262

10. Lebens- und Denkformen 263
    a. Die Bestimmung des Gegenstandes 263
    b. Die öffentliche Gemeinschaft 268
    c. Die Welt des Übernatürlichen 276

11. Die Entwicklung der Religionswissenschaft und das historische Interesse an der Entstehung des Christentums 280
    a. Die Gegenstände der Religionswissenschaft 280
    b. Theologie und Geschichtswissenschaft 285

12. Die Entstehung und Ausbreitung des Christentums im Spiegel der Quellen 288
    a. Die Anfänge der christlichen Literatur und ihre sozialen Bedingungen 288
    b. Das Ringen um Einheit und Behauptung 303
    c. Die Argumente der Gegner 314

13. Die Anfänge des christlichen Europa: Der lange Weg zur Einigung von Staat und Kirche 317
    a. Der Aufbruch 317
    b. Die Ausbreitung 325
    c. Das Verhältnis zu Staat und Gesellschaft 338
    d. Das dritte Jahrhundert: Verfolgung und Annäherung 347
    e. Die Stärke der Christen 350

III. Quellen und Literatur 355

  A. Bibliographien und Forschungsberichte 355

  B. Die Quellen 356
     1. Allgemeine Quellensammlungen 356
     2. Thematisch geordnete Quellensammlungen 356
        a. Der Kaiser 356
        b. Gesellschaft und Wirtschaft 357
        c. Reich und Außenpolitik 357
     3. Die Inschriften 357
        a. Inschriftensammlungen: Die Corpora 357
        b. Der Tatenbericht des Augustus 358
        c. Einzelne Inschriften 358
        d. Stadtrechte 360
     4. Allgemeine Darstellungen zur Literatur der Kaiserzeit 360
     5. Die lateinische Geschichtsschreibung 361
     6. Die griechische Geschichtsschreibung 365
     7. Dichtung und Roman 368
     8. Fachschriftsteller und Juristen 371
     9. Die christlichen Quellen 375
        a. Quellensammlungen 375
        b. Editionen und Übersetzungen 375
        c. Die literarische Überlieferung 1:
           Allgemeine Darstellungen; Überblicke 376
        d. Die literarische Überlieferung 2:
           Die einzelnen Gattungen 376
    10. Die archäologischen Quellen 380
        a. Allgemeine Darstellungen 380
        b. Das Augusteische Zeitalter 381
        c. Kaiser und Untertanen 381
        d. Imperialer Jubel in Stein 381
        e. Das Gesicht der Städte 382

C. Die Geschichte der Forschung 382
   1. Die Konstituierung des Forschungsgegenstandes und die
      Geschichte der Rezeption Roms 382
      a. Übergreifende Darstellungen 382
      b. Das heutige Verständnis 383
   2. Die systematische und vergleichende Forschung 383
   3. Die prosopographische Methode 384

D. Die Literatur: Kaiser, Reich, Gesellschaft 385
   1. Allgemeine Darstellungen der Kaiserzeit 385
      a. Atlanten 385
      b. Darstellungen 385
   2. Die Begründung der Alleinherrschaft und das Zeitalter des
      Augustus 386
   3. Die Kaiser von Tiberius bis Diokletian 387
      a. Die julisch-claudische Dynastie 387
      b. Die Flavier 388
      c. Die Adoptivkaiser des zweiten Jahrhunderts 388
      d. Die Severer; die Soldatenkaiser 388
   4. Die Regierung des Monarchen 388
      a. Der Kaiser; die Epoche des Prinzipats 388
      b. Nachfolge und Kontinuität 389
      c. Der kaiserliche Hof; das kaiserliche Privatleben 389
      d. Kaiser und Senat 390
      e. Die kaiserliche Zentrale und ihre Aufgaben 390
      f. Kaiser und Volk 391
   5. Die Legitimation des Monarchen 391
      a. Die Kaisertitulatur 391
      b. Das Versprechen von Freiheit und Sicherheit 391
      c. Die Tugenden des Kaisers 392
      d. Das Wohlwollen der Götter: Der Herrscherkult 392
   6. Die soziale Ordnung 392
      a. Allgemeine Darstellungen zu Gesellschaft und Wirtschaft;
         das Grundgesetz von Herrschen und Dienen, von Geben
         und Nehmen 392
      b. Die Bevölkerungsgeschichte 393
      c. Familie, Mann und Frau 394

d. Öffentliche Zwangsdienste (Liturgien; munera) 395
　　　e. Die Eliten: allgemein 395
　　　f. Die Senatoren 395
　　　g. Die Ritter..................................... 396
　　　h. Die Dekurionen 396
　　　j. Der Bauer und die plebs urbana 396
　　　k. Sklaven und Freigelassene 397

 7. Die Wirtschaft 397
　　　a. Gesamtdarstellungen und Aufsatzsammlungen 397
　　　b. Einzeluntersuchungen 398
　　　c. Die Entwicklung der Technik 399

 8. Das Heer 399
　　　a. Allgemeine Darstellungen 399
　　　b. Die Reformen des Augustus 399
　　　c. Aushebung, Ausbildung, Stationierung, Kampf 400
　　　d. Die Offiziere 400
　　　e. Das Meer und die Flotte 401
　　　f. Der Soldat und die Zivilbevölkerung 401

 9. Die Außenpolitik 401
　　　a. Raumbewußtsein und geographischer Horizont 401
　　　b. Die imperiale Politik des Augustus 402
　　　c. Die Nordgrenzen des Reiches 402
　　　d. Die Ostgrenzen des Reiches 403
　　　e. Die imperiale Ideologie 403
　　　f. Die Formen der Außenpolitik: Klientel; Verträge 403

10. Das Reich: Aufbau und Verwaltung 404
　　　a. Die Ordnung der Provinzen....................... 404
　　　b. Die Ordnung Italiens 405
　　　c. Der Stadtpatronat als Herrschaftsform 405
　　　d. Die Romanisierung der Besiegten; das Bürgerrecht 405
　　　e. Die Grenzen des Reiches 406
　　　f. Die Legitimation des Reiches 406
　　　g. Die Griechen und das Reich 406
　　　h. Der Widerstand 407

11. Die Städte 407
　　　a. Die Städte des Reiches 407
　　　b. Rom und Italien 408

12. Zeit des Umbruchs: das 3. Jahrhundert 408
13. Die Lebens- und Denkformen/Mentalitätsgeschichte 409
    a. Allgemeine Literatur 409
    b. Das politische und gesellschaftliche Denken und Handeln 410
    c. Die Spiele 410
    d. Das Recht 410
    e. Die Religion 411
    f. Gebet und Fluch, Angst und Aberglaube, Träume und Visionen 411
    g. Kultur und Gedächtnis 412

E. Die Literatur: Das Christentum 412
    1. Lexika und Handbücher 412
        a. Lexika 412
        b. Forschungsberichte 413
    2. Allgemeine Darstellungen des frühen Christentums ... 413
    3. Die Anfänge 414
        a. Jesus 414
        b. Der Prozeß Jesu 414
        c. Paulus 415
        d. Die Gemeinden des 1. Jahrhunderts 415
        e) Die Christen des 2. und 3. Jahrhunderts 416
    4. Die Ausbreitung des Christentums 416
        a. Der Glaube 416
        b. Dogmen- und Theologiegeschichte 417
        c. Die jüdische Umwelt 417
        d. Juden und Christen: Trennungsprozesse 417
        e. Die geistige Auseinandersetzung mit Rom und der griechischen Intelligenz 418
        f. Mission und Ausbreitung: Der Weg zur Universalreligion 418
    5. Die soziale Ordnung der christlichen Gemeinden 419
        a. Eigentum und Reichtum 419
        b. Die soziale Schichtung 419
    6. Organisation und Verfassung 420
    7. Der römische Staat und die Christen 421
        a. Allgemeine Darstellungen 421
        b. Die Konfrontation in den ersten beiden Jahrhunderten .. 421

c. Die Verfolgungen von Decius bis Diokletian und die innerkirchlichen Konsequenzen 421
d. Die Verklärung der Märtyrer 422

8. Christliches Leben in der heidnischen Gesellschaft 422
   a. „Das dritte Geschlecht": Christen als Außenseiter 422
   b. Die christliche Umgewichtung der irdischen Existenz ... 422
   c. Die Romanisierung des Christentums 423
   d. Die Forderung nach religiöser Toleranz 423

Anhang 425
  Abkürzungsverzeichnis 425
  Zeittafel 426
Register 430
  Register moderner Autoren 430
  Personenregister 437
  Sach- und Ortsregister 439
  Karten 450

VORWORT ZUR DRITTEN AUFLAGE

Die Althistorie teilt mit allen anderen Disziplinen der Geschichtswissenschaft das Los, neue Erkenntnisse aus einem Berg von Gelehrsamkeit graben zu müssen, den unermüdlicher Fleiß und wissenschaftliche Betriebsamkeit von Jahr zu Jahr höher türmen. Seit dem ersten Erscheinen dieses Buches ist die Geschichte Roms weiter intensiv erforscht worden, und auch der Kundigste hat Mühe, in der Flut der Publikationen den Kopf oben und klar zu behalten. Dabei hat sich das Quellenmaterial nicht wesentlich verändert: Die literarischen Hauptquellen, ohne die antike Geschichte nicht rekonstruierbar wäre, sind dieselben geblieben, und die neu gefundenen Inschriften, Papyri, Münzen und Bodendenkmäler verändern das Gesamtbild nur unwesentlich.

Die dritte Auflage hält an dem bewährten Darstellungsteil fest. Teil II, „Grundprobleme und Tendenzen der Forschung", und Teil III, „Quellen und Literatur" sind hingegen gänzlich neu konzipiert und neu gefaßt worden. Insbesondere die literarischen Quellen, die Geistesgeschichte, die Geschichte der Stadt, die Lebens- und Denkformen (Mentalitätsgeschichte) und der Aufstieg des Christentums erhielten eigene Kapitel.

Auszuwählen gehört zum täglichen Geschäft des Historikers. In diesem Buch wird es von drei Grundgedanken geleitet: Die römische Kaiserzeit ist die Geschichte eines Weltreiches, dem eine singuläre Dauer beschieden war; diese zu erklären, muß also das erste Ziel sein. Das zweite ergibt sich aus der über viele Jahrhunderte wirksamen Überzeugung aller europäischen Völker, die Erinnerung an die Römer sei für ihre eigene Existenz nützlich; der Grund dafür muß zuerst in der Geschichte Roms selbst gesucht werden. Das dritte Ziel wird durch den Teil der römischen Erbschaft bestimmt, der heute noch lebendig ist: das Christentum. Es begann seinen Siegeszug unter Augustus und sein Gründer Jesus von Nazareth sollte die Welt weit gründlicher verändern als jeder Kaiser Roms.

Es halfen mit vielen Anregungen, Hinweisen und in der Stampfmühle des Korrekturlesens Johanna Braun, Kerstin Eid, Dagmar Thorau und Henrike Zilling – ihnen sei nachdrücklich und herzlich gedankt.

Berlin, im Oktober 2002   Werner Dahlheim

I. Darstellung

1. Augustus: Der Monarch bemächtigt sich der Republik

a. Die Macht der Tradition

„Mit der neuen Staatsform, dem Prinzipat, beginnt die Geschichte der römischen Kaiserzeit. Augustus, wie Octavian seit 27 v. Chr. auf Beschluß des Senates genannt wurde, ist der erste Monarch der neuen Ordnung, aber er wie auch die Senatsaristokratie wollte in ihr nicht den Beginn einer neuen, sondern die Fortsetzung der alten Ordnung *(res publica restituta)* sehen" [J. BLEICKEN, Grundriß, Bd. 2, S. 93].

Daß sich Augustus der Geschichte der aristokratischen Republik unterwarf, ist in der Geschichte des Adoptivsohnes des Caesar in der Tat das ungewöhnlichste Phänomen. Die altvordere Erziehung im Elternhaus des kleinstädtischen Velitrae hat dabei ihre Rolle gespielt; sie erklärt jedoch bei weitem nicht alles: Der Erbe Caesars kämpfte bereits als 20jähriger auf den Schlachtfeldern Italiens und des Ostens um die persönliche Macht und die *dignitas* seiner Familie, und nichts in diesen Kämpfen ließ Raum, den Geboten der republikanischen Tradition zu folgen. Im Gegenteil: Nur durch ihre ständige Verletzung konnte die Macht der Republik abgetrotzt werden. Die im November 43 Senat und Volk in der Form des Triumvirats aufgezwungene Militärdiktatur, die Kriege gegen die Mörder Caesars (Philippi 42 v. Chr.), gegen Sextus Pompeius (Naulochos 36 v. Chr.), gegen Antonius (Aktium 31 v. Chr.), die physische Vernichtung der politischen Elite, soweit sie das Knie nicht beugen wollte, in den Proskriptionen, und schließlich die vom Senat 39/38 offiziell vollzogene Vergottung Caesars, die den Adoptivsohn als *Divi filius* der menschlichen Welt zu entrücken begann, hatten den politischen Willen der Republik zerstört.

Erst als dies gelungen war, erst als die Republik ihm, dem Übermächtigen, huldigen mußte, räumte Octavian ihr – ihren Normen und ihrer Moral – Urteil und Entscheidung über sein Leben und über seine politischen Ziele ein. In dem Maße, in dem die eigenen Leistungen die Republik zerstörten, lernte der Sieger die Unterordnung unter die Geschichte, nahm er Abschied von der Selbstherrlichkeit, mit der Caesar seinen Standort innerhalb des Staates und dessen Geschichte bestimmt hatte, restaurierte er mit der Geduld eines langen Lebens und der manchmal wunderlichen Beharrlichkeit des Moralisten die Institutionen

Die politischen Anfänge

und die Ethik der Republik und zwang sie den Zeitgenossen auf, die sich ihr schon entwachsen dachten.

Die Legitimationsfunktion der Tradition

Die einzigartige Macht, die die Tradition bei der Begründung der neuen Ordnung entfaltete, erklärt sich zunächst sehr allgemein: Der Rückgriff auf die Vergangenheit war in der gesamten Antike immer ein wesentlicher Teil der Begründung für die Richtigkeit eines politischen Weges oder die Güte vorhandener staatlicher und gesellschaftlicher Zustände gewesen und hatte selbst dort getaugt, wo tatsächlich die bestehenden Ordnungen umgestülpt wurden. Die von Augustus versuchte Verschmelzung von republikanischer Tradition und dem Anspruch auf Alleinherrschaft verlangt darüber hinaus jedoch präzisere Erklärungen:

(1) Was genau hatten Augustus und seine Zeitgenossen vor Augen, wenn sie von der Republik sprachen, die es zu restaurieren gelte?

(2) Welche gesellschaftlichen Kräfte von Bedeutung waren daran interessiert und vor allem mächtig genug, ihre Zustimmung zu der neuen Ordnung von der Wiederherstellung der alten wenigstens der Idee nach abhängig zu machen?

(3) Welche Eindrücke, Vorstellungen und Lehren jenseits des Elternhauses bestimmten das Verständnis des Augustus von seiner Aufgabe, deren Größenordnung – daran hatten die Bürgerkriege keinen Zweifel mehr gelassen – die Frage nach Sein oder Nichtsein des Staates abgemessen hatte?

Das Geschichtsverständnis

Die Anschauung der Zeit von den konstitutiven Elementen der *res publica* war in wesentlichen Teilen historisch und identisch mit der Geschichte der republikanischen Ordnung selbst. Die Alternative zur Unordnung blieb auch am Abgrund der durch die Geschichte ausgewiesene Staat, und dieser war in den Augen Ciceros und seiner Zeitgenossen der in der Zeit vor 133 existierende. Gemeint war damit nicht alles, was der Erinnerung aus dieser Zeit geblieben war, sondern das, was im Bewußtsein der Zeitgenossen noch lebendiger Bestandteil der staatlichen Existenz und somit nicht im strengen Sinne des Wortes vergangen war. Die Institution des Volkstribunats z. B. war damit, unabhängig von dem Wert, den man der Politik der Volkstribunen noch zumaß, ebenso gemeint wie die Zwölf-Tafeln, deren Bestimmungen so gut wie niemand mehr verstand, mit denen aber gelebt wurde.

Die Pflichten gegenüber der Geschichte

Für Augustus waren diese Gedankengänge Teil seines eigenen politischen Selbstverständnisses, so daß er ohne Umwege hierin eines der wichtigsten politischen Probleme erkennen konnte, das es zu lösen galt. Seine Vision von einer besser zu bewältigenden Zukunft wurzelte daher in der Überzeugung von der Sinnfälligkeit der durch die Geschichte ausgewiesenen Staatsordnung. In deren Zentrum sollte und mußte nach wie vor ein funktioneller Mechanismus stehen, der von der Ausübung der Macht keine bis dato politisch gewichtige Gesellschaftsschicht so ausschloß, daß diese auf Dauer ihre von der Geschichte legitimierten Rechte oder Forderungen bewußt verletzt sah.

Ein weiterer, der Erfahrung der Zeit und ihrer Deutung abgelesener Eindruck kam hinzu: Als Cicero und Sallust stellvertretend für ihre Generation den

Niedergang des Staates mit dem Schwinden der Moral in Verbindung brachten, hatten sie ein wichtiges Symptom der Krise – wenn auch nicht deren Ursache – festgehalten. Für Augustus, der in allen Fragen der Moral das hauptstädtische Treiben sein Leben lang aus der kleinbürgerlichen Perspektive seiner Heimatstadt Velitrae mißtrauisch beobachtete, hatten derlei Gedankengänge, die der Zeitgenosse Livius in einem grandiosen Gang durch das Museum der römischen Helden noch vertiefen und anschaulich machen sollte, wesentliche politische Grundpositionen bestimmt. Dazu gehörte, daß die Wiederherstellung des Staates nur aus dem Geiste möglich schien, der Rom groß gemacht hatte. Ihn präsentierten die Heroen der Geschichte in idealer Weise, und ihr auf den Staat bezogenes Ethos – verbunden mit einer altväterlichen Lebensformen abgelesenen Lebensmoral – mußte dem Werk der Restauration den belebenden Atem der Begeisterung, der Initiative und der Identifikation einhauchen.

Die Erinnerung an die eigene Geschichte sollte also die Kräfte freisetzen, die die verhängnisvollen Gewalten der Gegenwart bändigen konnten. Tatsächlich war eine solche Denkweise zu politischen Entscheidungen fähig, die die tragenden Kräfte der Gesellschaft in ihre ideell nie verlorene staatliche Pflicht zurückzwangen. Voraussetzung dafür war allerdings das Bündnis des großen Einzelnen mit der Senatsaristokratie, die allein die Beschwörungsformeln der Vergangenheit, die die der eigenen Geschichte waren, aufnehmen und an neu herandrängende Führungsschichten weitergeben konnte. Die Erinnerung verlieh hier wie ansonsten ihre Macht dem, der seine Vorstellungen mit der sozialen Schicht abstimmte, die die entwickelten Werte als ihre eigenen erkennen konnte und in ihrer Wiederaufnahme das Tor zu einer neuen politischen Zukunft aufgestoßen sah.

Der Senat als Hüter der Tradition

b. Die Grundlagen der augusteischen Restaurationspolitik

Bei der Suche nach der neuen Ordnung blieb Octavian ohne Vorbilder, die – wie etwa die altorientalischen Monarchien den Generälen Alexanders den Weg gewiesen hatten – Licht in die Zukunft hätten werfen können. Sicher war nach Aktium nur, daß der Ausgleich mit den Kräften gefunden werden mußte, die immer die Republik auf ihre Fahnen geschrieben hatten und damit den Mördern Caesars näher als seinem Erben standen. Dies entschied einen Punkt vorab: Nicht Caesar konnte zum Archegeten einer neuen politischen Ordnung taugen, die unter dem Ideal der *res publica restituta* gegründet werden sollte, und nicht als *Divi filius* war die persönliche Macht, die das Kriegsglück bei Aktium geschenkt hatte, den politischen Kräften abzuringen, die die Tradition der Republik verkörperten. So wurde die Senatsaristokratie zum Dreh- und Angelpunkt aller politischen Überlegungen des 29 v. Chr. aus dem Osten heimkehrenden Siegers, und ihr wurde das erste Zeichen des möglichen Ausgleichs gegeben: Der Sohn des vergöttlichten Caesar verzichtete demonstrativ auf die kultische Verehrung der eigenen Person in der Hauptstadt. Kein Tempel trug seinen

Der Bruch mit Caesar

Namen, kein Flamen betreute einen auf seine Person ausgerichteten Kult und vor allem: Augustus war nicht Gott, auch und vor allem nicht in der Form, in der Caesar als Juppiter Julius [Cass. Dio 44, 6, 4] Gott gewesen war.

<small>Das politische Gewicht der Senatsaristokratie</small>

Für die Senatsaristokratie lautete nach Aktium die Kernfrage, ob die wesentlichen politischen Entscheidungen, die die Existenz des Reiches und die soziale Ordnung betrafen, auch in Zukunft im Rahmen der dem *mos maiorum* verpflichteten Ordnung – und das hieß mit dem Senat und der in ihm präsenten Elite – getroffen wurden oder nicht. Die Antwort darauf konnte nur das Maß der Beteiligung der Senatsaristokratie an der Macht bestimmen, da die hypothetische Alternative, die vorhandene politische Elite durch eine neue, in die politische Entscheidung drängende Schicht zu ersetzen, in der historischen Realität nicht existierte. Nichts konnte die militärische und politische Erfahrung der Nobilität ersetzen. Die Summe ihrer Taten umschloß alle inneren und äußeren Erfolge der Republik, und sie hatte das Maß an Zustimmung aller Schichten gefunden, das im Raume der politischen Entscheidung den Herrschaftsanspruch der *nobiles* geradezu sakrosankt machte. Als der Soldat Caesar dies vergaß, war er zum Scheitern verurteilt. Aus den anderen sozialen Schichten Roms und Italiens konnte ihm keine politisch wirksame Kraft die Hand reichen, um gemeinsam mit ihm eine neue Ordnung zu begründen. Selbst die eigenen Anhänger, so sehr sie die regierenden Häupter des Senates verachteten und auf ihre größere persönliche Leistung für den Staat pochten, dachten und handelten in den Denkkategorien der Republik und wollten die Herren des Staates und nicht die Diener eines der ihren sein – wie herausragend immer dessen Verdienste um die Republik gewesen sein mochten. Die Kräfte des Widerstandes, die Caesar das Ende bereiteten, verkörperten die politische Realität, d. h. sie drückten aus, was bis auf Teile der hauptstädtischen Plebs und der Legionen alle Schichten dachten und wonach sie handelten.

Das Chaos der Bürgerkriege nach Caesars Tod schwächte den Widerstand. Der Wunsch und der Wille aller Schichten nach Ordnung und Recht überdeckte alle anderen konkurrierenden Vorstellungen. Die Resignation gebar die Bereitschaft, über eine neue Verteilung der Macht nachzudenken, und gab der auf das Schwert gestützten Macht zum erstenmal die Möglichkeit, Vorstellungen dazu zu entwickeln und anzubieten. Die großen aristokratischen Familien, ausgeblutet in den Proskriptionen und auf den Schlachtfeldern der Bürgerkriege, anerkannten nunmehr den Wandel des Bestehenden – de facto ohnehin unübersehbare Realität – und machten ihn zum Gegenstand praktischer Politik. Vor allem aber das jahrhundertealte aristokratische Ethos, das den eigenen Machtanspruch untrennbar mit dem Schicksal der *res publica* verbunden hatte, stieß das Tor für eine neue politische Ordnung auf, als sich im verzweifelten Zustand des eigenen Standes die schwindende Kraft des Staates widerspiegelte, und der siegreiche General das Bündnis zur Rettung des Staates anbot.

Das Kernstück dieses Bündnisses mit dem Ziel der Staatserneuerung wurde so die Restaurierung des Führungsanspruches der Senatsaristokratie, die der geistige und gesellschaftliche Mittelpunkt auch der neuen Ordnung sein sollte. Augustus war in diesem Punkt mehr der politische Erbe Sullas als der Caesars, ohne allerdings dessen Versuch zu wiederholen, die rein gesellschaftliche Bindung der Magistratur an den Willen der im Senat gegenwärtigen politischen Elite juristisch zu normieren. Sullas Konzeption, das Volkstribunat und seine Gesetzesinitiative nicht wie vor 133 de facto, sondern auch de jure an die Entscheidung des Senats zu binden, war gescheitert. Der Grund des Scheiterns bezeichnet präzise den wichtigsten Punkt, von dem aus die aristokratische Mitarbeit zu gewinnen war: Die Mehrheit der Aristokratie erkannte nur die Verpflichtung an, das bestehende und durch die Tradition legitimierte Gefüge der Institutionen den Gegebenheiten anzupassen, nicht jedoch, es außer Kraft zu setzen.

Die Notwendigkeit des Bündnisses mit Octavian

Es enthüllt sich hier zugleich, welche Möglichkeiten Augustus erkannte, seinen persönlichen Machtanspruch in die bestehende Ordnung einzupflanzen. Seine politische Haltung war wie die Sullas geprägt vom römischen Traditionalismus und dem römischen Rechtsbewußtsein, die beide – ohnehin untrennbar verknüpft – eine Zerstörung vorhandener, durch die Geschichte ausreichend anerkannter Institutionen ausschlossen. Jede neue Form der politischen Machtverteilung konnte daher nur so bewerkstelligt werden, daß sie eingebaut wurde in das bestehende Gefüge und das bestehende Netz von Institutionen und Verfahrensregelungen. Diese waren zwar hinsichtlich ihrer Funktionen modifizierbar, sie konnten jedoch nicht bis zur Unkenntlichkeit verstümmelt oder gar beseitigt werden.

Der Senat erwies sich damit in zweifacher Hinsicht als Schlüsselproblem für die Sicherung des Machtanspruches des Augustus: Zum einen als Institution, deren politischer Wille zusammen mit der Machtkompetenz der Magistrate, die diesen Willen juristisch verbindlich wirklich werden ließen, die Mitte des staatlichen Lebens in Rom bildete; zum anderen als sinnfälliger Repräsentant der sozialen und politischen Realität, die gesellschaftlich auf einer aristokratisch geprägten Sozial- und Denkordnung beruhte, an deren Vitalität der Bestand Roms und seine Herrschaft über den *orbis terrarum* unauflöslich geknüpft war. Daneben war eine selbständige politische Größe nie existent gewesen und ist auch in der römischen Staatstheorie (Cicero) nie als auch nur denkbar ausgewiesen worden. Augustus konnte daher – wollte er nicht das ganze Gebäude einreißen und die Anarchie des Schwertes als Ordnung ausgeben – nur in dieses Zentrum eintauchen und in das vorhandene Beziehungsgeflecht zwischen Senat und Magistrate seine persönliche Machtstellung einbinden.

Außerhalb dessen gab es nur Bezugspunkte für eine jenseits der republikanischen Wirklichkeit angesiedelte Machtstruktur. Dabei lag der unmittelbaren Anschauung die hellenistische Monarchie am nächsten, die jedoch als die Staatsform der von Rom Besiegten ihre Unterlegenheit gegenüber der republikanischen Ordnung in römischen Augen bewiesen hatte und nichts Vorbildliches besaß.

Die verworfenen Alternativen: Die hellenistische Monarchie

Daß Antonius in den dreißiger Jahren hier Anknüpfungspunkte für die

Beherrschung des griechischen Ostens gesucht hatte, verstärkte diese Einschätzung noch, da die Propaganda Octavians vor dem Ausbruch des Krieges um die Alleinherrschaft alle umlaufenden negativen Wertungen dieser Staatsform auf den Nenner gebracht, ihr jeden staatlichen Charakter abgesprochen und sie als *dominatio*, d. h. als Herrschaft eines Privaten über ein Volk von Sklaven, definiert hatte. So blieb es den Kaisergenerationen nach Nero vorbehalten, die monarchische Gewalt, die immer ein Stück römischer Revolution repräsentierte, mit den Zügen der hellenistischen Monarchie anzureichern, die im Bereich der Herrschaftslegitimation, des Herrschaftsethos und der Regierungspraxis aus der republikanischen Tradition nicht zu gewinnen waren.

Die altrömische Monarchie
Ebensowenig tragfähig erwies sich der Rückgriff auf die altrömische Monarchie, den Caesar entgegen seiner sonstigen Art zögernd, so als traute er der Sache selbst wenig Durchschlagskraft zu, versucht hatte. Octavian verfolgte bis in die denkwürdige Senatssitzung am 16. 1. 27 diesen Gedanken in der modifizierten Form des Rückgriffs auf Romulus [Suet. Aug. 7, 2; Romulus im Giebel des Mars-Ultor-Tempels]. Tatsächlich mußte sich der Anspruch, Neugründer des Staates sein zu wollen, in der mythischen Welt eines Romulus, Numa und Servius Tullius spiegeln können: Hatten sie doch die *urbs*, ihre Religion und ihre Verfassung geschaffen und (nach Cicero) nicht wie Herren über Sklaven, sondern wie Väter über ihre Kinder regiert. Trotzdem wies aus dem Dunstkreis der Legenden, mit denen sich Rom über seine Ursprünge verständigte, nichts den Weg in die praktische Politik. Die Vergangenheit, ohnehin eine gelehrte Rekonstruktion, gab außer der Möglichkeit einer groben Verständigung über die angesteuerten Ziele nichts für die Gegenwart her. Und auch hier war sie — wie Octavian schnell erfahren mußte — zweideutig: Romulus erschien dem Betrachter einmal als Gründer der ewigen Stadt, dann wieder als *rex*, dessen Würde nachzustreben die Republik seit Jahrhunderten zum todeswürdigen Vergehen erklärt hatte und dessen Brudermord sie zwar erklären aber nie verzeihen konnte und der den Zeitgenossen angesichts des Todes des Antonius nunmehr im Licht der eigenen Erfahrung gegenständlich wurde.

Die Magistratur der Republik
Was blieb, war die Republik. Ihre Lebensfähigkeit stand nicht hoch im Kurs, als politische Ordnung bündelte jedoch sie allein das Maß an allgemeiner Zustimmung, ohne das Herrschaft nicht als Kontinuum möglich ist. Die Institution, die Augustus das Eintauchen in diese Ordnung erlaubte, war die Magistratur und das magistratische *imperium*, und damit zugleich der Teil der staatlichen Ordnung, der sich in den Jahrzehnten nach Sulla aus dem kunstvollen Zusammenspiel von Senat, Volk und Magistrat unübersehbar herausgestohlen hatte. Bevor Octavian die politische Bühne überhaupt betreten sollte, war der gesellschaftliche (rechtlich nie fixierte) Konsens, der dem Senat die Rolle des zentralen Regierungsorgans zugewiesen hatte [Auctor ad Herennium 4, 35, 47], gestört und außer Kraft gesetzt worden. Das Funktionieren der staatlichen Organe, das die Rückblickenden bis zu den Gracchen als vorbildlich priesen, war bereits Geschichte: Der Senat, der als Institution die Fähigkeit zum Handeln nie

besessen und dem auch jegliche Initiative zur eigenen Beschlußfassung gefehlt hatte, war durch seinen exekutiven Arm, die Magistratur, entmachtet worden, als deren durch die Amtsschranken von Annuität und Kollegialität nur schwach gebundene militärische, politische und jurisdiktionelle Gewalt nicht mehr dem Willen der Senatsmehrheit, sondern den Interessen einzelner Aristokraten und ihrem unstillbaren Hunger nach *gloria, dignitas* und *clientelae* [Sallust, hist. 1, 12] gehorchte.

Für Octavian war dieser Prozeß der Verselbständigung der Magistratur und des *imperium* Teil der Verfassungswirklichkeit und Teil der eigenen Geschichte; der Weg nach oben war die Usurpation der Machtfülle des magistratischen *imperium* in verschiedenen Erscheinungsformen gewesen. Umkehrbar war diese Entwicklung nicht. Jede Schwächung der magistratischen Machtfülle hätte die Herrschaft über die Provinzen in Frage gestellt, und niemand in Rom hätte es je wagen können oder wollen, diese größte Leistung der Republik zu gefährden. Die historische und die eigene Erfahrung hatten also gelehrt, daß das magistratische *imperium* der archimedische Punkt war, von dem aus das Staatsgebäude zu zerstören oder zu reformieren und von dem aus der politische Machtanspruch des Einzelnen zu institutionalisieren war. Als Augustus dieses Erbe der Generäle der Bürgerkriege annahm, machte er an diesem zentralen Punkt deutlich, daß es eine Rückkehr zur republikanischen Regierungskompetenz des Senates, in welcher Form auch immer, nicht geben konnte. Die magistratische Gewalt trat unwiderruflich als eigenständige Größe auf, und ihre Ausgestaltung durch Augustus bildete den zukünftigen Angel- und Drehpunkt der monarchischen Gewalt und ihrer Einkleidung.

c. Das Bündnis mit der Republik

Historisch ist dieses Ereignis auf die denkwürdige Januarsitzung des Senates im Jahre 27 genau zu datieren, in der Octavian zunächst die im Jahre 32 usurpierte außerordentliche Gewalt an Senat und Volk zurückgab. Mit diesem spektakulären und vor der römischen Öffentlichkeit wirkungsvoll inszenierten Akt zog Octavian einen verbindlichen Schlußstrich unter die Ära der Bürgerkriege und bekannte zugleich vor aller Welt, daß die Ordnung der Republik und ihre Neugestaltung allein den Weg in eine bessere Zukunft weisen sollte. Die Senatsaristokratie, physisch dezimiert, gedemütigt und selbst an ihrem Regiment und seiner staatserhaltenden Funktion zweifelnd, erkannte nunmehr an, daß ein Teil der drängenden Aufgaben im Inneren und in den Provinzen nur von Octavian zu lösen war. In aller Form, in der die Einsicht der politischen Elite in diese Notwendigkeit zum Ausdruck gebracht wurde, drängte der Senat Octavian zur Übernahme dieser Aufgaben und übertrug ihm die Kompetenzen, die dazu erforderlich waren [der entscheidende Bericht bei Cassius Dio, 53, 12–19].

<small>Die Beendigung der Bürgerkriege</small>

Im innerrömischen Bereich, der seit 89 v. Chr. Italien einschloß, blieb das Konsulat zunächst das wichtigste Amt, von dem aus die Gesetzesinitiative und

<small>Das Konsulat</small>

die Herbeiführung von Senatsbeschlüssen zu handhaben war und dessen kollegiale Führung das Einvernehmen mit der Aristokratie und der Tradition unschwer herstellte. Augustus bekleidete dieses Amt bis zum Jahre 23 jährlich neu, um es in den späteren Jahrzehnten nur noch ausnahmsweise zu beanspruchen. Nach 23 hatte sich die Zustimmung zu seinem Herrschaftsanspruch so klar artikuliert, daß das Beharren auf einem Amt überflüssig wurde, das als Höhepunkt jeder aristokratischen Karriere galt und dessen Monopolisierung gerade deswegen Widerstände provozieren mußte, zumal bereits Sulla die Iteration ausgeschlossen hatte. Die Übertragung des Rechtes, gegebenenfalls mit dem Senat wie der ihm vorsitzende Konsul verhandeln zu dürfen, konnte nunmehr angesichts der faktischen Machtverteilung genügen, um die Übereinstimmung des politischen Willens des Senates mit dem des Augustus herbeizuführen. Die Zuerkennung der äußeren Würde eines Konsuls *(ornamenta consularia)* im Jahre 19 v. Chr., d. h. das Recht auf die *sella curulis* zwischen den amtierenden Konsuln im Senat und auf 12 Liktoren, schloß die Einbindung wesentlicher Teile des konsularischen *imperium* in die persönliche Machtstellung des ersten Mannes im Staate ab.

Die Herrschaft über die Provinzen

Die Geschichte seit Sulla hatte gelehrt, daß die Herrschaft über die Provinzen und die Kontrolle der Außenpolitik über die Möglichkeit entschied, den persönlichen Machtanspruch des Einzelnen durchzusetzen und ihm Dauer zu verleihen: Wer die Ressourcen der Provinzen für den politischen Kampf nutzen konnte, war Herr in Rom. Gerade an diesem Punkt mußte der Einklang mit den republikanischen Formen und den Herrschaftsinteressen des Senates schwer zu finden sein, da jede in den Provinzen begründete und auf Dauer angelegte Machtstellung als Menetekel der Bürgerkriege erscheinen mußte und die Ansprüche des aristokratischen Regiments, das das Weltreich geschaffen und zusammengehalten hatte, am schwersten treffen konnte. Augustus fand auch hier den Weg zwischen Skylla und Charybdis. Er schlug die Lösung zeitlich befristeter Aufgaben im Herrschaftsbereich vor und beanspruchte ein auf zehn Jahre befristetes *imperium* für die nichtbefriedeten Provinzen; dabei gab er vor dem Senat der Hoffnung Ausdruck, diese Provinzen schon vor Ablauf dieser Frist zurückgeben zu können. Der zeitliche und räumliche Umfang dieses *imperium*, das als prokonsularisches gelesen werden muß, kennzeichnen die damit verliehene Gewalt als eine außerordentliche, die ihrer Substanz nach der bei Aktium mit dem Schwert erkämpften Machtstellung am nächsten kam. Sie lag in der verabschiedeten Form jedoch nicht eindeutig außerhalb des republikanischen Herkommens, da in der nahen Vergangenheit Fälle ähnlicher Machtübertragung vorgekommen waren, die — jedenfalls im Bewußtsein der Zeitgenossen — den alten republikanischen Staat in seiner Struktur nicht verändert hatten. Die *lex Gabinia* und die *lex Manilia*, die 67 und 66 v. Chr. Pompeius den Oberbefehl im Krieg gegen die Seeräuber und gegen Mithridates übertragen und die üblichen zeitlichen Befristungen und territorialen Begrenzungen aufgehoben hatten, waren angesichts ihrer sachlichen Berechtigung und der mit ihnen erreichten

Erfolge dem *mos maiorum* zugeordnet worden. Analoge Verfahren waren damit prinzipiell sanktioniert und wiederholbar: Die Bindung an eine spezifische Aufgabe und die auf zehn Jahre begrenzte Gewalt gaben nun auch dem *imperium* des Augustus eine Form, die mit der Gewalt des republikanischen Feldherrn und Provinzialstatthalters vergleichbar blieb.

Die verwaltungstechnische Teilung des Reiches beließ dem Senat und den von ihm erlosten Prokonsuln die Provinzen, die seit langem als befriedet galten und in denen daher keine nennenswerten Truppen stationiert waren: Sizilien, Sardinien und Korsika, Hispania ulterior, Gallia Narbonensis, Dalmatien, Makedonien, Achaia, Asia, Bithynien und Pontos, Zypern, Kreta, die Cyrenaica und Africa. Augustus übernahm alle Randprovinzen und konzentrierte jede außenpolitische Initiative und Entscheidung auf seine Person, was der weiteren Legitimation seines Machtanspruches den nötigen Spielraum verschaffte und die Möglichkeit ausschloß, daß sich ein konkurrierender Imperiumträger mit militärischen Lorbeeren schmückte, die den eigenen Ruhm verblassen lassen konnten. Die militärische Befehlsgewalt über die Legionen, die als stehendes Heer organisiert und an den Grenzen stationiert wurden, wurde endgültig das Monopol des Prinzeps, der nunmehr mit den Ressourcen der Provinzen nur noch von den eigenen, untreu gewordenen Paladinen, nicht jedoch von einem mit selbständigem *imperium* ausgestatteten Magistrat angegriffen werden konnte.

<small>Die senatorischen und die kaiserlichen Provinzen</small>

Die Suche nach der magischen Formel, die den Anspruch des großen Einzelnen nach der Macht mit der Tradition der republikanischen Vielzahl versöhnen sollte, hatte in der Sitzung des Senates im Januar 27 das erste Ziel erreicht: Dem weitgehenden Rückzug aus dem innerrömischen Regelkreis der Macht, in dem das konsularische Amt und die ihm eigenen Initiativrechte gegenüber Senat und Volk ausreichen sollten, entsprachen der Rückzug aus dem inneren Kreis des Provinzialreiches und die Bindung der übertragenen militärischen Befehlsgewalt an konkrete Aufgaben, die zeitlich befristet waren. Zugleich war damit das Fundament gebaut, auf dem die ungezwungene Zustimmung der öffentlichen Meinung den Anspruch des Augustus weiter festigte und dem praktischen Vollzug seiner Regierung die nötige lebensspendende Kraft verlieh.

Die Korrektur des Kurses im Jahre 23 konnte denn auch unschwer den einmal gesteckten Wegweisern folgen: Das Konsulat wurde der Elite der Senatsaristokratie ganz zurückgegeben, und an seine Stelle trat die *tribunicia potestas*, die das *ius auxilii*, das Interzessionsrecht, die Gesetzesinitiative und das Recht, den Senat einzuberufen, beinhaltete. Diese Amtsvollmachten entbehrten der aristokratischen Würde des Konsulats. Ihr funktionaler Wert war jedoch – zusammen mit dem übertragenen konsularischen Recht der Antragstellung im Senat – ausreichend, um jede gegen Augustus gerichtete Aktion zu unterbinden und selbst in allen Bereichen der republikanischen Ordnung handeln zu können. Wie effektiv dies aussehen konnte, wußte niemand genauer als die Nobilität, für die bis 133 das Volkstribunat den wichtigsten Hebel abgegeben hatte, mit dem man den eigenen Herrschaftsanspruch gegenüber dem Volk durchgesetzt hatte.

<small>Die *tribunicia potestas*</small>

Die – analog zum *imperium proconsulare* zu denkende – Bündelung von genau definierten Vollmachten einer „bloß zum Verneinen geschaffenen Institution" [MOMMSEN, RStR. II, S. 308], die zudem in den zurückliegenden Jahrzehnten besonders mißbraucht worden war, ist die Erfindung des Augustus selbst gewesen [Tacitus, ann. 3, 56] und verfolgte über die praktische Handhabung der Vollmachten hinaus einen doppelten Zweck. Zum einen war die Verbundenheit mit dem Volk und der Wille, auch ihm Schutzpatron sein zu wollen, aus dem *ius auxilii ferendi* unmittelbar zu begründen; der Gedanke, daß damit zugleich dem demokratischen Zweig der republikanischen Tradition Genüge getan werde, stellte sich von selbst ein. Zum anderen – und dies wog schwerer, weil er für die Zukunft von höchster Bedeutung war – wurden die tribunizischen Vollmachten ohne Fristsetzung verliehen und dazu benutzt, die Regierungsjahre des Augustus (später aller *principes)* zu zählen; die Aufnahme dieser Zählweise in die offizielle Titulatur und die Nennung der *tribunicia potestas* im Tatenbericht unterstrichen die Bedeutung des Vorganges noch [Cassius Dio 53, 32, 5 f.; Mon. Anc. 4]. „In dieser Gestalt ist die tribunicische Gewalt als die höchste mit dem Principat notwendig verknüpfte bürgerliche Magistratur namentlich in formaler Beziehung der rechte und volle Ausdruck der Herrschergewalt geworden und geblieben." [MOMMSEN, RStR II, S. 873].

Das Weiterleben der republikanischen Institutionen

Allen diesen Regelungen stimmten der Senat und die Komitien zu. Sie dokumentierten nirgends klarer als durch diesen Rechtsakt selbst, daß sie als Institutionen wieder zu leben begannen. Auch der strengste Republikaner konnte nicht leugnen, daß die Rückgabe der triumviralen Ausnahmegewalt, die Teilung der Aufgaben im Reich und die sie ermöglichende Verleihung eines auf zehn Jahre befristeten *imperium proconsulare* bei gleichzeitiger Weiterführung des Konsulats zwar nicht das von Männern wie Livius gepriesene Staatsgebäude der vorgracchanischen Zeit wiedererrichtete, jedoch aus den Trümmern der Bürgerkriege mehr Republikanisches zusammenzimmerte, als auch der Kühnste nach Aktium zu hoffen gewagt hatte. Erneut tagten Senat und Volk, der Gesetzgebungsmechanismus der Republik kam wieder in Gang, das Volk wählte die Konsuln, Prätoren, Ädilen, Quästoren und Volkstribune; die Promagistrate, vom Senat bestimmt, verwalteten die senatorischen Provinzen und stellten den Zugriff des Senates auf Teile des Reiches wieder her. Da verschlug es wenig, daß sich Augustus neben den amtlichen Wahlleitern das Recht sicherte, die Qualifikation der Bewerber zu überprüfen (Nominationsrecht) und Kandidaten dem Volke zu empfehlen (Kommendationsrecht). Erst das faktische Machtgefälle zwischen Prinzeps und wahlleitendem Konsul entschied, daß nur von Augustus geprüfte oder gar empfohlene Kandidaten gewählt wurden – die Rechtsform der republikanischen Institution blieb davon unberührt. Ohnehin wurden derartige Maßnahmen sehr unauffällig inszeniert; der allgemeine Jubel aller sozialen Schichten über das kaum noch erhoffte Ende der Bürgerkriege hätte zudem keine Kritik an diesen Dingen zugelassen. Im Gegenteil: Den Miterlebenden erschien der Mann, der dies zuwege gebracht hatte, als das, was er dem Vergil immer war:

semper deus [1. Ekloge, 7]. In unzähligen Sakramentshäuschen an den Kreuzungen Roms und der italischen Landstädte sammelten sich denn auch die Opfer und Kulte für den *Genius Augusti.* Sie zeugten von der Dankbarkeit der von den Bürgerkriegen befreiten Bevölkerung ebenso wie von dem elementaren Bedürfnis der einfachen Menschen nach religiöser Verehrung des glücklichen Staatslenkers.

Als drei Tage nach der Sitzung am 13. Januar der Senat dem Sohn Caesars das Cognomen Augustus verlieh [Sueton, Aug. 7, 2], faßte er in der sinnfälligsten Weise zusammen, was den Prinzeps selbst bewegte, das Volk an Dankbarkeit und Hoffnung an seine Person knüpfte und der Senat als Hüter der Tradition erfüllt sah. Augustus – dies implizierte die Erinnerung an alle Tugenden des Stadtgründers Romulus ohne den lastenden Gedanken an den Tyrannen und Brudermörder. Augustus – dies wies auf die Berufung der Götter durch das heilige *augurium*, das dem ersten und jetzt auch dem zweiten Stadtgründer die Aufgabe gewiesen hatte; es assoziierte zudem den Aufstieg nach dem Tode in den Kreis der Götter, in deren Auftrag Rom einst als künftige Herrin der Welt gegründet worden war, und mit denen nur gemeinsam die Stadt auch zukünftig umsorgt werden sollte. Augustus – dies hieß in der Summe, daß der Träger dieses Namens im Einklang mit der Geschichte Roms handelte und auf ihn als einen von den Göttern Berufenen nach dem Tode die Vergöttlichung harrte.

Der Name: Augustus

Zum zweitenmal hatte damit der Prinzeps nach seiner Adoption durch Caesar seinen Namen geändert. Vorangegangen war im Jahre 38 die Usurpation des Titels *Imperator* (griech.: Autokrator) und seine Erhebung zum Vornamen (das sog. *praenomen imperatoris*) bei gleichzeitiger Abstoßung des alten Vornamens Gaius; nach Aktium bestätigte der Senat diese Anmaßung. Damals war es darum gegangen, den Namen, den der Magistrat im Felde trug und der ihm nach dem Sieg bis zum Triumph noch als besonderer Ehrentitel durch Akklamation verliehen wurde, auf Dauer an den Triumvir zu binden, der sich als militärischer Führer par excellence vorstellen wollte. Der ständig wachsenden Klientel der Soldaten machte ihr Feldherr und Patron begreiflich, daß er sich ihr immer verpflichtet wissen wollte und daß die Glorie des triumphierenden Feldherrn ständig neue Siege und neue Beute versprach. Die Erhöhung der Person war einzigartig, blieb jedoch im irdischen Raum: Losgelöst von dem aktuellen Anlaß des Sieges beanspruchte Octavian von nun an allen künftigen feldherrlichen Ruhm und die daran gebundene Anerkennung. Bei der Verleihung des neuen Cognomens Augustus wurde bereits mit mehr als sterblichem Maß gemessen, und der neue Name fing wie in einem Hohlspiegel alle Grundgedanken der Politik seines Trägers ein. *Imperator Caesar Augustus:* Dies drückte in unübertreffbarer Präzision das besondere Nahverhältnis zur wichtigsten sozialen Stütze der Macht, dem Heer, aus, dies erhöhte die eigene Person über alle anderen, ohne das unmittelbar einsichtige Bekenntnis zur Geschichte der Republik und der eigenen Familie aufzugeben, dies hüllte in den Dunstkreis göttlicher Wirkungskräfte, gegen die Kritik und Widerstand zum Sakrileg werden mußte.

Imperator Caesar Augustus

12   I. Darstellung

pater patriae   Als im Jahre 2 v. Chr. der Ehrentitel *pater patriae* hinzukam, wurde die sakrale Autorität, die der Augustus-Name verliehen hatte, weiter betont und die ihr innewohnende soziale Verpflichtung auf alle sozialen Schichten und auf die Provinzen ausgedehnt. Gleichzeitig blieb sie eingebunden in die Tradition der Republik, die bereits Cicero so geehrt hatte. Augustus hat die Verleihung dieses Titels selbst als den Höhepunkt seines Lebens verstanden und weinend vor den feierlich versammelten Senatoren das Einvernehmen von Prinzeps und Senat als das höchste Geschenk der Götter beschworen [Sueton, Aug. 58]. Tatsächlich war weit mehr erreicht als dies. Die in den Titel *pater patriae* gehüllte Macht speiste sich aus vielen Quellen: „Römischer Rechtsbrauch und griechische Religiosität, republikanischer Retterbegriff, hellenistische Soter-Vorstellungen und monarchische Ausschließlichkeit des Retteranspruchs, militärische Grundlagen und deren politische Umbildung, soziale Verklammerung mit den Schutzbefohlenen und legalisierte Schutzherrschaft des höchsten Patrons, spontane Gefühlsäußerungen, unverantwortliche Rhetorik, juristische Festlegung und theologische Spekulation, sie alle hatten das ihrige dazu beigetragen, um aus der vielschichtigen Konzeption des *servator, parens ac deus* den eindeutigen Grundbegriff der Kaiserherrschaft von *pater patriae* auszugestalten." [235: A. ALFÖLDI, Vater des Vaterlandes, S. 138]

Die Selbstdarstellung des Augustus   Die staatsrechtliche Bestimmung seiner Macht hat Augustus im Jahre 27 als abgeschlossen betrachtet. In seinen *res gestae* beschreibt er diesen Vorgang so: *post id tempus auctoritate omnibus praestiti, potestatis autem nihilo amplius habui quam ceteri, qui mihi quoque in magistratu conlegae fuerunt* [später habe ich alle Bürger durch meine persönliche Autorität überragt, an Rechtsmacht jedoch nicht mehr besessen als meine jeweiligen magistratischen Kollegen; Übers. J. BLEICKEN]. Der Prinzeps selbst brachte die Grundlagen seiner Herrschaft damit auf den rationalsten Nenner, den politische Weisheit und diplomatischer Verzicht auf die ungeschminkte Wahrheit zuließen. Die Republik lebte in ihren Institutionen und in der Beschränkung der rechtlichen Macht des Prinzeps auf die Amtsvollmachten ihrer Magistrate weiter. Allerdings nur für den, der anerkannte — und ein dankbares Geschlecht tat dies auch —, daß das Maß, mit dem man die verbliebenen Rechte der Republik bestimmte, das Zeitalter der Bürgerkriege war, in dem die ehernen Prinzipien von Annuität und Kollegialität längst verschüttet worden waren. Nur dann konnte man darüber hinwegsehen, daß alle Amtsgewalten des Augustus die Jahresgrenzen weit überstiegen *(imperium proconsulare, tribunicia potestas)*, daß eine Fülle von Ämtern und Gewalten in einer Hand kumuliert waren (die Herrschaft über mehrere Provinzen, das Heereskommando, der Oberpontifikat) — die Republik hatte dies nie dulden wollen —, daß die Kollegialität in allen zentralen Machtmitteln nie hergestellt worden war. Trotzdem lebte die Republik: eingekleidet in eine Ordnung, die rechtlich normiert war und alle Formen der Machtausübung der Tradition entlehnt hatte, ohne diese zur Karikatur werden zu lassen.

auctoritas   Die Monarchie verhüllte sich in der auf den Begriff gebrachten Summe aller

Taten für den Staat, die eigene Klientel und das wachsende Imperium: *auctoritas*. Der Begriff ist in der sozialen Welt beheimatet und juristisch auch gar nicht normierbar gewesen. Was er meinte, verstand jeder Römer, da er immer Teil des aristokratischen Selbstverständnisses war: Materieller Besitz in kaum vorstellbarer Größe, militärische Erfolge, eine riesige Gefolgschaft aus allen sozialen Schichten, die Pflichterfüllung gegenüber der Tradition und schließlich die Rettung des Staates – all dies zusammengenommen verlieh dem Wort des Prinzeps ein nahezu grenzenloses Maß an Durchsetzungskraft.

Letztlich war die auf die *auctoritas* gegründete allgemeine Zustimmung der Schlüssel für den Erfolg und die Dauer der von Augustus geschaffenen Ordnung. Als der greise Monarch kurz vor seinem Tode auf dem Wege nach Capri an der Bucht von Puteoli vorbeikam, „riefen ihm Passagiere und Matrosen eines Schiffes aus Alexandria . . ., alle weiß gekleidet, mit Kränzen geschmückt und Weihrauch verbrennend, ihre Glückwünsche zu und spendeten ihm die größten Lobsprüche: nur dank ihm würden sie leben, dank ihm zur See fahren und dank ihm Freiheit und Wohlstand genießen." [Sueton, Aug. 98]. Eben dafür hatten ihm die Provinzen Altäre gebaut, der Senat ihn mit Ehren überhäuft und der einfache Mann ebenso wie der Patrizier, der Provinziale ebenso wie der Römer seine Ordnung als Erlösung von den Bürgerkriegen und dem Chaos begrüßt. Die nach ihm Lebenden taten das ihrige: Sie wiesen ihm einen Platz unter den Göttern zu und verbanden mit seinem Namen ein monarchisches Regiment, das zum Vorbild für viele Jahrhunderte wurde.

Die Zustimmung der Untertanen

2. DIE MONARCHIE: IHRE AUSGESTALTUNG UND IHRE FUNKTION

a. Die rechtlichen und politischen Formen der Herrschaft

Die Entscheidung des Januar 27 hatten der allmächtigen Gewalt des Bürgerkriegsgenerals den Mantel der Legalität umgehängt und das Schwert an das Recht gebunden. Es entsprang dies der Einsicht, daß ohne das Zutun der Senatsaristokratie nicht zu regieren sei, so daß die Form, in der die Gewalt des siegreichen Revolutionärs legale Gestalt gewann, notwendig der Tradition und ihrer aristokratischen Hüter war. Die faktische Alleinherrschaft, die dabei in der sie verdeckenden Hülle der res publica restituta herauskam, war eine persönliche Herrschaft. Die Form, in der sie ausgeübt wurde, und die Aufgabenfelder, die sie sich steckte, waren denn auch zunächst auf den Ausgleich mit dem Senat, auf das Heer und dessen Ansprüche, auf die Außenpolitik und die Entdeckung von Geldquellen beschränkt.

Die Aufgaben der persönlichen Herrschaft

Die Aufgaben einer Monarchie allerdings waren vielfältiger; sie fielen im Grunde von selbst an, als die persönliche Herrschaft Dauer gewann und Römern und Provinzialen mehr und mehr als die Institution erschien, die faktisch für alle zuständig war und auch die Macht hatte, alles zu regeln. Dies bedeutete, daß für

Die Aufgaben der Monarchie

die zentralen Bereiche des politischen und sozialen Lebens neue Orientierungslinien des Verhaltens gefunden werden mußten. Der Ritterstand harrte nach dem Bündnis von General und Senat seinerseits auf seine Aufgabe, zumal er gemeinsame (gleichsam präpolitische) Interessen mit der Senatsaristokratie dort hatte, wo es um die Beständigkeit der sozialen und wirtschaftlichen Ordnung ging. Die Wertvorstellungen und Wünsche der Führungsschichten der italischen Munizipien galt es einzubinden, die nach der Erringung des Bürgerrechts im Bundesgenossenkrieg nicht eine Zukunft als senatorische Hinterbänkler *(parvus senator)* im Auge hatten, sondern die Teilhabe am Reichsregiment und den Zugang zu den militärischen Führungskadern. Die Verständigung mit den proletarisierten Massen, die in den Legionen als militärische Klienten ihrer Heerführer ihre Macht zu erahnen begonnen hatten, mußte gefunden werden: Ihr Streben nach sozialer Sicherheit hatte mit ihrem soldatischen Status eine ganz neue politische Bedeutung erlangt. Die Provinzen schließlich, in denen die ungebunden ausgeübte Macht der Staatsorgane der Republik und die Bürgerkriege ein vielfältiges Chaos gelassen hatten, bedurften einer Ordnung, die auch ihnen in der römisch gewordenen Welt eine Zukunft ließ. Kurzum: Die einen ersehnten in ihrer Not einen mit göttlichen Fähigkeiten und Attributen ausgestatteten Heiland, die anderen forderten die Restauration der alten Ordnung, die in den Köpfen der Menschen immer das Richtmaß ihrer eigenen Lebensordnung und ihrer politischen Vorstellungswelt geblieben war; alle gemeinsam verlangten sie die Sicherung des inneren Friedens und die besondere soziale Fürsorge des Alleinherrschers.

<small>Die rechtliche Bindung der monarchischen Gewalt</small>

Die Restauration der alten Ordnung, die *restitutio rei publicae*, erfolgte durch gesetzgeberische Maßnahmen und blieb in ihnen greifbar (s. o. S. 7 ff.). Sie war damit wesentlich eine öffentlich-rechtlich geregelte Ordnung. Die Macht, die die Legionen gewährt hatten, entäußerte sich ihres despotischen und gewalttätigen Charakters in den Formen der rechtlichen Bindung.

Nirgends sonst in der formalen Ausgestaltung des frühen Prinzipats wiegt das Erbe der Republik schwerer als hier. Seit die Versuchungen der Weltherrschaft und die Kämpfe um agrarische Reformen den Zusammenhalt und die innere Kommunikation der Aristokratie gestört hatten, war das Gesetz zum wichtigsten Halt des Staates aber zugleich auch zur besten Waffe der innenpolitischen Kämpfe geworden: Die Juridifizierung weiter Gebiete der territorialen Herrschaft ermöglichte Regierung und Kontrolle nunmehr dort, wo früher die alten Mechanismen der persönlichen Kommunikation der regierenden Geschlechter das Nötige bewirkt hatten, und der Krieg der führenden Geschlechter um die Macht in der Form des Rechtsstreits verhinderte die selbstmörderische Anarchie. In jedem Fall erschien das Gesetz als der einzig funktionierende Mechanismus, der den neuen staatlichen Aufgaben gewachsen schien und die Formen ihrer Erfüllung allein noch reglementieren konnte. Die letzten Generationen der Republik ebenso wie die Zeitgenossen des Augustus verliehen denn auch der Setzung von Rechtsnormen die höchste moralische Autorität. Sie schienen die Auflösung des Staates aufgehalten zu haben, obwohl die *res publica* zum Kampfpreis der rivalisierenden aristokratischen Familien geworden war, und sie schienen den Zusammenbruch des Weltreiches zu verhindern, obwohl es mehr und mehr als Turnierfeld des Kampfes um die Macht im Staate mißbraucht wurde.

Die formale Ähnlichkeit der *restitutio rei publicae* des Augustus mit dem Versuch des Cornelius Sulla, den Staat wieder aufzurichten, ist denn auch keineswegs zufällig. Die Wiederaufrichtung der staatlichen Ordnung, bereits bei Sulla ausschließlich auf das Gesetz gestützt, erschien auch der Generation des Prinzeps nur in der Form einer umfassenden Gesetzeskodifikation möglich. Als sich die Alternative zwischen unverhüllter Militärdespotie und einer wie immer wiederhergestellten *res publica* zum letztenmal auftat, war das Verständnis von dem Wert der Rechtsnorm und ihrer moralischen Autorität soweit verankert, daß die Diktatur des Militärs ernsthaft nicht mehr in Frage kam. Ciceros in der Rede für Cluentius Habitus im Jahre 66 formulierte Gleichsetzung eines funktionierenden Staates mit den Gesetzen, auf die er sich stützt, erwies sich nunmehr als die einzig verbliebene und bewährte Form der Wiederaufrichtung einer politischen Ordnung.

Die Vorbilder des Augustus

Augustus (wie vor ihm Sulla) hielt also die staatliche Ordnung mit dem Anker, der sich allein als wirkungsvoll gezeigt hatte, das innere Chaos und die Auflösung des Provinzialreiches zu verhindern: dem Gesetz. Für die Institution des Prinzipats hieß dies die Unterwerfung unter die Pflicht, bei jedem Regierungswechsel zunächst die beiden Hauptgewalten *(imperium proconsulare; tribunicia potestas)*, dann sämtliche weiteren Amtsvollmachten durch Senats- und Volksbeschluß auf den Thronprädendenten übertragen zu lassen. Die Vorgänge beim Regierungsantritt Vespasians verdeutlichen den Vorgang: In den letzten Dezembertagen des Jahres 69 n. Chr. beschließt der Senat die Verleihung der dem Prinzeps zuzugestehenden Rechtsgewalten [Tacitus, hist. 4, 3, 3; 6, 3], die die Komitien im Januar 70 ratifizierten und damit zum Gesetz erhoben. Das in Bruchstücken erhaltene Gesetz [*lex de imperio Vespasiani*: DESSAU, nr. 244] schlüsselt die einzelnen Vollmachten in gesonderte Klauseln auf, die alle in früheren Bestallungsgesetzen bereits formuliertes Recht aufnehmen. Form und Inhalt der Herrschaftsübertragung – genau: die Kumulation von Ämtern, Amtsgewalten und sonstigen Rechten – demonstrieren den nach wie vor gültigen Grundgedanken des von Augustus mit der Senatsaristokratie geschlossenen Bündnisses: Quelle und Legitimationsgrundlage monarchischer Gewalt ist der Senat, dessen Beschluß die Volksversammlung die Autorität des Gesetzes verleiht.

Die rechtliche Funktion des Senats

Die Herrschaft des Augustus und seiner Nachfolger – ohne Frage Monarchen im strengen Wortsinn – verdeckt also eine sehr komplexe Wirklichkeit. Diese ist bestimmt durch die auf das Schwert gestützte Alleinherrschaft des Prinzeps und geprägt von der Unentbehrlichkeit einer Elite, deren Autorität in der Gesellschaft durch ihre nur nach Jahrhunderten zu messenden glanzvollen Erfolge sakrosankt geworden war.

Der Monarch als Weltherrscher

Die ersten Regierungsjahre Trajans spiegeln eindrucksvoll die beiden entgegengesetzten Pole der monarchischen Herrschaftsform, die in den ersten hundert Jahren im Gleichgewicht gehalten werden mußten. Im Oktober 99, bei seiner dritten Designation zum Konsul, schwor der Monarch auf dem Marsfeld stehend vor den sitzenden Konsuln den alten Eid der Republik: er und sein Haus möge dem Zorn der Götter anheimfallen, wenn er wissentlich fehlen sollte. In diesem vor Senat und Volk vollzogenen äußeren Akt wurde das Selbstverständnis der augusteischen Staatsform noch einmal eingefangen. Der Prinzeps unterwarf sich der Tradition und der immer noch republikanischen Grundordnung des Staates, oder – wie dies der tief beeindruckte Plinius ausdrückte – *non est princeps supra leges, sed leges supra principem* [Plinius, panegyricus]. Aber: Als der Senat nach dem Tode Nervas und ohne Wissen Trajans eine Münze in Umlauf brachte, auf der ein Vertreter des Senates und der Prinzeps gemeinsam die Weltkugel halten und die Beischrift „*Providentia Senatus*" den Anteil des Senates daran besonders betonte, verbot der Kaiser diesen Münztyp. Denn seit Augustus war ein der Wirklichkeit weit näheres Gesetz unverrückbarer Teil der neuen Ordnung: Allein der Monarch sichert die Herrschaft über das Reich, und er allein ist die Quelle von *tutela et securitas generis humani*. Zu der Huldigung vor der Tradition der Republik treten die Gebete, die in den Provinzen für den Kaiser an seinem *dies imperii* gesprochen wurden und die ihn als Garanten und Urheber des Wohlergehens der gesamten Reichsbevölkerung feierten: *precati deos, ut te generi humano, cuius tutela et securitas saluti tuae innisa est, incolumen florentemque praestarent* (... indem wir die Götter baten, Dich der Menschheit, deren Schutz und Sicherheit an Deinem Leben hängt, gesund und blühend zu erhalten) [Plinius, Briefe, 10, 52]. Ein solches Denken mußte sehr bald die republikanischen Pfeiler der kaiserlichen Macht zu rein formalen Hüllen degradieren. Der Monarch war der Herr der Welt, und dies besagte, daß seine Macht keine Beschränkung und keine Teilung duldete. Von Hadrian bis Heraklios wurde das Leitbild der Zeiten die Regierung des Augustus, durch die den neuen Generationen die Ideale einer die Welt umspannenden und sie zugleich umhegenden Monarchie zukunftsweisend formuliert schienen. Cassius Dio ebenso wie die christlichen Kirchenväter seit Origines, die die christliche Heilsgeschichte mit der als ewig gedachten Existenz des Imperium Romanum zu verbinden begannen, bestimmten von hierher die Maßstäbe ihrer eigenen und aller zukünftigen Generationen.

Der Regierungswechsel

Der Augenblick, in dem die Nahtstellen zwischen Republik und Monarchie, zwischen Rechtsform und tatsächlicher sozialer Macht, immer wieder aufbrechen mußten, war der Regierungswechsel, da eine Nachfolgeordnung den monarchischen Charakter des Prinzipats sofort enthüllt hätte und daher nicht zu normieren war. Der in Monarchien ansonsten so vertraute Satz „Der König ist tot; es lebe der König" fiel dem römischen Kaiser erst am Ende der Antike zu. In den Jahrhunderten davor bedeutete der Tod des alten Kaisers zugleich die Wiederherstellung des alten revolutionären Zustands, dem die Herrschaft des

Augustus ihre Existenz verdankt hatte. Für jede Generation hieß dies: Nicht das aus der europäischen Geschichte so vertraute Bewußtsein der Legitimität ordnete die Thronfolge, sondern die Antwort auf die im Prinzip nur durch das Schwert oder durch ein Gottesurteil zu entscheidende Frage, wer der Mächtigste im Lande sei. Die Antwort war natürlich präjudizierbar, und sie zu finden, gehörte zu den wichtigsten Pflichten des amtierenden Kaisers. Drei Faktoren waren dabei zu berücksichtigen: Das Gewicht des Senates und die von ihm gehüteten Maximen der Tradition, der Wille des alten Monarchen und vor allem die Interessen der kaiserlichen Klientel, in der dem Heer die entscheidende Rolle zukam.

Die Tradition hatte der Alleinherrschaft die unverrückbare Idee an die Hand gegeben, daß nur der durch seine Taten ausgewiesene und durch sie allgemein anerkannte Beste die Rolle des Prinzeps beanspruchen und ausfüllen kann. Dieser Grundsatz der persönlichen Qualifikation war identisch mit dem auf den Staat bezogenen Ethos der republikanischen Aristokratie und hatte über Jahrhunderte hinweg ihren Machtanspruch legitimiert. Augustus hat dies nicht anders gesehen und mit seinem Tatenbericht, der seine Leistungen für Staat und Gesellschaft bewußt richtungsweisend für die zukünftigen Generationen festhielt, noch vertieft. Er stattete damit ein Postulat mit seiner Autorität aus, dessen Einhaltung nur der Senat überwachen konnte, der als berufener Träger der Tradition Roms denn auch immer die Entscheidung darüber beanspruchte, wer als der jeweils Qualifizierteste zu gelten habe. Verständlich wird dies auf dem Hintergrund eines viel umfassenderen Tatbestandes: Der Prinzipat war revolutionär, weil er die Herrschaft auf dem Schlachtfeld gewonnen hatte und weil er diesen Gründungsakt nie verleugnen konnte. Er hat jedoch die materiellen und geistigen Lebensumstände der Menschen selbst in den Einzelheiten nicht so verändert, daß das für die römische Welt immer selbstverständlich gewesene Zutrauen in die verbindliche Kraft des Überlieferten nicht mehr möglich gewesen wäre.

<small>Die Herrschaft des jeweils Besten</small>

Der Wille des Monarchen war von seiner Aufgabe, das nach seinem Tode zu befürchtende Chaos vorab bändigen zu müssen, bestimmt; zudem unterlag er der persönlichen und gesellschaftlichen Forderung, die Herrschaft für seine Familie zu erhalten. Beides konnte der eigene Sohn am sichersten garantieren, da er kraft seiner Abstammung ein besonderes Prestige beanspruchte, zugleich Erbe des kaiserlichen Vermögens war und ihm bereits die Zustimmung der Klientel des Kaisers sicher war. Augustus (Adoptivsohn Caesars) besaß wie merkwürdigerweise die meisten seiner Nachfolger keinen Sohn, so daß die Adoption von Anfang an zu einem wesentlichen Bestandteil des Prinzipats werden mußte, da sie allein die Funktion herstellen konnte, die dem eigenen Sohn zukam. Der Gedanke, die Herrschaft der Familie zu sichern, brauchte dabei nicht aufgegeben zu werden: Die Adoptionspolitik des Augustus sagt dazu das Nötige und ist Ausdruck der patrimonialen Familiengesinnung jedes Aristokraten: *sub Tiberio et Gaio et Claudio unius familiae quasi hereditas fuimus* [Tacitus, hist. 1, 16, 1].

<small>Die Adoption</small>

Diese Erbfolgeregelung – Konsequenz eines biologischen Faktums, nicht Ausdruck politischer Überlegung – sicherte die Dynastie und war im zweiten Schritt in Einklang zu bringen mit den Qualifikationsforderungen der Tradition und dem Recht von Senat und Volk, allein rechtsverbindlich das Bündel kaiserlicher Amtsvollmachten bewahren zu können. Noch zu Lebzeiten – also anders als bei Caesar – wurde daher die privatrechtliche Adoption vollzogen, der präsumptive Nachfolger mit militärischen und politischen Aufgaben betraut und schließlich der Senat veranlaßt, die wichtigsten Amtsgewalten *(tribunicia potestas; imperium proconsulare)* schon zu Lebzeiten des Kaisers auch dem Nachfolger zu übertragen: Er besaß damit zusätzlich zu den sozialen Elementen der Herrschaft beim Regierungswechsel den Oberbefehl über das Heer in den wichtigsten Provinzen und die rechtlich abgesicherte Initiative zum politischen Handeln in Rom.

Die Ersatzfunktion der Adoption

Die Adoption hat also ausschließlich eine Ersatzfunktion. Sie schafft den Sohn, der dem kaiserlichen Ehepaar versagt geblieben war, und dieser tritt in alle Rechte ein, die eine dynastische Erbfolge sichern. Daran änderten auch die Adoption Trajans durch Nerva und die diesem Vorbild nachgeahmten späteren Nachfolgeregelungen bis Mark Aurel nichts. Im Verständnis der senatorischen Zeitgenossen, festgehalten in der Dankrede des Plinius am 19. September 100 für die Erteilung des Konsulats [Panegyricus], wurden dabei die Auswahlkriterien neu festgesetzt, so als ob der allgemeine Konsens von Senat und Volk, die sittliche Bewährung und die sachliche Tüchtigkeit des Auserwählten allein den Ausschlag gegeben und idealiter die leibliche Thronfolge geradezu ausgeschlossen hätten. Solche Gedankengänge demonstrierten, wie weit die Senatsaristokratie in ihrer Euphorie über ein senatsfreundliches Regiment zu gehen bereit war und welches Selbstverständnis sie von einem der Tradition und der stoischen Fürstenethik verpflichteten Kaiserhaus erhoffte. Mit praktischer Politik hatte dies nichts zu tun; Mark Aurel als der erste der aufgeklärten Senatsfreunde auf dem Thron des Augustus, der einen leiblichen Sohn groß gezogen und geliebt hatte, machte diesen zu seinem Nachfolger und bewies, was die Adoption immer gewesen war: ein Ersatz.

Die Akklamation des Heeres

Letztlich entschieden wurde über die Nachfolge jedoch in den Lagern der stärksten Legionen an den Reichsgrenzen, in den Kasernen der Prätorianer und in den Faubourgs der Hauptstadt. Der Wille der sozialen Klientel äußerte sich in der Form der Akklamation: das Heer begrüßte den Erben als *Imperator* und leistete den Treueeid – beides in der durch die Erfahrung seit Caesar gesicherten Erwartung, damit zugleich den Sachwalter seiner Interessen gefunden zu haben. Der so faktisch bereits auf den Schild gehobene Patron und Feldherr seiner Soldaten erwies sich denn auch jedesmal als stärker, wenn die Vorstellungen des Senats auf eine andere Person oder – wie nach dem Tode des Gaius für wenige Stunden – auf die Restauration der Republik abzielten. Der amtierende Kaiser war also vor allem gehalten, seinen Sohn den Legionen vorzustellen und ihr Einverständnis vorab einzuholen. Es gelang dies im Regelfall ohne Schwierigkeit, da gerade der Soldat – wiederum aufgrund seiner praktischen Erfahrung – seinen Patron als Familienoberhaupt und in der Kontinuität der Familie die beste Sicherung seiner Zukunft sah. Zum Problem mußte all dies erst dann werden, wenn die Familientradition abriß und ad hoc entschieden werden mußte, wer der Armee am nützlichsten sei. Das dritte Jahrhundert, das diese Entscheidung von den Legionen regelmäßig verlangte, aber auch bereits die Wirren des Jahres 69 (nach dem Tode Neros) und des Jahres 193 (nach dem Tode des Commodus) zeigten, welche Antwort die Legionen auf die ihnen gestellte Frage fanden: Sie erhoben ihre Generäle und waren bereit, mit ihnen Krieg gegen jeden und so lange zu führen, bis der triumphale Einmarsch in Rom ihrem Feldherrn das Diadem und ihnen Lohn und eine sichere Zukunft bescherte.

b. Die sozialen Grundlagen

Dem Rückblickenden wird schnell deutlich, daß der Prinzeps von Generation zu Generation mehr die monarchischen Züge seiner Herrschaft ausbildet und in gleichem Maße die politischen Herrschaftsansprüche der Senatsaristokratie verfallen. Das Meiste von dem, was diese Entwicklung vorwärts trieb, lag außerhalb des eingreifenden Handelns des einzelnen Herrschers und entzog sich häufig genug bereits der prognostizierenden Erkenntnis der Zeit. Die bei jedem Regierungswechsel lastende Gewalt der Armeen war niemals einzubinden gewesen in Regelungen oder normative Satzungen, die die Zukunft der Regierungswechsel hätten anders gestalten können. Die Macht der Legionen war das wichtigste Element der Herrschaftsbegründung gewesen, und sie zu beschneiden, verbot die Existenz des Weltreiches, das seinerseits den Einwirkungsmöglichkeiten eines städtischen Adels längst entwachsen war. Die für ihren Bestand notwendige Zustimmung der wichtigsten sozialen Kräfte nach der Senatsaristokratie erhielt der Prinzeps denn auch jenseits der republikanischen Tradition und nur an Formen gebunden, die der Monarch selbst erst langsam entwickelte.

Die Armee

Da war zunächst das Heer, oder genauer: Hunderttausende besitzloser römischer Bürger, die als junge Männer angemustert hatten und während ihrer 16–20jährigen Dienstzeit ebenso wie nach ihrer Entlassung von ihrem Feldherrn versorgt werden wollten und dafür ihre bedingungslose Treue als Gegenleistung boten. Da diese Treue an die Person gebunden war – die Zeiten, in denen die Bürgermiliz für die *res publica* ins Feld zog, waren seit Marius dahin –, wurde sie käuflich. Der kaiserliche Patron war also gezwungen, für die Soldaten da zu sein und jeden ehrgeizigen General daran zu hindern, patronale Pflichten an sich zu ziehen.

Da war die hauptstädtische Bevölkerung, in deren Mitte der Kaiser residieren mußte. Sie hatte seit den Gracchen gelernt, nur den hochleben zu lassen, der zu generösen Getreidespenden bereit war und ein offenes Herz für großartige Spiele und Feierlichkeiten hatte. Sie war als Kulisse fürstlicher Herrlichkeit und Großmut ganz unentbehrlich, sie war aber auch gefährlich: Als Nero Rom

Die Bevölkerung der Hauptstadt

brennen sah und die Gerüchte ihn schuldig zu sprechen begannen, mußte schnell ein bequemer Sündenbock gefunden werden, auf den der Zorn der Massen abgelenkt werden konnte [Tacitus, ann. 15, 44, 2]. Die eindrucksvolle Aufzählung von Geld- und Getreidespenden an die Bevölkerung von Rom, mit der Augustus in seinem Tatenbericht die Rechenschaft über seine finanziellen Aufwendungen einleitet [die *impensae:* Mon. Anc. 15], ebenso wie die Getreidesilos in Ostia zeugen eindrucksvoll davon, mit welcher Sorgfalt auch hier die soziale Klientel umhegt wurde.

Die Italiker Da waren die Bürger in den italienischen Landstädten. Von wenigen Ausnahmen abgesehen waren sie unpolitisch, da das Fehlen einer Repräsentativverfassung ihnen bei der Verleihung des Bürgerrechtes keine wirklichen politischen Rechte geben konnte. Trotzdem gab ihre Macht zusammen mit der des Heeres den Ausschlag. Ihre Zahl überstieg die der hauptstädtischen Bevölkerung mindestens um das vierfache, von ihrem sozialen und wirtschaftlichen Wohlstand hing die Aufrechterhaltung des Weltherrschaftsanspruchs ab, ihre Offiziere und Mannschaften machten die Legionen unbesiegbar, und ihre städtische Lebensordnung wurde Vorbild und Maßstab für das Leben in den Provinzen. Eine Schlüsselrolle kam dabei naturgemäß den 28 Kolonien zu, in denen vor und nach Aktium die Veteranen der Bürgerkriegsarmeen, aber auch Teile des verarmten italischen Bauernstandes angesiedelt wurden; derartige Gründungen setzten sich bis Vespasian fort und wurden durch kontinuierliche Nachdeduktionen noch verstärkt. Die Treue dieser Soldaten und Bauern dauerte durch die Generationen und sicherte den Kaisern eine völlig verläßliche und dazu noch militärisch brauchbare Klientel vor den Toren Roms. Es ist daher insgesamt von besonderer Symbolkraft für die Gestalt des Prinzipats geworden, daß Octavian 32 v. Chr. den letzten Kampf um die alleinige Herrschaft im Staat mit einem Schwurakt *(coniuratio)* ganz Italiens auf seine Person einleitete [Mon. Anc. 25: *Iuravit in mea verba tota Italia sponte sua et me ... ducem depoposcit:* Mir hat aus freiem Entschluß ganz Italien den Gefolgschaftseid geleistet und mich als Führer für den Krieg erwählt]. Die damals begründete Klientel aller Bürger Italiens ist niemals abgerissen und hat den Kaisern die Tatkraft der Italiker zur Verfügung gestellt und ihnen den Weg in die Provinzen geebnet.

Die Kolonisten Da waren die in den Provinzen und in Italien gegründeten Kolonien. Der Gründer dieser Städte war immer zugleich ihr Patron gewesen – Grund genug für die republikanische Aristokratie, sich immer gegen Koloniegründungen in den Provinzen zu wehren. Denn jeder, dem es gelang, sich außerhalb Italiens eine Klientel aus Kolonisten und Bürgern der Munizipien zu schaffen, entzog sich der Kontrolle seines Standes und veränderte die Machtlagerung im Herrschaftsraum.

Zum einen wurde die Amtsausübung der offiziellen Herrschaftsträger in den Provinzen stör- oder lenkbar, wenn eine militarisierte Klientel geschlossen angesiedelter Kolonisten auf den Ruf ihres Patrons hörte, dem Zugriff der Statthalter entzogen und einem anderen als dem staatlich legitimierten politischen Willen unterstellt werden konnte. Die meisten der 27 v. Chr. dem Senat wieder unterstellten Provinzen waren auf diese Weise fest in der Hand des Kaisers, da die militärisch kaum zählbaren Machtmittel des Statthalters die Macht der Kolonisten nicht aufwogen. Zum anderen verfügte der rechtmäßige Herr der Provinz selbst in den von ihm gegründeten Kolonien über eine zahlreiche Klientel, die die Bindung seiner exekutiven Funktion an die Entscheidungen des Senats noch leichter lösen ließ, als dies ohnehin die keiner Kontrolle unterworfene Amtsgewalt der Imperiumträger gestattete. Als Caesar den Widerstand des Senates brach und Kolonisten in die Provinzen schickte und Augustus diesem Beispiel mit zahlreichen Ansiedlungen in den Westprovinzen folgte [Mon. Anc. 28], hatten beide gewiß die Sicherheit des Reiches vor allem im Auge (vgl. S. 104). Die Privilegierung vieler dieser Kolonien zeigt mit nicht mißzuverstehender Deutlichkeit, worum es darüber hinaus ging: Sie erhielten das *ius Italicum*, d. h. es wurde ihnen die Immunität und das quiritische Bodenrecht in ihren Kolonien gewährt, was sie den in Italien Angesiedelten gleichstellte. Der Prinzeps als Patron seiner privaten Klientel bewies damit, wie genau er es mit seinen Verpflichtungen nahm; er konnte denn auch gewiß sein, dafür die Loyalität seiner Klienten eingehandelt zu haben.

Da waren schließlich die Provinzen und ihre Städte: Munizipien als römische Bürgerstädte und die *civitates* oder Poleis der Untertanen. Aus der Sicht der Provinzialen erschien Augustus zunächst nur als der Führer einer weitverzweigten, vor allem militärischen Klientel, legitimiert in Rom durch die alten Herrschaftsrechte und seine *auctoritas*, die auf Leistungen ruhte, an denen die Provinzen nur als Leidende teilgenommen hatten. Sein Bündnis mit der Aristokratie, die Teilung der Provinzen mit dem Senat, die äußere Erscheinung der Herrschaft in der Form von Statthaltern, Senatsgesandtschaften, Steuereintreibern, die emsige Kolonisationspolitik – all dies sprach dafür, daß auch dieser aristokratische General wie seine Vorgänger seinen Standesgenossen und seinen römischen Klienten wie gewohnt Sicherheit, Reichtum und Einfluß auf Kosten der Unterworfenen garantieren mußte. Daß es dabei nicht blieb, sondern die Herrschaftsausübung bereits von Augustus versachlicht werden konnte (vgl. S. 100), mußte den Provinzialen denn auch wie ein göttliches Wunder erscheinen, das sie an den Mann band, der es zuwege gebracht hatte. Die Verpflichtungen, die Augustus und seine Nachfolger übernahmen, waren neben denen, die sich aus einer objektivierten Herrschaftsausübung von selbst ergaben, denn auch unverkennbar von der Fürsorge des Patrons für seine Klientel gekennzeichnet: Streitigkeiten zwischen den Städten schlichtete der Kaiser, von ihm finanzierte Bauten verschönten die traditionsbeladenen Städte insbesondere des griechischen Ostens – die Bauten Hadrians mögen als Beispiel genügen –, die städtischen Einnahmen wurden geordnet und gelegentlich durch Steuernachlässe oder direkte Unterstützungen saniert, und insgesamt wurde das vorhandene soziale Gefüge konserviert.

Die Provinzen antworteten wie die Italiker, das Heer und die hauptstädtische

Der Eid auf den Kaiser
Bevölkerung mit dankbaren Bezeugungen der Ergebenheit, die sehr bald in die Form des Kaisereides gegossen wurden: „Wir schwören bei Zeus, dem Retter, bei dem göttlichen Caesar Augustus und bei der heiligen Jungfrau unserer Heimat (=Athene), dem C. Caesar Augustus und seinem ganzen Hause wohlgesinnt zu sein, diejenigen für unsere Freunde zu halten, denen er selbst den Vorzug gibt, die aber für unsere Feinde, die er selbst dafür hält. Halten wir unseren Schwur, so möge es uns gut gehen, sind wir aber meineidig, so soll das Gegenteil eintreffen." [R. HELBING, Griech. Inschriften, Berlin 1915, S. 95 ff.]. Die Bürger der kleinasiatischen Stadt Assos, die 37 n. Chr. diesen Schwur für Caligula taten, bekundeten damit wie alle Provinzen, daß auch sie sich zur Klientel des Herrscherhauses zählten. Die soziale, konstitutionell auch gar nicht weiter normierbare Machtbasis des Prinzeps umfaßte nunmehr alle Reichsbewohner und wies der römischen Monarchie die Zukunft, nachdem das Bündnis mit der Senatsaristokratie im Jahre 27 den Frieden mit der republikanischen Tradition und Vergangenheit besiegelt hatte.

c. Die sakrale Weihe

Die Vergöttlichung des Kaisers in Rom
In Rom widersprach die Vorstellung von der Vergöttlichung des Monarchen dem Grundgedanken der römischen Staatsreligion, die keine Aussagen über das Wesen oder gar die Genealogie und Familienbeziehungen der Götter zuließ. Das Beziehungsverhältnis zwischen Göttern und Menschen regelte sich im konkreten Kultvollzug, dessen Formen in besonderer Weise dem *mos maiorum* verpflichtet und peinlich genau festgelegt waren. Nichts in dieser Vorstellung und ihrer praktischen Verwirklichung gestattete einen Brückenschlag zwischen dem göttlichen und dem menschlichen Bereich. Ebenso dezidiert widersprach die von Augustus vollzogene Eingliederung seiner persönlichen Herrschaft in die republikanische Rechtsordnung jeder sakralen Überhöhung seiner Person. Die seit dem Januar 27 übernommenen Ämter, Amtsvollmachten und Sonderrechte waren Teil des republikanischen Amtsrechts, das seinen Träger gegen alle Versuche der Vergöttlichung seiner Person immunisieren mußte. Und schließlich lieferte auch die Klientel, Grundmuster des sozialen Verhaltens in Rom und Italien, keine Anknüpfungspunkte für eine kultische Verehrung des Patrons.

Der Kaiserkult in den Provinzen des Ostens
Die Provinzen sahen dies anders. Der Osten des Reiches hatte die Götter und Heilande schon lange kommen und gehen sehen und daher nur zu fragen, ob die längst gegenwärtigen Formen der kultischen Verehrung eines Monarchen auch auf den Sieger in Rom anwendbar waren. „Der leibhaftig erschienene Gott und der Retter des Menschengeschlechts" [Syll.³ 760] – so hatte der Landtag Asiens bereits Caesar genannt und die lange umlaufende Vorstellung von der göttlichen Erscheinung auf Erden und von einem universellen Wohltäter unmißverständlich an die Person eines Römers gebunden. Angesichts der glanzvollen Siege des Octavian und der nach Aktium vorgenommenen Neuordnung des gesamten Ostens war auch jetzt nicht anders zu verfahren. So boten 30/29 die Landtage

von Bithynien und Asien – beides bereits in hellenistischer Zeit gegründete *Koina* – dem Sieger über Mark Anton die Einrichtung eines Kultes, die Erbauung eines Tempels und Festspiele zu seinen Ehren an [Cassius Dio 51, 20, 6–9]. Octavian hat diese ihm angetragenen kultischen Ehrungen angenommen und sich so die Tradition der hellenistischen Koina zunutze gemacht, denen als vornehmste Aufgabe die Pflege des Herrscherkults immer zugekommen war. Die getroffene Entscheidung war von höchster Bedeutung und wurde, wie Dio ausdrücklich vermerkt, das Modell für alle Provinzialkulte. Von Anfang an war damit der Kaiserkult Aufgabe einer Institution, die dies traditionsgemäß wahrgenommen hatte, jedoch auch immer für die beschränkte Wahrnehmung der politischen Interessen der vereinigten Städte gegenüber dem hellenistischen Herrscher zuständig gewesen war: Eben diese Verzahnung von politischen Aufgaben und kultischer Herrscherverehrung wurde typisch für den römischen Kaiserkult, der von den Provinziallandtagen wahrgenommen wurde. Beide Tätigkeiten bedingten sich gegenseitig. Die ebenso pünktliche wie richtige Wahrnehmung des Kaiserkultes steigerte die politische Durchsetzungsmöglichkeit von Forderungen der Provinziallandtage, da auf diese Weise ein sehr direktes und persönliches Verhältnis der Provinzen zum Kaiser begründet worden war.

Die Voraussetzungen des Kaiserkultes lagen also in den östlichen Provinzen des Reiches, dessen Bewohner es seit Jahrtausenden bzw. (sofern sie Griechen waren) seit den hellenistischen Königen gewohnt waren, die Person des Monarchen mit göttlicher Weihe zu umgeben.

<small>Der Kaiser als Retter und Heiland</small>

Gerade der mit universalem Anspruch auftretende Herr der Welt war nur vorstellbar als Sachverwalter göttlicher Mächte, in deren Dunstkreis er eingehüllt oder denen er zugeordnet wurde. Auch die öffentliche Demonstration göttlicher Wunderkräfte gehörte zu einem Retter und Heiland, wie selbst der alte Haudegen Vespasian in Alexandria erfahren mußte: Ein Blinder und ein Lahmer drängten zu ihm und baten um ein heilendes Wunder. Der zunächst schockierte Kaiser gab schließlich nach und heilte beide, wobei er Wange und Augenlider des Blinden mit seinem Speichel bestrich [Tacitus, hist. 4, 81; vgl. z. B. Markus 7, 31–37]. Unser Gewährsmann verschweigt nicht, daß Vespasian die politische Wirksamkeit des Vorganges, der bei Gelingen in den Basaren der Städte des Ostens die Erzählphantasie inspirieren mußte, genau bedachte, bevor er Wunder zu wirken begann.

In den Provinzen des Westens waren die Voraussetzungen gründlich anders. Die von Rom unterworfenen Völker kannten den Gedanken nicht, daß ungewöhnliche Taten eines Menschen Ausdruck göttlichen Wirkens sein mußten. Die Zwischenwelt der Heroen, in der solche Vorstellungen am leichtesten vorab heimisch gemacht werden konnten, war dort nicht erfunden worden, und die verehrten Götter dementsprechend in der Regel noch mit den Gewalten der Natur und nicht denen des Menschen verbunden. Einig sah man sich allerdings mit den Bewohnern des Ostens in dem Bewußtsein, daß die Dauer verspre-

<small>Der Kaiserkult in den Westprovinzen</small>

chende Friedenszeit des Augustus Loyalität und Dankbarkeit fordere und diese auch bezogen auf den Mann, der dafür verantwortlich war, formuliert werden müsse. Ganz generell war dies bereits im Jahre 32 v. Chr. vollzogen worden, als sich die Westprovinzen dem Vorbild Italiens angeschlossen hatten und Octavian die Treue schworen: *iuraverunt in eadem verba provinciae Galliae, Hispaniae, Africa, Sicilia, Sardinia* [Mon. Anc. 25]. Die Institutionalisierung der kultischen Verehrung verlangte jedoch darüber hinaus nach einer Form, in der weniger dramatisch, aber die Loyalität nicht minder ausdrückend, der Monarch Anerkennung finden konnte. Als Modell, nach dem zu verfahren war, bot sich der im Osten anerkannte Provinziallandtag nahezu von selbst an. Augustus hat das vor allem nach der Reorganisation der spanischen und gallischen Provinzen zu sammelnde Potential an Zustimmung denn auch in die kultische Fassung gebracht – sicherlich nicht zuletzt deshalb, weil er selbst in Italien mit kultischen Ehrenbeschlüssen der Munizipien überhäuft, in den Kolonien und Munizipien der Provinzen dasselbe Phänomen erleben durfte und die stabilisierende Wirkung kultischer Loyalitätsakte im Osten erkannt hatte. Im Jahre 12 v. Chr. wurde die in Kleinasien zuerst gegründete Institution des Landtages auf Gallien übertragen, als es anläßlich der Durchführung des gallischen Provinzialzensus zu erheblichen Unruhen kam und Drusus im Auftrage des Augustus das Nötige zur Beruhigung der Provinzen tun mußte. Aus dieser Begründung wird sehr deutlich, daß die Einrichtung eines Kaiserkultes, der von einem dafür gegründeten Provinziallandtag wahrgenommen werden sollte, als Mittel der Befriedung und der Gewinnung von Zustimmung zum Imperium und zum Kaiser gehandhabt wurde.

Der Kaiserkult seit Vespasian — Dieser Zusammenhang wird noch klarer, wenn man erkennt, daß an die Einführung von Provinzialkulten zunächst nur in frisch unterworfenen Gebieten gedacht wurde. Erst Vespasian begründete eine neue Ära des Provinzialkultes, als er ihn auch auf die seit langem befriedeten senatorischen Provinzen (die Narbonensis, die Baetica und die Africa Proconsularis) übertrug. Der Herrscherkult wurde damit in seiner ursprünglichen Funktion, gerade befriedete und noch unruhige Gebiete an Rom zu binden, erweitert und diente nunmehr als Rahmen von Loyalitätsbekundungen für Kaiser und Reich. Die Provinzen übernahmen bereitwillig diese Aufgabe, da sie auf diesem Wege ihr Nahverhältnis zum Prinzeps deutlich steigern konnten; war es ihnen nunmehr doch wesentlich leichter geworden, die Mißwirtschaft römischer Statthalter direkt beim Kaiser anzuprangern und von ihm Schutz und Hilfe zu erhalten. Die z. B. bei Plinius berichteten Prozesse gegen die Prokonsuln der Provinz Baetica der Jahre 93 und 98 [BLEICKEN, Senatsgericht, S. 162 ff.] zeugen beredt davon, welches Prestige die den Kaiserkult verwaltenden Landtage gewonnen hatten und wie unmittelbar sich ihr direkter Zugang zum Prinzeps über den Kaiserkult auszahlte.

Die behutsame Einführung der Landtage in den westlichen Provinzen bis in die Regierungszeit des Vespasian beweist, daß das Instrument des Kaiserkultes und seine Wahrnehmung durch die Landtage verschiedene Etappen der Erprobung durchlief, in denen der nächste Schritt erst nach der Bewährung des vorangegangenen getan wurde. Grob lassen sich drei Epochen dieser Entwicklung charakterisieren:

1. Die Einordnung in die Tradition des hellenistischen Herrscherkultes, der in Asien durch das asiatische Koinon wahrgenommen worden war.
2. Die Übertragung des Kultes und der Trägerorganisation auf die noch nicht befriedeten Provinzen des Westreiches mit dem erklärten Ziel, ihre Führungsschichten durch diese besondere Aufgabe sehr eng an das Imperium und möglichst nahe an das Kaiserhaus zu binden.
3. Die Ausweitung des Herrscherkultes und seiner Institution unter Vespasian auf alle großen Provinzen des Westreiches. Der Kaiser trug so der gewachsenen Bedeutung der Provinzen gegenüber Italien Rechnung, gewährte ihnen einen gewissen politischen Spielraum, den sie bei krassen Mißständen des provinzialen Statthalterregiments nutzen konnten, und gab den kontinuierlich erwarteten Loyalitätsbekundungen eine klare Form.

Die reichsweite Verehrung des Kaisers

Neben den Provinziallandtagen haben alle Städte des Reiches entsprechend der ihnen eigenen Autonomie Kulte gestiftet und dem Kaiser kultische Ehren in den verschiedensten Formen zugedacht. Hinzu kam eine ganze Palette von privaten Ehrungen, die Einzelpersonen oder Vereine betrieben. Die kaiserliche Zentrale hat in diese Vorgänge nie eingegriffen, so daß Tempel, Säulenhallen, Altäre und Spiele unübersehbar vom guten Willen der Städte Italiens und der Provinzen zeugten, die göttlichen Kräfte des Kaiserhauses auf die eigene Stadt und das eigene Haus in besonderem Maß zu konzentrieren. Bereits die letzten Regierungsjahre des Augustus sahen den Kaiserkult als eine das ganze Reich umfassende Größe [Sueton, Aug. 59], deren politischer Kerngedanke die kontinuierliche Bekundung der Loyalität gegenüber Kaiser und Imperium wurde.

Inhaltlich bedingte die Notwendigkeit, den mit dem Kaiserkult gegebenen Bruch mit der römischen Tradition nicht zu offenkundig werden zu lassen, eine Form der Verehrung, die über die Heiligkeit des Monarchen keine Aussage machte. Der politische Zweck forderte dies ebensowenig wie die religiöse Tradition, die im formalen Kultvollzug immer die entscheidende Kommunikation mit den Göttern gesehen und daraus die erfolgreiche Unterwerfung unter den göttlichen Willen abgeleitet hatte.

Die Formen der Verehrung

Anders: Weder band der Kaiserkult die persönlichen religiösen Gefühle der Menschen noch war eine bestimmte Gottheit in besonderer Weise dem Kaiser und seiner Verehrung verbunden; erst im christlichen Rom wurde die Dreieinigkeit die offizielle und allgemein verbindliche Gottheit des Imperiums. Der Spaten der Archäologen hat kein Zeugnis zutage gefördert, das in den privaten Räumen der Untertanen – sei es durch eine Statue, sei es durch Mosaik-Darstellungen – die Verehrung der Kaiser beweisen könnte. Die Religion der Loyalität verlangte schließlich keine persönliche Frömmigkeit, und niemand hat je daran gedacht, diese zu fordern. So konnte es auch dem Monarchen selbst überlassen bleiben, seine sakrale Überhöhung an den im einzelnen neu zusammenzusetzenden Götterhimmel anzubinden (z. B. *Herculius*) und daraus nach Bedarf die benötigten konkreten Inhalte zu schöpfen.

Sol Invictus   Dort lag denn auch der Anknüpfungspunkt für die Adaption der Religiosität der Erlösungsreligionen, die besonders eindrucksvoll in der Gestalt des *Sol Invictus* auftritt. Selbst ein Gott, der viele Gottheiten in sich aufgenommen hatte, gab er Raum für ein neues religiöses Weltbild, in das der universelle Machtanspruch des Herrn des *orbis terrarum* eingebettet werden konnte. Zugleich war er aber auch ein Gott, der eine strenge Vorstellung von seiner Macht hatte und die universelle Gültigkeit seiner Entscheidungen beanspruchte; eben dies gab den Kaisern seit Aurelian eine gewichtige Waffe gegen die Armeen des Reiches in die Hand. Eine Anekdote berichtet, Aurelian, bedroht von einem Aufstand, habe den Soldaten erklärt, es sei ein Irrtum zu glauben, das Schicksal der Könige ruhe in ihren Händen: denn Gott, der den Purpur verliehen habe, bestimme auch ganz allein über die Dauer der Herrschaft [Petr. Par. frg. 10, 16; FGrHist. IV 197]. Der Vorgriff auf den Gott der Christen ist unüberhörbar. Auch er beanspruchte die ausschließliche Zuwendung seiner Gläubigen und verdammte den Aufruhr gegen seine Kaiserwahl als Sünde.

d. Die Repräsentation der kaiserlichen Macht

Die öffentlichen Aufgaben der Kunst   Die Fähigkeit der Kunst, politische Vorstellungen einprägsam der Öffentlichkeit vor Augen zu führen, ist in Rom seit der mittleren Republik erkannt und geübt worden. Große architektonische Anlagen (Stadtanlagen, Straßenbau, Aquädukte und überhaupt der gesamte Bereich der Ingenieursarchitektur), Porträts und Ehrenstatuen und schließlich historische Reliefs spiegelten den Machtanspruch Roms ebenso wie den Wert- und Tugendkatalog seiner politischen Eliten. In der frühen Kaiserzeit erschien der gesamte Raum des öffentlichen Lebens in den Städten bereits mit Denkmälern durchsetzt, deren vornehmlicher Sinn darin bestand, politische Werte und Ansprüche der eigenen Zeit und den nachfolgenden Generationen verständlich zu machen.

Der Bezugspunkt der Kunst ist in jedem Fall die Macht und das Heil des römischen Staates, in dessen Diensten der Anspruch auf das Errichten repräsentativer Bauten oder Statuen erst gewonnen werden muß. Auch als seit der späten Republik die individuelle Leistung eine neue Bedeutung und dementsprechend die Bildkunst ein neues Verständnis für individuelle Physiognomien gewann, blieb dies eingebettet in die Forderungen des Staates und der Verpflichtung gegenüber der Tradition, die in der Gestalt ihrer legendären Heroen die Vorbilder für das richtige ruhmreiche Verhalten gestellt hatte. Der einmalige historische Vorgang, der in großen Historien-Gemälden oder in Ehrenstatuen zu Wort kommen sollte, diente immer zugleich dazu, die exemplarischen Tugenden der Römer vor Augen zu führen, die die römische Politik nach der Auffassung jeder Generation geprägt hatten und von deren Beibehaltung die Macht und die

Herrlichkeit des Imperiums auch in Zukunft abhing. Das römische Verständnis von der eigenen Vergangenheit legte rigoros die Ausdrucksformen fest, in denen Architektur und Kunst die Gestaltung politischer Werte und Machtansprüche zuließen.

Vor diesem Hintergrund mußte die Bau- und Denkmälerpolitik bereits in der Republik eine wichtige Rolle im Kräftespiel der verschiedenen politischen Gruppierungen und im schließlichen Gegeneinander von Senat und großem Einzelnen spielen. Die neue Ordnung, die Augustus der Republik versprochen hatte und deren Dauer er an die Erhaltung seiner persönlichen Herrschaft gebunden hatte, forderte auch neue künstlerische Formen, die politische Themen und Zielvorstellungen des Prinzeps darstellen sollten. Die Tradition ließ keinen Zweifel an der vorrangigen Verpflichtung aufkommen, vor allem die militärischen Erfolge für das Imperium und die Ausweitung seiner Grenzen in der gebührenden künstlerischen Form feiern zu müssen. Der neue Maßstab des politischen Handelns konnte jedoch darüber hinaus den Machtanspruch des die Rolle des Monarchen usurpierenden politischen Individuums auch in neuen Formen zum Ausdruck bringen. Die offizielle Erscheinung des gesamten Staates wurde im Grunde zugeschnitten auf die Erkenntnis, daß der in den Bürgerkriegen siegreich gebliebene Augustus in seinem persönlichen Machtanspruch die Tradition der republikanischen Vergangenheit und die Herrschaft über das Imperium in sich aufgenommen hatte. Die zentralen Plätze des öffentlichen Lebens füllten sich daher mit politischen Monumenten, die die große politische Leistung und die Vorstellungswelt des republikanisch umhüllten Monarchen der Öffentlichkeit wirksam vor Augen führten.

Die Inpflichtnahme der Kunst durch Augustus

Es begann dies 30/29 v. Chr. mit dem Bau des Mausoleums auf dem Marsfeld, ein riesiges Denkmal der gezielt propagierten Bindung des Herrschers an Rom, wo er begraben werden wollte, und zugleich das Monument der Dynastie, die den Anspruch, auf Generationen hinaus die Herren in Rom bleiben zu wollen, nie kampflos aufgeben würde. Es folgten die 29 v. Chr. begonnenen Bauten auf dem Forum: die *Curia Julia*, der Tempel des *Divus Julius* und der Triumphbogen mit der entsprechenden Wendung: *de re publica conservata*. In der Kurie wurde an exponierter Stelle, jedem Senator ständig vor Augen, die Göttin *Victoria*, die über der Weltkugel schwebte, aufgestellt. Der Sinn war jedem klar: Die persönliche Siegesgöttin Octavians wird in den Rang der Siegesgöttin Roms erhoben und verkörpert die Weltherrschaft Roms und Octavians. Der zehn Jahre später hinzugefügte dreitorige Partherbogen vertiefte dieses Thema und stellte den Bezug zur römischen Tradition durch die Anbringung der Konsular- und Triumphalfasten (beginnend mit dem Triumph des Romulus über die Leute von Caenina) in der Weise her, daß Augustus als der größte in der langen Reihe der republikanischen Triumphatoren, als der Höhepunkt der Republik erschien.

Die Bauten des Augustus

Wenig später wuchsen die Bauten des *Forum Augustum*, insbesondere der Marstempel, in dem der Senat über Krieg und Frieden verhandeln sollte, auswärtige Herrscher empfangen wurden und die siegreichen Feldherren ihre

Das Forum Augustum

Triumphalinsignien niederlegten. Mit dieser Anlage wurde jedem Bewohner und Besucher Roms deutlich, daß neben dem republikanischen Forum ein neues Zentrum das vom Prinzeps regierte Imperium repräsentierte und zugleich der Monarch seiner Macht eigene Ausdrucksformen zu geben begann. Die kaiserliche Majestät, kultisch den Göttern bereits verwandt, gewinnt eigene Konturen, die aus dem Raum des traditionellen Staatsverständnisses hinausragen. Die Mitte des *Forum Augustum* nahm denn auch die Statue des Augustus als *pater patriae* auf der Triumphalquadriga ein: Der Monarch erschien in der Funktion, in der er den Römern ebenso wie den Reichsbewohnern seine besondere Fürsorge für alle dartun konnte. Nero ging einen entscheidenden Schritt weiter: Er wird der erste Herrscher, der sich einen eigenen Palast baut *(domus aurea,* das „Goldene Haus"), dessen Dimensionen schon die Umschreibung der kaiserlichen Macht mit dem senatorischen Begriff *„primus inter pares"* Lügen strafte [Sueton, Nero, 31]. Der Kaiser, der nach seiner Rückkehr aus Griechenland in Rom eingezogen war, eingehüllt in einen mit goldenen Sternen bestickten griechischen Mantel, erhob Anspruch auf die Rolle des Kosmokrators, an die auch Domitian dachte, als er sich *dominus et deus* nennen ließ. Die Kuppel des Hauptsaales der domus aurea „drehte sich Tag und Nacht, wie das Weltall" (Sueton) und hob die kaiserliche Majestät in die gewünschte himmlische Dimension.

domus aurea des Nero

Eine besondere Bedeutung kam der Gestaltung des Kaiserbildnisses zu. In der Vorstellung des einfachen Volkes verkörperte besonders die Statue des Kaisers keine geringere Macht als die Person des Kaisers selbst [vgl. Tacitus, hist. 1, 36], so daß sie dort die Präsenz des Kaisers gewährleisten konnte, wo dieser persönlich nicht anwesend war. Dem entsprach, daß der jeweils neu amtierende Kaiser in den ersten Monaten seiner Regierung in allen Teilen des Reiches sein Porträt aufstellen ließ und vorher festlegte, in welcher Form dies zu geschehen habe. Abweichungen oder gar Abwendungen von den Stilformen der Vorgänger signalisierten den Untertanen unmittelbar anschaulich, wie weitgehend der neue Herrscher seinen Regierungsstil neu definierte oder wie eng er sich an die Politik seines Vorgängers anzulehnen gedachte. Die wirklichkeitsnahe Darstellung des vierschrötigen glatzköpfigen Vespasian zum Beispiel, die seine Verbundenheit mit seinen Legionen unterstrich, kontrastierte bewußt mit den Bildnissen der julisch-claudischen Familie, die in altersloser apollinischer Schönheit und Würde dargestellt worden waren. Jedermann im Reich konnte mit Händen greifen, daß bewußt und radikal eine neue Dynastie ihren eigenen Vorstellungen zu folgen gedachte. Eben dies hatte Augustus selbst getan, als er auf Polyklet und die griechische Klassik zurückgriff, um den Prinzeps als vollkommene Verkörperung eines zeitlosen Ideals vorstellen zu können. Seine Zeit verstand ihn richtig: Das Programm eines friedlichen und glücklichen Zeitalters bedurfte des Ausdrucks überzeitlicher Gültigkeit, die in den Darstellungen der *ara pacis* (s. o.) ihren religiösen Bezugspunkt erhielt und ihre adäquate Ausdrucksform hier wie dort in der rezipierten griechischen Klassik gefunden hatte.

Das Bildnis des Kaisers

Die einmal erkannte politische Wirksamkeit der Kunst führte dazu, daß seit

Tiberius alle Kaiser bemüht waren, auch die ihnen gemachten Dedikationen von Die Statuen
Privatpersonen im Sinne ihrer politischen Programmatik zu beeinflussen. Plinius
[ep. 10, 8] belegt ebenso wie die in den privaten Villen gefundenen Kaiserbildnisse, die durchweg den offiziellen Bildtypen entsprachen, daß man sich den
Wünschen der Kaiser gerne zu beugen pflegte. Eigenmächtigkeiten waren zudem
gefährlich: Unter Tiberius stellte ein Prätor in Bithynien sein eigenes Standbild
auf einen höheren Platz als die Statue des Kaisers und wurde in Rom wegen
Majestätsbeleidigung angeklagt [Tacitus, ann. 1, 74]: angesichts der Stellvertreterfunktion der Kaiserstatuen zu Recht.

Inbegriff aller Kaiserstatuen wurde die in der Villa der Livia bei Primaporta
gefundene Panzerstatue des Augustus, die nach dem Sieg über die Parther in
Auftrag gegeben worden war und auf dem Brustpanzer die Rückgabe der von
den Parthern bei Carrhae eroberten römischen Feldzeichen bildlich darstellte.
Dieses Ereignis, von den Zeitgenossen als großer außenpolitischer Erfolg gefeiert, erscheint auf dem Panzer symbolisch im Rahmen der kosmischen Ordnung:
Der Sonnenwagen unter dem Himmelszelt, die Provinzen des Ostens und des
Westens, die der Übergabe der Feldzeichen zustimmen, die Schutzgötter des
Augustus, Apollo und Diana, und schließlich die Gestalt der *Italia*, die aus
ihrem Füllhorn die Segnungen des neuen Zeitalters ausgießt, sie alle verliehen
dem Sieger über die Parther das Charisma des Weltherrschers, der unüberwindlicher Kriegsherr und Segen stiftender Monarch zugleich sein wollte.

Die verstreut über das ganze Reich anzutreffende Vielfalt der äußeren Zurschaustellung der Majestät des Monarchen läßt doch klar vier Funktionen Die Funktion der äußeren Repräsentation der Macht
erkennen, die zwar unter den einzelnen Herrschern unterschiedliches Gewicht
hatten, jedoch durchgängig die ganze Epoche bis Konstantin charakterisieren:
1. Seit Augustus erscheinen innerer Frieden und Wohlstand – die wichtigste Der Weltherrscher
Legitimation des Prinzipats – immer als Leistungen des Kaisers, der ihnen dank
seiner herrscherlichen Tugenden (*virtutes*) auch allein Dauer verleihen konnte.
Eingeschlossen wird dieser Gedanke von dem Bild des Weltherrschers, der –
wie schon von der Republik gefordert – die Grenzen der Erde erreicht und das
imperium sine fine geschaffen hat. Beide in der Panzerstatue von Primaporta
bildlich verschmolzenen Gedanken repräsentieren den Glauben der augusteischen Zeit und wurden kanonischer Bestandteil des Verständnisses von den
wichtigsten Aufgaben der Monarchie: *ius imperiumque Phraates Caesaris accepit
genibus minor; aurea fruges Italiae pleno defudit copia cornu* [Auf den Knien
nahm Phraates Caesars Gebot und Befehl entgegen. Goldene Fülle hat aus
üppigem Horn ihre Früchte ausgeschüttet über Italiens Fluren: Horaz, ep. 1, 12,
27–29].
2. Der Prinzeps erhält immer deutlichere Züge göttlicher Herkunft und göttlichen Einvernehmens. Auch dieser Gedanke bleibt immer gebunden an den Der Kosmokrator
Herrn der Welt, der als Kosmokrator seinen Herrschaftsanspruch durch Wohltaten beweist. Die in vielen offiziellen Darstellungen [vgl. die Büste des Commodus, heute im Konservatorenpalast in Rom: HELBIG[4] II, nr. 1486] greifbare

Verbindung von Kaiser, Weltkugel, kriegerischen Taten und Füllhörnern sind in ihrer Aussage unmißverständlich: Das Regiment des Herrschers besiegt alle Feinde des Reiches, bringt Reichtum und Segen und reicht bis zu den Sternen.
3. Mit der sakralen Weihe seiner Person entfernt sich der Kaiser mehr und mehr von den Menschen. Insignien, Tracht und höfisches Zeremoniell, zielstrebig unter Heranziehung der orientalischen und hellenistischen Vorbilder entwickelt, bauten unüberwindliche Schranken, vor denen jedermann zum Untertan wurde. Dessen Treue erprobten Opfer und Proskynese vor dem Kaiser oder vor seinem Bild – Zeremonien, die wie Horaz berichtet, ursprünglich nur unterworfenen Reichsfeinden auferlegt wurden. Die in der christlichen Legende früh ausgebildete Geschichte von den drei Magiern, die dem neugeborenen König Geschenke brachten und vor ihm das Knie beugten *"quasi deum et regem"* [Tertullian, adv. Marcion 3, 13] spiegelte die reale Wirklichkeit eines seinen Bürgern weit entrückten kaiserlichen Universalgottes.

Die *pietas* des Kaisers

4. Als wichtigste Herrschertugend erscheint die *pietas*, die Frömmigkeit des Kaisers, die das gute Einvernehmen mit den Göttern, die über das Imperium wachen, herstellt. Auf zahlreichen Bildern bewiesen die Kaiser in der Form des Opfers ihre *pietas:* Augustus tat dies auf der *ara pacis*, Tiberius vollzog auf dem Silberbecher von Boscoreale das traditionelle Opfer des ausziehenden Feldherrn [H. KÄHLER, Rom und seine Welt, 1958, Taf. 144 f.]. Die Gewißheit von drei Jahrhunderten drückte sich in diesen Akten und ihrer Darstellung aus: Solange die kaiserliche *pietas* die Funktion der *di immortales* als *conservatores Augusti et praesides custodesque imperii* wahren kann – so die Sprache Diokletians – wird das Reich und mit ihm Frieden und Wohlstand bestehen bleiben.

3. Die politischen Eliten

a. Die Zusammensetzung: Reichsadel und kommunale Eliten

Die Konstanz der Sozialstruktur

Der politische Sturz der Republik hatte die soziale Ordnung Italiens und der Provinzen nicht tangiert: Die Konstanz der Sozialstruktur, die die Welt des Mittelmeers seit etwa 500 v. Chr. auszeichnete, blieb und übertrug sich auf die Gebiete des römischen Herrschaftsraumes, in denen die bestehenden stammesstaatlichen Lebensformen durch städtische ersetzt oder wenigstens in ihrer hierarchischen Erscheinungsform stabilisiert wurden. Die soziale Stellung insbesondere des Adels in den Städten des Reiches und im Senat war intakt wie eh und je. Die senatorische Elite hatte ihre Güter behalten und ihr soziales Prestige in der engeren Heimat ungebrochen gewahrt. Als sie sich dem Herrschaftsanspruch des Augustus unterwarf und die über Jahrhunderte gehütete Souveränität der politischen Entscheidung dem siegreichen General auslieferte, war dieser Akt im Resultat denn auch mehr ein Ausgleich der Interessen als eine Kapitulation: sie glich – ungeachtet ihres gewaltsamen Charakters – einer Wahl des obersten Kriegsherrn zum Führer und Exekutivorgan der Aristokratie. Ihr ökonomisches Gewicht, ihre politische Erfahrung und ihre ausschließlich auf den Staat bezogene Standesmoral machten die adligen Herren von Rom bis in die kleinste Landstadt am Rande des Imperiums unentbehrlich. Ein Prinzeps, der auf die Idee verfallen wäre, die Eliten zu entmachten, hätte bei einem solchen Versuch erfahren, daß es alternative Funktionsträger nicht gab und daß bereits der Rückzug der Aristokraten auf ihre angestammten Güter seiner Macht ein schnelles Ende bereitet hätte.

Vor dem dritten Jahrhundert hat niemand die Probe aufs Exempel ernsthaft versucht. Die Aristokratie hatte daran am allerwenigsten Interesse, da der Monarch im Grunde tat, was auch sie wollte und immer gewollt hatte: Er sicherte die bestehende soziale Ordnung und teilte die Herrschaft über das Reich so mit ihr, daß dem aristokratischen Betätigungsdrang und seinem Hunger nach Macht und Ehre Genüge getan war. Verändert hatte sich der Ausgangs- und der Bezugspunkt der Machtausübung. Ihr Mittelpunkt war nicht mehr der Senat, sondern der Kaiser. Nur dieser verlieh noch Ämter, Kommanden, Pensionen, nur dieser verteilte die Einkünfte des Reiches, und nur in seinen Diensten war ein standesgemäßes Auftreten und die Erfüllung der alten Ideale möglich. Die äußerlich immer wieder demonstrierte Unterwürfigkeit unter den Willen des Kaisers ist die Konsequenz des aristokratischen Ethos, sich im und für den Staat ein ganzes Leben lang zu betätigen. Sie spiegelt jedoch nicht die reale Macht des Adels, die durch seine Unentbehrlichkeit in der Politik, durch seine soziale Stellung und durch seine im Lichte der Erfolge der Republik zusätzlich gefestigte Ideologie der Bewährung im staatlichen Raum ganz anders definiert war. Gerade die Einfachheit und Geschlossenheit dieser ideellen Position dehnte die aristokratische Macht weit über ihre realen Basen aus, da sie die Fähigkeit verlieh, neue soziale Aufsteiger zu assimilieren und andere sich dienstbar zu machen: Allein das Prestige, das aus dieser Haltung floß, verschaffte eine soziale Macht, ohne die die Stabilität der gesellschaftlichen Ordnung nicht zu denken war.

Die Aufgaben der politischen Eliten wurden von drei Faktoren bestimmt:
– Die objektiven Bedürfnisse eines Weltreiches. Dies war militärisch zu kontrollieren und so zu verwalten, daß der verwaltungstechnische Aufwand die Möglichkeiten einer Führungsschicht von wenigen hundert Männern nicht sprengte. In genauer Befolgung der Lehren der Republik forderte dies zum einen die Ausbildung eines dem Kaiser verantwortlichen Reichsadels und zum anderen die Stärkung der politischen und sozialen Stellung der traditionellen Eliten, die in den Städten des Reiches wie bisher alle politischen und sozialen Funktionen ausüben mußten.
– Die fest etablierte monarchische Herrschaftsform und ihre Absicherung. Der daran unabweisbar geknüpften Notwendigkeit eines eigenen Verwaltungsapparates des Kaisers hatte die Einteilung des Reiches in kaiserliche und senatorische Provinzen im Jahre 27 v. Chr. bereits Rechnung getragen.

Die Übereinstimmung von Kaiser und Aristokratie

Die Aufgaben der Eliten

– Die Anerkennung des Herrschaftsanspruches der Senatsaristokratie auch unter dem monarchischen Regiment. Daraus ergab sich die personale Kontinuität der Herrschaftsträger und die ungebrochene Widerspiegelung der sozialen Hierarchie in den Formen der Herrschaftsorganisation.

Reichsadel und kommunale Eliten

Eine Bestandsaufnahme der Führungsschichten unterscheidet demnach zweckmäßig zwischen den kommunalen Eliten in den Städten des Reiches und der Reichsaristokratie, die unmittelbar dem Kaiser unterstand und das Imperium verwaltete. Die kommunale Elite umfaßte die Dekurionen und Magistrate, die die Städte regierten und zu denen auch der Teil der römischen Ritter gehörte, der sich mit der Macht und dem Einfluß zufrieden gab, der innerhalb der städtischen Grenzen zu erreichen war. Hinzu kamen die reichen Freigelassenen und vermögende Mittelständler, die in den Kollegien der Augustalen, die den Kaiserkult betreuten, ihren Einfluß geltend machten. Den Reichsadel bildeten die Senatoren und Ritter, die im Staatsdienst tätig waren. Diese Gruppe stellte denn auch die eigentlichen Führungskader: Die Konsuln und Prätoren, die Statthalter der Provinzen, die Legionskommandeure, die Prokuratoren und Präfekten, die Angehörigen des kaiserlichen *consilium* und schließlich den Kaiser selbst.

b. Der Reichsadel und seine Aufgaben

Der Senat

Die Mitte des Staates war seit 27 v. Chr. der Monarch. In dem Maße, in dem sich seine Kompetenzbereiche ausweiteten, schwanden die des Senats. Was blieb, war die Wahl der Beamten und die Verwaltung der senatorischen Provinzen (im Jahre 27 von 22 die 10 befriedeten). Was hinzukam, war die Funktion des Pairsgerichtes in Strafprozessen, die gegen die Mitglieder des eigenen Standes anhängig wurden. Darüber hinaus war der Senat nach wie vor das zentrale Forum, auf dem alle wesentlichen Probleme der Provinzen und des staatlichen Regiments erörtert und in *consulta* behandelt wurden; politisch entschieden wurde jedoch in der kaiserlichen Zentrale, der der Senat mehr und mehr nur noch als Bestätigungsgremium gegenübertrat.

Die Unentbehrlichkeit der Senatoren und Ritter

Die eigentliche Bedeutung der Senatsaristokratie und der führenden Familien des Ritterstandes lag denn auch nicht mehr in ihrer Fähigkeit, politische Entscheidungen zu fällen, sondern sie gründete auf ihrer Tätigkeit als Staatsbeamte, die alle wesentlichen militärischen, zivilen und richterlichen Funktionen umfaßte. In dieser Eigenschaft waren sie unentbehrlich und zugleich dem Monarchen gefährlich. Dies insbesondere dann, wenn sie fern von Rom und damit jenseits der direkten kaiserlichen Kontrolle über Jahre hinweg Provinzen und Legionen führten. Aus diesem Spannungsfeld gab es keinen Ausweg: Angesichts der politischen Intelligenz und Erfahrung der Aristokratie hätte das von Augustus mit ihr geschlossene Bündnis nur um den Preis der Aufgabe des Reiches gelöst werden können. Es gab für den Kaiser nur die Möglichkeit, im Rahmen neu zu schaffender Institutionen Kontrollmechanismen aufzubauen, und es gab die politische Leitlinie, die Loyalität der Eliten durch ständige Erfolge zu sichern, die zugleich die Effektivität des kaiserlichen Regiments immer wieder neu vor Augen führten.

All dies hätte kaum verfangen können, wäre die Aristokratie des frühen Prinzipats mit der aus der Zeit Sullas noch identisch gewesen. Daß dem nicht so war, ist die Konsequenz der durch den Bundesgenossenkrieg 90/89 erzwungenen Ausweitung des Bürgergebietes auf ganz Italien und der Entscheidung Octavians, in den Jahren der Konfrontation die Grundlagen seiner Macht in Italien und nicht – wie Pompeius, Caesar und Mark Anton – in den Provinzen zu suchen (vgl. o. S. 20f.). Das römisch gewordene Italien füllte jetzt die in den Bürgerkriegen geleerten Bänke des Senats, und der Adel seiner Landstädte erhielt die Offizierspatente der Legionen und wichtige Verwaltungsstellen des Reiches. Es bedeutete dies nicht nur den Aufstieg einer neuen sozialen Schicht in die Elite des Reiches, die damit ihre nötige Kapazität erreichte; es bedeutete zugleich die Anerkennung und Weiterentwicklung moralischer und politischer Denkweisen, die die Sicherung des Erworbenen, das Festhalten an den tradierten religiösen und sittlichen Normen, soziale Stabilität und wirtschaftliche Prosperität allen anderen Zielen überordneten. Mit einem Wort: Dieser Teil der politischen Führungsschichten dachte und handelte weitgehend unpolitisch und sah seine Ideale unter dem Regiment eines Kaisers weit besser gewahrt als in der Herrschaft der römischen Stadtaristokratie, deren staatliches Ethos man zwar kopierte, mit deren politischen Ansprüchen man jedoch nichts zu tun haben wollte; zumal da man dort selbst keinen Platz für die eigene politische Zukunft reserviert fand. Diesen bot nur der Monarch. Er stellte die italische Elite der römischen gleich und belohnte eine Moral, deren kleinbürgerlicher Zuschnitt den römischen *nobiles* nichts sagen konnte.

Der Aufstieg der Italiker

Der römische Stadtstaat hatte ein Weltreich erobern und beherrschen, jedoch nicht regieren können. Hier lag die entscheidende Funktion der Monarchie, die die anstehenden Probleme nicht im Rahmen der bestehenden Magistraturen, sondern nur durch die Festlegung neuer Aufgabenbereiche und durch die Schaffung eines zentral geführten Beamtentums meistern konnte. Da der Bestand der Monarchie davon abhing, hat bereits Augustus planmäßig den Aufbau einer eigenen kaiserlichen Verwaltung ins Werk gesetzt, ohne dabei unterscheiden zu müssen zwischen Maßnahmen, die der Stärkung des eigenen Herrschaftsanspruches dienten oder die Territorien des eroberten Landes regierbar machten: Das eine ergab sich notwendig aus dem anderen, da die Erfüllung der objektiven Bedürfnisse des Reiches die Funktion des Monarchen notwendig ausweiteten und seine Position damit festigten. Im einzelnen übernahmen kaiserliche Beamte folgende Aufgabenbereiche:

Der Aufbau der kaiserlichen Verwaltung

(1) Die Verwaltung der 27 v. Chr. dem Kaiser unterstellten Provinzen, in denen zugleich das Gros des stehenden Heeres untergebracht wurde. Geleitet wurden diese Provinzen von *legati Augusti propraetore* aus dem Senatorenstand, deren Amtsvollmachten sich von denen der Prokonsuln und Propraetoren der Republik und der weiterbestehenden senatorischen Provinzen nicht unterschieden.

Die Verwaltung der Provinzen

Experimente waren hier auch am wenigsten sinnvoll: Die fast monarchische Stellung des Statthalters in seiner Provinz hatte sich bewährt, und die Sicherung des Reiches ebenso wie die Aufrechterhaltung von Ruhe und Ordnung verlangte die zivile und militärische Gewalt zusammengefaßt in den Händen von Männern, die an den Umgang mit der Macht gewohnt waren. Aus der Sicht der Provinzialen hatte sich denn auch wenig geändert. Dieselben Männer mit denselben Vollmachten regierten wie eh und je, so daß erst die generell neue Einstellung zu den Beherrschten und das mit dem Ende der Bürgerkriege aufhörende Moment der völligen Ausbeutung auch für die Provinzen einen Wandel der Zeiten ankündigten.

(2) Die Verwaltung des dem privaten Besitz des Kaisers zugeschlagenen Ägypten wurde einem ritterlichen Präfekten anvertraut; die neu eroberten Gebiete, die angesichts ihrer besonderen Rückständigkeit nicht ohne eine längere Vorbereitungsphase der herkömmlichen Provinzialverwaltung unterstellt werden sollten, erhielten eigene Beamte: Die Alpes Cottiae, maritimae, Judaea, Mauretaniae, Noricum und Raetia wurden von kaiserlichen Prokuratoren regiert und erst nach einer längeren Phase der Pazifizierung senatorischen Statthaltern übergeben.

Die Staatsgelder (3) Die Verwaltung sämtlicher Staatsgelder, d. h. aller Steuern und Zölle sowie aller Einnahmen aus den kaiserlichen Besitzungen (Domänen und Bergwerken), übernahmen in Rom, in Italien und in den Provinzen Beamte aus dem Ritterstand; allein in den Senatsprovinzen wurden jetzt noch die Steuern der Gemeinden (Boden- und Kopfsteuer) von der senatorischen Verwaltung *(quaestor provinciae)* eingetrieben. Mit dieser grundlegenden Reform des gesamten Finanzwesens kam Ordnung in die Kassen, und es zeigten sich die Konturen einer Finanzverwaltung, die der Republik immer fremd geblieben war. Zugleich wurde die dem Ritterstand von jeher eigene Erfahrung im Finanz- und Geschäftswesen für den Staatsdienst nutzbar gemacht. Nicht umsonst hatten ritterliche Gesellschaften als Steuer- und Zollpächter *(publicani)* in der Republik auf ihre Weise die Provinzen ausgeplündert: Was sie dort gelernt und was sie dabei an Reichtum angehäuft hatten, konnte dem monarchischen Staate jetzt um den Preis einer angesehenen Laufbahn im Dienste des Kaisers und um den Preis einer standesgemäßen Besoldung integriert werden.

Die öffentliche Wohlfahrt (4) Die Sorge um die öffentliche Wohlfahrt und die öffentliche Sicherheit fiel dem Kaiser in seiner Eigenschaft als Patron und als Magistrat in Rom und in den Provinzen zu. Der Wirkungsraum der patronalen Pflichten des Herrschers weitete sich auf alle sozialen Schichten des Reiches aus, nachdem die ursprünglich auf die Erringung des Sieges im Bürgerkrieg ausgerichtete und begrenzte Gefolgschaft des Parteiführers mit dem gesamten Bürger- und Heeresverband identisch geworden war: Der Monarch war notwendig Monarch für alle. Entsprechend unbegrenzt waren die sozialen Pflichten, die allerdings nur dort der Normierung und somit des Aufbaus einer eigenen Verwaltung bedurften, wo nicht nur einem ad hoc aufgetretenen Notstand (Hungersnöte, Naturkatastrophen, Barbareneinfälle) abgeholfen werden mußte, sondern wo ständige Pflichten warteten. Dies traf in erster Linie auf die Lebensmittelversorgung Roms zu. Dort waren seit den Gracchen Hunderttausende gewohnt, das Brot des Staates zu essen und ihr Wohlverhalten von seiner pünktlichen Lieferung abhängig zu machen. Die Bedeutung dieser Verpflichtung unterstrich Augustus bereits im Jahre 22 v. Chr., als er die *cura annonae* offiziell übernahm und durch senatorische Beamte *(praefecti frumenti dandi)* ausüben ließ; die anwachsende Verwaltung fiel schließlich einem ritterlichen *praefectus annonae* zu, der mit umfassenden Vollmachten ausgestattet den gesamten Getreidemarkt innerhalb des Imperiums kontrollieren konnte. Die Durchführung von Spielen, die Sicherung und der Aufbau der Wasserversorgung, die gesamte Bautätigkeit, der Ausbau des Straßennetzes, die Versorgung der Veteranen durch die Einrichtung einer Pensionskasse *(aerarium militare)*, die Unterstützung armer Kinder *(alimentatio)*, Polizei und Feuerwehr – all dies konzentrierte sich fast von selbst auf den patronalen Herrscher, der in seinem Titel *pater patriae* die Übernahme der sozialen Fürsorge als Teil der Legitimation seines Herrschaftsanspruches denn auch offen propagierte. Der geschaffene Beamtenapparat rekrutierte sich auch hier aus dem Senatoren- und Ritterstand und konservierte den Anspruch dieser Eliten auf die Teilhabe an der Macht ebenso, wie er den Ehrgeiz dieser Männer in die Pflicht nahm und dem kaiserlichen Willen unterwarf.

(5) Der Ausgangspunkt der Monarchie, die persönliche Herrschaft des Parteiführers, bedingte eine eigene Verwaltung, die sich zunächst ausschließlich um die privaten Angelegenheiten des Prinzeps kümmerte, jedoch – da die Monarchie die Trennung von privat und öffentlich in der Person des Herrschers auflöste – schnell den Charakter der eigentlichen Schaltzentrale der Regierung annahm. Oder: je tiefgreifender sich die monarchische Gewalt in den Kernbereichen des staatlichen Lebens festsetzte, um so unverhohlener wandelte sich der ursprüngliche Hausdienst des Kaisers zum öffentlichen Dienst.

Der Aufbau der Zentralverwaltung

Bereits die private Haushaltung der aristokratischen Familien der Republik kannte die Einrichtung eines Büros, in dessen Kompetenz die Führung von Wirtschaftsbüchern, Rechnungslegungen und die Ausarbeitung von Briefen sowie die Beschäftigung mit den Problemen und Sorgen der Klienten fiel. Auch der Magistrat der späten Republik hatte sich längst daran gewöhnt, zusätzlich zu dem staatlich zugewiesenen Personal eigene Angestellte zu beschäftigen. Der Kaiser tat also durch den Aufbau einer eigenen Verwaltung nichts, was ihn mit der Tradition in Konflikt hätte bringen können; dies gilt auch dann noch, wenn man sich den dafür ausgesuchten Personenkreis ansieht: Wie der republikanische Magistrat so beschäftigte auch der Kaiser vor allem seine eigenen Freigelassenen. Ihre Ergebenheit und die an ihre Tätigkeit geknüpfte Vorstellung subalterner Dienstleistungen ließen denn auch für längere Zeit nicht bekannt werden, worauf ihr Aufgabenbereich tatsächlich hinauslief: auf zentral gesteuerte Ministerien, die alle anderen Zweige der Verwaltung koordinierten. Die faktische Übermacht des Kaisers über alle staatlichen Funktionen forderte gebieterisch derartige Einrichtungen. Ihr Aufbau jenseits der magistratischen Kernbereiche und unabhängig von den traditionellen senatorischen und ritterlichen Eliten verschafften den ersten Regenten eines immer um seinen Bestand fürchtenden Kaiserhauses zusätzliche Sicherheit.

Die Ressorts Die einzelnen Ressorts dieser Verwaltung sind erst seit Claudius klar belegt, und ihre jeweilige Bezeichnung ist identisch mit der ihrer Leiter *(a rationibus, ab epistulis, a libellis)*. Das wichtigste war zweifellos das Finanzressort, das die Haupteinkünfte aus den direkten und indirekten Steuern sowie aus den kaiserlichen Besitzungen verwaltete. Die Leitung der kaiserlichen Korrespondenz *(ab epistulis)* bedeutete zugleich die Lenkung des größten Teils der kaiserlichen Beamtenschaft, die zentral angewiesen und beaufsichtigt werden konnte. Dazu gehörte die Korrespondenz des Kaisers mit den Städten der Provinzen, so daß in diesem Bereich auch wesentliche Teile der Reichsverwaltung erfaßt wurden. Das Ressort *a libellis* bearbeitete schließlich alle Eingaben privater Personen an den Kaiser, was — und dies machte dieses Amt so bedeutsam — die Erstellung von Rechtsentscheiden (Reskripte) einschloß (s. u.).

Die Leiter: Freigelassene und Ritter Das innenpolitisch wichtigste Ziel des Augustus und seiner Nachfolger, die Restauration der überkommenen ständischen Gesellschaftsordnung, konnte auf Dauer das ihr so offenkundig widersprechende Freigelassenenregiment nicht dulden. Dessen Notwendigkeit verfiel ohnehin in dem Maße, in dem die monarchische Gewalt das gesamte staatliche Leben dominierte und die Verteilung der politischen Macht frei von Existenzsorgen souverän handhabte. So wurde fast zwangsläufig die Allmacht der Freigelassenen im kaiserlichen Kabinett gebrochen, als mit Vespasian und vor allem Domitian der Ausbau der kaiserlichen Macht eine neue Stufe erreichte und das Anstößige an diesem Regime ehemaliger Sklaven von häufig noch griechischer Herkunft offener zutage trat. Mit Hadrian wird deren Einfluß endgültig beseitigt, und die Schlüsselstellungen der kaiserlichen Verwaltung unterhalb der senatorischen Ämter werden ritterlichen Prokuratoren zugeordnet. Politisch entledigte sich damit der Hof des Vorwurfes, mit Männern in den Schlüsselstellungen Entscheidungen durchzuführen, von denen niemand aus den beiden führenden Ständen informiert wurde und deren Urheber aufgrund ihres niederen Standes nicht zur Verantwortung bei Fehlentscheidungen gezogen werden konnten. Die kaiserliche Verwaltung versachlichte sich jetzt auch in ihren Trägern und regelte Kompetenzen und Verantwortlichkeiten durchschaubar und effektiv. Trotzdem ist der private Charakter, den diese Nervenzentrale der Verwaltung bei ihrer Gründung hatte, nie ganz geschwunden. Das Maß an persönlicher Verantwortung der ritterlichen Ressortchefs gegenüber dem Herrscher war so groß, daß auch sie wie ehedem die Freigelassenen vom Kaiser ihrer Posten enthoben werden konnten; die Rechtsnatur der geschlossenen Anstellungsverträge blieb privatrechtlich, so daß Bestellung und Entlassung allein vom Willen des Monarchen abhingen. Aus der Sicht des Reichsadels war die Entwicklung der kaiserlichen Personalpolitik in der Verwaltungszentrale ein Sieg und die Berufung von ritterlichen Prokuratoren das äußere Zeichen für die Solidarität des Monarchen mit den traditionellen Eliten. Ihr de-facto-Monopol auf alle hohen Staatsämter war nachdrücklich bestätigt worden, und die aristokratische Gesellschaftsordnung auf der Grundlage der Tradition setzte unvermindert die Normen der Machtausübung im Raum der Politik.

(6) Die Pflege des Rechtswesens wuchs der Monarchie durch ihre magistralen Amtsvollmachten, später durch ihre faktisch umfassende Amtsgewalt zu. Die Autorität und die Macht des Prinzeps verschafften den Anordnungen *(constitutiones)* des Kaisers seit der Mitte des zweiten Jahrhunderts eine gesetzesgleiche Kraft, obwohl das formale Recht der Gesetzgebung nicht dem Kaiser, sondern nach wie vor dem Volk und (seit den Adoptivkaisern) dem Senat zukam. Ihrem Inhalt nach betrafen die kaiserlichen Entscheidungen entsprechend der umfassenden kaiserlichen Funktionen alle Gebiete des staatlichen Lebens. Ihre Form entsprach der der magistralen Anordnungen: *Edikte* setzten Recht; insbesondere in den Provinzen [so z. B. die Kyrene-Edikte des Augustus: FIRA I², S. 403 ff.], *Mandate* normierten die Amtstätigkeit der Beamten (vgl. z. B. die Dienstanweisungen für einen ägyptischen Finanzbeamten, den sogenannten Gnomon des Idios Logos), *Dekrete* erfaßten die Urteile des Kaisers in Zivil- und Strafsachen und die kaiserlichen Aussagen zu einzelnen Rechtsfällen, *Reskripte* enthielten kaiserliche Gutachten, die sich auf Anfrage zu anstehenden Rechtsfragen äußerten, ohne sie verbindlich zu entscheiden [vgl. z. B. die in den Pliniusbriefen aufgenommenen Reskripte Trajans]. Im Unterschied zu den Edikten und Mandaten, die unmittelbar und allgemein Recht setzten, bezogen sich die Dekrete und Edikte auf Einzelfälle; die Autorität des Monarchen verlieh den in ihnen ausgedrückten Rechtsgedanken jedoch schnell allgemeine Geltung.

Die neue Dimension, die diese Formen rechtlicher Betätigung der Jurisprudenz wiesen, wird bestimmt durch den Willen der *principes,* das Weltreich rechtsstaatlich zu disziplinieren. Auf dem mit dieser Entscheidung weitgesteckten Feld der Gesetzgebung und der unmittelbaren Rechtspflege ragt das (der Republik noch unbekannte) Appellationswesen hervor, das den Kaiser zur Berufungsinstanz auf dem gesamten Gebiet der Rechtspraxis machte und ihm in allen Prozessen die letzte Entscheidung zuwies. Ihren Ausgangspunkt hatte diese umfassende Tätigkeit in den jurisdiktionellen Befugnissen gehabt, die im Rahmen des *imperium proconsulare* zunächst allein die kaiserlichen Provinzen erfaßt hatten und hier regelmäßig von den Legaten des Kaisers wahrgenommen wurden. Trotzdem war der oberste Gerichtsherr natürlich der Kaiser, so daß die Provinzen und vor allem die dort lebenden römischen Bürger schnell die Chance erkannten, gegen Entscheidungen der Statthalter den Kaiser als den eigentlichen Träger der für sie zuständigen Jurisdiktion anrufen zu können. Seit Claudius entwickelte sich daraus die Institution des Kaisergerichts, die aufgrund von Appellationen gegen die Entscheidungen anderer Gerichte, kraft eigener Entscheidung oder auf Bitte der streitenden Parteien hin tätig wird. Praktisch verband sich damit die Kontrolle über den Beamtenapparat, der Fehlentscheidungen nunmehr gerichtlich verantworten mußte, und rechtspolitisch setzte sich als Norm die vom Kaiser entwickelte Vorstellung von Recht und Gerechtigkeit durch. Nirgends sonst konnte der Wille des Prinzeps zu einer gerechten Regierung des Reiches so klar und unmittelbar wirksam formuliert werden, so daß gerade für die Provinzialen die Appellation zum wichtigsten Zeichen kaiserlicher Fürsorge wurde [Aelius Aristides, orat. 26; 37 f.].

Die Entwicklung der Jurisprudenz

Dieser gesamte Aufgabenbereich forderte das Bündnis von Kaiser und Juristen. Die Jurisprudenz war in Rom immer nur von einem kleinen Kreis ausgebildeter Lehrer und Ratgeber gepflegt worden; die Rechtssprechung – die Prozeßleitung des Prätors und die Urteilsfindung durch eingesetzte Richter – lag in den Händen von Laien, die auf das *consilium* der juristischen Fachleute angewiesen waren. Bereits Augustus hat viele von ihnen an seinen Hof gezogen und die bedeutendsten mit dem *ius respondendi ex auctoritate principis* ausgezeichnet [Digesten 1, 1, 2, 49; Pomponius], d. h. ihnen allein blieb die öffentliche Gutachtertätigkeit vorbehalten, die unmittelbaren und richtungsweisenden Einfluß auf die Rechtspflege nehmen konnte. Verliehen wurde dieses Recht des *publice respondere* nur Juristen aus dem Senatorenstand, wie überhaupt bis in die Zeit Hadrians die überwiegende Zahl der bekannten Juristen diesem Stande angehören sollte. Die Gründe dafür sind sozialer und politischer Natur: Zum einen beruhte seit den frühen Jahren, in denen das Pontifikalkollegium Fragen des sakralen und rechtlichen Bereiches gutachterlich zu beantworten pflegte, die Verbindlichkeit des *consilium* auf der sozialen Autorität der führenden *nobiles*. Zum anderen war die Konzentration der Jurisprudenz auf den Senatsadel Teil einer kaiserlichen Politik, die die sozialen Emporkömmlinge, die besonders in der Rechtspraxis seit den Wirren der späten Republik aufgestiegen waren, zugunsten der alten Eliten in die Schranken wies; deren Ansehen, deren fachliche Autorität und deren jahrhundertealte Verpflichtung zur Wahrnehmung der öffentlichen Interessen boten die bessere Gewähr für die rechtliche Disziplinierung des Weltreiches als der Ehrgeiz sozialer Aufsteiger. Die wenig später erfolgte Einbeziehung des Ritterstandes auch in diesen Teil der staatlichen Verantwortung entsprach der politischen Grundlinie, die die Reichsaristokratie aus den beiden führenden Ständen bilden wollte.

Der Einfluß der Juristen auf die kaiserliche Regierung

Der Einfluß, den die Juristen mit diesen Aufgaben gewannen, bemaß sich an ihrer persönlichen Nähe zum Kaiser und an ihrer Teilhabe am Reichsregiment, wo sie seit dem Ende des ersten Jahrhunderts immer zahlreicher in leitenden Positionen auftauchen. Die Regierung Hadrians leitete schließlich eine Epoche ein, in der bis zum Ausgang der severischen Dynastie (235 n. Chr.) die kaiserliche Zentralgewalt weitgehend dem Sachverstand von Juristen folgte. Sie prägten den von Hadrian als Institution geschaffenen Staatsrat (*consilium principis*), sie besetzten das Ressort *a libellis*, das die kaiserlichen Reskripte in allen Rechtsangelegenheiten des Reiches ausarbeitete, sie stellten einen der beiden Prätorianerpräfekten (*praefectus praetorio*) – innerhalb der Amtshierarchie das höchste mit umfassenden Aufgaben der Justiz und der Verwaltung ausgestattete Amt –, und sie bekleideten in der Hauptstadt (und damit in der unmittelbaren Umgebung des Kaisers) weitere hohe Ämter. Unter ihrer Federführung wurde das Straf-, Verwaltungs- und Finanzrecht weitgehend normiert und die Geltung des römischen Rechts universal.

Doch erschöpft sich die Bedeutung der Juristen darin noch nicht. Seit dem Ende des ersten Jahrhunderts versiegten die Rechtsquellen der Republik. Das Volksgesetz *(lex publica)* wurde ebenso abgeschafft wie das Edikt des Prätors, der seit der Mitte des zweiten vorchristlichen Jahrhunderts in seinen Instruktionen an die Richter das überlieferte Gesetzes- und Juristenrecht ergänzen und korrigieren konnte und damit kontinuierlich neues Recht geschaffen hatte. Unter Hadrian wurde das Edikt des Prätors als endgültige Norm verbindlich festgelegt *(edictum perpetuum)* und jede weitere Fortbildung damit unterbunden. Die Neuschöpfung von Recht konzentrierte sich jetzt auf den Kaiser, da der Senat, der anstelle der Volksversammlung Recht setzte, dies nur noch auf der Basis eines kaiserlichen Antrages tat.

Eine unumschränkte Rechtsmacht des Monarchen [*quod principi placuit, legis habet vigorem:* Digesten 1, 4, 1 pr.; Ulpian] – dies forderte notwendig eine Besinnung auf die Aufgaben der Monarchie und besonders eine neue Bestimmung des Verhältnisses von Kaiser und bestehender Rechtsordnung. Die Antworten auf diese Probleme fanden sich nicht im Raum der Ideologie, sondern sie wurden in der täglichen Regierungspraxis gefunden: Die Kaiser unterwarfen sich den tradierten Normen des Rechts *(auctoritas iuris)* und sie entfalteten ihre rechtsschöpfende Tätigkeit unter der Maxime, der Idee der Gerechtigkeit zum Siege zu verhelfen. Was genau darunter zu verstehen war, hatte allgemein das dem Staatswohl verpflichtete politische Ethos der Aristokratie seit langem definiert. Die Juristen des zweiten Jahrhunderts formten daraus die in jedem Einzelfall anzuwendenden juristischen Figuren. Noch einmal beugte sich die monarchische Gewalt unter die sozialen und moralischen Kategorien ihrer Eliten, die die faktisch totale Verfügungsgewalt des Kaisers über das Recht in ihr Verständnis von staatsbezogenem Handeln einbinden konnte. So ist es denn auch Ausdruck dieser jenseits der tatsächlichen Machtlagerung hergestellten Harmonie von Kaiser und aristokratischem Regierungsverständnis, daß von Nerva bis Mark Aurel die Auseinandersetzungen zwischen Senat und Kaiser ruhen. Erst die Verschiebungen, die sich aus der veränderten außenpolitischen Konstellation am Ende des Jahrhunderts ergaben, rissen neue Fronten auf, die im dritten Jahrhundert die traditionellen Eliten entscheidend verändern sollten.

Der Kaiser und das Recht

c. Die soziale und politische Abgrenzung des Senatoren- und Ritterstandes

Ziehen wir eine erste Bilanz der Funktionsfähigkeit und des Zusammenspiels des Reichsadels mit dem kaiserlichen Hofe: Seit Augustus tritt ein Verwaltungssystem in Kraft, daß allen hohen Beamten aus dem Senatorenstand und der Spitze des Ritterstandes ritterliche Helfer zuordnet, die für die Steigerung der Effektivi-

Der Ritterstand

tät der Verwaltung ebenso tauglich sind wie für die Überwachung der Einhaltung aller kaiserlichen Interessen. Beide, Senatoren und ritterliche Führungskader, dienten der Beherrschung des Imperiums, beide konnten in den gleichen Bereichen tätig sein, aber nur der Senatsadel war angesichts seiner Geschichte und seiner ökonomischen und politischen Macht unentbehrlich und damit zugleich gefährlich. Was den Rittern fehlte, machte sie zugleich dem Kaiser nützlich und ergeben. Ihre soziale Herkunft war unterschiedlich: Großkaufleute, Bankiers, Pächter der Staatseinnahmen gehörten in den Zeiten der Republik ebenso dazu wie Großgrundbesitzer der italischen Landstädte und Advokaten. Sie besaßen keine politische Tradition außer ihrer Tätigkeit als Richter in den *quaestiones de repetundarum*, in die sie Gaius Gracchus hineingeführt hatte; daraus allein entstand jedoch kein Kristallisationskern politischen Ehrgeizes. Ehren und Ämter empfingen sie seit Augustus allein als kaiserliche Gunstbeweise. Ihr Rechtsstatus war nicht erblich, und sie besaßen keine originären Denk- und Verhaltensweisen. Anders: Ihre politische Existenz verdankten sie der Einsicht des ersten Prinzeps, daß mit ca. 600 Senatoren ein Weltreich nicht zu regieren war, und die Definition ihrer Aufgaben entsprang den Bedürfnissen des Reichsregiments und der Notwendigkeit, die Macht der senatorischen Herren in jedem wichtigen Bereich der Verwaltung und des Heeres überwachen zu müssen.

Die Ernennung zum Ritter

Augustus konstituierte diesen Stand der *equites Romani* durch die individuelle Ernennung geeigneter Personen kraft seiner zensorischen Gewalt. Die Verleihung der ritterlichen Standesabzeichen – das Staatspferd *(equus publicus)* und der Goldring *(anulus aureus)* – erforderte formal den Nachweis eines Vermögens von mindestens 400 000 Sesterzen, einen unbescholtenen Lebenswandel und freigeborene römische Eltern und Großeltern. Die Fähigkeit für höhere Ämter war allerdings erst noch zu beweisen: Ein jahrelanger Dienst als Offizier in den kaiserlichen Legionen stand am Anfang einer ritterlichen Karriere, in der Disziplin und Loyalität gegenüber dem Kaiser den unverrückbaren Mittelpunkt des Denkens und Handelns bilden sollten. Eine Vererbung des einmal erreichten Status gab es nicht; jede Generation hatte die Befähigung zum staatlichen Dienst als Ritter neu zu erwerben. So war denn auch der Zusammenhalt dieses erst von Augustus begründeten Standes allein durch seine Aufgaben im Dienste des Prinzeps gegeben: Nur hier gewann der Ritter Selbstbewußtsein, Profil und Zugang zu sich ständig ausweitenden Aufgaben, deren loyale Erfüllung bis hin zur glanzvollen Stellung des Prätorianerpräfekten oder des Vizekönigs von Ägypten führen konnte.

Die Gemeinsamkeiten von Rittern und Senatoren

Der Entscheidungsfreiheit der senatorischen Amtsträger zogen derart aufgestiegene Ritter immer deutlichere Grenzen. Bereits als diesen beigegebene Prokuratoren häuften sie dank ihrer kontinuierlichen Aufgabenstellung soviel an Fachkenntnissen, daß selbständige Entscheidungen der Führungsspitzen nur noch in politischen oder militärischen Grundsatzbeschlüssen fielen. Trotz alledem ist in dieser neuen Elite von Senatoren und Rittern keine Rivalität spürbar.

Zu groß war das Betätigungsfeld für beide, und zu deutlich setzte das Maß des rechten Denkens und Handelns die Senatsaristokratie, deren Lebensformen und deren Ethik die Ritter nur nachahmen konnten. Das wichtigste Ziel, das der Ritter und seine Familie zu erreichen hoffte, war nach entsagungsvollen Jahren im staatlichen Dienst denn auch die Aufnahme in den *ordo senatorius*. Es blieb dies immer die höchste Auszeichnung, die der Kaiser an seine ritterlichen Beamten vergeben konnte, die ihre Fähigkeiten zum Reichsregiment mit der unerschütterlichen Bereitschaft zur Loyalität verbunden hatten. War er Senator, stand schließlich das Konsulat dem Ehrgeizigen offen: Für die einen bedeutete dieses Amt den ehrenvollen Abschluß ihrer Laufbahn, für die anderen war mit dem ersten Konsulat die Basis für eine auch in den Kreisen des Senatsadels bewunderte Laufbahn zu den höchsten Kommandostellen des Reiches geschaffen, durch die die Zugehörigkeit zum engsten Führungsstab des Kaisers erreicht werden konnte.

Eines der bedeutendsten *arcana imperii* gewinnt damit Konturen: Das Senatoren und Rittern Gemeinsame und sie Verbindende blieb immer stärker als das Trennende. Das gemeinsame Regiment über das unermeßliche Reich trug dazu ebenso bei wie die Trennung der sozialen Stände, die durch Besitz und gesellschaftlichen Rang sowie durch politische und rechtliche Privilegien voneinander geschieden waren. Der politischen entsprach die soziale Disziplin. Der politische und soziale Aufstieg war in einer Welt immer möglich, in der das allgemein gültige timokratische Prinzip die Sozialordnung normierte und die gesellschaftlichen Strukturen dadurch auf Anpassung angelegt waren. Orientierungspunkt war jedoch immer der Höherstehende, an den es sich anzupassen galt, indem man sich seinen Verhaltensmustern vorab unterwarf. Ansonsten herrschte die Distanz, herrschte die bewußte Absonderung. Die Hierarchie der Gesellschaft war keine politische Frage, deren Beantwortung dem unberechenbaren Gutdünken der sozialen Schichten anheimgestellt worden wäre; sie gründete in der Tradition und in dem Willen der Götter. Im kaiserlichen Rom trat diese hierarchische Gliederung in der Form exklusiver Statussymbole nach außen, die der strengen staatlichen Kontrolle unterlagen und sich vor allem auf die Kleidung, die militärische Ausrüstung, die Transportmittel (Wagen, Sänfte) und magisch-sakrale Gegenstände (Ringe und Amulette) konzentrierten. Augustus und seine Nachfolger haben diese äußerliche Trennung der Stände bewußt verstärkt und dabei den gesellschaftlichen Status des Ritters besonders aufmerksam beachtet, da die Aufnahme in den Ritterstand rechtlich allein an die Verleihung der ritterlichen Statussymbole gebunden war.

Die Trennung der sozialen Stände

All dem wohnte ein eminent politischer Sinn inne: Das äußere Auftreten von Senatoren und Rittern machte für jeden sofort die Nähe zum Staat und seinem Zentrum, dem Kaiser, erkennbar und forderte Respekt und Unterwerfung. Gespiegelt war in der äußeren Erscheinung eines Senatores und eines Ritters sein Verhältnis zu seiner Umwelt, jedoch war die Funktion vor allem auch die, die jeweilige Nähe zur politischen, militärischen und sakralen Gewalt erkennbar zu

Die äußerliche Abgrenzung der Stände

machen. Der gesellschaftliche Glanz der Macht entschädigte zudem für vieles, was vor allem dem Senator an tatsächlicher politischer Machtfülle verlorengegangen war. Wesentlicher noch war, daß die Ausrichtung aller sozialen Schichten auf das staatliche Zentrum und seine Aufgaben dem Grundgedanken der augusteischen Zeit entsprach, deren Interpretation der eigenen Vergangenheit, in der die Rettung der Zukunft eingeschlossen war, die Trennung der sozialen Schichten rechtfertigte. Dem unverkennbar praktischen politischen Nutzen, den die ersten Kaiser aus der systematisch ausgebauten äußerlichen Differenzierung der Stände gewannen, entsprach der gesellschaftspolitische Grundzug der ausgehenden Republik, die den Rückzug auf die gesellschaftlichen Regeln der Altvorderen einmal als Voraussetzung für das eigene politische und soziale Überleben formuliert hatte.

Dazu gehörte durchaus, daß die äußerliche Zurschaustellung der Standesunterschiede den unteren Schichten ständig vor Augen führte, wo ihr Platz innerhalb der Gesellschaft war und welches Verhältnis zueinander erwartet wurde. Das ständig wachgehaltene Bewußtsein von dem jeweiligen Wert der sozialen Stellung, die der einzelne einnahm, war zugleich Ausdruck der Entschlossenheit, die soziale und politische Differenzierung der Bevölkerung als gesellschaftspolitische Maxime festzuschreiben. Der Ritterstand war von Anfang an Teil der Elite. Augustus hob dies sehr pointiert hervor, als er in seinen *res gestae* statt der üblichen Formel *senatus populusque Romanus* die Wendung *senatus et equester ordo populusque Romanus* einführte [Kap. 35].

d. Die Loyalität des Reichsadels

Die Regierbarkeit der Provinzen

Die Neuverteilung der politischen Macht auf der Grundlage der bestehenden gesellschaftlichen Ordnung hat für zwei Jahrhunderte eine nahezu krisenfreie Beherrschung des Imperiums gesichert. Dafür waren die Einbindung der Entscheidungsträger in ein festgefügtes Handlungssystem und die Konzentration der wichtigen Entscheidungen in der monarchischen Spitze in erster Linie verantwortlich. Bezogen auf den Entstehungsprozeß dieser Souveränität des monarchischen Handelns heißt dies: Bereits durch und seit Augustus besaß der Prinzeps die Einsicht und die Macht, die Führungsschichten der Republik, auf deren politische Intelligenz und Erfahrung er nicht verzichten konnte, so auszuweiten, daß sie ausreichten, ein Weltreich zu regieren. Zwei Entscheidungen des Augustus wiesen den Weg zur Regierbarkeit des mit dem Schwert gewonnenen Herrschaftsraumes, an dem die Republik zerbrochen war: Die Einbindung der Aristokraten der italischen Landstädte und des bis dahin im Raum der Politik nahezu ungebundenen Ritterstandes. Die erste Entscheidung nahm Italien in die Pflicht und formte das Modell, nach dem mit den romanisierten Eliten der Provinzen zu verfahren war und auch diesen eine neue Zukunft gewiesen werden konnte, die sie den Rückblick in die eigene Vergangenheit vergessen ließ. Die zweite Entscheidung stellte die Ritter dort in den Dienst des

Staates, wo die Monarchie den eigenen und den objektiven Interessen des Reiches folgend eigene Verwaltungsbereiche geschaffen hatte und wo an die politische Macht der Senatsaristokratie Gegengewichte gehängt werden konnten. Der Ritter diente als weitgehend unpolitischer, aber von der Hoffnung auf eine glanzvolle Zukunft beseelter Beamter, der dem Vorbild des senatorischen Staatsethos nacheiferte, ohne mehr Lohn zu fordern als Ehre, Reichtum und soziale Stabilität. Rom hatte damit unter dem monarchischen Dach die Erwiderung auf die Herausforderung gefunden, dem Imperium einen Herrschaftsorganismus geben zu müssen, ohne die bestehende soziale Verfassung umzuwälzen. Der soziale Außenseiter hatte auch am Hofe des Monarchen keine Chance.

Trotzdem: Die kontinuierliche Wirksamkeit der Herrschaftsausübung forderte Sicherheiten für die Loyalität des Reichsadels. Diese gewann die Monarchie durch die praktische und ideologische Verbindung des staatlichen Heils mit der Person des Kaisers, durch die konsequente Einschränkung der Möglichkeiten des Provinzialstatthalters, die Ressourcen seiner Provinz gegen Rom zu mobilisieren, und durch die ökonomische und politische Bindung des Reichsadels an Rom. Die Sicherung der Loyalität des Reichsadels

Bercits die späte Republik hatte die Notwendigkeit gesetzlich fixiert, die Hoheit *(maiestas)* des Staates und seiner Magistrate schützen zu müssen. Die *lex Cornelia de maiestate* Sullas 81 v. Chr. stellte jede Handlung unter Strafe, die die *maiestas* des römischen Volkes verletzte: Landes- und Hochverrat waren darin ebenso eingeschlossen wie jede Verletzung der Bürger- und Beamtenpflichten [Cicero, in Pisonem 50]. Augustus folgte diesen Gedankengängen, als er mit der *lex Iulia maiestatis* das eigentliche Majestätsgesetz der Kaiserzeit verabschieden ließ [Digesten 48, 4; Tacitus, ann. 1, 72]. Wie das sullanische Vorgängergesetz nennt die *lex Iulia* zahlreiche Einzeltatbestände des Landes- und Hochverrates, des Ungehorsams gegenüber vorgesetzten Staatsorganen sowie schwere Amts- und Dienstverletzungen. Ob der Prinzeps als solcher unter den Staatsorganen genannt wurde, ist nicht sicher; entscheidend ist, daß seit Tiberius der Angriff auf den Kaiser mehr und mehr als der eigentliche Gegenstand des Majestätsverbrechens verstanden und konsequent geahndet wurde. Der Staat verschmilzt mit der Person des Kaisers – ein Gedanke, der seit Domitian und Trajan durch die Vorstellung verfestigt wurde, daß es das Heil des *populus Romanus* und schließlich des ganzen Menschengeschlechts *(salus generis humani)* außerhalb der Person des Kaisers nicht geben könne. Jeder Aufruhr gegen den Kaiser und seine Anordnungen war damit in der Tat zum *crimen maiestatis* geworden, da er den Bestand des Reiches und des Herrschaftsanspruchs des römischen Volkes in Frage stellte. *crimen maiestatis*

Die Gefahr des Aufruhrs drohte nicht in dem seit Sulla entmilitarisierten Italien, sondern sie drohte in den mit starken Truppenverbänden belegten Provinzen. Die Bürgerkriege der späten Republik hatten unmißverständlich gelehrt, daß bereits mehrjährige Statthalterschaften eine enge Verbindung zwischen Provinz und Gouverneur schaffen konnten, die plötzlich in Aufruhr Die Macht der Statthalter umschlug und die Ressourcen der Provinz gegen Rom mobilisieren ließ. Die Kaiser suchten diesen Cauchemar mit allen Mitteln zu bannen und die Verbindungen zwischen der Provinz und den großen Herren der Aristokratie zu stören. An den entscheidenden Punkt kamen sie nicht heran: Das allen anderen Problemen übergeordnete Interesse der Sicherung der Herrschaft über das Reich verbot die Trennung von ziviler und militärischer Gewalt. Spätestens der Ruf „le roi est mort" bewies daher immer neu, wo die Grenzen der Monarchie gegenüber dem Reichsadel immer noch gezogen waren und wo dessen Karrieredenken auch vor dem Griff nach dem Diadem nicht haltzumachen brauchte, wenn es gelang, die Machtmittel einer oder mehrerer wichtiger Provinzen an sich zu binden.

Die Klientelen in den Provinzen

Dennoch verurteilte dies den Kaiser nicht zur Untätigkeit, zumal schon Caesar einen wichtigen Weg gewiesen hatte. Die vor allem mit Veteranen besiedelten Bürgerkolonien in den Provinzen des Westens konnten dem kaiserlichen Herrschaftsanspruch (oder dem seines potentiellen Konkurrenten) den nötigen Rückhalt im Reich schaffen, so daß die Kolonisationstätigkeit des Monarchen, der als Gründer der Kolonie zugleich ihr Patron wurde, die Macht der senatorischen Familien an diesem Punkt deutlich minderte. Caesar hatte weiterhin die Übernahme des Patronats durch einen Senator, der ein Amt ausübte, unterbunden und die Wahl eines senatorischen Privatmannes zum Patron einer Bürgergemeinde durch die Bedingung erschwert, daß der Kandidat ¾ der Stimmen aller Dekurionen in geheimer Abstimmung auf sich vereinen mußte [*lex coloniae Genitivae Iuliae:* CIL II Suppl. 5439]. Seit Augustus weiteten die Kaiser diese Politik aus und versicherten sich der Loyalität auch der peregrinen Städte, denen sie als nobler Patron gegenübertraten und die sie nicht zuletzt auf diese Weise aus dem Status des geschlagenen und gedemütigten Besiegten herausführten. Sinnfälligster Ausdruck dieser ausschließlich dem Kaiser geschuldeten Loyalität wurden die Eide, mit denen Provinziale und Römer den Eid des Klienten schwuren, den zum Feind zu haben, der auch des Kaisers Feind ist (vgl. S. 22).

Die Beschränkung der senatorischen Klientelen

Viele der alten Nobilitätsgeschlechter besaßen natürlich nach wie vor ihre überkommenen Klientelen, die sie als Feldherren, Statthalter und Stadtgründer gewonnen hatten und die im Streitfall weiterhin bereit waren, sich für ihre Patrone zu schlagen. Nun bedurfte ein Patronatsverhältnis über den begründeten Akt hinaus der ständigen Aktualisierung und der persönlichen Kommunikation, um Bestand zu haben. Just hier griff denn auch ein weiterer kaiserlicher Hemmschuh gegen politisch unerwünschte Aktivitäten in den Provinzen: Allen Senatoren wurden außerdienstliche Reisen in die Provinzen ohne vorher eingeholte Genehmigung des Senates — was in der Sache auf eine kaiserliche Entscheidung hinauslief — untersagt. Dies galt besonders nachdrücklich für Reisen nach Ägypten, dessen Getreidevorräte und Reichtümer bereits der Kenntnisnahme der Senatsaristokratie verschlossen werden sollten.

Schließlich blieben noch die Aktivitäten zu drosseln, die die Provinzen anstrengten, um sich das Wohlwollen ihrer aristokratischen Patrone zu erhalten. Die provinzialen Landtage und die Städte der Provinzen verloren das Recht, Beschlüsse zu Ehren amtierender Statthalter zu fassen [Cass. Dio 56, 25, 6; Tac. ann. 15, 22 ff.]. Der Prinzeps allein war noch als Bezugspunkt für Ehrungen und Gesandtschaften im amtlichen Bereich zugelassen: Nur bei ihm sollte die Verantwortung für die gute Regierung des Reiches zu finden sein und nur an ihn waren Loyalitätsakte zu adressieren.

Jeder Senator war aufgrund seiner Aufgaben und seiner Rechtsstellung an die Hauptstadt Rom gebunden. Seine Funktionen, soweit sie nicht die amtliche Tätigkeit in den Provinzen betrafen, waren nur in der Hauptstadt selbst zu erbringen. Besondere Rücksichten auf die wirtschaftlichen Interessen in den Provinzen, in denen der senatorische Landbesitz kontinuierlich zunahm, wurden nicht genommen und nicht erbeten. Dies betraf den Privatbereich, in dem jeder selbst zu sehen hatte, wie er zurecht kam. Die Anwesenheit der senatorischen Familien in Rom (oder wenigstens in Italien) war zunächst auch mehr oder weniger selbstverständlich: der Senat rekrutierte sich ohnehin aus römischen und italischen Familien. Erst als die provinzialen Eliten Einzug in den Senat hielten und ihre familiären, ökonomischen und politischen Verbindungen zu ihren Heimatorten nicht abrupt abbrechen konnten und wollten, ergaben sich Schwierigkeiten. Trajan reagierte als erster entschlossen auf die verständliche Tendenz der provinzialen Senatoren, mehr an ihrem ursprünglichen Herkunftsort als in Italien zu sein, und verpflichtete alle Anwärter auf einen Senatssitz, ein Drittel ihres Vermögens in italischem Grundbesitz anzulegen [Plinius ep. 6, 19]. Mit dieser Regelung hatte Trajan sehr klar erkannt, daß die rechtliche und faktische Bindung des Senatorenstandes an Rom aufgrund seiner Aufgaben mit den ökonomischen Interessen der Senatoren verknüpft werden mußte: Nunmehr war der aus der Provinz kommende Senator auch wirtschaftlich an das Kernland des Reiches gebunden und seine Neigung abgeschwächt, in seinem ursprünglichen Herkunftsort nach wie vor die eigentliche Mitte seiner Existenz zu sehen. Mark Aurel hat die Verpflichtung auf ein Viertel des gesamten Vermögens vermindert, damit jedoch das Grundprinzip der Regelung Trajans noch einmal eingeschärft.

Die Bindung der Senatoren an Rom

e. Die sozialen Pflichten des Reichsadels

Die intendierte Herauslösung der aufgestiegenen provinzialen Eliten aus den Bindungen der Heimat forderte die Freistellung von den den Städten geschuldeten Lasten *(munera)*. Es schien dies um so nötiger, als die finanziellen Aufwendungen der Senatoren, die sich aus ihrer Tätigkeit in Rom ergaben, nicht gering waren: Vor allem die Ausrichtung von Spielen schlug hier besonders nachhaltig zu Buche; hinzu kamen die Klientelverpflichtungen gegenüber Privatpersonen, Gemeinden und gegenüber ganzen Provinzen, die vor Gericht und vor dem Senat vertreten werden mußten. Damit sind aber zugleich neue Grenzen beschrieben, die

Die Patronatsverpflichtungen des Reichsadels

einer kaiserlichen Politik gesetzt waren, die die Verbindungslinien zwischen Provinzen und Reichsadel im Interesse der Sicherheit von Krone und Reich kappen wollte. Das Funktionieren des sozialen und politischen Lebens innerhalb der provinzialen Städte hing wesentlich davon ab, daß auch die in den unmittelbaren Dienst des Kaisers getretenen ehemals städtischen Aristokraten ihre schützende Hand über ihre Heimatstädte hielten und zugleich mit der inneren Stabilität der sozialen Verhältnisse die Ruhe in den Provinzen sicherten.

Nach dem Absinken der Komitien in die politische Bedeutungslosigkeit war für die italischen Senatoren die Notwendigkeit zwar nicht mehr gegeben, auf die Wählermassen mit Hilfe von Sozialprogrammen und sozialen Leistungen Einfluß zu nehmen. Ebensowenig waren die aus den Provinzen kommenden Senatoren, die rechtlich aus dem Bürgerverband ihrer Heimatstadt herausgelöst wurden, zur Übernahme irgendwelcher Leistungen für ihre Heimatstädte verpflichtet. Trotzdem galt für beide, daß sie sich den sozialen Erwartungen der unteren Schichten und den Bitten ihrer Städte um Hilfen der unterschiedlichsten Art nicht entziehen konnten: Zu festgefügt waren die Grundbedingungen des gesellschaftlichen Zusammenlebens der antiken Welt, in der die Erfüllung von Leistungen für die Heimatorte oder die neuen Wohnsitze in Italien moralisch unüberhörbar gefordert wurden. Das soziale Prestige und damit auch das schlichte Selbstverständnis eines Senators hingen von der Übernahme solcher Verpflichtungen ab; daß sie als *beneficium* geleistet und gewertet wurden, erhöhte nur den Anspruch auf eine besondere öffentliche Anerkennung.

Die Aufgaben der Patrone

Ein Blick in die Korrespondenz des Plinius belehrt anschaulich über das Ausmaß und das Ziel derartiger Pflichten: In einem Brief an seinen Schwiegervater Fabatus [ep. 4, 1] berichtet der Senator ohne Begeisterung, in der Nähe seiner etrurischen Güter läge die Stadt Tifernum Tiberinum, deren Patron er schon in jungen Jahren geworden sei. In dieser Stadt habe er, um sich dankbar zu erweisen, auf eigene Kosten einen Tempel errichten lassen; dies sei schon deswegen nötig gewesen, da es immer beschämend sei, sich in der Freundschaft geschlagen zu sehen: *In hoc ego, ut referrem gratiam (nam vinci in amore turpissimum est), templum pecunia mea exstruxi.* Der Grundgedanke ist klar: Der Tempelbau und alle sonstigen noblen Gesten des *patronus* Plinius sind freiwillig geleistete *beneficia;* jedoch kann sich der Patron diesen Leistungen nicht entziehen, zu denen er von den Bewohnern der Städte moralisch beständig aufgefordert wird.

In ihrer Struktur identisch waren die Pflichten einzelner Senatoren gegenüber ganzen Provinzen. Die Begründungsakte aller Klientelverhältnisse *(de patrono cooptando)* waren denn auch ihrem sozial verbindlichen Charakter entsprechend streng formalisiert: „*C. Silius . . . civitatem Themetrensem liberos posterosque eorum sibi liberis posterisque suis in fidem clientelamque suam recepit.*" [DESSAU, ILS 6100]. Eine derart zugleich ausgezeichnete wie mit ihrem Vermögen und ihrem politischen Einfluß eingebundene aristokratische Familie tat für ihre Klienten, was möglich war – häufig genug auch mehr als dies.

Auch dazu sagt Plinius alles Nötige [Briefe 3, 4]: Im Senat von den Abgesandten der Provinz Baetica, die einen Prozeß gegen den Statthalter Caecilius Classicus anstrengen wollen, um Rechtsbeistand gebeten, versucht der überlastete Patron, sich dieser Aufgabe zunächst zu entziehen. Es gelingt ihm dies trotz zähen Taktierens nicht mehr, als die Gesandten der Provinz ihn an vergangene Dienste erinnern und auf das zwischen ihnen bestehende Patronatsverhältnis nachdrücklich hinweisen: *adlegantes patrocinii foedus*. Als der Senat und die römische Öffentlichkeit seine schließliche Zusage einhellig begrüßen, ist für Plinius vollends klar, daß er sich erst jetzt wieder mit den gesellschaftlichen Notwendigkeiten seiner Stellung als Senator im Einklang befindet. Er fügt seinem Bericht den Stoßseufzer hinzu: „Mag man sich den Leuten noch sooft verpflichtet haben – versagt man sich nur ein einziges Mal, bleibt allein diese Absage in ihrem Gedächtnis haften." In der Tat: Das soziale Prestige, das Ansehen des Einzelnen und des ganzen Standes und der Bestand der gesellschaftlichen Grundordnung hingen von der Übernahme solcher Leistungen ab. Die Festlegung im *SC Calvisianum* [FIRA I², Nr. 68, Z. 103 f.], wonach keinem Senator das Patronat über eine Provinz gegen seinen Willen aufgezwungen werden könne, demonstriert nachdrücklich, wie selbstverständlich im Senat die Übernahme solcher patronaler Aufgaben erschien. Das SC steuert dem Mißbrauch einer allein im gesellschaftlichen Kontext wurzelnden Pflicht, der nicht nachzukommen die soziale Ächtung zur Folge gehabt hätte. Der Aufhänger, an dem die aristokratische Übermacht in den antiken Städten und die auf ihr ruhende und Staunen erweckende soziale Konstanz der Gesellschaftsordnung hing, tritt damit deutlich hervor: Das Funktionieren des antiken städtischen Lebens ist ohne die Aufwendungen *(munera)* der aristokratischen Familien für die Ausstattung der Städte, für die sozialen Bedürfnisse ihrer Bevölkerung und für die Vertretung ihrer Interessen vor dem Kaiser kaum denkbar. Diese Leistungen, die rechtlich gesehen Geschenke waren, sind nur theoretisch freiwillig gegeben worden. Tatsächlich waren sie gar nicht zu vermeiden: Die erwarteten Gegenleistungen (Untertänigkeit und Loyalität) gehörten zur Existenz der Städte ebenso wie die fürstlichen Geschenke der hohen Herren. Der Charakter dieser Gaben ist also freiwillig und zwanghaft zugleich, da nur sie die obligatorische Erwiderung erzwangen.

Diese Form der gesellschaftlichen Arbeitsteilung entsprach dem Maß, in dem im städtischen Raum die Gesellschaft Regelungen außerhalb der nur rudimentär vorhandenen Verwaltung benötigte. Aber noch etwas anderes ist wesentlich. Alle diese Aufwendungen haben einen stark agonalen Zug, d. h. sie sind immer auch Ausdruck des Kampfes zwischen den aristokratischen Familien, die ihren Platz innerhalb der adligen Hierarchien auf diesem Wege oder durch den Krieg bestimmten. Anders und genereller: Der Umfang und die Art und Weise, in der der vorhandene Reichtum und die sonstige Leistungsfähigkeit der Aristokratie für den nichtaristokratischen Teil der Bevölkerung und das öffentliche Wohl eingesetzt wurde, entschied letztlich über das Prestige und über die Rangfolge

Die sozialen Zwänge der patronalen Pflichten

Der Wettstreit der Patrone

innerhalb der adligen Gesellschaft. Die *munera* erhalten die gleiche Bedeutung und den gleichen Stellenwert wie erfolgreiche Kriegszüge, große Erbschaften, glänzende Heiraten und kaiserliche Auszeichnungen.

<small>Der Wettstreit der Städte</small>
Dies trifft nicht nur für die Auseinandersetzungen innerhalb der städtischen Aristokratien zu. Es gilt nicht minder für den Wetteifer der Städte untereinander um die prächtigste Ausstattung, die schönsten Spiele und Feste, die aufwendigsten Tempel und Theater und die sonstigen Dinge, in denen sich der feste aristokratische Wille manifestierte, in jedem Fall immer der Erste und Angesehenste zu sein.

Mit den Krisen der Spätzeit löste sich denn auch die wichtigste Klammer der antiken städtischen Gesellschaft, als die führenden Eliten unter dem wachsenden Druck der staatlichen Forderungen ihre Städte zunehmend im Stich ließen und die Entfaltung adligen Lebensstils nunmehr auch auf ihren Landsitzen für möglich hielten. Die Städte hatten den Charakter der einzig ehrenwerten Turnierfelder im Kampf um Macht, Ansehen und Reichtum verloren und waren zu Molochen geworden, die den Reichtum der Mächtigen zu verschlingen drohten und die daher aufgegeben wurden.

f. Die lokalen Eliten der Städte

<small>Die Aufgaben der Dekurionen</small>
Das stabilste Element im Gesellschaftsgefüge der Provinzen bildeten zweifellos die lokalen Eliten (Dekurionen), die das soziale Leben des Alltags in den Städten des Reiches beherrschten. Zahlenmäßig machten sie den größten Teil der Aristokratie aus: mehrere hunderttausend Personen. Sie lebten von ihren Gütern, die sie in der Nähe ihrer Städte besaßen, und hie und da vom lokalen Handel, der die lokalen Märkte der Umgebung bediente. Ansässig in den Städten, die sie verwalteten, ging diese soziale Schicht sparsam mit ihren landwirtschaftlichen Einkünften um. Sie hatten im wesentlichen nur diese, und die althergebrachte Bewirtschaftung (Verpachtung, Anbau im Kleinbetrieb, Zweifelderwirtschaft) ließ eine Steigerung der Erträge und damit eine Erhöhung der Einkünfte nicht zu, so daß man sich als Grundherr durchaus plagen mußte, um nicht „herunterzukommen". Die öffentlichen Kassen der Stadt hatten noch nie ausgereicht, den gesamten materiellen und personellen Bedarf der städtischen Aufwendungen zu decken. Ständig war man auf unentgeltliche Sach- und Dienstleistungen *(munera, Leitourgien)* der Bürger entsprechend ihren Fähigkeiten und ihren Finanzen angewiesen, was denn in der Regel hieß, daß die einzig kapitalkräftige Oberschicht dazu herangezogen wurde. Von ihr erwarteten die übrigen sozialen Schichten die Sicherung der Lebensmittel- und Wasserversorgung, die Finanzierung aufwendiger Bauten und Spiele, die Repräsentation der Stadt nach außen. Die römischen Herren hatten die Pflicht dazu getan, die Steuern, die dem Sieger geschuldet wurden, einzutreiben und für ihren pünktlichen Eingang mit dem eigenen Vermögen zu haften. In guten Zeiten war der Versuchung da nicht zu widerstehen, die eigene Steuerlast auf die Masse der städtischen Bevölkerung

abzuwälzen oder gar Steuerbefreiung *(immunitas)* für das eigene Haus beim allmächtigen Statthalter zu erwirken. In schlechten Zeiten zahlte man drauf und häufig genug so kräftig, daß von der eigenen Grundrente nur noch wenig übrig blieb. Dies waren denn auch die Jahre, in denen ein (etwa beim Antritt eines Amtes) der Stadt gegebenes nobles Versprechen *(pollicitatio ob honorem)* nicht mehr gehalten werden konnte und seine Einlösung auf demütigende Weise durch kaiserliches Gebot erzwungen werden mußte [Digesten 50, 12, 14; Pomponius]. Der Sturz war in solchen Fällen tief: Der finanzielle Ruin verband sich für jedermann sichtbar mit dem sozialen Gesichtsverlust.

Das fürstliche Leben, das der Angehörige des Reichsadels in Rom und in den Hauptstädten des Reiches führte, war in den provinzialen Landstädten unbekannt. Hier galt es zusammenzuhalten, was man hatte. Hier war man auch zufrieden mit dem gesellschaftlichen Prestige, das mit der Übernahme der Verwaltungsfunktion in den Städten traditionell verknüpft war. Den lokalen Eliten lieferte ihre Heimat das ökonomische und geistige Lebenselixier, und der Horizont des politischen Lebens und des politischen Ehrgeizes stimmte in aller Regel mit den städtischen Grenzen überein. Dementsprechend war es genug, über die wesentlichen Ereignisse der Reichspolitik und des kaiserlichen Hofes durch diejenigen des eigenen Standes unterrichtet zu werden, die die Grenzen der Stadt überschritten und in Heer und Verwaltung des Reiches Karriere gemacht hatten. Das römische Bürgerrecht, mit dem im Laufe der Jahrhunderte die meisten ausgezeichnet wurden, änderte nichts an ihrer traditionellen Bindung an die eigene Kultur, es wurde zu Recht als die Anerkennung der geleisteten Aufgaben in der städtischen Autonomie verstanden und nicht als Anregung, neue Ufer einer einheitlichen Reichsgesellschaft anzustreben.

Die Bindung der Dekurionen an ihre Heimatstädte

Der persönliche Umgang und die Bindungen der Nachbarschaft, die den familiären Zusammenhalt ergänzten, waren es denn auch, die unzerstörbar und für immer gültig erschienen. Dazu gehörte ganz unproblematisch die Gewißheit, die Autorität und die auszuübende Gewalt gemeinsam bestimmen und abgrenzen zu können. In dieser seit Generationen geübten Modalität sah man sich zudem von der römischen Ordnungsmacht bestärkt, die eben dieses Verfahren als ein wesentlich stabilisierendes Element des eigenen Herrschaftsanspruches längst erkannt hatte. Gerade diese Gewißheit trug dazu bei, zunächst die in Stadt und Land langsam eintretenden sozialen Veränderungen ohne Beunruhigung zur Kenntnis zu nehmen, da das gewohnte Verhältnis zu den politisch und ökonomisch Führenden nicht veränderbar schien.

Alle Städte des Reiches wurden von derart strukturierten lokalen Eliten geführt. Dort, wo sie nicht vorhanden waren, richtete Rom sie ein – notfalls mit Gewalt. Nur auf diese Weise war die für die römische Herrschaftspraxis unerläßliche organisatorische Unterwerfung des flachen Landes unter die Stadt überhaupt zu bewerkstelligen. Im sozialen Raum der *poleis, civitates, municipia* und *coloniae* bedeutete dies die Stabilisierung oder den Aufstieg einer zumeist grundbesitzenden Aristokratie, die allein als städtische ihrer dreifachen Funktion

Die Interessen Roms

gerecht werden konnte: Offen der direkten Kontrolle und Ausbeutung Roms verwaltete sie das flache Land, beherrschte die unteren städtischen Schichten und sorgte sich um das soziale Wohl und das Prestige ihrer Städte. Die politischen Organe, die zur Erledigung aller Aufgaben zur Verfügung standen, waren nur ihr zugänglich: Der Rat (*ordo, senatus*) und die Magistratur (zwischen 4–6 Beamte, geführt von den *duoviri*). Der Rat, zumeist rund 100 auf Lebenszeit bestellte Mitglieder (*decuriones*), rekrutierte sich aus den gewesenen Beamten der Stadt und kooptierten Mitgliedern, figurierte als beratende Versammlung vergleichbar dem Senat in Rom und entschied insbesondere über die aufzubringenden *munera*. Die Magistrate, jährlich neu gewählt, betreuten das Recht, verwalteten die Kassen, übten polizeiliche Funktionen aus und sorgten für die ordnungsgemäße Durchführung der Kulte.

Die Kuratoren Außerhalb der Ämterhierarchie stand der *curator*, um dessen Einsetzung durch den Kaiser seit dem Ende des ersten Jahrhunderts vor allem italische Städte immer dann baten, wenn sie ihre Haushalte mit eigenen Kräften nicht mehr sanieren konnten. Mit derart heiklen Ordnungsaufgaben betraute der Kaiser Senatoren oder führende Ritter, die die besondere Situation der hilfebedürftigen Stadt kannten – entweder waren sie bereits ihr Patron oder sie besaßen Gund und Boden in der Gegend – und die nötige Autorität mitbrachten, um mit allen Vollmachten ausgestattet, ohne zeitliche Beschränkung zu arbeiten und notfalls mit Feuer und Schwert die Finanzen zu ordnen.

Die Existenz derartiger (bis Diokletian noch außerordentlicher) Beamter enthüllt den prekären Punkt der städtischen Selbstverwaltung: Das Finanzgebaren und die finanzielle Kapazität der Städte und ihrer kapitalkräftigen Oberschicht waren insbesondere durch die Pflicht der *munera*, von denen Ansehen und Ehre der Eliten abhingen, einer ständigen Zerreißprobe ausgesetzt und ohne regulierende Eingriffe der übergeordneten kaiserlichen Verwaltung nicht zu steuern. Da von dem Funktionieren des städtischen Selbstregiments die Regierbarkeit des Imperiums insgesamt abhing, wurde die städtische Aristokratie ungeliebter Gegenstand monarchischer Fürsorge und – in den Krisenzeiten des dritten Jahrhunderts mehr und mehr – monarchischer Kontrolle und schließlich gesetzlich normierter Zwänge. Die der städtischen Sozialstruktur tief verwurzelte Spannung konnte damit nicht aufgegeben werden. Auf der einen Seite standen die nicht endenden Bedürfnisse der Stadt, die ohne die den großen Vermögen innewohnende soziale Verpflichtung nicht hätte wirtschaften können, und auf der anderen Seite hing die sehnlich begehrte soziale Geltung von der Großzügigkeit ab, mit der der Reiche seinen Besitz zur Schau stellte und sich seiner gegebenenfalls mit nobler Geste entledigte. Als der Tag kam, an dem der adlige Herr für seine sozialen Pflichten ein anderes Betätigungsfeld als die Stadt fand, waren zugleich die Tage des Imperiums gezählt, das ohne die städtische Selbstverwaltung nicht regierbar war.

Die Aufgaben sowie die soziale und die rechtliche Stellung machten die lokalen Eliten des Reiches zu einer weitgehend homogenen Gruppe. Ihre soziale

Herkunft konnte jedoch entsprechend den jeweiligen Gegebenheiten in den Provinzen und entsprechend der Bedeutung und der wirtschaftlichen Funktion der einzelnen Städte ganz verschieden sein. Herausragten zunächst in allen Städten die Ritter, die – und das taten die meisten von ihnen – im kommunalen Dienst den größten Teil ihres Lebens verbrachten, nachdem sie als Offiziere in den Legionen oder als Kommandeure von Auxiliareinheiten nach längerer Bewährung Rang und Vermögen oder sonstige Verdienste um das Reich erworben hatten, die die Aufmerksamkeit der Kaiser erregten. Ansonsten regelte wie überall in der alten Welt das Vermögen und die Art seines Zustandekommens den Zugang zu dem Stand der Honoratioren. Das timokratische Auswahlverfahren bot für die römische Ordnungsmacht zudem das überall probate Mittel, den wirtschaftlichen und gesellschaftlichen Status quo im ganzen Reich stabil zu halten. Allerdings war der Minimalzensus, der die Tür der städtischen Amtsstuben öffnete und der die soziale Erscheinung und den Lebensstil bestimmte, stark unterschiedlich: In Como z. B. mußte der künftige Decurio ein Vermögen von 100 000 Sesterzen, ¼ des ritterlichen Vermögens, nachweisen; in den nordafrikanischen Grenzstädten unweit der Wüste genügten 20 000 Sesterzen, um sich dem Kreis der Honoratioren dazurechnen zu können. In Niedergermanien bestanden die städtischen Eliten vornehmlich aus entlassenen Militärs, deren Nachkommen oder aus römischen Kolonisten. In den *Tres Galliae* hingegen, wo der alte Stammesadel auch in den neu gegründeten Verwaltungszentralen der *civitates* nach wie vor den Ton angab und zumeist das Bürgerrecht erreicht hatte, saßen die Nachfahren eines Dumnorix oder Orgetorix im Dekurionenrat. In der Narbonensis, schon zu Beginn des ersten Jahrhunderts v. Chr. als Teil Italiens gefeiert [Cicero, Font. 11], sorgten sich viele Senatoren und Ritter, obwohl selbst längst im Dienst von Kaiser und Reich, um ihre Heimatstädte und übernahmen häufig einen Sitz im Rat der Dekurionen. Ihnen allen gemeinsam war nur der Status des Grundherrn. Ihre Liegenschaften allein boten ausreichende Sicherheit für die wahrzunehmenden amtlichen Aufgaben. Dort zeigte sich vor allem: Allein Reichtum an Grund und Boden war standesgemäß.

Erst als das Übermaß der Lasten viele Grundherren kapitulieren ließ, fielen die Schranken, die bis an das Ende des zweiten Jahrhunderts die Angehörigen anderer sozialer Schichten von den städtischen Ämtern ferngehalten hatten. Dies gilt vor allem für die Schicht der reich gewordenen Händler und Handwerker, die die Art, in der sie zu ihren Reichtümern gekommen waren, wie in Odysseus' Zeiten moralisch diskreditierte. Jedoch lehrte auch hier die Not einer auf das Festhalten am Überkommenen ausgerichteten Gesellschaft, daß die Leistung des sozialen Aufsteigers dem aristokratischen Leistungsprinzip verwandt sein konnte und dieser wiederum bereit war, Vermögen und Arbeit für die Ehre amtlicher Funktionen und Titel einzutauschen. Einsichten dieser Art setzten sich nur langsam durch, wie der Jurist Callistratus beweist, der zu Beginn des dritten Jahrhunderts über Händler und Handwerker schreibt: „Natürlich ist es solchen Männern nicht untersagt, für den Dekurionat oder irgendein Amt in ihrer

Die soziale Herkunft der lokalen Eliten

Die Entwicklung im dritten Jahrhundert

Heimatstadt zu kandidieren ... Trotzdem aber halte ich es für würdelos, daß Personen, die noch der Prügelstrafe unterliegen, in die Ratsversammlungen aufgenommen werden sollten, besonders dann, wenn es sich um Städte handelt, die genügend amtsfähige Bürger haben. Lediglich der Mangel an Männern zur Erfüllung der öffentlichen Funktionen zwingt dazu, auch diese Leute – vorausgesetzt sie haben Besitz – aufzufordern, munizipale Würden zu übernehmen." [Digesten 50, 2, 12]

Die kollektive Haftung der Dekurionen

Im Konflikt zwischen dem Bedarf der Städte nach kapitalkräftigen Eliten und der niederen Herkunft sozialer Aufsteiger, die in die Ämter drängten oder gedrängt wurden, mußte die Not der Städte siegen – daran zweifelte auch Callistratus nicht. Allein das Geld machte jetzt den Mann: Der reich gewordene Gladiator und der Bordellbesitzer wurden ebenso ratsfähig wie der geschäftstüchtige Christ, der bis 311 noch als Verbrecher galt. Die Zugehörigkeit zum *ordo* der Dekurionen wurde nun auch erblich und unabänderlich. Nur so erschien es möglich, die kollektive Haftung des Standes – seit Septimius Severus gesetzlich verbindlich – für die der Stadt auferlegten Leistungen (Steuern und Dienstleistungen) und die der Stadt selbst geschuldeten Leistungen *(munera)* so effektiv und überschaubar wie nötig und möglich zu halten. Der Rat ergänzte sich nunmehr ausnahmslos durch Kooptation: Die Geschundenen wußten selbst am besten, wer ihnen ihr Los – und sei es nur vorübergehend – erleichtern konnte. Versuchte ein Verzweifelter, die Reste seines Vermögens durch die heimliche Auswanderung in andere Gegenden des Reiches zu retten, so jagten ihn die Büttel des Statthalters, denen häufig die verbliebenen Dekurionen, die die Last des Geflohenen mittragen mußten, die richtige Spur wiesen. Die gesetzliche Regelung derartiger Suchen datiert bereits aus dem ersten Drittel des dritten Jahrhunderts: „Der Provinzialstatthalter soll dafür sorgen, daß die Dekurionen, die nachweislich den Sitz ihrer Stadt, der sie angehören, verlassen haben und in andere Gegenden übersiedelt sind, auf den Boden ihrer Vaterstadt zurückgerufen werden und die ihnen zukommenden Verpflichtungen *[muneribus congruentibus]* übernehmen" [Digesten 50, 2, 1; Ulpian]. Der Kaiser bürdete sich damit letztlich die Pflicht auf, gegebenenfalls selbst dafür zu sorgen, daß ruinierte Stadträte wenigstens für eine gewisse Zeit von ihren Pflichten gegenüber ihren Gemeinden freigstellt wurden [*vacatio civilium munerum:* Codex Theodosianus 12, 1, 1].

Die finanziellen Nöte

Einen genauen Einblick in die ansonsten in den Quellen schwer zu greifenden Anfänge dieser Entwicklung und in die Versuche, sie zu steuern, bietet eine Momentaufnahme aus der Geschichte Triests. Unter Antoninus Pius versuchte das Munizipium erfolgreich, dem Kaiser die Erlaubnis abzuringen, die der Stadt attribuierten Carner und Cataler – in den umliegenden Bergen wohnende, personenrechtlich peregrine Stämme – zu den Magistraturen und zum *ordo decurionum* zulassen zu dürfen [DESSAU, ILS 6680]. Die Stadt ließ ihren Patron L. Fabius dem Kaiser ungeschminkt darlegen, daß die städtische Aristokratie die *munera* nicht mehr leisten könne und daher auf die Inpflichtnahme der finanzkräftigen Grundbesitzer und Schafzüchter der attribuierten Stämme angewiesen sei. Die Hoffnungen der geplagten Triester Notabeln richteten sich dabei auch auf die „Eintrittsgelder", die bei einer Wahl in den Rat fällig wurden. Antoninus Pius – von derartigen Sorgen offenbar nicht überrascht – ließ denn auch die neuen Kandidaten zu den städtischen Ämtern und dem *ordo* zu, obwohl er dabei eine Reihe rechtlicher Hindernisse beiseite räumen mußte: Die Sorgen der Stadt wogen schwerer als bestehende Rechtsregeln, die man umgehen konnte.

Die Entwicklungsgeschichte der lokalen Eliten kann nunmehr zusammenfassend skizziert werden: Am Beginn steht das vitale Herrschaftsinteresse Roms, das das Reich nur über die Städte und mit Hilfe der kommunalen Führungsschichten regieren konnte. Das imperiale Herrschaftsprinzip fußt geradezu auf der weitgehenden Selbstregierung der Beherrschten, deren ausgebaute oder neu eingerichtete Städte das flache Land kontrollieren und selbst dem römischen Zugriff offen sind. Das Funktionieren dieses Systems setzte die Loyalität der lokalen Eliten voraus, so daß Rom ihren sozialen Status festigte und ihr Monopol auf die politische Führung garantierte oder – wie etwa in den griechischen Städten mit radikal-demokratischen Verfassungen – begründete. Der Aufgabenkatalog dieser Eliten, die sich nach dem überall geltenden timokratischen Prinzip zunächst vornehmlich aus stadtsässigen Grundherren rekrutierte, mußte den Herrschaftsinteressen Roms, den Bedürfnissen der Städte und dem eigenen Ehrgeiz dienen können. Im Zentrum dieser Aufgaben stand die in den mediterranen Städten traditionelle gesellschaftliche Verpflichtung zu den munera *(Leitourgien)*. Die Städte honorierten die noble Handhabung dieser Pflicht mit der nie in Frage gestellten Anerkennung der politischen und sozialen Führungsrolle der Eliten. Kaiser und Reich lohnten ökonomisch mit der Möglichkeit zur freien Entfaltung des Grundbesitzes, sozial durch die Sicherheit vor sozialem Umsturz und Aufruhr und politisch durch die Gewährung des Bürgerrechts, das dem Ehrgeizigen den Weg in den Ritterstand oder gar in die Senatsaristokratie nach besonderen, dem Kaiser geleisteten Diensten öffnete.

Zum neuralgischen Punkt dieser politisch und sozial gleichermaßen stabilen Ordnung wurde seit dem zweiten Jahrhundert immer offenkundiger die finanzielle Kapazität der Führungsschichten, die die steigenden Lasten für Rom und den wachsenden Hunger ihrer Städte nach den *munera* immer mühseliger ertrugen. Die Folge war zum einen die Aufnahme sozialer Aufsteiger (und bald auch von Hasardeuren) der verschiedensten Herkunft in den *ordo*, in dem der Grundherr seine alten Freunde gehen sah und in dem er selbst nicht mehr bereit war, neue zu erwerben. Zum anderen nahmen die Eingriffe der kaiserlichen Verwaltung zu, die durch praktische Hilfe (finanzielle Entlastung, Entsendung eines Kurators) aber auch (und dies zunehmend) mit strengen Reglementierungsmaßnahmen bis hin zur erblichen Bindung an den Stand versuchte, die für den Bestand des Reiches lebenswichtige Funktion der lokalen Eliten aufrechtzuerhalten. Jedoch lösten gerade diese ständigen Eingriffe in die Selbstverwaltung der Städte den ihren Eliten immer eigen gewesenen politischen Willen zur Behaup-

Zusammenfassung: Die Entwicklung der lokalen Eliten

tung der städtischen Autonomie auf. Der tradierte Ehrenkodex, der stark genug war, auch einen reich gewordenen Gladiator einzubinden, verlor sein Ziel. Denn als auch die härtesten Mühen für die Heimatstadt von dieser nicht mehr mit dem so sehnlich gewünschten sozialen Prestige und der ständig erneuerten öffentlichen Anerkennung belohnt werden konnten, versiegten die sozialen und moralischen Kraftquellen eines auf das Wohl der autonomen Stadt ausgerichteten aristokratischen Ethos.

4. DER BÜRGER DER STADT UND DER BAUER

a. Die wirtschaftlichen Bedingungen des städtischen Lebens

Der Wohlstand der Städte

Blickt man aus der Perspektive des von Krisen geschüttelten dritten Jahrhunderts auf die Städte des Reiches zurück, so fällt sofort auf, daß das Unglück der Zeit nicht am Ende eines armen Jahrhunderts steht, sondern im Gegenteil nach einer reichen Epoche über ein reiches Land hereinbrach. Reich gewiß nur relativ, d. h. verglichen mit dem, was zurückliegende Zeitläufe gekannt hatten und die Länder jenseits der Grenzen besaßen. Aber doch ausgezeichnet mit einem singulären – auch in späteren Jahrhunderten nicht erreichten – Wohlstand, einer wirtschaftlichen Sorglosigkeit und einem wirtschaftlichen Laisser-faire, über das schützend das den Frieden stiftende Regiment Roms wachte, das all dies erst möglich gemacht hatte. Die Stadtmauern als ein Symbol der Furcht und des Sich-Abschließens paßten nicht mehr in diese Zeit der allgemeinen Sicherheit *(securitas)* und der propagierten Gewißheit der ewigen Gültigkeit der mit Augustus gefundenen Weltordnung *(pax aeterna)*; sie mehrten allenfalls die Möglichkeiten, die Bedeutung der Stadt architektonisch ins rechte Licht zu rücken. Die Städte der ersten beiden Jahrhunderte kaiserlicher Herrschaft wuchsen denn auch über ihre alten Mauern hinaus: Die Hoffnung auf ein besseres Leben führte viele Bauern in die Stadt, und ein guter Teil der Einkünfte des Reichsadels und der lokalen Eliten wurde investiert in prächtige Nutz- und Prachtbauten, die von der Kanalisation bis zum Theater, das mehr Sitzplätze als städtische Einwohner besaß, alle Möglichkeiten der damaligen Architektur paradieren ließen. Dies begünstigte die bürgerliche Erwerbstätigkeit in allen ihren Formen: Das städtische Bürgertum profitierte von dem bescheidenen technischen Fortschritt, dem gestiegenen Zahlungsmittelumlauf, dem anschwellenden Strom der produzierten und gehandelten Güter.

Handels- und Produktionsstädte

Natürlich tat es dies nicht überall gleich: Spendable Gesten hoher Herren aus Aquileia fielen anders aus als im phokischen Panopeus, das zu seiner Armut noch den Spott seiner wenigen Besucher zu tragen hatte [Pausanias 10, 4, 1]; die Zuwendungen des Kaisers suchten und fanden ohnehin nur die Städte, die sein und des Reiches Ansehen mehren konnten. Darüber hinaus waren die wirtschaftlichen Möglichkeiten von Stadt zu Stadt verschieden. In den großen Produktionszentren, in denen kaiserliche Manufakturen wie die Webereien und die staatliche Münze von Kyzikos oder Waffenschmieden wie im kappadokischen Caesarea den Wohlstand von Arbeitern und Gewerbetreibenden steigerten, sahen die Grundbedingungen anders aus als in den großen Handelsstädten, die Fluß- oder Seehäfen besaßen. Lugdunum (Lyon) z. B., Schnittpunkt im Straßensystem Galliens, gelegen am Zusammenfluß von Rhône und Saône, wurde die natürliche Handelszentrale Galliens, war zugleich das wichtigste Verwaltungszentrum aller gallischen Provinzen, beherbergte die bedeutendste Münze im Westen und wurde Versammlungsort der 60 *civitates* der *Gallia Comata*. In dieser Stadt tauchen Beamte, Händler, Kaufleute und Schiffer als sozial bunte Gruppe auf, in der orientalische Zuwanderer, viele Freigelassene, die schnell nach oben wollten, Italiker und Einheimische zusammengewürfelt waren. Ein ähnliches Bild bot Arelate, der wichtigste Hafen im gallischen Süden, in dem die Güter aus den Binnenschiffen in die Seeschiffe umgeladen wurden, Ostia, Importhafen zur Versorgung der Hauptstadt, Alexandria, Umschlagplatz für die Erzeugnisse Ägyptens (Getreide, Leinen, Papyrus) und Schnittpunkt des Seeverkehrs im Mittelmeer, Palmyra, Oase inmitten weiter Wüstengebiete, über die der Karawanenhandel mit den Luxusgütern aus dem Osten führte, Rhodos und Chios, die den Ägäishandel lenkten – sie alle führten ein anderes Leben als die reinen Agrarstädte wie z. B. Pompeji oder Theben.

Deren Bürger waren Bauern, für die das Land die einzige Quelle ihres Reichtums war, und die alles, was sie an Metallen, Sklaven und Luxusgütern brauchten, mit den Erträgen ihrer Felder bezahlen mußten. Was dies für ihr Wirtschaftsgebaren bedeutete, sagt das Preisedikt Diokletians: Eine Wagenladung Weizen (rd. 550 kg) über Land transportiert, verdoppelte ihren Preis bei einer Strecke von etwa 500 km und war damit dreimal so teuer wie bei einem Schifftransport quer über das Mittelmeer. Das zu militärischen Zwecken ausgebaute Straßennetz änderte daran wenig, da die Fortbewegungsmittel (vor allem Karren, Ochsen und Maultiere) die gleichen blieben. Der Fluch des samnitischen Fuhrmanns beim Anblick der Rechnung seines Gastwirts: „Das verdammte Maultier wird mich noch ruinieren", zeigt die Grenzen jedes Unternehmergeistes auf [DESSAU, ILS 7478]. So blieben die bäuerlichen Bewohner dieser Agrostädte Gefangene ihres geographischen Horizonts und ihrer Weltabgeschiedenheit, die die vielen nebeneinander bestehenden örtlichen Märkte nicht aufbrechen konnten. Im ewig gleichen Wechsel der Jahreszeiten zogen sie täglich bei Morgengrauen aus der Stadt auf ihre Felder und bauten an, was schon ihre Eltern und Großeltern angebaut hatten: Kornfrüchte für das Brot, Wein, der ungeachtet der außerordentlichen jährlichen Schwankungen nahezu überall produziert wurde, und Oliven; die Zucht von Schafen, Rindern und Schweinen ergänzte die äußerst schwache Produktivität der landwirtschaftlichen Arbeit. Zusätzliche Einkünfte sicherte diesen Städten das nur vom Senat oder dem Kaiser zu gewährende Recht, regelmäßige Markttage abzuhalten (*ius nundi-*

Die Agrarstädte

narum): Die bei diesen Anlässen aus der Umgebung zusammenströmenden Käufer und Verkäufer, die bei einem nur rudimentär ausgeprägten Zwischenhandel meist zugleich die Produzenten der angebotenen Waren waren, zahlten Marktgebühren, die zusammen mit Pachten und Zöllen den schmalen Säckel der Stadt füllten. Natürlich kamen auch die Wirte, die Schausteller, die Devotionalienhändler, die Huren, die Viehdoktoren und die Transportunternehmer an diesen Tagen nicht zu kurz, an denen religiöse Feiern und Spiele für festtägliche Stimmung sorgten. Insgesamt umschlossen diese Städte eine Welt, in der man von guter zu schlechter Ernte fast ganz als Selbstversorger lebte und froh war, wenn man über die eigenen Bedürfnisse hinaus die Rom zu leistenden Tribute aufbringen konnte.

Wieder anders lagen die Dinge in den Städten, die − wie etwa Athen − bei unzureichender landwirtschaftlicher Eigenproduktion Handel trieben und handwerkliche Produkte fertigen mußten, die in der näheren und weiteren Umgebung ihren Käufer finden sollten. Die Hauptstadt schließlich, Rom selbst, führte ein nahezu rein parasitäres Dasein, das von den Geschenken des Kaisers und seiner Paladine, von Steuern, Pachten und Tributen bestritten wurde.

Die Grenzen des Reichtums

Jenseits dieser von der geographischen Lage und der politischen Bedeutung gesetzten Unterschiede ist der in den ersten beiden Jahrhunderten des monarchischen Regiments wachsende Reichtum der Städte unverkennbar; „in den Ackerstädten Afrikas, in den Winzerheimstätten an der Mosel, in den blühenden Ortschaften der lykischen Gebirge und des syrischen Wüstenrandes ist die Arbeit der Kaiserzeit zu suchen und auch zu finden." [TH. MOMMSEN, RG V, S. 4] Für den Rückblickenden fallen über dieses blühende Zeitalter jedoch schon tiefe Schatten: Der Erwerb und der Verzehr des Reichtums sicherten ihm keine Dauer, da er die Wirtschaft der Städte nicht förderte und langfristig nicht unabhängig von den kontinuierlichen Zuwendungen der Grundherren und des Reichsadels machte. Für die gesamte städtische Welt galt unverändert, daß sie mehr verbrauchte, als sie an Gegenwert produzierte, galt, daß ihr Reichtum auf Kosten des Landes erworben und verbraucht wurde.

Das Verhältnis von Stadt und Land

Die Voraussetzungen für dieses Wirtschaftsgebaren und seine Dauerhaftigkeit waren rechtlicher, ökonomischer und politischer Natur: Der größte Teil des flachen Landes im gesamten Reich unterstand den Städten, deren Behörden Macht darüber ausübten. Die römische Herrschaft perpetuierte diese Rechtsform der Stadt, die das sie umgebende Territorium verwaltete, und konstituierte sie dort, wo sie − wie z. B. in den *Tres Galliae* − in der Geschichte des unterworfenen Landes unbekannt gewesen war. Ökonomisch und politisch bedingte dieses System, daß die Grundherrn stadtsässig blieben (oder wurden), die politische Macht der Behörden in Händen hielten und ihr auf dem Lande erwirtschaftetes Einkommen überwiegend in der Stadt für ihren standesgemäß prunkvollen Lebensstil, für die Aufgaben der Stadt und für die sozial Schwachen ausgaben. Den Profit hatten vom Baumeister bis zum Zuckerbäcker, der den Kuchen für die Festlichkeiten in den Häusern der hohen Herren lieferte, alle

Bürger, die mehr taten, als nur ihr Land zu bestellen. Kaiser und Reichsadel taten nichts anderes, wenn sie ihre auf den Domänen und Latifundien erwirtschafteten Gewinne umsetzten: Bauten, Spiele, Spenden der verschiedensten Art wurden aus einem unerschöpflich scheinenden Füllhorn über die Städte ausgeschüttet. Diese lebten davon, solange es gut ging, und ließen dafür die noblen Großen so hoch leben, wie es deren Wunsch nach Ansehen, Ehre und Unsterblichkeit forderte. Die auf einem Fußbodenmosaik einer afrikanischen Villa gefundenen Zurufe des von einer spendierten Tierhetze begeisterten Volkes halten stolz fest, was dem Gebenden und dem Empfangenden wichtig war: „*Magerius donat. hoc est habere. hoc est posse*; Magerius zahlt für alles – das bedeutet es, reich und mächtig zu sein." [AE 1967, 549] Der Reichtum zeigt seine wichtigste Funktion: er verschafft in der Verschwendung die als höchstes Glück begehrte soziale Anerkennung und Bewunderung. Der Bauer auf dem Lande hatte von alledem nur die Last, und es blieb ihm die staunende Bewunderung bei seinen seltenen Besuchen in der Stadt.

Schließlich: Das Geld, das auf diese Weise in die Taschen der Städter geflossen war, bewirkte wenig Dauerhaftes. Die reich gewordenen Handwerker und Händler steckten ihr Kapital nicht in ihre Betriebe, sondern sie kauften Land, da ihnen das Leben eines kleinen Grundherrn begehrenswerter als die Existenz eines noch so gewichtigen Bauunternehmers schien. Denn nur der Eigentümer von Land galt etwas, und nur er konnte hoffen, eines Tages selbst zur Elite der Stadt gezählt zu werden. Die soziale Geltung wurde nur nach Grundstücken bemessen: Wer sein Geld nicht in dieser Form vorwies, den traf die gesellschaftliche Mißachtung – wie zu Odysseus' Zeiten. Cicero hatte die herrschende Grundregel richtig formuliert: „Der Kleinhandel aber ist zu den unsauberen Geschäften zu rechnen, während der kapitalkräftige Großhandel, der die Verbrauchsgüter aus aller Welt heranschafft und sie ehrlich den Massen zugute kommen läßt, nicht ganz zu tadeln ist. Man wird ihn mit vollem Recht sogar loben können, wenn er ... sich, wie oft von hoher See in den Hafen, so von da unmittelbar auf seine ländlichen Besitzungen zurückzieht. Von allen Erwerbsarten ist die Landwirtschaft die beste, die ergiebigste und angenehmste, die des freien Mannes würdigste." [de officiis 1, 151] Die Folge dieser somit auch von der Sozialethik geforderten Flucht des Kapitals in Landbesitz war unausweichlich. Das Sozialprodukt der Stadt reichte auf Dauer nicht aus, um auf die Ausbeutung des Landes verzichten zu können; die wirtschaftlichen Energien und der Erfindergeist bündelten sich nur sporadisch und eher zufällig in der Güterproduktion, und der politische Herrschaftsanspruch der Grundherren über die Stadt fand nie einen Konkurrenten aus den Handel und Gewerbe treibenden Schichten. Damit war zugleich ebenso unausweichlich festgeschrieben, daß auch das wirtschaftliche Überleben der Stadt (zum politischen siehe S. 111) von der anhaltenden Prosperität ihrer stadtsässigen Grundherren abhing. Die Finanzkrise des dritten Jahrhunderts wurde so zur Krise der gesamten Gesellschaftsordnung.

Der gesellschaftliche Wert des Grundbesitzes

58   I. Darstellung

Die städtischen Unterschichten

Opposition oder gar Aufstände gegen diese ebenso tradierte wie von Rom gewünschte Ordnung gab es nicht. Die städtischen Unterschichten bildeten kein Proletariat im modernen Sinne; die Produktionsformen sind noch zu individuell und häufig genug familiär, so daß ihre Vielfalt so etwas wie Klassenbewußtsein nie hätte aufkommen lassen. Innerstädtische Revolten – spärlich nur bezeugt – waren denn auch keine Produzentenkämpfe, sondern Konsumentenreaktionen: Der Hungeraufruhr nach Mißernten, bei ausbleibenden Getreidetransporten oder nach einer Verteuerung des Brotpreises sowie spontane (und in der Sache meist ziellose) Erhebungen einzelner momentan geschädigter Handwerker sind symptomatisch und nicht der Kampf um Löhne oder bessere Lebensbedingungen. Ohnehin wachte der römische Statthalter sorgsam auch über das soziale Treiben. Als der Christ Paulus mit seinen Predigten in Ephesos einen Aufstand der um ihren Devotionalienabsatz besorgten Silberschmiede auslöste, genügte der warnende Hinweis eines städtischen Beamten auf die drohende Vergeltung Roms, um alle Hitzköpfe friedlich den Weg nach Hause finden zu lassen [Apostelgeschichte 19, 23–40].

Die Wirtschaftspolitik des Kaisers

Das wirtschaftliche Potential des Kaisers hat wesentlich dazu beigetragen, die Prosperität der Städte stabil zu halten; die politische Sorge um die Ruhe in den Provinzen verlangte dies ebenso wie die übernommenen patronalen Verpflichtungen gegenüber allen Bewohnern des Reiches (s. S. 12). Trotzdem: Das, was wir heute unter dem Begriff „Wirtschaftspolitik" fassen, hat es in der Zeit des frühen Prinzipats ebensowenig wie in der ganzen antiken Welt gegeben. Es ist dies bereits daran ablesbar, daß Augustus nach Beendigung der Bürgerkriege keine gezielte Förderung oder irgendwelche Maßnahmen zugunsten der Landwirtschaft getroffen hat. Der Kernbereich des Wirtschaftslebens bleibt außerhalb des ökonomischen Denkens, das nach dem Ausweis der Agrarschriftsteller ohnehin nicht sonderlich ausgeprägt war. Das gleiche gilt für den Handel: Staatliche Förderung erfuhr nur der Indienhandel. Dessen Leitmotiv war jedoch nicht der ökonomische Nutzen, sondern der feste Wille, die *maiestas imperii* bis an die Grenzen der bekannten Welt zu tragen.

Die Geldquellen des Augustus

Ein Beispiel mag die Bedeutung der kaiserlichen Politik für das Wirtschaftsleben verdeutlichen. Nach dem Sieg von Aktium setzte in Italien und in den Provinzen ein erstaunlicher wirtschaftlicher Aufschwung ein. Die Gründe sind verschiedener Natur, gehen aber alle auf monarchische Entscheidungen zurück. Vorab schuf ein 30 v. Chr. verfügter Schuldenerlaß für die östlichen Reichsteile die unerläßliche Voraussetzung für ein neu aufkeimendes Wirtschaftsleben in den ausgeplünderten Provinzen. Die Eroberung des Ptolemäerreiches, das in den Privatbesitz des Augustus überging, erlaubte den ungehinderten Zugriff auf die Schätze des Landes, mit deren Hilfe das Geldausgeben im großen Stile möglich wurde. Die Stadtgründungen vor allem in den westlichen Provinzen waren damit leicht zu finanzieren. Sie führten zu einer soliden Belebung des Wirtschaftslebens, zu dem die mit großzügigen Geldgeschenken entlassenen Veteranen das ihrige beisteuerten. Die Bauwirtschaft profitierte insbesondere von der Munizipalgesetzgebung, die die Bürgerstädte in Italien und in den Provinzen zur besonderen Fürsorge bei der Anlage von Kloaken, Straßen und Wasserleitungen anhielt. Die Geldquellen flossen zudem reichlich: die Goldminen in Spanien, das Gold der geschlagenen und in die Sklaverei verkauften Salasser sowie der Schatz der Ptolemäer ergaben zusammen mit einer unter der Leitung der kaiserlichen Zentrale intensivierten Ausbeutung der Bodenschätze und der reformierten Steuereintreibung eine so ansehnliche Summe, daß großzügig aus dem Vollen gewirtschaftet werden konnte.

Das Motiv für diese Maßnahmen war nicht wirtschaftlicher, sondern politischer Natur, so daß die goldenen Jahre seit etwa 10–7 v. Chr. denn auch vorbei waren – der Stillstand der Arbeiten auf den Fora in Rom seit dieser Zeit mag als Indiz genügen. In den Jahren nach Aktium hingegen mußte Augustus aller Welt verständlich machen, daß der siegreiche Parteiführer das Format hatte, das man von einem zweiten Stadtgründer erwarten konnte. Dem Glanz der *maiestas imperii* und der Leistungsfähigkeit des Patrons entsprachen die großzügigen Geschenke an Bürger und Soldat ebenso wie die umfassende Bautätigkeit, die den Machtanspruch des neuen Herren sinnfällig und für jedermann begreifbar machen sollte. Die Städte profitierten davon – und sie hatten die mageren Jahre zu ertragen, als die Kriege in Germanien und Pannonien nur Verluste brachten und der Kaiser die schwindenden Geldreserven durch neue Steuern aufstockte, um der drängenden Aufgaben Herr zu werden.

Die politische Funktion wirtschaftlicher Maßnahmen

b. Das gesellschaftliche Leben in den Städten

Seit es Städte im Mittelmeerraum gab, bezog der Bürger der Polis, des Munizipiums oder der Kolonie sein Selbstbewußtsein aus der Teilnahme an der Kultgemeinschaft und aus seinen Leistungen für die Heimat als Soldat und als Mitglied der Volksversammlung, die über Krieg und Frieden, die Gesetze und die Wahl der Beamten Beschlüsse faßte. Diese Tätigkeiten entschieden neben seinem materiellen Besitz über seinen sozialen Rang und setzten den Rahmen seines gesellschaftlichen Lebens. Das monarchisch regierte Großreich Roms ließ für all dies nur noch wenig Raum. Die Kult- und Opfergemeinschaft – bei Griechen und Italikern gleich strukturiert – verlor in den Großstädten angesichts von Riesenaltären und herrschaftlichen Spektakeln, die um ihre Reputation besorgte Kaiser und Statthalter inszenierten, ihre soziale Funktion. Das Zeremoniell des Opfers, das zum gemeinsamen Mahl vor dem Tempel die freien Bürger und ihre aristokratischen Führer zusammengeführt hatte, stellte keine Solidarität in der Armut oder (und vor allem) in der Abwehr Fremder her. Es wurde entweder Teil des privaten Lebens oder ging unter in staatlichen Aktionen großen Ausmaßes, deren vorrangiges Ziel die Sicherung der Loyalität der Untertanen gegenüber Kaiser und Reich wurde.

Die Verteidigung der Heimat übernahmen Berufssoldaten, angeworbene Hilfsvölker und (im steigenden Umfang) die Bewohner der Grenzprovinzen.

Das Selbstbewußtsein des Stadtbürgers

Die Folgen der römischen Herrschaft in den Städten

Die innere Organisation und die Verwaltung besorgten ausschließlich die lokalen Eliten, die getragen von dem Wohlwollen der römischen Administration auf die Legitimation ihrer behördlichen Funktion durch die Wahl der Bürger verzichten konnten. Die innere Festigkeit der sozialen und politischen Ordnung war aus römischer Sicht durch demokratische Spielregeln in der Politik nur zu gefährden; das erste Gebot der Herrschaftsmacht, Ruhe und Ordnung in den Provinzen zu wahren und die Zahlung von Tributen, Steuern und Abgaben zu sichern, forderte daher die Unumstößlichkeit der sozialen Ungleichheit und ihre Fortschreibung in den Raum der Politik. Nur auf diesem Wege schien die Kontinuität der Verantwortung, die ihren festen Anker im Reichtum und in der Tradition hatte, dauerhaft gesichert. Die Statthalter überwachten denn auch peinlich genau, daß die Unterschiede der Stände *(ordines)* nicht in Frage gestellt wurden; „sind diese verwischt, durcheinander und in Unordnung geraten, dann ist nichts ungleicher als gerade diese Gleichheit" [Plinius, ep. 9, 5, 3]. Die Folgen dieser römischen Politik waren gewollt, hinsichtlich ihrer langfristigen Implikationen jedoch nicht vorhersehbar: Die Volksversammlungen tagten nicht mehr, viele städtische Institutionen droschen nur noch leeres Stroh, und die städtischen Gerichte verloren ihre wichtigen Fälle an die Statthalter. Hinzu kam die Entfremdung der städtischen Elite von ihren Bürgern, die den Bürgerverband weiter lockerte: Mit dem römischen Bürgerrecht für treue Dienste von Rom belohnt, strebte ein Teil des städtischen Adels in die glanzvolle Karriere des Offiziers oder des kaiserlichen Beamten, während die in der Heimat Gebliebenen den Mittel- und Unterschichten nicht mehr nur als sozial überlegene gegenübertraten, sondern auch als Teil der römischen Siegermacht, deren Interessen verpflichtender wurden als die Tradition der Heimatstadt.

Der römische Friede

Die größte Sprengkraft entfaltete jedoch der römische Friede, der Wohlstand und Rechtssicherheit erst begründet hatte, und den zu preisen gerade die Provinzialen nicht müde wurden. Römische Stimmen warnten bereits früh vor den neuen Möglichkeiten des Lebensgenusses, und sie verwiesen auf die geistige Erschlaffung, die ein Werk des Friedens sei [Juvenal, sat. 6, 292 f.]. Tacitus wurde deutlicher, als er seinen Schwiegervater Agricola in Britannien städtische Kultur mit dem Ziele pflegen ließ, darüber die besiegten Völker die alte Wildheit und den Geist des Widerstandes vergessen zu lassen: „Bei den Ahnungslosen hieß dies Lebenskultur *(humanitas)*, während es doch nur ein Bestandteil der Knechtschaft *(servitus)* war." [Tacitus, Agricola 21, 2] Solche Empfindungen stumpfte der dauernde Friede im Reiche ab; angesichts der Allgegenwärtigkeit des Krieges im dritten Jahrhundert mochte sich auch niemand daran erinnern. Sie trafen dessen ungeachtet einen Kernpunkt antiker städtischer Existenz.

Der Krieg und der Zusammenhalt der Städte

In Griechenland und in Italien war das Gemeinschafts- und Zusammengehörigkeitsgefühl der Städte wesentlich aus den Erfordernissen der Kriege erwachsen. Diese hatten im Grunde erst die unüberbrückbar scheinenden sozialen Schranken innerhalb der städtischen Bevölkerung dort niedergelegt, wo es um die Existenz von jedermann ging – ob arm oder reich. Sie hatten die Vorstellung von Gemeinschaft jenseits der sozialen Egoismen erst begründet. Und sie hatten die sozialen Fronten, die immer wieder über die Forderung nach Neuverteilung des Bodens und nach Schuldenfreiheit aufbrachen, dem nur gemeinsam zu erreichenden Ziel der Erhaltung der Stadt unterworfen.

In Italien zuerst nahm seit den Siegen über Makedonien und die Seleukiden der Krieg ein anderes Gesicht an: Er hatte mit der unmittelbaren Sicherung der Existenz der Bürger nur noch wenig zu tun. Im Reich des Augustus und des von ihm gegründeten inneren Friedens schließlich verlagerte sich der Krieg in geographische Breiten, die der mediterranen Bevölkerung nur ungefähr bekannt waren und zu denen sie keinerlei wie immer geartete Beziehungen hatten. Der Krieg war mit anderen Worten aus dem Streit der Städte ausgegliedert und hatte sein soziales Gesicht völlig verändert: Unterworfen dem abstrakten Ziel, die Herrschaft Roms über den *orbis terrarum* zu begründen und zu erhalten, und geführt in Gebieten jenseits des Vorstellungshorizontes der Städte, nahm er diesen die Möglichkeit, ihre Bürger kontinuierlich in die Pflicht zu nehmen, die über Jahrhunderte hinweg alle Rechte des einzelnen Bürgers und das ganze politische Profil der Stadt begründet hatte.

Vor allem die verbliebenen militärischen Pflichten der städtischen Eliten siedelten sich jenseits der Stadtmauern an, in denen es vergleichbare Aufgaben nicht mehr gab und in denen auch keine daran geknüpften Möglichkeiten mehr bestanden, Macht und Ansehen zu gewinnen. Die früher im Krieg immer neu genährte Verständigung über das allen Gemeinsame entfiel ebenso wie die traditionelle und einzige Legitimation des einfachen Bürgers für seine politischen Rechte. Zugleich wurde damit die Bindung der aristokratischen Geschlechter an ihre Stadt gelockert, die in den Kriegen die eigene Existenz mit der der Heimatstadt selbstverständlich verbunden gesehen hatten. Der Wettstreit der kaiserlichen Städte um die prächtigsten Bauten, die aufwendigsten Spiele, die Zurschaustellung der Ruhmestaten der Vergangenheit enthielt zwar Elemente der alten Fehden, er bot jedoch nur geringen Anlaß, sich mit der Stadt zu identifizieren. Die Aristokraten der griechischen Städte verständigten sich über das Problem noch an der Schwelle des zweiten Jahrhunderts unmißverständlich: „Den Vorfahren" – so schrieb Dion Chrysostomos, weithin bekannter Redner seiner Zeit – „war es noch möglich, ihre Tüchtigkeit auf vielen anderen Gebieten zu beweisen: Sie konnten eine führende Stellung unter den anderen einnehmen, den Bedrängten helfen, Bundesgenossen erwerben, Städte gründen, Kriege gewinnen. Ihr aber könnt nichts mehr von alldem tun. Nach meiner Meinung bleibt euch nur übrig, euch selbst zu leiten, eure Stadt zu verwalten, diesen oder jenen zu ehren und ihm Beifall zu klatschen ... im Rat zu sitzen, das Recht zu pflegen, den Göttern zu opfern und Feste zu feiern. In dem allen könnt ihr euch den anderen überlegen zeigen." [Dion. or. 31, 161 f.; W. Elliger] Der Streit der Städte, in dem es früher um die Macht in Griechenland ging, geriet zur Farce: „Wer heutzutage die Zänkereien und Anlässe zur Feindschaft sieht, wird sich ... schämen, denn es sind die Streitereien von Sklaven,

Die neuen militärischen Aufgaben jenseits der Stadtgrenzen

die sich mit ihresgleichen um Ansehen und erste Plätze zanken." [Dion. a.a.O. 34, 51] Diese Gedankengänge sind die einer aristokratisch strukturierten Gesellschaft, in der die städtische Gemeinschaft nach wie vor ihren „Besten" Aufgaben stellen muß, die der Entfaltung aristokratischer Tugenden den nötigen Raum geben. Der Krieg hatte dies in idealer Weise getan; ihn führte jetzt das Reich, und dieses gewährte, was den militärischen Helden in den Augen seiner Landsleute groß und ehrfurchtgebietend erscheinen ließ.

<small>Das gesellschaftliche Leben</small>   Das Schwinden der bürgerlichen Betätigung im Raum der Politik und der Religion verlieh den privaten Formen des gesellschaftlichen Lebens eine neue Bedeutung: Das Vereinsleben gibt dem Einzelnen die Möglichkeit, jenseits seiner Arbeitswelt Profil zu schaffen und gesellig zu sein.

<small>Die Vereine und der Staat</small>   Die Republik hatte die Freiheit der Vereinsbildung bereits im fünften Jahrhundert prinzipiell anerkannt; die in den Zwölf-Tafeln niedergelegte Verpflichtung der Vereine, in ihre Satzungen keine Bestimmungen aufzunehmen, die den Gesetzen zuwiderliefen, gewährleistete hinreichend den Schutz der staatlichen Ordnung. Erst die Politisierung des Vereinswesens in den aristokratischen Machtkämpfen der späten Republik führten seit der Catilinarischen Verschwörung zu wiederholten Versuchen, die Zulassung oder das Verbot von Vereinen nach dem Kriterium des staatlichen Nutzens zu ermöglichen. Die Straßen- und Bandenkämpfe eines Clodius und Milo in Rom während der 50er Jahre zwangen die Senatsaristokratie zum Konsens über eine Politik, die die politischen Vereine generell verbieten sollte. Augustus schließlich, von der nüchternen Einsicht geleitet, daß sich alleiniger Führungsanspruch und politischer Verein am unmißverständlichsten entgegenstehen, beendete die republikanische Freizügigkeit der Vereinsbildung [*lex Iulia de collegiis;* Suet. Aug. 32]. Die bestehenden Vereine wurden bis auf wenige Ausnahmen aufgelöst und die Neugründung erforderte nunmehr die Genehmigung des Senates oder des Prinzeps selbst. Alle nicht autorisierten Korporationen galten damit als *contra leges instituta* [Tac. ann. 14, 17], und ihre Mitglieder machten sich des Majestätsverbrechens schuldig. Die Zulassung gestattete Augustus nur dort, wo die Ziele des Vereins staatlichen Bedürfnissen entgegenkamen oder die Mitglieder zu Aufgaben verpflichteten, die der Staat selbst nicht leisten konnte.

<small>Die Vereine der unteren Schichten</small>   Der etablierten Monarchie erschienen die Gefahren in einem milderen Licht, und der um das Wohl seiner Untertanen besorgte Herrscher registrierte, was für den um die Sicherheit seines Führungsanspruches besorgten ersten Prinzeps bedeutungslos sein mußte: Der rigide Zuschnitt des Vereinswesens auf die *utilitas civitatis* beschnitt die einzige Möglichkeit der unteren Gesellschaftsschichten, ihre sozialen und religiösen Bedürfnisse ausreichend zu befriedigen. Ein Beschluß des Senates *(SC de tenuioribus),* gefaßt in den Jahren zwischen 41 und 55, ermöglichte denn auch den ärmeren Schichten eine Vereinsgründung ohne staatliche Erlaubnis, wenn sich das Ziel der Vereinigung auf die Sicherung eines angemessenen Begräbnisses konzentrierte [Dig. 47, 22, 1 pr. 1; DESSAU, ILS 7212]. Die Folge war ein rapider Aufschwung des Vereinswesens. Nunmehr

traten Vereine mit privater Zielsetzung neben die von der *lex Iulia* allein zugelassenen Vereine, die dem Nutzen des Staates zu dienen hatten.

Der Rahmen, in dem die kaiserliche Politik die Bildung von Vereinen gestattete, war damit bis in das fünfte Jahrhundert festgelegt. Verboten blieben grundsätzlich alle Vereinigungen, deren Zielsetzungen unkontrollierbar blieben und die sehr schnell mit antirömischen Vorstellungen aufgeladen werden konnten. Das Verbot Trajans, ein *collegium fabrorum* im bithynischen Nicomedia einzurichten, obwohl dieses *collegium* die Aufgaben einer städtischen Feuerwehr mitübernehmen sollte, zeigt die Richtung einer restriktiv orientierten Politik an, für die die Ruhe in den Provinzen die höchste Norm der Verwaltungspraxis bleiben sollte [Plin. ep. 10, 33 f.]. Diesem Grundgedanken entsprach denn auch die römische Toleranz gegenüber den Vereinen der kleinen Leute *(collegia tenuiorum)*, denen es unter dem Gesichtspunkt der Unschädlichkeit gestattet wurde, ihren bescheidenen Bedürfnissen in Vereinigungen nachzugehen. Sie liefen allenfalls Gefahr, mit den Normen der inneren Sicherheit in Konflikt zu geraten. In aller Regel war dies bereits dadurch ausgeschlossen, daß alle diese Vereinigungen sich als Begräbnisvereine *(collegia funeraticia)* konstituierten und damit eine Aufgabe wahrnahmen, für die die vorhandenen Religionsgemeinschaften keine Sorge trugen. Die Bestattung der Toten und die Sorge um das Andenken an den Verstorbenen blieben immer der privaten Initiative überlassen, die in diesen Kollegien am effektivsten wirksam sein konnte.

<small>Die kaiserliche Vereinspolitik</small>

Des staatlichen Wohlwollens gewiß konnten allein die Vereinigungen sein, die staatlichen Bedürfnissen entgegenkamen und Aufgaben erfüllten, die der kaiserliche Verwaltungsapparat nicht leisten konnte. Dazu zählten in erster Linie die Handels- und Transportkorporationen. Sie sicherten die Versorgung der Hauptstadt und der Großstädte und hatten damit wesentlichen Anteil an der Befriedung der latent unruhigen städtischen Bevölkerungen, was wiederum zur Ruhe in den Provinzen und zur Sicherheit der kaiserlichen Familie wesentlich beitrug. Hinzu kamen die für sakrale Veranstaltungen und für die Brandbekämpfung wichtigen Kollegien, die der öffentlichen Ordnung dort dienten, wo die kaiserliche und städtische Bürokratie nicht hinreichte.

<small>Die Handels- und Transportkorporationen</small>

Alle wesentlichen Erscheinungsformen des römischen Vereinswesens sind also auf das Staatswohl bezogen. Sie wurden dort geduldet oder gefördert, wo sie für den effektiven und reibungslosen Ablauf des Wirtschaftslebens sorgten, bei der Erfüllung der munizipalen Aufgaben halfen und wo sie schließlich die Ausübung des Kultes und die Begräbnisvorsorge förderten. Entsprechend der ganz unausgeprägten Fähigkeit der antiken Staaten, Erscheinungsformen des gesellschaftlichen Lebens zu normieren, blieben die Vereine traditionell freiwillige und private Organisationen, die sich ihre Satzungen auch dann selbst gaben, wenn ihre Gründung auf die Initiative des Senates oder des Kaisers zurückging. Sie besaßen als solche Rechtsfähigkeit, d. h. sie konnten wie die Gemeinden Vermögen erwerben und besitzen, Verträge abschließen, klagen und verklagt werden.

<small>Die Rechtsfähigkeit der Vereine</small>

64   I. Darstellung

Die Motive der Vereinsbildung

Die Motive der Vereinsbildungen während der Kaiserzeit sind vielschichtig; sie werden durch die Stichworte religiöse Fürsorge, materielle Vorteile und gesteigertes Sozialprestige der einzelnen Mitglieder am besten erfaßt. Eine effektive Verwaltung der Mitgliedsbeiträge und der privaten Spenden reicher Bürger ermöglichte den Vereinen eine sichere Ernährung ihrer Mitglieder und vor allem eine ordentliche Bestattung, zu der der Vollzug der mit dem Begräbnis verbundenen Opfer, Riten und Totenmahlzeiten gehörte. Öffentliche Zuwendungen anläßlich einer Stiftung, eines offiziellen Festtages oder als Dank für erwiesene Ehrungen sicherten die materielle Existenz der Vereinsmitglieder ebenso weiter ab wie die Zuweisung von Legaten und die Einräumung von staatlichen Privilegien, für die allerdings nur die Vereine in Frage kamen, deren Nutzen für den Staat offenkundig zutage lag. Die wichtigste Triebfeder der Zusammenschlüsse war jedoch die Hoffnung, durch aktive Teilnahme am Vereinsleben das Sozialprestige der einzelnen Mitglieder zu heben. In den Vereinen bildete sich ein gewisses korporatives Selbstbewußtsein aus, und die Betätigung für den Verein näherte sich in seinen äußeren Erscheinungsformen der Tätigkeit städtischer Würdenträger an.

Die Ersatzfunktion des Vereinslebens

Hinter derartigen auf die gesellschaftliche Anerkennung zielenden Formen des Vereinslebens tritt sehr deutlich ihre Funktion als Ersatz für den verlorengegangenen politischen Handlungsraum zutage. Das politische Leben, das vor allem den Griechen Lebenselixier war, entfaltete neue Triebe im privaten Bereich des antiken Menschen. Wer unterhalb des Dekurionenstandes durch Betriebsamkeit und Initiative sein Sozialprestige mehren wollte, sah sich auf den genuin gesellschaftlichen Raum zurückgedrängt, innerhalb dessen die religiösen Gemeinschaften und die Vereine das einzig gewichtige Betätigungsfeld öffneten. So nahmen in der Rangordnung der städtischen Bevölkerung nach den Dekurionen und den Priestern des Kaiserkultes die Vereine den dritten Platz ein. Damit wurde auch in der allgemeinen sozialen Wertschätzung anerkannt, daß nur der sich aus der amorphen Masse der urbanen Plebs herausheben konnte, der sein soziales Prestige in einem Verein mehrte. Die rapide Ausweitung des Vereinslebens ist also zugleich der deutlichste Ausweis für die Suche nach Ersatzformen des politischen Lebens, das für den antiken Menschen immer den geeigneten Raum für die Zurschaustellung des erreichten Status abgegeben hatte.

Die Zukunft der christlichen Kirchen

Die Sehnsucht nach neuen sozialen Bindungen, die in den politisch entmachteten und vielfach zu Großstädten angewachsenen Gemeinden zu schwinden begannen, war allerdings auf Dauer im Vereinsleben nicht zu erfüllen. Dazu erfaßten sie zu wenig Bereiche menschlicher Ausdrucksformen, die in der klassischen Polis im religiösen, politischen und sozialen Leben gegeben waren. So schlug die welthistorische Stunde der christlichen Kirche, als sie den Widerwillen ihrer ersten Generationen gegen die *res publica* überwand, den Tertullian auf die knappe Formel gebracht hatte: *„nec ulla magis res aliena quam publica:* — keine Angelegenheit ist uns fremder als eine öffentliche." Dieser neue Weg führte die Kirche über die „Mühseligen und Beladenen" hinaus und öffnete auch dem Ehrgeiz der Reichen und politisch Tätigen die Tore zu einer Zukunft, in der die alte Welt der Agora, des Forums und der Kurie gleichwertig ersetzt wurden durch die Gemeinde und den Thron des Bischofs. Die Welt der Polis mit ihren Ruhm und Ehre gewährenden politischen Aufgaben trat gegenüber dem Dienst an einem Gott zurück, der eine eigene Form des Ruhms und der Unsterblichkeit verhieß.

c. Grundherr und Bauer

Der antike Bauer bewirtschaftete seinen Hof im Familienbetrieb. Er tat dies entweder als freier Bauer oder – und dies prägte seine Existenz vor allem in der Kaiserzeit – als Pächter *(colonus)*, der den Boden für einen festen Betrag oder die Ablieferung eines Teils seiner Ernte gepachtet hatte. In jedem Fall blieb es sein wichtigstes Ziel, von guter zu schlechter Ernte so weit wie irgend möglich als Selbstversorger zu leben. Ökonomische Rationalität stand bei diesem Wunsch nur eingeschränkt Pate. Es verbanden sich darin das der Frühzeit des mediterranen Bauerntums entlehnte Ideal der hauswirtschaftlichen Autarkie und die ganz elementare Sorge, auch in Zeiten der Mißernten überleben zu müssen. Denn neben den eigenen Bedürfnissen, neben den kläglichen Investitionen und – soweit sie Pächter waren – neben dem Zins und den Ablieferungen von Teilen der Ernte drückten die jährlichen Tribute für Rom, Sondersteuern in Krisenzeiten und die städtischen Abgaben. Reichten die Mittel dazu nur gerade eben oder gar nicht aus, so suchte die bäuerliche Familie nach zusätzlichen Einnahmequellen, sei es in der Heimarbeit, sei es durch die Urbarmachung von neuem (und dazu freigegebenen) Land, sei es durch den Abschluß neuer Pachtverträge. [Die Autarkie des Bauern]

Der Boden, auf dem der Bauer lebte und arbeitete, war in der Regel städtisches Territorium; in den Agrostädten des Mittelmeerraumes lebte der Bauer zumeist auch in der Stadt (s. S. 55f.). Wo immer er dem Staat begegnete, stieß er auf städtische Behörden: Seine Erzeugnisse kamen auf den städtischen Markt, den der Ädil überwachte. Das für ihn zuständige Gericht und die Tempel seiner Götter standen in der Stadt, und natürlich fand auch der Steuereintreiber aus der Stadt den Weg auf seinen Hof. Die römische Ordnungsmacht kam in seinem täglichen Leben nicht vor; in entlegenen ländlichen Gebieten mag manch einer nicht einmal gewußt haben, was sich hinter dem Wort „Rom" überhaupt verbarg. So saß der für den Bauern wichtigste Mann ebenfalls in der Stadt und in ihren politischen Leitzentralen: der großgrundbesitzende Nachbar, an den man sich als Klient wenden konnte, wenn die Not zu drückend wurde oder Rechtsstreitigkeiten drohten; immer häufiger stand man ohnehin als Pächter bereits in seinen Diensten. Seine Gunst entschied über das Wohl und Wehe der bäuerlichen Familien und allein seine Macht war groß genug, um Schutz notfalls auch gegen den Staat und seine Organe zu gewähren. Für den Zusammenhalt von Stadt und Land bedeutete dies, daß der Bauer widerspruchslos alle ihm von der [Die Abhängigkeit von der Stadt]

Stadt auferlegten Lasten trug, solange der große Nachbar in den städtischen Behörden blieb und dies von ihm verlangte.

Die Ausdehnung des Großgrundbesitzes

In Italien war eine der auffallendsten Folgen der Weltreichspolitik seit dem zweiten Jahrhundert v. Chr. die Ausdehnung des Großgrundbesitzes gewesen; die verfallenen Höfe der Kleinbauern waren Menetekel einer Agrarkrise, aus der Rom erst mit Caesar und durch die von ihm durchgesetzte Kolonisation auch außerhalb Italiens den Ausweg fand. In den Provinzen des westlichen Mittelmeeres, unter denen Nordafrika dank seiner großgrundbesitzenden karthagischen Herren von vornherein eine besondere Rolle spielen mußte, setzte sich die Ausdehnung des Großgrundbesitzes fort. Caesar und Augustus hatten diese Entwicklung durch die Ansiedlung von Hunderttausenden römischer Bürger, darunter vor allem Veteranen, zwar vergrößert; die Grundvoraussetzungen der Ausdehnung der Großgüter blieben von dieser Kolonisationswelle unberührt: Der Senator, ohnehin durch Gesetz verpflichtet, der reich gewordene Ritter und der fleißige Freigelassene mit Fortune – man denke an den von Petronius in den Saturae karikierten Trimalchio –, sie alle steckten ihr Geld in Grundbesitz. Dasselbe tat der Prinzeps, dem darüber hinaus in reichem Maße der von seinen senatorischen Gegnern konfiszierte Grundbesitz und große Ländereien durch Testament zufielen. Die so kontinuierlich wachsenden Güter des Kaisers, die zusammengenommen den Umfang ganzer Provinzen einnahmen und sich insbesondere über weite Teile Italiens und Nordafrikas erstreckten, wurden seit den Flaviern zu einzelnen Einheiten zusammengefaßt und durch Prokuratoren verwaltet. Der Kaiser selbst forcierte im Bereich der Landwirtschaft die fortschreitende Konzentration des Grundbesitzes in den Händen einer ökonomisch übermächtig werdenden Elite, deren Staatstreue es mehr als dem staatlichen Machtapparat zu danken war, daß die gebündelte ökonomische Macht im Staatsschiff für lange Zeit fest vertäut blieb.

„Latifundia Italiam perdidere"

Die römischen Zeitgenossen von Tiberius Gracchus bis Plinius haben den Prozeß der Latifundisierung auf Kosten der kleinen und mittelgroßen Güter immer wieder als Unglück beklagt und darin die Ursache staatlicher Krisen gesehen. „*Latifundia Italiam perdidere* (Die Latifundien richteten Italien zugrunde)", schrieb der ältere Plinius [Naturgeschichte 18, 35]. Dieser Satz war nicht die Quintessenz ökonomischer Analysen, sondern Ausdruck des jedem antiken Menschen selbstverständlichen Gefühls, daß die politische und moralische Kraft des Staates von einem funktionierenden Bauernstand abhing. Er ließ außer Acht, daß sich zwar die Besitzverhältnisse tiefgreifend und politisch folgenreich verändert hatten, die Bewirtschaftungsformen jedoch weitgehend dieselben geblieben waren: Der von einer bäuerlichen Familie (Pächter oder Sklave als Quasi-Pächter) bewirtschaftete Hof blieb das wirtschaftliche Leitbild. Dementsprechend zerfielen die Großgüter in eine Vielzahl kleiner Wirtschaftseinheiten, auf denen der Bauer – in welcher Rechtsstellung auch immer – wie eh und je seinen Pflug führte.

Damit ist zugleich gesagt, daß der plantagenartig wirtschaftende Großbetrieb der späten Republik und der ersten Jahrzehnte des Prinzipats, der für einen größeren Markt als den heimischen produzierte, auf bestimmte Anbauarten oder auf Viehwirtschaft spezialisiert war und Sklaven und Saisonarbeiter beschäftigte, Episode geblieben war. Seine Rentabilität stand und fiel mit der billigen Arbeitskraft. Als der Friede des Reiches keine Kriegsgefangenen mehr auf den Markt brachte und in seinem Inneren die vom Kaiser verbürgte Sicherheit der Straßen und der Meere keine Sklavenjagden gestatten konnte, war diese Wirtschaftsform nicht mehr rentabel. Bereits Columella (um 50 n. Chr.) dachte darüber nach, daß es am effektivsten sei, größere Sklavenmassen in Zehnergruppen arbeiten zu lassen; auf weit entfernten und nicht ständig zu überwachenden Gütern sei das Wirtschaften mit Sklaven ohnehin unergiebig [1, 7 ff.]. Die Theorie über die rentabelste Form des Wirtschaftens war also wieder beim Familienbetrieb angelangt. In der Praxis verpachtete der um seine Rendite besorgte Grundherr sein Land nunmehr fast ausschließlich an Kleinbauern, oder er beließ es bei der Neuerwerbung eines Landgutes den dort ansässigen Bauern und schloß mit ihnen einen Pachtvertrag für fünf Jahre – später auch für längere Zeiträume – ab. Die kleine aber sichere Rendite des Pachtzins oder der Naturallieferungen [Plinius, ep. 9, 37] war sicherer als kostspielige Experimente mit teuren Sklaven, Saisonarbeitern und neuen Anbauprodukten, mit denen der Markt möglicherweise bereits gesättigt war.

Dieses Wirtschaftsgebaren war zweifellos vernünftig, zumal es den Nöten des Pächters gegenüber flexibel war [Plinius a.a.O.] und die bäuerliche Arbeit nach wie vor als die ehrenvollste anerkannte. Es scheiterte denn auch nicht an sich selbst, sondern an den Folgen der seit Mark Aurel einsetzenden außenpolitischen Krisen. Der Verlust wichtiger Provinzen, abnehmende Bevölkerungszahlen und vor allem der wachsende Steuerdruck, der die Verteidigungsfähigkeit des Reiches steigern und die wachsenden Ansprüche der Armeen befriedigen sollte, überforderten das System und seine Leistungsfähigkeit. Der Bauer – Pächter oder Besitzer – geriet unter Druck: Seine Leistungen waren zu wichtig geworden, um sie im Belieben des Einzelnen zu lassen. Grundherr und Staat drängten daher den Kolonen in die dauernde Abhängigkeit; die Freizügigkeit verschwand aus den Pachtverträgen, die Abgaben in Naturalien wurden zur Regel, und das vorläufige Ende dieser Entwicklung sah den Bauern per Gesetz an seine Scholle gebunden, mit der er schließlich auch verkauft werden konnte [Codex Theodosianus 5, 17, 1; 13, 10, 3 zu den Gesetzen der Jahre 332 und 357].

In den Jahrzehnten der Krise wurden noch tiefer liegende Kräfte freigesetzt, von deren Existenz die Zeit nichts wissen konnte und die erst dem Rückblickenden verständlich werden. Die kaiserlichen Domänen *(saltus)*, auf denen das Pachtsystem besonders ausgeprägt war, hatten von Anfang an eine eigene Organisationseinheit gebildet: Verwaltung und Gericht unterstanden dem direkten kaiserlichen Zugriff und existierten damit außerhalb der ansonsten überall präsenten Herrschaft der städtischen Behörden, was zugleich auch bedeutete, daß Verwaltungs- und Bewirtschaftungsinstanz identisch war. An Konkurrenz zur Stadt hatte dabei niemand gedacht, im Gegenteil: Häufig genug ließ der Kaiser Städtebildungen auf seinem Domanialland zu oder förderte deren Ansiedlung. Trotzdem wiesen die Konsequenzen in die entgegengesetzte Richtung. Auf den großen Gütern der Kaiser wurde die Praktizierbarkeit von ländlicher Herrschaftsordnung ständig bewiesen, so daß es nur eine Frage der Zeit und der Veränderung der bestehenden Machtverhältnisse sein konnte, bis die senatorischen und ritterlichen Besitzer der Latifundien dieses Muster nachzuahmen begannen.

Die Macht der potentiores   Der Zeitpunkt kam, als im dritten Jahrhundert einerseits die kaiserliche Zentralgewalt an die Grenzen des bürokratisch überhaupt Machbaren stieß und andererseits Teile der Reichsaristokratie – darunter insbesondere die seit Gallienus ihre militärischen Führungspositionen verlierenden Senatoren – und Teile der städtischen Eliten begannen, die Ausdehnung und den Schutz ihres privaten Besitzes und des eigenen Einflußbereiches wichtiger zu nehmen als die Interessen des Staates und seiner Städte. Der Bauer, soweit er nicht schon Pächter geworden war, erfuhr als erster, was dies bedeutete. Das Bauernlegen mit allen Mitteln bis hin zur nackten Gewalt nahm zu und beschleunigte die Ausdehnung des Großgrundbesitzes, auf dem der mit einem langfristigen Pachtvertrag gebundene Kolone seine Hoffnungen auf ein erträgliches Dasein allein auf den übermächtig gewordenen Patron richten mußte. Der karthagische Bischof Cyprian führte in der Mitte des Jahrhunderts bittere Klage über einige seiner Amtskollegen, die als Prokuratoren privater Mächtiger „durch verschlagene Betrugshandlungen Landgüter räuberisch in ihren Besitz bringen: *fundos insidiosis fraudibus rapere*" [de lapsis 6]. Was hier die Sünder in der Kirche der Heiligen trieben, charakterisiert das gesamte dritte und vierte Jahrhundert und enthüllt zugleich den Zusammenhang zwischen der fortschreitenden Schwäche der politischen Macht und der gewaltsamen Ausdehnung des Grundbesitzes. Das Problem selbst, obwohl erst jetzt offen zutage tretend, war so alt wie Rom. Das Gleichgewicht zwischen dem ökonomischen und politischen Eigennutz der Großen und der Macht des Staates, in dessen Diensten Ehre, Einfluß und Vermögen gewonnen wurden, war immer prekär gewesen, und bereits die Republik hatte damit leben müssen. Zu allen Zeiten und in allen Provinzen hatten sich die Mittel der ökonomischen Erpressung, des gerichtlichen Drucks und der offenen Gewaltanwendung bewährt, um den Besitz der Mächtigen zu mehren [vgl. z. B. Cicero, pro Milone 74]. Als Seneca die drei Arten von Übeln aufzählte, die das soziale Leben belasten, nannte er die Furcht vor dem Mächtigen das schlimmste [*quae per vim potioris eveniunt:* ep. II (14), 3, 4]. Dieses unbeugsamste aller Gesetze des sozialen Lebens konnte die kaiserliche Fürsorge – erkennbar etwa an der Fülle gesetzlich verankerter sozialer Schutzmaßnahmen – lange Zeit eindämmen. Im dritten Jahrhundert ließ ihre Kraft nach: Zu groß war der Privatbesitz an Grund und Boden geworden, zu mächtig seine Eigentümer, zu schwach das auf das Wohl des Staates bezogene Ethos der politischen Eliten, so daß im Konfliktfall die staatliche Autorität des Kaisers und der Gesetze nicht mehr von vornherein als Sieger feststanden.

Mit dieser Entwicklung war bereits die weitgehend selbständige Grundherrschaft der Spätantike antizipiert. Die Mächtigen des Reiches weiteten die auf den kaiserlichen Domänen zuerst erprobte ländliche Herrschaft jenseits der Städte aus. Dies schloß die Übernahme der Verpflichtung ein, die gewonnene Macht auch dazu zu benutzen, die Pächter ihrer Güter und den kleinen Bauern vor dem Schritt ins offene Elend zu bewahren, sie vor den Steuereintreibern aus den Städten, vor der Armee, vor den kaiserlichen Sondersteuern und gegebenenfalls auch vor den über die Grenzen flutenden Feinden des Reiches zu schützen. Die dem Bauer tief eingewurzelte Furcht vor der sozialen Allmächtigkeit der Großen *(potentiores)* korrespondierte mit seinem elementaren Schutzbedürfnis vor den drängenden Forderungen des um Geld verlegenen Kaisers und vor den Pressionen in seinem sozialen Umfeld. All dies trieb ihn, als die fürsorgende Hand des Staates schwach geworden war, endgültig in die zugleich drückenden und schützenden Arme der Latifundienbesitzer. Die ländliche Herrschaft kehrte sich damit unwiderruflich gegen die städtische und nahm der staatlichen Zentralgewalt die Bezugspunkte ihrer Machtausübung.

<small>Die Grundherrschaft</small>

5. Das Heer

a. Die Unterwerfung der Armee unter die Interessen des Staates

Weder in Rom noch anderswo ist die militärische Ordnung Objekt der freien staatlichen Entscheidung oder auch nur rationaler Berechnung gewesen. Der Grund dafür ist einfach: Die Armee eines Staates muß nicht nur nach außen – gegen jeden potentiellen Feind von jenseits der eigenen Grenzen – wirksam sein, sie muß auch den Bestand der politischen Herrschaftsform sichern, und sie muß die soziale Ordnung und ihre Aufrechterhaltung begünstigen. Sklaven hat man in Rom tunlichst nicht bewaffnet in den Krieg ziehen lassen, und der Senat wußte so gut wie jeder spätere Kolonialherr, daß der Einsatz geschlossener Truppenkader unterworfener Völker nur möglich ist, wenn zuvor wirksame Kontrollen geschaffen werden. Die römische Armee nahm also wie alle Armeen die sozialen Frontstellungen innerhalb der römischen Gesellschaft und nicht minder die historischen Stationen in sich auf, die das Verhältnis zwischen Eroberer und Unterworfenen jeweils bestimmten. Die Beziehungen zwischen Staat und Gesellschaft einer- und militärischer Ordnung andererseits werden jedoch nicht allein dadurch bestimmt. Die Armee gehorcht zwar den Ordnungsvorstellungen der sozialen und politischen Welt in ihrer Zusammensetzung, sie spiegelt diese und ihre Interessen jedoch keineswegs immer: In ihr können bestimmte soziale Schichten dominieren, die im zivilen Raum der Gesellschaft nichts bedeuten, und die Festlegung ihrer Ziele hängt von den verschiedensten Faktoren ab, von denen der militärische nur ein Teil ist.

<small>Das Beziehungsverhältnis von Staat und Heer</small>

So unterlag in Rom die Entwicklung vom Miliz- zum Berufs- und schließlich zum stehenden Heer Faktoren, die durch die Zwänge der Expansion und des Weltreiches, sowie durch den politischen Untergang der Republik bestimmt wurden, nachdem sich die im Vollzug der Eroberungen freigesetzten Energien in einer Serie von Bürgerkriegen entladen hatten. Seit der Konfrontation zwischen Caesar und Pompeius hing die zukünftige Gestalt des römischen Staates davon ab, ob die zerstörerische Kraft der Legionen gebändigt werden konnte, deren Zahl bereits nicht mehr von den Bedürfnissen des Reiches, sondern von den Notwendigkeiten eines reichsweit geführten Krieges um die alleinige Macht festgelegt worden war.

Die Aufgaben des Augustus — Im Sommer 43 v. Chr. forderte ein von den Legionen des Octavian abgesandter Centurio vor dem Senat das Konsulat für seinen Feldherrn, warf, als die Senatoren zögerten, seinen Mantel zurück, wies auf sein Schwert und rief, „dies wird uns helfen, wenn ihr nicht helft" [Suet. Aug. 26, 1]. Der Vorgang ist in mehrfacher Hinsicht symptomatisch für das Ausmaß, mit dem das Heer politisch zu agieren begann, und für das Problem, das sich dem zuletzt siegreichen General unausweichlich stellte:

(1) Der seiner Macht bewußt gewordene Soldat, der seinen Feldherrn zum ersten Mann im Staat gemacht hatte und seinen Lohn forderte, mußte aus dem politischen Entscheidungsprozeß wieder herausgedrängt werden. Oder anders: Politische Entscheidungen konnten nicht auf Dauer der Frage ausgesetzt werden, ob sie für die Interessen der Soldaten nützlich seien.

(2) Bei diesem Vorgang durfte der Soldat seine im Bürgerkrieg erprobte Fähigkeit nicht verlieren, die usurpierte Gewalt des Monarchen jederzeit und gegen jedermann – gegebenenfalls auch gegen alle übrigen Träger staatlicher Macht – zu verteidigen.

Diesen beiden Forderungen war nur gerecht zu werden, wenn der Lohn des Soldaten für die mit dem Schwert gewährte Herrschaft seinen Erwartungen entsprach – was nach 43 v. Chr. auf die Vertreibung von Zehntausenden italischer Bauern von ihren Höfen hinauslief – und wenn die Bedürfnisse des weiter expandierenden Weltreiches nicht vernachlässigt wurden. Die Monarchie ihrerseits mußte sicher sein, daß für alle Zukunft nur dem die Macht anvertraut wurde, der die stärksten Legionen auf seiner Seite hatte. Der Augenblick des uneingeschränkten militärischen Triumphes wurde somit für Octavian – wie wohl für alle revolutionären Führer – der Augenblick der größten Schwierigkeiten. Die Situation nach Aktium, vorab gekennzeichnet durch 230 000 auf Lohn oder Beschäftigung ungeduldig drängende Legionäre, entsprach dem, was in der Regel militärische Usurpatoren erwartet: Es erwies sich als leichter, eine Armee unter die Fahnen der republikanischen Freiheit zu versammeln, als sie wieder zu entwaffnen und aufzulösen.

Abrüstung, Versorgung und Beschäftigung — Trotzdem: Bereits die ersten Maßnahmen Octavians 30–19 v. Chr. schienen das Problem rasch zu lösen. Ein Drittel der Legionen, etwa 80 000 Mann, wurde abgemustert und mit Land in Italien und in den Provinzen – dort vor allem in der Narbonensis, in der Provinz Africa, in Mauretanien und in Spanien – versorgt. Großzügige Geldgeschenke, die die eroberten Schätze der Ptolemäer leicht machten, halfen den Veteranen, eine bäuerliche Existenz aufzubauen und Familien zu gründen. Die Legionen hatten ihr erstes seit Marius und Caesar gefordertes Ziel erreicht: Land, Geld und das Ende der Kämpfe gegeneinander, deren Blutzoll zu hoch geworden war. Ihr zweites, die sinnvolle Beschäftigung der weiter dienenden Truppe, erfüllten zunächst die 27 v. Chr. wieder aufgenommenen Kriegszüge im Norden Spaniens und die Stationierung an den Grenzen in Bereitstellungsräumen, von denen aus weitere Offensiven folgen sollten (s. S. 87). Die Dinge stabilisierten sich schließlich so weit, daß die in den Jahren 7–2 v. Chr. entlassenen Legionäre nur noch mit Geld und nicht mehr mit Land abgefunden zu werden brauchten: Eine Praxis, die von da an zur Regel wurde und Italien die Furcht vor Enteignungen zugunsten der Veteranen nahm.

Schwierig blieb die Behandlung der Offiziere. Hunderte von ihnen waren durch die Abmusterungen aus dem Dienst ausgeschieden und in den neuen Truppenkadern nicht unterzubringen. Die meisten von ihnen waren keine Männer von ausgeprägter Loyalität gegenüber dem Staat, sondern Haudegen und Glücksritter, die häufig die Fronten zu oft gewechselt hatten, um über den esprit de corps hinaus noch andere Werte anzuerkennen. Sie drohten am wirkungsvollsten, den Parteiführer zu bekämpfen, wenn das verheißene Utopia nicht sofort Wirklichkeit wurde oder der Beuteanteil zu gering ausfiel. Für Männer dieses Zuschnitts werden Umsturz und Revolution leicht zur Gewohnheit. Der Rat Machiavellis, der kluge Usurpator müsse an der Macht die Ehrgeizigen unter seinen Anhängern unter Anklage stellen und sie beseitigen lassen, ist selten gegen Soldaten durchzusetzen, die ihren Wert richtig einzuschätzen gelernt haben. Was zu tun blieb, war die Versorgung dieser Offiziere mit Positionen, in denen sie neben dem Reichtum, den zu fordern ohnehin am leichtesten gelernt worden war, eine ihren Fähigkeiten adäquate Aufgabe und das daraus fließende Ansehen erreichen konnten. Augustus schuf denn auch vor allem für die Centurionen eine zivile und militärische Karriere, die diese Offiziere das Interesse daran verlieren ließ, die Forderungen der Mannschaften zu vertreten und die Ziele einer vom staatlichen Willen losgelösten Politik des Heeres zu formulieren. Während ihrer Dienstzeit öffnete sich jetzt diesen meist aus den Mannschaften aufgestiegenen Offizieren der Zugang zu den höheren Kommandostellen, und nach ihrer Entlassung winkte die Aufnahme in die lokalen Senate *(ordo decurionum)* ihrer neuen Heimatstädte, deren Führungsschichten sie sich damit ohne weiteres Zutun zugesellten. Für die Monarchie wog dieser massive Eingriff in die Gesellschaftsordnung und in die Rechtsverhältnisse der Städte leichter als die latente Gefahr, die von den Offizieren in den Legionen ausging, die die Nahtstelle zwischen Mannschaft und Führungskader bildeten.

Die Demobilisierung, die keine Opfer scheuende Versorgung der Veteranen, die Sprengung der Einheitsfront von Mannschaft und subalternem Offizierskorps und die Beschäftigung des Heeres waren abschließend zu ergänzen durch Maßnahmen, die die Loyalität der Legionskommandeure und der Heerführer sicherten: Letztlich entschied ihr Verhalten über den Bestand des regierenden Hauses. Der Spielraum war eng, da die politischen Entscheidungen des Jahres 27 v. Chr. alle Führungspositionen des Staates im zivilen und im militärischen Bereich der Senatsaristokratie gesichert hatten (s. S. 7ff.). Neben den Möglichkeiten administrativer Hemmnisse – kurze Kommanden, ständiger Wechsel der Einsatzorte, Rotation von militärischen zu zivilen Aufgaben – konnte nur eine sorgfältige Personalpolitik erfolgversprechend sein. Das anzuwendende Raster entwarf Augustus und markierte auch hier den Weg für seine Nachfolger: Die höchsten Kommandostellen wurden nur an einen kleinen Kreis von Generälen vergeben, die entweder der Familie des Prinzeps angehörten oder die dem Kaiser über Jahre hinweg ihre unbedingte Treue bewiesen hatten. Dies galt naturgemäß zunächst für die Bewerber, deren Familien der popularen Tradition verpflichtet waren; die Anwendung dieses Auswahlkriteriums hieß zugleich, daß die Führer der alten optimatischen Geschlechter von bedeutenden militärischen Aufgaben ferngehalten wurden. Vor allem kam es auf die *homines novi* an, die Senatssitz und Reichtum der Gnade des Kaisers verdankten und deren Loyalität noch unmittelbarer Ausdruck ihrer lebendig gehaltenen Klientelpflicht gegenüber dem monarchischen Patron war. Innerhalb der Legionen erwies sich schließlich die Besetzung von fünf der insgesamt sechs Militärtribunate mit Offizieren aus dem Ritterstand als bewährtes Mittel, einer senatorischen Fronde rechtzeitig Paroli bieten zu können: Wie die ritterlichen Prokuratoren die Verwaltungspraktiken ihrer Statthalter genau beobachteten, so achteten die Militärtribune, deren weitere Karriere ausschließlich vom Wohlwollen des Kaisers abhing, auf ihre senatorischen Legionskommandeure.

Das künftige Verhältnis von Monarch und Heer

Die Zeitgenossen des Augustus haben nichts so bejubelt wie das Ende der Bürgerkriege. Sie meinten damit auch den Erfolg einer Militärpolitik, die die Legionen den Interessen des Staates wieder unterwarf. Man übersah dabei nicht, daß die Dauerhaftigkeit dieses Zustandes für alle Zukunft von dem Bestand und der Stärke der Monarchie abhing, und man beugte sich dieser vor allem, weil der Blick in den Abgrund der Bürgerkriege und der Militärdiktatur den politischen Willen für Generationen auf die Verhinderung von neuen Bürgerkriegen konzentrierte. Demzufolge regte sich auch kein Widerstand, als der Prinzeps alles tat, um gegenüber dem Heer ohne Winkelzüge und Reverenzen vor der Tradition als das Zentrum des staatlichen Willens zu erscheinen. Er allein war zukünftig Patron seiner Soldaten und für ihr materielles Wohlergehen und ihre Versorgung zuständig: Augustus hat diese Konzentration der militärischen Klientel auf seine Person dadurch unanfechtbar unterstrichen, daß er die Versorgung der nach Aktium entlassenen Veteranen aus eigener Tasche bezahlte. Den Diensteid schwor der Soldat auf den Kaiser, sein Bild trugen die Legionsadler, seine Büste stand zwischen den Göttern, denen man opferte, und nur er zog noch im Triumphzug in Rom ein. Selbst dort, wo der persönliche Kontakt zu den Truppen an den Grenzen nur sporadisch möglich war und dem Legaten diese Funktion zufiel, blieb auch für dieses Bindungsverhältnis der Anspruch des Kaisers bestimmend, allein der Träger der Macht und der Verantwortung für seine Soldaten zu sein.

Augustus war es durch ein Bündel von Maßnahmen gelungen, dem Prinzipat den Bewegungsspielraum zu verschaffen, den es benötigte, um nicht von vornherein in die Militärdiktatur abzusinken. Trotzdem war das Heer nicht mehr in die bürgerliche Ordnung einzubinden, aus der es sich auf den Schlachtfeldern von Pharsalos, Philippi und Aktium, die ihn das Bewußtsein der eigenen Macht gelehrt hatten, davongestohlen hatte. Es galt nur noch, es in den Dienst dieser Ordnung zu stellen und im übrigen von ihr fern zu halten; dies meinte auch Tiberius, als er von dem Wolf sprach, den es bei den Ohren zu halten gelte [Suet. Tib. 25, 1].

Durch Augustus wurden die römischen Armeen zum stehenden Heer. Die Notwendigkeit dieser Maßnahme ist in der Antike bereits gesehen worden (s. u.). Zum einen verlangte dies die Herrschaft über die Provinzen und die Weiterführung der Expansion, von der Augustus so wenig wie die Großen der späten Republik lassen wollte, zum anderen war dies die Konsequenz der Monarchie und ihres revolutionären Gründungsaktes. Geboren aus der militärischen Usurpation, hing ihr Überleben von der allzeit drohenden Präsenz des dem Kaiser verpflichteten Legionärs ab. Allgemeiner formuliert: Die Effektivität nach außen und zur Herrschaftssicherung sowie die Loyalität gegenüber dem neuen staatlichen Regiment erzwangen das stehende Heer, das seinen in den Bürgerkriegen angenommenen Charakter einer persönlichen Armee des allein herrschenden Feldherrn nicht mehr verlor. Damit waren neue Probleme gestellt. Deren Lösung durch Augustus und seine Nachfolger bescherte dem Reich bis ins dritte Jahrhundert Truppen, die bis auf die Jahre 68/69 und 193/197 vorwiegend gegen den äußeren Feind und nicht gegen den Bürger kämpften.

Das stehende Heer

b. Die Aufgaben und die Organisation des Heeres

Die erste – und im Grunde einzige – Aufgabe des römischen Soldaten ist der Krieg. Nicht zuletzt um seine Armeen zu beschäftigen, hat daher Augustus bis zur Niederlage des Varus in Germanien ausgedehnte Expansionskriege geführt, obwohl er die Zahl seiner Truppen reduziert hatte. Erst als die Erfahrung den greisen Kaiser gelehrt hatte, daß der Expansion auch im Norden Grenzen gesetzt waren und diese anerkannt werden mußten (s. S. 90), wurde es die vornehmliche Pflicht der Armee, die erreichten Grenzen zu schützen und auszubauen. Zugleich war damit über die Frage der Stationierung endgültig entschieden: Die Legionen bezogen stark befestigte Lager an den neuralgischen Punkten der Grenze und verließen diese nur noch, wenn in Strafexpeditionen das Vorfeld gesichert werden mußte oder wenn einige Einheiten an andere Grenzabschnitte zu neuen Offensiven oder zur Verteidigung verlegt wurden. Bis Gallienus

Die Stationierung an den Grenzen

verzichteten alle Kaiser auf die rückwärtige Konzentration größerer Verbände: Der nie aufgegebene universale Anspruch des Reiches auf die Beherrschung des *orbis terrarum* verlangte dies ebenso wie die Furcht der Hauptstadt vor der allzu großen Nähe der Armee. Die Frucht dieser Militärpolitik war die seit Sulla angestrebte Entmilitarisierung Italiens und der mediterranen Kernprovinzen, so daß allein die dem Kaiser direkt unterstellten Prätorianerkohorten zukünftig als militärische Macht in Italien zur Verfügung standen.

Die militärische Effektivität

Rom nahm mit dieser Entscheidung in Kauf, was nur die Gunst der Stunde tolerierte: Die Wehrmacht des Imperiums wurde durch die Verringerung der Truppen und durch ihre Konzentration in den Grenzlagern geschwächt; die Offensivkraft konnte jetzt nur noch in besonderen Situationen – z. B. in den Expansionskriegen Trajans – und dann nur unter großen Anstrengungen hergestellt werden. Der Gesichtspunkt der militärischen Effektivität stand nicht Pate bei dieser Politik. Sie wurde auch nur möglich, da der einzig wirklich gefährliche Gegner, das Partherreich, den 20 v. Chr. geschlossenen Frieden hielt und später, von inneren Wirren geschwächt, nicht mehr die Kraft hatte, Roms Herrschaft über Asien und Syrien zu gefährden. Die Panik, die Augustus bei der Nachricht von der Katastrophe im Teutoburger Wald überfiel [Suet. Aug. 23, 3], verdeutlicht, auf welche Risiken man sich eingelassen hatte: Der drohende Zusammenbruch der Rheinlinie, zu erwartende Aufstände von Gallien bis Illyrien und ein markomannischer König Maroboduus, der den gerade erst mit Rom geschlossenen Frieden aufkündigt – in der Tat, all dies hätte das gesamte politische Werk des ersten Prinzeps zum Einsturz bringen können. All diese Befürchtungen erwiesen sich bald als gegenstandslos. Jedoch war dies der Schwäche des Gegners und nicht der eigenen Stärke zu danken gewesen.

Die römischen Militärs – an Erfahrung und Lernfähigkeit ohnehin von niemandem in der antiken Welt zu übertreffen – hatten sich von den vorausberechenbaren Schwierigkeiten allerdings nicht völlig überraschen lassen. Die Stationierung ihrer Truppen in Grenzfestungen warf gewiß besondere Probleme der militärischen Effektivität und Loyalität auf. Sie zeigte aber auch ganz neue Wege zu dem lebenswichtigen Ziel, die politische Zuverlässigkeit der Provinzialen insbesondere in den Grenzprovinzen zu sichern.

Die Mobilisierung der Provinzialen

Man war es in den Kriegen der Republik gewöhnt gewesen, auf dem Schlachtfeld ebenso zahlreich wie die Feinde oder zahlreicher zu sein. Wollte man an dieser Praxis ungeachtet der Demobilisierung der Legionen festhalten, stellte sich von selbst die Frage, in welcher geeigneten Form die Mobilmachung der Besiegten möglich sein könne. Die imperiale Ausdehnung hatte das nötige zusätzliche Menschenreservoir erschlossen, und die provinziale Herrschaftsform gab den organisatorischen Rahmen, um darauf zurückzugreifen. Die Notwendigkeit, dies tun zu müssen, sahen die Experten der augusteischen Zeit ebenso wie am Anfang des dritten Jahrhunderts Cassius Dio: „Wir müssen stehende Heere aus Bürgern, Verbündeten und Provinzialen unterhalten; je nach den Umständen hier ein stärkeres, dort ein schwächeres. Sie müssen immer unter

Waffen stehen und ständig Kriegsübungen treiben. An geeigneten Orten beziehen sie Winterquartiere und dienen eine Anzahl von Jahren . . . Wir können nicht erst im Notfall mehr Hilfsvölker aufbieten, da die Grenzen unseres Reiches so weit auseinandergerückt sind und Feinde uns rings umwohnen." [52, 27]

Für Augustus war es nicht der Zwang zur Verteidigung, sondern die von der Tradition der Republik und von Caesar aufgebürdete Pflicht zur Weltherrschaft, die die Mobilisierung der Besiegten unvermeidlich machte; das auf rd. 150 000 Legionäre abgerüstete Heer erwies sich als zu schwach für die geplanten Feldzüge. Nun waren bereits zu den Legionen der späten Republik hier und da angeworbene Söldner und Truppen befreundeter Könige oder Stämme gestoßen, die auf einheimische Weise rekrutiert worden waren, mit ihren eigenen Kommandeuren und mit eigenen Waffen in der Nähe ihrer Heimat kämpften und nach der Erreichung eines begrenzten militärischen Zieles wieder entlassen wurden. Die gallischen Reiterschwadronen, die für Caesar unter dem Kommando ihrer Fürsten und im Umkreis ihrer Wohnsitze in den Krieg zogen [Caes. b. G. 1, 18, 10], lassen erkennen, welchen militärischen Nutzen die republikanischen Generäle aus ihren Gefolgschaften zogen. Zugleich fochten derartige Aufgebote neben germanischen Reitern, die als langfristig geworbene Söldner räumlich und zeitlich unbegrenzt eingesetzt wurden. Beide Verbände – Soldtruppen und ephemere Stammesaufgebote – erwiesen sich jedoch schnell als unzureichend und ungeeignet, die reduzierten römischen Heere dauerhaft und nachhaltig zu verstärken. Bereits der Gesichtspunkt der politischen Zuverlässigkeit der Besiegten verbot die ständige Verwendung einheimischer Milizen im großen Umfang, wenn diese weiterhin unter eigenen Führern und unter Wahrung ihrer ethnischen Homogenität kämpfen sollten. Niemand in Rom konnte der Loyalität der Grenzprovinzen soweit gewiß sein, daß er Versuche der Unterworfenen, die gegebenen Waffen gegen Rom zu kehren, hätte ausschließen können. Trotzdem gab es keine Alternative. Die allen anderen Problemen übergeordneten Entscheidungen zur Abrüstung der Legionen und zur Intensivierung der Expansion waren bereits getroffen und für die Stabilisierung der monarchischen Gewalt auch unverzichtbar. Es kam nur noch darauf an, wie das militärische Potential der Besiegten einzubinden war.

Damit ist die Geburtsstunde der Auxiliartruppen unter Augustus markiert, die die Gestalt des römischen Heeres neu prägten und das Verhältnis Roms zu seinen provinzialen Untertanen in den Grenzprovinzen auf eine neue Grundlage stellten. Das Imperium nutzte von nun an die Wehrkraft der Besiegten in der Form von römisch organisierten Hilfsverbänden, die mit den früheren, ad hoc angeforderten und entlassenen Stammesaufgeboten so gut wie nichts gemein hatten. Auf römischen Befehl und nach römischem Modus ausgehoben, gegliedert in Kohorten und Alen, kämpften die Auxilien unter römischen Offizieren oder eigenen Stammesfürsten, die von römischen *rectores* überwacht und angeleitet wurden [Tac. Agr. 28, 1]. Zusammen mit der Legion bildeten sie einen taktischen Verband, der im Prinzip an allen Fronten eingesetzt werden konnte.

Die Auxiliartruppen

Die Dienstzeit der neuen Soldaten wurde auf 25 Jahre festgesetzt; ihr Sold war zwar geringer als der der Legionäre, jedoch attraktiv genug, wie die aufwendigen Bildgrabsteine auch der unteren Chargen in jedem Museum beweisen. Seit Claudius belohnte nach der ehrenvollen Entlassung das römische Bürgerrecht die Rom bewiesene Treue. Den Legionen durch ihre Zahl (ca. 150 000 Mann), ihre Organisation, ihren Verwendungsbereich und durch ihre kontinuierliche Existenz gleich, verdoppelten sie die militärische Kraft des Imperiums.

Die Sicherung der Loyalität der Provinzen

Fraglos haben Augustus und seine Nachfolger mit diesen Einheiten die – wenn auch durch die Stationierungs- und Rekrutierungspraxis begrenzte – Offensivkraft Roms wahren können. Sie erreichten aber nicht nur dies, sondern sie fanden damit zugleich neue Möglichkeiten der Herrschaftssicherung in den Provinzen. Schon Augustus praktizierte die Aushebung von Auxilien in gerade eroberten oder aufständischen Gebieten als wirksames Mittel der Befriedung: Gegenüber hartnäckig im Widerstand verharrenden Völkern angewandt, kam die Rekrutierung der Dezimierung und der Deportation der wehrfähigen Jungmannschaft gleich, da diese Truppen sofort außer Landes geschafft wurden. Nach der Okkupation Nordspaniens, der Alpenländer und Pannoniens tauchen denn auch keineswegs zufällig Kohorten der Asturer, Räter, Sugambrer, Pannonier und Breuker an allen umkämpften Fronten der Nordprovinzen auf. Noch

Der Romanisierungseffekt

wichtiger wurde der langfristige Romanisierungseffekt in und durch die Auxilien, der sich jenseits aller Planung von selbst einstellte. Die römische Organisation (Sprache, Disziplin, Führung, Lebensgewohnheiten) hatte bereits diese Männer nach jahrelanger Dienstzeit gründlich der römischen Welt angepaßt. Als sie das Bürgerrecht erhielten, stiegen sie mit ihren Kindern in den Kreis der Sieger auf und hoben sich – meist beneidet – aus ihrer heimischen Umwelt heraus. Bei den länger befriedeten Völkern galt der Dienst in den Auxilien bald als Vergünstigung, die materielle Vorteile und Ansehen eintrug und daher vor allem die Söhne des loyalen Adels zu den römischen Fahnen eilen ließ. Die ihnen von Rom gewährte Befehlsgewalt über eine fest organisierte Truppe aus Angehörigen des eigenen Volkes verschaffte Macht und Prestige, das der Kaiser noch geschickt zu steigern wußte, indem er die Kommandeursposten der Auxilien in das römische Rangsystem einordnete. Durch Tapferkeit und Treue sicherten sich viele Stammesfürsten eine Zukunft, die die eigene Heimat nie hätte gewähren können.

Aufstände der Auxilien

Die Geschichte des römischen Heeres lehrt, daß es nicht durchweg gelang, sich der Loyalität dieser Truppen aus Provinzialen zu versichern. Sie stand und fiel mit der Festigkeit des römischen Regiments in den Provinzen. Schon in den Jahren 6 und 9 n. Chr., als der Herrschaftsanspruch Roms im Norden Risse zeigte, wurden die eingesetzten Auxiliartruppen in Pannonien und in Germanien zu den entscheidenden Trägern von Aufständen: 6 n. Chr. waren es die soeben ausgehobenen Hilfstruppen aus Dalmatien und Pannonien, die den Kriegszug des Tiberius gegen Maroboduus unterstützen sollten, aber ihre Waffen statt dessen nicht für, sondern gegen Rom erhoben [Velleius 2, 110]. 9 n. Chr. ist es der „rebellische Auxiliaroffizier Arminius" [D. Timpe], der im Bündnis mit germanischen Stämmen die germanischen Auxiliarkohorten gegen die Legionen des Varus in den Kampf führt und die Provinzialisierung Germaniens verhindert. Aus den Jahren 68/69 n. Chr. schließlich überliefert Tacitus [hist. 4, 13 ff.] den Aufstand des Auxiliarpräfekten Civilis, der die Festungen am Rhein angreift, gallische und germanische Völker aufwiegelt und – wie vor ihm Arminius und wie dieser erfolglos – eine persönliche Königsherrschaft anstrebt. Diese und andere Vorgänge antizipierten, was erst in den Jahrzehnten der Reichskrise im dritten Jahrhundert für ganze Reichsteile bittere Wirklichkeit werden sollte: Die aus Gründen der inneren Stabilität unvermeidbar gewordene Mobilisierung der Wehrkraft der Grenzprovinzen gefährdete immer dann den Bestand der römischen Herrschaft in Teilen des Provinzialreiches, wenn meuternde Hilfskorps unter ihren militärisch versierten Führern Aufstände der Provinzen bewirkten oder sich an deren Spitze stellten. In den ersten beiden Jahrhunderten blieben alle diese Ereignisse Episode – den Griff des Arminius nach der Krone Germaniens eingeschlossen. Nichts kann besser bezeugen, daß der von Augustus beschrittene militärpolitische Weg der richtige war. Die Voraussetzungen dazu hatte allerdings erst eine Provinzialpolitik geschaffen, die das Wohlergehen der Unterworfenen bei aller Gewalttätigkeit des Herrschaftssystems nicht aus den Augen verlor und die Zustimmung der Betroffenen gewann, als die römische Zukunft die Vergangenheit der eigenen Geschichte vergessen ließ (s. S. 101).

c. Die Verschmelzung der Armeekorps mit den Grenzprovinzen

Die dauernde Stationierung der Legionen und Auxilien an den Grenzen forderte von den Militärs Antworten auf drei weitere zentrale Fragen: Welche Folgen ergeben sich aus der schwindenden Beweglichkeit der Grenzarmeen, wo und wen soll man zukünftig vor allem rekrutieren, welche Schwierigkeiten erwuchsen aus dem eigenen Korpsgeist, der die einzelnen Heeresteile zu prägen beginnt?

In den Jahrzehnten der immer wieder aufgenommenen Offensiven, die bis Trajan die Truppen in Bewegung hielten, formierten sich die Legionen und Kohorten an den jeweiligen Grenzabschnitten zu taktischen Verbänden. Sie wurden an strategisch zu offensiven Vorstößen geeigneten Punkten postiert – man denke an die großen Legionslager an Rhein und Donau –, um von dort wirkungsvoll die Grenzen überschreiten zu können. Diese Bildung von militärischen Schwerpunkten – unverzichtbar für jede Offensive – wurde nach Trajan zugunsten eines Systems der linearen Grenzverteidigung aufgegeben: Es erschien dem zweiten Jahrhundert wichtiger, das Erreichte zu bewahren als zu mehren. Die neue Militärpolitik orientierte sich an einer möglichst lückenlosen, durchlaufenden und durch Kastelle gesicherten Grenze, die die Truppen an ihre lokalen Standorte auf Dauer band. Die Reste der Limesanlagen zwischen Rhein

Die lineare Grenzverteidigung

und Donau, in Britannien oder in Nordafrika bezeugen diese neue, auf Verteidigung ausgerichtete Politik, deren Ausbildung seit Domitian zu beobachten ist. Seine Tauglichkeit bewies dieses System der linearen Grenzsicherung bis in die dreißiger Jahre des dritten Jahrhunderts. Erst danach brach es an Rhein und Donau unter den Angriffen germanischer Reitervölker zusammen: 259/260 ging der germanische Limes verloren. Von diesem Zeitpunkt an hing die Sicherheit der Grenzen in wachsendem Maße von im Hinterland zusammengezogenen Feldheeren ab, deren Mobilität seit Gallienus durch eigene starke Reiterverbände kontinuierlich verstärkt wurde.

Die Rekrutierung

Das in dieser taktischen Entwicklung von Anfang an zentrale Moment der Standortgebundenheit der Truppen, deren Kommandobereiche getrennt waren, veränderte fast zwangsläufig auch die Rekrutierungspraxis für die Legionen. Seit dem Bundesgenossenkrieg 90/89 v. Chr. waren es die Proletarier ganz Italiens gewesen, Bürger Roms, „Mittel- und Heimatlose" [Tac. ann. 4, 4, 2: *inopes ac vagi*], die in den Legionen als Freiwillige dienten und „Gegenstand der ständigen und hauptsächlichen Furcht" [Velleius 2, 130, 2] im Staate geworden waren, als die Bürgerkriege ihnen die Macht und das Bewußtsein davon gegeben hatten. Die Kolonisation seit Caesar und Augustus sowie die Verleihung des Munizipalstatus an um Rom verdiente Provinzialstädte erweiterten die Rekrutierungsgebiete und veränderten zugleich die soziale Zusammensetzung der Legion. Aus den Kolonien und Munizipien fanden durchweg die zweiten und dritten Söhne der dort ansässigen Bauern und Veteranen den Weg zu den Anwerbungsbüros. Als die Legionen ihre festen Standorte kaum noch verließen und mit ihrer Umgebung zu verwachsen begannen, öffneten sich die Tore ihrer Lager auch den umwohnenden Provinzialen, deren Bauernsöhne beim Eintritt in die Legion das römische Bürgerrecht erhielten; die unerbittliche römische Disziplin sollte sie schnell in die Truppe integrieren. Der Dienst in den Legionen – wie auch der Dienst in den Auxilien – gab der kleinbäuerlichen Bevölkerung der Grenzräume die Möglichkeit des sozialen Aufstiegs, ohne die Heimat verlassen zu müssen. Rom hatte erneut Menschen gefunden, denen allein der Soldatenberuf eine soziale und wirtschaftliche Vorzugsstellung einräumen konnte und die daher ein elementares Interesse daran hatten, Aushebungsreserve der Armee zu werden und zu bleiben. Der von Rom für diese Rekrutierungspolitik geforderte Preis war ohne gleichwertigen äußeren Gegner erträglich: Diese Truppen kämpften nur noch in ihrer engeren Heimat, und sie ließen sich selbst in Notfällen nur noch selten auf andere Kriegsschauplätze verlegen. Das Bewußtsein, für ein Weltreich zu kämpfen, verkümmerte zu der Einsicht, die eigene Heimat verteidigen zu müssen.

Die Grenzarmeen und die Prätendentenkämpfe

In ihrer Summe verliehen alle bisher skizzierten Entwicklungen den einzelnen Heeresgruppen ihre eigene Geschichte. Unter dem Dach einer nach wie vor einheitlichen Organisation prägten die jeweils verschiedenen militärischen Aufgaben und die unterschiedlichen Rekrutierungsgebiete unverwechselbar das Gesicht jeder Grenzarmee anders. Die persönliche Bindung der Soldaten an ihren kaiserlichen Patron und die jederzeit spürbare Überwachung durch eine effektive kaiserliche Koordinierungszentrale waren die vor allem wirksamen Klammern, die das gesamte Heer zur Einheit zwangen. Zerbrachen diese, so war der Wolf, den Tiberius in den Armeen verkörpert sah, nicht länger an den Ohren zu halten, und die Gegensätze der einzelnen Armeeteile verdichteten sich zur offenen Konfrontation. Die Ereignisse der Jahre 68 und 69 n. Chr. führten bereits einem glücklichen Zeitalter vor Augen, was im dritten Jahrhundert Rom an den Rand des Abgrundes führen sollte: Nach Neros Ermordung marschierten die Grenztruppen vom Rhein, von der Donau und schließlich aus Syrien auf Rom zu, brandschatzten die Städte auf ihrem Weg mit einer seit den Tagen der Mithradatischen Kriege nicht mehr gekannten Brutalität, schlugen erbitterte Schlachten ohne Pardon gegeneinander, lösten Aufstände in den Provinzen aus, hoben drei Kaiser auf den Thron und stürzten sie wieder. Die Grenzen des Reiches vergaß man: Sie blieben ohne Schutz. Das Menetekel dieser Schrecken war unübersehbar: Jedes Heer versuchte seinen Befehlshaber in Rom zum Kaiser küren zu lassen und versprach sich davon – zu Recht, wie die Geschichte jedes Thronwechsels zeigte – Reichtümer, Beförderungen, lukrative Feldzüge und eine gesicherte Versorgung. Dafür war man bereit, die Grenzen zu entblößen und alles, was sich diesem Ziel in den Weg stellte, in Schutt und Asche zu legen. Der brennende Tempel des Jupiter Capitolinus, ehrwürdiges Denkmal römischer Staatsgesinnung, ließ daran bereits im Jahre 68 keine Zweifel aufkommen.

Die Mittel gegen diese Ausbrüche der um ihre Zukunft besorgten Grenzheere waren schnell verbraucht. Vespasian, Sieger der Bürgerkriege 69 n. Chr., erfahrener Militär und Vater seiner Soldaten dazu, tat, was überhaupt möglich war: Am Rhein wurde die Offensive wieder aufgenommen, um die Truppen zu beschäftigen, beide germanischen Heere wurden neu aufgestellt, die Kader des einstigen Truppenbestandes folgten Marschbefehlen an entlegene Grenzabschnitte des Reiches, und die Kommandostellen übernahmen Männer, die an allen Fronten militärische und administrative Erfahrungen gesammelt hatten. Die unter Augustus gefundene Struktur der Armee und ihre Stationierung an den Grenzen war allerdings nicht veränderbar. Weder die mit dem Schwert des Legionärs gegründete Monarchie noch das gewaltsam geschaffene und nur gewaltsam zu haltende Weltreich hätten daran rütteln lassen.

6. Die Behauptung und die Erweiterung des Weltreiches

a. Die Antriebskräfte der Expansion

Das Weltreich der Republik und die seinen Bedürfnissen entsprechende monarchische Herrschaftsform bildeten die Pole, zwischen denen die Antriebe, die Ziele und die Mittel kaiserlicher Außenpolitik bestimmt wurden. Die Grundla-

<small>Die Beschäftigung des Heeres</small>

gen der Macht des Kaisers ruhten auf dem Heer, das mit der Expansion geschaffen und geformt worden war und das für alle Zukunft den Charakter des römischen Staates prägte: Das Imperium verlangte nach ihm, der Kaiser verdankte ihm seine Existenz, und die in den Jahrhunderten der römischen Machtentfaltung ausgebildeten Ideale militärischen Denkens und Handelns bestanden in ihm immer wieder neu ihre Bewährungsprobe. Deswegen war der Kaiser vor allem Kriegsherr, der die nun stehenden Armeen mit seiner Person verbinden mußte und dies durch nichts besser als durch Krieg und Eroberung unter seiner Führung erreichen konnte. Der erste, Augustus, unterlag diesem Gesetz in besonderem Maße, und er hat durch die Art und Weise, in der er ihm gerecht wurde, die Maßstäbe für seine Nachfolger gesetzt.

Die militärischen Ideale des Adels

Nicht minder energisch forderten die Ideale des Adels (Senatoren und führende Ritter) die militärische Betätigung und die kriegerische Expansion. Die Senatsaristokratie stand in den Geschichtsbüchern Roms als der Schöpfer des Weltreiches, und alle sozialen Schichten Roms und Italiens haben aus dieser Leistung ihre Zustimmung zu dem Regiment des Senates abgeleitet. Der adlige Ehrenkodex, der Wunsch, im Krieg zu glänzen, eine große Rolle zu spielen, von sich reden zu machen und bei alldem den eigenen Vorteil zu suchen, waren in den Jahrhunderten der Expansion in die Disziplin der *res publica* eingeschmolzen worden. Dabei war der politisch-militärische Erfolg mehr und mehr zum Prüfstand für jeden geworden, der Ehre und Ansehen, *dignitas* und *gloria*, anstrebte. Wer schließlich in der letzten Generation der Republik, die ihre Legionsadler bis an den Euphrat getragen hatte, von *res gestae* sprach, meinte damit Taten, die die imperiale Größe Roms auf dem Schlachtfeld gemehrt hatten. Diese versprachen auch das Maß an Ruhm, nach dem Unsterblichkeit zugemessen wurde: „Der Ruhm allein tröstet uns durch das Andenken der Nachwelt über die Kürze des Lebens hinweg; er allein hat die Wirkung, daß wir als Abwesende anwesend, als Tote lebendig sind; endlich erlaubt er allein den Menschen, sich wie auf Stufen bis in den Himmel zu erheben" [Cicero, pro Milone 97]. Die Bewährung in Politik und Krieg hob in die „Ewigkeit der Zeiten" [*in aeternitate temporum:* Tac. Agr. 46, 4] und rückte den adligen Kriegshelden in die Nähe der Götter: „Wenn einem das Recht zusteht, hinaufzusteigen in die Gefilde der Himmelsbewohner, nur mir steht das große Himmelstor offen" – davon konnte der Sieger über Hannibal, Scipio Africanus, auch nach der Auffassung der Spätantike überzeugt sein [WARMINGTON, Remains of Old Latin I, S. 394 f.].

Der Prinzeps, sorgsam darauf bedacht, anerkannter Führer der Aristokratie zu bleiben, war selbst Teil dieser kriegerischen Vergangenheit, und er unterwarf sich diesen kriegerischen Idealen, Sehnsüchten und Phrasen nicht minder konsequent und vorbehaltlos als die adligen Herren. Die Disposition der eigenen monarchischen Existenz wie die durch die Tradition fast sakrosankt gewordene Ethik und Kriegslust der Aristokraten wiesen ihm den Weg in den Krieg und zur Fortführung der Expansion. Hatte das im Jahre 27 v. Chr. mit der Senatsaristokratie geschlossene Bündnis dieser das gewohnte politische Betätigungsfeld wieder zugänglich gemacht, so gab eine Politik der neuen Eroberungen Raum, den tradierten Idealen und dem heftigen Wunsch nach kriegerischer Bewährung treu bleiben zu können. Fragen nach den Anlässen der Kriege traten demgegenüber ebenso in den Hintergrund wie Berechnungen der unmittelbaren Vorteile, die die Eroberungen mit sich bringen mochten.

Die Kriege der Republik hatten jedoch nicht nur die Formen und Inhalte des aristokratischen Denkens und Handelns bestimmt, sondern sie hatten die gesamten Führungsschichten (Ritter, Munizipalaristokratie) und weite Teile der italischen Bevölkerung militarisiert. Alle Tugenden und Überzeugungen, für die man sein Leben aufs Spiel zu setzen bereit war, wurden von den militärischen Wertvorstellungen umfaßt oder absorbierten Teile davon. Die Bewährung im Krieg war nicht nur für den jungen Aristokraten sondern für viele seiner Altersgenossen aus anderen sozialen Schichten das herausragende Ereignis des ersten Lebensabschnittes, und die Idole, die ihnen allen vorgestellt wurden, waren und blieben die großen Krieger, die Hannibal geschlagen, den Osten unterworfen oder in verklärter Vorzeit die Heimat gegen Gallier und Samniten verteidigt hatten. Die militärische Ausbildung, die Unerbittlichkeit ihrer Disziplin, der häufige Dienst in den Legionen an allen Fronten des Reiches und die ständige Beschäftigung mit militärischen Nachrichten gehörten zum Alltag der Eliten und weiter Bevölkerungsschichten. Die Kriege selbst und die Niederhaltung der Provinzen produzierten einen nicht abreißenden Nachschub an hervorragenden Offizieren und profilierten Führungspersönlichkeiten, die in jeder Institution und Organisation zu dominieren gewohnt waren.

Die Militarisierung der Gesellschaft

Geboren wurde diese Militarisierung weiter Schichten in den Expansionskriegen, die nur mit einer weitgehend berufsmäßig agierenden und denkenden Armee zu gewinnen waren. Sie wurde kräftig genährt durch die Lichterkette der großen Erfolge, aber auch durch die Mühseligkeiten und die Härte des Besatzungsdaseins. Die schließlich hingebungsvolle Konzentration der aufsteigenden militärischen Führer der auseinanderbrechenden Republik auf ihre tatsächlichen oder vorgegaukelten Aufgaben als Schützer und Mehrer des Imperiums, das sie bis an die Grenzen der Erde ausweiten wollten, wurde von der römischen Öffentlichkeit bereits als die einzige Form hingenommen, in der sich der Anspruch auf Macht und Prestige artikulieren konnte. In einem Volk, das schon immer während seiner Geschichte militärische Tugenden achten mußte, wurden am Ende seines Weges zur Herrschaft über den *orbis terrarum* die großen Militärführer jeder Kritik entzogen, und ihre fast übermenschlichen Taten legitimierten schließlich die Forderung nach der alleinigen Herrschaft. Der Zweck von Krieg und Expansion verdichtete sich auf das Ausleben kriegerischer Tugenden und auf die Begründung innerstaatlicher Machtansprüche, nachdem am Anfang der römischen Geschichte bereits die Notwendigkeit, sich militärisch zu behaupten oder unterzugehen, die Römer zu Soldaten, ihre politischen Führer zu Feldherrn und militärische Werte zu ihren Idealen gemacht hatten.

Der Kaiser als Kriegsherr   Die Last dieser Tradition, durch die Existenz des Reiches stets lebendig, zwang jeden Kaiser dazu, als Kriegsherr den Anspruch auf die alleinige Macht zu begründen. Viele Unzulänglichkeiten der Amtsführung waren verzeihlich, kriegerische Unfähigkeit nicht. Wer immer nach dem Diadem griff, er war den Beweis militärischer Tüchtigkeit schuldig; hatte er sie nicht, so war dies sorgfältig zu verbergen: Wer kein Feldherr war, mußte doch als solcher gelten. Die ideologische Dimension, in der diese Leistung erwartet wurde, steckten das vorhandene Imperium und die Taten eines Pompeius oder Caesar ab. Die faktische Möglichkeit allerdings, Krieg unter diesen Prämissen zu führen, war begrenzt zum einen durch die Zwänge der inneren Stabilität, die vor allem durch die Übermacht und den Übermut der Kriegsmaschine bedroht wurde, und zum anderen durch die Kapazität Roms zur Fortführung der Expansion, die vor Augustus noch niemand ernsthaft geprüft hatte.

Die Idee der Weltherrschaft   Zunächst – noch bevor darüber Berechnungen und Entscheidungen anstanden – lastete auf dem ersten Prinzeps die Pflicht, sich mit den gefeierten Großtaten der spätrepublikanischen Feldherrn messen zu müssen. Der Einsatz, um den es dabei ging, war von Anfang an die Rolle des Weltherrschers. Die Griechen hatten mit Polybios bereits im zweiten Jahrhundert v. Chr. verstanden, daß Rom auf dem Wege zur Weltherrschaft war, und sie vermittelten diese Erkenntnis nicht nur den Römern, sondern sie stellten in der Person Alexanders zugleich den Mann, dessen Vorbild am sinnfälligsten den imperialen Anspruch auf die Weltherrschaft Roms mit dem Griff der großen Einzelnen nach der Alleinherrschaft verknüpfen konnte. Pompeius, der nach seinen Siegen im Osten gehüllt in den Mantel Alexanders in Rom eingezogen war und in seinem Tatenbericht davon sprechen konnte, er habe „die Grenzen des Reiches bis an die Enden der Erde vorgeschoben" [Diodor 40, 4], verkörperte am reinsten ein imperiales Denken, das den eigenen individuellen Führungsanspruch mit den Taten auf dem Felde der Außenpolitik legitimierte. Nichts anderes blieb Augustus zu tun. Dieser persönlich so unkriegerische Mann erweiterte die Grenzen des Imperiums wie niemand vor und niemand nach ihm, und er begründete mit der universalen Ausdehnung des beherrschten Raumes die Rolle des omnipotenten Weltherrschers, die für alle seine Nachfolger verbindlich wurde.

Die Ewigkeit des Reiches   Diese politische Aufladung des Weltherrschaftsgedankens zur ideologischen Legitimation der Alleinherrschaft veränderte seine Aussage, die zunächst nicht mehr beinhaltet hatte als eine analytische Zustandsbeschreibung der von der römischen Expansion betroffenen Welt. Bereits Cicero drückte der Weltherrschaft den Stempel der Gerechtigkeit auf und verlieh ihr die Attribute der räumlichen und zeitlichen Unbegrenztheit. Das Zeitalter des Augustus – und allen voran seine Dichter – band diese Vorstellungen an die Person des Kaisers, der als Vollender eines Weltreiches gefeiert wurde, das sich von Sonnenaufgang bis Sonnenuntergang erstreckte [Horaz, Carm. 4, 15, 14 f.]. Der Gedanke der Ewigkeit des Reiches kam hinzu und mit ihm die Gewißheit, daß der Wille der Götter all dies geschaffen habe: *his ego nec metas rerum nec tempora pono.*

imperium sine fine dedi, so entschied nach Vergil Juppiter über die Zukunft Roms [Vergil, Aeneis, 1, 278f.: „Weder in Raum noch Zeit setzte ich diesen (Römern) eine Grenze. Ein Reich ohne Ende habe ich verliehen"]. Das Reich war damit endgültig der Sphäre des Alltäglichen entrückt und es erhob seinen monarchischen Träger und Hüter zu den Sternen. Der Idee nach blieb es von da an universal, und es hat diese ideologische Struktur auch dann nicht aufgegeben, als es im dritten Jahrhundert ein leichtes geworden war, auf der Landkarte die Diskrepanz zwischen Vorstellung und Wirklichkeit zu erkennen. Längst hatte der Gedanke, von den Göttern zur Herrschaft berufen worden zu sein [Vergil, aaO. 6, 847ff.], die Zweifel ausgelöscht, Rom könne eines Tages seiner Sendung nicht mehr gerecht werden, der gesamten Erde die Segnungen des römischen Friedens und der römischen Gerechtigkeit zu bringen.

Der Kaiser als Weltherrscher: Augustus

Augustus hat – nirgends eindeutiger als hier der Erbe des Pompeius und des Caesar – durch seine Kriege in alle Himmelsrichtungen diese elementare Vorstellung von dem weltbeherrschenden Rom mit seinen Taten bewußt ausgefüllt. *Omnium provinciarum populi Romani, quibus finitimae fuerunt gentes, quae non parerent imperio nostro, fines auxi* [„das Gebiet aller Provinzen des römischen Volkes, denen Völker benachbart waren, die unserem Befehl nicht gehorchten, habe ich vergrößert": Res Gestae 26], so leitete der Kaiser am Ende seines Lebens den Bericht über die Reichs- und Außenpolitik ein, der anschließend, geographisch geordnet, alle Völker nennt, die unter seiner Herrschaft niedergerungen oder zur Anerkennung der römischen Suprematie gezwungen worden waren. Der Bogen reicht von Britannien bis nach Indien, von Gades bis zum Kaukasus, von den Wüsten Arabiens bis zu den Mündungen von Elbe und Donau. Jenseits der bewußt vermiedenen Frage, wie das jeweilige Beziehungsverhältnis der genannten Völker und Länder zu Rom tatsächlich gestaltet wurde, werden sie alle doch „in den Dunstkegel der Vorstellung einer unbegrenzten Universalherrschaft gerückt" [28: A. Heuss, S. 74]. Eben dies suggerierte auch die spätere Überschrift der *res gestae, „quibus orbem terrarum imperio populi Romani subiecit"*: Die Unbegrenztheit des unterworfenen Raumes legitimiert zugleich den Machtanspruch des Monarchen. Seine vornehmste Rolle – formuliert in der Sprache der inoffiziellen Titulatur – ist denn auch die eines *custos imperi Romani totiusque orbis terrarum praesides*: „Hüter des römischen Reiches und Lenker des gesamten Erdkreises", so nannten die Bürger von Pisa Augustus [CIL XI, 1421, Z. 8f.], dessen Gebete dementsprechend die Götter baten, „daß ihr die Herrschaft und die Hoheit des römischen Volkes in Krieg und Frieden mehret" [CIL VI, 32323, Z. 90ff.: Gebet anläßlich der Säkularfeier 17 v. Chr.].

Die Erben

Die Erben der augusteischen Kaiserwürde hatten es zweifellos leichter, nach den imperialen Explosionen der ersten Jahrzehnte dem römischen Sendungsbewußtsein Genüge zu tun. Pflicht blieb dies für alle, gleichgültig ob sie mit der Begeisterung und Leidenschaft eines Trajan zu großen Eroberungskriegen aufbrachen oder ob sie wie Tiberius mit dem Vorwurf regieren mußten, auf eine

Erweiterung des Reiches nicht bedacht zu sein [*princeps proferendi imperi incuriosus:* Tac. ann. 4, 32, 2]. Selbst die Jahre des Friedens von Hadrian bis Mark Aurel wollten nicht verdecken, daß den Kaisern die Aufgabe, das Reich zu mehren, ebenso wie die Hoffnung auf Ruhm durch die Erfolge der Waffen mit in das Amt gegeben waren. In diesem Jahrhundert sprach die gebildete griechische Oberschicht, vertreten durch Appian, Aelius Aristides und Cassius Dio, häufig wie nie zuvor vom Frieden und empfahl den Kaisern den Verzicht auf weitere Expansionen. Trotzdem ist diese Zeit weit genauer charakterisiert durch die an ihrem Anfang und an ihrem Ende aufgestellten Siegessäulen des Trajan und des Mark Aurel. Nichts in ihren Bildprogrammen spricht von Verteidigung oder Verzicht, alles aber von den offensiven Fähigkeiten der römischen Herrschaft, deren Entfaltung keiner Rechtfertigung bedarf. Als zu Stein gewordene Demonstrationen eines grenzenlosen Willens zur imperialen Macht versinnbildlichen diese kolossalen Monumente eine kaiserliche Politik, die ungebrochen das Bewußtsein ihres Wertes aus der erfolgreichen Behauptung und Erweiterung des Herrschaftsraumes bezog. Selbst die bescheidenen und nur kurzfristig erfolgreichen Versuche des Antoninus Pius, den Hadrianswall in Britannien zu überschreiten und statt seiner eine neue Grenze, den Antoninuswall, zu setzen, folgten diesem Gesetz. Seine Kerngedanken enthüllte noch einmal Septimius Severus. Nach großen Siegen über die Parther 197/198 richtete er eine neue Provinz Mesopotamien ein und ließ sich auf seinen auf dem Forum aufgestellten Triumphbogen feiern, *ob rem publicam restitutam imperiumque populi Romani propagatum* [DESSAU, ILS, 425]. Die Zusammenstellung sagt alles: Der nach schweren Bürgerkriegen gerade an die Macht gekommene General bewies durch seine außenpolitischen Taten, die den historischen Auftrag Roms erfüllten, daß seine Wahl zum Nachfolger des Augustus richtig gewesen war. Der Titel des *Propagator Imperii* unterstrich den Anspruch auf den Thron und verpflichtete zu weiteren Expansionen, die Septimius Severus auch die Grenzen in Nordafrika und Britannien überschreiten ließen.

Expansion und moralische Erneuerung

Eine weitere Determinante außenpolitischer Zielsetzungen formte sich aus den Interpretationen, die den Zeitgenossen die Gründe der Bürgerkriege faßbar machen sollten. „Durch unsere Laster, nicht durch irgendein Unglück halten wir das Gemeinwesen zwar dem Worte nach noch fest, in Wirklichkeit haben wir es jedoch längst verloren", schrieb Cicero [de re publica 5, 2], und die Generation des Augustus war derselben Meinung. Die Grundlinie der inneren Erneuerungspolitik des Prinzeps war damit vorgezeichnet. Es galt, zu den *mores* der Väter zurückzufinden und selbst neue Beispiele des richtigen Handelns den künftigen Generationen an die Hand zu geben: *exempla maiorum . . . reduxi et ipse multarum rerum exempla imitanda posteris tradidi* [Res Gestae 8, 12 ff.]. Den Weg dorthin wies nicht zuletzt der von Sallust bis Tacitus in der römischen Aristokratie gezogene Schluß, daß der moralische Niedergang der Zeit aus dem Übermut des gesicherten Friedens und aus der Habgier, mit der man die Provinzen plünderte, entstanden war. In praktische Politik umgesetzt, mußte dies zu der Forderung führen, die in den Bürgerkriegen entfesselten Energien wieder gegen den äußeren Feind zu führen. Die Tugenden der Ahnen, die gerade wieder das Werk des Livius ehrfürchtig bestaunen ließ, hatten sich im Krieg gebildet und im Krieg bewährt, so daß die moralische Erneuerung des *populus Romanus* in der Wiederaufnahme der Expansion gelingen mußte, die Horaz unter diesem Gesichtspunkt offen forderte: „Es heißt Jammer des Kriegs, klägliche Hungersnot, heißt die Seuche vom Volk und von des Herrschers Haupt zu Britanniern und Persern ziehn" [carm. 1, 21, 13 ff.].

Insgesamt gesehen speisten sich die Antriebskräfte Roms zur Behauptung und Erweiterung seines Herrschaftsraumes aus dem militärischen Charakter der römischen Gesellschaft und der monarchischen Spitze des Staates, aus der ethischen Disposition der Eliten und aus der ideologischen Legitimation des Weltherrschaftsanspruches. Der Kaiser nahm die Züge eines omnipotenten Weltherrschers an, der die von den Nöten der Bürgerkriege gequälte Menschheit als Heiland erlösen und ihr Frieden und Glück bringen konnte. Derartige Gedanken wurden historisch wirksam zuerst in der Vorstellungswelt der großstädtischen Massen im hellenistischen Osten, die in den römischen Großen seit Pompeius die Schöpfer einer neuen Weltzeit verehrten, von denen ihre Prophezeiungen gesprochen hatten. Aber auch in Italien ließ das Elend der Zeit solche Hoffnungen keimen, die in der für Rom typischen Form der Rückwendung zur eigenen Geschichte Gestalt annahmen. Augustus wurde der Vollender der römischen Geschichte, indem er sie wieder in den Urzustand des Goldenen Zeitalters zurückführte und zugleich die göttliche Bestimmung zur Weltherrschaft erfüllte: „Der, ja der ist der Mann, der dir so häufig verheißen, Caesar Augustus, des Göttlichen Sohn. Die goldenen Zeiten bringt er nach Latium wieder, wo einst Saturnus herrschte. Fern über Garamanten und Inder wird er des Reiches Grenzen dehnen . . ." [Vergil, Aeneis 6, 790 ff.].

Zusammenfassung

b. Die Ziele und die Grenzen der Außenpolitik

Die Vision des von den Göttern gegebenen *imperium sine fine*, die Herrschaft jenseits von Raum und Zeit, wies keinen Weg zur Abwägung zwischen außenpolitischem Ziel und vorhandener Kapazität, zwischen zu erbringenden Opfern und voraussehbarem Gewinn, zwischen konkreten Interessen und unbegrenzter Expansion. Trotzdem mußte er beschritten werden: Die spürbar reduzierte und umstrukturierte Armee sowie die der Stabilität des Reiches geschuldete Reorganisation der in den Bürgerkriegen zum Schlachtfeld der Großen gewordenen Provinzen ließen keine andere Wahl. Das Nötige zu tun, ohne zugleich die Rolle des Weltherrschers aufzugeben und die Legitimation des eigenen Herrschaftsanspruchs zu gefährden, erlaubte den Kaisern die mit der Monarchie von selbst gegebene neue Form der Entscheidungsfindung: Zum einen fand die Regierung des Reiches in der Person des Monarchen den zentralen Sammelpunkt aller Entscheidungen wieder, der in der späten Republik verloren gegangen war; zum

Die Formen der Entscheidungsfindung

anderen wurde über den Gang der äußeren Politik im Rat des Prinzeps ausschließlich und geheim entschieden.

Die Außenpolitik als Teil der Parteipolitik

Die Bedeutung dieses Vorganges ist vor dem Hintergrund der letzten Jahrzehnte der Republik schlechthin fundamental. Seit Sulla hatte der traditionelle Ausgangspunkt der Außenpolitik, der Senat, die Kontrolle über diese seine ureigenste Domäne verloren. Entscheidungen über Krieg und Frieden waren statt dessen zum Bestandteil der Parteipolitik geworden, die in der öffentlichen Diskussion die alles beherrschende Rolle einnahmen. Sie fielen in den privaten Zirkeln der Mächtigen, und sie wurden deren Interesse unterworfen, durch schier übermenschliche Leistungen jenseits der Grenzen diesseits davon zum ersten Mann im Staat zu werden. Auch auf diesem Feld war Rom zum Gefangenen seiner innenpolitischen Machtkämpfe geworden, was darauf hinauslief, daß die äußere Politik zu einer Reihe nicht miteinander im Zusammenhang stehender Entscheidungen denaturierte. Ihrem Wesen nach legten diese ad hoc die angestrebten Ziele fest und reagierten ansonsten nur auf Krisen: Pompeius konnte der römischen Öffentlichkeit noch das Ende der Aggression des Mithradates VI. ankündigen; Caesar hüllte nur noch mühselig in die Defensivideologie seiner Zeit, was in der Sache bereits die Zerstörung Galliens zu keinem anderen Zweck als dem der Begründung der eigenen Macht bedeutete; Crassus endlich sah sich bereits als Eroberer Ktesiphons und hatte damit den Krieg um des Krieges willen zur politischen Leitidee erhoben. Sie alle nahmen die eroberten Länder, wie Caesar Gallien und bald darauf das gesamte Imperium genommen hatte: als eine Bühne, auf der jeder mit den ihm blind ergebenen Truppen sein eigenes Drama aufführen konnte. Zusammen mit dem Sendungsbewußtsein des zum Herrn der Welt berufenen Rom hatte eine so determinierte Außenpolitik unter dem Beifall der römischen Öffentlichkeit den Boden rationaler Planung verlassen und schickte sich seit den letzten Tagen Caesars an, das Reich Alexanders als letzte große Aufgabe zu formulieren.

Der Kaiser und die Außenpolitik

Ideologisch hat Rom auch unter seinen Kaisern niemals von dem schrankenlosen imperialen Denken der späten Republik lassen wollen. Faktisch jedoch wurde mit Augustus und der institutionalisierten Monarchie Außenpolitik wieder der Planung unterworfen. Der Prinzeps machte auch diesen Teil der Politik zu seiner Privatangelegenheit. Er nahm ihm damit die Funktion, Piedestal der aristokratischen Kämpfe um die Macht zu sein, und gab ihm eine gewisse Folgerichtigkeit in der Sache, da die treibenden Kräfte und Motive der zu treffenden Entscheidungen im *consilium* des Kaisers objektivierbar wurden und Dauer erhielten. Nicht nur langfristige Ziele wurden damit formulierbar, sondern auch eine praktische Form der Durchführung geplanter Unternehmungen, die im Prinzip die gesamten Ressourcen des Imperiums in Rechnung stellen konnten. Die Republik hatte derartiges nur einmal – im Seeräuberkrieg des Pompeius – versucht, wohingegen bereits alle Kriege des Augustus von großräumigen Konzeptionen und koordinierten Unternehmungen zeugen. Rom gewann auf diese Weise trotz des Zwanges, aus Gründen der inneren Stabilität

Truppen reduzieren und diese an die Grenzen verlegen zu müssen, die Fähigkeit zurück, seine außenpolitischen Ziele mit seinen Kapazitäten in Einklang zu bringen. Die Unterwerfung der europäischen Binnenräume war die Folge.

Nun ist, was vordergründig wie eine erfolgreiche Planung aussieht, häufig nur die Konsequenz der Tatsache, daß sich bestimmte objektiv gegebene Notwendigkeiten durchsetzen – gegebenenfalls allen bewußten Absichten zum Trotz. Dies setzt jedoch voraus – und eben das kennzeichnet bereits und vor allem die Herrschaft des Augustus –, daß die betroffene Institution die Lernfähigkeit besitzt, derartige Notwendigkeiten anzuerkennen. Augustus lernte denn auch zunächst aus der Geschichte seines eigenen Aufstiegs und aus den glanzvollen Siegen der vorangegangenen Generation, daß die römische Militärmacht zwar die unbegrenzte Fähigkeit hatte, alle potentiellen Gegner der bekannten Welt zu zerstören, jedoch selbst nur um den Preis ihrer Schwächung und Verbannung an die Grenzen daran gehindert werden konnte, ihre zerstörerische Kraft gegen die so mühsam wiedergewonnene innere Ordnung zu richten. Daraus ergab sich der (sicherlich erst den neuen Erfahrungen abgerungene) Schluß, daß der Kaiser zur Verwirklichung seines Anspruchs auf den Thron des Weltherrschers nicht mehr über unbegrenzte Mittel verfügte. Es blieb ihm die Macht, die Illusion aufrechtzuerhalten, daß dem Willen Roms nirgends Grenzen gesetzt seien. Er mußte jedoch die Welt in Gebiete aufteilen, die er dem Legionär verschloß, und in Gebiete, die er angreifen mußte, um Dauer und Bestand des Reiches ebenso zu erhalten wie den eigenen Nimbus des Königs der Welt. Dies schloß die Einsicht in die Notwendigkeit ein, die Außenpolitik langfristigen Zielen zu unterwerfen und das Gewonnene auf Dauer so zu ordnen, daß den apokalyptischen Reitern der eigenen Heere ihre Ziele an den Grenzen des Reiches gesteckt blieben – eine Aufgabe, die im dritten Jahrhundert bei allzuvielen Thronwechseln zur übermenschlichen Bürde für die Erben des Augustus wurde.

Augustus und Tiberius haben auf den Effekt ihrer Politik hin besehen die Ziele der römischen Expansion der monarchischen Regierungsform und ihrem Sicherheitsbedürfnis sowie den vorhandenen Kapazitäten Roms zu weiteren Eroberungen angepaßt. Diese Ziele blieben bis an das Ende des zweiten Jahrhunderts gültig, da die äußere Welt jenseits der Grenzen bis zu diesem Zeitpunkt statisch blieb.

(1) Der Anspruch auf die Weltherrschaft wurde in der praktischen Politik durch ständige Vorstöße über alle Grenzen hinweg unter Beweis gestellt. Vor allem die von Augustus bis Antoninus Pius immer wieder unternommenen Versuche, Britannien gänzlich dem römischen Spruchrecht zu unterwerfen, unterstrichen die Entschlossenheit der Kaiser, der *pax Romana* keine Grenzen zu setzen oder setzen zu lassen.

(2) Im Jahre 20 v. Chr. verzichtete Augustus auf die Niederwerfung des Partherreiches und auf die Eroberung Mesopotamiens. Damit erhielt Rom den nötigen Handlungsspielraum, um sich den näher gelegenen Problemen im Westen zuzuwenden.

(3) Für die von Pompeius nicht provinzialisierten Königreiche des griechischen Ostens bedeutete diese Kehrtwendung in der Ostpolitik ihre Integration in das Imperium in der Form der völkerrechtlichen Klientel. Insbesondere die Souveränität Armeniens blieb erhalten, und die künftigen Auseinandersetzungen mit den Parthern konzentrierten sich auf das zu erreichende Maß der Beeinflussung und der Kontrolle Armeniens.

(4) Die durch den Verzicht im Osten freigesetzten Kräfte ermöglichten seit 16 v. Chr. die Konzentration der Expansion auf die Binnenräume des westlichen Mittelmeeres, der Alpen, des Balkans und des germanischen Siedlungsraums. Die italische Nordgrenze schob sich durch eine Reihe von Angriffskriegen bis an die Donau und den Rhein vor. Dies entsprach dem traditionellen und elementaren Sicherheitsbedürfnis Roms, das bis zu den Eroberungen des Augustus keinen sicheren Landweg in die östlichen Reichsteile besessen und nunmehr die Verbindung zwischen Gallien und Makedonien hergestellt hatte.

(5) Die neu hinzugewonnenen Gebiete kannten weder die städtische Lebensform, noch war ihre vorgefundene soziale und politische Ordnung geeignet, der römischen Herrschaft und Verwaltung die nötigen Aufhänger bereitzustellen. Die Folge war eine konzentrierte militärische Sicherung der eroberten Territorien, die Zerstörung oder Umgruppierung ihrer politischen Organisationsformen und die Einrichtung von Kolonien und Munizipien (s. S. 104), die nicht zuletzt dem Monarchen die nötige provinziale Klientel gewährte.

Die Parther und der Osten

Die Schlüsselrolle in dieser Kette von Entscheidungen kommt dem Verzicht auf die Eroberung Mesopotamiens und dem auf diplomatischem Wege gefundenen Ausgleich mit den Parthern in den Jahren 22−19 v. Chr. zu. Die augusteische Politik nahm Abschied von den seit Pompeius umlaufenden Vorstellungen, das Imperium sei zum Erben Alexanders berufen. Dieser Gedanke hatte seine dramatische Zuspitzung nach der Niederlage des Crassus bei Carrhae 53 v. Chr. erfahren, als die von Caesar und den Triumvirn geschickt geschürten nationalen Emotionen die Tilgung der erlittenen Schmach in einem großen Feldzug forderten und in den zwanziger Jahren die Träume von den Legionsadlern am Tigris bei Horaz und Vergil bereits zur Poesie geronnen waren. Der nach großen militärischen Vorbereitungen erzwungene Friede, der die römische Überlegenheit in der Form der von den Parthern zurückgegebenen Gefangenen und Feldzeichen der Legionen des Crassus zum Ausdruck brachte, war in Rom denn auch nur durch die Verschleierung des tatsächlich erzielten Ausgleichs durchsetzbar: Die übergebenen Feldzeichen verkündeten in der offiziellen Darstellung einen großen Sieg, durch den der Auftrag des göttlichen Caesar erfüllt worden war. Folgerichtig wurde das mit den Parthern hergestellte Verhältnis definiert als die freiwillige Unterwerfung unter die römische Oberhoheit [Res gestae 29, 1: *Parthos... amicitiam p. R. petere coegi*], und ein auf dem Forum errichteter Triumphbogen betonte den militärischen Druck, dem der diplomatische Erfolg zu danken war.

Tatsächlich erreicht war die völkerrechtlich hergestellte und für zweieinhalb

Jahrhunderte gültige Abgrenzung der Interessensphären beider Völker. Der Weg war im Osten frei für eine Politik, die in Fortsetzung der republikanischen Tradition der indirekten Herrschaft durch Diplomatie und Vertrag an den Grenzen die Gründung von Klientelstaaten zuließ: Eine regelrechte Familie von Königen *(reges amici et socii)* gruppierte sich vor den Grenzen der kleinasiatischen und syrischen Provinzen und erweiterten den Einflußbereich Roms, ohne dessen organisatorische und militärische Kraft außer für ad hoc erforderliche Eingriffe zur Stabilisierung des ganzen Systems zu beanspruchen. Die langfristigen Konsequenzen dieser neuen Ostpolitik sind für den weiteren Gang der römischen Geschichte ausschlaggebend geworden: Die Kaiser konnten im griechischen Osten für lange Zeit auf weitreichende außen- und reichspolitische Ordnungsaufgaben verzichten. Der ungefährdete römische Frieden überließ es den Griechen selbst, die Anziehungskraft ihrer überkommenen städtischen Lebensformen auf die kleinasiatischen und syrischen Binnenlandschaften wirken zu lassen. Die Überdehnung der Kapazität der römischen Herrschaft, deren Kraftfeld unverrückbar in Italien lag und nicht bis an den Indus reichen konnte, wurde vermieden: Der Schatten Alexanders fiel nicht mehr auf die Ziele der römischen Außenpolitik, deren neuer Schwerpunkt Mittel- und Nordeuropa wurde. Wie weit Augustus sich der Tragweite seiner Entscheidungen bewußt war, ist demgegenüber eine müßige Frage. Sein Verzicht auf den Ruhm, als zweiter Alexander in der Erinnerung der Menschen fortzuleben, hat jedenfalls den Erfordernissen des Reiches den Vorrang bei der Entscheidungsfindung eingeräumt und damit letztlich der Institution des Prinzipats Dauer verliehen.

Die Abgrenzung der Interessensphären

In den Jahren 15–6 v. Chr. unterwarfen die römischen Heere die Binnenräume nördlich der Alpen, erreichten die Donau und überschritten den Rhein, um die gallischen Provinzen gestützt auf die befestigten Legionslager am Rhein offensiv gegen die ständigen Raubzüge rechtsrheinischer Germanen zu verteidigen. Als die seit 12 v. Chr. von Drusus über den Rhein geführten Expeditionen schnelle und große Erfolge brachten, die in Rom mit der ganzen imperialen Phraseologie der Zeit gefeiert wurden, weitete sich der Krieg bis zur Elbe aus und nahm den Charakter eines Unterwerfungskrieges an, mit dem Ziel, die germanischen Siedlungsräume auf Dauer zu beherrschen. Gleichzeitig erfolgte der Angriff auf Illyrien und Dalmatien, der sich nach der schnellen Erreichung des ersten Kriegszieles, der Sicherung einer Landbrücke von Gallien bis nach Kleinasien, zur Eroberung des gesamten Territoriums bis zur Donau auswuchs. Im Jahre 6 n. Chr. schließlich wurden 12 Legionen aufgeboten, um in einer großen Zangenbewegung der rheinischen und der illyrischen Armeen dem Markomannenkönig Maroboduus in Böhmen den Garaus zu machen.

Die Rhein- und Donaugrenze

Weder dieser Plan noch die Kriege in Germanien führten zum Erfolg. Ein großer Aufstand in Dalmatien und Pannonien zwang zum Abbruch der Offensive in Böhmen und zum Frieden mit den Markomannen, in dessen Konsequenz die Donaugrenze gesichert werden konnte. In Germanien vernichteten 9 n. Chr. meuternde germanische Auxiliarkohorten im Bündnis mit aufständischen Ger-

Germanien

manen drei Legionen unter Quinctilius Varus und erzwangen 16 n. Chr. den Rückzug Roms, als die in erneuten blutigen Pazifizierungskriegen geforderten Opfer das Maß des Ertragbaren überstiegen. Als Tiberius den Rückzug befahl, verließen die Legionen ein Land, das alle, die dort seit den ersten Siegen des Drusus nach Erfolg und Ruhm gesucht hatten, nur bitter enttäuscht hatte. Mit Germanicus zog sich zudem ein Feldherr zurück, der fast besessen von dem Glauben war, auch in den Wäldern Germaniens die Weltherrschaft aufrichten zu müssen, und der dort noch einmal das mythische aristokratische Ideal von Kampf und Ruhm ausgelebt hatte. Die Tragik dieses Mannes, der sich heftig gegen den Rückzug wehrte, lag darin, daß die Schlacht im Teutoburger Wald bereits alles entschieden hatte. Nicht deshalb, weil die militärische Niederlage total und damit endgültig gewesen wäre – gerade die Kriegszüge des Germanicus zeigten, wozu Rom militärisch fähig war. Sondern weil die Art und Weise, in der Arminius siegte, Kräfte des Widerstandes in Germanien freigesetzt hatte, die Rom nur unter gewaltigen Anstrengungen und mit großen eigenen Opfern hätte niederringen können. Dazu jedoch fehlte die öffentliche Unterstützung Italiens, dazu fehlte das Geld, dazu wog der Sieg im Verhältnis zum Erreichbaren zu gering und vor allem: dazu war das Risiko einer erneuten Niederlage für die innere Stabilität der neuen monarchischen Ordnung zu groß. Die Mahnung des Tiberius an den widerstrebenden Germanicus, es sei genug der Verluste und er selbst habe in Germanien „mehr durch kluges Verhandeln als durch Gewalt erreicht" [Tac. ann. 2, 26, 3: *plura consilio quam vi perfecisse*], wird so nicht zufällig zur neuen, bis Domitian gültigen Maxime der Germanienpolitik.

Die Germanienpolitik Domitians

Nach dreißig Kriegsjahren war Rom im Besitz großer territorialer Binnenräume in Mittel- und Nordeuropa. Diese Jahre lehrten zugleich, daß es Rom und seinen außenpolitischen Experten nicht gelang, dem römischen Sicherheitsbedürfnis eine klare geopolitische Bestimmung zu geben. Insbesondere am Rhein hat es daher immer wieder Versuche gegeben, östlich des Flusses feste Stützpunkte zu beziehen. So griff Domitian 83 n. Chr. nach sorgfältiger Vorbereitung am Ober- und Mittelrhein die Chatten an, eroberte ihr Gebiet und besetzte dort auf Dauer die strategisch wichtigen Punkte. Damit waren zum einen die Flußgrenzen erheblich verstärkt worden, und zum anderen grenzte der spätere Limes ein neu und dicht besiedeltes Gebiet um das Neuwieder Becken, Teile des Taunus, den unteren Main, das Neckartal und die Schwäbische Alb gegen die nur dünn besiedelten germanischen Landschaften ab. Die Gründung der neuen Provinzen *Germania superior* und *inferior* krönten das Eroberungswerk, mit dem die römische Siegespropaganda eilfertig auch den imperialen Herrschaftsanspruch auf Germanien erfüllt sah und ungeniert von „*Germania capta*" sprach. Wer immer dies in Rom geglaubt haben mag: Der Form, in die man den römischen Sendungsauftrag zu hüllen gewohnt war, war auch hier Genüge getan. Für die Zukunft sollte es kein germanisches Problem mehr geben.

Der Zustand der äußeren Welt

Nach den Eroberungen des Augustus war das Imperium umgeben von einer Welt, in der es keinen Zusammenhalt gab, in der sich wenig veränderte, in der sich für zwei Jahrhunderte kein Gegner fand und die leicht berechenbar blieb. Die afrikanischen Provinzen sahen sich Wüstennomaden gegenüber, deren klimatisch bedingte Wanderungen von den Provinzgrenzen ferngehalten werden mußten. Im Westen und Norden grenzten die Provinzen an das Meer oder an wenig einladende Wald- und Steppengebiete, die dünn besiedelt waren und in denen Stammesgesellschaften wohnten, deren Fähigkeit, politisch stabile Organisationen zu formen, ganz unausgeprägt war. Im Osten fand sich eine zersplitterte Welt asiatischer Monarchien und Fürstentümer, von denen die meisten dem Reich als Klientelkönigreiche eingegliedert waren und nur dadurch davon abgehalten wurden, ihre Kräfte in immer gleichen Grenzkriegen zu erschöpfen. Eine derartige Konstellation der äußeren Welt gewährte die Weltgeschichte erst wieder den neuzeitlichen Kolonisationen auf dem amerikanischen und – zum Teil – auf dem afrikanischen Kontinent. Hier wie dort schaffte sie die Voraussetzung für die säkulare Dauer imperialer Herrschaft.

Erst seit dem Ende des zweiten Jahrhunderts änderte sich diese Konstellation. Zunächst an der Donau: Schon in den Markomannenkriegen wurde Rom mit Völkerbewegungen konfrontiert, die – weit von den römischen Grenzen entfernt – im nord- und mitteldeutschen Gebiet ihren Ausgang nahmen und die Nachbarn der Provinzen auf die Reichsgebiete zu drängen begannen. Dann am Euphrat: 224/5 n. Chr. entstand dort im Zeichen des triumphierenden Zarathustra jenes persische Großreich, das die Herrschaft der Parther beendete und weit über deren Grenzen hinaus den gesamten syrischen und asiatischen Raum für sich beanspruchte. Der Titel des neuen Herrschergeschlechts der Sassaniden, „König der Könige", spiegelte das Ausmaß, in dem die Rückerinnerung an die verklärte Geschichte eines Dareios und Kyros politisches Programm geworden war. Von nun an behauptete eine zweite Macht, von den Göttern zur Weltherrschaft berufen zu sein, und setzte in einer umfassenden politischen, militärischen und religiösen Reform die Kräfte frei, die Rom im asiatischen Raum einen ebenbürtigen Gegner finden ließ. Von diesem Zeitpunkt an war im Osten und an Rhein und Donau nichts mehr wie früher. Im germanischen Raum gruppierten sich die kleinen Stammesverbände unter dem Druck neuer Wanderungen zu Großstämmen um – etwa die Alemannen, Franken, Markomannen und Quaden –, und neue volkreiche Stämme wanderten aus dem mittel- und ostdeutschen Raum kommend auf die römischen Grenzen zu: Goten, Vandalen, Heruler und Burgunder, denen sich auf dem Balkan die iranischen Sarmaten zugesellten, die sich von Süddeutschland bis an die Theiß und die Donau vorschoben. Landhunger, Abenteuerlust, seit den Wanderungen der Kimbern und Teutonen umlaufende Geschichten vom sonnigen und fruchtbaren Süden und die Gier nach Beute trieb sie alle immer wieder dazu, den Kampf mit den schwächer werdenden Legionen aufzunehmen. Zwischen 250 und 280 n. Chr. gingen die vorgeschobene Provinz Dakien und der obergermanisch-rätische Limes verloren. Gallien, die Balkanhalbinsel und Kleinasien wurden durch germanische Heerzüge mehrmals verwüstet, und mehr als einmal konnte die Sturmflut erst in

Die Veränderungen des 3. Jhs.

Italien zum Stehen gebracht werden. Nicht besser ging es den Ostprovinzen, die der Sassanide Schapur I. brandschatzte, nachdem im Juni 260 der römische Kaiser Valerian als Gefangener vor ihm das Knie gebeugt und aller Welt vor Augen geführt hatte, wie gründlich sich die bisherigen Voraussetzungen der römischen Weltgeltung verändert hatten. Letztlich allerdings erwies sich das Imperium noch einmal als stärker. Zum einen zielten die germanischen Invasionen noch nicht auf eine dauernde Ansiedlung auf dem Territorium des Reiches, zum anderen hatte Rom nichts von seiner es immer auszeichnenden Fähigkeit verloren, zu lernen und sich neuen Gegebenheiten anzupassen. Die umfassenden Heeres- und Staatsreformen von Gallienus bis Diokletian schufen denn auch bald wieder stabile Verhältnisse. Das *imperium sine fine* brauchte tatsächlich – so mochte es dem Zeitalter Diokletians scheinen – keine Grenzen in Zeit und Raum anzuerkennen.

c. Die Mittel der Außenpolitik

Das Völkerrecht Die Definition von Außenpolitik und die genaue Bestimmung ihrer rechtlichen und sonstigen Mittel setzt voraus, daß Klarheit darüber besteht, was „innen" und was „außen" aus römischer Sicht genannt wird und welche Handlungsfelder damit abgesteckt wurden. Eben dies ist in Rom selbst zum Problem geworden, seitdem die imperiale Ideologie keine Grenzen des römischen Herrschaftsanspruches mehr anerkannte und dementsprechend die späte Republik nicht mehr bereit war, völkerrechtliche Verträge mit auswärtigen Staaten abzuschließen. Die vertragslosen Beziehungen, die es statt dessen gab, erlauben keine klare Antwort auf die Frage, wo eigentlich die Grenzen des Imperiums gezogen waren: Die des provinzialen Untertanengebietes reichen zur Ortsbestimmung jedenfalls nicht aus, da Untertänigkeit und Abhängigkeit von Rom auch in andere Formen als die der provinzialen Herrschaft faktisch und begrifflich gekleidet werden konnten. E. KORNEMANN [427: S. 323 ff.] sprach daher von den „unsichtbaren Grenzen des römischen Reiches" und meinte damit den Gürtel von Klientelrandstaaten, der den römischen Provinzen vorgelagert war.

Die Reichszuge- Derartige Staaten – zumeist Königreiche – gab es seit dem Ausgreifen Roms
hörigkeit in den griechischen Osten, und die Republik hatte sie als Auswärtige im Rechtssinn des Wortes behandelt und angesehen. Das augusteische Zeitalter sah sie bereits als Teil des Reiches, der den römischen Befehlen zu gehorchen hatte: „Augustus hat die verbündeten Könige alle nicht anders denn als Glieder und Teile seines Reiches betrachtet" *(reges socios ... nec aliter universos quam membra partisque imperii curae habuit),* so faßte rückblickend Sueton [Aug. 48] die Doktrin der Zeit zusammen. Augustus selbst formulierte sie im ersten Satz seines außenpolitischen Tatenberichtes [Res Gestae 26] unmißverständlich, wenn er den jenseits der Provinzgrenzen siedelnden Völkern bei Ungehorsam gegen Rom die Provinzialisierung androhte.

Der Begriff, mit dem die Gehorsamspflicht der Völker jenseits der Provinz-

grenzen gefaßt wurde, war allerdings – nicht minder unmißverständlich – Die *amicitia*
völkerrechtlich geblieben: *amicitia*. „Die Kimbern, Charyden und Semnonen
sowie andere germanische Völkerschaften dieses Gebietes erbaten durch
Gesandte meine und des römischen Volkes Freundschaft" [Res gestae 26, 16 ff.],
so beschrieb der Prinzeps die Unterwerfung unter die römische Herrschaft, ohne
es dem Leser allerdings zu gestatten, die genauen Inhalte der sich daraus
ergebenden Gehorsamspflicht in dem hergestellten Rechtsverhältnis zu erkennen. Diese definierte offenbar allein die jeweilige Machtlagerung, so daß die zu
den Parthern hergestellten Beziehungen mit derselben Begrifflichkeit erfaßt
werden konnten, mit der die auch faktisch vorhandene Oberhoheit Roms über
einen syrischen Kleinkönig verständlich gemacht wurde. Anders: Jenseits einer
exakten juristischen Systematik lieh das völkerrechtliche Instrument der *amicitia*
dem römischen Weltherrschaftsanspruch den Begriff, der zugleich geeignet war,
den realen Verhältnissen in jeder denkbaren Form Platz zu ihrer Entfaltung
einzuräumen.

Dreierlei wird daraus deutlich: Rom hat seiner außenpolitischen Tradition
und nicht minder seinem kasuistischen Rechtsdenken entsprechend die völkerrechtliche Form der *amicitia* als politisches Ordnungsinstrument innerhalb
seines Hegemonialsystems beibehalten. Es hat damit die präzise Festlegung der
Art und Weise, in der die beanspruchte Hegemonie wirksam sein sollte, vermeiden und den aktuellen Entwicklungen überlassen können. Und es hat schließlich
die juristische Fixierung seiner Reichsgrenzen bewußt abgelehnt: Das Weltreich
konnte dies auch nicht dulden.

Die Rechtsformen dieser vertragslosen Freundschaftsverhältnisse, soweit sie Die Rechtsfor-
nicht reine Fiktionen – wie bei den Parthern – waren, sind schwer zu men der *amicitia*
rekonstruieren, da die antiken Autoren kein Interesse daran hatten, den hinter
ihrem Bericht über derartige Verhältnisse stehenden formalen Vorgang detailliert
darzustellen: Er war ihnen und ihren Lesern hinreichend bekannt. Am Anfang
der Beziehungen steht jedenfalls die *appellatio regis*, die offizielle Nennung eines
Königs als Freund des römischen Volkes durch den Senat, einen Imperiumträger
bzw. den Kaiser; die Eintragung in die *formula amicorum* besiegelte den
Rechtsakt, zu dem die Verleihung der Triumphalinsignien [Tac. ann. 4, 26, 3]
und ein Opfer auf dem Kapitol dazugehören können. Vorausgegangen war
häufig die Dedition, d. h. die formal vollzogene Unterwerfung unter das römische Spruchrecht, so daß alle Klientelstaaten *regna reddita*, d. h. aus der
römischen Verfügungsgewalt entlassene Königreiche waren. Ferner wurde dem
Regenten das römische Bürgerrecht verliehen – angesichts des völkerrechtlichen
Charakters der hergestellten Beziehungen ein Unding, gemessen jedoch an seiner
wichtigsten Pflicht, der unbedingten Loyalität gegenüber Rom, ein wirksames
Instrument der Kontrolle. Seine Aufgaben waren dementsprechend umfassend:
Die Verpflichtung zur Hilfe gegenüber Kaiser und Reich war unbeschränkt, und
die inneren Verhältnisse des eigenen Königreiches konnten nur im Einvernehmen mit Rom geändert werden. Was einem solchen König im Grunde blieb, war

das Diadem, und dies saß nur fest, solange es dem römischen Herrn gefiel. So lud im Jahre 40 Caligula den mauretanischen König Ptolemaios nach Rom, feierte ihn zu Recht als treuen Diener Roms und ließ ihn wenig später gefangen setzen und als Hochverräter hinrichten [Sueton, Caligula 35, 1]. Was immer die Gründe für diese Tat gewesen sein mögen — Habgier auf die Schätze des Königs, Angst vor einer Verschwörung —, am Ende stand ein Willkürakt, der in römischen Augen als solcher nicht existierte: Die Monarchie in Mauretanien war eine von Roms Gnaden; sie konnte gewährt, aber auch wieder genommen werden.

<small>Die Klientelstaaten</small>

Ihren Höhepunkt hatte die Geschichte dieser Institution der völkerrechtlichen Klientel in dem Jahrhundert von Pompeius bis Nero. Vor allem Augustus hat sich ihrer besonders gern bedient: Im Westen und Norden reichte der Boden befreundeter Fürsten von Britannien über Germanien bis zum Bosporanischen Königreich auf der Krim; im Orient versammelte sich eine miteinander verschwägerte Familie von *reges amici* von Pontos über Kappadokien und Armenien bis an die Euphratgrenze; weiter südlich schlossen sich kleinere Dynastien in Syrien und Palästina bis hin zu den Nabatäern an; in Nordafrika umgab ein Gürtel abhängiger Wüstenstämme den Südrand der fruchtbaren Küstenländer von Tripolis bis Mauretanien. Das Schicksal gerade dieses Landes zeigt den historischen Sinn dieser Institution am deutlichsten: Seit dem Tod des Königs Bocchus 33 v. Chr. unter römischer Herrschaft, nimmt es eine Reihe der von Octavian gegründeten Kolonien auf, wird jedoch nicht als Provinz eingerichtet; 25 v. Chr. wird Juba II., seit Jahren treuer Kampfgefährte des Octavian, zum König in Mauretanien eingesetzt. Diese Entscheidung, ungeachtet der vorangegangenen Kolonisation auf die Provinzialisierung zu verzichten, ist zum einen Ausdruck eines das gesamte Zeitalter erfassenden Zweifels, ob die Provinzialisierung eroberter Gebiete die Herrschaft Roms dauerhaft sichern könne, und sie entsprang zum anderen der erklärten Absicht des Prinzeps, sich in Afrika wie an den anderen Grenzen des Reiches einen persönlichen Herrschaftsraum zu schaffen, der die Loyalität der umliegenden Provinzen (hier: die senatorische Africa proconsularis) notfalls gewaltsam garantieren konnte. An der Effektivität und an der allgemeinen Gültigkeit dieser Rechnung gibt es keinen Zweifel. Alle Klientelkönige, persönliche Schutzbefohlene des Kaisers, dem sie Thron und Volk verdankten, waren im Konfliktfall bereit, eher dem persönlichen Machtanspruch ihres Patrons als dem wie immer amtlich formulierten Willen des römischen Staates zu dienen. Die Ausweitung der völkerrechtlichen Klientel unter Augustus ist also die unmittelbare Konsequenz der Instabilität des monarchischen Regiments.

<small>Die Provinzialisierung</small>

Der zweite Begründungszusammenhang greift tiefer und führt zu den Erfahrungen der späten Republik. Gerade die Provinzen waren Schlachtfeld und Rüstkammer zugleich für die um die höchste *dignitas* kämpfenden Aristokraten gewesen, und ihre Existenz hatte die Aufstände der Imperiumträger gegen den staatlichen Willen überhaupt erst ermöglicht. Die Frage drängte sich geradezu auf, ob man jenseits der an das Mittelmeer grenzenden Provinzen die im griechischen Osten schon seit dem Beginn des zweiten Jahrhunderts v. Chr. erprobten Formen der indirekten Herrschaft (Vertrag, Kontrolle, Diplomatie) nicht zur Norm erheben sollte. Zudem traf die Expansion auf geographisch und zivilisatorisch immer weiter entfernte Gebiete, in denen zumindest für eine gewisse Übergangszeit der Klientelstatus die anstehenden Probleme der Herrschaftsorganisation angemessen lösen konnte.

Rom entschied sich seit den Flaviern für die Provinz, die amtliche Form der Herrschaftsorganisation also, nachdem bereits die julisch-claudische Dynastie die augusteische Politik nicht auf Dauer fortzusetzen bereit war. Die Institutionalisierung der Monarchie und die Zustimmung, die sie inzwischen selbst bei hartnäckigen Republikanern gefunden hatte [Tac. hist. 1, 16, 1], beseitigten für das kaiserliche Haus die Notwendigkeit, an den Grenzen des Reiches persönlich ergebene Klientelkönige über die Provinzen wachen lassen zu müssen. Ohnehin hatte das Instrument der *amicitia* nur als Übergangsregelung seine Tauglichkeit als Herrschaftsform dort beweisen können, wo es keine festen Anknüpfungspunkte für die provinziale Herrschaft gab. Ansonsten hatten die Untertanen dieser *reges amici* zumeist ein unheiliges Regiment von Fürsten ertragen müssen, die über fremde und ihnen gleichgültige Völker regierten und deren Herrschaft dementsprechend instabil war. Aufstände, Einmischungen von außen, sich verschärfende römische Kontrollen und neue Dynastien wechselten in bunter Folge, so daß die provinziale Organisationsform von Herrschaft dem römischen Ordnungssinn viel näher liegen mußte. Das Prinzip der amtlichen Herrschaft siegte über die indirekte Herrschaftsform.

Besondere Probleme mußte der Umgang mit den barbarischen Völkern jenseits von Rhein und Donau aufwerfen. Ihrem Dasein zwischen nomadischer Ungebundenheit und völliger Seßhaftigkeit entsprachen ganz unausgeprägte innere Organisationsstrukturen, und der Kampf untereinander um die besten Weide- und Siedlungsplätze war ihnen längst zur zweiten Natur geworden. Rom hat diese Zwietracht vor allem bei den Germanen im Interesse der eigenen Sicherheit zu schätzen und zu schüren gewußt und alles getan, die Ausbildung der Fähigkeit zu hemmen, politische Autorität auf Dauer innerhalb der Stämme zu schaffen. Nur diese konnte in die Lage versetzen, Zusammenhalt zu begründen und mehrere Völker zu gemeinsamem Handeln zu bewegen. Die Möglichkeiten der Einflußnahme ergaben sich, nachdem die römischen Diplomaten die innere Struktur der Stämme genau studiert hatten: Entweder nützte man die Rivalitäten der Stämme untereinander zur Intervention, oder man machte sich die inneren Parteiungen in römerfreundliche und römerfeindliche Gruppen zunutze. Die Politik der gezielten Einmischung hat lange Erfolg gehabt. Erst die unter Mark Aurel ausbrechenden Markomannenkriege markierten sehr genau den Punkt, von dem an diese Politik nicht mehr verfangen konnte: Die Völkerbewegungen in den Gebieten weit jenseits der Donau setzten einen Einigungsmechanismus bei den germanischen Stämmen in Gang, an den Rom schon wegen der geographischen Entfernung gar nicht herankam.

<small>Die Politik gegenüber den Barbaren</small>

Umsiedlungen   Zur unmittelbaren Sicherung des Grenzlandes griffen die Provinzialstatthalter auf militärische Mittel zurück: Strafexpeditionen und vor allem große Umsiedlungsaktionen – bereits in der Republik häufig erprobt – wurden an allen Grenzen durchgeführt, an denen unruhige Völker, die ihre soziale Not zum ständigen Anrennen gegen die römischen Grenzfestungen zwang, anders nicht gebändigt werden konnten. So siedelte z. B. der Consular Sex. Aelius Catus um 15 n. Chr. 50 000 Geten südlich der Donau an, während am Rhein seit 19 v. Chr. mit dem Beginn einer gezielten Befriedungspolitik die Ubier, Nemeter, Triboker, Wangionen u. a. auf das linke Ufer umgesiedelt wurden. Ihnen folgten nach den Siegen des Drusus 9 v. Chr. große Teile der Sueben und Sugambrer, die als die härtesten Gegner Roms durch diese Deportationen als eigenständige Stämme vernichtet wurden [Suet. Aug. 21, 1]. Die Beispiele zeigen, worauf es bei dieser Politik ankam: Die Grenzzonen sollten durch eine auf Dauer angelegte Ordnung befriedet werden; dazu begnügte Rom sich nicht mit nur kurzfristig nützlichen Rachekriegen, sondern es deportierte die gefährlichsten Gegner und zerstörte ihren politischen Zusammenhalt.

Friedliche Regelungen   Die auf die schweren Kriege der augusteischen Zeit folgenden anderthalb Jahrhunderte eines meist friedlichen Nebeneinanderlebens lehrten schließlich auch die friedlichen Mittel, mit denen Rom sich das Wohlverhalten der barbarischen Grenzstämme sichern konnte. Das wichtigste war das der Königseinsetzung *(rex datus)* durch Rom. Tacitus [ann. 11, 16 f.] berichtet über einen solchen Vorgang bei den Cheruskern 47 n. Chr.: Der Stamm, dessen Adel sich in inneren Kämpfen aufgerieben hatte, erbat und erhielt als König die cheruskische Geisel Italicus, einen Mann adligen Geblüts, der in Italien aufgewachsen und vorsorglich römisch und germanisch erzogen worden war. Der Kaiser ermahnte den Scheidenden, der reichlich mit Geld ausgestattet wurde, „er gehe nicht als Geisel, sondern als römischer Bürger, um einen Thron in fremdem Lande zu besteigen." Die Stärkung der Königsgewalt und die dauernde Loyalität eines römisch erzogenen oder beeinflußten Häuptlings also sollten die Stämme befrieden und Rom zuführen. Ergänzend konnten römische Geldzahlungen, meist regelmäßig geleistet, die Bindung an Rom vertiefen, wobei die Gegenleistung sich nicht generell festlegen ließ, jedoch in jedem Fall die Zusicherung, Frieden zu halten, beinhaltet haben muß. Die Stellung von Geiseln bot eine gewisse Sicherheit dafür, daß dies keine leere Phrase blieb.

Zusammenfassung: Die römische Lernfähigkeit   Insgesamt zeugt auch diese differenzierende Politik Roms gegenüber seinen barbarischen Nachbarn von der fast unbegrenzten Lern- und Anpassungsfähigkeit seiner Außenpolitik. Alle Entscheidungen blieben dem nüchternen Kalkül unterworfen, und die überkommenen Formen des Kriegs- und des Völkerrechts, längst durch die faktische und ideologische Realität überholt, wurden mit neuem Inhalt gefüllt und den gewandelten Bedingungen des Weltreiches angepaßt. Rom ließ sich weder von seiner eigenen Herrschaftsideologie blenden noch verlor es angesichts neuer von jenseits der Grenzen herangetragener Probleme seine politische Handlungsfähigkeit. Die Energien, die seine Politiker auf eine genaue

Erfassung der ihnen fremden Welt verwandten, wurden durch keine deklassierenden Vorurteile gegenüber den Barbaren abgelenkt. Die Art und Weise, in der Caesar seine Erkenntnisse über die Sueben (für ihn die Germanen schlechthin) gewann und formulierte [de bello Gallico 4, 1 ff.], blieb richtungsweisend: Es kam weniger darauf an zu wissen, was sich überhaupt in Erfahrung bringen ließ, sondern es galt, alles zu begreifen, was für das richtige politische Verhalten gegenüber einem derartigen Gegner nützlich war. Methodisch verpflichtete dieses Ziel zur genauen Beobachtung der Lebensformen, zu darauf fußenden Rückschlüssen auf die militärische Leistungsfähigkeit und die Absichten des potentiellen Gegners und schließlich zum Vergleich mit den ansonsten bekannten Eigenschaften germanischer Stämme. Die Konstanz und die Zielbestimmtheit eines derartigen politischen Verhaltens und einer derart nüchternen Analyse der Gegebenheiten entsprangen einem römischen Verständnis von der Außenwelt, das auf einen ständigen Gedankenaustausch mit dieser angelegt war. Sicherlich machte dies den wesentlichen Teil der römischen Größe aus.

7. Das Imperium Romanum

a. Der Zustand der unterworfenen Welt

Die Unterwerfung großer territorialer Räume wird durch viele Faktoren ermöglicht, zu denen die geographische Lage des expandierenden Staates, die Überlegenheit an Menschen, das Glück der Waffen und eine bestimmte Form der Unterwerfungsbereitschaft der militärisch Besiegten gehören. Die Beherrschbarkeit einer Vielzahl von Ländern und Völkern mit unterschiedlicher Geschichte und eigenen politischen und sozialen Lebensformen hängt ab von den militärischen Mitteln des Siegers, der Kapazität seiner innerstaatlichen Entscheidungsfindung, seinen verwaltungstechnischen Fähigkeiten und von dem Zustand der unterworfenen Welt bzw. der Möglichkeit, diese im Sinne der Herrschaftsinteressen des Eroberers zu verändern. Über die Dauer der Herrschaft entscheidet nur ein Faktor: Der wie immer begründete Entschluß der politisch und sozial dominierenden Schichten der Unterworfenen, die durch die Eroberung geschaffene neue Ordnung anzuerkennen und auf sie alle zukünftigen Hoffnungen und Energien zu richten.

Die Aufgaben des Siegers

Alle Voraussetzungen für die Wirksamkeit auch des letzten Faktors schien die Republik bereits geschaffen zu haben; ihre letzte Generation wollte denn auch die Dauer des Imperiums nur noch an der Ewigkeit messen. Tatsächlich hatte sie alle Formen, die die eroberten riesigen Ländermassen überhaupt erst beherrschbar machten, gefunden und über Jahrhunderte hin erprobt:
- Das provinziale Herrschaftssystem
- Die reichspolitische Klientel
- Die Ausweitung des römischen Bürgerrechts

Die Herrschaftsformen der Republik

- Die Kolonisation
- Die Munizipalität
- Die Anerkennung der lokalen Selbstverwaltung der griechischen Stadt.

Trotzdem hat die Republik die Last des Imperiums nur eine begrenzte Wegstrecke tragen können: Die in den Expansionskriegen entfesselten Energien des aristokratischen Strebens nach Macht und Ehre hatten sich – der Dimension des Weltreiches angepaßt und durch seine Ressourcen hundertfach vervielfältigt – gegen ihren Ursprung gekehrt. Darüber hinaus mußte die Republik in den Eroberungszügen Caesars und Augustus' hinnehmen, was sie bis dahin sorgsam vermieden hatte: Die Eroberung großer Binnenländer im Norden des Imperiums (Gallien, Belgien, Teile Britanniens, Mitteleuropa bis zum Donaubecken) und die Einrichtung großer Provinzen jenseits des mediterranen Raumes. Die Ordnungsaufgaben der Monarchie waren damit vorgegeben: Neue Herrschaftsformen waren nicht zu finden, wohl aber galt es, die einzelnen Elemente der Herrschaftsausübung aus der fast beliebigen Verfügbarkeit einzelner Aristokraten zu befreien und sie in Institutionen und Verfahrensregelungen zu objektivieren. Und es galt, ihre Anwendung auf die neu eroberten Nordprovinzen zu erproben und die Voraussetzungen für ihre Wirksamkeit – gegebenenfalls für ihre Anpassung – zu schaffen. Bereits die Einsicht in die Notwendigkeit dieser beiden Aufgaben mündete schließlich in die Vorstellung von einem Reich, das mehr sein sollte als die Addition der mit Gewalt den politischen und ökonomischen Interessen Roms und Italiens verfügbar gemachten Provinzen. An der Existenz des für alle zuständigen Monarchen kristallisierte sich der Gedanke, das Imperium könne über sein Dasein als Herrschaftsraum Roms hinaus eine Einheit von Lebensform und Kultur begründen. Die Rolle der Römer selbst wurde damit neu geschrieben: Die Herren der Welt wurden zu Bewahrern ihres imperialen Werkes, das sich einen eigenständigen Wert und Auftrag geschaffen hatte und seinem Schöpfer als der Stärkere gegenübertrat und ihn in die Pflicht nahm.

Italien Die Welt, die unter dem Dach des provinzialen Herrschaftssystems neu zu ordnen war, unterschied sich klar in ihren einzelnen Teilen: Der seit Jahrhunderten stadtstaatlich geformte griechische Osten, die von Griechen und Phönikern nur an den Küstenzonen verstädterten Westprovinzen des Mittelmeeres in Afrika, Spanien und Südfrankreich, sowie die barbarisch besiedelten Nordprovinzen von Britannien bis zum Schwarzen Meer. Italien beharrte bis ins dritte Jahrhundert auf seiner Sonderstellung, deren konstitutionelles Gesicht die am Ende des Bundesgenossenkrieges 91–89 v. Chr. getroffenen Regelungen prägten: Damals hatte der Stadtstaat Rom seine Verfassung auf die gesamte mit dem Bürgerrecht belehnte Halbinsel ausgedehnt, so daß seine Organe zu solchen des italischen Staates geworden waren und auf eine eigenständige, neben Rom bestehende Ordnungsform für Italien verzichtet werden konnte. Als Heimat der Sieger wirtschaftlich nicht zuletzt durch seinen Wein- und Ölanbau und seine Keramikproduktion lange dominierend, von jeder direkten Steuer *(tributum* und

Grundsteuer) freigestellt, ohne Standlager größerer Truppenverbände – die Kriegshäfen von Misenum und Ravenna sowie die in Rom stationierten *cohortes urbanae* und die kaiserliche Leibwache ausgenommen –, selbst jedoch Rekrutierungsgebiet der Legionen, glich sich die privilegierte Stellung Italiens nur langsam und parallel zur stetigen Romanisierung der westlichen Reichshälfte den Provinzen an.

Im griechischen Osten war und blieb die römische Herrschaft identisch mit der Durchsetzung der Herrschaftsansprüche der einen Stadt Rom gegenüber einer Vielzahl von seit langem vorhandener und ursprünglich autonomer Städte. Ihre Selbstverwaltung hatte den Römern den Weg zur Begründung der dauernden Untertänigkeit der Besiegten in der Form der Provinz erst gewiesen: Die Ausübung der Herrschaftsfunktionen (Verwaltung, Rechtssprechung, Steuereintreibung) wurde an die städtischen Behörden delegiert, die als rechtlose Untertanen bei Strafe des Unterganges den römischen Befehlen nachkamen. Von Anfang an war also im Osten die staatliche Organisationsform des Eroberers auf einen gleich strukturierten Kontrahenten gestoßen, so daß Rom seine Herrschaftspraxis an dieser Identität ausrichten konnte. Die Kaiser brauchten nichts weiter zu tun, als die Fähigkeit der Polis zum Selbstregiment kontinuierlich zu sichern. Dies geschah vor allem durch die Stabilisierung des Führungsanspruches der traditionell in ihr herrschenden Aristokratie. Wo diese gefährdet schien, reichte die Ablösung noch vorhandener demokratischer Stadtverfassungen durch timokratische aus, die den Kreis der politisch Handelnden auf wenige Besitzende beschränkten. Dem römischen Verständnis von einer angemessenen politischen Lebensform war damit ebenso Genüge getan wie den sozialen und politischen Wünschen der besiegten Eliten, die ihre Städte fest in den Griff bekamen. Die römische Garantie für die Dauer dieses Zustandes bot auch den nötigen Anreiz, um als Äquivalent dafür dem Sieger den regelmäßigen Eingang der Steuern, militärische Hilfe und die Kontrolle des offenen Landes zu sichern.

Der griechische Osten

Von Anfang an und von Grund auf anders stellten sich die Aufgaben nach der Eroberung der Binnenräume des Westens und des Nordens. Die Beherrschbarkeit dieser Ländermassen ohne städtische Kultur, ohne Verkehrswege, ohne zusammenfassende überkommene Herrschaftsorganisationen und ohne römischer Erfahrung zugängliche soziale Verhältnisse hing davon ab, ob ein Ansatzpunkt für den römischen Machtanspruch konstruiert und den Besiegten aufgezwungen werden konnte. Dies – so lehrte die eigene und die griechische Welt – war nur möglich, wenn es gelang, eine grundbesitzende Aristokratie in die staatliche Pflicht zu nehmen und ihr in der Stadt ein institutionelles Zentrum zu schaffen, von dem aus sie im Dienste Roms Herrschaftsfunktionen wahrnehmen und zugleich der Kontrolle des Siegers und seinen ökonomischen Interessen verfügbar sein konnten. Damit war den ersten Generationen der Besiegten ein blutiger Weg gewiesen: Ihre soziale und politische Welt wurde weitgehend planiert, damit Rom die gewünschten Pfeiler seiner Herrschaft auf eingeebnetem Feld bauen konnte. Deportationen, Ausrottungen, gewaltsame Ansiedlungen,

Der europäische Norden

ständige militärische Aktionen, kurz: eine in der Verfolgung des Sieges konzentriert fortgesetzte Gewaltanwendung kennzeichneten das Schicksal dieser Länder in den ersten Jahrzehnten der römischen Herrschaft.

b. Die Herrschaftsmittel: Provinzialisierung, Stadtpatronat, Urbanisierung

Die Provinz Das seit 225 v. Chr. praktizierte provinziale Herrschaftssystem begründete zuvörderst die unbegrenzte Verfügungsgewalt Roms über die von ihm eroberten Gebiete. Sie wurde in jeder Provinz durch einen dazu entweder vom Senat oder vom Kaiser bestellten Imperiumträger ausgeübt, dessen Aufgaben in der militärischen Sicherung der Provinz, der Übernahme der obersten Gerichtsfunktion und der ansonsten ungeregelten allgemeinen Aufsicht über die Provinzialen bestanden. Die auch dem Prinzipat eigene strukturelle Unfähigkeit, Verwaltung flächendeckend aufzubauen, bedingte zusammen mit den militärischen Aufgaben der Herrschaftssicherung die fast monarchische Machtfülle dieses Statthalters. Seine erste Aufgabe blieb immer gleich: Die Stabilität der römischen Herrschaft zu garantieren und die Ruhe in den Provinzen zu wahren [Ulpian, 7. Buch, de officio proconsulis, Digesten 1, 18, 13: *Congruit bono et gravi praesidi curare, ut pacata atque quieta provincia sit quam regit*]. Der sich darin äußernde elementare Wille zu einer wenig Kraft kostenden Aufrechterhaltung der Herrschaft – ein Magistrat, ein kleiner Stab von Helfern, möglichst nur eine Kohorte – ließ nur wenig Raum für den Entwurf von Richtlinien, die den Statthalter binden sollten. Der republikanische Senat hatte dazu zu wenig Neigung verspürt; nur wenn in den Provinzen Gewalt, Ausbeutung und Erpressung zu Aufständen und Unruhen führten, wurden der königlichen Macht der Statthalter – beispielsweise durch die Repetundenverfahren – Zügel angelegt.

Der Kaiser und die Verwaltung der Provinzen Die Monarchie – ohnehin mit dem festen Willen gegründet, das Alte und Bewährte wieder in seine Rechte einzusetzen – war zunächst auch nicht herausgefordert, durch eine neue Politik die Provinzen und das in ihnen wirksame Regiment zu reformieren: Die allerorten ungefährdete Herrschaft Roms ließ keinen Zweifel an der Effektivität der Regierungspraxis aufkommen. Die Sicherung der monarchischen Macht in Rom und Italien hatte Vorrang und dabei waren es vor allem die Soldaten und die Senatsaristokratie, die besondere Rücksichten beanspruchten bzw. ihre Versorgung gesichert sehen wollten. Im allgemeinen Bewußtsein gab es zunächst auch gar keine Vorstellung davon, daß der Kaiser für die Nöte der Provinzen jenseits der Sicherung ihres inneren Friedens zuständig sein könne. Die gesellschaftlichen Sorgen gehörten in den Bereich der kommunalen Selbstverwaltung und nur dort, wo diese in Konkurrenz zu anderen Städten oder Stämmen gefährdet schien, griff der Kaiser ein – durchaus im eigennützigen Interesse des Siegers, der die Funktionalität seines wichtigsten Herrschaftsinstrumentes außer Kraft gesetzt sah. Bei den Provinzialen konnten der in Rom siegreich eingezogene Bürgerkriegsgeneral und die Verfestigung seiner Macht keine Hochgefühle erzeugen. Der Prinzeps erschien aus ihrer Sicht als der Führer einer weit verzweigten, vor allem militärischen Klientel, legitimiert innerhalb der italischen Gesellschaft durch seine kriegerischen Großtaten und gezwungen, der eigenen Gefolgschaft und den aristokratischen Eliten Reichtum, Macht und Sicherheit auf Kosten der Unterworfenen zu garantieren. Die Repräsentanz der römischen Herrschaft in den Provinzen in der Form von Senatsgesandtschaften und Statthaltern hatte sich nicht geändert. Es war nur die caesarische Gefolgschaft hinzugekommen: Ihre sozialen Forderungen nach Versorgung mit Land befriedigte eine intensive Kolonisationspolitik, die in den Provinzen vielfach die Eigentumsverhältnisse gerade in den fruchtbarsten Landstrichen umstülpten.

Trotzdem veränderte die Monarchie das provinziale Regiment ohne tiefgreifende Erneuerung des Herrschaftsinstrumentariums so gründlich, daß das Imperium ein neues Aussehen erhielt. Allein die Institution und ihre Dauer – und erst später ihr erklärter Wille – reichten aus, um den von der Republik übernommenen Formen der Herrschaft einen neuen Inhalt zu geben. Denn der Herrscher unterliegt einer Pflicht, ohne die er nicht Herrscher sein kann: Der Pflicht des Anhörens. Gehör fanden naturgemäß zunächst die Fragen der Beamten zu bestimmten Einzelfällen, mit denen sie nicht fertig wurden oder wo ihnen die Entscheidung zu heikel schien. Gehör fanden aber auch in wachsendem Maße die Bitten und Klagen der Provinzialen um Hilfe und Beistand. Im Jahre 23 n. Chr. zwang Tiberius den Senat zu einem strengen Urteil gegen den Prokurator Cn. Lucilius Capito, den das asiatische Koinon wegen Amtsmißbrauchs verklagt hatte. Der Kaiser rief bei der Beweissicherung aus, „man soll die Bundesgenossen (d. h. die Provinzialen) hören" [*audirent socios:* Tac. ann. 4, 15, 2], und machte damit programmatisch zwei Dinge deutlich: Zum einen die Pflicht des Herrschaftsträgers, seine Untertanen zu hören, zum anderen – als Folge davon – die Parteinahme des Kaisers für eine Art und Weise des Regierens, die dem Monarchen die Festlegung der in den Provinzen anzuwendenden Regierungsprinzipien zuordnete. Die Konsequenz waren eine wachsende Kontrolle des Kaisers über die Statthalter – der erhaltene Briefwechsel des in Bithynien amtierenden Plinius mit Trajan verdeutlicht den Umfang – und eine wachsende Zustimmung der Provinzialen zur Herrschaft Roms und seines Monarchen – die 143 n. Chr. auf Rom gehaltene Preisrede des Aelius Aristides zeigt, wie weit diese reichen konnte. Daß das *„audirent socios"* des Tiberius, die aus der Anhörung der Untertanen fließende Regierungspflicht, tatsächlich eine neue politische Ordnung für die Provinzialen einleitete, liest man noch aus der Reaktion konservativer Senatskreise ab, die die *nova provincialium superbia* beklagten und die alten Zeiten beschworen, in denen die Provinzen vor den Berichten heimkehrender römischer Gesandter zitterten [Tac. ann. 15, 20 f.].

Der Widerstand gegen die neue Politik, die die Macht der Statthalter dem kaiserlichen Willen zu unterwerfen suchte und den Hoffnungen der Provinzialen auf ein gerechtes Regiment ein williges Ohr lieh, hat natürlich nichts geändert. Zu deutlich war sie Ausdruck des generellen Strukturwandels im Imperium, in

Die Parteinahme des Kaisers für die Provinzialen

dem die Unterschiede zwischen Italien und den Provinzen, zwischen Siegern und Besiegten zunehmend eingeebnet wurden. Als mit Trajan der erste Provinzialrömer Nachfolger des Augustus wurde, war dies das sichtbarste Zeichen des eingetretenen Wandels, der zugleich die Entwicklung des monarchischen Provinzialregiments von zunächst nur ad hoc und subsidiär auf Anfragen und Bitten erzwungenen Eingriffen bis hin zur umfassenden Kontrolle der Herrschaftsausübung kennzeichnete. Die Elemente der Herrschaftsausübung blieben konstant. Die Monarchie befreite sie nur aus der fast beliebigen Verfügbarkeit der einzelnen Aristokraten, deren Kämpfe um Macht und Ehre die Provinzen ehedem gleichsam zu Turnierfeldern denaturiert hatten.

Die Funktion der Stadtpatrone   Das Regieren in den Provinzen gewann durch die wachsende Bedeutung der kaiserlichen Zentrale, die immer mehr Sachgegenstände an sich zog und zu ihrer Erledigung eigene Instanzenzüge und Behörden schuf, spürbar an Effektivität. Nach wie vor gab es jedoch keinen Weg zum Aufbau eines flächendeckenden Staatsapparates: Dazu fehlten die nötigen Beamtenkader. Deren Ausbau stemmte sich die städtisch geordnete Welt der zuerst unterworfenen Griechen entgegen und dem widersetzte sich auch das pragmatische Herrschaftsdenken Roms, dem ein System, das letztlich auf Gleichschaltung hinauslaufen mußte, nicht in den Sinn gekommen wäre. Weit besser schien es, auch hier dem Sachverstand der republikanischen Vorbilder zu folgen, die von Anfang an die amtliche Herrschaftsausübung der Statthalter durch die Ausweitung des in der römischen Gesellschaft wirksamen Prinzips von Patronat und Klientel ergänzt hatten. Die Anwendung dieser Kommunikationsform, die das soziale Miteinander des Mächtigen und des Schwachen entwickelt hatte, auf die Ausübung von Herrschaft über eroberte Städte und Völker ist Ausdruck einer aristokratischen Herrschaftspraxis, die das Regieren des Reiches ausschließlich den Angehörigen des Senatoren- und des Ritterstandes gestattete.

Die Ergänzung der amtlichen Machtausübung   Das Funktionieren dieses Systems ist in seiner äußeren Erscheinungsform denkbar einfach zu verstehen: Neben die Amtsausübung der Magistrate treten Patronagen der politischen Eliten Italiens – später auch der romanisierten Provinzen – über die Städte der Eroberten. Die Schlichtung innerer Streitigkeiten, Schiedssprüche bei nachbarlichen Grenzproblemen, die Vertretung der Interessen der Besiegten vor Senat und Kaiser, die finanzielle Sicherung der städtischen Existenz, die Ausstattung mit repräsentativen Bauten, die Intervention zugunsten einzelner Bürger vor der römischen Obrigkeit und – all dies überlagernd und legitimierend – die kontinuierliche Sicherung der Loyalität gegenüber dem Herrschaftsanspruch Roms übernahmen die aristokratischen Herren, denen ihre amtliche Tätigkeit im Heer und in der Verwaltung das nötige Rüstzeug für diese Aufgabe verschafft hatte. Die amtliche Machtausübung des Staates wird also ergänzt durch die private der politischen Eliten, die sich aus ihrer sozialen Überlegenheit speiste. Dabei öffnete die mit der Monarchie gegebene Konzentration der amtlichen Entscheidungsfindung neue Möglichkeiten der Einflußnahme: Nunmehr bemaß sich das Gewicht des Einflusses eines

Patrons an der Bedeutung, die ihm vom Kaiser auf Grund seiner Verdienste zugesprochen wurde. In der Sache verband beide, Patron und Kaiser, das gemeinsame Interesse an der Stabilität der Herrschaft und der Loyalität der Provinzen. Diese Gemeinsamkeit bestimmte den dauerhaften Erfolg eines Systems, das die einer sachlichen Entscheidungsfindung an sich entgegengesetzten Formen privater und amtlicher Herrschaftspraxis dank seiner immer aristokratisch determinierten Regierungsform problemlos miteinander verbinden konnte.

Zur Effektivität gehörte auch, daß der Kaiser im Interesse seiner eigenen Sicherheit der Institution des Patronats Grenzen steckte. Es blieb allgegenwärtig, wirkte in jeden Winkel des Reiches – nachweisbar sind über 1000 Patronate – und verschaffte den städtischen Einzelinteressen Gehör. Aber es erfaßte im Unterschied zur Republik nur noch Städte und keine Provinzen. Zudem wurde die Bestellung eines Senators als *patronus* durch die Städte besonderen gesetzlichen Regelungen unterworfen, die in den jeweiligen Gemeindeverfassungen verankert wurden. Und schließlich verhinderte die politische und soziale Gebundenheit des Reichsadels an den Kaiser, daß die Städte sich für *patroni* entschieden, die keine Fortune hatten oder am kaiserlichen Hofe nicht gelitten waren: Der elementare Eigennutz ließ die Städte nur nach Männern Ausschau halten, die beim Kaiser Einfluß hatten. Sie fanden sich zunächst unter den Statthaltern und sonstigen Amtspersonen, die während ihrer Tätigkeit in den Provinzen den Städten ihr Wohlwollen gezeigt und zugleich das beste Einvernehmen mit dem kaiserlichen Willen demonstriert hatten. Diese soziale Bindung an den Kaiser machte auch jede weitere Einmischung in die Bestellung der Patrone durch die Städte überflüssig: Die Akkumulation gefährlicher politischer Macht war auf diesem Wege nicht mehr zu erreichen.

Die Bedeutung, die das Wirken der Patrone für ihre Städte und sie selbst hatte, spiegelt sich in der Fülle und der Vielfalt der Ehrendenkmäler, die offiziell und privat auf den öffentlichen Plätzen der Städte zu finden waren.

Sie verewigten die Leistungen für Stadt und Reich und sie wurden zusammen mit weiteren Ehrungen (Ämter, Feste, Gesandtschaften) zum dauerhaften Ansporn für den so Geehrten, seine schützende und freigebige, aber auch Unterwerfung unter Rom heischende Hand weiter über der Gemeinde zu halten. Für die eigene und die Welt der Nachgeborenen war damit das Ausmaß der politischen und sozialen Macht der Patrone adäquat festgehalten, deren Ethos Ehre und Ansehen nur nach dem Ausmaß der für Rom erbrachten Leistungen zumessen ließ. Hier findet sich denn auch der letzte Grund für das Funktionieren einer Herrschaftsausübung, die die Zweiteilung in einen privaten und einen öffentlich-amtlichen Bereich nicht nur zuließ, sondern förderte. Beide harmonisierten miteinander auf der Basis der gleichen Zielsetzung und der Identität von amtlichen und privaten Entscheidungsträgern; beide erkannten als Bezugspunkt ihres Tuns allein den Dienst an Staat und Reich an.

Beide Formen der Herrschaftsausübung, das provinziale Regiment und die patronale Fürsorge, richteten sich an Städte. Sie fand Rom im griechischen Osten, nicht jedoch im Westen und Norden vor, so daß in diesen Räumen der Bestand der römischen Herrschaft davon abhing, ob ihre Urbanisierung gelang und Rom sich auf die allgemeine Herrschaftssicherung zurückziehen konnte. Die bei der Eroberung Italiens gemachten Erfahrungen boten in den Munizipien und in den römischen Bürgerkolonien die städtischen Lebensformen an, die die militärische Sicherung der Herrschaft ebenso wie die Hereinnahme der Besiegten in den Kreis der Sieger möglich machte. Wo dies nicht sinnvoll schien, konnte die zwangsweise Umsiedlung insbesondere der Führungsschichten der Besiegten in Städte mit eigenem peregrinen Rechtsstatus die gewünschten Aufhänger der römischen Herrschaftsausübung schaffen. Die Grundbedingung der römischen Politik war damit festgelegt: Die Form und die Intensität der seit Caesar und Augustus konzentriert einsetzenden Urbanisierung der Westprovinzen hingen in keiner Phase davon ab, in welchem Ausmaß die Provinzialen die städtische Lebensform als sinnvoll und ihrer alten Ordnung überlegen ansahen. Diese Frage stellte sich für sie erst in der Konsequenz der Maßnahmen Roms. Sein Herrschaftsinteresse und die vorhandenen Möglichkeiten, dies konsequent und auf Dauer durchzusetzen, entschieden über die Stadtgründungen und die Auswahl der bereitliegenden Stadtformen. Ihnen allen gemeinsam wurde die Funktion des von Rom aus regierbaren Zentralortes, der seinerseits das flache Land beherrschen und dafür einstehen mußte.

Die Urbanisierung: Ziele und Formen

Die vorrangige Pflicht des Siegers zur militärischen Behauptung des eroberten Territoriums entschied über die Einrichtung von Kolonien in den Provinzen; ihr Standort und ihre Größe wurden von den strategischen und verwaltungstechnischen Aufgaben bestimmt. In Gallien und Lusitanien, im Donauraum, Thrakien und Pannonien, in Britannien, Afrika und (wenn auch seltener) selbst im griechischen Osten figurierten sie von Caesar bis Trajan als *propugnacula imperii* und gewährten der römischen Herrschaft die unangefochtene militärische Präsenz in den weiten Binnenräumen entlang der wichtigsten Heeres- und Nachschubstraßen. Ihre Funktion unterschied sich damit in nichts von der Aufgabe, die sie in den Jahrhunderten der Eroberung und Durchdringung Italiens immer gehabt hatten. Die Unterworfenen haben dies begreiflicherweise am genauesten gewußt und in den Mauern der Kolonien den „Sitz der Knechtschaft" lokalisiert [Tac. Agricola 16, 1]. Ihren Haß zogen die Kolonisten nicht zuletzt deswegen auf sich, weil sie in die fruchtbaren Kerngebiete der Einheimischen gepflanzt wurden, diesen häufig gerade das fruchtbarste Ackerland raubten und sie zu Pächtern oder Lohnarbeitern auf den Feldern herabdrückten, die sie früher selbst als Herren bestellt hatten. Neben dem inschriftlich erhaltenen Kataster von Orange [19: A. PIGANIOL] veranschaulicht Tacitus [ann. 14, 31 f.] anläßlich der Gründung des britannischen Camulodunum derartige Vorgänge: „Der erbitterte Haß galt den Veteranen; denn diese, die jüngst in der Kolonie Camulodunum angesiedelt worden waren, vertrieben die Einwohner aus ihren Häusern und verjagten sie von den Feldern, wobei sie sie Kriegsgefangene und Sklaven

Die Kolonien: Ihre militärische Funktion

nannten." In den barbarischen Nordprovinzen, in denen der Sieger die traditionellen Vororte und Stammesburgen niederbrannte, um die geographische, ethnische und soziale Infrastruktur der Besiegten zu zerstören, übernahmen – neben den neu eingerichteten Siedlungen – in den Fruchtebenen angesiedelte Kolonien die zentralen administrativen und wirtschaftlichen Funktionen. So löste die nach den Dakerkriegen gegründete Kolonie Ulpia Traiana Sarmizegetusa als neuer Mittelpunkt der dakischen Provinz die in den Bergen gelegene Herrscherburg der einheimischen Könige ab und machte das Land regierbar.

Neben ihrer ureigenen militärischen Aufgabe befriedigten die Kolonien zugleich das erst im zweiten Jahrhundert versiegende kolonisatorische Interesse der unteren sozialen Schichten Italiens und der aus dem Heeresdienst entlassenen Veteranen. Diese, dazu landlose Italiker, Proletarier und verdiente Freigelassene, wurden auf diesem Wege mit Land versorgt – so wie es seit den Gracchen die popularen Führer und seit Marius die Armeekommandeure meist vergeblich gefordert hatten. Vermindert wurde so nicht nur die Zahl der sozial Entwurzelten in Italien; es gelang damit auch, diese am Rande der Gesellschaft vagabundierenden Schichten erneut in die politische Pflicht zu nehmen und sie in die Aufrechterhaltung des Herrschaftsanspruches des *populus Romanus* einzubinden. Die soziale Funktion

Schließlich erfüllten die Kolonien eine dritte Pflicht. Die Republik – in berechtigter panischer Furcht vor den großen militarisierten Klientelen ihrer Großen – hatte die Kolonisierung der Provinzen allein aus diesem Grunde nie zugelassen. Ganz anders die Monarchie: Sie benötigte zu ihrer Stabilität gerade feste provinziale Stützpunkte, so daß die vor allem in Italien, Sizilien, Spanien, Mauretanien und in der Gallia Narbonensis deduzierten Kolonien dem Kaiser vor den Toren Italiens und Roms eine militärische Klientel verpflichteten, die schnell und wirkungsvoll gegen jeden innenpolitischen Gegner oder gegen einen aufbegehrenden Statthalter zu mobilisieren war. Das Ziel der Kolonisationspolitik war also nicht nur der Herrschaftsraum, sondern zugleich die Sicherung der kaiserlichen Macht und des inneren Friedens; beides forderte die soziale Integration der Veteranen und der expropriierten Italiker. Auf den erzielten langfristigen Effekt hin besehen verbuchte allerdings das Reich – auch hier stärker als alle innenpolitischen Notwendigkeiten – den entscheidenden Gewinn: Es erhielt in den Kolonien das militärische und verwaltungstechnische Rückgrat, das ihm Stabilität verlieh, und es nutzte die städtische Organisationsform, die ihre zivilisatorische Anziehungskraft gegenüber den Unterworfenen mit der Dauer des Friedens frei entfalten konnte. Die Verstärkung der kaiserlichen Klientel

Die zweite Städtekategorie, die Rom aus Italien in die Provinzen mitbrachte und mit der es verdiente provinziale Gemeinden in den Kreis der Sieger aufnahm, war das Munizipium. Der formale Hergang bedeutete die Auszeichnung einer städtischen Siedlung in der Provinz mit dem römischen oder latinischen Stadtrecht *(ius Latii)*, das die mit ihm gewährte Selbstverwaltung und städtische Verfassung in der Gestalt eines Gesetzes *(lex)* regelte. Vorausgegangen Die Munizipien war in der Regel der Zustrom italischer Siedler, die als Privatleute aus den verschiedensten Gründen in den Provinzen seßhaft geworden waren, und die in ihren neuen Heimatorten private, aber doch genau abgegrenzte Vereinigungen *(conventus civium Romanorum)* gebildet hatten. Diese allein schon durch ihre Zugehörigkeit zum Eroberersaat privilegierten Schichten förderten die Ausbildung städtischer Siedlungszentren. Sie machten dabei nach einer (zeitlich von Fall zu Fall verschieden langen) Phase der Assimilierung gemeinsame Sache mit den alteingesessenen Eliten, die das Bündnis mit den Neuankömmlingen schon deswegen suchten, weil sie ihre soziale und politische Führungsrolle nicht verlieren wollten. Am Ende fügte sich so eine neue städtische Gesellschaft zusammen, die sich die lateinische Sprache, römische Institutionen und Erscheinungen der römischen Rechtsordnung angeeignet und besondere Akte politischer Loyalität vorzuweisen hatte. Insbesondere die Angleichung der eigenen an die römische Rechtsordnung drückte gleichermaßen den Einfluß der zugewanderten Römer wie den Willen der aufgestiegenen Provinzialen aus, sich in eine römisch gewordene Welt einzufügen. Die Verleihung des Munizipalstatus an solche Gemeinden setzte eine solche Entwicklung innerhalb der peregrinen Siedlung voraus, sie war jedoch für sich genommen kein ausreichender Grund für eine derartige Auszeichnung. Darüber entschied der Kaiser wie vor ihm die Organe der Republik nur nach Verdienst: Der Akt der Munizipalisierung verlor nie seinen Charakter der Anerkennung für besondere Leistungen und profilierte Loyalität; auch er blieb Teil einer Herrschaftspraxis, die Privilegien nach dem Prinzip von Lohn und Strafe zumaß.

Die peregrinen Städte

Die zahlenmäßig größte Kategorie der über tausend Städte des Reiches formierte sich in den peregrinen Untertanenstädten, den *civitates stipendiariae*, die als Ausdruck ihrer Untertänigkeit eine Grund- und Bodensteuer zu entrichten hatten: *tributum soli* in den kaiserlichen, *stipendium* in den senatorischen Provinzen. Rom hat diese Städtekategorie in den nicht urbanisierten Gebieten gewaltsam geschaffen. Es folgte dabei dem Vorbild des Pompeius, der die Grundzüge einer gewaltsamen Verstädterungspolitik vorgezeichnet hatte, als er bei der Provinzialisierung von Bithynien und Pontos die dort vorgefundene Gebietseinteilung in Landkreise beseitigte, die Provinz in elf Stadtbezirke gliederte und den vorhandenen und neu gegründeten Städten die jeweils benachbarten kleinen Siedlungen attribuierte. In Pontos scheiterte der Versuch. Die neu geschaffenen Städte hatten weder die Machtmittel noch die Männer, um die Feudalherren des Umlandes ihrem Willen gefügig zu machen. Eben darauf kam es jedoch an: Die überkommenen Führungsschichten, gewaltsam umgesiedelt, ihrer alten Gefolgschaften beraubt, sollten in den Städten als nunmehr städtische Eliten diese und das umliegende flache Land regieren, an dieser neue Macht und neue Ehren gewährenden Tätigkeit ihre Zukunft ausrichten und der römischen Kontrolle zugängig sein.

Die Funktionalität der römischen Herrschaft hing von dem Gelingen dieser Politik ab, die denn auch mit der nötigen Zielstrebigkeit und Energie verfolgt wurde. So berichtet Tacitus über die Tätigkeit seines Schwiegervaters Agricola in Britannien, er habe die städtischen Lebensformen nach Kräften gefördert, „um die verstreut und primitiv lebenden Menschen, die infolgedessen zum Kriege leicht geneigt waren, durch Annehmlichkeiten an Ruhe und friedliches Verhalten zu gewöhnen. Er ermunterte sie persönlich und unterstützte sie mit staatlichen Mitteln, Tempel, öffentliche Plätze und Häuser in der Stadt zu bauen . . ., so trat Anerkennung und wetteiferndes Bemühen an die Stelle des Zwanges." Tacitus schloß seinen Bericht mit der Feststellung, „und so etwas hieß bei den Ahnungslosen Lebenskultur *(humanitas)*, während es doch nur ein Bestandteil der Knechtschaft *(servitus)* war" [Tac. Agr. 21; Übers. R. TILL]. Selten hat ein Römer derart bestimmt die Urbanisierung als Mittel der politischen Befriedung und der Herrschaftssicherung bezeichnet. Nichtsdestoweniger war dem so: Rom hat die unterworfene Welt so gründlich verändert, weil es sie anders nicht beherrschen konnte. [Die Urbanisierung als Mittel der Befriedung]

Nun war die Verstädterung nicht überall gleich sinnvoll. Ein kurzer Blick auf die Karte des Imperiums lehrt denn auch, daß die Schwerpunkte und die Erfolge dieser Politik vor allem in Spanien und in Nordafrika zu finden sind, während in den britannischen, germanischen und gallischen Provinzen (mit Ausnahme der Narbonensis) die Zahl römischer Kolonien und Munizipien gering ist und die Suche des römischen Eroberers nach dem geeigneten Aufhänger für seine Herrschaft besondere Wege ging. Die Neuordnung Galliens in den Jahren 27–12 v. Chr. gibt nähere Aufschlüsse über die Gründe dafür und über die gefundenen Lösungen. [Die Schwerpunkte der Urbanisierungspolitik]

Nach der Zerstörung der Welt der keltischen *oppida*, deren politische Tradition nicht Richtschnur einer neuen, auf Rom hin ausgerichteten Ordnung sein konnte, war es die wichtigste Aufgabe, in einem verwüsteten Land neue Formen des Zusammenhalts zu finden. Stabile Wirtschaftsstrukturen existierten nicht, und der auf den grundbesitzenden Adel hin ausgerichteten Sozialordnung war schon deswegen der Kampf anzusagen, da sie die Kräfte des Widerstandes stärkte. Der Aufbau eines römischen Gallien war dementsprechend darauf zu konzentrieren, politische Autorität jenseits der keltischen Tradition aufzurichten und ihr einen festen Platz zu geben, wo sie sich behaupten konnte. Das vordringliche Problem mußte also die Suche nach der politischen Legitimität und Autorität einer neuen Führung sein, da die Anwesenheit römischer Truppen den Widerstand gegen Rom zwar brechen, jedoch niemanden davon überzeugen konnte, daß es vernünftig sei, die Gegebenheiten hinzunehmen. [Die Folgen der Eroberung Galliens]

Die gallischen Völker hatten gelernt, dem Willen ihrer aristokratischen Führer zu folgen. Also befand sich hier der Punkt, wo anzusetzen war: Gelang es, den Ansprüchen des keltischen Adels nach Ruhm, Reichtum und Ansehen jenseits der tradierten Formen einen neuen Weg zu weisen, so konnte es der auch in der Niederlage nie erschütterten Autorität der keltischen Aristokratie überlassen bleiben, alle sonstigen Schichten der Gesellschaft politisch und moralisch auf eine neue Zukunft einzuschwören.

Die Neuordnung in 60 *civitates*   Rom folgte zunächst den von Pompeius in Bithynien entwickelten Prinzipien und richtete die gallischen Provinzen auf seine militärischen und administrativen Bedürfnisse durch generelle und den gesamten Raum einheitlich strukturierende Erlasse aus. Die vorgefundenen Eigenheiten der vorrömischen Stammesgemeinden wurden jedoch nicht gänzlich ausgelöscht: In den drei neuen Provinzen (Aquitania, Lugdunensis, Belgica) organisierte Augustus die dort ansässigen Stämme in 60 *civitates*, deren neu gegründete Vororte die alten keltischen *oppida* ersetzten, Amtssitze von Dekurionen und Magistraten wurden und das umliegende Land beherrschten, über dessen Steuerpflicht Censuslisten, die ein *tabularium* in Lugdunum erfaßte, genaue Auskunft gaben. Die rechtliche Gliederung erzwang also analog zur Verfassungsstruktur der Kolonien und Munizipien an die Vororte gebundene Regierungsorgane (Dekurionenrat, Magistrate), verzichtete jedoch auf die Kolonisation und die Munizipalisierung, um den vorgefundenen politischen Gegebenheiten Rechnung zu tragen. Dabei lenkten die Grundprinzipien der römischen Ordnungsaufgabe – Wahrung der Ruhe, Befriedung, Sicherung geregelter Steuereinnahmen ohne die gleichzeitige Schaffung einer flächendeckenden eigenen Verwaltung – die Aufmerksamkeit von selbst auf den großgrundbesitzenden gallischen Landadel, der die Stämme immer geführt hatte und der für den Krieg zuständig gewesen war. Die Neugründungen der auf die Stämme aufbauenden *civitates* schufen somit den organisatorischen Anknüpfungspunkt, der die traditionelle politische Führungskapazität des gallischen Adels der römischen Ordnung verfügbar machen konnte. Die *civitates*, von denen jede ein großes Territorium von durchschnittlich 8300 km² kontrollierte, blieben der alleinige Partner der Reichsorganisation, so daß für Rom ihre weitere Untergliederung in Siedlungen (*vici und pagi*) keine Bedeutung hatte.

Die Grenzstädte an Rhein und Donau   Es ist deutlich, daß Rom mit diesen in Gallien entwickelten Formen der Urbanisierungspolitik der Eroberung großer binnenländischer Territorien Rechnung trug und bemüht war, seine Herrschaft den vorgefundenen politischen und sozialen Gegebenheiten anzupassen. Die Erreichung der Rhein- und Donaulinie unter Augustus verlangte einen weiteren Beweis dieser Fähigkeit, da die bis dahin nicht gekannte Notwendigkeit, eine viele hundert Kilometer lange Grenze weit ab von Italien verteidigen zu müssen, die Herrschaftssicherung zu einem vorab militärischen Problem machte. Die erste Entscheidung betraf denn auch die Legionen: Sie blieben dort an den Grenzen stehen, wo sie gebraucht wurden, bauten ihre Feldlager zu Festungen aus und organisierten ihren Nachschub aus dem umliegenden Land. Diese dauernde Bindung großer Einheiten an einem Ort führte fast zwangsläufig in der Nähe der großen Lager zu ebenfalls dauerhaften zivilen Ansiedlungen, in denen die für die Versorgung der Truppen notwendigen Handwerks- und Rüstungsbetriebe, Kaufleute, Lieferanten, Marketendereien und – im steigenden Umfang – auch die abgemusterten Soldaten mit ihren Familien seßhaft wurden. Derartige Siedlungen (*canabae*), die zunächst der Gewalt des Legionskommandeurs unterstanden, stattete Rom seit dem zweiten Jahrhundert mit dem Munizipal- oder Kolonialstatus aus. Es zog damit den rechtlichen Schlußstrich unter die im sozialen Bereich längst vollzogene Anpassung der Bevölkerung an die römische Lebensordnung. Die auf diesem Weg neu gegründeten Städte wurden damit zu treuen Vorposten eines Römertums, das vornehmlich aus entlassenen Veteranen bestand und aus elementarem Eigeninteresse dazu berufen war, gemeinsam mit den Legionen die Grenzen zu verteidigen.

Das hinter allen Formen der römischen Urbanisierungspolitik durchscheinende Ziel ist klar und einfach: Die stadtsässig gemachte Aristokratie der Unterworfenen regierte unter den wachsamen Augen der römischen Statthalter das flache Land und garantierte dem siegreichen Rom den pünktlichen Eingang der Tribute. Es fehlte nur noch die neue Sinngebung dieses Tuns, um die adligen Herren der Besiegten dazu zu bringen, der römischen Zukunft die Hoffnung auf eine (notfalls mit der Waffe zu erzwingende) Wiederherstellung des alten Zustandes zu opfern. Die erste und elementarste Voraussetzung dafür erfüllte die Zeit: Zunächst vernarbten die Wunden des Krieges in der Folge der Generationen und die Dauer der römischen Herrschaft ließ nur die Gewißheit zu, daß man sich das Leben unter den römischen Herren einzurichten habe. Jetzt begannen die Städte – allen voran die Kolonien und Munizipien –, ihre ganze zivilisatorische Überlegenheit zu entfalten, deren Annehmlichkeiten die einheimischen Eliten schnell erlagen. Rom hat dem in der Form Rechnung getragen, die bereits die frühe Republik und ihre Aristokratie entwickelt hatte: Es lohnte ihm erwiesene Treue und Loyalität durch die Vergabe seines Bürgerrechts.

Die Vergabe des Bürgerrechts

Diese Politik richtete sich an die führenden Schichten der Städte, denen damit der Weg zu einer glanzvollen Karriere bis in den Senat gewiesen war. Zugleich zerriß diese neue Zukunft endgültig die traditionellen Gefolgschaftsbande der adligen Herren und trieb diejenigen unter ihnen in die politische und soziale Isolation, die vor den römischen Herren das Knie nicht beugen wollten. Kein Geringerer als Kaiser Claudius hat die Bedeutung dieses Vorganges enthüllt, als er im Jahre 48 vor dem Senat die von Rom seit Romulus geübte Verleihung des Bürgerrechts als Herrschaftsprinzip ausgab und ausführte, „daß nicht nur einzelne von Fall zu Fall, sondern (ganze) Länder und Völker im römischen Bürgerrecht (zu einer Einheit) zusammenwüchsen." [Tac. ann. 11, 24, 2] Mit dieser Erkenntnis und ihrer Umsetzung in den Raum der Politik hat Rom seine eigene historische Erfahrung zu einem prinzipiell gültigen Lehrsatz verdichtet: Die Gewährung des Bürgerrechts bot die einzige Möglichkeit, die trennenden Schranken zwischen Sieger und Besiegten an dem für den Bestand des Reiches zentralen Punkt der Regierbarkeit niederzulegen. Nur so war das Ausmaß an Zustimmung der Beherrschten zur römischen Ordnung ihres Lebens zu erreichen, das die in einer technologisch ungeschiedenen Welt nicht zu verändernde militärische Ungleichheit zwischen dem Eroberersstaat und den Besiegten auslöschen konnte. Das Mißverhältnis der Zahl zwischen Römern und den besiegten Fremdvölkern, die Weite des beherrschten Raumes, die zivilisatorische Heterogenität der Beherrschten und die Unausgeprägtheit des römischen Herrschafts-

Die Integration der Eliten der Besiegten

systems machten die Integration der Führungsschichten der Unterworfenen zur Pflicht.

Die Eliten der Provinzialen haben das römische Angebot angenommen und – es hätte den Zusammenbruch des Imperiums früher oder später bewirkt, wäre es anders gekommen – darauf verzichtet, ihre Zukunft selbst zu formulieren und im Widerstand gegen den Eroberer durchzusetzen. Sie haben es auch dort getan, wo dies die Unterdrückung ihrer Sprache, ihrer Sitten, ihrer Religion und die völlige Veränderung ihrer tradierten Lebensumstände bedeutete. Sie taten es, weil ihrem adligen Ehrgeiz der gezeigte römische Weg in die Zukunft mehr Chancen zu einer hoffnungsvollen politischen und sozialen Existenz öffnete als verschloß, und weil ihnen (jedenfalls in den West- und Nordprovinzen) auf die Geschichte des eigenen Volkes bezogene Wertvorstellungen weitgehend fremd waren. Die Beharrlichkeit, mit der die Kaiser die aufgestiegenen provinzialen Eliten an ihre Pflichten zu den munizipalen Abgaben und Leistungen in ihren Heimatstädten mahnen mußten, hatte hier ihre wesentliche Wurzel. Denn für das soziale Überleben der Städte war es unverzichtbar, daß die mit dem römischen Bürgerrecht ausgezeichneten Führungsschichten weiterhin ihren Heimatstädten angehörten, deren Bürgerrecht sie neben dem römischen samt den daran hängenden Pflichten weiter ausübten (s. S. 45ff.).

Die timokratische Ordnung der Gesellschaft

Die römische Bürgerrechtspolitik hat den dem Imperium immanenten Gegensatz von Sieger und Besiegten in den sozialen Raum verschoben, wo er wenig Sprengkraft entfalten konnte. „*Civis Romanus*" bezeichnete einen privilegierten Rechtsstand, der reichsweit zum Kennzeichen der sozial tonangebenden Schichten geworden war. Diesen Status festigte die mit dem römischen Sieg vollzogene Etablierung timokratischer Ordnungen. Der Bauer und die städtischen Unterschichten wurden auf ihre Arbeit zurückgedrängt, ihre politische Mitwirkung wurde gezielt – gegebenenfalls durch neue Verfassungen – unterbunden, und generell bemaß sich die gesellschaftliche Anerkennung an dem Grad der Verständigung mit dem Sieger. Aber auch ihnen stand entsprechend dem Vergabeprinzip der Belohnung für erwiesene Dienste der Zugang zum Bürgerrecht offen: Der Militärdienst in den Auxilien verschaffte nach 25 Jahren das begehrte Privileg, das den gerechten Schlußstrich unter eine harte Schule der Romanisierung und der Loyalität zu Kaiser und Reich zog. Als im Jahre 212 n. Chr. Caracalla in der *Constitutio Antoniniana* die Civität an die gesamte freie Reichsbevölkerung vergab, war dies zum einen beredter Ausdruck für das Ausmaß an Zustimmung, das die Herrschaft Roms in allen Provinzen des Reiches gefunden hatte, und zum anderen Beweis für die nivellierende Wirkung des alle Völker als Untertanen fordernden Kaisertums.

Zusammenfassung

Überblickt man die römische Städtepolitik im Ganzen, so spiegelt sie die verschiedenen Phasen und Formen der Anpassung an die in den eroberten Räumen vorgefundenen Gegebenheiten. In jeder Erscheinung dominiert der eiserne Wille, dem Erfolg der Waffen eine dauerhafte Sicherung der römischen Herrschaft folgen zu lassen. Unabhängig von ihrer Rechtsstellung gewährte jede

Stadtgemeinde Rom die Möglichkeit, die Aufgaben der Herrschaft an die städtischen Eliten zu delegieren. Ihre Loyalität sicherte ihre soziale Integration in den Kreis der Sieger mit Hilfe der Civitätsverleihung und der Einräumung weitreichender Aufstiegsmöglichkeiten in der Reichsorganisation. An diesem Punkt stellte sich denn auch die Einheit des Reiches ein: Die politische und ethische Pflicht, den Bestand ihrer Heimatstädte und des Reiches zu schützen, erfaßte die Führungsschichten des Westens und des Ostens gleichermaßen und band ihre Zukunft an den Bestand des Imperiums.

c. Die Dauer des Reiches

Die bestaunenswerte Dauer des Imperium Romanum läßt häufig vergessen, daß die Unterschiede in diesem Reich zu Beginn der Kaiserzeit unüberbrückbar schienen. Die beherrschte Welt zerfiel nicht nur in Römer, Griechen und Barbaren, sondern es existierten innerhalb dieser drei Gruppen schier unübersehbar viele unterschiedlich strukturierte Gesellschaften, deren Sprachen, Kulte, Rechtsordnungen und Verhaltensnormen wenig oder nichts miteinander zu tun hatten. Was diese buntscheckige Welt zunächst zusammenhielt – nicht einte –, war das Schwert des Legionärs, dessen Anwendung gegen friedlich und resignierend verharrende Besiegte schnell sinnlos wurde. Auch das Herrschaftsinteresse Roms bot wenig Anknüpfungspunkte, an denen sich Gemeinsamkeiten über die Provinzen hinaus hätten einstellen können. Der Kaiser und seine Statthalter konzentrierten sich auf die Wahrung von Ruhe und Ordnung, den pünktlichen Eingang der Steuern und Tribute, auf die Ausübung der Kapital- und der höheren Zivilgerichtsbarkeit, auf die Rekrutierung der Soldaten und die Verteidigung der Grenzen. Alles andere regelte sich innerhalb der vorgegebenen Ordnung der Stadt oder des Stammes, oder es fiel ad hoc dem Kaiser zur Erledigung zu. Die allgemeinen Vorstellungen der antiken Menschen von den Gegenständen der Politik ließen darüber Hinausgehendes erst gar nicht zu. Die römische Herrschaftspraxis hat sich dementsprechend auch an das gehalten, was der eigenen Ordnung geläufig und in ihr erprobt war: Die Stadt – vorgefunden oder geschaffen – wird zum Gegenstand der Herrschaftsausübung und das allerorten vorgefundene (wenn auch unterschiedlich geformte) soziale Ordnungsmuster von aristokratischer Macht und Ehre wird durch die überall stabilisierte timokratische Ordnung (zensusorientierte Verteilung von staatlichen Rechten und Pflichten) allgemeingültig und konkurrenzlos. Widerstand dagegen formierte sich so gut wie nicht, da die ohnehin wenig differenzierte Wirtschaftsstruktur der damaligen Welt statisch blieb und die städtischen Gesellschaften nicht zu Veränderungen drängte.

<small>Die Voraussetzungen des Zusammenhalts</small>

Der erste und gewichtigste Faktor, der die Welt veränderte, war die Zeit: Die Dauer, die dem Imperium durch die Statik der äußeren Welt, in der sich vor dem dritten Jahrhundert kein Rivale fand, und durch die Konstanz der Sozial- und Wirtschaftsstruktur im Inneren geschenkt wurde, führte die Unterworfenen zur

<small>Die Unabänderlichkeit der römischen Herrschaft</small>

Einsicht in die Unabänderlichkeit ihres Schicksals und ließ ihnen die Zukunft nur noch als römisch geordnete. Dazu gehörte, daß die Stadt, die als politischer, administrativer und kultischer Mittelpunkt das sie umgebende flache Land regierte, alle anderen Lebens- und Gesellschaftsformen – Stämme, Dörfer etc. – vernichtet oder an den Rand gedrängt hatte. Die Ausrichtung der politischen und sozialen Lebensformen auf Rom bewirkten am intensivsten die Kolonien und Munizipien, in denen und um die herum Sieger und Besiegte wirtschaftlich und familiär zusammenrückten, seitdem die Waffen schwiegen und die Gemeinsamkeiten der täglichen Lebenssorgen näher lagen als das Trennende des vergangenen Augenblicks der ersten Begegnung. Hinzukam die Verleihung des Bürgerrechts an die Eliten der peregrinen Städte. Beides zusammen führte im Westen und im Norden zur zivilisatorischen und sozialen Integration barbarischer Völker in eine städtisch gegliederte Welt, während im griechischen Osten das Bürgerrecht die Führungsschichten unmittelbar zur Identifikation mit den römischen Zielen brachte. In jedem Fall blieb der politische und gesellschaftliche Mittelpunkt immer Rom und die das Imperium tragende Reichsaristokratie.

Die Romanisierung   Das Stichwort, unter das diese Vorgänge geordnet werden, heißt „Romanisierung". Gemeint ist damit die sich weit über die Bürgerrechtspolitik hinaus entfaltende Erscheinung, daß die von Rom besiegte Welt jenseits ihrer jeweiligen Rechtsstellung und in Ost und West römische Lebens- und Denkgewohnheiten annahm. Derartiges fing in der Regel – wenn auch nicht zwingend, wie die Entwicklung im griechischen Raum beweist – mit dem Erlernen der lateinischen Sprache an und setzte sich über die Rechtsvorstellungen, die religiösen Anschauungen, die Arbeitsformen und die Wohnverhältnisse bis zu den allgemeinen Verhaltensnormen fort, kurz: Bis in die Alltäglichkeiten des Lebens hinein wurde die römische Lebensart vorbildlich und nachahmenswert. Diese Entwicklung bezog ihre Antriebskräfte nur zu geringen Teilen aus dem politischen Willen Roms, die unterworfene Welt dem römischen Vorbild anzupassen. Es genügte, die politischen und sozialen Realitäten, wie sie die römische Herrschaft nun einmal gesetzt hatten, von selbst wirken und werben zu lassen. Eine gezielte Beeinflussung ist allerdings dort anzunehmen, wo die Stabilität der Herrschaft durch die Anpassung an römische Gepflogenheiten verstärkt werden konnte. Dies gilt insbesondere für die römische Rechtspolitik in den Provinzen: Dort, wo die provinzialen Städte ihre Verwaltung und Rechtspflege nach den juristischen Vorstellungen der Römer führten, war die Regierungsautorität leichter zu handhaben, so daß die Angleichung des einheimischen Rechts an römische Normen immer dann erfolgte, wenn es das Geschäft der Kontrolle erleichterte. Der hier wirksame Grundsatz der politischen Opportunität hat allerdings zugleich die gezielte Verdrängung der nationalen Rechtstraditionen der Provinzialen verhindert und die lokalen Volksrechte weiterbestehen lassen. Überhaupt haben die mit der Zeit häufiger werdenden Eingriffe der kaiserlichen Verwaltung in die Angelegenheiten der Städte ebenso wie deren wachsende Neigung, ihrerseits allzu schnell nach der fürsorgenden und regelnden Hand des Kaisers zu rufen, die Romanisierung weiter fördern müssen: Der Wunsch, den allmächtigen Kaiser huldvoll zu stimmen, artikulierte sich im römischen Gewande am überzeugendsten.

Neben die Romanisierung der unterworfenen Welt tritt die bewußt vollzogene Einordnung Roms in das geistige Erbe Griechenlands. Damit glichen Rom und Italien die kulturelle Überlegenheit der Griechen in einem langen Assimilationsprozeß aus und wurden ihrerseits zu Trägern und Missionaren der griechischen Zivilisation. Ebensowenig wie die Romanisierung war dieser Vorgang Ausdruck oder Ergebnis einer daraufhin angelegten systematischen Planung. Er war vielmehr bereits in seinen Anfängen untrennbar verbunden mit der römischen Expansion in Italien (und später in Griechenland), die die Aufmerksamkeit der Griechen überhaupt erst auf Rom als bedenkenswerte politische Größe richtete und die Römer früh – lange vor ihrem Angriff auf Griechenland selbst – mit der Frage konfrontierte, ob und was sie von den Griechen zu lernen gedächten. Sie fanden die ihrer Bewußtseinsstruktur gemäße gründliche Antwort: Rom nahm die gesamte geistige Tradition der Griechen in sich auf und unterwarf selbst das Bild von den eigenen Anfängen den Gründungsmythen der Griechen. Als die Träger seiner Herrschaft als Senatoren, Statthalter, Mitglieder von Handels- und Pachtgesellschaften, Kaufleute, Soldaten und Einwanderer griechisch sprachen und (in vielen Bereichen) auch so dachten und handelten, waren sie alle von ihrer militärischen, politischen und religiösen Überlegenheit tief durchdrungen und weit davon entfernt, ihre Identität an irgendjemanden zu verlieren. Ganz im Unterschied zu den romanisierten Völkern der Westprovinzen also, deren Geschichte in die römische einmündete und deren Gestalt annahm, haben Griechen und Römer voneinander nie die Auflösung der eigenen Existenz verlangt. Vielmehr näherten sich das Weltverständnis und der Erfahrungshorizont beider Völker soweit an, daß die griechische Kultur in das römische Haus transportiert werden konnte und von dem Hausherrn als Teil seiner selbst gepflegt und weitergegeben wurde.

Die Hellenisierung Roms

Im Raum der Herrschaftsausübung bewirkte dies zunächst, daß sich die Primitivität der römischen Provinzialordnung in ihren Trägern bereits in der Republik immer weniger fortsetzte und damit dem Haß der Griechen gegen den Eroberer kontinuierlich weniger Nahrung bot. Die Basis für diese und die weitere Entwicklung schuf natürlich die Unversehrtheit, mit der die griechische Stadt in das römische Reich einging und zur Grundlage des römischen Herrschaftssystems wurde. Die Monarchie fügte dem schließlich eine von Willkür und Bürgerkrieg freie Regierungspraxis hinzu, die das in den Städten bestehende Sozialgefüge zugunsten der romhörigen Aristokratien stabilisierte oder gewaltsam darauf ausrichtete. Aus ihrer Sicht waren damit alle Voraussetzungen geschaffen, dem römischen Kaiser als den legitimen Nachfolger der hellenistischen Könige die Zustimmung zu seinem Herrschaftsanspruch nicht länger zu versagen. Rom hatte das wichtigste Ziel erreicht, das seinem Reich Dauer versprach: Seine Einordnung in das geistige und politische Leben der griechi-

Die Folgen für die Herrschaftspraxis

schen Städte hat die militärische Unterwerfung des griechischen Ostens in die Kontinuität eines Weltreiches verwandelt.

Die Grundlagen der Reichseinheit

Das Bündnis von Römertum und Griechentum sowie die Verstädterung und Romanisierung der West- und Nordprovinzen haben die Völker des Reiches in ihren äußeren Lebensformen angeglichen. Die Monarchie tat das ihrige dazu durch das ganze Reich ordnende Gesetze, durch langfristige Grundsätze des Regierens (z. B. Bürgerrechts- und Religionspolitik) und durch den Beamtenapparat, der für jede Provinz gleich war. Wenn von einer Einheit des Reiches gesprochen wird, so ruhte sie zweifellos auf dem Kaisertum, das in jeder provinzialen Stadt auch äußerlich präsent war: Von den Meilensteinen mit dem Namen des Kaisers spannt sich ein weiter Bogen über die Münzprägung und die Kaiserstatuen bis hin zu den Tempeln, in denen die Göttin Roma gemeinsam mit dem Monarchen thronte.

Trotzdem ist die Vielfalt der eroberten Völker und das zwischen ihnen bestehende große kulturelle Gefälle ebenso unübersehbar wie die Tatsache, daß bis Caracalla rechtlich klar voneinander geschieden römische Bürger und Untertanen, Herrscher und Beherrschte (so Aelius Aristides) nebeneinander lebten. Allenfalls in Italien und den schon früh romanisierten Provinzen Spaniens, Nordafrikas und in Südfrankreich konnte sich daher die Vorstellung verhältnismäßig klar artikulieren, gemeinsam Teil eines alle einigenden Reiches zu sein. Das Gefühl der Zusammengehörigkeit ergab sich ansonsten aus der Verleihung des römischen Bürgerrechts an um Rom verdiente Einzelne oder Städte und aus der „unermeßlichen Majestät des römischen Friedens" [Plinius, Naturgesch. 27, 3]. Das Bürgerrecht nahm in den Kreis des herrschenden Volkes auf und wies einen Weg zu märchenhaften Reichtümern, Ämtern und Ehren, die die untergegangene alte Welt der Besiegten so nicht gekannt hatte. Der Friede Roms (*pax Romana*) gab allen Untertanen die Gewißheit, als Objekte der römischen Fürsorge und der kaiserlichen Verwaltung Gerechtigkeit vor den Richtern und Sicherheit in allen sozialen Belangen zu finden. Aus beiden Faktoren floß in der Sicht Roms mehr als nur die Zustimmung zu einer Welt, die das Chaos beseitigt, die inneren Kämpfe um die Macht beendet und die Trauer um die verlorene Freiheit getröstet hatte: „So schenkt denn dem Frieden und der Hauptstadt Rom, auf die wir, Besiegte oder Sieger, das gleiche Anrecht haben, euer Herz und eure Verehrung", rief der römische Feldherr Cerialis nach Tacitus den Treverern zu [hist. 4, 74, 4]. Die Überzeugungskraft, die diesen Sätzen innewohnte, zeigte sich, als im dritten Jahrhundert gerade die Grenzprovinzen im Norden mit unbeugsamer Beharrlichkeit die römische Welt verteidigten und auch die gesellschaftliche Randgruppe der Christen sich zu ihrer Ordnung bekannten: „Wahrhaftig ist die Welt heute gepflegter und geordneter als die alte, alles ist erschlossen, alles ist erforscht, alles ist zugänglich für die Geschäftigkeit; die berüchtigten Einöden sind durch angenehme Landgüter in Vergessenheit geraten, das Ackerland zähmte den Urwald, die Viehherden verjagten die wilden Tiere; die Sandwüsten werden besät, die felsigen Einöden werden eröffnet, die

Sümpfe werden ausgetrocknet; es gibt so viele Städte wie früher nicht einmal Häuser . . . überall gibt es eine Besiedlung, überall eine Bevölkerung, überall eine organisierte Stadtgemeinde, überall Leben." [Tertullian, de anima 30]

8. Der Aufbruch in eine neue Welt: Das Christentum

a. Die Anfänge

Die Anfänge des Christentums gehören einer Welt an, deren politische Strukturen seit den Kriegszügen des Pompeius zusammengebrochen waren und in der das in seine Bürgerkriege verstrickte Rom keine Zeit gefunden hatte, dem eroberten Raum eigene Ordnungsvorstellungen aufzuzwingen. Die Folgen waren soziales Elend und politische Instabilität gerade dort, wo – wie in Palästina – Rom sich nur nach langen Jahrzehnten des Experimentierens zur Provinzialisierung der unterworfenen Gebiete entschließen konnte. In diesem Milieu des gesellschaftlichen und politischen Niederganges keimten messianische Hoffnungen und Bewegungen besonders heftig, die sich zum einen auf die römischen Herrschaftsträger, zum anderen auf nationale religiöse Führer richteten: Die Idee von einem König, der als Heiland der sozialen Ungerechtigkeit und dem politischen Chaos ein Ende bereiten könnte, spukte in den Köpfen der Armen und der Reichen und erfaßte alle Nationalitäten der östlichen Provinzen. Die messianischen Hoffnungen in Palästina

Dabei waren es nicht nur die Stillen im Lande, die auf wundersame Ereignisse warteten und bereit waren, geduldig die Tage bis zu ihrem Eintreffen zu zählen. Besonders im jüdischen Palästina verbanden sich die Hoffnungen der Armen, von ihrem harten Los befreit zu werden, mit der Gewißheit, daß der ersehnte Messias auch die römischen Soldaten verjagen würde – eine Tat, die nur noch ein mit dem Charisma des Himmels begabter König vollbringen konnte. Viele waren – wie die Zeloten und die Sikarier – gewillt, mit Feuer und Schwert für die Sache Gottes zu streiten und den Aufruhr gegen die römische Besatzungsmacht zu wagen, um so das Nahen des Gottesreiches zu beschleunigen. Ihre Propheten wurden von den römischen Statthaltern immer wieder blutig auseinandergetrieben und verfolgt. So ließ der Prokurator Judäas, Pontius Pilatus, Jesus als „König der Juden" kreuzigen, da dessen selbst behaupteter messianischer Auftrag in den Augen seiner Zeitgenossen die Vertreibung der gottlosen Reichen und der römischen Legionen beinhaltete. Das Bekenntnis des Nichtrömers Jesus vor seinem Richter, er sei der König der Juden [Matth. 27, 11 ff.], war für Pilatus das Eingeständnis des Aufruhrs, aus dem sich ohne weiteres Verfahren die Todesstrafe ergeben mußte.

Die Anhänger Jesu und die frühchristliche Kirche haben den revolutionären Zug, der in den Hoffnungen der verarmten und besiegten Massen Palästinas auf Entladung drängte, drastisch abgemildert. Gepredigt wurde nicht der Aufruhr gegen Rom oder die soziale Erhebung gegen die Reichen, obwohl ihnen der Die christliche Heilslehre

Zugang in das erwartete himmlische Reich deutlich erschwert wurde: „Leichter ist es, daß ein Kamel durch ein Nadelöhr kommt, als daß ein Reicher in das Himmelreich eingeht" [Mk. 10, 25]. Im Vordergrund stand vielmehr die Hoffnung auf ein Reich, das nicht von dieser Welt war, dessen Anbruch jedoch unmittelbar bevorstand: „Unser Staatswesen aber ist im Himmel, von wo wir unseren Herrn und Heiland Jesus Christus erwarten, der unseren nichtigen Leib verklären wird, daß er ähnlich werde seinem verklärten Leibe mit jener Kraft, die er hat, die Welt sich untertan zu machen" [Paulus an die Philipper, 3, 20f.].

Die Umgewichtung der irdischen Existenz

Die durch den Glauben vermittelte Gewißheit, eine bessere Zukunft in einer jenseitigen Welt vor sich zu haben, mußte alle bisher anerkannten Werte der menschlichen Existenz neu gewichten. Die „frohe Botschaft" verkündete den Menschen, im Gegensatz zu ihrem bisherigen Glauben sei die Welt zum Untergang verurteilt, sie jedoch seien unsterblich und sie würden nach dem Tode leiblich auferstehen. Die unmittelbare Konsequenz dieses Denkvorganges, mittels dessen sich vor allem und gerade der kleine Mann aus dieser Welt davon machen konnte, war revolutionär schlechthin: Das Individuum trat jeder Ordnung der Welt als absolut selbständige Größe gegenüber und seine irdische Existenz besaß nur noch transitorischen Charakter. Das Leben erhielt in allen seinen Äußerungen reale Bedeutung nur im bezug auf die jenseitigen Heilserwartung, die die Wiederkunft Christi am Ende der Zeiten untrennbar mit dem endgültigen Schicksal des Einzelnen in der Ewigkeit verband. Mit anderen Worten: Die Christen hatten das für die menschliche Existenz zu allen Zeiten unerträgliche Phänomen der menschlichen Vergänglichkeit außerhalb der irdischen Existenz gelöst. Unausweichlich war damit die Frage nach dem Beziehungsverhältnis der beiden sich nunmehr auftuenden Welten gestellt, von denen die irdische durchmessen werden mußte, um der ersehnten Glückseligkeit teilhaftig zu werden. Alle konkreten Bezüge des Daseins standen neu zur Disposition: Das Verhältnis zu Gesellschaft, Staat und Politik ebenso wie das Verständnis von Ethik und Moral. Sie alle mußten dem Anspruch des Einzelnen untergeordnet werden, der während seiner irdischen Pilgerzeit die nur individuell bestehende Heilserwartung der Ewigkeit nicht verspielen durfte. Dieses Weltverständnis bestimmte nunmehr die Konstanten des Denkens und Handelns. Es mußte schließlich den gesamten Raum der politischen und sozialen Ordnung ausfüllen, dessen Kategorien ihre absolute Gültigkeit für das menschliche Verhalten verloren hatten, da die Vorstellung von ihrer ewigen Dauer auf das Individuum übergegangen war.

Die eschatologische Hoffnung

Den ersten beiden Generationen der Christen stellte sich diese ungeheure Aufgabe der Neubestimmung der menschlichen Existenz in dieser Welt nicht. Sie lebten in der Überzeugung, daß das Ende aller Tage unmittelbar bevorstehe und Christus selbst bei seiner Wiederkunft (Parusie) die Umkehr aller Werte vornehmen werde. Wer in dieser Zeit wie Paulus an die gründliche Veränderung der Welt dachte, hatte ihre Bekehrung zum Glauben an den Auferstandenen vor Augen und nicht die Pflicht, den Menschen neue Formeln des richtigen Lebens verständlich zu machen. Weit dringlicher als jede Vorsorge für das Morgen wurde die Antwort auf die nicht zu umgehende Frage gefordert, wem das Wort Gottes in der nur noch kurz bemessenen Zeit gepredigt werden müsse. Zunächst hatte sich die erste christliche Gemeinde in Jerusalem gebildet, und auch die folgenden Gründungen in Judäa, Galiläa und Samaria blieben in jüdischen Landen. Von Anfang an standen sich in diesen Gemeinden jedoch palästinensische und Juden aus der hellenistischen Diaspora gegenüber [Apg. 6 f.], so daß nach den ersten Konflikten mit dem Judentum die hellenistischen Juden in die Diaspora auswichen und dort eigene Gemeinden gründeten. In der Weltstadt Antiochien – so die Aussage der Apostelgeschichte 11, 19 ff. – taten dann namenlose christliche Missionare den entscheidenden Schritt über das Judentum hinaus, predigten das Evangelium den Heiden und gründeten griechische Gemeinden, die nun ihrerseits die Heidenmission in die Hand nahmen.

Diese Vorgänge führten die Christen bereits in den ersten Jahren vor Probleme, deren Lösung ein für allemal darüber entscheiden sollte, ob eine Verständigung mit den Griechen möglich sein könne. Die inneren Kämpfe, die über die Frage der Heidenmission ausbrachen, spiegeln sich vor allem im Galaterbrief des Paulus, der die Pflicht zur Heidenmission theologisch fundierte und sich selbst von Gott direkt dazu berufen sah [Galater 1, 16]. Tatsächlich kam dabei heraus, daß die Nabelschnur zur jüdischen Tradition zerschnitten wurde: Die Pflicht zur Beschneidung – von den Griechen als widernatürlich abgelehnt – entfiel, die Bindungen an das mosaische Gesetz wurden aufgelöst, die Lehren der jüdischen Tradition verworfen, die ihre messianischen Hoffnungen in die Forderungen nach politischem Aufruhr und nach sozialen Veränderungen getaucht hatten. Die Radikalität dieser Abkehr wurde vor allem in Jerusalem empfunden: Dort hatte allein schon der Haß gegen die barbarischen Sieger und die religiös aufgeladene Hoffnung, das Blatt doch noch militärisch wenden zu können, die strenge Einhaltung der jüdischen Bräuche als Akt der Solidarität mit Israel verlangt. Jede Abkehr davon konnte nur als Verrat und als Trennung von dem politischen und geistigen Schicksal Israels gewertet werden – ein Gedanke, der denn auch für die Mehrheit in der christlichen Urgemeinde bis zum Untergang Jerusalems unerträglich war. Trotzdem: Die Christen nahmen den Auftrag zur Missionierung der Heiden an, den ihnen Paulus als göttlichen Auftrag vorgestellt und legitimiert hatte. Ihre erste Generation, selbst noch gefangen in der Vorstellung, die Parusie noch zu erleben [1 Thess. 4, 15 ff.], hatte den Weg in die Welt der Griechen gefunden. Die Zukunft des Christentums koppelte sich damit von dem Schicksal des jüdischen Volkes ab und erhielt ihre neuen Determinanten in der Auseinandersetzung mit dem Griechentum.

Die Trennung vom Judentum

b. Die Ausbreitung, die Festigung der Glaubensinhalte, die neue Würde des Schwachen

Die Probleme der Vermittlung

Die christliche Lehre vom gekreuzigten Gottessohn, der keine Götter neben sich dulden wollte und der seine Botschaft an alle Menschen richtete, war der griechischen Vorstellungswelt nur schwer zugänglich. In ihr war kein Platz für einen jüdischen Messias, dessen Leben und Sterben als ungebildeter Handwerker, wundertätiger Lehrer und entlarvter Verbrecher so gar nichts von der behaupteten Göttlichkeit an sich hatte. Als die Christen griechischen Boden betraten, mußten sie zuallererst ihre Botschaft für die Griechen verständlich, der dortigen Tradition gemäß und den umlaufenden Hoffnungen entsprechend formulieren, um der ihnen von Gott aufgetragenen Pflicht gerecht zu werden, die Lehre Christi in alle Welt zu tragen.

Die Basis der Verständigung

Zwei Voraussetzungen machten die Aufgabe lösbar: Zum einen war das den christlichen Missionaren gestellte Problem nicht neu, da bereits das Judentum in der Diaspora der griechischen Großstädte die Notwendigkeit einer theologischen Verständigung mit dem griechischen Geist erkannt hatte. Zur selben Zeit, als die ersten christlichen Lehrer durch die Städte Syriens und Kleinasiens zogen, war Philon von Alexandrien daran gegangen, den jüdischen Glauben in die griechische Sprache und Denkform umzusetzen und das methodische Rüstzeug dafür bereitzustellen. Zum anderen waren die Inhalte des christlichen Glaubens nur grob festgelegt und ganz unausgedeutet, so daß die prinzipielle Offenheit der Lehre sie dem Zugriff des bereitliegenden griechischen Methodeninstrumentars und seiner Begrifflichkeit öffnete und – bis zu einem schwer zu bestimmenden Grade – auch auslieferte. Textlich sakrosankte Bekenntnisse, die den Glaubensfundus verbindlich festhielten, kannte die frühe Kirche nicht, und der Überschwang des Gefühls, die empfangene Erlösungsbotschaft öffentlich verkündigen zu müssen, legte ihre Formulierung auch gar nicht nahe. Aus der jüdischen Tradition hatte man den sicheren Glauben an einen einzigen Gott, der Himmel und Erde geschaffen hatte, übernommen, und die Lehre Jesu hatte die Vaterschaft Gottes besonders herausgestellt. Die Prediger des neuen Glaubens konzentrierten sich jedoch in ihrem missionarischen Eifer auf das völlig Neuartige der Lehre: Gottes Sohn hatte durch seinen Kreuzestod die Sünden dieser Welt auf sich genommen, er war von den Toten auferstanden, und er hatte durch beide Akte die Erlösung des Menschen, sein individuelles Heil im Jenseits, möglich gemacht [1 Kor. 15, 3 ff.; 1 Petr. 3, 18 ff.]. Aus der Sicht der gläubigen Christen ergab sich daraus eine einfache und einleuchtende Konsequenz: Was immer die präzise Ausformulierung der Lehre an begrifflichen und interpretatorischen Schwierigkeiten aufwerfen mochte, nichts durfte die Gewißheit, das jenseitige Heil tatsächlich auch erreichen zu können, in Frage stellen.

Die Hoffnungen des kleinen Mannes

Die Art und Weise, in der auf dieser Basis die Verständigung mit der griechischen Weltauffassung begann, wurde zunächst bestimmt durch die sozialen Schichten, auf die das Christentum in den griechischen Städten stieß. Die

Welt der kleinen Leute, in die die christlichen Missionare – selbst aus ihr stammend – eintauchten, ihre Sehnsüchte und Hoffnungen entschieden über das weitere Schicksal des neuen Gottes, dessen Prediger sein Erscheinen auf Erden, seinen Machtanspruch und sein Heilsversprechen trotz seines Todes am Kreuz überzeugend dartun mußten. Wenig Widerstand leisteten die aristokratischen Götter der heidnischen Religion. Sie hatten sich weit über das Volk erhoben, und ihre Tempel und Kulte verloren mehr und mehr ihre eigentliche soziale und politische Funktion: Sie schufen keine Gemeinschaft mehr, sie setzten keine Ordnung in die römisch gewordene Welt, und sie boten keine Orientierung in den Nöten des täglichen Lebens. Gerade hier erwartete der einfache Mann Hilfe, Trost, Zuspruch und darüber hinaus eine Form der kultischen Verehrung, die Raum für das Ausleben seiner Gefühlswelt ließ. Seine Bereitschaft, das Göttliche in dieser Welt und nicht in den lichten Höhen des Olymp zu finden, sein fester Wille, daran zu glauben und sich ihm mit religiöser Inbrunst zu nähern, waren so geschärft, daß bereits wundertätige Zeichen und übermenschlich scheinende Taten die kultische Verehrung ihrer Träger nach sich zogen. „Götter sind in Menschengestalt zu uns herabgekommen", rief die Menge, als Barnabas und Paulus in Lystra einen Gelähmten heilten, und der Priester des Zeustempels brachte Ochsen und Kränze, um gemeinsam mit dem Volk den herabsteigenden Göttern zu opfern [Apg. 14, 10 ff.]. Sie taten damit kund, was die Sehnsüchte aller lenkte: Die Hoffnung auf die Nähe des Göttlichen in einer trostbedürftigen sozialen Welt.

Gepredigt wurde in griechischer Sprache. Damit war die Aufgabe vorgegeben, die Begrifflichkeit neu zu fassen, die in der Form der jüdischen Messiastitulatur den Griechen unverständlich war. An ihre Stelle traten die Titel „Herr" (Kyrios) und „Gottessohn", die beide den Kerngedanken von einem göttlichen Wesen in Menschengestalt begrifflich faßbar machten. Assoziativ war diese Vorstellung den meisten Griechen ohnehin begegnet, da sie in den griechischen und orientalischen Mysterien gegenwärtig war. Sie hörten denn auch zunächst von einem göttlichen Wesen, das als Mensch aufgetreten und gestorben war und wieder in die göttliche Welt aufgestiegen sein soll [Philemon 2, 6 ff.]. Seine Nähe zu den Menschen lehrte die Predigt von „der Auferstehung der Toten" [Apg. 24, 21] und dem bevorstehenden Weltgericht, dem der in den Himmel Aufgefahrene als Richter vorstand und das den Gläubigen den Weg der Rettung wies [1 Thess. 1, 9 f.]. Aber auch der elementare Unterschied zu allen Mysterien war für jedermann spürbar: Am Anfang stand kein Mythos, sondern ein beschreibbarer historischer Vorgang, und Jesus war zwar Gott, aber er war zugleich ein leibhaftiger Mensch gewesen. So sehr die Evangelisten es als ihre wichtigste Aufgabe ansahen, die dogmatischen Glaubensüberzeugungen über Jesus sorgfältig darzustellen, zu erklären und zu rechtfertigen – d. h. die Existenz Jesu in die Atmosphäre des Glaubens zu tauchen –, so wenig konnten und wollten sie die unmittelbare Wirksamkeit verdecken, die von der einmal gehabten historischen Realität ausgeht und die ein weit engeres Band menschlicher Solidarität knüpft,

Die Vorstellungen von Jesus

als dies eine mythische Gestalt je vermag. Die Sicherheit, am Ende aller Zeiten erlöst zu werden, konnte allerdings nur der Gott vermitteln. Dieser Kerngedanke des Glaubens beherrschte alle anderen Fragen, so daß nicht zufällig ihm die ersten tastenden Versuche galten, zu formelhaften Glaubenssätzen zu kommen: „denn so du mit deinem Munde bekennst Jesus, daß er der Herr (Kyrios) sei, und glaubst in deinem Herzen, daß ihn Gott von den Toten auferweckt hat, so wirst du gerettet" [Röm. 10, 9].

Die Ethik   Die ethischen Handlungsnormen, die sich aus der Unterwerfung aller sozialen und politischen Gegebenheiten unter die individuelle Heilserwartung ergaben, wurden durch den Teil der Lehre Jesu festgelegt, der in seiner Umwelt und in den folgenden Generationen den nachhaltigsten Widerhall gefunden hatte. „Die Predigt der Liebe und der Hilfeleistung" [HARNACK] zeigte dem einzelnen den Weg zu seinem Heil in der praktischen Barmherzigkeit und in der Hingabe an die Schwachen und Hilflosen. Der Gott, der sich als Mensch mit seiner ganzen himmlischen Liebe vor allem an die Schwachen gewandt hatte, hatte vorgelebt, woran sich jeder zu halten hatte, der ihm nachfolgen wollte. Das soziale Pathos, das diese Lebensmoral durchdrang, bot naturgemäß ausreichend Zündstoff für sozialradikale Parolen, die auf eine Veränderung der gesellschaftlichen Abhängigkeiten und eine Neubestimmung des Reichtums zielen konnten. Daß es dazu gar nicht erst kam, verhinderte bereits die Hoffnung der ersten Generationen, am Ende der Zeit angelangt zu sein: Im Angesicht des Weltrichters erschienen soziale Programme ebenso töricht wie die Predigt des Aufruhrs gegen die Etablierten. Je länger jedoch das erwartete Ende ausblieb, umso nachdrücklicher schoben sich die täglichen Sorgen des Weiterlebens in den Vordergrund und um so einsichtiger wurde die Notwendigkeit, sich auf dieser Erde für eine lange Zeit einrichten zu müssen. Dabei galt auch hier und vorab der Grundsatz, daß das vorhandene soziale Umfeld die Forderungen der sozialen Ethik seinen Bedürfnissen anpassen müsse. So korrigierten als erste die Gemeinden mit einer stabilen Sozialstruktur die auf Jesus zurückgeführten radikalen Positionen gegen den Reichtum. Der Aufruf des „Liebe deinen Nächsten wie dich selbst" [Matth. 22, 39] fand von selbst seinen praktischen Bezug und las sich als soziale Verpflichtung gegenüber den Armen und nicht als Forderung, die vorhandenen Reichtümer unter die Gemeindemitglieder zu verteilen.

Die Armenpflege   Der Weg war damit frei, die Lehre der Nächstenliebe, die dem Christentum für viele Jahrhunderte seine besondere Ausstrahlungskraft verleihen sollte, in der Form der organisierten Armenpflege den städtischen Unterschichten nahezubringen, ohne zugleich die Umwälzung des Besitzes zu fordern. In dem Maße, in dem das Christentum in der sozialen Pyramide aufstieg und sich seine Gemeinden in die allerorts vorhandene soziale Welt einpaßten, wurde die Anerkennung der bestehenden sozialen Ordnung Bestandteil der Lehre. „Jeder bleibe in dem Stand, in den er berufen worden ist", schrieb Paulus an die Korinther, als diese die radikale Gleichheit des Glaubens auf die sozialen Verhältnisse übertragen wollten [1 Kor. 7, 20 ff.]. Dieser Grundsatz regierte nicht unangefochten – aber er regierte. Die von Paulus und seiner Heidenmission durchgesetzte Universalität des Missionsgedankens wurde jetzt ergänzt durch die soziale Universalität: Den Weg zu den Armen hatte die praktische Nächstenliebe gewiesen, ohne die sozialen Eliten der Städte von der Teilhabe an der neuen Wahrheit auszuschließen.

Es blieb die Aufgabe, die Formen des Kultvollzuges und der Gemeindeversammlung festzulegen. Jede Religion bedarf der ständigen und feierlichen Vergegenwärtigung des Göttlichen in der Mitte der Gemeinde: Der jüdische Tempel in Jerusalem und die Tempel der Griechen und Römer dienten als Wohnung des Gottes, und die Mysterienkulte holten durch Bild und Handlung ihren Gott in die Gegenwart zurück. Alles dies konnte für die Christen kein Vorbild sein. Für sie sind die Gläubigen der Tempel Gottes [1 Kor. 3, 16], die den von Menschenhand gefertigten Tempeln entgegenstehen. Die Kultgemeinde bedurfte daher auch nur eines profanen Gebäudes, um den Glauben an den Sohn Gottes und an seine Heilsfunktion gemeinsam wachzuhalten. Geeignet mußte jeder Raum sein, der die Gemeindemitglieder fassen konnte: Die in Dura Europos gefundene einzige Hauskirche aus vorkonstantinischer Zeit besteht denn auch aus zwei aneinander stoßenden Räumen, die zu einem langen Versammlungsraum vereinigt wurden; die Taufkapelle war in einem Nebenraum untergebracht. Für diese Zwecke boten sich die Häuser der Bessergestellten fast von selbst an. Sie gewährten zudem in einer fremden und häufig feindlichen Umwelt den Christen den besten Schutz und ließen den Gastgebern – ohnehin dank ihrer sozialen Stellung dazu verpflichtet – die Möglichkeit, ohne größeren Aufwand das gemeinsame Mahl für die Versammelten auszurichten [Röm. 16, 5; Apg. 3, 46]. *Der Kultraum*

Eine feste Liturgie war damit noch nicht an die Hand gegeben. Die Notwendigkeit, zu einer klaren Ordnung des Kultvollzuges zu kommen, hatte angesichts ekstatischer Auswüchse in der korinthischen Gemeinde zwar bereits der erschrockene Paulus formuliert [1 Kor. 11, 17ff.]. Schnell verfestigen konnte sich jedoch zunächst nur die religiöse Formensprache, bestehend aus Gebeten und Riten; hier ist ein prinzipieller Unterschied – anders als beim Kultraum also – zu den in der heidnischen Welt praktizierten Bräuchen nicht erkennbar. Auch die Christen beteten, riefen Gott an *(Kyrie eleison)*, legten Gelübde ab, wallfahrteten und kannten bestimmte Gesten und symbolische Akte (Friedenskuß, Fußwaschung etc.). Verbindliche und die Gemeindegrenzen übersteigende Regelungen waren jedoch erst möglich und vernünftig, als die Visionen des nahenden Gottesgerichtes verblaßten. Sie benötigten darüber hinaus die Ausbildung institutionalisierter Ämter in den Gemeinden, deren Träger ihre Funktionen in einheitliche liturgische Formen hüllten, um ihren Auftrag verständlich und durchsetzbar zu machen und um die freie Auslegung der Lehre durch jedermann zu beenden. Anfang des 2. Jhs. bezeugen Verhöre, die der Statthalter Plinius in den bithynischen Gemeinden durchführte, daß die Christen „an einem bestimmten Tag vor Tagesanbruch zusammenkamen, um Christus, als sei er ihr Gott *(Christo quasi deo)*, im Wechselgesang einen Hymnus zu singen"; später *Die Liturgie* seien sie „wieder zusammengekommen, um eine Mahlzeit einzunehmen, jedoch eine gewöhnliche und unschuldige" [Epistulae 10, 96, 7].

Opfermahl und Sühneopfer

Der Status einer festumrissenen Ordnung wird damit erkennbar: Neben die morgendliche Zusammenkunft zu Gebet und Belehrung tritt die zu einer anderen Zeit und an einem anderen Ort begangene gemeinsame Mahlzeit, mit der die Eucharistie noch verbunden ist. Bereits wenige Jahrzehnte später davon getrennt, werden zu ihr nur noch die Getauften zugelassen [Justin, apol. 1, 61–67], und die Bischöfe sichern und überprüfen den ordnungsgemäßen Vollzug. Die Griechen erkannten jetzt auch an der äußeren Form, daß der Kerngedanke des neuen Glaubens die Verehrung des Gottes Christus *(Christo quasi deo)* war, dessen Würden- und Heilsfunktionen im hymnischen Bekenntnis entfaltet wurden und dessen Predigt der tätigen Liebe und der Hilfeleistung in der Form des gemeinsamen Mahles auch Teil des Kultvollzuges geworden war. Jenseits aller Spekulationen über die erst im 3. Jh. ernsthaft beantwortete Frage, was genau unter der Feier der Eucharistie zu verstehen sei [Cyprian, Epistulae 63, 2–14], enthüllten die hymnischen Äußerungen des Glaubens und die Praxis des gemeinsamen Mahles, worum es im wesentlichen ging. Der unbefangene Städter, der von umlaufenden Greuelgeschichten über kultische Exzesse der Christen – die *flagitia* des Tacitus und des Plinius – nichts hören wollte oder konnte, sah den eigenen traditionellen kultischen Rahmen denn auch nicht gänzlich verlassen: Die Christen praktizierten das Opfer, und sie hatten eine symbolische Mahlgemeinschaft zu ihrem wichtigsten Sakrament erhoben, dessen theologische Umhüllung seit dem 3. Jh. Opfermahl und Sühneopfer miteinander zu verbinden begann.

Die neue Würde des Schwachen

Die Mehrzahl der frühen Christen stammte aus den unteren Schichten der Städte, deren sozialer Status immer noch besser war als der der ungebildeten und ausgebeuteten Bauern auf dem Lande, zu denen die Missionare erst am Ausgang der Antike den Weg fanden. Das städtische Proletariat, das Kleinbürgertum aus Handwerkern und Kleinhändlern, Sklaven und vor allem Frauen fanden in den christlichen Idealen und in der christlichen Lebenspraxis einen Ersatz für all das, was ihnen die Herrschenden vorenthielten. Im religiösen und täglichen Leben der Gemeinde nahmen sie alle gleichberechtigt teil, fanden Raum für ihre schlichte Gefühlswelt, und die Fürsorge für die Armen und Kranken umhüllte sie ebenso wie die ihnen allen gemeinsame Hoffnung auf ein besseres Dasein im Jenseits. Der kleine Handwerker, der Ölverkäufer in den Vorstädten, die Zuschneiderinnen der Tuchbetriebe, das anonyme Heer der Hausfrauen, deren Tag von der Sorge um das tägliche Brot ausgefüllt war und deren Unbildung nur Hohn und Spott auslöste [Minucius Felix, Octavius 5, 4], sie alle erfuhren in den Versammlungen der Christen zum erstenmal, was es hieß, Gehör zu finden und für andere nützlich zu sein. Hier wurden sie anerkannt – jenseits aller Fragen nach materiellem und geistigem Reichtum oder nach großen Taten für Staat und Gesellschaft.

Als diese Menschen in den Jahrzehnten der Verfolgungen vor den Richter

geschleppt wurden, da verteidigten sie ihren Glauben auf naiv-rührende Weise, *militia Christi*
indem sie auf die mitgebrachten Briefe des Paulus oder andere schriftliche
Autoritäten verwiesen [Märtyrer von Scili, 12]; ihre Treue für Kaiser und Reich
bezeugten sie mit ihren Gebeten, in denen sie entsprechend den Weisungen des
Paulus für das Wohl der gottgewollten Obrigkeit eintraten [1 Clemensbrief].
Aber nichts und niemand hätte sie dazu bringen können, ihr persönliches Heil
nach dem Tode und vor allem ihre in der Gemeinschaft der Christen neugewonnene persönliche Würde gegen ihr armseliges Leben einzutauschen. Als *militia
Christi* erwartete sie der fürstliche Lohn ihres himmlischen Imperators; als
Abtrünnige blieb ihnen die Verachtung und eine kurze Zukunft, die bar jeder
Hoffnung war. Und selbst ihre Einfalt *(simplicitas)* wurde durch den Glauben an
Christus geadelt: Von ihr hatten die Gemeindevorsteher gesagt, daß sie ein
untrüglicher Beweis für die Richtigkeit des Glaubens sei [Tertullian, apol. 23, 7].
Und die Vorsteher hatten häufig und lange Zeit unwidersprochen hinzugefügt,
daß diejenigen in der Gemeinde, die zuviel und gar mit Hilfe philosophischer
Traktate über die Wahrheiten des Glaubens nachdachten, dem Irrtum im
Grunde bereits verfallen waren und das persönliche Heil der Erlösung zu
verspielen drohten.

Und schließlich hatte ihnen die Autorität der Evangelien, allen voran das des Das Lob der
Lukas, versichert, daß die materielle Armut den Weg in das Himmelreich ebne Armut
und der Reichtum jeder Hoffung auf die Freuden des Himmels entgegenstehe;
damit war das eherne Grundgesetz der antiken Gesellschaft, nach der sie die
soziale Anerkennung zu verteilen pflegte, auf den Kopf gestellt und den „Mühseligen und Beladenen" wurde in der Form der künftigen Erlösung die sicherste
Zukunft gewährt. Damit schwand schließlich jede moralische Unterwürfigkeit
vor den Mächtigen dieser Erde, denen Gott – gemessen an dem vor allem zu
erreichenden Ziel der individuellen ewigen Glückseligkeit – die Lebensaufgabe
schwerer als dem kleinen Mann gestellt hatte.

c. Das christliche und das römische Staats- und Religionsverständnis

„*Nec ulla magis res aliena quam publica* (keine Angelegenheit ist uns fremder als Die Bewertung
eine öffentliche)", auf diese unübertroffene knappe Formel brachte Tertullian, von Staat und
was angesichts ihrer eschatologischen Hoffnungen die Mehrheit der frühen Politik
Christen bewegen mußte, wenn sie ihr Verhältnis zum römischen Staat definieren sollten. Eine andere Haltung war auch schwerlich zu erwarten, solange die
irdische Welt voller Fallstricke für den eiligen christlichen Pilger war, der seine
ewige Seligkeit unterwegs nicht verlieren wollte: „Die jetzige und die zukünftige
Welt sind zwei Feinde. Die jetzige predigt Ehebruch, Verderben, Geldgier und
Trug, die andere widersagt diesem. Wir können also nicht beider Freund sein,
wir müssen dieser Welt entsagen und uns der anderen anschließen" [2 Clemensbrief 6, 3 ff.; Korinth Mitte des 2. Jhs.]. Aus dieser Weltsicht ließ sich kein
Gegensatz zum römischen Staat ableiten. Im Gegenteil: Das Problem konnte bei

dieser Distanz der nüchternen Frage unterworfen werden, ob das römische Weltreich der Ausbreitung des Glaubens hinderlich oder förderlich sei und ob die römische Obrigkeit die Christen ihr Leben leben lasse oder nicht. Wiederum war es Paulus, der darauf eine Antwort fand, die dank ihrer theologischen Fundierung und dank ihrer richtigen Einschätzung der römischen Herrschaft die apokalyptischen Visionen vom Reiche Satans an den Rand des christlichen Denkens drängte [vgl. z. B. Hippolyt, Danielkomm. 4, 9]. Der Staat, den Paulus in seinem Brief an die römische Gemeinde [13, 1–7] als von Gott gegeben kennzeichnet, dem Gehorsam geschuldet werden müsse, ist der Staat der römischen Kaiser, denen der römische Bürger aus Tarsos damit bescheinigt, daß sie ihre von Gott verliehene Macht richtig gebrauchen. Zugleich folgte aus dieser Aussage die öffentliche Abkehr von den Zielen des Widerstandes des orthodoxen Judentums, mit dem die Christen gerade im fernen Rom schnell identifiziert werden konnten.

Die Bekundungen der Loyalität

Die Bekundungen der Loyalität gegen Rom durchziehen die gesamte apologetische Literatur des zweiten Jahrhunderts, nachdem bereits das erste den römischen Staat von der Schuld am Tode Jesu freigesprochen hatte: In den Passionsgeschichten der Evangelien findet Pilatus keine Schuld an Jesus und ein römischer Centurio zeugt unter dem Kreuz für den Sohn Gottes, den die Führer des jüdischen Volkes anstelle eines Mörders dorthin gebracht hatten. Eine ganze Reihe fiktiver Pilatus-Schriften [335: HENNECKE-SCHNEEMELCHER I, S. 330ff.] machte den römischen Statthalter – nicht ohne Logik – schließlich zum amtlichen Kronzeugen der Geschichtlichkeit der Auferstehung, so daß Tertullian die heidnischen Leser seiner Apologie mit dem Hinweis beeindrucken kann, Pilatus sei in seinem Gewissen selbst schon Christ gewesen [*pro sua conscientia Christianus:* 21, 24]. Es ist unerheblich, ob die Christen selbst derartige Geschichten glaubten oder nicht. Sie waren eine Form, in der man der Überzeugung Ausdruck verleihen konnte, loyale Untertanen des Kaisers zu sein: „Wir beten zwar Gott allein an, euch (sc. die Kaiser) aber leisten wir freudigen Gehorsam, indem wir euch als Könige und Herrscher anerkennen" [Justin, um 150]. Der Kaiser ist denn auch der Adressat aller Eingaben, die um Schutz vor Pogromen und statthalterlichen Übergriffen bitten und in denen die pflichtbewußte und gesetzestreue Lebensführung der Christen ebenso wie ihre Gebete für Kaiser und Reich hervorgehoben werden: „Gib ihnen, Herr, Gesundheit, Frieden, Eintracht, Beständigkeit, damit sie die ihnen von dir gegebene Herrschaft untadelig ausüben" [1 Clemensbrief 61, 1; um 95].

Das Gebet für Kaiser und Reich

Das Gebet für den Staat ist von den Christen immer wieder als Beweis für ihre aktive Unterstützung Roms vorgelegt worden. Nichts anderes tat auch der Heide vor den römischen Staatsgöttern. In einer Welt, die tief von dem Glauben durchdrungen war, daß das Einvernehmen mit den Göttern dem Reich seinen Bestand sicherte, entsprach dies auch dem persönlichen Interesse jedes einzelnen. Der Christ war nur gewiß, daß der Adressat der heidnischen Gebete falsch war und sein Gott als der einzig wahre zugleich auch allein die Macht habe, das

Imperium zu erhalten: „Würden die Römer sämtlich zum Glauben kommen, so würden sie durch ihr Gebet den Sieg über ihre Feinde gewinnen" [Origines, contra Celsum 8, 70; 73]. Die Überzeugungskraft dieses Gedankens zeigte sich, als Galerius in seinem Toleranzedikt von 311, das die diokletianischen Verfolgungen beendete, das Angebot der christlichen Fürbitten ausdrücklich annahm und ihre wichtigste Funktion genau beschrieb: „Sie sollen also wiederum Christen sein . . . Und sie sollen zu ihrem Gott beten für unser Wohlergehen, für das des Volkes und für ihr eigenes, damit das Staatswesen in jeder Beziehung unversehrt bleibe und sie sorgenlos in ihren Wohnungen leben können" [Eusebios, Kirchengeschichte 8, 17, 10].

Schließlich erfuhren Paulus und alle christlichen Missionare handgreiflich am eigenen Leibe, was der römische Friede und die römische Ordnung für ihr Tun bedeutete, das sie gemäß ihrem göttlichen Auftrag zu allen Völkern dieser Erde führen sollte. Die späteren Generationen haben diesen elementaren Tatbestand, daß Rom und sein Weltreich die Ausbreitung der christlichen Lehre erst möglich gemacht haben, offen ausgesprochen und daraus schließlich die theologische Legitimation des Imperiums abgeleitet. Die unmittelbare Erfahrung der wegbereitenden Funktion des Weltreiches verdichtete sich dabei zu der Erkenntnis, daß es Gottes Ratschluß gewesen sein muß, der Augustus die Bürgerkriege beenden und das Weltreich herstellen ließ, um der Lehre Jesu die Pfade zu allen Menschen zu ebnen. Der Alexandriner Origines (gest. 254), der größte christliche Denker der antiken Welt, hat mit derartigen Gedankengängen theologisch reflektiert, was vor ihm bereits ein naheliegendes apologetisches Thema gewesen war und dem Bischof von Sardes, Melito (gest. vor 190), in einem Brief an Mark Aurel bereits die Überlegung entlockt hatte, dank der Begünstigung des Christentums durch Augustus „sei das römische Reich zu Größe und Herrlichkeit gediehen" [bei Eusebios a.a.O. 4, 26, 7 ff.]. Vor diesem Hintergrund wird der Jubel der *ecclesia triumphans* unter Konstantin verständlich, das Imperium müsse Teil des göttlichen Heilsplans sein, und im Bündnis des Frieden stiftenden Weltstaates mit der Weltkirche erfüllten sich die eschatologischen Hoffnungen der Christen: „Nun ist dies aber ein Werk des über allen stehenden Gottes gewesen, daß er durch die noch größere Furcht vor der obersten Macht (sc. des römischen Kaisers) die Feinde seines Logos unterworfen hat" [Eusebios, Evangel. Beweisführung 3, 7, 35].

Die Bedeutung des Imperiums für die Mission

Alle diese Stationen der christlichen Hinwendung zum römischen Staat, so eindrucksvoll sie auch immer waren, haben den offenen Konflikt und seine Verschärfung bis hin zur totalen Konfrontation unter Diokletian nicht verhindern können. Zu sehr blieb das christliche Weltverständnis dem Gedanken von der irdischen Pilgerexistenz des einzelnen verhaftet, um ernsthaft das Bündnis mit Rom zu proben. Dem Ziel des Christen und dessen Erreichung jenseits des irdischen Raumes waren nur Übungen der christlichen Tugenden nützlich; der Staat der Kaiser trug dazu nichts bei. Seine Existenz gründete zwar im göttlichen Gesetz, es fehlte ihm jedoch jede eigene über den Anspruch auf Gehorsam

Der weiterbestehende Gegensatz

hinausgehende Autorität. Sie wäre – wie später in der Welt der Kaiser der Spätantike und des Mittelalters – nur durch die Einrichtung oder Förderung von Institutionen zu gewinnen gewesen, die der Vervollkommnung des christlichen Lebenswandels hätten dienen können. Die Selbstdarstellung Roms in seinen Göttern und im Kaiserkult schloß diese Möglichkeit aus. Ja sie verdichtete die im täglichen Leben und im Kult ohnehin vollzogene Abkehr der Christen von ihrer heidnischen Umwelt zur Vorstellung von der religiösen Autarkie, die es gerade gegenüber der römischen Weltordnung zu behaupten gelte, die Kult und Politik im sakralen Raum verbunden hatte. Religion war in Rom immer Bestandteil des Staates gewesen, so daß auch das gesamte Sakralwesen immer der öffentlichen Rechtssphäre angehört hatte und Politik und praktische Ethik immer zusammenhängend gedacht worden waren. Nichts davon war für die Christen annehmbar, so daß es erst der besonderen historischen Konstellation unter Konstantin bedurfte, um das staatliche Interesse und das am jenseitigen Heil orientierte Lebensideal der Christen in der Person des von Gott in sein Amt berufenen Kaisers zu verbinden.

Das römische Religionsverständnis

Die römische Religion war radikal diesseitig. Ein offenbartes, göttlich gestiftetes Recht, das den Menschen hätte vermittelt werden müssen, war ihr unbekannt, und einen Gegensatz zwischen Staat und Religion, Magistratur und Priesteramt *(sacerdotium)* hat sie nie gestattet. Dementsprechend entstammten die römischen Priester der gleichen aristokratischen Schicht, aus der sich die Magistrate rekrutierten. Wie diese waren sie der höchst irdischen Aufgabe verpflichtet, das Gemeinwesen zu erhalten: Durch ihre genaue Kenntnis der göttlichen Forderungen an den Menschen stellten sie im täglichen Leben des Staates sicher, daß alles getan wurde, was das ständige Einvernehmen mit den Göttern begründete und damit die Existenz des Staates vor göttlichen Zornesausbrüchen schützte. Die politische, religiöse und gesellschaftliche Erscheinung der *res publica* und die ihrer Bürger blieben denn auch untrennbar miteinander verbunden. Die Magistrate vereinigten in ihrer Hand von Anfang an *imperium* und *auspicium:* Das heißt, die politisch-militärische Gewalt hüllte sich immer zugleich in das priesterliche Charisma. „Die Rechtsvollmacht zur glücklichen Durchführung staatlicher Unternehmungen beruht auf dem *augurium*", schrieb Cicero, um die Identität von staatlichem und religiösen Handeln klar zu machen. Den Priesterkollegien, die sich auf bestimmte Tätigkeitsfelder spezialisieren durften, beließ dieses Verständnis nur die Rolle von Beratergruppen [Cic. har. resp. 18]. Die rituellen Vorkehrungen, die von Familie und Staat täglich gefordert wurden, dienten dazu, das Gemeinwesen für alle in seinem politischen und sozialen Zustand zu erhalten: Das heißt, die Priester erteilten keinen geistlichen Rat, sondern sie nannten die für den jeweiligen Sachverhalt tauglichen Riten, die das Benehmen mit den Göttern sicherten; die Rolle des Hüters der überkommenen Ordnung ergab sich daraus vor allem für den *pontifex maximus*. Das Recht definierte sich als Wissen von den menschlichen und göttlichen Dingen: Das heißt, es gab Auskunft in der für die Gesellschaft und ihr Überleben entscheidenden Frage, was in ihrem Leben erlaubt sein könne und was nicht [Ulpian, 1 reg.; Digesten 1, 1, 10, 2].

Dieses Verständnis von Religion ließ einen religiös indifferenten Staat nicht zu; die Gemeinschaft der Bürger war immer auch zugleich politische und kultische Gemeinschaft und verpflichtete alle, am Kult der Götter, die den Staat schützten, teilzunehmen oder diesen wenigstens nicht zu kritisieren. Trotzdem waren die Konflikte gering, da die polytheistische Göttervorstellung das Phänomen der religiösen Exklusivität nicht aufkommen ließ und niemand darüber nachzudenken brauchte, wie Andersgläubige zu bekehren oder auszurotten seien. Die normale Begegnung mit einem fremden Gott verlief so, daß dieser samt seinem Kult in Rom heimisch wurde und seinerseits die römische Ordnung anerkannte und ihr seinen Schutz versprach. Anders: Die staatliche Obrigkeit sah sich nur dann herausgefordert, wenn fremde Religionen den Verdacht nährten, durch ihre Kultformen und durch die praktische Lebensführung ihrer Mitglieder den Staat und das allgemeine Verständnis von Moral zu gefährden. In diesen Fällen wurde nicht die Zugehörigkeit zu einer Glaubensgemeinschaft bestraft, sondern die Zugehörigkeit zu einer Personengruppe, der Delikte und Verbrechen, begangen unter dem Deckmantel der kultischen Verehrung eines Gottes, vorgeworfen wurden.

Staat und Religion

Die Fragen nach der Wahrheit der religiösen Aussagen und generell danach, was in den Köpfen der Menschen vor sich ging, spielten keine Rolle. Als der Statthalter Plinius in Bithynien 111 n. Chr. Christen vor sein Tribunal lud und einige der Folter unterwarf, wollte er in Erfahrung bringen, wie es bei ihrem Kultvollzug zuging und wozu sich die Christen eigentlich verpflichteten. Das Verhör zielte also auf den Nachweis von Verbrechen *(flagitia)* und nicht auf den Glaubensinhalt. Als Plinius schließlich nichts weiter herausbekam als einen besonders verschrobenen Aberglauben *(superstitio prava)*, wandte er sich einigermaßen ratlos an den Kaiser und bat um Instruktionen [Plin. ep. 10, 96]. In der Tat: Erst eine theologische Disziplin konnte der Frage nach der Wahrheit des Glaubens Leben einhauchen. Diese war im Raum der römischen Religion undenkbar, da sie das Verhältnis des Menschen zu den gefährlichen Mächten des Götterhimmels durch die Wahrung der sakralrechtlich fixierten Verehrungs- und Befragungsformeln stabilisierte.

Die Wahrheit der religiösen Aussage

Innerhalb des Herrschaftsraumes und bezogen auf den Bestand des Imperiums erhielt die religiöse Vorstellungswelt der Römer ihr spezifisches Gesicht. Ihre Herrschaft beschränkte sich auf den politischen und wirtschaftlichen Raum, so daß in den Provinzen weder bestehende Kulte verboten noch neue zwangsweise eingeführt wurden. Es gab keine Erscheinung, die mit dem Stichwort Reichsreligion zu umschreiben wäre; die religiösen Grundlagen der staatlichen Ordnung waren und blieben die spezifisch römischen, und sie erstreckten sich dementsprechend nur auf römische Bürger. Allein der Kaiserkult war allen gemeinsam, jedoch nur als Akt der Loyalitätsbekundung gegenüber Rom und nicht als Praxis, die irgendwelche religiösen Vorstellungen und Anhänglichkei-

Römische Religionspolitik

ten stimuliert hätte. Was er dokumentierte und vertiefte, war das Bewußtsein von der Gemeinschaft der Untertanen, aber nicht von der Gemeinschaft der Gläubigen.

Die Götter als Hüter des Reiches

Spezifisch römisch war schließlich auch die Gewißheit, von den Göttern in besonderer Weise ausgezeichnet worden zu sein. Der sichtbarste Beweis ihrer Gunst waren die Weltherrschaft und das Imperium. Die vom Anfang der Geschichte an kontinuierlich und gewissenhaft ausgeübte *religio*, so lautete das der praktischen Anschauung entlehnte politische Credo Roms, hatte den Göttern die Gewährung der Herrschaft über den *orbis terrarum* geradezu abgetrotzt. Die beiden Jahrhunderte nach Augustus hatten keine Schwierigkeiten, diesen Gedanken ohne besonderen Nachdruck wachzuhalten. Die Herrschaft ebenso wie die mit ihr gegebene Prosperität waren so gesichert, daß das ganze Problem nicht als existentielles empfunden werden mußte. Daher wurden Randgruppen nicht weiter beachtet, die wie die Christen abseits standen, wenn durch Opfer, Umzüge und Feste das Wohlwollen der Götter beschworen wurde. Latent jedoch wurde auch von ihnen die Antwort auf die Frage gefordert, in welcher Form sie sich an den staatserhaltenden Kulten beteiligen wollten und wieweit ihre eigene religiöse Überzeugung es zulassen konnte, den Göttern Weihrauch zu streuen, damit das in der Person des Kaisers wirksame göttliche Weltregiment seine Macht behielt. Niemand konnte an dem tödlichen Ernst der Mahnung zweifeln, die Cassius Dio den Kaisern des dritten Jahrhunderts mit auf den Weg gab: „Willst du wahrhaftig unsterblich werden, so . . . verehre hinfort selbst die Gottheit allenthalben, ganz nach der Väter Sitte, und nötige auch die anderen, sie zu ehren. Die aber hiervon abweichen, die hasse und züchtige, und zwar nicht allein der Götter wegen, . . . sondern auch, weil Leute, die an ihre Stelle irgendwelche neuen göttlichen Wesen setzen, viele dazu verleiten, sich eigene Gesetze zu machen, woraus dann Verschwörungen, Komplotte und Geheimbünde entstehen." [52, 36, 1 f.]

d. Der Konflikt

Das christliche Verständnis von den heidnischen Göttern

Weder die dem gottgegebenen Staat unterwürfige Kirche noch das an dem religiösen Denken seiner Untertanen desinteressierte Rom suchten den Konflikt. Der Grund aller Konfrontationen lag denn auch im gesellschaftlichen Bereich: Die christliche Abkehr von dieser Welt überschritt das Maß, das einer ganz anders denkenden und handelnden Gesellschaft noch zuzumuten war. Die Lehre von dem gekreuzigten Gottessohn, „den Juden ein Ärgernis, den Heiden eine Torheit" [Paulus, 1 Kor. 1, 23], mochte noch angehen, zumal sie sich nicht vorrangig an die Gebildeten wandte. Der radikale Bruch mit jeder Tradition jedoch, die Intoleranz des neuen monotheistischen Glaubens, der die heidnischen Kulte verurteilte und verhöhnte, der in Privathäusern stattfindende Kult mit unbekannten Riten und vor allem die sich allzu häufig bewußt von der Umwelt abgrenzende Lebensführung, die selbst den Toten keine gemeinsamen

Friedhöfe mehr gestattete, schufen im sozialen Miteinander eine Atmosphäre latenter Spannung, die in Zeiten sozialer oder politischer Krisen in offene Feindschaft umschlagen mußte. Der in Rom lebende christliche Rechtsanwalt Minucius Felix traf wohl das Richtige, als er in einem fiktiven Gespräch zwischen einem Heiden und einem Christen das Verhalten der Christen wie folgt charakterisierte: „Die Tempel verachten sie als Grabmäler, die Götter machen sie lächerlich, über die Opfer spotten sie" [Octavius 8, 4].

In diesem Dunstkreis der gegenseitigen Mißachtung mußten Wichtigtuer, Eiferer und Heißsporne besonders auffallen, die vor den Tempeln provokativ ausspuckten [Tertullian, de idol. 11, 7], Götterbilder ohrfeigten, um die Wehr- und Hilflosigkeit eines heidnischen Gottes zu beweisen [Origines, contra Celsum 8, 38], oder die die Kapellen der Flur- und Waldgötter auf dem Lande und an den Wegkreuzungen zertrümmerten, um ihr Überlegenheitsgefühl in einer geeigneten Form auszutoben. Hinzukamen die Stillen der syrischen Kirche, die Ehe und Besitz auflösten und sich in totaler Armut von der Gebundenheit an ihre Umgebung befreit hatten. Sie bevorzugten wie viele andere auch die weit verbreiteten und volkstümlichen Apostelgeschichten, die die Abkehr von dieser Welt in der Form von anschaulichen Geschichten als Ideal unter die Leute brachten. Ihren exzessivsten Ausdruck fand die Flucht aus der Welt in dem Drängen vieler Christen nach der Krone des Märtyrers. In Umlauf gesetzte Prozeßaufzeichnungen und Passionsgeschichten gehörten dementsprechend zur wichtigen Lektüre in den Gemeinden, die das Bekenntnis der Blutzeugen vor ihren Richtern als Wort des heiligen Geistes zur Erbauung und Belehrung lasen. Wie dies auf die heidnische Umwelt wirkte, verdeutlicht die Reaktion des Arrius Antoninus, Prokonsul der asiatischen Provinz und konfrontiert mit einer christlichen Gemeinde, die geschlossen den Märtyrertod von ihm begehrte. Nachdem er einige hatte hinrichten lassen, um den Starrsinn der Gemeinde zu brechen, schickte er schließlich die übrigen mit der Bemerkung nach Hause, für den, der unbedingt sterben wolle, gebe es Klippen und Stricke.

Die Flucht aus der Welt

Die Märtyrer

Besonderen Anstoß erregte der christliche Kult, oder besser: das, was an Gerüchten über ihn umlief und mit seinen meist scheußlichen Details willige Ohren fand. Im Gegensatz zum heidnischen Kultvollzug, bei dem sich die Bürger zu gemeinsamen Opfern vor den Tempeln öffentlich versammelten, trafen die Christen in geschlossenen Räumen zusammen. Bereits dies mußte den Verdacht erregen, daß es hier nicht mit rechten Dingen zugehe. Dabei mochte der zumeist erhobene Vorwurf von Menschenopfern, Ritualmorden, Magie und sexuellen Ausschweifungen [Minucius Felix, Octavius 8, 1–9, 7] genährt werden durch die christliche Eucharistie, durch die Forderung der Nächstenliebe und durch den Gedanken, den Mitgliedern der Gemeinde würden himmlische Kräfte verliehen. Darüber hinaus boten viele frühchristlichen Gemeinden ein Bild heilloser Verwirrung, da eine theologische Durchdringung (und damit Festigung) der Glaubensinhalte durch die eschatologischen Hoffnungen zunächst verhindert wurde. So konnte z. B. die aus dem ersten Korintherbrief

Das Anstößige des neuen Glaubens

des Paulus bekannte extensive Auslegung der Lehre durch die Heiligen von Korinth von Außenstehenden nur als Blutschande bezeichnet werden, wie überhaupt der ganze Vorgang klarmacht, wie schwer auf den Gemeinden die Sorge vor dem Einbruch dubioser Elemente in die christliche Gemeinschaft lastete. Geschichten wie die, wonach Paulus einen jüdischen Zauberer namens Bariesus auf Zypern vor den Augen des Statthalters erblinden ließ, weil er dessen Bekehrung im Wege stand, lasen sich in heidnischen Augen wie Protokolle vollzogener und wirkungsvoller Magie [Apg. 13, 6–12]. Wer gar tiefer schürfte, der fand sich in den im Volke umlaufenden Wundergeschichten – festgehalten in den Apostelgeschichten – bald im Bannkreis eines Denkens wieder, das den Erfolg des Christentums auf die magischen Zauberkräfte seiner Missionare zurückführte.

Der Vorwurf der *flagitia*

Alle diese Vorstellungen, Gerüchte und Fakten verdichteten sich schnell zu dem pauschalen Urteil, die Christen machten sich in ihrer Abkehr von der Welt ritueller Verbrechen und der Zauberei schuldig. Nero – daran läßt Tacitus keinen Zweifel [ann. 15, 44, 2–5] – konnte aus diesem Grunde im Jahre 64 den Brand Roms den Christen anlasten, die den heidnischen Massen bereits tief verhaßt waren. Eben dieser Haß, geboren aus dem Anderssein der Christen, führte in den folgenden zweieinhalb Jahrhunderten immer wieder zu Explosionen des Volkszornes und der Massenhysterie: „Wenn der Tiber die Mauern überflutet", konstatiert Tertullian nicht ohne Verachtung für den Gegner, „wenn der Nil die Felder nicht überflutet, wenn der Himmel sich nicht rührt, wenn die Erde sich bewegt, wenn eine Hungersnot, wenn eine Seuche wütet, gleich schreit man: Die Christen vor den Löwen" [apol. 40, 2; Übers.: C. BECKER]. Plinius hat nicht minder gewiß, in den Christen Verbrecher vor sich zu haben, seine Prozesse gegen sie geführt, und wohl nur die Gewissenhaftigkeit eines Mannes, der nichts falsch machen wollte, veranlaßte ihn dazu, durch die peinliche Befragung einiger Christen Näheres über Art und Umfang der christlichen *flagitia* in Erfahrung zu bringen. Das Ergebnis war negativ. Sein daraufhin eilig an den Kaiser geschriebener Bericht mit der Bitte um Instruktionen belegt zunächst zweifelsfrei, daß seit Nero auch der Staat die feste Überzeugung gewonnen hatte, daß das Christsein mit kapitalen Straftatbeständen verknüpft sei und daher ebensowenig geduldet werden könne wie in der Republik der orgiastische Bacchuskult [Livius 39, 8–19] oder wie unter Tiberius und Claudius die im Widerstand gegen Rom verharrenden Druiden.

Die Rechtsgrundlagen der Verfolgung

Trajan hat sich durch den Bericht seines Statthalters, der nur krausen Aberglauben, aber keine Verbrechen aus den geschundenen Leibern zweier christlicher Sklavinnen herausgefoltert hatte, nicht von der allgemeinen Auffassung der Zeit abbringen lassen. Er nutzte jedoch die Gelegenheit, um in seinem Reskript präzise Verfahrensnormen festzulegen, die das Verhältnis des Staates zu den Christen klaren Bedingungen unterwarfen und bis Decius die praktische Politik der Statthalter weitgehend bestimmten. Im einzelnen [Plin. ep. 10, 97]:

(1) Jede staatliche Initiative, Christen aufzuspüren, wird unterbunden.

(2) Von Privatpersonen angezeigte und vorgeführte Christen, die sich dazu bekennen, Christ zu sein, sind zu bestrafen.
(3) Behauptet der Beklagte, kein Christ zu sein oder nicht mehr zu sein, so hat er das Opfer für die römischen Götter zu vollziehen und geht dann straffrei aus.
(4) Anonyme Anzeigen sind nicht zugelassen.

Damit sanktionierte Trajan zunächst die in den Provinzen bereits übliche Praxis, das Bekenntnis zum Christentum (das *nomen ipsum* also) allein als ausreichenden Straftatbestand zu bewerten. Das Opfergebot als Testfall wurde konstitutiver Bestandteil aller Christenprozesse: Es wurde das prozessuale Beweismittel schlechthin. Die der rechtlichen Logik widersprechende Praxis, Christen einerseits als überführte Verbrecher hinzurichten, andererseits den staatlichen Institutionen zu verbieten, sie aufzuspüren, entsprang der langsam um sich greifenden Einsicht, daß die den Christen angelasteten Taten der gesellschaftlichen Sphäre angehörten. Im Grunde waren es nicht diese Taten, sondern die durch sie in der heidnischen Bevölkerung ausgelösten Unruhen, die die Christen als Feinde der öffentlichen Ordnung vor den römischen Richter brachten. Das römische Herrschaftsinteresse, für das die Ruhe in den Provinzen oberstes Gebot war, hat hier wie in anderen Fällen die Pragmatik der Rechtslogik vorgezogen und die Christen nur dort als Verbrecher behandelt wissen wollen, wo dies die Befriedung hysterisch nach den Löwen schreiender Massen tatsächlich auch erforderte.

Die Christen, die es nicht gerade nach der Märtyrerkrone drängte, haben dagegen nicht mehr tun können, als ihre Loyalität gegen Rom und ihre Gebete für Kaiser und Reich immer wieder zu betonen. Auf die Dauer erfolgreich wurde jedoch nur die Abwehr des *flagitia*-Vorwurfes. Die Apologeten haben darauf verweisen können, daß die hohe Sittlichkeit der Christen gegen jede Anfechtung immun sei, da die Gebote Gottes in der Hoffnung auf das Heil in der künftigen Welt eingehalten würden. Alle Verleumdungen und Anschuldigungen mußten vor dieser Logik kapitulieren, sobald das christliche Leben offener zutage trat und dieses theologische Motiv der christlichen Lebensweise verständlicher wurde: „Deshalb treiben sie nicht Ehebruch und Unzucht, legen kein falsches Zeugnis ab, unterschlagen kein hinterlegtes Gut, begehren nicht, was nicht ihr eigen, ehren Vater und Mutter, erweisen ihren Nächsten Gutes und richten, wenn Richter, nach Gerechtigkeit", schrieb der Apologet Aristides bereits an Hadrian [15, 4]. Am Ende des Jahrhunderts hatte sich die Richtigkeit dieser Behauptung zwar noch nicht durchgesetzt, wie der Octavius des Minucius Felix zeigt, der *flagitia*-Vorwurf umschrieb jedoch nicht mehr das Problem, um das es im dritten Jahrhundert gehen sollte.

Die Verteidigung der Christen

Dessen mit Krieg und Niederlagen angefüllte Jahrzehnte, die zunehmend am Bestand des Imperiums zweifeln ließen, verschafften zunächst den christlichen Missionaren neue und große Erfolge. Das Christentum wurde mit seiner Hoffnung auf die *civitas Dei*, die den Menschen ihre Tore offen hielt, zum erstenmal zur politischen und geistigen Autorität in einer zusammenbrechenden Weltord-

Die Mission im 3. Jh.

nung, in der keine Weisheit der Kaiser und Statthalter mehr imstande schien, das Chaos der zerfallenden römischen Herrschaft doch noch zu bändigen. Das Feuer der außen- und innenpolitschen Katastrophen verbrannte für viele Menschen den Glauben an die unbesiegbare Kraft der altrömischen Tradition und bahnte den Weg für eine neue Autorität, die die Kraft zum Überleben auch dann noch vermitteln konnte, als die Bedingungen dazu völlig neu formuliert werden mußten. So öffneten sich den christlichen Missionaren jetzt auch die Häuser der Reichen und der politischen Eliten, und die Angehörigen dieser Familien übernahmen mehr und mehr das Steuer der Kirche. Nach wie vor traf dies in erster Linie für die Provinzen des Ostens zu, während im lateinischen Westen das Christentum lange Zeit auf die griechisch sprechenden Einwanderer beschränkt blieb. Als die Mission auch dort darüber hinaus zielte, war die Verkündigung der Lehre ebenso wie die Liturgie auf die Übernahme der lateinischen Sprache gewiesen; dazu gehörte die Übersetzung der Evangelien und der sonstigen für den Glauben wesentlichen Überlieferung in ein Lateinisch, das die kleinen Leute ansprach, ohne die führenden Schichten zu verprellen. Der Nordafrikaner Tertullian zitierte bereits aus einer ihm vorliegenden Bibel und führte selbst das christliche Latein auf die sprachliche Höhe, die eine Auseinandersetzung mit der lateinisch sprechenden Intelligenz möglich machte. Damit ist zugleich klar, daß die im Westen führende Kirche in Nordafrika (vor allem im heutigen Tunis) heranwuchs und die von ihren Bischöfen vertretene Position in den kommenden Jahren der Verfolgung das Gesicht der lateinischen Kirche bestimmen mußte.

Der Vorwurf des Hochverrats durch Verweigerung

Die seit Maximinus Thrax rapide Verschlechterung der außenpolitischen Lage und die erneut ausbrechenden Bürgerkriege verschärften den Haß der städtischen Unterschichten gegen die Christen, deren wachsende Zahl in den Großstädten des Ostens und Nordafrikas das Problem des Zusammenlebens aus der Randzone der Gesellschaft in deren Mittelpunkt verlagert hatte. Die anachronistisch gewordenen Verleumdungen – *flagitia*, Geheimbündelei – traten dementsprechend zurück gegenüber dem weit ernsteren – weil treffenden – Vorwurf, die Christen bildeten eigene (z. T. auch wirtschaftlich autarke) Gruppen, die eine eigene Soziallehre lebten und die zentralen staatlichen Aufgaben verweigerten: die *munera* und den Dienst im Heer. „Wenn alle ebenso handelten wie ihr", schrieb um 170 der empörte Kelsos in seiner Streitschrift gegen die Christen, „dann könnte den Kaiser nichts vor völliger Vereinsamung und Verlassenheit bewahren, und die Herrschaft über das Reich fiele in die Hände der wildesten und gesetzlosesten Barbaren". [Orig. contra Celsum 8, 68 f.]

Dies in der Tat traf den Kern des Problems, das sich den Christen und den Kaisern des dritten Jahrhunderts gemeinsam stellte und für das sie vor Konstantin keine gemeinsame Lösung fanden. Die Christen wollten das Imperium, von dessen Segnungen sie sich längst überzeugt und dessen barbarische Gegner sie wie jeder Römer hassen gelernt hatten, erhalten sehen, ohne dabei ihre religiösen Grundüberzeugungen und die daraus fließenden Lebensformen aufzugeben. Die

Kaiser suchten das Reich des Augustus in asketischer Pflichterfüllung zu retten, ohne einen anderen Weg dorthin zu sehen als den, den die Tradition schon immer gewiesen hatte: Die unsterblichen Götter, die das *imperium sine fine* den Römern gegeben und garantiert hatten, solange die Menschen mit ihnen im Kultvollzug einig waren, durften an diesem ihrem Auftrag nicht länger zweifeln. Alle Bewohner des Reiches waren daher aufgefordert, unter der Führung des Kaisers jeder verkehrten Gesinnung abzuschwören und die Götter mit dem Reich auszusöhnen: „Das größte Verbrechen ist es nämlich anzufechten, was einmal von den Alten festgesetzt und bestimmt seinen Stand und Lauf hat und besitzt. Daher haben wir einen ungeheuren Eifer, die Hartnäckigkeit der verkehrten Gesinnung der nichtswürdigsten Menschen zu bestrafen: die nämlich, welche neue und unerhörte Sekten den älteren Religionen entgegenstellen, daß sie nach ihrem verkehrten Gutdünken ausschließen, was von der Gottheit einst uns zugestanden worden ist." [Edikt Diokletians gegen die Manichäer: 550: STADE, S. 86f.]

Derartige, ständig wiederholte Formeln klangen wie Beschwörungen einer untergegangenen Ordnung der Welt – und sie waren es auch. Trotzdem liegt in den daraus resultierenden weltweiten Verfolgungen des Christentums unter Decius, Valerian und Diokletian eine gewisse welthistorische Logik. Ihr Scheitern machte dem römischen Kaisertum endgültig klar, daß die Tradition, die man beschwor, zum Prokrustesbett geworden und statt ihrer der theologisch legitimierte Absolutismus die Herrschaftsform war, die die innen- und außenpolitische Handlungsfähigkeit der monarchischen Gewalt wieder herstellte (s. S. 26). Mit der von Diokletian – da allerdings schon in besonderem Maße unzeitgemäß – zitierten vorbildlichen Vergangenheit waren die eingetretenen politischen und sozialen Veränderungen nicht mehr zu erfassen. Diese hatten – ganz anders als in den Zeiten, in denen Augustus die Orientierung am *mos maiorum* betrieb – längst die überkommenen Wertmaßstäbe und Verständigungsformeln gesprengt. Den Christen nötigten die Verfolgungen das Bekenntnis der Loyalität zum römischen Staat selbst noch im Angesicht des Henkers ab; sie gaben ihr damit die Form, die selbst theologische Grundsätze korrigierbar machte, um dem Imperium, als es das Bündnis mit den Christen suchte, zu Hilfe zu eilen. Ihre Folgen innerhalb der Kirche schließlich forderten kategorisch die positive Antwort auf die Frage, ob man den im Glauben wankend Gewordenen ihre Sünde verzeihen könne; damit nahm die Kirche endgültig Abschied von dem Gedanken, eine Gemeinschaft der Heiligen zu sein und wandte sich den Nöten der Sünder zu.

Die Verfolgungen seit Decius

Dem 249 erlassenen Edikt des Decius, das alle Reichsbewohner (einschließlich der Frauen und Kinder) verpflichtete, den römischen Staatsgöttern zu opfern, waren Massenpogrome in Alexandrien und in anderen Großstädten vorangegangen. Decius machte sich also die antichristlichen Affekte weiter Bevölkerungskreise zunutze, um durch reichsweite Opfer die Gunst der Götter dem schwer bedrohten Reich erneut zu sichern und alle Reichsteile auf seine politischen Ziele einzuschwören. Valerian setzte diese Politik fort (257/58), konzentrierte sich diesmal jedoch sofort auf die Christen und versuchte, den Klerus sowie (in einem zweiten Edikt) christliche Senatoren, Ritter und hohe Beamte zum Opfer und damit zur Rückkehr zu den Sitten der Väter zu zwingen. Die Christen wurden von diesem Schlag völlig überrascht, obwohl es angesichts des von ihnen immer gefürchteten Kaiserkultes klar war, daß gerade in bedrängten Zeiten das Opfer vor dem Bild des Kaisers und vor den Statuen der Staatsgötter als Zeichen der politischen Zuverlässigkeit gewertet und gefordert wurde. Es herrschte denn auch keine klare Vorstellung davon, wie man auf das Opferedikt des Decius reagieren solle; viele müssen sich auf das Schriftwort „Gebt dem Kaiser, was des Kaisers und Gott, was Gottes ist" berufen und geopfert haben. Weit mehr Christen erschreckte der Anblick des Henkers und das Geheul der aufgehetzten Massen, und sie opferten oder erschlichen sich eine Opferbescheinigung *(libellus)*.

Die Unbeugsamkeit der offiziellen Kirche

Die offizielle Kirche, d. h. die Mehrheit der Bischöfe, hat sich durch diese Entwicklung, die ihre Gemeinden vernichtete oder spaltete, nicht beirren lassen. Mit dem Instinkt der Selbsterhaltung wurde jeder Kompromiß abgelehnt: Kulthandlungen durften weder zur Ehrung eines Menschen noch vor den heidnischen Göttern vollzogen werden. Tausende starben bis zum Jahre 311 für diesen Grundsatz und bewiesen dem Staat durch ihre Unbeugsamkeit, daß die Tolerierung der christlichen Glaubenssätze Vorbedingung für die Verständigung sein müsse. Galerius hat in seinem Toleranzedikt diese Bedingung für den römischen Staat erfüllt und in seinem Bericht über die Gründe, die ihn dazu bewogen, den Zugzwang, in den ihn die Härte der christlichen Positon gebracht hatte, genau benannt: „Da die meisten (sc. Christen) auf ihrem Vorsatz beharrten und wir sahen, daß sie weder den Göttern den gebührenden Dienst und die schuldige Verehrung erwiesen noch auch den Gott der Christen verehrten (sc. auf Grund der Verfolgung), so haben wir . . . unsere bereitwilligste Nachsicht auch auf die Christen ausdehnen zu müssen geglaubt, so daß sie von neuem Christen sein . . . dürfen" [*ut denuo sint Christiani;* Lactanz, de mort. pers. 34, 4].

e. Der Weg zum Bündnis von Staat und Kirche

Das dritte Geschlecht

Tertullian berichtet, daß das Publikum des Zirkus nach den Christen mit dem Ruf schrie, „Wo bleibt denn das dritte Geschlecht?" [Scorp. 10]. Die Heiden nahmen also die Begrifflichkeit auf, in die das christliche Geschichts- und Selbstbewußtsein den Anspruch auf Selbständigkeit des neuen Glaubens gegenüber Juden und Heiden gegossen hatte. Beide betonten bewußt den Graben, der sie trennte, beide taten es in der Gewißheit, der Stärkere zu sein. Daran war nur dann etwas zu ändern, wenn jenseits der Glaubensfragen der Staat und das tägliche Zusammenleben von Heiden und Christen, das ihnen allen Gemeinsame mehr in den Vordergrund rückte; die im 3. Jahrhundert auch für den Christen bange Frage nach der Zukunft des Reiches spielte dabei eine wichtige Rolle.

Der Staat war für die Christen zweifellos – ungeachtet seiner sporadischen Agressivität – der näherliegende Partner als die Gesellschaft, da ihm seit Paulus Anerkennung und Achtung nicht versagt wurden. Mit dem Anwachsen der christlichen Gemeinden und dem Vordringen der Lehre in die führenden Schichten stellte sich jenseits der Unterordnung die Frage schärfer, welche Funktion die Politik hat und in welchem Maß die Christen auch hier gefordert waren. Die heidnische Intelligenz hatte mit unverhohlener Entrüstung die christliche Abkehr vom öffentlichen Leben angeprangert – ergebnislos, solange der so Gescholtene als Handwerker oder Proletarier ohnehin für den Staat allenfalls als Steuerzahler nützlich war. Verwundbar hingegen waren die christianisierten Eliten, die ihrerseits selbst auf eine Modifizierung der kompromißlosen Abkehr vom Staate drängten.

Tertullians nach 210 erschienene Schrift über den Götzendienst [„*de idolatria*"] macht das Problem anschaulich. Der streitbare Rechtsanwalt, inzwischen rigoroser Montanist geworden, griff in eine Diskussion um das rechte Leben eines Christen ein, die innerhalb der karthagischen Gemeinde selbst ausgebrochen war und in der versucht wurde, das Verhältnis von christlichem Selbstverständnis und staatlichen Pflichten neu zu definieren. Seine eigentliche Brisanz muß dieses Problem angesichts einer wachsenden Zahl einflußreicher Gemeindemitglieder erhalten haben, die öffentliche Tätigkeiten (vor allem als Dekurionen) ausgeübt hatten, als sie zum christlichen Glauben übertraten. Derartige Lebensläufe häuften sich, und sie zeigen Karrieren, die aus der städtischen oder kaiserlichen Verwaltung in die Leitung christlicher Gemeinden führten. Mit dem Auftreten dieser Männer in den Gemeinden veränderte sich das christliche Bild von der Bedeutung des politischen Raumes nahezu zwangsläufig: Eben dieser hatte dem Ehrgeiz der Eliten traditionell das gemäße Betätigungsfeld gewiesen, das die neuen Gemeindemitglieder nur um den Preis ihrer gesellschaftlichen Ächtung durch die heidnische Umwelt verlassen konnten. Eine positive Würdigung dieser politischen Tätigkeit durch die Gemeinde ergab sich häufig schon daraus, daß die Bekehrten ihre ganze Erfahrung (und ihre Beziehungen) in den Dienst der Gemeinde stellten und dort häufig genug auf dem Stuhl des Bischofs die Regierungspraktiken entfalteten, die im öffentlichen Raum erfolgreich gewesen waren. Von hier aus war es nur noch ein kleiner Schritt von der grundsätzlichen Anerkennung des römischen Staates hin zur aktiven Mitwirkung an seinen Aufgaben.

<small>Die christliche Beteiligung an den Aufgaben des Staates</small>

Tertullian hat noch einmal die Beteiligung der Christen am staatlichen und öffentlichen Leben mit dem Argument abwehren können, der Christ könne im Dienste des Staates die Opfer für die heidnischen Götter gar nicht vermeiden und müsse sich daher notwendig der Gotteslästerung schuldig machen. Auf Dauer war jedoch dieses Argument zu schwach, um den politischen Ehrgeiz der Neuankömmlinge in den christlichen Gemeinden aufhalten zu können, zumal die bedrohlicher werdende Lage des Reiches immer drängender die Christen auffordern mußte, nun endlich für den Staat, der sie schützte, auch zu sorgen.

<small>Das Opferproblem</small>

Zwei Dinge kamen also zusammen, um im Grunde bereits vor der Verfolgung des Decius die Grundsteine für das viele Jahrzehnte später besiegelte Bündnis der Kontrahenten zu legen: Die heidnische Umwelt hatte angesichts der grundsätzlichen Staatsbejahung der Christen als Forderung formuliert, was diese bereits selbst angesichts des Zustroms neuer sozialer Schichten zum heftig diskutierten Streitpunkt gemacht hatten. Und wiederum siegte das an den Staat gebundene aristokratische Ethos und unterwarf der Pragmatik, was Tertullian noch als unübersteigbare Schranken vor den Staatsdienst gesetzt wissen wollte: Es fanden sich Mittel und Wege, die Opferpflichten und Repräsentationsaufgaben im Zirkus oder bei den Festen zu umgehen; notfalls wurde der Friede mit dem eigenen Gewissen dadurch hergestellt, daß der Opfervorgang als indifferent und den Glauben nicht berührend interpretiert wurde. Solange die Herausforderung nicht total war – und dies wurde sie erst mit Decius und dann nur kurzfristig –, wuchs daraus kein Schaden für die Gemeinden.

Die Veränderung der sozialen Zusammensetzung der Gemeinden

Der Umfang dieses Zustroms aus den Reihen der Eliten kann nicht gering gewesen sein. Das Verfolgungsedikt Valerians [Cyprian, ep. 80] nennt als Adressaten Senatoren, *egregii viri* und *equites Romani*. Damit wird offiziell dokumentiert, daß es innerhalb des Ritterstandes Christen in nennenswerter Zahl gab und sie auch der Forderung ihrer Umwelt nachkamen, die Lasten des Staates mitzutragen; ihr traditionell auf staatliche Bewährung ausgerichtetes Standesethos hat ihnen diese Entscheidung leicht gemacht. Dabei blieb es jedoch nicht. Cyprian führte bewegte Klage über viele afrikanische Bischöfe, die das ihnen von Gott anvertraute Amt mißachteten und im Dienste reicher Latifundienbesitzer gewinnbringenden Geschäften nachgingen, weite Reisen durch die Provinzen unternahmen, über große Finanzmittel verfügten und ihr Geld zu hohen Zinssätzen arbeiten ließen [de lapsis 6]. Die Gründe, die führende Kleriker zu solchen geschäftlichen Aktivitäten geführt haben, sind vielfältig: Neben der gesellschaftlichen Anerkennung, die ihre erfolgreiche Ausübung versprach, war es häufig die reine Finanznot der Gemeinden, die die Bischöfe nach zusätzlichen Verdienstmöglichkeiten Ausschau halten ließ. Aus der Sicht der Kirche – daran ließ Cyprian keinen Zweifel – war der gemeinsame Nenner solcher Aktivitäten jedoch die Gier nach Besitz, die dem Glaubensethos widersprach und die kirchliche Disziplin zu untergraben drohte. Bis ins sechste Jahrhundert reichen dementsprechend die Bemühungen von Konzilien und Kaisern, Handelsgeschäfte des Klerikerstandes als unvereinbar mit dem kirchlichen Amt zu unterbinden. Derartige Nachrichten künden von einer Entwicklung, die zwischen 200 und 250 die führenden Vertreter der Gemeinden an die ganze Breite staatlicher und gesellschaftlicher Aufgaben herangeführt und im wirtschaftlichen Bereich neue Gemeinsamkeiten geschaffen hatte.

Der Dienst im Heer

Weitgehend ungebrochen und damit für die heidnische Gesellschaft umso auffälliger blieb der Widerstand der offiziellen Kirche gegen den Dienst im Heer. Er speiste sich in erster Linie aus dem fundamentalen Glaubenssatz, der das Töten verbot; erst in zweiter Linie war dafür der universale Herrschaftsanspruch des Gekreuzigten verantwortlich, der die Beteiligung seiner Gläubigen an den kultischen Bräuchen des Heeres nicht dulden konnte. Aber auch hier verhallte der Hilferuf des Imperiums nicht ungehört. 314 verpflichtete die Synode von Arles den christlichen Soldaten bei Strafe der Exkommunikation, in Friedenszeiten im Heer zu bleiben; über die Haltung, die im Kriege einzunehmen ist, schwieg sie sich aus. Gewiß verbirgt sich dahinter ein Teil des Preises, den die Kirche für die Protektion Konstantins zahlen mußte. Die geistige Wegbereitung erfolgte schon bei Origines, wenn er die Christen mit ihren Gebeten für die streiten läßt, „die einen gerechten Krieg führen, auch für den rechtmäßigen Kaiser, auf daß alles vernichtet werde, was sich der gerechten Sache widersetzt" [contra Celsum 8, 73]. Der einfache Mann schließlich hatte in der Praxis längst vorweggenommen, was theologisch so unmöglich schien: Bereits in den Markomannenkriegen wurden von den Christen selbst Geschichten kolportiert, denen zufolge christliche Soldaten Heldentaten verrichtet hätten und eine größtenteils aus Christen bestehende Legion das römische Heer im Quadenkrieg gerettet habe [Tert. apol. 5, 6]. So nimmt es nicht wunder, daß am Ende des dritten Jahrhunderts die Christen einen so großen Teil des Heeres ausmachten, daß die Verfolgung Diokletians mit einer Säuberung des Heeres begann. In der Praxis muß sich also eine deutlich positive Einstellung zum Kriegsdienst durchgesetzt haben, bevor dieses Problem theologisch bewältigt werden konnte. Die Gründe sind unschwer zu erkennen: Der christliche Missionar hatte vor dem Kasernentor nicht haltgemacht und damit einer Berufsgruppe das Evangelium verkündet, die ihren hoch angesehenen Beruf nicht so ohne weiteres an den Nagel hängen konnte. Das Offizierskorps, in besonderem Maße an das Ethos der Pflichterfüllung gebunden, hätte gerade in Kriegszeiten das Ansinnen, den Dienst nach der Taufe zu quittieren, als Verrat von sich gewiesen. Allen gemeinsam war ohnehin die Überzeugung, in dem Imperium die beste aller Welten zu verteidigen – und diese Auffassung teilte die offizielle Kirche, deren Gebete für Kaiser und Reich auch in den Tagen der Verfolgung unablässig zum Himmel stiegen.

Eine weitere, für die Einheit der Kirche und das spätere Bündnis mit dem römischen Staat unverzichtbare Voraussetzung fand sich im Zentrum des innerkirchlichen Lebens selbst. Zu den bestaunenswerten Leistungen der Christen gehört die Entwicklung von Organisationsformen, die aus kleinen Gruppen innerhalb der jüdischen Diaspora-Gemeinden eine kirchliche Ordnung schufen, die sich in ihrer endgültigen Gestalt parallel zur Gliederung des Staates aufbaute: In ihrer hierarchischen Struktur bestand sie von den Diakonen bis zum Bischof aus einer abgestuften Folge von Amtsträgern, die jeweils für bestimmte Gegenstände und Territorien zuständig waren und sich an die räumlichen Organisationseinheiten des Imperiums anlehnten. Bereits Ende des ersten Jahrhunderts übernahm die Leitung der Gemeinde und des Gottesdienstes ein auf Lebenszeit bestellter Vorsteher, der seine Amtsbefugnis aus dem Auftrag herleitete, den Jesus selbst den Aposteln und deren Nachfolger übertragen hatte [1 Clemens 42,

<small>Die Organisation der Kirche</small>

1—44, 1]; das zweite Jahrhundert fand für diesen Vorsteher einhellig die Bezeichnung „Bischof". Die einheitliche Durchbildung dieses Amtes, dessen monarchische Züge von Anfang an unverkennbar sind, war damit theologisch legitimiert und erfolgte notwendig in einer Zeit, in der sich die christliche Lehre aus einer Reihe von Kontroversen und Kompromissen erst entfalten mußte und der geistigen Autorität bedurfte, um nicht im Strudel der umlaufenden Interpretationen und Spekulationen ihr spezifisches Gesicht einer an ein historisches Ereignis gebundenen Erlösungsreligion zu verlieren.

extra ecclesiam salus non est Die Summe dieser Entwicklung zog Cyprian, Bischof von Karthago, gestorben als Märtyrer 258. Er lehrte in der Schrift *de ecclesiae unitate* zunächst den Grundgedanken, daß das nur dem Individuum zustehende Heil in der jenseitigen Welt trotzdem nur durch die Kirche, die damit als heilsnotwendige Instanz zwischen Gott und Mensch tritt, gesichert werden kann. *Extra ecclesiam salus non est* (außerhalb der Kirche gibt es kein Heil), dieser Satz band für immer die Festlegung der Glaubensinhalte ebenso wie jeden Erlaß von Vorschriften des täglichen Lebens und die gesamte Ausgestaltung der Liturgie an die Institution Kirche. Ihre höchste Instanz, der Bischof, verwahrte und gebrauchte als Mittler zwischen Gott und Mensch allein die heilbringenden Sakramente. In dieser Funktion stellt sich in seinem Amt zugleich die Einheit der Kirche her, die mit der Eintracht der Bischöfe identisch wird. Die monarchische Machtvollkommenheit des Bischofamtes erhält damit eine weitere theologische Stütze und unterwirft sich endgültig den Gläubigen, der nur als Untertan sein zukünftiges Heil erwarten kann. Nunmehr tritt dem römischen Kaiser eine Organisation gegenüber, deren Festigkeit und Geschlossenheit der Ordnung seines Reiches ebenbürtig geworden ist.

f. Zusammenfassung

Der Weg der Christen zum Staat der Römer war lang und beschwerlich. Seine Meilensteine beginnen mit der Lehre des Paulus von der göttlichen Legitimation der staatlichen Autorität, und sie enden mit der Heiligsprechung des völkerumspannenden und ewige Dauer beanspruchenden Imperiums, dessen Gründer Augustus in die christliche Heilsgeschichte eingeordnet und ebenso als Ausdruck des göttlichen Willens verstanden wurde wie die Fleischwerdung des eigenen Gottes zu eben diesem Zeitpunkt. Dazwischen liegt Ende des ersten Jahrhunderts der endgültige Abschied von der Erwartung des unmittelbar bevorstehenden Heils und das damit unvermeidliche Einrichten in dieser Welt, auf die sich wieder die Sorgen und Hoffnungen der Menschen vornehmlich richten müssen. Dazwischen liegt die Entscheidung, auch im Angesicht staatlicher Verfolgungen für Frieden, Eintracht und Beständigkeit des Reiches zu beten und die seit Paulus zur christlichen Pflicht gewordene Loyalität gegenüber Rom als etwas zu verstehen, was immer neu unter Beweis zu stellen war. Dazwischen liegt die theologische Grundpositionen erschütternde Gewißheit, in den Jahrzehnten der äußersten Bedrohung des Reiches dieses auch mit der Waffe gegen jene verteidigen zu müssen, von deren barbarischem Regiment nur Unordnung, Rechtlosigkeit und moralischer Verfall zu erwarten war.

Viele Etappen dieses langen Weges sind gekennzeichnet durch Verachtung, Gleichgültigkeit, Unverständnis und schließlich Haß der heidnischen Gesellschaft, die kaum am Glaubensinhalt, umso mehr jedoch an den Formen des Kultvollzuges und an der Abkehr der Christen von den traditionell gemeinsamen Teilen des privaten und öffentlichen Lebens Anstoß nahm. Das Ringen um den richtigen Glaubensinhalt, den verbindlich zu bestimmen bereits die geographische Entfernung hemmte, die häufigen Angriffe der staatlichen Behörden, die vielen Christen nur als die Büttel des aufgehetzten Mobs erscheinen mußten, das Blut der Märtyrer und das Ringen mit der in den eigenen Reihen behaupteten und aus der Johannes-Apokalypse belegten Identität von Antichrist und römischem Staat drohten zudem permanent, die jenseits davon angesiedelten Möglichkeiten der Verständigung zu verschütten. All dies brach das Selbstbewußtsein der von Generation zu Generation effektiver organisierten Gemeinden nicht, deren beste Köpfe unbeirrbar in der römischen Tradition ihre geistige und in der Ordnung des Imperiums ihre politische und soziale Heimat sahen. Dies vor allem machte die Christen auch in der letzten Konfrontation mit dem heidnischen Staatsverständnis Diokletians unbesiegbar, da sie auch in der härtesten Prüfung durch ihre Gebete für den sie verfolgenden Staat unwiderleglich bewiesen, daß Rom ihre Heimat war und bleiben sollte.

Die Römer hatten damit ihre letzte große Leistung vollbracht und unter dem Dach ihres Imperiums zwei sich ausschließende Weltsichten vereinigt. Für das heidnische Rom schuf der politische Raum überhaupt erst die Möglichkeit, etwas zu tun, was nicht der Vergänglichkeit anheim fällt: Das Gründen und Erhalten von Staaten brachte den Menschen in die Nähe der Götter. Die christliche Heilsbotschaft verkündete dagegen, daß das Leben des Einzelnen unsterblich und die Welt vergänglich sei, die der irdische Pilger zu durchwandern habe, ohne sein persönliches Heil zu verspielen. Politik – dies ergab sich daraus zwingend – brachte dem Individuum nur die Versuchungen der Macht und des Reichtums und keinen bleibenden Gewinn. Als dreihundert Jahre nach Augustus ein christlicher Kaiser das Imperium regierte, hatte die Kirche gelernt, daß es auch für den durchreisenden Pilger wertvoll geworden war, dieses Reich zu erhalten: „Erwählt ist das Haupt der Völker zum Sitz des Lehrers der Völker" [Ambrosius, Hymnus auf das Fest der römischen Apostel].

II. Grundprobleme und Tendenzen der Forschung

1. Der weltgeschichtliche Ort der römischen Kaiserzeit

a. Moderne Periodisierungsversuche und ihre historischen Wurzeln: Prinzipat und Dominat

Jede Beschäftigung mit der Vergangenheit beginnt mit ihrer Gliederung in Perioden oder Epochen; es entspricht dies dem elementaren Bedürfnis des menschlichen Verstandes nach Ordnung und Übersichtlichkeit. So steht auch jede Gesamtdarstellung vor der Frage nach Anfang und Ende. So wenig der Anfang der Kaiserzeit Probleme bereitet – das Ende der Bürgerkriege und die Einrichtung der Monarchie setzen deutliche Zäsuren –, so schwierig ist eine überzeugende Bestimmung ihres Endes. Wer sich an die Konvention hält, teilt die Geschichte der römischen Kaiserzeit in zwei Epochen: Prinzipat (30 v. Chr. bis 284) und Spätantike (284 bis spätestens Muhammad und dem Zerfall der Einheit der Mittelmeerwelt durch die arabischen Eroberungskriege); so richtungweisend bereits E. Kornemann, Weltgeschichte des Mittelmeerraumes, München 1967, S. 947 ff. Die überzeugendste Begründung für das Jahr 284 liefert die Verfassungsgeschichte. Sie folgt der Konzeption von Mommsens Staatsrecht, macht den Wandel der kaiserlichen Rechte zum Ausgangspunkt der Periodisierung und sieht folgerichtig seit Diokletian auf dem Thron des Augustus nicht länger den *princeps*, sondern den *dominus*. Diesen bindet das Recht nicht mehr, und seine Macht leitet sich allein aus der sakralen Weihe seiner Person ab; vor allem aber besitzt er ein „unbedingtes und unbeschränktes Herrenrecht über die Personen wie über das Gut aller Untertanen" [329: Mommsen, Abriß, S. 148 ff., 279].

Konzepte

Das Unbehagen an dieser Zäsur entzündet sich bereits an der Begrifflichkeit: Wer von der Zeit des Dominats spricht, zentriert zum einen alles auf den Kaiser, „so als ob die gesamte Staatlichkeit sich auf ihn beschränkt hätte" [383: Heuss, Ges. Schrift. II, S. 1450], und belastet zum anderen eine ganze historische Epoche mit einem negativen Werturteil. Konsequent verlangte daher 1978 J. Bleicken den Verzicht auf das Begriffspaar Prinzipat/Dominat, da es weder der rechtlichen noch der sozialen Funktion des Kaisertums gerecht wird und der Einsicht im Wege steht, „daß sich die formale und politische Stellung des römischen Kaisers am

Prinzipat/Dominat

Beginn der Kaiserzeit nur wenig von der des entwickelten und späten Kaisertums unterscheidet" [381: BLEICKEN, Prinzipat und Dominat, S. 831].

Der neue Monarch

Wenig heißt jedoch nicht nichts. So richtig es ist, daß die Reformen am Ende des 3. Jahrhunderts keinen Bruch mit vorherigen Traditionen bedeuteten, so unabweisbar ist auch, „daß Diocletian in der von ihm konzipierten Tetrarchie traditionelle Versatzstücke des römischen Kaisertums neu interpretiert, systematisiert und letztlich zu einer doch z. T. revolutionären Herrschaftsorganisation verschmolzen hat" [690: KOLB, Herrscherideologie, S. 22, und grundlegend 378: KOLB, Diocletian]. Sie hat zusammen mit der wachsenden Bürokratisierung der Verwaltung und dem Niedergang der Ratsherrenschaft in den Städten ein neues Zeitalter begründet [316: BLEICKEN, Vfgs.- und Sozialgeschichte II, S. 68 ff.]. Vor allem aber trug dazu der Triumph des Gekreuzigten und seiner Anhänger bei, die unter Konstantin auch den Raum der Politik eroberten [kurze Zusammenfassung der Veränderungen bei 717: KUNKEL, Kl. Schrift., S. 543 ff.]. Was jetzt historisch wirksam wurde, nannte ROSTOVTZEFF eine „orientalische Zwingherrschaft" [447: Gesellschaft und Wirtschaft II, S. 210 ff.], MACMULLEN „a Roman Sultanate" [692: Roman Government's Response, S. 213] und HEUSS den spätantiken „Zwangsstaat" [383: Ges. Schrift., S. 407 ff.] – Begriffe, die Widerstand geradezu herausfordern. Als ihn R. RILINGER [Die Interpretation des späten Imperium Romanum als „Zwangsstaat", in: GWU 36, (1985), S. 321–340] begründete, stieß er auf den zornigen Einspruch von HEUSS [383: Ges. Schrift. II, S. 1439–1452], der den angeklagten Begriff mit dem Argument verteidigte, er sei in der Forschung seit Beginn des 19. Jahrhunderts „empirisch erhärtet" worden [Zum Forschungsstand A. DEMANDT, Die Spätantike. Römische Geschichte von Diocletian bis Justinian, München 1989, S. 477 ff., BLEICKEN, in 324: HEUSS, RG, S. 658 ff.].

Der neue Untertan

Die Hauptrolle in der Dikussion beanspruchen der Kaiser und sein Verhältnis zu den Bürgern des Reiches. Denn mit Diocletian und Konstantin brach ein Zeitalter an, in dem die kaiserlichen Herren als Retter und Heilande gefeiert werden wollten und nach dankbaren Untertanen zu ihren Füßen verlangten. Die göttliche Familie (*domus divina*), zu der sich die Herrscher zusammentaten, pries ihr eigenes Glück ebenso wie ihre frommen und kriegerischen Taten und ließ verbreiten, daß alles „durch ihre Tugend und Voraussicht (*virtute ac providentia*) zum Besseren gewendet wird" [28: DESSAU, ILS, nr. 637].

Herrscher mit diesem Selbstverständnis forderten ganz zu Recht den Kniefall vor ihrem Thron, denn dieser war der sachgerechte Ausdruck des tiefen Grabens, der sich zwischen Monarch und Untertan auftat. Das Zeremoniell bei Hof und neue Kaiserportraits machten jedermann sichtbar, was die von Augustus geschaffene Prinzipatsideologie lange Zeit verschleiern konnte. Sie hatte die Repräsentation kaiserlicher Macht nur in republikanischen Formen zugelassen, „und dieser Stil schloß auch eine Selbstdarstellung ein, die nicht selbstherrlich oder omnipotent wirkte" [268: ZANKER, Kaiserporträts, S. 45]. Damit war es nun vorbei, und die zur Verehrung nur allzu bereiten Untertanen nahmen es beifällig auf. Denn die ungeschminkte Präsentation des Kaisers als „übermächtige Instanz in hieratischer Unberührbarkeit" [268: ZANKER, S. 49] entsprach der wirklichen Macht des Monarchen. Sie wurde jetzt demonstrativ zur Schau gestellt in riesigen Statuen mit roh gehauenen Leibern und Gesichtern mit weit aufgerissenen, starr blickenden Augen, die von Götternähe und Menschenferne künden wollten und Gehorsam und Verehrung zugleich forderten [H.P. L'ORANGE, Das römische Reich. Kunst und Gesellschaft, Darmstadt 1985, S. 179 ff.].

b. Das christliche Verständnis vom Gang der römischen Geschichte

Am deutlichsten spürten die Christen die Veränderung. Sie, die lange verachtet und verfolgt worden waren, drängten – seit Konstantin gefördert durch kaiserliche Protektion – unaufhaltsam von den Rändern des Lebens in seine Mitte. Dort wartete die Verantwortung für Staat und Kommune, für Armee und Krieg, dort lockte aber auch die Hoffnung auf irdischen Lohn und Ruhm. So nahmen sie schließlich das Imperium als das ihrige an, schulterten seine Lasten und ließen Wirklichkeit werden, was noch wenige Jahrzehnte zuvor völlig unmöglich schien: „Was geschähe wohl, wenn alle Römer christlich wären?" hatte sich um 250 Origenes gefragt und erschreckt von der eigenen Kühnheit geantwortet, daß solche Gemeinschaft unmöglich unter Menschen sei, „die noch mit dem Erdenleib umkleidet sind" (*contra Celsum* 8, 69 ff.).

Daß er so schnell und gründlich widerlegt wurde, hatte nicht zuletzt mit dem christlichen Verständnis von Geschichte zu tun. Die jüdisch-alttestamentliche Deutung erkannte als Herrn allein den Gott an, der Israel erwählt und dessen Offenbarungen ihm den rechten Weg gewiesen hatten (z. B. Jeremia 25,4–14). Auch die meisten antiken Historiker erkannten im Gang der Weltgeschichte das Walten der Tyche oder der Götter, und jeder Römer war davon überzeugt, daß die Größe und Dauer des Imperiums nicht allein Menschenwerk, sondern gerechter Lohn für peinlich genau umsorgte Altäre war (s. S. 347). Die christliche Weltsicht folgte beiden Traditionen. Sie allerdings fixierte den Angelpunkt der Weltgeschichte genau und unverrückbar auf die Erscheinung des Logos auf Erden in der Menschwerdung Christi. Dies aber fiel in die Zeit, als Augustus Kaiser in Rom und Herr eines weltumspannenden Reiches war.

„Es begab sich in jenen Tagen, daß ein Gebot von dem Kaiser Augustus ausging", hatte Lukas sein Evangelium vom Erscheinen des Gottessohnes auf Erden eingeleitet (2,1; 14), und der Engel, den er vom Himmel zu den Hirten Bethlehems niedersteigen ließ, pries den „Frieden auf Erden", den jedermann als den Frieden Roms verstand [207: HENGEL, Geschichtsschreibung, S. 47 ff.]. Die Autorität des Evangelisten wog schwer. Sie legte nahe, theologisch zu verknüpfen, was zeitlich so offensichtlich war: Die Geburt des neuen Heilsbringers und die Entstehung einer Welt des Friedens. Am Ende verwandelte Eusebius (S. 314) zu

Die Verknüpfung von Himmel und Erde

Beginn des 4. Jahrhunderts die irdischen Taten Roms gleich zweifach in einen heilsgeschichtlichen Prozeß:

Politische Theologie — Die Menschwerdung des Gottessohnes geschah nicht zufällig unter Augustus: Auch er sei wie das in Bethlehem in der Krippe geborene Kind ein Werkzeug der göttlichen Vorsehung gewesen, und Glanz und Macht des Imperiums seien mit dem Aufstieg der christlichen Religion gewachsen [Kirchengeschichte 4,26f.; KLEIN, Das Bild des Augustus, in 828: VON HAEHLING, S. 205–236; die entscheidenden Quellentexte bei E. PETERSON, Kaiser Augustus im Urteil des antiken Christentums, in: Religionstheorie und Politische Theologie, hg. J. TAUBES, Bd. 1, 2. Aufl. Paderborn 1985, S. 174–180]. Politische Gemeinschaft und religiöse Ordnung, Herrschaft und Heil, werden so in Beziehung gesetzt, und der Raum des erdumspannenden Imperiums weitete sich zum vorherbestimmten Feld des Wirkens des Heiligen Geistes.

— Die Apologeten des späten zweiten Jahrhunderts hatten diese Interpretation der Weltgeschichte durch den Gedanken vorbereitet, daß Rom der Welt eine Ordnung gegeben habe, welche die Not der Endzeit aufhalte: „Wir wissen", beteuerte Tertullian, „daß die gewaltige Katastrophe, die dem Erdkreis droht, ja daß das Ende der Welt, das entsetzliche Leiden heraufbeschwört, nur durch die dem römischen Reich gewährte Frist aufgehalten wird" [Apologie 32,1; zu den Mitte des 3. Jahrhunderts wieder auflebenden Weltuntergangsvisionen 681: ALFÖLDY, Krise, S. 295 ff., und 695: STROBEL, S. 146 ff.].

Die Geschichte Roms war damit zum Endpunkt von Geschichte überhaupt geworden. In ihr gingen Römer und Christen eine weltliche Schicksalsgemeinschaft ein, die die religiös bestimmten Gegensätze überbrücken half. Die theologische Legitimation des Imperiums bei Eusebius ist heftig diskutiert worden: grundlegend 902: PETERSON, Der Monotheismus, und C. SCHMITT, Politische Theologie II, Berlin 1970; zur begrifflichen Definition J. ASSMANN, Herrschaft und Heil, München 2000, S. 15 ff. [Zum Fortleben des Gedankens, daß die Geburt Jesu unter Augustus nie und nimmer Zufall gewesen sein könne, vgl. Dante, Convivio 4,5; dazu M. KEEN, in 71: PGLit II, S. 138].

c. Römische und europäische Geschichte

Die Aufgaben der Wissenschaft „Alte Geschichte", schrieb vor Jahrzehnten MOMIGLIANO, „ist jetzt ein provinzieller Zweig der Geschichte geworden. Sie kann ihr verlorenes Prestige nur wiedergewinnen, wenn sie sich wiederum fähig erweist, Ergebnisse anzubieten, welche das Ganze unseres Geschichtsbildes betreffen. Einer der Wege ist, ganz einfach, den Kontakt mit jenen Autoren der Vergangenheit wiederzugewinnen, welche klassische Gegenstände von vitaler Bedeutung für die Geschichte allgemein behandelt haben" [Contributi alla storia degli studi classici e del mondo antico I, Rom 1955, S. 234].

Eine bedenkenswerte Mahnung. Sie wurde bereits an der Wiege der Geschichtsschreibung gehört: „Wir versperren uns und den anderen mit unseren Baugerüsten mehr und mehr die Fassade, und es tut einmal not, die Sachen selbst in dem ganzen und großen Zusammenhang wirken zu lassen", schrieb MOMMSEN nach dem Abschluß seiner Römischen Geschichte. Wenig später hob auch JACOB BURCKHARDT den Zeigefinger: „Es sollte nicht dazu kommen, daß Wissenschaften Riesenmaschinen gleichen, deren Ausstoß nur dazu da ist, andere Maschinen zu füttern, deren Produkte ebenfalls außerhalb des Betriebs nicht gefragt sind" [zit. nach CHR. MEIER, in: J. FEST, Wege zur Geschichte, Zürich 1992, S. 9].

Jede Generation von Historikern hat sich solche und andere Sätze zu Herzen genommen, gegen sie gesündigt und Besserung gelobt. So hat auch die Alte Geschichte in den letzten Jahren verstärkt versucht, aus dem Berg von Gelehrsamkeit, den sie wie alle historischen Disziplinen häuft, ihre Leitideen herauszuarbeiten. Sie zeigten sich früh im Licht der europäischen Geschichte. Was, so lautet die entscheidende Frage, ist den europäischen Erben von der Welt der römischen Kaiser geblieben? „Rom ist an allen Enden die bewußte oder stillschweigende Voraussetzung unseres Anschauens und Denkens", heißt es bei JACOB BURCKHARDT [Historische Fragmente, ed. E. DÜRR, 1957, S. 13 f.]. Folgt daraus die Pflicht, die Geschichte Europas in eine antike und eine nachantike Phase zu teilen und nach Verbindungslinien zu suchen? RANKE sah es so: „Ich wage zu behaupten", belehrte er 1854 den bayerischen König, „daß die ganze Geschichte nichts wäre, wenn die Römer nicht existiert hätten", und zur Begründung verwies er auf vier Leistungen der Kaiserzeit: „1. eine allgemeine Weltliteratur – 2. die Ausbildung der monarchischen Verfassung und damit im Zusammenhang die Bildung einer durchgreifenden Verwaltung – 4. die Erhebung der christlichen Kirche zur Herrschaft" [L. VON RANKE, Über die Epochen der neueren Geschichte. Vorträge dem Könige Maximilian II. von Bayern gehalten, Darmstadt 1954, S. 13; 19].

Vieles ließe sich hinzufügen: Rechtsstaatliches Denken z. B. ist eine Erfindung der Römer, ebenso der Gedanke von der Überlegenheit einer übernationalen Ordnung, ebenso die Vision vom ewigen Frieden unter den Menschen. Die frühen Christen gaben ihre Lehren hinzu: Die Würde des Individuums jenseits von Herkunft und Stand, die Trennung der weltlichen von der geistlichen Macht als eine Konstante des staatlichen und gesellschaftlichen Lebens. Der Lauf der Zeit hat das meiste davon tausendfach verwandelt, so daß nur wenige den eigentlichen Ursprung dieser Ideen kennen. Es ändert dies nichts an ihrer Wirksamkeit.

Auf der Hand liegen diese Einsichten nicht. Denn am Ausgang der Kaiserzeit wurden Mitteleuropa und die Völker des Mittelmeeres durch den Ansturm germanischer und arabischer Krieger auseinandergerissen und gingen ihre eigenen Wege. So zeichnete im 7. Jahrhundert eine lange Epoche von Krieg und Not drei neue Machtzentren auf die politische Landkarte: Byzanz, das Reich der

Die römische Erbschaft

Ihr Verschwinden

Franken und die Herrschaft der Kalifen. Alle Versuche der folgenden Jahrhunderte, daran etwas zu ändern, scheiterten. Das Imperium, das für lange Jahrhunderte die Ordnung der Welt garantiert hatte, schwand der Erinnerung. Die Menschen des frühen Mittelalters besaßen von ihm nur verschwommene Kenntnisse, und was davon noch Fleisch und Blut besaß, verkörperte in den Augen der Nordvölker die katholische Kirche.

Ihre Wiedergeburt Aber es blieb nicht dabei. Der Abschied von Rom war nie endgültig, und mit dem vierzehnten beginnen bis ins neunzehnte die Jahrhunderte, in denen die Römer in immer neuer Gestalt wiederkehren und die Bühne Europas bevölkern. In Literatur, Kunst, Theologie, Philosophie und Recht griff niemand mehr zur Feder, ohne sich zuvor über die den Klöstern des Mittelalters entrissenen Texte der Alten zu beugen und sie um Rat zu fragen. Er wurde nicht nur im Reich des Geistes erteilt. Auch im öffentlichen Raum begleiteten die Alten jede Veränderung, jeden Aufbruch zu neuen Ufern. Dabei boten sie ihre guten Dienste jedermann an – den regierenden Fürsten wie den Aufbegehrenden: Jenen in der Pracht und dem Ethos römischer Kaiser, diesen in den Helden der römischen Republik.

Die Erforschung der Rezeptionsgeschichte ist die Aufgabe der für die jeweilige Epoche zuständigen historischen, kunsthistorischen und literaturwissenschaftlichen Disziplinen [Forschungsüberblick von E. MEUTHEN, Das 15. Jahrhundert, 3. Aufl. München 1996 (OGG 9), S. 180–199. Zusammenfassende Darstellungen schrieben 290: DEMANDT, Was wäre Europa ohne die Antike?; 320: DAHLHEIM, Die Antike, S. 669–734; 289: DERS., Ratlose Erben; 292: SCHULZE, Die Wiederkehr der Antike; 291: FUHRMANN, Der europäische Bildungskanon].

Die Wiederkehr Roms hat die Geschichte Europas tief geprägt. Es ist dies ein unverwechselbar europäisches Phänomen und grenzt Europa gegenüber allen anderen Zivilisationen der Erde ab. Denn nur in Europa wurde an den entscheidenden Wegkreuzungen das jeweils Neue durch den Rückgriff auf die antike Kultur bewältigt, die doch weit jenseits des eigenen Horizontes lag. Keine andere Zivilisation der Erde, weder China noch Byzanz oder die islamische Welt, kennt in ihrem Geschichtsverständnis eine Hochkultur wie die Griechenlands oder Roms, die für Jahrhunderte abbricht, um dann wie Phönix aus der Asche wieder aufzusteigen und den Vorkämpfern einer neuen Weltsicht den Weg zu bahnen [H. RÜDIGER, in 284: HUNGER (Hg.), Geschichte der Textüberlieferung, S. 511–580, und 320: DAHLHEIM, Die Antike, S. 669ff.]. Anders: Jenseits und in bewußter Abkehr von der Tradition verbündeten sich für Jahrhunderte römische und europäische Geschichte; sie lösten sich erst wieder voneinander, als mit der Industriellen Revolution die Lebensumstände ihre prinzipielle Vergleichbarkeit verloren und die Geschichtsschreiber die gerufenen Schutzgeister wieder an ihren historischen Ort bannten [R. KOSELLECK, Historia Magistra Vitae, in: DERS.: Vergangene Zukunft, Frankfurt 1979, S. 17ff.].

1. Der weltgeschichtliche Ort der römischen Kaiserzeit 147

So ist es alles andere als eine Marotte der historischen Erinnerung, daß eine Geschichte der römischen Kaiserzeit seit EDWARD GIBBON als besondere Herausforderung gilt. Wer sich ihr stellt, schreibt noch immer europäische Geschichte, weiß, daß er Auskunft geben muß über die Verbindungslinien zwischen dem Einst und dem Jetzt. So auch die Geschichte der Kaiserzeit von CHRIST [317]: „Auf seine Weise möchte auch dieses Buch beitragen zur Präsenz des Imperium Romanum." Unter diesem Motto soll der Leser verstehen lernen, daß die bis heute sichtbaren Spuren der römischen Vergangenheit mehr bedeuten als Orchideen einer versunkenen Kultur, die es wie jede beliebige andere auch zu bestaunen gilt. Die Gegenposition formulierte PAUL VEYNE unter dem Stichwort der „Poesie der Ferne": Die Fremdheit der Antike sei ihr eigentliches Charakteristikum. „Nichts liegt weiter von uns entfernt, als diese antike Zivilisation; sie ist exotisch, was sage ich, sie ist der Vergangenheit anheimgefallen, und die Gegenstände, die unsere Ausgrabungen zutage fördern, sind so erstaunlich wie Aerolithen." Die Besichtigung dieser Trümmer hat denn auch mit den Problemen der eigenen Zeit nichts zu tun: Nur „deshalb ist die römische Geschichte interessant: sie erlaubt uns, aus uns selbst herauszugehen, und zwingt uns, die Unterschiede zu explizieren, die uns von ihr trennen" [P. VEYNE, Die Originalität des Unbekannten, Frankfurt 1988, S. 11; vgl. DERS., in 463: G. des privaten Lebens, S. 16].

Nähe und Ferne Roms

Wer unter der Prämisse Karl Christs schreibt, muß sich entscheiden: Soll die nur für die Nachgeborenen erkennbare Bedeutung des römischen Imperiums für die Geschichte Europas die Darstellung prägen? Oder reicht es aus, die den Römern gegebene (notwendig begrenzte) Einsicht in die Zusammenhänge und die Folgen ihres Handelns darzustellen? Eine historische Bilanz kommt ohne den ersten Punkt nicht aus, eine historische Darstellung kann auf den zweiten nicht verzichten. Methodische Schwierigkeiten treten hinzu. Sie beginnen mit der Ordnung des Stoffes: Ist eine chronologische oder eine systematische Gliederung dem Gegenstand – einem monarchisch regierten Weltreich – angemessen?

Probleme einer Gesamtdarstellung

Wählt man die erste Möglichkeit, sind die Regierungszeiten der Monarchen die einzig sinnvolle Vorgabe. Ihnen folgt KÖNIG, der die Kaiserdynastien bis zum Ende der Spätantike behandelt und erst in einem zweiten Teil den Staat begriffsgeschichtlich unter den Aspekten Kaiser, Verwaltung, Steuer-, Militär- und Rechtswesen erfaßt [326: KÖNIG, Der römische Staat II]. Auch BELLEN ordnet chronologisch nach Epochen und Dynastien, „um alle Bereiche der Geschichte als miteinander verwobene Teile eines zeitlichen Zusammenhangs zu erfassen und langfristige Entwicklungen als solche zu kennzeichnen" [315: Grundzüge II, Vorwort]. Die in den letzten Jahren wieder zu Ehren gekommene biographische Forschung tat das ihre: Unter der Federführung von CLAUSS schrieb ein Autorenkollektiv die Lebensläufe von 55 römischen Monarchen [319]. Unverzichtbar ist 325: KIENAST, Kaisertabelle; sie enthält die wichtigsten Kaiserdaten – geordnet nach Herkunft, Laufbahn, Erhebung zum Kaiser, Titulatur und Einzeldaten aus

Chronologisch geordnete Darstellungen

der Regierungszeit – mit ausgewählten Literatur- und Quellenangaben [s. auch O. VEH, Lexikon der römischen Kaiser, 3. Aufl. München 1990].

Systematisch geordnete Darstellungen

Die Wahl der zweiten Möglicheit – die systematische Ordnung des Stoffs – will verhindern, daß aus einer Geschichte der Kaiserzeit unter der Hand doch eine Kaisergeschichte wird. Wer von ihr Gebrauch macht, muß von der Persönlichkeit und den Taten der einzelnen Herrscher weitgehend absehen und sich an sachliche Gesichtspunkte halten, welche die ganze Epoche beherrschen. Das Risiko, damit den Wandel zu unterschätzen, dem jeder historische Gegenstand unterliegt, ist angesichts der stabilen sozialen und imperialen Verhältnisse der Kaiserzeit gering [324: HEUSS, RG, S. 525; wohlgeraten der von mehreren Autoren verfaßte und reich bebilderte Sammelband 327 MARTIN, Das Alte Rom].

Kombinierte Darstellungen

Der Mittelweg des „Sowohl als auch" führt zur Gleichbehandlung aller Probleme der Ereignis- und der Strukturgeschichte. Er setzt Platz voraus und kann daher meist nur von mehrbändigen Zusammenfassungen eingeschlagen werden. Unter ihnen zeichnen sich die *Cambridge Ancient History* [338, jetzt in zweiter, erneuerter Auflage] und die zu Beginn der 90er Jahre von MOMIGLIANO und SCHIAVONE herausgegebene *Storia di Roma* [328] durch die Vielzahl kompetenter Mitarbeiter aus. Aber auch die umfassendste Darstellung der Kaiserzeit in deutscher Sprache von CHRIST [317] hält sich an dieses Prinzip: Der erste Teil folgt den Ereignissen von Caesars Tod bis zum Ende des Commodus, der zweite erfaßt Gesellschaft, Wirtschaft, Herrschaftspolitik, Zivilisation und Kultur; Teil drei nimmt den chronologischen Faden bei den Severern wieder auf und folgt ihm bis Diokletian; das zusammenfassende Schlußkapitel vergleicht die Regierungen der Kaiser Augustus und Konstantin und gliedert nach den Gesichtspunkten, die die Leitideen des ganzen Buches noch einmal verdeutlichen: die militärischen Grundlagen der kaiserlichen Macht, ihre Legitimation, der politische Einfluß der Eliten, Aufbau und Administration des Reiches, Gesellschaftsstruktur, Wirtschaftsleben, Kultur und Religion. Wenig anders verfährt WELLS [332] in seiner Geschichte des Imperium Romanum: Dort folgen Kapiteln, welche die politische Ereignisgeschichte unter den einzelnen Herrschern erzählen, Schilderungen übergreifender Themen, unter denen die Verhältnisse in den Provinzen des Reiches einen besonderen Platz beanspruchen.

Thematisch geordnete Darstellungen

Flächendeckende Zugriffe bergen die Gefahr, alles zu wollen und das Entscheidende aus den Augen zu verlieren. So schrieb BLEICKEN seine Geschichte der Kaiserzeit bewußt als „Verfassungs- und Sozialgeschichte" [316]. Er zerlegt den Stoff durch Längsschnitte, um dem Leser jenseits der üblichen Epocheneinteilung sechshundert Jahre römischer Geschichte (27 v. bis um 550 n. Chr.) als welthistorische Epoche vorzuführen, und behandelt die monarchische Herrschaftsordnung, die kaiserliche Reichsverwaltung samt dem sozialen Rahmen ihrer Träger, die Gliederung der Reichsbevölkerung in Stände und die wirtschaftlichen Bedingungen ihres täglichen Lebens, die Stadt als Organisationseinheit und Lebensform, sowie die Romanisierung der Provinzen. Ein

Kapitel über den Wandel der Religiosität bis hin zum Triumph des Gekreuzigten über alle seine Widersacher schließt das Buch, das einer zentralen Leitidee gehorcht: Die Gründe, die zur inneren Einheit des Imperiums führten, sollen jenseits aller historischen Wandlungen sichtbar werden.

Neue Schwerpunkte traten in den letzten Jahren hinzu. So räumt die soziologisch beeinflußte Forschung den Bereichen Wirtschaft und Gesellschaft energisch den Vorrang vor Politik, Verfassung, Reichsregiment, Krieg und Außenpolitik ein [438: ALFÖLDY, Sozialgeschichte; 322: GARNSEY/SALLER, Kaiserreich]. Familie, persönliche Bindungen und die materiellen Folgen der römischen Herrschaft für die Unterworfenen verlangen als neue Themenschwerpunkte ihren Platz. Sie alle schärfen das Bewußtsein für die Frage, ob die Einheit der von Rom geprägten Welt oder die weiterbestehenden tiefen Unterschiede der zivilisatorisch und organisatorisch auf ganz verschiedenem Niveau stehenden Provinzen des Weltreiches zu betonen sind. So enthalten die großen Handbücher [338: CAH und 328: Storia di Roma] breite Überblicke über die einzelnen Regionen des Reiches.

Sozial- und Regionalgeschichte

Schließlich tritt auch die Kulturgeschichte, die lange als Domäne der philologischen und archäologischen Disziplinen galt, wieder in das Blickfeld der Historiker [K. CHRIST, Die Römer. Eine Einführung in ihre Geschichte und Zivilisation, 3. Aufl. 1994, und die nach Sachthemen geordnete, von mehreren Autoren bearbeitete Darstellung der griechisch-römischen Zivilisation 323: GRANT/KITZINGER (Hgg.), Civilisation; s. auch S. 263 ff.]. Der Gegenstand der Kulturgeschichte ist zugegeben vage. Es geht, sagt Gall, um „die Beschreibung und Analyse des wandlungsreichen Prozesses der Selbstdefinition und Selbstidentifizierung des bei aller Mannigfaltigkeit seiner Existenz- und Erscheinungsformen mit sich selbst identischen Kulturwesens Mensch" [L. GALL, Das Argument in der Geschichte, in: HZ 264 (1997) S. 18]. Dies kann eine Sozialgeschichte, die Ökonomie und Gesellschaft miteinander verband, nicht sonderlich aufregend finden [die Kontroverse aus der Sicht der Sozialwissenschaft bei TH. WELSKOPP, Die Sozialgeschichte der Väter. Grenzen und Perspektiven der Historischen Sozialwissenschaft, in: Geschichte und Gesellschaft 24 (1998) S. 173–197; H.-U. WEHLER, Die Herausforderung der Kulturgeschichte, München 1998; die Sicht der Kulturhistoriker: H. LEHMANN (Hg.), Wege zu einer neuen Kulturgeschichte, Göttingen 1995].

Kulturgeschichte

d. Das Imperium sine fine: Die welthistorische Leistung Roms

Der Reisende, der den Mittelmeerraum und die angrenzenden Länder durchquert, findet in den Städten Europas, des Vorderen Orients und Nordafrikas Spuren eines Weltreiches von erstaunlicher Gleichförmigkeit. Bei ihrem Anblick mag er sich etliche Male an MOMMSENS Urteil über das kaiserliche Regiment erinnern, ohne das nichts davon wäre: „Das eben ist das Großartige dieser Jahrhunderte, daß das

Die Bedeutung des Weltreiches

einmal angelegte Werk, die Durchführung der lateinisch-griechischen Civilisierung in der Form der städtischen Gemeindeverfassung, die allmähliche Einziehung der barbarischen oder doch fremdartigen Elemente in diesen Kreis, eine Arbeit, welche ihrem Wesen nach Jahrhunderte stetiger Tätigkeit und ruhiger Selbstentwicklung erforderte, diese lange Frist und diesen Frieden zu Lande und zur See gefunden hat" [614: MOMMSEN, RG V, S. 4]. Die Römer selbst haben dies immer gewußt und beteuert, sie hätten jenseits von Tod und Zerstörung Frieden und Ordnung geschaffen und den Besiegten eine neue, bessere Welt gegeben. Damit ist es der Forschung aufgegeben, die singuläre Dauer des Reiches und den Frieden, der es legitimierte, vorzustellen und zu erklären. Der Leser einer Geschichte der Kaiserzeit muß neben den gliedernden Zäsuren (Prinzipat, Zeit der Reichskrise, Dominat) und den lokalen Sonderentwicklungen in den Städten und Provinzen des Riesenreiches die „Einheit der imperialen Geschichte Roms" erfahren (CHRIST).

MOMMSEN, Römische Geschichte

Es ist unüberhörbar die Stimme Mommsens, die diese Sicht fordert. 1856 hatte er den dritten Band seines großen Römerdramas mit dem Untergang der letzten intakten Armee der Republik im Bürgerkrieg (46 v. Chr.) und der Apotheose des Siegers Caesar in einer Sprache von fast biblischer Monumentalität enden lassen. Jetzt schien anderes wichtiger als die erzählende Geschichtsschreibung: die Kritik der literarischen Überlieferung, die Sammlung der lateinischen Inschriften und das Römische Staatsrecht. Das große Publikum jedoch erwartete die Fortsetzung der „Römischen Geschichte". So entschloß sich Mommsen Anfang der achtziger Jahre, den seit dreißig Jahren liegengebliebenen Faden wieder aufzunehmen.

Das Ergebnis war ein Torso: Statt einer mit prallem Leben gefüllten Geschichte der Kaiserzeit, in der auch das Geheimnis des Nazareners enthüllt würde, las das angespannte Publikum die Darstellung der „Länder und Leute von Caesar bis auf Diokletian". Aus ihr waren alle Personen nahezu vollständig verbannt worden, da sie den Grundgedanken: „Durchführung der lateinisch-griechischen Civilisierung" nur gestört hätten. Statt dessen konzentrierte sich der Meister auf die Länder und Völker, die Rom unterworfen hatte oder mit denen es – wie mit den Germanen und Parthern – in dauernder Fehde lag. Damit hatte Mommsen die logische Konsequenz aus seiner jahrzehntelangen Beschäftigung mit den inschriftlichen Quellen gezogen. Denn insbesondere ihre Informationen ließen es zu, die Entwicklungsgeschichte des Reiches unbeschwert von den Ereignissen in Rom und im Kaiserpalast zu schreiben, obwohl die antike Geschichtsschreibung von Tacitus und Sueton bis zur Historia Augusta gerade sie in den Mittelpunkt gestellt hatte – für Mommsen Nachrichten „nicht bloß ohne Farbe und Gestalt, sondern in der Tat meistens ohne Inhalt" [614: RG V, S. 1]; daher müsse auch Schluß sein „mit der Hof- und Senatsgeschichte in der Weise des Tacitus" [U. VON WILAMOWITZ, Erinnerungen, 1928, S. 160].

Die Hensel-Manuskripte

Knapp hundert Jahre später, 1980, fanden sich Mitschriften der Vorlesungen, die Mommsen 1882 bis 1886 in Berlin über die römische Kaiserzeit gehalten hatte;

DEMANDT veröffentlichte sie unter dem Titel „Römische Kaisergeschichte" [286: MOMMSEN; zur Ausgabe 316: CHRIST, Von Caesar zu Konstantin, S. 178–214]. Sie stammen von Sebastian und Paul Hensel, beide begeisterte Zuhörer Mommsens, beide keine Fachleute. Wie immer man die Ergebnisse ihrer fleißigen Federn beurteilen mag – der vierte Band der Römischen Geschichte ist von Mommsen nie geschrieben worden. Wenn Hensels Mitschriften irgendetwas beweisen, dann dies: Mommsen, der alle inschriftlichen und literarischen Quellen der Kaiserzeit kannte und bearbeitet hatte, konnte mit der Epoche als Ganzer und mit dem Aufstieg des Christentums nicht viel anfangen. So hat es der beste Kenner Mommsens, ALFRED HEUSS, schon immer gesehen: „Man kann es wohl nicht schonungslos genug sagen: Die fehlende Kaiserzeit bedeutet keine Einbuße der Römischen Geschichte, sondern ist ein Glück für sie" [383: HEUSS, Ges. Schrift. III, S. 1795].

Die Radikalität, mit der Mommsen die Geschichte der Provinzen von der kaiserlichen Zentrale in Rom trennte, konnten selbst seine Schüler nicht so recht nachvollziehen. Zu offenkundig schien ihnen die lenkende Hand des Monarchen auf die Untertanen des Reiches einzuwirken [O. HIRSCHFELD, Kleine Schriften, Berlin 1913, S. 927 f.]. Trotzdem erkannten sie und die gesamte althistorische Forschung von nun an den Primat der Reichsgeschichte vor der Kaisergeschichte an. Die Kaiserzeit, so erklärte Anfang der 60er Jahre HEUSS ganz im Sinne Mommsens, „zeigt im großen und ganzen nicht viel individuelle Einsätze von geschichtlicher Bedeutung. An der historisch entscheidenden Tatsache, der Existenz des Römischen Reiches, hat der einzelne Kaiser im allgemeinen nur einen sehr geringen persönlichen Anteil" [324: HEUSS, RG, S. 321]. Der Satz bleibt ungeachtet der Ausweitung des Fragenkatalogs, mit dem die römischen Kaiser in den letzten Jahren traktiert worden sind, bis heute richtungsweisend. Denn die Ordnung, die Augustus dem Reich und seiner monarchischen Regierung gab, ertrug gelassen jede kaiserliche Narretei. Davon fanden sich übergenug in dem halben Jahrhundert nach Augustus, das „mehr politischen Unfug und Unvermögen und menschliche Nichtswürdigkeit auf dem Kaiserthron sah als die nachfolgenden Jahrhunderte zusammen" [324: HEUSS, RG, S. 323].

Primat der Reichsgeschichte

HEUSS hat der Kaiserzeit kein eigenes Buch gewidmet, sie jedoch in seiner Römischen Geschichte und in einer Reihe von Aufsätzen immer wieder behandelt [grundlegend zur Heuss'schen Sicht 293: TIMPE, Kaiserzeit und Weltgeschichte]. Ihre weltgeschichtliche Bedeutung erschließt sich wie bei Mommsen im Gedanken einer urbanen Reichszivilisation, die erst die Geschichte der in Griechenland und Italien begründeten städtischen Freiheit vollendete und dann die barbarischen Völker des Westens und Mitteleuropas daran teilhaben ließ. Unter diesem Blickwinkel schrumpft der Kaiser: Seine Entscheidungen treffen das Leben in den Städten Italiens und der Provinzen nur partiell, und das höfische Treiben der Hauptstadt ist schon im italischen Pompeji unendlich fern und fremd. Seine Bürger und die Hunderter anderer Städte verkörpern jedoch den historisch

HEUSS, Römische Geschichte

bedeutsamen Teil einer Zeit, die nur dank einer praktisch gewordenen Konvention als *Kaiserzeit* in den Geschichtsbüchern steht. Tatsächlich war es „der kommunale Bürgersinn", der „ein echtes Reichsbewußtsein" und damit die entscheidende Existenzgrundlage des Imperiums schuf [324: RG, S. 390]. Max WEBER, den HEUSS genau studiert hatte, sprach in diesem Zusammenhang von „Verbrüderung" und meinte damit den „Zusammenschluß zu einem Verband rechtlich wie religiös prinzipiell gleichberechtigter und nach außen solidarischer Individuen" [NIPPEL, in 295: MEIER (Hg.), Die okzidentale Stadt, S. 35 ff.]. Der Kaiser hat diesen Prozeß gefördert, und seine historische Bedeutung ist vor allem hier zu entdecken.

Rom als Herrscherin   HEUSS hat dem Phänomen der römischen Herrschaftsmacht zentrale Bedeutung zugeschrieben. Denn die welthistorische Leistung Roms kann für ihn nur nach Wirkung und Werk gemessen und ihr Rang nach ihrer Dauer bestimmt werden [HEUSS, Die Römer, in 285: Latein und Europa, S. 313–339 = 383: HEUSS, Ges. Schrift. II, S. 1523–1549]. In der Rolle des Herrschers hätten sich die Römer schon deswegen in der Geschichte auszuweisen, weil sie mit Feuer und Schwert über eine Welt hergefallen waren, die sie nicht geschaffen hatten. Das Reich und seine Dauer sprächen von ihrer Größe, was heißt: eine Herrschaft, welche die griechische Zivilisation in sich aufnahm, ein imperiales Gebilde, das der mediterranen Stadt in der Gestalt von Munizipium, Kolonie und Civitas weltweite Geltung verschaffte, ein Regierungssystem, das die Selbstorganisation der Gesellschaft und die Freiheit der Städte förderte, und eine Ideologie, welche die Eliten zwang, dem Imperium zu geben, was immer es verlangte. Alles dies sei durchtränkt worden mit einer singulären Fähigkeit des Lernens, die erst an ihre Grenzen stieß, als das Fundament des Systems, die Freiheit und Vitalität der Städte, in den Jahrzehnten der Reichskrise brach. Aber diese habe noch zu Beginn des 4. Jahrhunderts Rom einen Weg gewiesen, in dem der lange bekämpfte und verachtete Glauben an einen gekreuzigten Gott nun staatlich sanktioniert wurde und seine Anhänger an der Macht teilhaben durften.

Diesen Gedanken am nächsten steht TIMPE, der die Identifizierung der römischen Territorialherrschaft mit der Kulturwelt hervorhebt: „räumlich, indem sie ihrem eigenen Verständnis nach die Grenzen der Zivilisation umspannte, und im Inneren, indem sie sich auf die Hauptkräfte der antiken mittelmeerischen Zivilisation stützte und sie zur vollen Entfaltung kommen ließ" [TIMPE, Die politische Wirklichkeit, in 285: Latein und Europa, S. 47 ff.; 73].

e. Zeit des Umbruchs: das dritte Jahrhundert

Kriterien der   Am Anfang des Jahrhunderts schrieb Cassius Dio die Geschichte seiner Zeit als die
Bewertung   Geschichte einer Epoche von „Eisen und Rost", die seit der Regierung des Commodus das „goldene Zeitalter" des Imperiums abgelöst habe (72,36,4; zu Dio S. 165); Herodian sah es nicht anders (1,1,4–6, s. S. 367). Seitdem zweifelte

1. Der weltgeschichtliche Ort der römischen Kaiserzeit 153

niemand daran, daß in den Jahrzehnten vor Diokletian die Welt des Augustus und des Hadrian zusammen mit dem Frieden dahin war, den sie für immer zu erhalten gehofft hatte. Die zuständigen Forscher sprechen zumeist von einem Zeitalter der *Krise* und des *Zusammenbruchs*, und sie sind sich allenfalls über den Beginn des Übels uneins: Die einen sehen es bereits mit Mark Aurel (nach 161) oder der Dynastie der Severer (seit 193) kommen, die anderen mit den Soldatenkaisern (235); so bereits Aurelius Victor, der den Herrschaftsantritt des von ihm verachteten Soldaten Maximinus Thrax als Anfang vom Ende beklagte. CHRIST [318: Kaiserzeit, S. 600 ff.] beginnt seine Darstellung der „Reichskrise" ebenso wie JOHNE [689: Gesellschaft und Wirtschaft, S. 8 ff.] mit den Bürgerkriegsjahren 193–197; MOMIGLIANO und SCHIAVONE [328: Storia di Roma III 1] entscheiden sich für Caracalla; nach ROSTOVTZEFF [447: Gesellschaft und Wirtschaft II, S. 106 ff.] folgt auf die Militärmonarchie der Severer seit dem Jahr 235 die „Militäranarchie", und für JACQUES und SCHEID [330: Rom und das Reich] endet die Hohe Kaiserzeit erst 260.

Als auslösendes Element erscheint hier wie dort eine so noch nicht gekannte äußere Bedrohung: Rom verlor vom Ärmelkanal bis zum Persischen Golf die militärische Initiative und verstrickte sich für Jahrzehnte in einen verlustreichen Mehrfrontenkrieg, in dessen Folge die bestehende innere Ordnung erst wankte, dann stürzte. KOLB brachte die weitgehende Übereinstimmung der Forschung in diesem Punkt auf den richtigen Nenner: „Außenpolitische Ereignisse und der aus ihnen resultierende Machtzuwachs von Militär und Bürokratie, nicht die Dialektik von Produktivkräften und Produktionsverhältnissen, waren die geschichtsbewegenden Kräfte im 3. Jahrhundert n. Chr." [691: KOLB, Konflikte, S. 294; fundierte Darstellung des Jahrhunderts mit Forschungsteil bei 683: CHRISTOL, L'empire Romain, der in den Jahren 249–253, 259–260 und 264–274 drei große Krisenperioden erkennt; sie alle wurden durch die Ereignisse an den Reichsgrenzen ausgelöst]. Die äußere Bedrohung

In der Tat und unübersehbar: Spätestens seit dem Tod des Commodus gewannen die Grenzarmeen einen übermächtigen Einfluß auf den Kaiserthron. Die Generäle, die ihn beanspruchten, verteidigten heute aufopferungsvoll das Reich und fielen morgen im mörderischen Kampf um die Macht übereinander her. Am Ende zerbrach die Einheit des Reiches, schwand die wirtschaftliche Prosperität und endete die Solidarität der Bürger mit einem Staat, dessen Steuereintreiber zu Blutsaugern, dessen Soldaten zu Ausbeutern und dessen Beamte zu bestechlichen Kreaturen geworden waren. Als im Jahre 260 Schapur I., „König der Könige der Iraner und Nicht-Iraner", den Kaiser Valerian in einer großen Schlacht unter den Mauern von Edessa schlug und gefangen nahm, schien das Ende des Imperiums nicht mehr fern [zu Relief und Inschrift, die den Sieg Schapurs in der Felswand von Behistun verewigten, 55: GÖBL, Der Triumph des Sassaniden Sahpur, und 56: HUYSE, Die dreisprachige Inschrift Sabuhrs I.]. Zeitalter der Krise?

Zweifel an der generellen Aussagekraft dieses Siegesreliefs, das einen vor seinem Bezwinger knienden Kaiser zeigt, sind immer wieder laut geworden, und sie Kriterien der historischen Einordnung haben die Sinnfälligkeit des Leitbegriffs *Krise* in Frage gestellt. Geradezu symptomatisch ist der 1977 niedergeschriebene Wunsch, ihn durch das Wortungetüm *Phänomen des beschleunigten Wandels in allen Lebensbereichen* zu ersetzen [691: KOLB, Konflikte, S. 277]. Angeführt wird die Fronde der Zweifler durch Forscher, die alle Urteile des historischen Rückblicks als billige Besserwisserei der Nachgeborenen verwerfen und nur das Bewußtsein der Zeitgenossen gelten lassen. Gerade diese scheinen jedoch zu bestätigen, was bereits GIBBON für die Zeit nach 235 notiert hatte: „The whole period was one uninterrupted series of confusion and calamity." 200 Jahre später formulierte ALFÖLDY noch deutlicher: „Das Gefühl der Bedrohung breitete sich jedoch keineswegs erst in der Mitte des 3. Jahrhunderts aus: Schon die Umwälzungen seit dem Ende des 2. Jahrhunderts wie der Sturz der antoninischen Dynastie und die Bürgerkriege seit 193 riefen das Gefühl eines krisenhaften Wandels in der Geschichte der römischen Welt hervor, das sich wie ein roter Faden durch die gesamte Geschichte des 3. Jahrhunderts hinzog" [681: ALFÖLDY, Krise, S. 384 f.].

Die Erfahrungen der Zeitgenossen

Dagegen verwies MACMULLEN auf die in einem Weltreich notwendig unterschiedlichen Erfahrungen der Menschen und verwarf die Möglichkeit der Verallgemeinerung zufälliger Quellenaussagen [692: Roman Government's Response, S. 1 ff.]. Er fand seinen entschiedensten Bundesgenossen in STROBEL. Dieser verhörte gründlich die Zeitzeugen, durchleuchtete die Motive ihrer Einschätzungen und kam zu dem Schluß, „daß aus den untersuchten Zeugnissen eine zeitgenössische realitätsbezogene Krisenwahrnehmung oder ein die mentalen Strukturen bestimmendes Krisenbewußtsein respektive eine allgemeine Krisenmentalität in der Zeit vor 270 n. Chr. nicht zu erweisen sind" [695: STROBEL, Imperium Romanum, S. 299; die Forschungsgeschichte bei ihm, bei 688: HERRMANN, Hilferufe, S. 3–16 und 698: WITSCHEL, Krise, S. 3–6; zusammenfassend: K. STROBEL, Imperium Romanum 180–284/85 n. Chr., in: E. ERDMANN/U. UFFELMANN (Hgg.), Das Altertum, Idstein 2001, S. 239–277].

Neue Versuche der historischen Einordnung

Damit stellte STROBEL die herrschende Forschungsmeinung auf den Kopf. Diese kann jedoch die inschriftlich erhaltenen Bittschriften einfacher Leute aus entlegenen Gebieten des Imperiums ins Feld führen: Ihr Flehen um staatliche Hilfe bezeugt unüberhörbar die Not des kleinen Mannes und spiegelt das Elend der großen Politik, angesichts „der Zunahme der Belastungen durch Forderungen des Militärs, in der Verbreitung von Willkür und Gewalttätigkeit, und auch in dem sich verdeutlichenden Unvermögen der kaiserlichen Regierung, den Mißständen mit den herkömmlichen Mitteln auf der lokalen Verwaltungsebene beizukommen" [688: HERRMANN, Hilferufe, S. 66]. Weiterführend ist der methodische Zugriff von 698: WITSCHEL, Krise. Auch er hält den Begriff *Krise* für überzogen und will ihn allenfalls (in Anlehnung an 683: CHRISTOL) für die Jahrzehnte zwischen 250/60 und 280/90 gelten lassen. Für die ganze Epoche seien jedoch die Begriffe *Schwächeperiode* oder *beschleunigter Wandel* zutreffender, da „das Gesamtsystem des römischen Staates und die Grundlagen der Sozial- und Wirtschaftsordnung erhalten" blieben; es müsse daher darauf ankommen, regional und chronologisch zu differenzieren, was die Behandlung der einzelnen Regionen des Reiches in der von ihm vorgeführten Weise nötig mache.

Der Historiker hat gegenüber den Zeitgenossen die bessere Position. Er kennt schließlich das Ende der Geschichte, er weiß, wem die Zukunft gehörte und wer zu den Verlierern zählte. Wie immer man die Zeit von Mark Aurel bis Diokletian bezeichnen mag – STROBEL spricht von einer „Schwellenzeit" und CHRISTOL von „crises et bouleversement" –, an ihrem Ende stand eine neue Welt. Noch einmal fand Rom einen Ausweg aus dem Teufelskreis von äußerer Bedrohung und innerem Bürgerkrieg, noch einmal hielten die alten Götter und schließlich auch der junge Gott der Christen ihre schützende Hand über das Imperium.

Der Beginn einer neuen Zeit

2. DIE QUELLEN

a. Die Inschriften

„Die gesamte moderne Methode historischer Forschung gründet sich auf die Unterscheidung von originalen und abgeleiteten Quellen oder Zeugnissen. Originale Zeugnisse sind für uns entweder Aussagen von Augenzeugen oder Dokumente und Überreste, die zeitgenössisch sind mit den Ereignissen, die sie bezeugen" [A. MOMIGLIANO, Wege in die Alte Welt, Berlin 1991, S. 80].

Die wichtigsten Dokumente der Kaiserzeit sind Inschriften. So verdankt die Erforschung der Kaiserzeit ihre heutige Gestalt der Entscheidung Mommsens, 1856 seine erzählende Darstellung der Geschichte Roms abzubrechen und daran zu gehen, die antike Hinterlassenschaft für die weitere wissenschaftliche Durchdringung zu sammeln. „Es ist die Grundlage der historischen Wissenschaften, daß die Archive der Vergangenheit geordnet werden", schärfte er der Preußischen Akademie in seiner Antrittsrede 1858 ein. Damit war für seine und die kommenden Generationen die Sammlung und Ordnung der Quellenmassen um ihrer selbst willen als Ziel festgelegt [283: HEUSS, Mommsen, S. 103 ff.]. Die Konsequenzen betrafen (und betreffen) die Organisation von Wissenschaft, ihre Schwerpunkte und die Erschließung neuer historischer Fragestellungen und Untersuchungsgegenstände.

Sammlung und Ordnung: Mommsen

Grundlegend wurde das methodische Postulat, alle lateinischen Inschriften im Original zu überprüfen bzw. philologisch-kritisch eine verlorene Inschrift aus der darüber existierenden Überlieferung zu rekonstruieren. Die Arbeit nach diesen Prämissen machte Wissenschaft zum erstenmal in der Form eines organisierten Großbetriebes – d. h. arbeitsteilig und in internationaler Kooperation bei zentraler Leitung – denkbar und praktikabel [MOMMSEN, Reden und Aufsätze, Berlin 1912, S. 209]. Hinzu trat die Forderung (und die vorgelebte Erfüllung) nach einem mönchischen Arbeitsethos, das mit dem von Max Weber für das Bürgertum der

Die methodischen Grundsätze

Neuzeit geprägten Begriff der „innerweltlichen Askese" unübertroffen charakterisiert ist.

Die Corpora Die Sammlung und Veröffentlichung von Inschriften nach Sprachen und Fundorten wurde bis weit in das zwanzigste Jahrhundert hinein zu einer der zentralen Aufgaben der historischen Wissenschaft [fundierter Überblick bei 316: BLEICKEN, Vfgs.- und Sozialgeschichte II, S. 245 ff.]. Sie führte zu einer Fülle von Publikationen, die nach dem Ersten Weltkrieg vor allem im nationalen Forschungsbetrieb erarbeitet wurden. Allein für die nordafrikanischen Provinzen erschienen von 1923 bis 1952 fünf große, lokal geordnete Corpora [erschöpfend 27: Guide de l'épigraphiste; über die jeweiligen Neufunde informieren die *Année épigraphique* (AE) und die *Zeitschrift für Papyrologie und Epigraphik*, Bonn 1967 ff.]. Alle Sammlungen wurden in der nie getrübten Gewißheit in die Welt gesetzt, daß die Rekonstruktion der Überreste der Vergangenheit ihrer Vergegenwärtigung am besten dient – jenseits der von Generation zu Generation wechselnden Fragestellungen. Daran konnte auch die wenig euphorisch stimmende Erkenntnis nichts ändern, daß nur wenige Inschriften bedeutsame politische und soziale Rechtsakte oder Ereignisse festhalten. Denn das Gros des Materials besteht aus Grab- und Ehreninschriften, die knapp und eintönig über die Lebensumstände und vor allem über politische Karrieren berichten [vorzüglich die zweisprachige Auswahl von 31: SCHUMACHER, Inschriften]. Angesichts dieser Umstände gewann die Frage an Gewicht, ob und wie die Untersuchungsmethoden und Fragenkataloge zu verfeinern waren, um dieses in seiner Aussage so anspruchslose, in seiner Fülle jedoch beeindruckende Material zum Sprechen zu bringen. Die sich in den letzten Jahrzehnten ausweitende prosopographische Forschung und die heftige Diskussion um ihre Ergebnisse sind der wichtigste Teil dieses Prozesses (dazu S. 197).

Die Folgen: Verwaltungs-, Heeres- und Reichsgeschichte Die gewaltige Menge an Informationen, die die Inschriften über die Laufbahnen im öffentlichen Dienst enthielten, haben die Forschungsschwerpunkte von selbst auf die Verwaltungs- und Heeresgeschichte gelenkt, über die die literarischen Quellen nur sporadisch Aussagen machen (dazu S. 234). Nahezu alle bedeutenden Schüler Mommsens haben sich denn auch nach gründlichen epigraphischen Forschungen mit diesen Gebieten beschäftigt: etwa HIRSCHFELD [408], DESSAU [487] und O. SEECK [Geschichte des Untergangs der antiken Welt (6 Bde., 1885–1921)]. Vor allem war es der Meister selbst, der in der zweiten Hälfte seines Lebens in einer Reihe von Einzelaufsätzen dem politischen und sozialen Leben der römischen Kaiserzeit weit ab von den Querelen und Klatschgeschichten des römischen Hofes nachspürte [324: HEUSS, RG, S. 520 f.]. Er demonstrierte damit das weitgefächerte neue Spektrum von Fragen, welche die Inschriften zuließen, die den gesamten Organismus des Imperiums schrittweise erfaßbar machten und die Geschichte der Stadt Rom und ihrer Kaiser in die Geschichte eines Weltreiches verwandelten. Eisern aber beharrte er auf der seit Niebuhr definierten Aufgabe des Historikers, die im tugendhaften Fleiß der epigraphischen Sammler unkenntlich zu werden drohte: Oberstes Ziel muß die Rekonstruktion des Vergangenen durch die Zusammensetzung ihrer kritisch geprüften Überreste zu einem neuen Gesamtbild und die Ausbildung von Verfahren sein, mit denen man jedes aus der Vergangenheit in die Gegenwart reichende Trümmerstück zum Sprechen bringen kann.

Zwei neu gefundene Inschriften bereichern unsere Kenntnisse über die Regierungszeit des Tiberius: Die *Tabula Siarensis* enthält den Senatsbeschluß vom Dezember 19 n. Chr., der die Ehrungen für den im Oktober desselben Jahres verstorbenen Germanicus regelte [58: GONZÁLEZ; 42: LEBEK], und eine in der spanischen Provinz Baetica gefundene Inschrift bezeugt das *Senatus consultum de Cn. Pisone patre*, mit dem der Prozeß gegen Calpurnius Piso, angeklagt wegen Mordes an Germanicus, beendet wurde [43: ECK/CABALLOS; zusammenfassend 43: ECK, Die Täuschung der Öffentlichkeit, S. 128–145].

Neufunde

b. Die literarische Überlieferung

„Unter abgeleiteten Quellen verstehen wir Geschichtsschreiber oder Chronisten, die Begebenheiten mitteilen und erörtern, deren Zeuge sie nicht waren, aber von denen sie gehört haben und die sie mittelbar oder unmittelbar aus originalen Zeugnissen erschlossen haben" [MOMIGLIANO, Wege in die Alte Welt, Berlin 1991, S. 80].

Die römische Literatur hat die philologische Forschung in zusammenfassenden Überblicken gewürdigt. Auf sie konzentriert sich die umfängliche Literaturgeschichte VON ALBRECHTS [8]; sie enthält ebenso wie der von mehreren Autoren lehrbuchartig verfaßte Überblick über Sprache, Geschichte, Literatur, Recht, Religion, Philosophie und Kunstgeschichte eine Fülle von Literaturhinweisen, die auch die Rezeptionsgeschichte berücksichtigen [69: Einleitung; vgl. auch 67: FUHRMANN, Römische Literatur; 63: CHCL II, S. 297–680; über Wichtiges und Unwichtiges unterrichten die Bände 29,1–34,4 der Reihe 1: ANRW]. An einer Sozialgeschichte der Literatur von Cicero bis Apuleius hat sich FANTHAM versucht [66: Literarisches Leben]. Ihr Ziel ist es, „die Veränderungen in der Gesellschaft zu beleuchten, ... die kulturellen Vorgaben und Erwartungen nachzuzeichnen, mit denen das Publikum bzw. die Leser Autoren oder Texte erstmals rezipieren, ... und Aufstieg und Niedergang verschiedener Gattungen durch gesellschaftlichen und politischen Wandel zu erklären" [S. IX; vgl. auch 76: FLACH, Einführung, und A. MEHL, Römische Geschichtsschreibung, Stuttgart 2001, S. 88–168]. Nicht die Selbstaussage der Literatur, sondern das soziale und politische Umfeld der Autoren, die Art und Weise der Publikation und das Bildungsniveau der Leser treten in den Vordergrund [zu den Lesegewohnheiten G. CAVALLO, Vom Volumen zum Kodex: Lesen in der römischen Welt, in: R. CHARTIER/G. CAVALLO (Hgg.), Die Welt des Lesens, Frankfurt 1999, S. 97–135].

Überblicke zur römischen Literatur

Die zweisprachige Literatur der Kaiserzeit

Der gesamte Nachlaß Roms ist zweisprachig, lateinisch wie griechisch geschrieben, und die literarische Erfahrung auch der Römer wurde weitgehend von griechischen Texten und griechischen Lehrern geprägt: „Die römische Literatur blieb in allen ihren Äußerungen irgendwie auf die griechische Literatur bezogen und von ihr abhängig; sie war in weit stärkerem Maße die Folge eines gradlinigen Rezeptionsprozesses als etwa die europäischen Literaturen, die ja nicht nur aus antiken und christlichen, sondern auch aus eigenen Traditionen erwuchsen" [FUHRMANN, in 67: Neues Hdb. der Litwiss. II, S. 11 mit einer herausragenden Charakteristik der gesamten römischen Literatur: S. 1–32]. Dieses besondere Erbe als Einheit zu erfassen und zu beschreiben, erscheint daher zwingend, bleibt aber ein großes, bis heute unerreichtes Ziel [324: HEUSS, RG, S. 525 f.]. DIHLE hat es angestrebt, als er Dichtung und Prosa ebenso wie die gelehrte Brief- und Fachliteratur unter Einschluß der christlich-theologischen Schriften behandelte [64: DIHLE, Literatur]. Nachahmer hat er nicht gefunden [so trennt die Quellensammlung von 8: ALBRECHT/GÖRGEMANNS für die Kaiserzeit die griechische von der lateinischen Literatur ebenso wie 67: Bd. 2 und 3].

Die Notwendigkeit des weit ausholenden Zugriffs von Dihle hat einen weiteren, triftigen Grund. Er folgt aus der einfachen Frage, wie weit der Gedanke eines weltumspannenden Imperiums, das allen in gleicher Weise die Segnungen einer neuen Friedensordnung verhieß, tatsächlich das Denken und Handeln der Untertanen bestimmt und die Einheit des Reiches gefördert hat. HOSE hat dazu die Historiker von Florus bis Cassius Dio befragt und eine Entwicklung diagnostiziert, „nach der die Historiographie im Gleichschritt mit der Entwicklung eines Reichsbewußtseins und einer auch juristischen Gleichheit (mit dem Abschluß der constitutio Antoniniana) im imperium Romanum geht." [70: Erneuerung]. Dies gilt nicht für die von Rom sozial und politisch gestützten griechischen Eliten, deren Stimmen deutlich vernehmbar sind (dazu S. 255 f.).

Die Grenzen antiker Erklärungsmuster

Der Erklärungshorizont aller antiken Zeugnisse ist durch die ihnen eigene Gewißheit begrenzt, daß jedes historische Ereignis das Ergebnis menschlicher Tätigkeit ist und durch den Charakter der jeweils Handelnden determiniert wird. Die ständigen Rekurse auf Ethik und Moral finden hier ihre erste Erklärung. So können z. B. soziale Mißstände durch moralisches Versagen (etwa Habgier oder Verschwendungssucht) und verlorene Kriege durch kaiserliches Unvermögen oder die Korruption der Feldherrn verständlich erklärt werden. Methodisch wäre jeder Versuch irrig, den antiken Gewährsmännern moderne Kategorien der historischen Einordnung – z. B. die Kenntnis ökonomischer Mechanismen oder strukturgeschichtlicher Analysen – zu unterstellen. Generell gilt vielmehr, daß sozialgeschichtliche Fragestellungen für antike Schriftsteller kein eigenes Thema waren. Auskünfte darüber, die diesen Quellen gleichwohl abgerungen werden müssen, entstammen immer anders gerichteten Zusammenhängen. Sie vermitteln daher auch meist nur sachlich, räumlich und zeitlich begrenzte Ausschnitte des gesuchten Gegenstandes und zwingen zur Rekonstruktion eines sozialhistorischen Themas, das die literarischen Quellen allenfalls im allgemeinen historischen Kontext andeuten. Dieser wiederum erscheint in den Faktoren, die im antiken Lebensverständnis bedeutsam sind: Die bestaunenswerte Tat, die Einzigartigkeit historischer Ereignisse, das Fremdartige an anderen Völkern und Ländern und – natürlich und ständig – das Militärische. Das Alltägliche, die allgemeinen Lebensumstände, die Sorgen von jedermann – all dies findet sich nur in diesem vorgegebenen Rahmen. „Die Gesellschaft der Kaiserzeit haben zwar Rostovtzeff und Syme, aber hat nicht Tacitus zum Thema gemacht" [D. Timpe, Alte Geschichte und die Fragestellung der Soziologie, HZ 213 (1971) S. 5].

Was die Quellen direkt sagen, beschäftigt sich mit der Wirkung, die soziale und wirtschaftliche Gegebenheiten im Raum der Politik haben. So beschreibt Aelius Aristides (S. 365 f.) die Segnungen der römischen Herrschaft und des Friedens und nennt die Folgen, die dies für das Zusammenleben der griechischen Städte untereinander und für ihre innere Stabilität und Prosperität hatte. Er verbindet damit die Frage, ob Roms Herrschaft die Form gefunden habe, die Freiheit und Herrschaft vereinbar machte, und bestätigt, daß die römische Verwaltungspraxis und die Bürgerrechtspolitik den Weg dazu geöffnet hätten [103: Bleicken, Aelius Aristides, in: Ges. Schrift., S. 901–953]. Die sozialen und wirtschaftlichen Probleme der griechischen Städte dieser Zeit verschwinden hinter der Einzigartigkeit der Leistung Roms und können aus den Aussagen des Rhetors nur indirekt erschlossen werden. Nicht minder aufschlußreich sind die Schilderungen fremder Völker: Caesar, Tacitus, Plinius und später Dexippos registrierten z. B. handwerkliche Leistungen der Kelten und Germanen dort, wo sie als Ursachen oder äußeres Zeichen von kriegerischer Überlegenheit oder barbarischer Fremdartigkeit ins Auge stachen. Unter diesem Blickwinkel werden das keltische Schwert, das gallische Gold und die germanische Pferdezucht wichtig, nicht aber die sozialen Schichten, die diese Artikel fabrizierten und vertrieben, und nicht das, was im täglichen Gebrauch dieser Völker üblich war [grundlegende Ausführungen bei D. Timpe, Das keltische Handwerk im Lichte der antiken Literatur, in: Das Handwerk in vor- und frühgeschichtl. Zeit I, hg. H. Jahnkuhn, Göttingen 1981, S. 36–62].

Methodisch verpflichtet ein solcher Befund dazu, das gesamte literarische Material ungeachtet seiner literarischen Gestalt und seines Gegenstandes nach Daten der alltäglichen Lebensumstände durchzusieben und das, was zurückbleibt, nach den Kategorien zu ordnen, die anhand der quellenmäßig glücklicheren Epochen der Neuzeit entwickelt wurden. Dazu ist die Einarbeitung der archäologischen Hinterlassenschaft unverzichtbar, die vor allem für die Provinzen das entscheidende Material liefert. Die Sozial- und Wirtschaftsgeschichte von M. Rostovtzeff [447] bahnte sich den Zugang zu ihrer Thematik denn auch durch die systematische Auswertung der archäologischen Quellen, und sie erfaßte alle Zeugnisse des Wirtschaftslebens, die die kulturelle Hinterlassenschaft einer vergangenen Epoche überhaupt bereitstellen kann. In der Tat geben die Dar-

Der Vorrang der Politik

Methodische Grundsätze der Auswertung

stellungen der antiken Kunst und das sonstige Fundmaterial häufig verläßlichere Auskünfte als ein antiker Autor: Die Technik beispielsweise, mit der Eisen gewonnen, Straßen gebaut oder Städte bewässert wurden, läßt genauere Rückschlüsse auf die soziale Organisation des dafür verantwortlichen Handwerks zu als selbst die Rechtsquellen, die über die korporationsrechtlichen Entwicklungen innerhalb des Handwerks und des Handels informieren [grundlegend 540: MEISSNER, Die technologische Fachliteratur, S. 178–263]. Dabei wird kein Althistoriker für sein Terrain auf den Gedanken kommen, daß „das Phänomen der Technik als Planung und Gestaltung ... die Grundlage für alles ist, was gemeinhin unter dem Begriff Geschichte verstanden wird" [W. CONZE, in: Technikgeschichte, Düsseldorf 1972, S. 17]; er kann sich jedoch den methodischen Zwängen nicht entziehen, die aus den Intentionen seiner antiken Quellen erwachsen: „Sogar für die soziale Stellung des Handwerkers ergeben die Ausgrabungen von Bibracte mehr als die Interpretation von Caesars Commentarien" [TIMPE, Das keltische Handwerk, in: Das Handwerk in vor- und frühgeschichtl. Zeit I, hg. H. JAHN-KUHN, Göttingen 1981, S. 37]. Dieser Tatbestand reicht für sich genommen bereits aus, die methodische Pflicht zu begründen, sozial- und wirtschaftsgeschichtliche Erscheinungen der Kaiserzeit nur in genauer Kenntnis der materiellen Kultur zu rekonstruieren.

c. Der Roman als historische Quelle

Die Entwicklung der Romanliteratur

Nach Thomas Mann ist jeder Roman Gesellschaftskritik. Der Grund dieser Feststellung ist leicht nachzuvollziehen: Kaum eine andere literarische Gattung bietet so viele Möglichkeiten, Zeitkritik anzubringen oder durch die Art und Weise der Charakterdarstellung bestimmte gesellschaftliche Besonderheiten erkennbar zu machen. Wenn also dem Roman Gesellschaftskritik im Blute liegt, so wird der Historiker auf die antiken Romane besonders zu achten haben.

Sie kamen spät in Mode und erfreuten sich seit dem 2. Jahrhundert wachsender Beliebtheit. Es war die Zeit, in der die Menschen auf dem Forum von Kaiser und Reich hörten, im privaten Kämmerlein aber Orakel befragten und Romane lasen, die sie in andere Welten mit exotischen Landschaften, wundersamen Wesen und unheimlichen Lebensweisen führten. Dort fanden sie große Abenteuer und ewige Liebe, denn das Grundmuster der Romane blieb sich gleich: Zwei Liebende, getrennt durch gewaltsame Zufälle und in ferne Länder verschlagen, trotzen allen Gefahren und Versuchungen, halten sich wechselseitig für tot oder untreu, sinken sich am Ende aber glücklich vereint in die Arme. In der Fremde hörten sie auch von neuen Rangordnungen, denn der Roman unterschied nur zwischen den Bösen und dem Adel der Guten und Reinen, dem anzugehören weder Stand noch Geburt, noch Reichtum oder Armut hinderten. Sittliche Vollkommenheit – so lautet die verkündete Lehre – ist nicht vom sozialen Status abhängig [zusammenfassend 140: HOLZBERG, Roman, und 138: HÄGG, Eros und Tyche; zur

Bedeutung der Neugier auf fremde Länder M. LANDFESTER, Reise und Roman in der Antike, in: Chloë 13 (1992) S. 29–41; eine Sammlung deutscher Übersetzungen bei 135: KYTZLER, Im Reich des Eros].

Die wichtigsten Zeugnisse dieser Literatur sind für jede Sozialgeschichte ebenso wie für die Mentalitätsgeschichte unverzichtbar. Petronius, *elegantiae arbiter* am Hofe Neros und von diesem 66 in den Tod getrieben, läßt in einer Mischung aus Reise- und Sittenroman ein Zerrbild des Odysseus durch die Welt geistern (*Satyricon*); von den 16 Büchern blieben Teile des 14.-16. Buches erhalten, darunter das *Gastmahl des Trimalchio*, die Geschichte eines aufgestiegenen Freigelassenen, und die Novelle von der *Witwe aus Ephesos*, eine Satire auf die Zucht und Treue der Frau. Im 2. Jahrhundert schrieb Longos den bukolischen Hirtenroman *Daphnis und Chloe*, die Geschichte zweier Findelkinder, die auf dem Lande aufwachsen und das Geheimnis und die Künste der Liebe lernen müssen. In der Mitte des 3. Jahrhunderts führt der Philosoph Heliodor die äthiopische Königstochter Charikleia und ihren Geliebten Theagenes durch eine bunte Welt der Abenteuer, bis sie als Priester und Priesterin des äthiopischen Sonnengottes geweiht und vereint werden (*Aithiopika*). Am berühmtesten wurden die *Metamorphosen* des Nordafrikaners Apuleius (zu ihm S. 276f.). Sie erzählen die Geschichte einer Verwandlung und einer Erlösung: Ein wohlhabender Jüngling, von einer thessalischen Hexe in einen Esel verwandelt, irrt als Grautier durch die Lande, bis er am Ende mit gnädiger Hilfe der Göttin Isis doch noch entzaubert wird. In diesen Roman ist die Geschichte von *Amor und Psyche* eingebaut, ein zeitloses Märchen, das die Phantasie der Maler und Dichter immer wieder zur Nachschöpfung angeregt hat.

Die Autoren

Auch die Christen wollten von Helden, Abenteuern und fernen Ländern hören. Ihre Phantasie beflügelten die Nachrichten, die die Missionare von ihren Reisen in immer fernere Länder mitbrachten. Diese auszumalen, war niemand gehindert, im Gegenteil. So schrieb eine Reihe unbekannter Autoren Apostelakten, die von ungeheuren Taten und Leiden der ersten Glaubensboten zu erzählen wußten. Ihre geistigen Väter jagten sie in die entlegensten Weltgegenden, durch Wüsten und Einöden und führten sie zu Menschenfressern und Hundskopfmenschen [196: HENNECKE/SCHNEEMELCHER, Apokryphen II, S. 71–367; 145: SÖDER, Apostelgeschichten; R. HELM, Der antike Roman, Berlin 1948, S. 53–60]. Alles, was die Reise- und Abenteuerromane und die legendäre Alexandertradition bereits ausgemalt hatten, mußte nun auch den gefahrvollen Expeditionen der Missionare unterlegt werden. Bisweilen bewahren diese Schriften genaue Kenntnisse der Geographie und der missionierten Bewohner ferner Gegenden, so z. B. der romanhafte Bericht über die Missionsreise des Apostels Thomas, in dem ein Indienbild nachgelesen werden kann, „das in vielen Einzelheiten dem entspricht, was wir über die iranisch beherrschten Staatsgebilde im Nordwesten dieses Landes aus dem ersten Jahrhundert nach Christus aufgrund unverdächtiger Zeugnisse wissen" [A. DIHLE, Die Griechen und die Fremden, Mün-

Der christliche Roman: Die Apostelakten

chen 1994, S. 125 f.]. Auch die Akten des Apostels Bartholomäus besitzen eine geographische Einleitung, die der Wirklichkeit vielfach besser gerecht wird, als das, was in den einschlägigen wissenschaftlichen Werken der Kaiserzeit aufgeschrieben wurde [zu ihnen grundlegend 579: MÜLLER, Ethnographie II].

Die historische Aussage der Romane

Die Forschung nähert sich dieser Quellengattung aus gutem Grund nur zögernd. Romane geben bekanntlich kein ungetrübtes Bild von der sozialen Wirklichkeit wieder. Selbstverständlich ist etwa das von Longos gezeichnete Bild von den schlechten Reichen, die aus der Stadt kommen und Unruhe über das Land bringen, während die armen Bauern und Hirten gut und rechtschaffen sind, selbst wenn sie als Leibeigene dienen, nicht ernst zu nehmen. Aber: „it also reveals the attitude of the Hellenized élite of the Roman Empire towards rural life and therefore deserves the attention of historians of mentalities" [SAID, Rural Society, in 146: SWAIN (Hg.), Oxford Readings, S. 85]. Weit realistischer und der sozialen Wirklichkeit näher erzählt Apuleius seine Geschichte. Sein Esel irrt durch den Alltag vor allem der kleinen Leute und sieht ihre Nöte, ihre Bedrängnis durch Soldaten und noble Herren und ackert wie sie in der Stampfmühle des Lebens. Und immer wieder begegnet er Räubern und zeigt dem rückblickenden Historiker eine Welt, von der er mehr ahnt als weiß [W. RIESS, Apuleius und die Räuber, Stuttgart 2001, zur Sache SHAW, Der Bandit, in 442: GIARDINA, S. 337–381]. So mag künftigen Untersuchungen des Romans MILLAR [142: The World of the Golden Ass, S. 248] als Richtschnur dienen: „Indeed I am going to suggest that the realism of tone in the novel may extend beyond purely physical descriptions, to realistic images of social and economic relations, the framework of communal life in a Roman province and even, here and there, to the wider context of what it meant to be a subject of the Roman Empire."

Roman und Religion

Schließlich die Religion: Von ihren Ritualen bieten die Romane die lebendigsten Schilderungen überhaupt. Ihre Interpreten blicken vor allem auf die Mysterien, deren Kulte und Texte sie in den Romanen gespiegelt sehen. Grundlegend hierfür wurden die Arbeiten von Karl KERÉNYI, Die griechisch-orientalische Romanliteratur in religionsgeschichtlicher Beleuchtung, Tübingen 1927, und R. MERKELBACH, Roman und Mysterium in der Antike, München 1962, und DERS., Isis regina – Zeus Sarapis. Die griechisch-ägyptische Religion nach den Quellen dargestellt, Stuttgart 1995. Demnach müssen die Romane auf zwei Ebenen gelesen werden: die eine ist die der Erzählung, die andere die des religiösen Rituals. Der Eselsroman des Apuleius bot sich für diese Erklärung geradezu an: Er endet mit der Einweihung des Helden in die Mysterien der Isis, und wer von hier aus Ablauf und Handlung durchdenkt, findet eine Reihe von Motiven, die auf andere Romane übertragbar sind und mit den Einweihungszeremonien, die ein Myste durchleiden muß, verglichen werden können. Die Kritik an dieser Interpretation überwiegt, auch wenn zugegeben wird, „daß eine Initiationsstruktur den meisten antiken Romanhandlungen zugrundeliegt" [W. BURKERT, Antike Mysterien, München 1990, S. 56].

d. Die Geschichtsschreibung

Das erste Gebot der historischen Quellenkritik brachte NIEBUHR auf die einprägsame Formel, es gelte „den Standpunkt zu fassen, von wo, und die Media zu erkennen, wodurch der Schriftsteller sah." Dieser methodische Grundsatz ist auch auf die historiographische Überlieferung anzuwenden, die für die römische Kaiserzeit wie für alle anderen antiken Zeiträume eine Schlüsselrolle beansprucht. Denn ohne sie ist aus den anderen vielfältigen Quellengruppen eine zusammenhängende Rekonstruktion der Ereignisse nicht möglich. Die vornehmste Aufgabe muß es demnach sein, den Wert gerade dieser Quellengattung zu analysieren, der durch ihren Gegenstand und durch die Intentionen bestimmt ist, mit denen dieser beschrieben wird.

Die Geschichtsschreibung der Kaiserzeit ist nicht nur sprachlich, sondern auch hinsichtlich ihrer literarischen Form und in bezug auf ihren Inhalt und ihre Tendenz zweigeteilt. Ihre beiden großen Gattungen, die Annalistik (Tacitus, Cassius Dio) und die Biographie (Sueton und die Historia Augusta) stehen noch lange nebeneinander. Der inhaltlich der Monarchie angepaßten Literatur (z. B. Velleius Paterculus) gehörte zwar die Zukunft, den Ruhm jedoch teilte sie mit der republikanisch-aristokratischen Historiographie, die in Tacitus ihren überragenden Repräsentanten fand. Von ihrer Geburtsstunde an war sie auf die Geschichte der Stadt Rom von den mythischen Anfängen bis zur Gegenwart fixiert. Dies blieb auch so, als die annalistische Geschichtsbetrachtung, die in Tacitus ihren letzten großen Vertreter gefunden hatte, abgelöst wurde durch Kaiserbiographien; die allgegenwärtige und ins Sakrale überhöhte Präsenz des von seiner Geschichte und seinem Selbstverständnis an die Stadt Rom gebundenen Monarchen ließ keine Wahl. Erst in der schweigsamen Welt des dritten Jahrhunderts verschieben sich die Gewichte, „tritt an die Stelle des politischen der religiöse Gegensatz: auf der einen Seite altgläubige, auf der anderen christliche Autoren, die beide ebenso tendenziös mit den Tatsachen umspringen wie früher die Senats- und Hofhistoriker" [E. KORNEMANN, Die römische Kaiserzeit, in: A. GERCKE/E. NORDEN (Hgg.), Einleitung in die Altertumswissenschaft III 2, 3. Aufl. Leipzig 1933, S. 147 ff., mit dem immer noch besten Quellenüberblick; 76: FLACH, S. 132 ff.].

Formal folgten Sueton und seine Fortsetzer mit ihren Viten dem literarischen Genus, das in hellenistischer Zeit die Peripatetiker gefunden hatten, um die Persönlichkeit und den Charakter des Individuums jenseits der sozialen und politischen Bindung der Zeit darzustellen. Ihren Gegenstand, den Kaiser, hüllten sie in moralische Wertungen. Denn zu ihrem Verständnis von den Pflichten des Historikers gehörte es, „dafür zu sorgen, daß tüchtige Leistungen nicht verschwiegen werden und Bosheit in Wort und Tat sich vor der Schande der Nachwelt hüten muß" (Tacitus, Annalen 3,65). So wurden alle Geschichten und Anekdoten auf die Person des Kaisers ausgerichtet und seine Taten und sein Charakter an den *mores* und *virtutes* der Vorfahren gemessen [W. EISENHUT,

<small>Die Schlüsselrolle der Historiographie</small>

<small>Annalistik und Biographie</small>

<small>Moralische Wertungen</small>

Virtus Romana, München 1973, S. 186 ff., ALFÖLDY, Die Rolle des Einzelnen, in 437: DERS., Gesellschaft, S. 352 f.; 700: CHRIST, Die Römer, S. 145 ff.]. Als Valerius Maximus seinem Kaiser Tiberius eine Sammlung „denkwürdiger Taten und Aussprüche" (*facta et dicta memorabilia*) widmete, gegliedert nach *virtutes* und *vitia*, unterstrich er den Anspruch seiner Zeit, das Wertesystem der Altvorderen auch nach der Revolution von Aktium beibehalten zu wollen [zweisprachige, ausgewählte Ausgabe von U. BLANK-SANGMEISTER, Stuttgart 1991]. Nach diesem Grundkonsens ordneten Tacitus, Plinius und Sueton die Kaiser in gute und schlechte ein und werteten ihre Leistungen nach denselben Kategorien, die Livius auf Romulus angewandt hatte. Die Kaiser selbst erwarteten nichts anderes und verewigten ihre Taten für Rom innerhalb der Kontinuität des *mos maiorum* [vgl. z. B. den Aufbau der Darstellung auf der Trajanssäule: 254: HÖLSCHER, Geschichtsauffassung, S. 265 ff.].

Die Pflicht zur Unterhaltung

Es entsprach dies durchaus den Wünschen des Publikums, das die Allmacht des Monarchen anerkannte, ihn jedoch als Menschen beurteilen und gegebenenfalls aburteilen wollte. Dazu gehörte die Forderung nach pikanten Details des Privatlebens, nach Anekdoten und generell nach einer unterhaltsamen Lektüre. Tacitus, den Racine „prince des ténèbres" genannt hatte und der die Darstellung des vielfältigen Todes der Großen besonders liebte, wollte denn auch nicht nur kritisieren und richten, sondern auch großartig unterhalten, und dafür kam ihm die Zeit der frühen Kaiser gerade recht: „Tacitus widmete sich der eigenen Zeit, weil sie ihn lockte und faszinierte, weil die Positur des Anklagenden, Richtenden ihm zusagte, weil die hier zu wählenden Farbtöne ihm gefielen und er gleiches Gefallen bei seinen Lesern erwartete" [GOLO MANN, Römische Historiker, in 285: Latein und Europa, S. 172 ff.].

Die Griechen

Die Griechen hatten am Ausgang der Republik, an dem ihre Welt den Untergang des letzten großen Diadochenreiches in Ägypten betrauerte, ihre Fähigkeit verloren, die bisher gebrauchten Forschungsmethoden und Darstellungsformen einer sich wandelnden Welt anzupassen. Der Friede des Imperiums versagte den Stoff, der ihre schöpferische Phantasie hätte beflügeln können (so klagt auch Tacitus, Annalen 4,32,1 f.). An die Stelle der großen Entwürfe im Stile eines Polybios traten jetzt die Zusammenfassungen in universalen Perspektiven: Die historische Geographie des Strabon aus der augusteischen Zeit demonstrierte diese neue Form der Gelehrsamkeit. Seit Hadrian treten die Ethnographen und die Zeithistoriker hinzu, unter denen Herodian und Dexippos (S. 365) herausragen.

Cassius Dio

Beginnend mit der Regierung Nervas wird die gesamte Quellensituation spürbar diffuser und spärlicher. Sueton schloß seine Biographien mit Domitian ab, und auch die Historien des Tacitus enden mit diesem Datum, obwohl ihr Autor geplant hatte, den Aufbruch Roms in ein neues, glücklicheres Zeitalter unter Nerva und Trajan zu schildern. Die Historiker des vierten Jahrhunderts, die anknüpfend an Tacitus und Sueton ihre Geschichtsschreibung mit Nerva begannen, sind für diese Zeit verloren. Das noch erhaltene historiographische

Material beschränkt sich damit auf die Breviarien des späten vierten Jahrhunderts und auf die byzantinischen Exzerpte des Cassius Dio. Dieser aus Bithynien stammende Senator und Geschichtsschreiber war Politiker und zugleich ein Mann, dessen Auffassung von den tragenden Kräften der Politik und den Formen der Entscheidungsfindung durchaus nicht immer zeitgemäß waren [113: STRASBURGER, Geschichte und Politik, S. 33 ff., 44 ff.]. Am wichtigsten für die Rekonstruktion der Kaiserzeit sind die von ihm als Augenzeuge (72,4,2) verfaßten Schilderungen der Zeit zwischen dem Regierungsantritt des Commodus und der Regierung des Severus Alexander (Buch 72–80). Die senatorische Stellung des Autors und seine lange Tätigkeit als hoher kaiserlicher Funktionär haben ihn für eine exakte Darstellung dieser Zeit ebenso prädestiniert wie die selbstauferlegte Verpflichtung, der historischen Wahrheit alles schuldig zu sein.

Die Forschung hat diesen Autor lange Zeit stiefmütterlich behandelt. Dies wurde gründlich anders, als 1964 MILLAR [112] seine Monographie über Dio veröffentlichte und insbesondere die Abfassungszeit und die Erzählstruktur des Werkes untersuchte. Sein Bemühen, die Entstehung jedes einzelnen Buches genau zu datieren, bleibt umstritten. Jedoch warfen die Auslassungen zu dem zeitgenössischen Verständnis von Geschichte und Zeitgeschehen, das sich bei Dio spiegelt, die weitreichende Frage nach der Sehweise der Zeitgenossen in einer Epoche auf, die für den rückblickenden Historiker den Schlüssel zu den folgenden Krisenjahrzehnten enthält [vgl. unter dieser Problemstellung 681: ALFÖLDY, Krise, S. 240–294 zu Herodian].

Daß Cassius Dio selbst derartige Überlegungen angestellt hat, ergibt sich schon daraus, daß er die erlebte eigene Zeit als den Beweis einer Epoche von „Eisen und Rost" kennzeichnete (dazu S. 152 f.). Spätestens der Greis sah die Zukunft Roms mit einer schweren Hypothek belastet, was allerdings nicht geradewegs zu dem Schluß führt, daß für ihn die Entwicklung zum Schlechten bereits irreversibel geworden wäre [R. BERING-STASCHEWSKI, Röm. Zeitgeschichte bei Cassius Dio, Bochum 1981, S. 125 ff.]. Dem widerspricht bereits eindrucksvoll die fiktive Rede des Maecenas im 52. Buch, die mit BLEICKEN [111] als Reflexion auf die politischen Verhältnisse seiner Zeit gelesen werden muß und mit den darin enthaltenen praktischen Ratschlägen für das richtige Regiment des Imperiums der eigenen Zeit ein politisches Programm für die Zukunft an die Hand geben wollte. Die in dieser Rede entwickelte Regierungsprogrammatik ist „keineswegs im Hochgefühl des Wiedererreichten" [BLEICKEN] geschrieben. Sie ist jedoch auch nicht Ausdruck politischer Resignation: Zu scharf durchdacht sind die im Detail entwickelten Vorschläge, und zu genau entspricht der Kerngedanke – die Notwendigkeit der senatorischen Beteiligung an den Staatsgeschäften – den tatsächlichen Problemen der Zeit. Die Gewißheit, daß es die originäre Aufgabe des Senates sei, ein wirksames Korrektiv zur absoluten Machtfülle des Kaisers zu bilden, war Teil der Konstruktion des Prinzipats, und Dios hartnäckige (vielleicht zu diesem Zeitpunkt schon eigensinnige) Verfolgung dieses Punktes beweist, mit

Das Geschichtsbild Dios

welcher Leidenschaft sich die Senatoren der Severerzeit gegen eine Zukunft stemmten, in der sie zum Rückzug aus den Schaltstellen der politischen Macht verurteilt werden sollten. Ein unverzichtbarer Teil dieser Überlegungen ist der Stolz, mit dem Dio seine Vorstellung von Politik in die Geschichte des nunmehr fast tausendjährigen Imperiums verwob: Ganz bewußt wurde die Begründung des Prinzipats des Augustus als der geeignete Ort gewählt, um in der Rede des Maecenas das eigene Bild einer effektiven und gerechten Monarchie zu entwerfen. Auch dieses Verfahren war Tradition: Schon immer hatte die Vergangenheit die Maßstäbe für die Gegenwart gesetzt, und wie Dio hatten alle politisch handelnden Historiker die Großen der römischen Geschichte als Zeugen aufgerufen, um die Richtigkeit der vertretenen Sache zu beweisen und der eigenen Zeit die *exempla* des richtigen Handelns vorzuführen.

Das Versiegen der Literatur im 3. Jahrhundert

In den folgenden Jahrzehnten der Krise versiegt die heidnische Literatur fast völlig. Der lateinische Westen kennt nach 238, dem Jahr der Abfassung der Schrift des Censorinus, *de die natali*, für zwei Menschenalter keinen Autoren von Namen und Rang mehr. Der griechische Osten verfaßt zwar noch Fach- und Unterhaltungsprosa (besonders wichtig die *Skytika* des Herennius Dexippos, der die Germanenkriege von 238–274 beschreibt), jedoch beginnt erst mit dem Aufstieg des Neuplatonismus wieder ein neues literarisches Leben. Ganz anders dort, wo es nicht um das Schicksal Roms, sondern um das Heil des Einzelnen und seiner Seele ging: Die theologischen Schulen in Alexandrien und ihr überragender Vertreter Origenes (gest. 253) und in Karthago der machtbewußte Bischof Cyprian führten die christliche Literatur in griechischer und lateinischer Sprache auf ihren ersten Gipfel.

Die Breviarien

Der Historiker muß daher seine Kenntnisse für weite Teile des zweiten und vor allem des dritten Jahrhunderts aus der historiographischen Literatur der zweiten Hälfte des vierten Jahrhunderts beziehen, die in Breviarien (Aurelius Victor, Eutrop, Rufius Festus, die anonym überlieferte Epitome de Caesaribus) und in den Kaiserbiographien der Historia Augusta noch einmal in die frühe Kaiserzeit zurückblickte. Alle diese Werke sind wie das des Ammianus Marcellinus Zeugnisse der Rückbesinnung einer Zeit, deren nichtchristliche Intelligenz in einer zusammenbrechenden Welt Halt und Trost in der Tradition der *maiores* suchte. Ihre methodische Orientierung fanden die Autoren in den Annalen (Tacitus) und Biographien (Sueton) der frühen Prinzipatszeit [zu den Breviarien vgl. 95: SCHLUMBERGER, Die Epitome de Caesaribus, und W. DEN BOER, Some Minor Roman Historians, Leiden 1973; zu Aurelius Victor die vorzüglich kommentierte Ausgabe von 89: GROSS-ALBENHAUSEN/FUHRMANN].

Die Aufgaben der Quellenkritik

Der Wert dieser Autoren, die alle gemeinsam (wenn auch aus unterschiedlichen Motiven) die von ihnen behandelte Zeit in verklärtem Lichte sahen, hängt von der richtigen Einordnung der von ihnen benutzten Quellen ab. Sie zu rekonstruieren, ist ungemein schwierig, da der größte Teil der Historiographie des 2. Jahrhunderts verloren ist, die erhaltenen Breviarien aufgrund ihres epitomatorischen Charakters jede Individualität des Erkenntnisinteresses und des literarischen Stiles verloren haben und ihre Arbeitsweise in einem fast unveränderten Abschreiben von nicht weiter überprüften Vorlagen besteht. Der Verfasser der Historia Augusta schließlich wartet bewußt und geradezu liebevoll mit fiktiven Quellenangaben auf.

Die Forschung steht bei ihrem Versuch, die Beziehungen der vorhandenen Schriften untereinander zu klären und ihre Quellen herauszuarbeiten, vor einer wahren Sisyphosaufgabe, die ihren eindeutigen Schwerpunkt in der Enträtselung der Autorschaft, der zeitlichen Einordnung und der Tendenz der Historia Augusta hat. Als ein erster Schritt dazu ist die Herausgabe der von Ernst HOHL besorgten deutschen Übersetzung der Historia Augusta zu werten, zu der ein vorläufiger Kommentar von 88: MERTEN/RÖSGER erstellt wurde. Der zweite (und entscheidende) Schritt wurde von LIPPOLD getan [92: Kommentar zur Vita Maximini duo]; der von Mommsen schon 1890 geforderte Kommentar, „welcher für jede einzelnen Notiz die in der Sammlung selbst so wie außerhalb derselben auftretenden Parallelstellen vor die Augen führt", rückt damit näher [TH. MOMMSEN, Ges. Schriften 7, S. 351 f.]. Die Abgrenzung dieses so schwer zu durchmessenden Terrains begann mit dem grundlegenden Aufsatz von DESSAU [90: Über Zeit und Persönlichkeit]. Dessau entlarvte zunächst die von den sechs Autoren des Werkes suggerierte Vorstellung, sie schrieben ihre Viten in der diokletianisch-konstantinischen Zeit, als literarische Fiktion; anschließend wurden die sechs Autoren selbst als „Mystifikation" und das ganze Werk als Fälschung eines Autors des ausgehenden 4. Jahrhunderts gekennzeichnet. Dagegen LIPPOLD [93: Historia Augusta], der zu beweisen sucht, „daß als zeitgeschichtlicher Hintergrund für die HA viel eher die Zeit Konstantins als die Theodosius I. in Frage kommt". Wie immer man die Autorenschaft und die Abfassungszeit beurteilen mag: Immer stellt sich dabei die Frage nach der Glaubwürdigkeit, die man dem Werk zubilligen kann.

Nicht nur Dessaus Ergebnisse, sondern vor allem die angewandten Methoden wurden für die weitere Forschung bahnbrechend: Dessau hatte zunächst nach dem Interesse des Autors an dem aufgeführten fiktiven Stammbaum Konstantins gefragt, Kriterien entwickelt, nach denen zwischen echten und gefälschten Viten unterschieden werden konnte, die Personennamen und Genealogien in den gefälschten Viten untersucht, das Gesamtwerk mit den *Caesares* des Aurelius Victor und den Breviarien des Eutrop verglichen und schließlich die das Gesamtwerk durchziehenden Prinzipien der Bearbeitung des Stoffes ebenso wie seine stilistischen Besonderheiten herausgearbeitet. Wenig später griff MOMMSEN [94: Die Scriptores] das Thema auf und bewies die Brauchbarkeit dieser Methode. Er bestätigte zunächst die von Dessau behauptete Abhängigkeit der Historia Augusta von den nach 360 geschriebenen Werken des Aurelius Victor und des Eutrop und stellte weitere Belege zusammen, die den Arbeitsstil des Autors verdeutlichen, der im ganzen Werk Anspielungen auf Personen und Ereignisse der Zeit von Va-

Die Historia Augusta (HA)

lentinian I. bis Theodosius versteckt hatte. Grundlegend zum heutigen Wissensstand: 93: LIPPOLD, Historia Augusta [S. IX-XXVI: Forschungsstand; die Schriftenreihe: Beiträge zur Historia-Augusta-Forschung, zuerst hg. von A. ALFÖLDI, umfaßt 21 Bde.]. Als gesicherte Erkenntnisse gelten:

Die Entstehungszeit des Werkes
(1) Das Werk entstand zwischen 360/61 und 525. Jeder Versuch, darüber hinaus eine genauere zeitliche Eingrenzung zu begründen, hängt davon ab, wie die nachweisbare Benutzung von Gesetzestexten mit dem Zeitpunkt des unstrittig ersten tatsächlichen Erlasses derartiger Gesetze zur Deckung gebracht werden kann und welchen Stellenwert man der Tendenz des Werkes einräumt, das häufig als Zeugnis heidnischer Selbstbehauptung gelesen wird.

Der Autor
(2) Die sechs Biographen, die sich als Autoren des Werkes und als Zeitgenossen Diokletians und Konstantins vorstellen, sind literarische Fiktion eines unbekannten Autors. Seine soziale Zuordnung und geistige Orientierung bleiben ebenso umstritten, wie die genaue Entstehungszeit des ganzen Werkes ungeklärt ist.

Seine Quellen
(3) Als Quellen können mit großer Wahrscheinlichkeit Cassius Dio (vielleicht über eine epitomierende Zwischenquelle), Marius Maximus, Herodian, Dexippos, Aurelius Victor und Eutrop nachgewiesen werden. Die Suche nach der Hauptquelle des Werkes vor allem für die Viten von Hadrian bis Alexander Severus blieb ergebnislos.

Die Arbeitsweise
(4) Die Arbeitsweise ist durch Umformungen, Fälschungen und Transpositionen der überlieferten Fakten gekennzeichnet, wobei als Hauptmotiv dafür eine skurrile Neigung zur Irreführung und spaßigen Unterhaltung des Lesers unverkennbar ist. Der (fiktive) fröhliche Rat des Stadtpräfekten Junius Tiberianus an den Autor Vopiscus, „Du magst unbesorgt erzählen, was Du willst; Du wirst Dich mit Deinen Lügen in einer Kumpanei mit Leuten befinden, die wir als Meister der historischen Kunstprosa bewundern" (HA, Aurelian, 1,2), liefert die Richtschnur, mit der der historische Wahrheitsgehalt vieler Viten zu messen ist. Anekdoten, Legenden, Wundergeschichten und das Auftreten von Kraftmeiern, Sexualprotzen, Säufern und sonstigen Gargantua-Gestalten verdeutlichen darüber hinaus, daß das äußerlich der suetonischen Biographie verpflichtete Werk zum breiten Amüsement der Leser bewußt mit den Zügen der hellenistischen Novellen- und Romanliteratur (z. B. Heliodor oder der Alexanderroman) ausgestattet wurde [grundlegend 702: HARTKE, Römische Kinderkaiser, Berlin 1951, S. 26 ff.].

Die Gliederung des Werkes
(5) Die Viten der regierenden Kaiser von Hadrian bis Caracalla sind „primäre Biographien" (Mommsen), denen gegenüber die Viten der Mitregenten und Usurpatoren keinen eigenständigen Wert besitzen, da sie aus den Kaiserviten kompiliert wurden, die allein auf eine zuverlässige Quelle zurückgehen.

Die Tendenz
(6) Die Antwort auf Mommsens Frage nach dem „cui bono" des Werkes ist so weit vorangekommen, daß die heidnische Grundtendenz gemeinhin als der Faden der Ariadne verstanden wird, der durch ein Labyrinth von Legenden – mögli-

cherweise eine bewußte Anlehnung an die christlichen Heiligenviten –, unterhaltenden Erzählungen und historischen Informationen führt. Die daran gebundene antichristliche Aussage entbehrt jedoch jeder Polemik und jedes missionarischen Eifers (anders 702: HARTKE), so daß die Rückbesinnung auf die heidnische Tradition mehr den Charakter einer literarischen Rückschau mit dem Anspruch auf amüsante Unterhaltung als den eines bewußt mit politischen Zielvorstellungen aufgeladenen Rückgriffs auf die große Vergangenheit der heidnischen Kaiser hat.

Eine besondere Bedeutung kommt dem politischen Denken der Kaiserzeit zu. Das Imperium ist die bemerkenswerteste staatliche Erscheinung der Antike, und wie es und die sie tragende Monarchie von Herr und Untertan aufgenommen und gewertet wurden, haben die Historiker immer wieder untersucht: DEININGER, Das Staatsdenken der Römer [in 71: PGLit I, S. 358 ff.], erklärt den erstaunlichen Mangel an bedeutenden Zeugnissen römischen Staatsdenkens mit der schleichenden Entpolitisierung der römischen Eliten, der die griechische Intelligenz nicht zur Hilfe kam. RILINGER [707: Das politische Denken, S. 521 ff.] erinnert an die Aufrechterhaltung der Fiktion von der *res publica restituta*, die jede politische Theoriediskussion erstickte, während die Weltherrschaft wie in der Republik auf den Willen der Götter zurückgeführt wurde und der augusteische Mythos des gottgesandten Retters den Untertanen gab, was sie immer erhofft hatten. Eine erschöpfende Behandlung des Themas jetzt in 331: The Cambridge History of Greek and Roman Political Thought, S. 517 ff.

Das politische Denken

3. DIE BEGRÜNDUNG DER MONARCHIE UND DAS AUGUSTEISCHE ZEITALTER

a. Die Quellen und ihr Urteil

Der Zustand der Quellen ist vertrackt: Sie sprudeln reichlich für die erste und dünn für die zweite Phase des langen Lebens des Augustus. Zudem gerieten sie, je weiter die Zeit fortschritt, in den Bann von Monarchen, die die Archive der Geschichte selbst zu ordnen gedachten und eigenwillige Lesarten anderer nicht duldeten. Der erste Princeps konnte es sich noch nicht erlauben, so rigide vorzugehen wie schon sein Nachfolger Tiberius, aber auch er suchte Leitlinien vorzugeben: Als Augustus nach der Lektüre der livianischen Darstellung des caesarischen Bürgerkrieges den Autor einen *Pompeianer* nannte, verbarg sich hinter diesem Scherz eine tödliche Drohung (Tacitus, Annalen 4,34,1 ff.).

Der Mangel an Zeitzeugen

Die zeitgenössischen Quellen sind weitgehend verloren. Von Livius existieren für die augusteische Zeit nur die Periochae, und ganz verschwunden ist jene historiographische Literatur, deren Autoren gegen den Triumvirn und späteren Princeps Front gemacht hatten. Ihr Bild von dem mörderischen Weg des Octavian zur Macht und von dem Monarchen, der die Republik wiederhergestellt haben wollte, ist daher nur mühevoll aus der späteren Historiographie zu erschließen. Augustus selbst hatte wie viele große Aristokraten der vergangenen Jahrzehnte zur Feder gegriffen, sein Leben erzählt und seinen Machtanspruch verteidigt. Seine Autobiographie ist ebenso verloren wie die des Agrippa und die Memoiren des Maecenas und des Messala Corvinus sowie die persönlichen Aufzeichnungen anderer [H. MALCOVATI, Imperatoris Caesaris Augusti operum fragmenta, Turin 1944, ND 1969; vgl. Sueton, Augustus 101].

Der Tatenbericht des Augustus

Erhalten blieb sein Tatenbericht (*index rerum a se gestarum*), der in Erztafeln gegraben vor seinem Mausoleum in Rom und in allen großen Städten des Reiches seine Leistungen für den Staat bezeugte [33: VOLKMANN, mit dem lat. und gr. Text; dt. Übers. 34: WEBER, mit der Parallelüberlieferung im Anhang; 343: KIENAST, Augustus, S. 208 ff.]. Die Art und Weise, in der Augustus seine militärischen Taten schilderte (res gestae 25–33), läßt fast unverhüllt den Herrn der Welt zutage treten, der sich als der Vollstrecker des von der Republik erhobenen Anspruches auf die Weltherrschaft vorstellte. Grundlegend 35: HEUSS, Zeitgeschichte als Ideologie; 597: GRUEN, Augustus and the Ideology of War and Peace; umfassend zum Tatenbericht 38: RAMAGE, mit kommentierender Bibliographie.

Zeitgenössische Historiker

Die Aufgabe, diesen Erben einer großen Geschichte zu preisen, übernahm der vielseitige Grieche Nikolaos von Damaskus. Seine Biographie, die sich auf die Vita des Princeps stützte und ihn den Griechen des Ostens als legitimen Machthaber vorstellen wollte, liegt allerdings nur in einigen kümmerlichen Fragmenten vor [F. JACOBY, FGrHist II A 391–420, II C 261–291; 343: KIENAST, Augustus, S. 271 f.]. Die Werke der zeitgenössischen Historiker Asinius Pollio und Cremutius Cordus, die über die Bürgerkriege bis Aktium hätten befragt werden können, sind ebenso verloren wie die einschlägigen Bücher des Livius, dessen Werk bis in das Jahr 9 v. Chr. reichte. So bleiben als historiographische Quellen vor allem die römische Geschichte des Cassius Dio (dazu S. 366 f.) und die Biographien: Die wichtigste stammt von Sueton, die zusammen mit den Biographien Plutarchs über Brutus und Antonius gelesen werden muß. Die Taten des Augustus spiegeln sich jedoch vornehmlich in den nichtliterarischen Quellen, den Monumenten, den archäologischen Funden und in den Spuren, die seine Legionen an Rhein und Donau, in den Wüsten Arabiens und Nordafrikas, in Spanien und am Euphrat hinterlassen haben.

Die augusteischen Dichter

Eine besondere Bedeutung kommt den Dichtern der augusteischen Zeit zu. Mit Ausnahme Ovids lebten sie alle in der Frühzeit des augusteischen Prinzipats: Vergil und Tibull starben schon im Jahre 19 v. Chr., und als Horaz im Jahre 17 v. Chr. sein *carmen saeculare* verfaßte, hatte er bereits die Sammlung seiner Epoden, seine beiden Satirebücher, das erste Buch seiner Episteln und die ersten drei Odenbücher herausgegeben. Er und Vergil waren zu Beginn der dreißiger Jahre in den Kreis des Maecenas gelangt, eines reichen etruskischen Magnaten, loyal bis auf die Knochen, zuständig für die Organisation der öffentlichen Meinung; beide Dichter teilten das Schicksal, durch die Landenteignungen der Tri-

3. Die Begründung der Monarchie und das augusteische Zeitalter 171

umvirn von vermögenden Gönnern abhängig geworden zu sein. Der wichtigste von ihnen wurde der Kaiser. Ihr Verhältnis zu ihm schwankte zwischen devoter Dienerschaft und selbstbewußter Behauptung: „bösartige Werbetexter der Macht", die im Dienste eines „Triebmörders" ihre Rücken krümmten, nannte sie Hochhut, von seinem unabhängigen Weg zur Unsterblichkeit sprach stolz Ovid stellvertretend für alle – die Wahrheit liegt irgendwo in der Mitte [Ovid, Metamorphosen 15,871–879; R. Hochhut, Täter und Denker, Stuttgart 1987; Die Korrektur dieser bewußten Provokation bei 129: Strasburger, Vergil und Augustus. Alle neueren Biographien beachten dieses Problem: 124: Holzberg, Ovid; 125: Lefèvre, Horaz, 130: White, Promised Verse].

Auffallend sind die von den Dichtern in den Jahren 40–13 v. Chr. behandelten Themen. Die rechtliche Stellung des Kaisers und der Gedanke von der Wiederherstellung der Republik spielen bei ihnen keine Rolle. Dies ist um so ungewöhnlicher, weil gerade die Beziehungen zwischen Staat und Alleinherrscher die zentrale Thematik der augusteischen Propaganda waren, der Prinzeps selbst dies in seinem Tatenbericht als den wesentlichen Punkt seines Lebenswerkes ausgewiesen hatte, und auch die senatorischen Eliten einschließlich Tacitus dort das Hauptproblem der Zeit entdeckt zu haben glaubten. Für die Dichter lag das Wesentliche der neuen monarchischen Ordnung anderswo: Ihnen ging es um die sittlich-moralische Erneuerung von Staat und Gesellschaft, um die imperiale Ausdehnung des Reiches bis an die Grenzen der Erde und um die Vergöttlichung des Kaisers. Damit erfaßten die Dichter ein ganz elementares Bedürfnis der Zeit, das allen sozialen Schichten jenseits der politischen Eliten weit drängender als die Frage nach dem Zustand der Republik war: In der Not der Zeit, in die die Bürgerkriege die gesamte damalige Welt gestürzt hatten, war allerorten das Wunschbild eines Weltherrschers und Heilsbringers entstanden, der die gequälte Menschheit von ihren Leiden erlösen und ihr Frieden, Wohlstand und Glück bringen konnte. Die monarchische Herrschaft des Augustus – so formulierten die Dichter stellvertretend für viele – brachte die Erfüllung dieses Menschheitstraumes und gab der römischen Geschichte zugleich ihren Sinn [grundlegend K. Bringmann, Weltherrschaft und innere Krise Roms, in: Antike und Abendland 22 (1977), S. 28–49, bes. S. 46 ff.; 343: Kienast, Augustus, S. 274 ff.; zur Position der Historiker s. Gabba in 337: Caesar Augustus, S. 61–88].

Die Themen der Dichter

Viele der senatorischen Zeitgenossen jedoch, die ihren Frieden mit dem gewalttätigen Triumvirn der Jahre 43–33 v. Chr. nicht machen wollten und in ihm den Totengräber der Republik sahen, glaubten es besser zu wissen. Ihnen hat Tacitus sein Ohr, seine Feder und sein Herz geliehen, als er mit dem Sohn Caesars abrechnete: Roms große republikanische Familien seien durch Krieg und Mord ausgelöscht worden; feige war, was übrigblieb, und die Knechtschaft das Los aller (Annalen 1,2;9 f.; vgl. auch Plinius d.Ä., Naturkunde, 7,149). Tacitus sagt auch, warum es dahin kommen mußte: „Es hat noch nie einer die Herrschaft, die er durch Verbrechen erlangte, auf löbliche Weise ausgeübt" (Historien 1,30,2). Dieses

Das Urteil des Tacitus

Urteil wurde von einem Manne gefällt, der – im Unterschied etwa zu dem Aufsteiger Velleius Paterculus – zu der Klasse gehörte, „which was the loser of the civil wars" [GABBA, in 337, S. 81; zu Velleius 83: SCHMITZER]. Die wichtigsten Quellentexte zu Augustus finden sich bei 336: BRINGMANN/SCHÄFER, Augustus.

b. Moderne Augustusbiographien

Die Schwierigkeiten der Biographen
Wie immer man die Person und die Taten des Augustus werten will, am Ende stehen Verteidiger wie Ankläger vor der Geschichte eines mit menschlichem Maß kaum abzuschreitenden Erfolges. Denn dem Herrschaftsanspruch des Generals, der seine Rivalen in vielen Schlachten besiegte, hatten nach langen Jahren des Elends Rom, Italien und die Provinzen in der Gewißheit zugestimmt, der neue Caesar habe den Frieden und das allgemeine Glück für immer auf die Erde zurückgebracht. Der Staat, den er von dem Alptraum der Bürgerkriege befreite, die Monarchie, die er als Rechtsordnung gründete, und das Reich, das er von der Willkür habgieriger Adelscliquen befreite, trotzten für Jahrhunderte allen Stürmen. Die Zeitgenossen ehrten und feierten ihn wie kaum einen Menschen zuvor und räumten ihm nach seinem Tode einen Platz im Himmel ein. Die Nachwelt berief sich auf ihn, wenn es galt, über Könige und Weltreiche zu urteilen, und die Christen, von seinen Nachfolgern als Verbrecher verfolgt, priesen den Frieden, den er der Welt zu der Zeit gab, als Gott Mensch wurde. Triumph über Triumph in einem langen Leben, Ruhm noch zweitausend Jahre nach dem Tode – wer die Dauer einer Leistung zum alleinigen Maßstab für Größe nimmt, für den ist dieser Römer ein großer Mann. Und trotzdem: Seine Person und seine Leistung blieben immer umstritten. In unserer Zeit war es zunächst MOMMSEN, der nach Caesar niemandem mehr Größe attestieren mochte: „Des großen Mannes Maske hat er zwar geschickt getragen, groß war er nicht" [in: Res gestae^2, Berlin 1883, S. VI; über diese Zusammenhänge und das, was man Erfolg in der Geschichte zu nennen pflegt, 348: SCHMITTHENNER, Caesar Augustus, S. 286 ff.].

DIETMAR KIENAST
Vor allem die deutsche Forschung hat sich lange gescheut, Augustus im Rahmen einer Monographie zu behandeln. So verstand selbst KIENAST [343], der den Mangel zu beheben suchte, sein Werk nicht als Monographie, sondern als die Geschichte des Staatsmannes, der die Monarchie in Rom gründete. Dieses Ziel soll bereits der junge Octavian vor Augen gehabt und in den Jahren der Anarchie bis Aktium konsequent verfolgt haben. Seine neue Ordnung habe denn auch im Schatten der gemachten Erfahrungen vornehmlich der Sicherung der Macht und der Beendigung des Bürgerzwists für immer gedient; die Integration der politischen Eliten und die Fürsorge für die Reichsbevölkerung müßten von diesem zentralen Punkt aus erklärt werden. Seine Augen habe der alte Monarch in der sicheren Gewißheit schließen können, „daß die Grundlagen des Staates, die er geschaffen hatte, sich für die Zukunft als ein tragfähiges Fundament erweisen würden" (S. 527) – nach Sueton 28,2 der größte Wunsch des Kaisers.

3. Die Begründung der Monarchie und das augusteische Zeitalter

Dem abgewogenen Urteil Kienasts kommt Eck [340] in seinem knappen Überblick sehr nahe. Auch er hebt die „Dauerhaftigkeit der neuen politischen Herrschaftsform" hervor, die für zwei Jahrhunderte allen Herausforderungen gewachsen war. Dies betont auch Vittinghoff [351], für den der Sohn einer italischen Kleinstadt nie Wunschträumen hinterherjagte: „Wenn je einer nicht nur einen Instinkt für die Macht, sondern auch für das Mögliche in der Politik besessen hat, so war es Augustus" (S. 99). Southern [349: Augustus] widmet sich eingehend der Jugend und Familie sowie den politischen Beratern, die den Aufstieg des Octavian begleiteten. Schon den jungen Mann habe eine besondere Fähigkeit zur Verstellung und zur Manipulation ausgezeichnet: „As manipulator and scenesetter, psychologist and actor, he was rapidly become expert, and would rarely if ever lose his way" (S. 24). Vergleiche mit Pompeius und Caesar und ihrer Art, politische Entscheidungen zu erzwingen, zeigen, wie viel Octavian aus dem Schicksal seiner Vorgänger gelernt hatte [treffende Kurzbiographien schrieben 351: Vittinghoff, Kaiser Augustus, und M. Giebel, Augustus, Hamburg 1984]. Auf den Punkt brachte Bringmann die Leistung des Augustus: Er „hatte es verstanden, den Staats- und Gesellschaftsaufbau der späten Republik unter Wahrung der Tradition so umzugestalten, daß er mit den Bedürfnissen des Weltreiches vereinbar wurde" [K. Bringmann, Römische Geschichte, München 1995, S. 66; so auch Dahlheim, in 319: Clauss, Die römischen Kaiser, S. 26–50].

Die umfänglichste Biographie schrieb Bleicken [335]. Für ihn besaß der Mann, der nach der Schlacht von Aktium noch 45 Jahre regierte, eine singuläre Fähigkeit: Die Jahr um Jahr geübte und schließlich zur Perfektion gebrachte Kraft, sich in einer Gesellschaft durchzusetzen, in der jeder rücksichtslos um sich stieß, da es keinen geraden Weg nach oben gab. So tat sich der Erbe Caesars im Kampf um die Macht als Geschäftsträger eines von ihm gesetzlich legitimierten Massenmordes hervor, „als ein aus kalter Berechnung mordendes Wesen ohne eine Spur von Menschlichkeit, als ein ganz gewöhnlicher Terrorist" (S. 149). Trotzdem habe er nie seine historische Aufgabe verraten, der Geburtshelfer einer neuen Zeit und der Neugründer Roms sein zu müssen. Für die Zeitgenossen zum ersten Mal sichtbar wurde dieses Ziel in den Monaten nach dem Sieg über Sextus Pompeius (36 v. Chr.): Plötzlich sei ein neuer Ton zu hören gewesen, habe sich der Sieger bewußt den Formalitäten der Republik unterworfen und versucht, die aus den Fugen geratene soziale Ordnung wieder zu richten: „Der schlimmste Bluthund des Bürgerkrieges gab eine neue Vorstellung unter dem Titel Frieden, Ordnung und Gerechtigkeit" (S. 238 f.).

Sein Ziel erreichte der Bluthund, indem er an jeder Kreuzung seines Weges mit kalter Sachlichkeit das jeweils Notwendige exekutierte. Darüber sei er „zum frühvollendeten Meister der politischen Ranküne" geworden, der hinter einer kaum zu durchdringenden Maske seine eigene Persönlichkeit so geschickt verbarg, daß nichts als Kälte blieb. Dort, wo der neugierige Blick Gefühle, Wünsche, Hoffnung und Verzweiflung erspähen will, erkennt er nur Berechnung, Verstellung, Fassade, Schauspiel: „Sein ganzes Leben scheint sich auf einer Bühne abgespielt zu haben, wo das aufgeführt wurde, was Augustus gerade darzustellen wünschte, nicht aber das, was und wer er wirklich war" (S. 669).

Bleicken hat die Hälfte seines rund 800 Seiten umfassenden Buches den knapp zwei Jahrzehnten der Despotie der Generäle seit 44 v. Chr. gewidmet. Aus gutem Grund: Zum einen ist Augustus durch die Erfahrungen seiner ersten Jahre geprägt worden, und zum anderen kann ohne die Republik die kunstvoll geschmiedete Monarchie nicht verstanden werden, setzte sie sich doch zusammen aus der Allmacht des Militärführers und den Scherben einer jahrhundertealten Geschichte, in der aristokratischer Machtwille, früh und unauflöslich gebunden an Staat und Recht, ein Weltreich geschaffen hatte: „Der Prinzipat verlangte die Balance zwischen dem, was der Princeps vermochte, und dem, was der Senator noch durfte" (S. 377). Anders: Das Prinzipat ist das Ergebnis eines Bündnisses zwischen der nackten Macht des Schwertes und der rechtlichen und sozialen Tradition einer durch die Lichterkette ihrer Erfolge ausgezeichneten Republik.

Es ist dieser Kompromiß, der die historische Leistung des Augustus ausmacht. Sie gipfelt im Aufbau einer neuen, an den Monarchen gebundenen Führungsschicht, ohne die Staat und Reich verloren gewesen wären: „Einzig und allein geschaffen, um die Begegnung und Zusammenarbeit zwischen Herrscher und Führungsschicht zu dienen, sucht sie in der Geschichte ihresgleichen" (S. 684). Allerdings sei dieser Staatsbau ein „Kunstprodukt" gewesen, und als Mörtel habe ihn die Idee festigen müssen, die alte Republik bestehe fort. So wenig dies die Wirklichkeit spiegelte, so wenig sei die Propagierung dieses Gedankens ein Akt purer Heuchelei. Das zentrale achte Kapitel (*Der Prinzipat als Idee und Wirklichkeit*) erläutert, daß nur in diesem Lichte das fast quälende Bemühen des Augustus zu verstehen ist, seiner Macht einen rechtlichen Mantel zu weben, der den Princeps als normales Glied der Staatsverwaltung, als ihren Diener im magistratischen Bereich, nicht aber als ihren Herrn (*dominus*) vorstellte. Am Ende triumphierte ein System, das dem Monarchen nichts von seiner Fähigkeit nahm, überall seinen Willen zur Geltung zu bringen, ihn aber zwang, diesen nur im Rahmen der allgemeinen staatlichen Verwaltung zu artikulieren. Dies nahm dem Befehl nichts von seiner unbedingten Wirksamkeit, gab ihm jedoch eine Form, welche die Selbstachtung eines Senators nicht zerbrach. Eine neue, ungewöhnliche Spielart von Politik war damit geboren: „Die nachgebende Fügsamkeit von Senat und Magistraten hatte ihr Korrelat in der Selbstbeschränkung des Princeps. Beide Verhaltensweisen bildeten die unabdingbaren Konstituanten der Verfassung" (S. 376). BLEICKEN, Zwischen Republik und Prinzipat [335], konzentriert sich auf den Weg des Kaisers zur Macht.

c. Das augusteische Zeitalter

„Augustus ist geradezu ein Musterbeispiel dafür, daß ein langes Leben beinahe vollständig mit der objektiven Geschichte gleichzusetzen ist" [383: HEUSS, Ges. Schrift. II, S. 1595 in einem Nachwort zur originellen und hellsichtigen Biographie von J. BUCHAN (Lord Tweedsmuir), Augustus, 1937, dt. Übers. Frankfurt 1979]. So hat die Forschung immer wieder das ganze Zeitalter ins Visier genommen, in dem die politische Ordnung des Prinzipats geschaffen wurde und das Imperium sein für lange Zeit gültiges Gesicht erhielt. *The Augustan Empire* heißt denn auch der Titel des zehnten Bandes der neuen CAH [338]. Seine Autoren schildern die Zeit von der Gründung des Triumvirats 43 v. Chr. bis zum Regierungsantritt Vespasians und behandeln nach einem gründlichen Abriß der Ereignisse systematisch die Regierung und Verwaltung des Imperiums, die Verhältnisse in den einzelnen Provinzen, den Zustand der Gesellschaft und der Kultur (Religion, Literatur, Kunst und Recht, die Anfänge des Christentums). Die dreibändige Aufsatzsammlung zu Herrschaft und Gesellschaft, Religion und Literatur, Kunst und Bildersprache setzt sich ein ähnliches Ziel [334: BINDER, Saeculum Augustum].

Überblicke

Nahezu durchgehend betont die Forschung den monarchischen Charakter des augusteischen Prinzipats; die tatsächlichen wie die ideologischen Rückbezüge auf die Republik werden dementsprechend als barmherzige Lüge oder als Zugeständnis an das politisch Notwendige gelesen: So 345: MEIER, Augustus, S. 223–287. H. KLOFT [Aspekte der Prinzipatsideologie, in: Gymnasium 91 (1984) S. 311 ff.] hob hervor, daß der Rückgriff auf die Tradition des alten Adels zur Vorstellung von der restaurierten Republik gehörte und die revolutionären Elemente der Alleinherrschaft und ihres Gründungsaktes verschleiern half. F. MILLAR [State and Subject, in 337: Caesar Augustus, S. 37–60] prüfte anhand der Inschriften- und Papyrusfunde die imperiale Regierungstätigkeit des Augustus, der sich auch in den senatorischen Provinzen Gehör zu schaffen wußte. Das Ausmaß der dort entfalteten Aktivitäten führte MILLAR zu einer Neubewertung der Regelung des Jahres 27: „The idea that there were ever two separate spheres of authority or administrative activity, that of the Emperor and that of the Senate, in relation to the provinces is just a modern fiction" (S. 47). Lebhaft diskutiert wird das Verhältnis des Augustus zu Caesar. Sich auf dessen Nimbus in den Jahren des Bürgerkrieges zu stützen, schrieb dem Adoptivsohn seine Rolle als Erbe ebenso wie die Notwendigkeit vor, die alten Soldaten des Diktators unter den Fahnen des Rächers zu sammeln [zu den Motiven der Handelnden nach den Iden des März U. GOTTER, Der Diktator ist tot!, Stuttgart 1996]. Als aber die Macht errungen und eine neue Ära des Glücks verkündet worden war, konnten nur einzelne Elemente des caesarischen Staates beim Aufbau des neuen Verwendung finden. Daraus folgte aber keine allgemeine und planvoll inszenierte Distanzierung von Caesar, wie dies vor allem von SYME [79: Tacitus I, S. 432 ff.] behauptet wurde. Tatsächlich nahm Caesar „zusammen mit seinen Taten und seinen Siegen im augusteischen

Monarch und Republik

Prinzipat einen zentralen Platz ein" [344: KIENAST, Augustus und Caesar, S. 1 ff.; 25 mit eindringlicher Würdigung aller Quellen und der Forschungsdiskussion].

Die Festigung der monarchischen Gewalt

Gefestigt schien die Monarchie spätestens seit den Reformen des Jahres 18 v. Chr., die einen Modus monarchischer Machtausübung schufen, „der auch für die Aristokratie annehmbar war. Das ist Octavian ungefähr zwischen 29 und 19 v. Chr. gelungen. Die Monarchie war damit institutionalisiert – insofern die Einbindung der monarchischen Person in die politischen Formen der Republik grosso modo abgeschlossen war" [387: FLAIG, Den Kaiser herausfordern, S. 208; vgl. auch 324: HEUSS, RG, S. 274]. Die Forschung hat daraus häufig die methodische Konsequenz gezogen, bei der Darstellung des Prinzipats von diesem Zeitpunkt an von der chronologischen zur systematischen Darstellungsweise zu wechseln.

DETTENHOFER, Herrschaft und Widerstand

Der Einspruch dagegen ließ nicht auf sich warten. Ihn formulierte 339: DETTENHOFER, Herrschaft und Widerstand. Sie sieht Augustus unangefochten nur wenige Jahre vor seinem Tod regieren. Jetzt erst sei er der faktisch unkontrollierte Alleinherrscher geworden, der über alle Macht verfügte, während der Senat „nicht einmal mehr Akklamationsorgan" war und die Magistrate zu reinen Ehrenämtern degradiert worden waren. Daher müsse eine neue Entwicklungsgeschichte des Prinzipats nach Aktium geschrieben werden: Die dort errungene materielle und militärische Übermacht reichte nur aus, um dem Sieger „die ungesetzliche Kontinuation des Consulats" zu ermöglichen; dieses Amt habe er aber 23 v. Chr. unter massivem öffentlichen Druck abgeben müssen. An seine Stelle seien zwei neue, von der Volksversammlung verliehene Privilegien getreten: die *tribunicia potestas* und ein *imperium aequum*. In der Folge dieser innenpolitischen Niederlage habe Augustus nunmehr drei Ziele verfolgt: Die Umgestaltung des Senats zu einem willfährigen Organ, die Schwächung des Konsulats und die Veränderung des Verhältnisses zwischen öffentlicher und privater Sphäre, am deutlichsten ablesbar an den tiefen, per Gesetz legitimierten Einschnitten in die *patria potestas*. Parallel dazu habe sich Augustus verstärkt einer ausschließlich dynastisch orientierten Nachfolgepolitik zugewandt. Endziel sei es gewesen, seine Familie mit dem Staat zu verschmelzen, das Wohl der *gens Julia* mit dem Wohl der *res publica* in eins zu setzen: „Augustus hatte es im Zuge seines Kampfes um die Etablierung seiner Macht geschafft, die res publica auf eine Stufe mit seiner domus zu stellen, ja ihr Verhältnis zueinander sogar umzukehren und ein Abhängigkeitsverhältnis herzustellen oder zumindest zu propagieren... Die Kontinuität der augusteischen Dynastie war zur Grundlage für das Wohlergehen der res publica geworden" (S. 216).

Die Bedeutung von Krieg und Eroberung

„Unsere Vorfahren führten Krieg, nicht nur um die Freiheit zu gewinnen, sondern um zu herrschen" (Cicero, 8. Philipp. Rede 12). In der Tat: Krieg und Eroberung hatten das Leben vieler Generationen geprägt und die Römer zu einem Volk der Krieger gemacht [als beredter Ausdruck der daraus fließenden Gesinnung gelten die Gladiatorenspiele: S. 269]. Wer in Rom nach der Macht griff,

3. Die Begründung der Monarchie und das augusteische Zeitalter

konnte dies schon lange nur als Kriegsherr tun, der das Reich verteidigt und gemehrt hatte. So lastete auf Octavian/Augustus ganz selbstverständlich die Pflicht, sich mit den gefeierten großen Feldherren der Republik messen zu müssen. Ihrer Weltherrschaftsideologie unterwarf sich der erste Princeps und führte Krieg wie niemand vor und niemand nach ihm. Denn so verlangte es die Rolle des omnipotenten Weltherrschers, die es ebenso sicher wie die des *restitutor rei publicae* auszufüllen galt.

Ausgehend von dieser Einsicht fragten GRUEN [597: Augustus and the Ideology of War and Peace] und WELWEI [600: Römische Weltherrschaftsideologie] nach der Bedeutung des Friedens in der augusteischen Selbstdarstellung. Friede war der Republik als Ideal unbekannt gewesen, und keiner ihrer erfolgreichen Staatsmänner hatte sich Verdienste um ihn zugeschrieben. Schon gar nicht tat dies Augustus in seinem Tatenbericht; der an vielen Grenzen Siegreiche verneigt sich vielmehr vor den militärischen Tugenden und der Pflicht des Römers, das Reich bis an die Grenzen der Erde zu mehren [grundlegend 35: HEUSS, Zeitgeschichte als Ideologie, S. 55 ff.; so auch 647: KIENAST, Corpus Imperii, S. 13 f.]. Denn der Sturz der Völker vor Rom unterstrich die ewige Majestät des Imperiums, und der Princeps, der alle dazu zwang, legitimierte überzeugend seinen Anspruch auf die Macht. Die Dichter (Vergil, Horaz, Ovid), die Münzen, Inschriften und Bauwerke (vor allem das Forum Augustum) verkündeten dieselbe Lehre [597: GRUEN; zum Forum: ZANKER, in 334: BINDER, Saeculum III, S. 60–111; umfassend zur römischen Siegesideologie J.R. FEARS, The Theology of Victory at Rome, in: ANRW II 17,2, Berlin 1981, S. 827–948].

Allein an der Parthergrenze machten die römischen Legionen halt – ein häßlicher Fleck auf dem Schild des omnipotenten Weltherrschers, der einer an Siegesmeldungen gewöhnten römischen Öffentlichkeit dafür eine Erklärung schuldete. Sie wurde gegeben durch die propagandistische Verkündigung eines großen Sieges, und sie wurde repräsentiert durch einen Triumphbogen und die Darstellung der Übergabe der Feldzeichen von Carrhae an Tiberius auf dem Brustpanzer der Prima-Porta-Statue [597: GRUEN, S. 64 ff.; 262: ZANKER, Die Macht der Bilder, S. 188 ff., SIMON, in 334: BINDER, Saeculum III, S. 204–233; grundlegend zur Partherpolitik nach Carrhae D. TIMPE, in: Museum Helveticum 19 (1962) S. 104–129].

Die auf diese Weise mit Leben und Anschauung gefüllte Allmacht eines Universalherrschers fand in der Gestalt Alexanders des Großen ihren adäquaten und leicht verständlichen Ausdruck. In der griechischen und orientalischen Welt brauchte man diesen Bezug nicht weiter zu erläutern: Die Formen, in denen man dort die Macht anbetete, waren die des großen Makedonen. In Rom und in Italien galten andere Regeln; hier mußte der Vergleich mit Alexander die Erkenntnis vermitteln, daß der Römer als Welteroberer ebenbürtig und als Weltherrscher überlegen war [Plutarch, Moralia 207d; zu der livianischen Frage, wie ein Kampf zwischen Alexander und den Römern ausgegangen wäre (Livius

Die Propagierung des Friedens

Das Partherproblem

Der Bezug auf Alexander

9,17 ff.), R. URBAN, Urgentibus imperii fatis, in: Germania 65 (1987) S. 148 f.]. Glaubhaft wurde dies erst seit dem politischen Erfolg über die Parther – bis dahin blieb Alexander Vorbild und Legitimationsformel zugleich [D. KIENAST, Augustus und Alexander, Gymnasium 76 (1969) S. 430–456; O. WEIPPERT, Alexanderimitatio und römische Politik in republikanischer Zeit, Diss. Würzburg 1972, S. 214–259].

4. DIE MONARCHIE: GESTALT UND AUFGABE

a. Die Herrschaftsform

Die Bestimmungsfaktoren

Die römische Monarchie ist in ihrer Erscheinung und in ihrer Funktion von drei Faktoren bestimmt, von denen zwei ihre Existenz begründeten: Sie wurde auf den Schlachtfeldern der untergehenden Republik geboren, und sie blieb lange Jahrzehnte auf die Anerkennung durch die Senatsaristokratie angewiesen, um das Imperium regieren zu können. Der erste Punkt bewirkte auf Dauer die alleinige und unteilbare Kontrolle über das Heer, der zweite machte das Recht zu einem konstitutiven Element der kaiserlichen Macht. Der dritte Faktor war die Dauer der Alleinherrschaft: Sie begründete die Allmacht des Kaisers und machte ihn zum väterlichen Herrscher aller Untertanen, die ihm die erwiesenen Wohltaten – Frieden, materielle und rechtliche Sicherheit, ein geordnetes Regiment – durch die Zuerkennung göttlicher Ehren dankten. Den Untertanen zeigte die Monarchie ein unterschiedliches Gesicht, je nachdem, welchen Teilen der Gesellschaft (Senatoren, Ritter, Soldaten, Provinzialen; Griechen, Barbaren) sie sich zuwandte und zu welchem Zeitpunkt (Augustus, Flavier, Severerdynastie) sie das tat.

Die rechtshistorische Erfassung der römischen Monarchie

Mommsen hatte in seinem *Römischen Staatsrecht* tausend Jahre römischer Rechtsordnung einem System unterworfen, das den Stoff nach den Institutionen der politischen Organisation (Magistratur, Senat, Volksversammlung) gliederte, wobei diese Institutionen als Kernstück staatlicher Existenz quasi ewige Gültigkeit als Rechtsnormen erhielten. Die römische Monarchie wird unter diesen Voraussetzungen zur Magistratur: „Der Principat, wie Augustus ihn geordnet hat, ist der Anlage nach wesentlich Magistratur, und zwar nicht gleich der constituierenden eine und außer dem Gesetz stehende, sondern durch die Gesetze begrenzt und gebunden" [329: MOMMSEN, Abriß, S. 149, Staatsrecht II, S. 760 ff.; vgl. 283: HEUSS, Mommsen, S. 33 ff.]. Gestützt wurde diese Einschätzung durch die Praxis des Augustus und seiner Nachfolger, ihre Stellung durch die Übernahme magistratischer Amtsgewalten der Republik (*tribunica potestas, imperium proconsulare*) rechtlich zu festigen. Dies bedeutete zugleich den Verzicht auf eine formal und rechtlich dauerhafte Nachfolgeregelung, da die von Senat und Volk übertragenen Gewalten mit dem Tod ihres Inhabers erloschen: „Es stirbt von

Rechts wegen der Principat mit dem Princeps" [329: MOMMSEN, Staatsrecht II, S. 1143].

Diese Anschauung begründete Erkenntnisse, ohne deren Diskussion niemand das Wesen des Prinzipats bestimmen würde:

(1) Mommsens Definition verdeutlicht den Zusammenhang zwischen Prinzipat und Republik. Er liegt „sowohl in dem Weiterbestehen einer Verwaltungsaristokratie als auch in der Existenz eines allgemeinen Ordnungsrahmens, in dem das öffentliche Leben im Prinzipat ablief" [335: BLEICKEN, Augustus, S. 681]. Der Sieger von Aktium hatte also zu wählen, ob er in die Fußstapfen des Diktators Caesar treten oder seine Macht in die bereitliegenden Formen des republikanischen Staatsrechts binden wollte. Augustus entschied sich für das letztere und konzentrierte seine Macht auf genau begrenzte Zuständigkeiten, die vor allem die *tribunica potestas* und das *imperium proconsulare* gewährten. Er gab mit dieser Selbstbeschränkung seinen Nachfolgern ein Beispiel, das erst seit den Severern seine Verbindlichkeit einbüßte. Aber: Es lag allein in seinen Händen (später in denen seiner Nachfolger), ob es bei der Rechtsbindung blieb. Denn er war ihr Gründer und ihr Garant.

Die Amtsgewalten des Prinzeps

Dies hat Augustus nicht zum Beamten der Republik gemacht. Die ihm eingeräumten Vollmachten waren als Amtsgewalten so weit dehnbar, daß die weiter funktionierenden republikanischen Ämter (vor allem Konsulat und Promagistraturen) jederzeit gelenkt und neutralisiert werden konnten [R. WERNER, Wesen und Voraussetzungen des augusteischen Prinzipats, GWU 29 (1978) S. 277–294; F. DE MARTINO, Storia della costituzione romana IV 1, Rom 1974/5, S. 129ff]. *Imperium proconsulare* und *tribunicia potestas* verliehen für sich genommen eine Macht, die bereits die Republik nur durch die Schranken von Annuität und Kollegialität hatte zügeln können. Als sie fielen, veränderte sich nicht die formale Qualität dieser republikanischen Amtsgewalten, wohl aber ihr materieller Inhalt: Das lebenslängliche Kommando über das Heer und die Kontrolle über die wichtigsten Provinzen machten Augustus zum Herrn von Rom [390: TIMPE, Untersuchungen, S. 2ff.].

(2) Kaiser und Senat, so Mommsen, herrschten gemeinsam in einer Art Zweierherrschaft (Dyarchie) über das Reich [329: Abriß, S. 270ff.]. Dieser Einfall hielt der Kritik nicht lange stand, da er der realen Machtverteilung zu deutlich widersprach. Er enthüllte jedoch das politische und gesellschaftliche Grundproblem des Kaiserreiches: Es mußte die aristokratische Struktur der römischen Gesellschaft bewahren, da es anders das Imperium nicht regieren konnte. Das Spannungsfeld zwischen Kaiser und Senat, in den antiken Quellen durchgängig als Geschichte des senatorischen Widerstandes geschrieben, wurde so zu Recht ein zentraler Gegenstand der heutigen Forschung (s. u.). Tatsächlich hat Augustus mit seiner Reverenz vor der Republik die Zustimmung weiter Teile der politischen Eliten gewinnen können. Anders: Der Kompromiß mit dem Senat – hier die rechtliche Einkleidung der Alleinherrschaft, dort der Verzicht auf das alte

Die Dyarchie-These

Machtmonopol – war angesichts der bei Strafe des Untergangs einzuhaltenden Pflichten gegenüber dem Reich unvermeidbar. Erst als es den Flaviern gelang, aus dem Ritterstand einen Beamtenkader aufzubauen, der nur dem Kaiser Loyalität schuldete und der die senatorischen Herren in den General- und Statthalterposten kontrollieren und schließlich (seit Gallienus) ersetzen konnte, war der Kreis der funktionsfähigen Eliten so weit gezogen, daß die kaiserliche Abhängigkeit von der Autorität und den Fähigkeiten der Senatoren abnahm [488: PFLAUM, Procurator, Sp. 1245 und 485: ALFÖLDY, Die Stellung der Ritter, S. 174].

Die Bedeutung der Frage nach den Rechtsgrundlagen

Das Verständnis der Römer von staatlicher Existenz deckte sich mit der juristischen Staatslehre des 19. Jahrhunderts: Hier wie dort konnten staatliche Funktionen nur in der Form von Rechtssätzen gedacht werden. Die Erkenntnis Mommsens von der verfassungsrechtlichen Bindung des Prinzipats trifft daher den Nagel auf den Kopf, da niemand im spätrepublikanischen Rom die neue Gestalt des Staates außerhalb von Recht und Gesetz formulierte: „Indem Augustus dem Kaiserreich eine rechtliche Bindung gab und damit seine neue Ordnung als Gesetz verstand, machte er den Menschen seiner Zeit seine Herrschaft als staatliche Ordnung verständlich und annehmbar" [J. BLEICKEN, Lex publica, Berlin 1975, S. 436 ff.].

Die These von der absoluten Monarchie

Gegen diese Einschätzung hat es immer Einsprüche gegeben. Richtungweisend für viele lokalisierte SYME die eigentlichen Probleme der Monarchie außerhalb von Recht und Verfassung [350: Römische Revolution, S. 289 ff.]. Wer mit ihm einzig nach der tatsächlichen Macht sucht, wird die rechtliche Bindung der Monarchie als eine wohltätige Lüge gegenüber der politischen Elite definieren, nützlich allein, um den absoluten Herrscher notdürftig zu verhüllen, der hinter dieser Fassade, gestützt auf die Armee, Gnade gewährte, statt Kompromisse zu schließen. Denn der Kaiser hatte, so Wickert, als „Herr des Staates" alle Gewalt, so daß Rom und das Reich „zwar nicht im Rechtssinne, aber tatsächlich" sein eigen gewesen seien [333: BÉRANGER, Recherches, S. 278–284; 352: WICKERT, Princeps, Sp. 1998 ff.]. Ähnlich sehen es die Forscher, die die Herrschaft der Kaiser als „Militärmonarchie" bezeichnen [M. GELZER, Caesar und Augustus, in: E. MARCKS u. a. (Hgg.), Meister der Politik I, 2. Aufl. Stuttgart 1923, S. 147–195]. Es sind alte Gedanken, die dahinter sichtbar werden: Die augusteische Ordnung, so hob der im Umgang mit Monarchen geübte Montesquieu hervor, „war im bürgerlichen Bereiche aristokratisch, im militärischen hingegen monarchisch. Eine doppeldeutige Verfassung also, die, weil sie nicht von ihren eigenen Kräften gestützt wurde, nur solange Bestand haben konnte, wie es dem Monarchen gefiel, und die folglich völlig monarchisch war" [MONTESQUIEU, Größe und Niedergang Roms [1734], übers./hg. L. SCHUCKERT, Frankfurt 1908, S. 83].

Alle diese Definitionen ruhen auf zwei in der Späten Republik vollzogenen Entwicklungen: die Zunahme der persönlichen Bindungen und ihre Militarisierung. Daraus ergeben sich zwei Fragen: „Hob etwa die Klientelisierung der

Armee und ihre totale Ausrichtung auf den Machthaber nicht den Gedanken des Prinzipats auf? Stand nicht weiterhin hinter der schönen Fassade der wiedererrichteten alten Staatsordnung drohend der General, der all seine Macht den Soldaten verdankte?" [335: BLEICKEN, Augustus, S. 390].

Alle Rechtsfragen („veraltete Verfassungskonzepte", „juridische Codes") schob FLAIG resolut beiseite. Ausgehend von den Usurpationen im Vierkaiserjahr folgert er, die Macht des Kaisers müsse aus den „Praktiken des Umgangs mit den Beherrschten und mit den Standesgenossen, demnach aus den Praktiken der Interaktion, den Regeln der Kommunikation und dem Habitus der maßgeblichen Gruppen" erschlossen werden [387: FLAIG, Den Kaiser herausfordern, S. 174]. Ähnlich 416: SÜNSKES THOMPSON, Demonstrative Legitimation: „Gerade weil eine absolute und verbindliche Form der Herrschaftsberechtigung fehlte, konnte jede politisch wichtige Gruppe auf ihre Art legitimationsstiftend wirken" [S. 62]. Die Monarchie sei daher als Institution nic umstritten gewesen, wohl aber habe jeder Kaiser lernen müssen, daß seine Herrschaft ohne die Akzeptanz der maßgeblichen Gruppen (Plebs urbana, Senatsaristokratie, Legionen) und der ständigen Kommunikation mit ihnen nicht von Dauer sein konnte – kurz: die römische Monarchie sei ein „Akzeptanz-System" und damit potentiell instabil gewesen. Zu ähnlichen Ergebnissen kommt PABST: Der Kaiser habe das Einverständnis der Mitwelt (*consensus*) suchen müssen, da ihm eine permanente Bestätigung seines Führungsanspruches abverlangt wurde; von besonderem Gewicht sei dabei die Übertragung der Befugnisse durch die Komitien gewesen (*comitia imperii* nach Tacitus, Historien 1,14,1) – dieser letzte Punkt markiert den Unterschied zu Flaig [389: PABST, Comitia imperii, S. 144ff.].

Die Fragestellungen weiteten sich früh aus. In den dreißiger Jahren entstanden Untersuchungen zur äußeren Repräsentation der kaiserlichen Würde (A. Alföldi), zu den sozialen Grundlagen der Macht (R. Syme; A. von Premerstein) und zur sakralen Überhöhung der Person des Kaisers (M.P. Charlesworth). In den fünfziger Jahren wurden die Grundlagen zur Erforschung der Ideologie des Prinzipats gelegt (J. Béranger; L. Wickert), und 1967 eröffnete F. MILLAR [The Emperor at Work, JRS 57 (1967) S. 9–19] die Diskussion um den Regierungsstil des Kaisers.

Die Frage nach den sozialen Grundlagen der Herrschaft fordert als erstes die Untersuchung der gesellschaftlichen Macht der caesarischen Gefolgschaft. So haben VON PREMERSTEIN [346: Vom Werden und Wesen] und SYME [350: Römische Revolution] an die riesigen Klientelen der republikanischen Heerführer erinnert und auf ein Gefolgschaftswesen verwiesen, das vor allem Soldaten und Veteranen an ihren General band. Sinnfälliger Ausdruck dieser Bindung wurde der Treueid, den Italien im Jahre 32 v. Chr. Octavian schwor, als er zum Entscheidungskampf gegen Mark Anton aufbrach [346: PREMERSTEIN, S. 36ff.; 350: SYME, S. 276ff.; P. HERRMANN, Der römische Kaisereid, 1968, S. 78ff., der PREMERSTEINS Herleitung aus einem spezifischen Klienteleid ablehnt].

Die Monarchie als „Akzeptanz-System"

Die sozialen Grundlagen des Prinzipats

Die in den ersten Jahren des Prinzipats wirksamen Faktoren wandelten sich im Lauf der Zeit. Für immer aber blieb die besondere Nähe der Soldaten zum Kaiser und seine patronale Pflicht zur Fürsorge. Beides löste sich – dem Wesen jeder Monarchie entsprechend – von der Gefolgschaft des Bürgerkriegsgenerals und übertrug sich auf die gesamte Reichsbevölkerung. Der Eid auf den Kaiser wird dementsprechend bereits unter Augustus von der gesamten Reichsbevölkerung als Huldigungs- und Loyalitätsakt verlangt [HERRMANN, Der römische Kaisereid, 1968, S. 90 ff. unter Verweis auf die enge Verbindung mit dem Kaiserkult]. MOMIGLIANO [in: 347: SCHMITTHENNER (Hg.), Augustus, S. 148 ff.] hob innerhalb der Klientel des Augustus die Munizipien Italiens besonders hervor, deren unpolitische Bürger neben den Soldaten zur wichtigsten Stütze des Kaisers wurden und deren Lebensformen den provinzialen Städten den Weg zur Anerkennung des römischen Kaiserregiments wiesen: Als der väterliche Patron und rettende Gott in Rom auch ihnen Frieden, Wohlstand und Ruhm für ihre führenden Familien sicherte, hatte er ihren Verstand und ihr Herz gewonnen. SALLER [630: Personal Patronage, S. 41 ff., 73 ff.] betont darüber hinaus die besondere Aufmerksamkeit, die der Princeps dem kaiserlichen Hofe widmen mußte. Die führenden Köpfe der Verwaltung wurden durch die *benefica* - oder durch deren Entzug – zu ständigen Akten der Loyalität angehalten, da von ihnen die größte Gefahr für die kaiserliche Familie ausging (s. S. 192 f.).

b. Die Herrschaftslegitimation

Die ideologische Gestalt des Prinzipats

Die rechtliche und soziale Macht füllt nicht die ganze politische Wirklichkeit aus. Die Geschichte Roms ist schon in der Republik durch die besondere Wirksamkeit von Moral und Tradition gekennzeichnet, die alle bestehenden Gewaltverhältnisse gelenkt haben. Augustus hat angesichts seiner singulären Macht die Notwendigkeit ihrer moralischen Umhüllung und Legitimation besonders stark empfunden. Um die einzelnen (vielfach widersprüchlichen) Erscheinungen der daraus erwachsenen Prinzipatsideologie richtig zu verstehen, ist die genaue Beachtung der Adressaten unerläßlich, an die sich der jeweilige Legitimationsgedanke richtete. Er mußte die Wünsche und Hoffnungen der Angesprochenen in sich aufnehmen, um die erhoffte Wirksamkeit – die aktive und passive Unterstützung der neuen Ordnung – überhaupt zu erreichen.

Der erste Adressat war notwendig der Senatsadel. Denn er verkörperte die Geschichte. An ihn richtete sich der Gedanke von der republikanischen Legitimität der Macht, die in der Vorstellung von der *res publica restituta* ihre einprägsame Formel gefunden hatte. Auf ihn zielte auch der Tugendkatalog des Alleinherrschers, der (auf seine Wirkung hin besehen) geeignet sein mußte, die *libertas* des Staates dauerhaft zu begründen. Die Grundbegriffe dieser Ideologie (*princeps, libertas, auctoritas* und die *virtutes* wie *iustitia, pietas, aequitas, clementia, moderatio, fortitudo*), die das Verhältnis des Monarchen zur *res publica*

4. Die Monarchie: Gestalt und Aufgabe 183

erfaßten, sind breit erforscht worden: 352: WICKERT, Prinzeps, Sp. 2004 ff.; 333: BÉRANGER, S. 31 ff. (zum Begriff *princeps*); M.P. CHARLESWORTH, Die Tugenden eines römischen Herrschers, in: 424, S. 361 ff. (zu den *virtutes*); 717: KUNKEL, Kl. Schrift., S. 529 ff. (zur *libertas* mit der wichtigen Beobachtung, daß der Begriff schon in der Republik von den Ansprüchen der Nobilität geprägt war und mit bürgerlicher Freiheit wenig zu tun hatte). Hinzukommen die Untersuchungen über die Begriffe und Vorstellungen, die zwar aus der republikanischen Tradition stammen, durch ihren Bezug auf den Kaiser jedoch darüber hinaus weisen: 380: ALFÖLDI, Die monarchische Repräsentation, S. 14 ff., 40 ff. (zum Augustus-Namen und zum *pater patriae*-Titel); 726: LIEBESCHUETZ, Continuity and Change, S. 55 ff. (zur Religionspolitik); ST. WEINSTOCK, Pax and the „Ara Pacis", JRS 50 (1960) S. 44–58, S. 44 ff.; 257: BORBEIN, Ara pacis, S. 242 ff. (zum Friedensgedanken); H. GUNDEL, Der Begriff Maiestas im Denken der augusteischen Zeit, Palimgenesia 4 (1968) S. 279–300.

Der greise Augustus hat in seinem Tatenbericht seine Leistungen in die Geschichte der Republik eingebunden und den Vergleich mit denen der republikanischen Heroen und des Romulus herausgefordert. Er war sich zugleich gewiß, daß seine Person und seine Taten neue Vorbilder schufen (*multarum rerum exempla*), an denen sich die Nachwelt orientieren konnte [35: HEUSS, Zeitgeschichte als Ideologie]. In ihrer Summe sollten sie ein gültiges Leitbild für die dauerhafte Form der Alleinherrschaft in Rom begründen. Im ersten Jahr seiner Laufbahn, so beginnt suggestiv der Bericht, mit neunzehn Jahren, habe er den Staat aus der *dominatio* einer Gruppe befreit (*in libertatem vindicavi*), und im Jahre 27 v. Chr., so endet er, habe er die *res publica* in die Verfügungsgewalt von Senat und Volk zurückgegeben. Zwischen diesen Befreiungstaten stehen die Leistungen für den Staat, gegliedert unter sachlichen Gesichtspunkten: die Ehrungen (*honores*: 1–14), die Aufwendungen (*impensae*: 15–24), die außenpolitischen Erfolge (*res gestae*: 25–33): „In der typischen Gleichförmigkeit von Amt, Triumph und öffentlichem Aufwand integriert sich der römische Staat" [35: HEUSS, S. 1328].

Die Aussage des Tatenberichtes

Innerhalb dieses von den *mores maiorum* bestimmten Wertsystems wird jedoch die Einzigartigkeit der vollbrachten Leistung mit jedem Satz spürbarer [437: ALFÖLDY, Gesellschaft, S. 354 ff.]. Durch die Art und Weise, in der die militärischen Taten geschildert werden, tritt immer unverhüllter der Herr der Welt zutage. Insbesondere HEUSS hat die Bedeutung dieser Adaption des bereits in der späten Republik verkündeten Weltherrschaftsanspruches Roms betont, dessen Erfüllung in unmißverständlicher Schärfe vor allem die Dichter gefordert haben [vgl. 127: MEYER, Außenpolitik, dessen These von der dem dichterischen Imperialismus entgegengesetzten Friedenspolitik des Augustus auf der falschen Interpretation der römischen Pax-Vorstellung beruhte; richtig 646: FUCHS, Friedensgedanke, S. 201 ff.]. Damit war ein Ideal verbreitet, das Augustus zum Weltherrscher erhob, der den römischen Sendungsauftrag erfüllte und dessen Macht keine Grenzen kannte [zu den Anfängen dieser Vorstellung R. WERNER, in:

Der Weltherrscher

ANRW I 1, 1972, S. 531 ff.]. Der Wille des *"princeps terrarum populus"* (Livius) wurde mit der Person des Herrschers verschmolzen, der nunmehr das von Jupiter gegebene *"imperium sine fine"* hütete (Vergil, Aeneis 1,278 f.). Von dieser Funktion des Weltherrschers führte ein direkter Weg zu der nachaugusteischen Vorstellung von der Einheit des Imperiums und zu der Pflicht des Herrschers, Monarch für alle zu sein [Horaz, carm. 1,12,49: *"gentis humanae pater atque custos";* 425: SCHWARTE, Salus Augusta Publica, S. 225 ff., mit dem Nachweis, daß seit Hadrian Bürger und Provinziale auch in den offiziellen Bekundungen des Kaisers gleichgestellt wurden].

Die Herrschertitulatur

Der Kaiser als omnipotenter Weltherrscher, als väterlicher Patron und als Beschützer seiner Untertanen – derartige Gedanken gehen bereits weit über den Adressatenkreis der römischen Bürgerschaft hinaus, ohne sie ganz zu verlassen. Dies zeigt auch die Titulatur des Kaisers, bei der mit MOMMSEN [329: Staatsrecht II 2, S. 763 ff.] zu unterscheiden ist zwischen dem Namen des Kaisers (*Imperator Caesar Augustus*) und der eigentlichen Titulatur (*tribunicia potestas, pontifex maximus*, imperatorische Akklamationen, *pater patriae*-Titel), die von den rechtlichen Elementen der kaiserlichen Macht beherrscht wird [Belege bei 29: DESSAU, Nr. 257–317]. DEININGER [417: Von der Republik zur Monarchie, S. 982 ff.] hat die republikanischen Vorstufen der Titulatur verfolgt und auch daran den „evolutionären, kompromißhaften Charakter des augusteischen Prinzipats, der auch in seiner offiziellen Herrschertitulatur grundsätzlich auf bestehenden ‚republikanischen' Vorstufen aufbaute", zeigen können. Doch weisen Teile davon unmißverständlich darüber hinaus: Dies gilt zunächst für das Cognomen Augustus, das seinen Träger mit dem göttlichen Stadtgründungsaugurium verband, das Romulus eingeholt hatte [324: HEUSS, RG, S. 286 f.], und dies gilt für den Titel *pater patriae*, der alle umlaufenden Hoffnungen auf den Retter, den Patron und den Schützer des Menschengeschlechts in sich aufnahm [427: ALFÖLDI, Vater des Vaterlandes, S. 138: „Grundbegriff der Kaiserherrschaft"]. Dies gilt schließlich für das *praenomen imperatoris*, das den auf der Zustimmung des Heeres ruhenden universalen Machtanspruch in der Form eines lebenslänglichen und erblichen Namens ausdrückte, ohne die rechtlichen Grenzen der Macht außer Kraft zu setzen [390: TIMPE, Untersuchungen zur Kontinuität, S. 10 ff.].

Die Einrichtung des Kaiserkultes

Unzählige Weihinschriften und Statuen sprechen in allen Provinzen von der grenzenlosen Dankbarkeit der Untertanen, die genug und übergenug unter den korrupten Ausbeutern der Republik gelitten hatten (Tacitus, Annalen 1,2,2). Nun erwarteten sie von dem neuen Herren Roms die Eintracht der Bürger, die Sicherheit der Gesetze und eine gerechte Herrschaft über die Völker der Erde. Es war eine Aufgabe für Götter. Nur ihnen konnte es gegeben sein, dem neuen glücklichen Zustand Dauer zu verleihen und die Gerechtigkeit des römischen Regiments zu gewährleisten.

Dieser spontanen und gefühlsbetonten Aufwallung der breiten Volksmassen, Die Hoffnungen der Untertanen denen der Heiland des Menschengeschlechts in der Gestalt des Augustus erschienen war, hätte sich der Kaiser gar nicht entziehen können – selbst wenn er gewollt hätte. So ließ er in Italien die umlaufenden Wundergeschichten über geheimnisvolle Vorzeichen zu, die vor und nach seiner Geburt beobachtet worden sein sollen. Nach dem Sieg von Aktium gestattete er den Provinzialen in Asia und Bithynia die Errichtung eines Tempels, der dem Kult der Dea Roma und des „Autokrator Kaisar" geweiht war [Cass. Dio 51, 20, 6 ff.; 607: DEININGER, Provinziallandtage, S. 16 ff.]. Damit war die ungeordnete Begeisterung der Massen an Zentren und Rituale gebunden. Sie gaben den provinzialen Oberschichten die Möglichkeit, auf ihre Weise dem kaiserlichen Regiment zuzustimmen. Augustus hat bei dieser Gelegenheit den römischen Bürgern in Kleinasien die Teilnahme an diesem Kult verboten, sich in Rom der Vergöttlichung seiner Person durch Tempel, Standbilder und Kulte widersetzt und nur die Verehrung des *numen Augusti* gestattet (Sueton, Augustus 52). Jede andere Politik hätte in der Tat den Ausgleich mit dem Senat und der Tradition unmöglich gemacht, die mit der Apotheose des Adoptivvaters und der sakralen Weihe des Augustus-Namens genügend strapaziert worden war [zur weiteren Entwicklung in Rom und Italien: 430: CLAUSS, Kaiser und Gott, S. 66 ff.].

In allen Provinzen jedoch wurde der Prinzeps Gott, und „er war dies von Der Kaiser als Gott Anfang an, seit Caesar und Augustus, er war es zu Lebzeiten, er war es nicht nur im Osten, sondern auch im Westen des römischen Reiches" [429: CLAUSS, Deus praesens, S. 400–433 und 430: CLAUSS, Kaiser und Gott, erschöpfend und grundlegend zum ganzen Problem und zum Forschungsstand]. Die kultische Verehrung des amtierenden Regenten wurde schnell zur Pflicht, konnte doch jedermann auf diese Weise seine Loyalität beweisen. Im Jahre 12 v. Chr. wurde sie in Gallien und in den späteren Jahrzehnten (vor allem von Vespasian) in den anderen Provinzen des Westens eingeführt [607: DEININGER, S. 21 ff., 99 ff.; 432: FISHWICK, Imperial Cult in the Latin West, S. 1204 ff.; zusammenfassend HABICHT, in 432: Le culte des souverains, S. 39 ff.; Überblick über die gesamte Entwicklung des Herrscherkultes bei 428: CERFAUX/TONDRIAU, Un concurrent du christianisme, S. 313 ff.; zur Haltung der Christen s. S. 346 f.].

Träger des Kultes wurden die Kollegien der Augustales. Sie setzten sich meist Die Träger des aus Freigelassenen zusammen und schoben sich aufgrund dieser offiziellen Kaiserkultes Tätigkeit bald als eigener Stand zwischen die Dekurionen und die städtische Plebs [R. DUTHOY, in: ANRW II 16, 2, 1978, S. 1254 ff.; 430: CLAUSS, Kaiser und Gott, S. 387 ff.]. Die Forschung hat alle organisatorischen Formen des Kultes, die damit befaßten Amtspersonen, die verschiedenen Provinzen und die jeweiligen Schichten (Armee, Privatleute, Freigelassene), die daran Anteil hatten, erfaßt [436: WLOSOK, Römischer Kaiserkult, S. 32 ff.]. Dabei wurde immer wieder auf den eminent politischen Sinn der sakralen Überhöhung des Kaisers verwiesen und das elementare Gefühl der Dankbarkeit als Motiv der Ehrungen für Augustus herausgestellt. BICKERMANN, in 431: Le culte des souverains, S. 5, hat dem hinzugefügt, daß die Sehnsucht der Menschen nach Unsterblichkeit die Vergöttlichung der Kaiser gefördert hat: Ovid beendet seine Metamorphosen mit der Apotheose des Augustus und der Hoffnung, dank seiner dichterischen Leistung selbst „über die hohen Sterne getragen zu werden" (15,869 ff.). Erst die Institutionalisierung des Kultes unter den Nachfolgern des ersten Princeps hat das Moment der Herrschaftssicherung in den Vordergrund treten lassen und die Loyalität, die er bekundete, höher gewichtet als das religiöse Gefühl, das dem Akt ursprünglich innewohnte.

Weitere Formen der sakralen Überhöhung

Der Kaiserkult hebt die kaiserliche Majestät aus der Welt der Irdischen und entzieht sie ihrem Zugriff. Dazu dienen auch die Ausgestaltung des Hofzeremoniells und der Insignien der kaiserlichen Macht [grundlegend: 380: ALFÖLDI, Die monarchische Repräsentation], die Idealisierung des kaiserlichen Porträts [267: ZANKER, Prinzipat und Herrscherbild], die Verwandlung des kaiserlichen Wohnsitzes in einen Palast [266: L'ORANGE, Domus Aurea, S. 66 ff.; 677: KOLB, Rom, S. 392 ff.], die Stilisierung des Monarchen zum Kosmokrator [Suet. Nero 31; 266: L'ORANGE, S. 73 ff. mit ausführlicher Dokumentation der orientalischen und abendländischen Parallelen] und die Ausbildung einer „Théologie du Pouvoir Impérial" [J. GAGÉ, La théologie de la victoire impériale, Revue historique 171 (1933) S. 1–34; 271: HÖLSCHER, Victoria Romana]. Die Erhebung zum Gott gewährte das offizielle Rom dem toten Kaiser, und es band die Apotheose an sakralrechtliche Voraussetzungen, die das nötige Wunder der Entrückung in einem genau festgelegten Ritual Wirklichkeit werden ließen [BICKERMANN, Kaiserapotheose, in 436: WLOSOK, Kaiserkult, S. 82 ff., H. CHANTRAINE, „Doppelbestattungen" römischer Kaiser, Historia 29 (1980) S. 71 ff., mit den von BIKKERMANN abweichenden Forschungspositionen]. Das Ziel aller dieser Rituale war die Festigung des monarchischen Herrschaftsanspruchs. Der Monarch, der zu den Göttern aufstieg, entzog sich der rationalen Kritik und der parteilichen Einflußnahme.

Das dritte Jahrhundert

Das von Prätendentenkämpfen geschüttelte dritte Jahrhundert hat diese Entwicklung forciert: Ein Kaisertum von Gottes Gnaden sollte die Monarchie aus der Umklammerung der Armee und ihres Akklamationsanspruches befreien. Die Hilfe des in Mode gekommenen Sol invictus, dessen Kult unter Aurelian zum Staatskult wurde, war dafür durchaus geeignet [724: HALSBERGHE, The Cult of Sol Invictus, S. 135 ff.]. Aber er vermochte ebensowenig wie die von Decius bis Diokletian erneut beschworenen Staatsgötter Roms die Gefühle einer verängstigten Welt an sich zu binden, die nach einem Erlöser Ausschau hielt, zu dem man mit inbrünstigem Herzen um Rettung flehen konnte. Dieser Forderung genügte erst Konstantin, als er die ohnehin nie ganz glaubwürdige Identität von Kaiser und Gott beseitigte, die Monarchie Roms dem Schutz des Gekreuzigten unterstellte und damit die Person des Kaisers in die religiöse Gefühlswelt der auf Erlösung gerichteten Heilslehre des Christentums tauchte [W. ENSSLIN, Gottkaiser und Kaiser von Gottes Gnaden, München 1943; 690: KOLB, Herrscherideologie, S. 35 ff., 63 ff.].

c. Die Herrschaftspraxis

Rom: das war seit langem der Name für die Ordnung der Welt. Jetzt trat der Name des Monarchen hinzu. Für jeden Bewohner des Reiches war der Kaiser rechtlich und faktisch das Zentrum der Macht und der Ausgangspunkt jeder administrativen Entscheidung. Seine Lobredner verglichen ihn denn auch mit der Sonne, die alle Menschen wärme und nähre, oder mit dem Hirten, der sich Tag und Nacht um seine Herde sorgt [Dio Chrysostomos, Rede 3,72 ff. (über Trajan); 407: HALFMANN, Itinera, S. 143 ff.; M. MAUSE, Die Darstellung des Kaisers in der lateinischen Panegyrik, Stuttgart 1994, S. 63 ff.; E. BALTRUSCH, HZ 266 (1998) S. 38 ff. zur Tendenz des frühen Prinzipats, die Provinzen auf die Zentrale auszurichten und das Reich zu vereinheitlichen]. *Der Kaiser als Zentrum des Staates*

Die Schwerpunkte der Erforschung der Monarchie sind bestimmt durch die Fragen nach der Herrschaftsform (Rechtsgrundlagen, Verhältnis des Princeps zur Republik, die sozialen Bedingungen, die Aufgaben der Eliten) und nach der Herrschaftslegitimation (Ideologie, sakrale Überhöhung). Die Untersuchung der Herrschaftspraxis ist auf die Verwaltung des Reiches konzentriert und erfolgreich schon von den Schülern Mommsens behandelt worden [408: HIRSCHFELD, Verwaltungsbeamten]. Am Rande des Interesses blieb die Regierungstätigkeit des Kaisers, blieben die Fragen nach dem Regierungsstil und den Regierungsgegenständen. *Die Regierungstätigkeit des Kaisers*

Antworten darauf suchte MILLAR [384: The Emperor] – allerdings unter Außerachtlassung der Außen- und Militärpolitik. Er prüfte die Lebensumstände des Kaisers, sah der Bürokratie über die Schulter, bilanzierte die kaiserlichen Einnahmen und Ausgaben und stellte die Verwaltungsakte der kaiserlichen Zentrale vor; dann widmete er sich den Beziehungen des Kaisers zu Senat und Ritterstand, zu den Städten der Provinzen, zu einzelnen Bürgern und zur christlichen Kirche. In allen diesen Bereichen und gegenüber allen Gruppen und Personen – so die Kernthese – zeigt sich ein unermüdlich tätiger, aber passiver Kaiser: Dieser habe zwar auf den uferlosen Strom von Fragen und Bitten seiner Untertanen reagiert, aber er habe nicht regiert, schon gar nicht mit Programmen oder einer darauf eingerichteten effektiven Bürokratie. Der Grund dafür läge im System: In ihrer Struktur sei die römische Monarchie patronal, d. h. der Kaiser ist für seine Schutzbefohlenen da, soweit und sobald sie ihn benötigen und anrufen, ansonsten nicht. Gefördert worden sei diese patronal begründete Passivität durch das Fehlen eines Konkurrenten (etwa einer Ministerialbürokratie) und durch die Stabilität der sozialen Verhältnisse, die gegebenenfalls eine Neuordnung der monarchischen Entscheidungsgewalt hätten erzwingen können. *F. MILLAR, The Emperor*

Der passive Kaiser   Tatsächlich reagierte der Kaiser auf Fragen und Bitten von unten, und tatsächlich wurde die Aufmerksamkeit des kaiserlichen Zuhörens durch die soziale Rangfolge bestimmt. Die Provinzstädte z. B. stellten sich darauf ein, indem sie einflußreiche Patrone bei Hof mit der Wahrnehmung ihrer Interessen betrauten [z. B. die Stadt Tergeste: 29: DESSAU, Nr. 6680; dazu: HEUSS, Rechtslogische Unregelmäßigkeit (1980), in 383: HEUSS, Ges. Schrift. II, S. 986–1009]. Von der „patriarchalischen Monarchie", die in den hausväterlichen Figuren lokaler Grundherren ihre Anfänge habe, sprach daher STRASBURGER [449: Zum antiken Gesellschaftsideal, S. 122]; er sah in den privaten Klientelen konstruktive Elemente der Herrschaft, die die Regierung durch ihre weitverzweigte Wirksamkeit entlasteten (vgl. S. 240f.).

Die Grenzen kaiserlichen Handelns   Einspruch gegen die These vom fleißigen, aber passiven Herrscher kam von BLEICKEN [382: Zum Regierungsstil]. Regieren habe in Rom niemals das Abstecken eines neuen Kurses bedeutet; vielmehr sei jede politische Aktivität von dem Willen bestimmt worden, das Alte, Wohlvertraute und durch die Tradition Legitimierte zu bewahren. Ohnehin seien die Aufgabenfelder des Monarchen auf die Militär- und Außenpolitik und das dazugehörende Umfeld (Heer, Steuern, Verwaltung) konzentriert gewesen, während das Zusammenleben der Menschen durch die Familie, die Patrone und die Städte oder Stämme geregelt wurde. Gesellschaftspolitisch gesehen war der Kaiser als Friedensstifter gefragt und ansonsten nur ad hoc und in Notzeiten für soziale Maßnahmen zuständig. Als sich dies langsam wandelte, „weil die alten Organisationseinheiten des Reiches schwächer, das Gewicht der Zentrale stärker und die allgemeine Not größer geworden war, fehlte der Anlaß, den Regierungsstil zu ändern." Bleicken fügt diesen Faktoren kaiserlicher Regierungstätigkeit die Beschreibung der Aufgabenfelder hinzu, in denen der Kaiser unverkennbar politische Aktivitäten mit langfristig wirksamen Zielen entfaltete: die Ordnung des Heeres bis hin zur Veteranenversorgung, die Bürgerrechtspolitik, die Religionspolitik und die Eingriffe in die Belange der Städte. Insgesamt stellt Bleicken dem Bild Millars einen Kaiser entgegen, dessen politischer Wille nicht nur vorhanden, sondern sehr effektiv war. Seine Regierung habe, auch wenn sie nur reagierte, durch die ständige Wiederholung bestimmter Entscheidungen politische Leitlinien festgelegt, da jedem Supplikanten gleiche Antworten auf gleiche Tatsachenvorträge und damit Rechtssicherheit und die Berechenbarkeit kaiserlicher Entscheidungen gewährt wurden.

Die Details der kaiserlichen Regierungstätigkeit   Der durch Millar ausgelöste Streit gehört zu den fruchtbaren. Denn die Kontrahenten rangen um den richtigen methodischen Weg – wie weit hat die strenge Bindung einer historischen Frage an die Aussagen der Quellen zu reichen? – und um ein zentrales Problem – wo endet die patronal begründete Passivität des Kaisers? Die Generaldebatte führte naturgemäß zur Analyse von Einzelerscheinungen, und die Detailforschung machte sich auf den Weg, ihre Lösungsvorschläge zu entwerfen. Hervorzuheben sind CAMPBELL [545: The Emperor and the Roman Army (dazu S. 230)] und HALFMANN [407: Itinera principum], der die Reisetätigkeit des Kaisers überprüfte; diese war zuletzt ausführlich von FRIEDLÄNDER [393: Sittengeschichte I] behandelt worden [vgl. 384: MILLAR, The Emperor, S. 28 ff.].

HALFMANN untersuchte die Motive der kaiserlichen Reisen, insbesondere die des ersten Princeps, und konzentrierte sich auf den Ablauf der Reisen, die Personen, die den Kaiser begleiteten, seine vielfältigen Tätigkeiten in den Städten und Provinzen des Reiches. Anders als Millar erkennt Halfmann einen Kaiser, der sein Herrscheramt aktiv ausfüllte: „Das Reisen war also eine vom jeweiligen Herrscher selbst bestimmte Variante kaiserlicher Regierungspraxis, eine besondere Art der Reaktion auf Ereignisse, Entwicklungen und Bitten der Untertanen, ein aus eigenem Antrieb heraus erfolgender politischer Willensakt."

Der Kaiser auf Reisen

Wer reist, kommt an. Für den Kaiser war dies immer mit einem großen Zeremoniell verbunden, das in jeder Provinzstadt im Prinzip nach dem gleichen Muster wie in der Hauptstadt geplant und organisiert werden mußte. Hier wie dort: Die gesamte Stadtbevölkerung zog nach Rang und Stand geordnet vor die Tore der Stadt, begrüßte ihn und begleitete ihn im feierlichen Zug durch die Stadttore. Innerhalb der Mauern war alles festlich geschmückt: Lichter erleuchteten die Straßen, und Weihrauchduft verbreitete sich, wenn der Kaiser auf das Capitol zog, um seine glückliche Ankunft durch ein Opfer zu feiern. Den Höhepunkt bildeten Spiele, die entweder schon am Tag der Ankunft des Kaisers oder am folgenden Tag stattfanden [dazu 410: LEHNEN, Adventus principis; 690: KOLB, Herrscherideologie, S. 45 f. zur Darstellung auf dem Galeriusbogen in Thessalonike]. Bereits ALFÖLDI [380: Monarchische Repräsentation] hat die religiöse Bedeutung des kaiserlichen Empfangs unterstrichen: Es ist die bereits im Hellenismus zu beobachtende Heilandserwartung, die in der Ankunft des Kaisers die Ankunft des Erlösers sah. Diese Interpretation erklärt LEHNEN für richtig, auch wenn er sie für „etwas überbetont" hält und mit HÖLSCHER [271: Victoria Romana, S. 48 ff.] die Erscheinung eines Weltheilandes erst im 3. Jahrhundert erkennen will. Anerkannt wird auch die These Halfmanns, wonach der Wunsch der Städte nach der Nähe des Kaisers mit konkreten politischen und wirtschaftlichen Erwartungen verbunden war. Denn die Ehre des Kaiserbesuches hatte auch unverkennbar nützliche Aspekte: Meist folgten ihr kaiserliche Baumaßnahmen, Geschenke, Lebensmittelspenden und die Verleihung von Privilegien. FLAIG [387: Den Kaiser herausfordern], liest die Empfangsfeierlichkeiten als Teil des politischen Konsensrituals, mit dem die kaiserliche Akzeptanz unterstrichen wurde (s. S. 181).

d. Die Repräsentation

Die Fragen der Archäologen

Die politische Botschaft des neuen Regimes laut und vernehmlich zu verkünden, war eine der ersten Pflichten des Princeps. Augustus löste sie so perfekt, daß die politisch aufgeladene Bilderwelt des neuen Zeitalters für jedermann allgegenwärtig war. Den gewichtigsten Forschungsbeitrag zu diesem Thema leistete die Archäologie. „Bauwerke und Bilder spiegeln den Zustand der Gesellschaft, ihre Wertvorstellungen ebenso wie ihre Krisen und Aufbruchstimmungen." Mit dieser Botschaft zog ZANKER 1987 aus, um das materielle Erbe und seine politische Botschaft zum Sprechen zu bringen [262: ZANKER, Die Macht der Bilder]. Archäologie wird damit zur historischen Disziplin [über die früher einsetzende analoge Entwicklung in der Kunstwissenschaft informiert M. WARNKE, Politische Architektur in Europa vom Mittelalter bis heute, Köln 1984]. Bezogen auf die archäologische Erforschung der Monarchie und ihrer Legitimationsformeln bedeutete dies, der Leitidee zu folgen, daß das neue politische System seine eigene Bildersprache entworfen haben muß, um allen sozialen Schichten seine Sinnfälligkeit und Überlegenheit gegenüber der alten Ordnung verständlich zu machen.

Die Repräsentation der kaiserlichen Macht

ZANKER verfolgte seine Prämisse durch alle Erscheinungsformen der Architektur und der Bilder und subsumierte die Ergebnisse unter die politischen und gesellschaftlichen Ziele der Monarchen. Dabei offenbarte sich ein epochaler Wandel der Repräsentation von Macht im öffentlich-politischen Raum: Hatten diesen vor Aktium noch die Monumente der rivalisierenden großen Generäle gefüllt, so standen jetzt Staat und Kaiser in umfassendster Weise im Mittelpunkt [so auch 260: SIMON, Augustus, mit anderem, konventionellerem methodischen Zugriff]. Die kaiserliche Selbstdarstellung wurde zum Muster für jedermann, von der Mode angefangen bis hin zur Angleichung der Bürgergesichter an das Porträt des Kaisers. Besonders bedeutsam wurde nach Zanker die Renaissance der klassischen griechischen Kultur, die eine vollkommene, weltweite Friedensherrschaft symbolisierte, unter der sich allgemeiner Wohlstand, eine hohe Lebensmoral und ein gesicherter innerer Friede in der bestmöglichen Form miteinander verbunden hätten [zu dieser historischen Wertung des augusteischen Klassizismus siehe bereits R. BIANCHI-BANDINELLI, Die römische Kunst, München 1975, S. 95 ff.].

Die Adressaten der kaiserlichen Propaganda

Die Frage nach dem Adressaten einer derart politisierten Kunst, die in allen ihren Ausdrucksformen eine bestimmte Botschaft vermitteln wollte, drängt sich von selbst auf. Quellen, die über die Reaktion der römischen Öffentlichkeit berichten, fehlen nahezu völlig. Daher muß das Denkmal selbst sprechen: „Von ihm aus ist auf Publikum, Autor und ihr Verhältnis zueinander zu schließen. Methodisch ist das aber nur möglich, wenn ein gewisses Maß an Übereinstimmung zwischen den vom Urheber beabsichtigten Aussagen des Denkmals und den Erwartungen des Publikums besteht" [T. HÖLSCHER, Staatsdenkmal und

Publikum, Konstanz 1984, S. 9]. Als Probe aufs Exempel untersuchte Hölscher die augusteische Denkmälerpolitik, deren republikanische Reminiszenzen vor allem an die adligen Standesgenossen des Kaisers adressiert waren. In den Provinzen konnten solche Botschaften allerdings nur dort auf fruchtbaren Boden fallen, wo die Menschen mit den Problemen der Hauptstadt vertraut und im Sehen und Lesen politisch aufgeladener Kunst geschult waren.

Wie groß die Unterschiede zwischen einer auf Rom und Italien ausgerichteten Propaganda und den Erwartungen der Provinzialen sein konnten, ist unschwer dem Kaiserporträt abzulesen. Die Selbstdarstellung aller Kaiser in den ersten drei Jahrhunderten blieb an den Herrschaftsstil des Augustus gebunden: Seine den republikanischen Traditionen gemachten Zugeständnisse verboten die Pose des omnipotenten Herrschers. Die Erwartungen der Untertanen hingegen waren auf den mit göttlicher Macht ausgestatteten Weltherrscher ausgerichtet, den sie im Vollzug des Kaiserkultes auch allein in dieser Rolle zu verehren hatten und dessen Bild seit den Tagen Neros stellvertretend für den Herrscher unter ihnen stand [Tacitus, Annalen 15,29,2; 434: PRICE, Rituals and Power, S. 101 ff., 207 ff.; TH. PÉKARY, Das römische Kaiserbildnis in Staat, Kult und Gesellschaft, Berlin 1985]. Den Gedanken, die Kaiser als *principes inter pares* im Sinne der Prinzipatsideologie zu verstehen, hätten die meisten als Sakrileg gegenüber dem Allmächtigen entsetzt von sich gewiesen. ZANKER [268: Provinzielle Kaiserporträts] verweist auf die praktischen Konsequenzen, die sich daraus für die Ausgestaltung der Kaiserporträts ergaben: Kaiser und Hofbildhauer haben an der ideologisch festgelegten Konzeption der offiziellen Bildnisse nichts geändert – trotz der Erwartungen der Untertanen. Aber es gab Umbildungen, vorsichtige Korrekturen hin zu einem machtvollen Herrscherbildnis (z. B. durch die frontale Ausrichtung und die unpersönliche, maskenhafte Überhöhung des Porträts), das schließlich unter Maxentius und Konstantin nahezu unvermittelt zutage trat und künftig die Darstellung des spätantiken Kaisers prägte [690: KOLB, Herrscherideologie, S. 46 ff.].

Das Porträt des Kaisers

Wie weit Augustus ging, um die Überlegenheit der neuen gegenüber der alten Ordnung erkennbar zu machen, verrät ein spektakulärer Fund auf dem Marsfeld in Rom: Von E. BUCHNER in Rom geleitete Grabungen am Standort der Ara Pacis ermöglichten die Rekonstruktion einer Jahres- und Tagessonnenuhr mit einer Länge von 135 Meter. Die Hauptachse dieser Uhr, die Äquinoktienlinie, die von der Frühlings- zur Herbst-, Tag- und Nachtgleiche verläuft und den Geburtstag des Augustus, den 23. September, anzeigte, bestimmte zugleich die Größe und die Lage des am 30. Januar 9 v. Chr. eingeweihten Friedensaltars; durch seine beiden Türen verlief die Aquinoktienlinie. Der 30 m hohe Obelisk, dessen Schatten als Zeiger der Uhr diente, war auf das 390 m entfernte, 29 v. Chr. fertiggestellte Mausoleum des Princeps ausgerichtet. Insgesamt wies der mit höchster mathematischer Präzision konstruierte Bauplan des gesamten Platzes auf den vergöttlichten Frieden und seinen Schöpfer, dessen Empfängnis, Geburt und Tod in ein kosmisches System eingebunden wurden. An diesem Ort verwandelte sich die

Die Sonnenuhr des Augustus

Ideologie des Friedens – für zwei Jahrhunderte die wichtigste Legitimation der Monarchie – in Theologie, die den Gründer des neuen politischen Systems zu den Sternen entrückte [258: BUCHNER, Die Sonnenuhr des Augustus; vgl. auch 260: SIMON, S. 26 ff.].

Die Summe aller literarischen, religiösen und architektonischen Umsetzungen der augusteischen Idee von der Wiederkehr des goldenen Zeitalters zog GALINSKY [341: Augustan Culture]. Er beschreibt die Kultur einer Epoche, in der die Überlebenden das Glück, noch einmal davongekommen zu sein, kaum fassen konnten.

e. Der kaiserliche Hof

Die Entwicklung der Forschung

Das örtliche Zentrum der Macht war der Hof des Kaisers. Das 19. Jahrhundert hatte keine Probleme, sich mit ihm zu befassen, war doch Vergleichbares Teil der eigenen Wirklichkeit. So schrieben MOMMSEN [329: Staatsrecht II, S. 833 ff.] und FRIEDLÄNDER [393] umfängliche Kapitel über den kaiserlichen Hof: Darin werden der Einfluß des Personals, der Beamten, der Freigelassenen und Sklaven ebenso wie die Gesellschaft des Kaisers und das Zeromoniell (z. B. Morgenempfang und öffentliche Gastmähler) vorgeführt. Nach Friedländer wurde es still um dieses Thema, und die Erörterung der politischen Funktion des Hofes ebbte ab. Den Faden nahm WINTERLING wieder auf, indem er methodisch vergleichend die strukturelle Eigentümlichkeit des Hofes und die Macht der Höflinge untersuchte [396: WINTERLING, Zwischen „Haus" und „Staat", S. 1–28, 91–112; 397: DERS., Aula Caesaris, und jetzt A. WALLACE-HADRILL, The Imperial Court, in 338: CAH X, S. 283–308].

WINTERLING, Aula Caesaris

Winterling konzentriert sich auf die Höfe der ersten beiden Jahrhunderte und konstatiert zunächst ihre Existenz. Sie hatten die Franzosen GAGÉ und VEYNE nach einem vergleichenden Blick auf den französischen Königshof des Absolutismus nicht wahrnehmen wollen [439: GAGÉ, Les classes sociales, S. 191 ff; 499: VEYNE, Brot und Spiele, S. 582 ff]. Trotzdem, so Winterling, gab es den Hof als eine Institution, der unabhängig von den persönlichen Beziehungen der sie bildenden Menschen Dauer beschieden war. Sie wurde zum gesellschaftlichen Mittelpunkt der Stadt Rom, übernahm Aufgaben der Politik und band die politischen Eliten an sich. Im Grunde lief es darauf hinaus, daß die Gesamtheit der Aristokratie zu den Freunden des Kaisers (*amici principis*) gezählt wurde und durch die strenge Wahrung bestimmter Regeln zu beweisen hatte, daß es so und nicht anders war und bleiben sollte (S. 161 ff.). „The focus of political activity shifted irrevocably from a plurality of households to a single one, sprawling monstrously over the symbolical heart of Rome" [WALLACE-HADRILL, in: 338, S. 306].

Zur Umgebung des Kaisers gehörten – wie sollte es anders sein – nicht nur Senatoren oder Ritter, sondern auch Personen unbedeutender Herkunft. Sie, die von der Nähe zum Kaiser und seiner Gunst lebten, ermöglichten oder verhinderten den Zugang zu ihm, beeinflußten seine Entscheidungen und konkurrierten mit den informellen und institutionalisierten Formen der Einflußnahme, die die Tradition in der Gestalt von Klientel und Freundschaft bzw. von Magistratur und Senat bereithielt [395: WEAVER, Familia Caesaris]. „Sogar mit seinen Freigelassenen und Türhütern bekannt zu werden, galt als etwas Großartiges" (Tacitus, Annalen 6,8,6).

Fragen dieser Art schärften am Ende auch den Blick auf den Kaiser als Privatmann. Die Art und Weise der täglichen Kommunikation am Hof, die Eß- und Trinkgewohnheiten, Bildung, Liebe, Familie und Religiosität erschienen in neuem Licht [394: TURCAN, Vivre à la cour des Césars; dazu WINTERLING, Gnomon 64 (1992) S. 414–418; zur Leibwache des Kaisers 391: BELLEN]. Die Quellen hierzu sprudeln reichlich, denn alle antiken Biographen haben Herrscherpsychologie betrieben. Das Ineinander von Liebe und Haß, Verführung und Gewalt, Politik und Regierung erschien ihnen konstitutiv für ihre Darstellung. Auf dem Thron gilt nämlich die Trennung von privat und öffentlich nicht, beeinflußt jede Regung, jede Vorliebe, jede Perversion des Kaisers den Gang der Geschichte. So begann das Privatleben der Kaiser interessant zu werden, und die von Mommsen verachtete „Hof- und Senatsgeschichte in der Weise des Tacitus" kehrte in die Gelehrten- und Bücherstuben zurück. Zu Recht. Die Ungebundenheit der Macht gab dem Kaiser in seinem Privatleben Raum zur maximalen Entfaltung eines persönlichen Lebensstils, der durch keine Etikette, keine allgemein verbindliche Moral, keine religiöse Bindung festgelegt war. Allein Erwägungen des politischen Nutzens oder der freiwilligen Unterwerfung unter ein selbst bestimmtes Sittengesetz hegten die völlige Freizügigkeit ein [grundlegend 392: DEMANDT, Privatleben, der in der privaten Freiheit des Kaisers ein „anthropologisches Experiment" ohne Beispiel innerhalb der Kulturgeschichte Europas sieht].

Das Privatleben des Kaisers

f. Der Senat und die Opposition gegen den Kaiser

Regieren setzt das Vorhandensein einer dazu fähigen und willigen politischen Elite voraus. Ihr Herz waren, solange Rom denken konnte, die Senatoren. Die Republik kannte sie als die Herren des Staates, die Kaiserzeit als die ersten (und unverzichtbaren) Diener des Monarchen, der selbst Mitglied des Senats war ("*unus ex nobis*": Plinius, Panegyrikus 2,4). Den Senat als eigene Institution hatte MOMMSEN zwar eingehend behandelt, aber der Vorrang, den er der Magistratur einräumte, ließ den Senat als Forschungsgegenstand mit eigenem Gewicht verkümmern [329: MOMMSEN, Staatsrecht, Bd. III 2; DERS., Abriß, S. 257 ff.; 283: HEUSS, Mommsen, S. 45 ff.]. Nach Mommsen setzte sich die Forschung andere Ziele.

Der Senat als Institution

Die Funktion des Gremiums Senat würdigte umfassend TALBERT. Von der Zusammensetzung des Senats über die Verfahrensweisen der Meinungsabgabe bis hin zum Auftritt des Kaisers spannt er einen weiten Bogen, an dessen Ende

Die Funktion

sich zeigt, daß die wachsende Macht des Monarchen die emsige Tätigkeit des Senats nicht zum Erlahmen gebracht hatte. Rang, Besitz und Ruhm wurden seinen Mitgliedern nun allerdings nicht mehr nur nach Leistung, sondern jetzt auch nach Verdienst und kundgetaner Loyalität zugemessen [402: TALBERT, The Senate of Imperial Rome].

Das Verhältnis von Senat und Kaiser

Insgesamt ergibt die Summe der von Talbert benannten Funktionen ein Bild von der Institution Senat, das wie eine Fortsetzung der republikanischen Erscheinung aussieht: Aufgaben und Tätigkeiten sind rege wie eh und je, und das politische Leben scheint angesichts dieser umfänglichen Betriebsamkeit ohne den Senat nicht vorstellbar. Trotzdem war es so natürlich nicht: „Alles hängt von dem Willen des Einen ab, der um des gemeinen Nutzens willen allein für alle die Mühen und Sorgen auf sich genommen hat" (Plinius, Briefe 3,20,12). Diese Aussage ist scharf, unmißverständlich und richtig, und sie wird bereits im Jahr 20 durch ein offizielles Dokument bestätigt [das SC de Cn. Pisone: 43: ECK/CABALLOS/FERNÁNDEZ]. Um sie – bezogen auf die Bedeutung des Senats – richtig zu würdigen, müssen auch und gerade die Funktionsverluste des Senates geprüft werden. Diese sind im Raum der Außen- und der Reichspolitik am deutlichsten, also nicht zufällig dort, wo der republikanische Senat seinen Machtanspruch am unmißverständlichsten verwirklicht hatte. Letztlich gibt nur die richtige Einordnung des Verhältnisses zur Monarchie den Schlüssel an die Hand, mit dessen Hilfe die Bedeutung des Senats von Augustus bis Maximinus Thrax (235–238) erfaßt werden kann [384: MILLAR, The Emperor, S. 341 ff.; 608: ECK, Verwaltung II, S. 31 ff. = 338: CAH XI, S. 214 ff.].

Der Widerstand gegen die Monarchie: Begriffsklärung

Widerstand gegen die Monarchen war in der Regel Sache der Senatoren gewesen. G. BOISSIER [L'opposition sous les Césars, 5. Aufl. 1905] hatte von „opposition" gesprochen, wobei der praktische Umgang mit diesem Begriff und dem von ihm erfaßten historischen Sachverhalt an den Erfahrungen des 19. Jahrhunderts ausgerichtet war: Dort standen liberal-bürgerliche und ständisch-konservative Bewegungen politisch und literarisch in Opposition zu Landesfürsten und Monarchen, die ihre Macht nicht den Regelungen von Verfassungen unterwerfen lassen wollten. Die Übertragung dieser Konstellation auf das Rom der Kaiser führte „zur Vorstellung einer senatorischen Opposition gegen den Prinzipat, zur Annahme einer oppositionellen öffentlichen Meinung oder, noch moderner, zur Unterstellung literarischer Formen eines geistigen Widerstandes" [TIMPE, in 400: Opposition, S. 66].

Die politischen und sozialen Bedingungen des Widerstandes

Ihn hat es so nicht gegeben, wie eine genaue Beschäftigung mit der geistigen und politischen Auseinandersetzung des Senats mit den *principes* von Tiberius bis Domitian ergab [400: Opposition et résistances à l'empire]. Anders sieht es mit dem Widerstand gegen den Gründer der Monarchie aus. Er konzentrierte sich auf das Jahr 23 v. Chr., dem schwierigsten während Augustus' gesamter Regierungszeit: Die politische Opposition erzwang, aufgeschreckt durch den Verdacht dynastischer Pläne, den Verzicht auf das Konsulat, das die legale Grundlage seines Anspruchs auf Vorherrschaft bildete [350: SYME, Römische Revolution,

S. 442 ff.; P. SATTLER, Augustus und der Senat, Göttingen 1960; 339: DETTENHOFER, Herrschaft und Widerstand, S. 89–113]. Augustus hat die Krise gemeistert und mit der Amtsgewalt eines Volkstribunen (*tribunicia potestas*) die mit dem Konsulat verlorenen Zuständigkeiten kompensiert [335: BLEICKEN, Augustus, 350 ff.]. Von da an gab es keinen geschlossenen senatorischen Widerstand mehr: Die alten Familien traten zugunsten neuer Aufsteiger beiseite, während sich die tatsächliche Macht „auf die Basis der Klientel, die dem Gemeinwesen nur mittelbar gegenüberstand," verlagerte [339: DETTENHOFER, S. 215].

Die neue senatorische Elite war es denn auch, die den monarchischen Herrschaftsanspruch gedanklich ausarbeiten half [484: SYME, The Augustan Aristocracy, S. 439 ff.] und sich im übrigen im lautlosen Einverständnis mit der Macht des Kaisers übte. Ohnehin hatte die herrschende Lehre von der wiederhergestellten Republik kaum Raum für eine gedanklich durchgearbeitete Kritik gelassen. Zudem, und auch dies gehörte zu den Grundgesetzen der Macht, denen Augustus gehorchte: Hände, die man zum Regieren braucht, aber zugleich fürchten muß, beschwert man mit Gold und schmückt sie mit allen Attributen der Macht, mit Ehren und Ämtern. Dies raubte jedem potentiellen Widerstand die notwendige soziale Basis. Und letzlich und alles entscheidend: Der innere Frieden, die *pax Augusta*, war ein Programm, gegen das sich keine politische Alternative formulieren ließ. Die Durchsetzung dieses Programms garantierte den Bestand der Herrschaft über das Imperium, und dies war für alle das Wichtigste.

Tacitus leitete seine Annalen mit dem erbitterten Satz ein, daß nichts die Freiheit eines Staates mehr gefährde als die Zersetzung seiner Elite (Annalen 1,2,1). Dazu im Übermaß beigetragen zu haben, sei das schändliche Werk des Tiberius, unter dessen Regiment die Majestätsprozesse ausuferten. Seneca stimmte zu und übertrieb zugleich, als er erklärte, die Hysterie der Majestätsprozesse hätte einen höheren Blutzoll als der Bürgerkrieg gefordert. Entscheidend ist auch nicht die Zahl der Opfer, die in diesen Prozessen zugrunde gingen. Weit entscheidender ist die Atmosphäre des Terrors, die sie verbreiteten. Denn sie brach Moral und Rückgrat des Senats, und eben dies hatte langfristige Folgen: „Es liegt ja in der Natur der menschlichen Schwäche, daß die Heilmittel langsamer wirken als die Übel, und wie der Körper nur allmählich wächst, aber schnell zugrunde geht, so wird man auch Talent und intellektuelle Fähigkeiten leichter unterdrücken als wiederbeleben" [Tacitus, Agricola 3; zu den Majestätsprozessen 405: BLEICKEN, Senatsgericht; 717: KUNKEL, Kl. Schrift., S. 300 ff.; 401: RUTLEDGE, Imperial Inquisitions (mit ausführlichem prosopographischen Überblick über die *delatores*); 398: FLAIG, Loyalität ist keine Gefälligkeit, S. 289–305, der die Majestätsprozesse als Instrument aristokratischer Machtkämpfe um Einflußchancen beim Kaiser interpretiert].

Die Majestätsprozesse

Die düstere Atmosphäre von Angst und Terror, die die Majestätsprozesse auslösten, schildert Tacitus im Prozeß gegen den römischen Ritter Terentius.

Angeklagt, an der Verschwörung des Seian beteiligt gewesen zu sein, habe er sich mit dem Argument verteidigt, mit vielen anderen dem Seian gedient zu haben, weil dies der Wille des Kaisers war, den niemand in Frage stellen dürfe: „Dir haben die Götter die höchste Entscheidung übertragen, für uns ist nur die Ehre des Gehorsams übrig geblieben" (Annalen 6,8). Der Mann wurde freigesprochen, seine Ankläger mit Tod und Verbannung bestraft [Nach 362: YAVETZ, Tiberius, S. 186, hat sich der Senat vom Alpdruck jener Atmosphäre der Angst und der Repressalien in den folgenden Jahrzehnten nicht befreien können].

Die Erscheinungsformen des Widerstandes

Die politische Fronde gegen die Kaiser war denn auch wenig effektiv. Persönliche Feindschaften, zersplitterte kleine Gruppen und das Fehlen einer klaren Zielsetzung und eines gedanklichen Rückhalts kennzeichnen einen Widerstand, der der kaiserlichen Macht niemals gefährlich werden konnte. Weder religiös motivierte Oppositionsbewegungen [MOMIGLIANO, in 400: Opposition, S. 103–133] noch unzufriedene Massen der hauptstädtischen Bevölkerung [YA-, in 400, S. 135–186] konnten genügend Energien freisetzen, um von der etablierten Macht überhaupt als Widerstandsbewegung wahrgenommen zu werden. Der literarische Widerstand hatte denn auch gar nicht den Umsturz der politischen Verhältnisse im Visier. Selbst der Untergang des julisch-claudischen Hauses hatte daran nichts ändern können: „Nach der großen Krise, die die Herrscher gestürzt, aber die Herrschaft befestigt hatte, konzentrierte sich politische Reflexion mehr denn je auf die Frage, ob und wie weit der Prinzipat die Freiheit der senatorischen Traditionsträger respektierte, sie als Partner des Regimes anerkannte oder nicht, und wie ein bekömmliches Verhältnis zwischen beiden zu sichern wäre" [TIMPE, in 400, S. 78]. Nicht wesentlich anders ist der Widerstand in den Provinzen zu charakterisieren. Auch hier rebellierte niemand gegen Kaiser und Reich, um beide zu vernichten – ohnehin waren Rebellionen selten und die praktizierten Vorgehensweisen ganz uneinheitlich. Letztlich ging es immer nur um die Art und Weise des Regierens, nicht um die Herrschaft als solche [BOWERSOCK, in 400, S. 291–320].

5. Die politischen Eliten des Reiches

a. Die Senatoren

Ihre Unverzichtbarkeit

Die Zahl der Senatoren (seit Sulla sechshundert) und der Zugangsmodus in den Senat (über die zwanzig Quästorenstellen) haben sich unter Augustus und seinen Nachfolgern nicht geändert. Erhöht wurden hingegen die Funktionsstellen, die von Senatoren pro Jahr zu besetzen waren. Dies lag vor allem an der Ausweitung der staatlichen Aufgaben und an der Zurückhaltung des ersten Princeps, Ritter in größerem Umfang in der Reichsverwaltung zu beschäftigen [NICOLET, in 337: Caesar Augustus, S. 89 ff.; einen politischen Antagonismus der beiden ersten

Stände bezweifelt 608: ECK, Verwaltung II, S. 219–244]. Beides war geeignet, der Sucht der Senatsaristokratie nach Ämtern und Ehren Genüge zu tun. Zwar verfügte der Kaiser faktisch uneingeschränkt über alle Stufen einer senatorischen Karriere, aber die Erfordernisse der Reichsverwaltung zogen seinen Entscheidungen Grenzen [ECK, aaO.; zum Forschungsstand über die Frage nach der Existenz eines Beförderungssystems und der Erblichkeit der Mitgliedschaft im Senat 437: ALFÖLDY, Römische Gesellschaft, S. 139ff.; 456: HOPKINS, Death and Renewal, S. 130ff.; 149ff.].

Die Unverzichtbarkeit der Senatoren erklärt auch die erstaunliche Konstanz ihrer Verhaltensformen: Wie in den Glanztagen der Republik wollte jeder der Erste und Beste sein [T.P. WISEMAN, in: WISEMAN (Hg.), Roman Political Life, Exeter 1985, S. 3ff., der die erbitterten Konkurrenzkämpfe dieser Elite beschreibt]. Jetzt allerdings führte der Weg zu Rang und Vermögen nicht mehr allein über herausragende Leistungen: Zusätzlich gefordert war die deutlich und jederzeit kundgetane Loyalität gegenüber dem Kaiser [LEVICK, in: WISEMAN, ebd., S. 45ff.]. Selbst die Zurschaustellung der errungenen Erfolge und des gesellschaftlichen Status war nun an neue Regeln gebunden, die dem Kaiserhaus den Vorrang gaben. So mußten die senatorischen Triumphaldenkmäler dem Anspruch des Kaisers weichen, künftig als einziger den Triumph feiern und in Denkmälern verewigen zu können – der letzte Feldherr, der nicht der kaiserlichen Familie angehörte, Cornelius Balbus, triumphierte 19 v. Chr. [343: KIENAST, Augustus, S. 349]. Worum es in jedem Fall ging, ist einfach zu durchschauen: Im Wettstreit um das höchste Prestige gebührten dem Kaiser allein bestimmte Ehrungen und zeremonielle Weihen [444: LENDON, Empire of Honor, S. 107–175].

Ihre Verhaltensformen

Die Erforschung des Senatorenstandes ist die erste Aufgabe der Prosopographie (Personenkunde), die ein eigener Zweig der Sozialgeschichte geworden ist. Ihr Fragenkatalog ist umfassend: Es geht um den Aufstieg der provinzialen Eliten und die dadurch bewirkten Verschiebungen innerhalb des Senatsadels, der zur Zeit des Augustus noch ein römisch-italischer war. Es geht ferner um die Kriterien, die den Zugang zum Stand regelten, und es geht um die politische Gliederung innerhalb des *ordo senatorius*, in dem nur eine schmale Führungsschicht die Kernaufgaben des Reiches wahrnahm und den Kaiser direkt beriet [zu den Ratgebern des Kaisers 608: ECK, Verwaltung II, S. 3ff. = 338: CAH XI, S. 195ff.]. Das wichtigste Arbeitsinstrument ist die noch unvollendete *Prosopographia Imperii Romani* [309]. In dieses Personenlexikon werden aufgenommen „die Kaiser mit ihren sämtlichen Angehörigen, wobei der Lebenslauf der Herrscher im Detail nur bis zum Regierungsantritt verfolgt wird, alle römischen Senatoren mit ihren Familien, sämtliche im Dienste von Kaiser und Reich stehenden Angehörigen des Ritterstandes und alle jene Personen, die in eine persönliche Beziehung zu den Imperatoren getreten sind. Ferner enthält das Werk die in den literarischen Quellen für die Zeit von Augustus bis Diokletian genannten Personen, auch

Die prosopographische Erforschung des Standes

wenn sie nicht den genannten Kategorien angehören" [K.-P. JOHNE, Spätantike Personal- und Religionspolitik im Rahmen prosopographischer Forschungen, in: Dissertatiunculae criticae, hg. CHR.-F. COLLATZ u. a., Königshausen 1998, S. 255–264 mit einem ausgezeichneten Überblick über die Entwicklung der Prosopographie seit Mommsen].

Entscheidenden Auftrieb erhielt dieser Forschungszweig in Deutschland. Hatte man zunächst die politische Rolle des Senats aus dem allgemeinen historischen Kontext erschlossen, so faßte ECK die Jahreslisten der senatorischen Statthalter synchron zusammen, um die Personalpolitik der Kaiser bei der Besetzung der Statthalterposten zu rekonstruieren [305: ECK, Senatoren von Vespasian bis Hadrian]. Dieser methodische Zugriff kennzeichnet die Entwicklung der Forschung bis heute: Das Problem wird verkürzt, während das Belegmaterial und seine vollständige Aufbereitung an Gewicht zunehmen [zu den Stärken und Schwächen der Methode die Aufsätze in 303: ECK, Prosopographie und Sozialgeschichte]. Die Ergebnisse können sich sehen lassen. Was lange Zeit der historische Kontext nahelegte, erweist sich nunmehr auch rechnerisch als richtig: Der Senat wird als Institution bei der Vergabe der Statthalterposten stetig entmachtet und die senatorische Laufbahn auf die kaiserlichen Ämter ausgerichtet.

Die Entwicklung im 2. und 3. Jahrhundert

Seit Trajan mehren sich die Anzeichen für eine Neubestimmung der Position des Senats, und seit Mark Aurel bekommen Heer und Verwaltung ein neues Gesicht. Der wachsende Bedarf an qualifizierten Beamten und Offizieren verpflichtete den Kaiser zu einer behutsamen Ausweitung der politischen Aufstiegsmöglichkeiten des Senatoren- und Ritterstandes. Auch diese Politik wird mit Hilfe der prosopographischen Methode meßbar: ALFÖLDY [300: Konsulat und Senatorenstand] beweist die wachsende Bereitschaft des Kaisers, die Zulassung zum Konsulat zu benutzen, um die so geadelten Senatoren in die Führungselite des Reiches aufzunehmen; der gleiche Trend sei „in der allmählich zunehmenden Zahl der Angehörigen des römischen Ritterstandes und auch in der Vermehrung der Zahl der *ordines decurionum* infolge der Gründung zahlreicher Kolonien und Munizipien" zu erkennen [Vgl. auch ALFÖLDY, in 303: Prosopographie und Sozialgeschichte, S. 61–70; 307: HALFMANN, Die Senatoren aus dem östlichen Teil des Imperium Romanum; zusammenfassend etwa 486: BRUNT, Princeps and Equites, S. 42 ff.].

Neue Fragen der prosopographischen Forschung

Heute teilt die Prosopographie das Schicksal vieler historischer Disziplinen: Sie nimmt Abschied von den großen Themen und zerfällt in Einzelstudien. Diese werden meist nach Regionen oder sozialen Schichten geordnet und erkennen nun auch den Wert der familiären Verflechtungen der römischen Eliten [dazu M.-TH. RAEPSAET-CHARLIER, Prosopographie des femmes de l'ordre sénatorial. Ier-IIer siècles, 2 Bde., 1987; Ergänzungen in: Klio 75 (1993) S. 257–271]. Chronologisch geordnet streben alle neueren Untersuchungen nach Vollkommenheit, das heißt hier: nach Vollständigkeit. Alle Quellen und die gesamte Literatur werden an die möglichst erschöpfende Schilderung der Person, ihrer Familie und der sozialen und politischen Leistungen gehängt; da dies selten gelingt, werden Ergänzungsbände vorgelegt oder angekündigt [vgl. G. WESCH-KLEIN in: Gnomon 68 (1996) S. 519 ff.]. Das inzwischen erreichte Ausmaß der Spezialisierung fordert den in solchen Fällen üblichen hohen Preis: Nur noch eigens dazu ausgebildeten Fachleuten erschließt sich der Erkenntniswert der prosopographischen Disziplin.

b. Die Leitbilder des sozialen Lebens

Fragen nach der äußeren Erscheinung und den Denk- und Lebensformen der Eliten ebnete STRASBURGER den Weg [449: Gesellschaftsideal]. Sein Ziel waren die „natürlich gewachsenen Sozialstrukturen der griechisch-römischen Welt und die für sie vorauszusetzenden Leitbilder und Wertsetzungen." Geordnet wurde die Fülle der feststellbaren Bindungsverhältnisse unter dem Leitbegriff „patriarchalische Gesellschaftsordnung". Diese zeigt sich in der Familie und in den in ihr wirksamen Ideen des vorbildlichen Zusammenlebens. Die objektiven Daten (Bevölkerung, Recht, Eheform u. ä.) haben dabei ihre Bedeutung, entscheidend für Strasburger ist jedoch das Verhalten in den Familien (Vater-Sohn-Beziehungen, Umgangsformen zwischen Herr und Knecht, Arbeitsverhalten, Bestattungsformen, Vereinswesen), denn daraus ergeben sich Rückschlüsse darauf, wie Handlungs- und Verhaltensweisen die soziale Umwelt prägten – jenseits der objektiven Bedingungen des Lebens, die z.B. in den Wirtschaftsstrukturen vorgegeben sind. So konnte die ökonomische und rechtliche Not der Sklaven häufig durch ihre Einbindung in die Familie aufgefangen werden, während die Freilassung in der Regel das Band zwischen Herrn und Sklaven „auf eine dem langen Nahverhältnis menschlich angemessenere und wirtschaftlich zweckmäßigere Weise" neu knüpfte [S. 91; zum Umfang der Freilassungen vgl. 500: ALFÖLDY, Freilassung]. Schließlich spiegele sich, so Strasburger, das Bauprinzip der Familie ("private Dynastien") in der Großstruktur der Gesellschaft. Insbesondere in der Vorstellung vom Kaiser als väterlichem Herrscher und rettendem Gott habe die Antike „in der Dimension eines Weltreiches wieder zu dem Leitbild der patriarchalischen Monarchie zurückgefunden, welches in den hausväterlichen Figuren örtlicher Grundherren an seinem Anfang stand" (S. 122).

_{STRASBURGER, Zum antiken Gesellschaftsideal}

Die römische Kaiserzeit war eine Epoche, in der eine gleichgegliederte und gleichgesinnte, auf Selbsterhalt bedachte aristokratische Gesellschaft das Imperium (Reichsaristokratie) und das soziale und politische Leben der Städte (lokale Eliten) beherrschte. Reformen und Veränderungen paßten nicht in diese Zeit, und dort, wo sie drohten, verließ man sich auf den Kaiser, der im eigenen Interesse dafür sorgte, daß die Dinge blieben, wie sie waren. Dazu gehörte, daß das timokratische Prinzip als Grundmuster der sozialen und politischen Ordnung in allen Städten erhalten blieb. Das bedeutete: Geld und Besitz zählten und boten grundsätzlich die uneingeschränkte Möglichkeit, sozial aufzusteigen.

Das timokratische Prinzip

Die Selbstdarstellung der römischen Aristokratie

Zum Selbstverständnis der spätrepublikanischen Aristokratie hatten ein aufwendiger Lebensstil, Villen am Golf von Neapel, viele Klienten und so viele öffentliche Auftritte wie möglich gehört. „Sobald sich einer", schrieb Tacitus (Annalen 3,55), „durch seinen Reichtum, seinen Palast und seine Prachtentfaltung bemerkbar machte, galt er aufgrund seines Namens und seiner vielen Klienten als Mann von höherem Rang." Ein enormes Vermögen war das erste, und es zur Schau zu stellen, das zweite Kriterium, das den Mann zum großen machte. Beide Kriterien behielten ihre Gültigkeit. Die Folgen konnte jeder mit Händen greifen, der in den ersten Jahrzehnten des Prinzipats Rom durchwanderte, in dem das Kaiserhaus in der Tat nur das erste unter vielen strahlenden Gestirnen war [387: WINTERLING, Aula Caesaris, S. 39 ff.; 475: BALTRUSCH, Regimen morum, S. 133 ff. zu den gesetzlichen Reglementierungen des Privatlebens].

Die Selbstdarstellung der städtischen Eliten

Was in Rom galt, galt auch in den Städten des Imperiums. Sie wurden von Familien geführt, die Geld und Rendite als Grundbesitzer, Handwerksmeister und Staatsbeamte verdienten; nur wenige waren Unternehmer, die die Chancen des Marktes jenseits der engeren Heimat zu nutzen verstanden. Wie es sich gehörte, stellten sie Kaiser und Reich tapfere Offiziere, von denen es einige weit brachten. Ihnen allen gemeinsam war das Bedürfnis nach öffentlicher Gemeinschaft. In ihr wollten sie anerkannt und respektiert, wenn nicht gar geliebt werden – bei aller Distanz, die es zwischen hoch und niedrig zu wahren galt [VEYNE, in 463: Geschichte des privaten Lebens I, S. 115 ff.]. So dienten Besitz und Vermögen auch hier dem Ziel, als Wohltäter der Stadt wirken zu können; das Leben hatte seinen Sinn erfüllt, wenn jedes öffentliche Auftreten vom Beifall der Standesgenossen und des kleinen Mannes umrauscht war. Jedermann wußte denn auch, daß beide Seiten gaben und nahmen: „Er hat mir ein Spektakel geboten", sagt bei Petronius ein Zuschauer, „ich habe Beifall geklatscht, so sind wir quitt, eine Hand wäscht die andere."

c. Die Prinzipien des Herrschens und Dienens

Die soziale Mobilität und ihre Grenzen

Jede Erörterung der äußeren Erscheinungsformen gesellschaftlicher Schichten beginnt vernünftigerweise mit der Frage nach der Abgrenzung: Wer gehört wozu, in welchem Verhältnis stehen die Schichten zueinander, welche Aufstiegsmöglichkeiten hat es gegeben? Die Chancen dazu waren angesichts der statischen Wirtschaftsstruktur gering und für einen freigelassenen städtischen Sklaven immer noch größer als für einen Bauern vom Lande [438: ALFÖLDY, Römische Sozialgeschichte, S. 127 ff.; 445: MACMULLEN, Roman Social Relations, S. 97 ff.; 450: VEYNE, Gesellschaft, S. 13 ff.]. Trotzdem gibt es Geschichten von Aufsteigern, von Familien mit Mut und Tatkraft und materiellem und politischem Erfolg. Davon erzählt etwa die Grabinschrift eines unbekannten Schnitters aus dem nordafrikanischen Maktar: Er sei, berichtet er stolz, in der ärmlichen Hütte kleiner Leute geboren worden, habe von Kindheit an auf dem

Lande gewohnt und sich zeitlebens keine Ruhe gegönnt. Daher habe er es bis zum Vorarbeiter gebracht und soviel verdient, daß er Land (*domus et villa*) kaufen konnte. Am Ende ehrte ihn seine Vaterstadt durch einen Sitz im Senat: „Von den Senatoren erwählt, saß ich im Rathaus: So wurde aus dem Bauern ein Censor" (28: DESSAU, ILS 7457). Nicht jedes Wort dieses Mannes muß man auf die Goldwaage legen; zu allen Zeiten haben sich Parvenüs mit einer armen Familie und einem Vater gebrüstet, der so wenig besaß, daß er keinen Groschen Steuern bezahlte. Trotzdem ist die Inschrift ein wichtiger Beleg für energiegeladene Unternehmertypen, die es zu allen Zeiten gegeben hat und denen die römische Herrschaft durchaus willkommen war, garantierte sie doch dem Glücklichen eine sichere soziale Existenz und einen ehrenvollen Sitz im Rat der Stadt [451: VITTINGHOFF, Europäische Wirtschafts- und Sozialgeschichte, S. 249–253; 525: FLACH, Agrargeschichte, S. 86 ff.; SALLER, Status and patronage, in 338: CAH XI, S. 834–840].

Aussichten auf kollektive Veränderung ihrer sozialen Lage besaß allerdings keine Gruppe [452: VITTINGHOFF, Civitas, S. 253–271]. So blieb es vor allem der Dienst in der Legion oder in den Auxiliartruppen, der mit dem daran hängenden römischen Bürgerrecht etwas Bewegung in die unteren Schichten brachte. Den Aufstieg in die höchsten Spitzen der Gesellschaft und der Reichsregierung schafften allenfalls die Angehörigen der städtischen Eliten, die sich im Dienst für Kaiser und Reich ausgezeichnet hatten [616: STAHL, S. 25 ff.; zur zurückhaltenden Politik des ersten Kaisers 483: SCHÄFER, Die Einbeziehung der Provinzialen, mit prosopographischen Nachweisen]. Viele waren es nicht, und aus den wenig romanisierten Provinzen an Rhein und Donau kam keiner. Alle Kaiser hielten an den überkommenen sozialen Normen fest, „so daß insbesondere ein mehrfacher Statuswechsel von Peregrinen über den römischen Bürger bis zu ritterlichen und danach senatorischen Ämtern bzw. vom Sklaven über den Freigelassenen zur Aufnahme in einen *ordo* innerhalb einer Generation nur in Ausnahmefällen möglich wurde" [608: ECK, Verwaltung II, S. 244].

Damit ist ein wichtiger Blick auf die Grundstruktur der antiken Ökonomie getan. Sie ist gekennzeichnet durch knappe Güter und eine privilegierte Verfügung darüber. Dem entsprach ein ethischer Normenkatalog, der von den Prinzipien des Herrschens und Dienens bestimmt war. Das heißt: in den kleinen und überschaubaren Wirtschaftsformen, in denen weit über 90% der Reichsbevölkerung lebte, beschied man sich mit dem wenigen, das zum Leben ausreichte, und verzichtete – ohne sich dessen immer bewußt zu sein – auf ohnehin unerreichbare Besitztümer [Plutarch, *de tranq. animi* 10, Übers. 101: SCHOTTLÄNDER, S. 184 f.]. Dieser Verzicht stabilisierte zusammen mit den dazugehörigen ethischen Leitbildern die bestehende soziale Rangordnung, in der die politische Macht immer an den Besitz gebunden und das Ausmaß des Zugangs zu den knappen Gütern auch zum sozialen Statussymbol geworden war.

Die Grundstruktur der Ökonomie und ihre Ethik

II. Grundprobleme und Tendenzen der Forschung

Noblesse oblige: Die patronalen Pflichten

Die Folgen prägten das gesellschaftliche und politische Leben und unterwarfen es drei unumstößlichen und erstaunlich konstanten Grundregeln: Die öffentliche Gemeinschaft war unendlich wichtiger als die private Existenz, allein das Vermögen qualifizierte für die öffentlichen Ämter, und der wie immer erworbene Reichtum schuf durch die noble Art, ihn auszugeben, gesellschaftliche Macht und Anerkennung. Aber auch diese Regeln hatten eine Kehrseite: Der Vornehme achtete auf Exklusivität und soziale Distanz, er mehrte seinen Besitz mit allen Mitteln, und seine väterliche Fürsorge bedeutete nicht zuletzt Befehl und Gehorsam.

Der Kampf um den sozialen Rang

In einer so strukturierten Gesellschaft ist Herrschaft immer auch ein ständiger Kampf um den sozialen Rang. Ihn zu erhalten war weder selbstverständlich noch leicht. Denn wer oben angekommen war, mußte sich der Einsicht beugen, daß die Pflicht, das soziale Überleben der unteren Schichten zu sichern, nun auch auf seinen Schultern lastete. Ein Mann von Ehre war daher „vornehm von Geburt, reich an Vermögen und ausgezeichnet durch Freigebigkeit" (Apuleius, Der Goldene Esel 4,13,2). Wer dies nicht wahrhaben wollte, wurde mehr als ein Armer gehaßt, der die Gemeindekasse geplündert hatte: „Denn das Volk spürt bei dem einen Stolz und Verachtung, doch bei dem anderen dringende Not" (Plutarch, Politische Lehren: *Moralia*, 822A.). Damit waren dem Kaiser ebenso wie den Herren eines kleinen Städtchens am Rande der Sahara aufgegeben, für das materielle Wohl der von ihnen beherrschten Schichten zu haften. Nicht zufällig preist der Tugendkatalog des Kaisers immer wieder die offene Hand des vorausschauenden Princeps (*"providentissimus princeps"*): „Die Fürsorge für die Menschen hält er nicht für eine Nebensache oder eine bloße Plagerei..., sondern für seine persönliche Aufgabe und seinen Beruf" [Dion von Prusa, *oratio* 3,55; M.P. CHARLESWORTH, Die Tugenden eines römischen Herrschers, in 424, S. 361 ff.; 50: VEYNE, La table, S. 177 ff.; zu Trajans Ausweitung der Stiftung der *alimenta*, die armen freigeborenen Kindern Italiens freie Verpflegung und Schulbildung sichern sollten: PLEKET, in 451, S. 254 f.; 404: AUSBÜTTEL, Verwaltung, 152–158; L. WIERSCHOWSKI, Die Alimentarinstitution Nervas und Trajans, in: P. KNEISSL/V. LOSEMANN (Hgg.): Imperium Romanum, Stuttgart 1998, S. 756–783].

Liberalitas

Das Leitmotiv, mit dem die Leistungen der Kaiser und der Eliten für die Bevölkerung des Reiches gerühmt wurden, hieß *liberalitas*: Freigebigkeit, Großherzigkeit, Edelmut. Es umfaßte das gesamte Spektrum des sozialen Lebens von der architektonischen Ausschmückung der Städte bis zu den Lebensmittelspenden und der Ausrichtung von Gladiatoren- und Tierspielen [437: ALFÖLDY, Die römische Gesellschaft, S. 356 ff.; 384: MILLAR, The Emperor, S. 420 ff.; 278: MAC-MULLEN, Imperial Building; zusammenfassend SALLER, in 338: CAH XI, S. 838 ff.; 527: FELLMETH, S. 192 ff.]. Durchdrungen war dieses Gebaren von einer bestimmten, für alle verpflichtenden Etikette und einer offen demonstrierten Noblesse, die selbst noch in ihrer schönsten Karikatur, der großmäuligen Gastlichkeit des Emporkömmlings Trimalchio, spürbar wird [137: Petronius, *Satyrica* 28 ff.;

dazu S. 219f.]. Ihre Voraussetzung ist der Reichtum und ihr Ziel der Nachweis, daß der richtige Herrscher und die richtigen aristokratischen Familien regieren, wobei der Kaiser natürlich in einer anderen Dimension als der Bürgermeister eines armseligen Marktfleckens gefordert war; vgl. z. B. die Bauvorhaben Caligulas nach Sueton, Caligula 21 f. und die Spenden und Stiftungen Dions von Prusa, mit denen er alle seine Mitbürger übertraf [106: JONES, The Roman World of Dio, S. 104 ff.].

Die elitäre Funktion dieser Ethik der Fürsorge ist evident: Nur so ließ sich die Versuchung der Mächtigen einigermaßen zügeln, die Ohnmächtigen rücksichtslos auszubeuten, und nur so konnte die Stabilität der sozialen Hierarchie über einen langen Zeitraum hinweg bewahrt werden. Zugleich war damit der Raum abgesteckt, in dem in einer friedlich gewordenen Welt der Adel seinen Drang befriedigen konnte, sich selbst darzustellen, Beifall und Anerkennung einzuheimsen, kurz: die Bestätigung seiner Führungsrolle in fast pausenloser Akklamation zu finden [630: SALLER, Personal Patronage, S. 127 ff., unter Betonung des zwanghaften Charakters dieser Formen von Danksagung]. Die Kaiser drängten früh auf eine Formalisierung derartiger Bekundungen, die in ihrer ständigen Wiederholung die Loyalität der Untertanen und ihre emotionale Bindung an den Kaiser adäquat ausdrücken mußten. J. GAGÉ, [Psychologie du culte imperial romain, Diogène 34 (1961) S. 47–68] sprach treffend von einer „kaiserlichen Litanei", die sich seit Commodus ausbildete und wenig später dazu führte, daß die Thronbesteigung eines neuen Herrschers durch Siegesrufe und langen Beifall fast liturgisch gefeiert wurde: *„Auguste, tu vincas"* [CHARLESWORTH, in 424, S. 380]. Die aristokratischen Herren der Städte waren in ihrem Rahmen nicht minder anspruchsvoll: Ehreninschriften, Feierlichkeiten, Statuen, Theaterlogen und dergleichen hielten ihre Taten für die Heimatstädte fest und legitimierten den Anspruch, in dieser Welt unter den ersten zu sein und Vorsorge dafür treffen zu können, daß der Tod nicht zugleich die Erinnerung an sie auslöschte [Beispiele bei 608: ECK, Die Verwaltung II, S. 371].

Die Funktion der Ethik der Fürsorge

d. Die ethische Bindung an den Staat

Vermögen, Herkunft und die rechte Moral waren unabdingbare Voraussetzungen für ein standesgemäßes adliges Leben (s. S. 202). Seinen Sinn erhielt es jedoch erst durch die Tätigkeit für den Staat. Er allein setzte den Raum des Unvergänglichen, und allein die dort vollbrachten Leistungen konnten das Weiterleben im Gedächtnis der Menschen sichern [Tacitus, Agricola 46,4; grundlegend zum Zusammenhang zwischen Politik und dem Wunsch nach Unsterblichkeit H. ARENDT, Fragwürdige Traditionsbestände im politischen Denken der Gegenwart, 1957, S. 52 ff.]. Jeder adlige Herr, dem es in den Mauern seiner Stadt zu eng wurde, zog daher in den Dienst von Kaiser und Reich und hoffte dort sein Glück zu machen. Der Rang und die Summe der bekleideten Ämter, die Schnelligkeit der Karriere, die Besonderheiten der Amtsführung, das Ausmaß des kaiserlichen

Der Sinn einer adligen Existenz

Wohlwollens und die auf die Taten folgenden Ehrungen verschafften ihm die herausragende soziale Anerkennung und den ersehnten Platz in der Geschichte. Dahinter ist unschwer das *officium*-Ideal Ciceros zu erkennen. Es verlor erst im späten 4. Jahrhundert seine Geltung, als die geistige Muße Teil auch einer vornehmen Existenz sein konnte. Bis dahin galt unangefochten, daß die *prima vitae tempora et media* des Adels dem Staat gehörten und nur derjenige gesellschaftliche Anerkennung fand, der „höchste Ämter bekleidet, Armeen geführt und sich, solange es ging, dem Staat gewidmet hat" [Plinius, Briefe, 4,23,3; zu vergleichen sind die Forderungen des Tacitus an die Amtsführung der Provinzialstatthalter bei M. STRENG, Agricola, Bonn 1970, S. 21 ff.]. Die Individualität eines Aristokraten war dementsprechend auch nur bemerkenswert, wenn sie sich innerhalb des Kanons der geltenden Werte entfaltete und der einzelne sich „als Mensch eigener und einziger Art zugunsten der Gemeinschaft und deren alles beherrschenden Norm aufgab" [437: ALFÖLDY, Die römische Gesellschaft, S. 366].

Die Statussymbole   Die Forschung achtet in diesem Zusammenhang auf die äußeren Merkmale, die die Eliten beanspruchten, und erkennt an ihnen, was in der sozialen Hierarchie unverzichtbar war: Distanz und Disziplin. Die behandelten Gegenstände reichen von den Rangtitulaturen, den Gehältern, den strafrechtlichen Privilegien und dem äußeren Lebensstil bis hin zu den Statussymbolen, die den Zeitgenossen am sinnfälligsten den Abstand der Führungsschichten von dem Gros der Bevölkerung vor Augen führten und Autorität auf eine ganz unmittelbare Weise schufen. KOLB [443: Zur Statussymbolik] untersuchte die Rangabzeichen der Senatoren (Purpurstreifen an der Tunika, rote Schuhe) und der Ritter (schmaler Purpurstreifen, goldener Ring), die Titel und die gesonderten Sitzplätze im Theater und bei den Spielen. Zuvor hatte M. REINHOLD [Usurpation of Status and Status Symbols, Historia 20 (1971) S. 275–302] erörtert, daß insbesondere die Freigelassenen nicht müde wurden, die Statussymbole vor allem des Ritterstandes zu erreichen. Eine besondere Aufgabe kommt der historisch arbeitenden Archäologie zu, die anhand der Denkmäler die Formen der sozialen Abgrenzung ebenso wie die Veränderungen der Anschauungen über die richtige äußere Repräsentation von Macht unmittelbar erklären kann.

Die archäologischen Zeugnisse des aristokratischen Lebensgefühls   Das Verständnis der Archäologie als historische Disziplin ist mit dem Namen PAUL ZANKER verbunden (s. S. 190). Seine Studien zur Veränderung des Kunstgeschmacks in der Kaiserzeit [256] führen geradewegs in die Vorstellungswelt der Eliten: Es schwebe ihm bei diesen Studien das Ziel vor Augen, im Kunstgeschmack einen möglichen Schlüssel zum Verständnis des ‚inneren' Zustandes, „d. h. der Eigenart des Lebensgefühls der Menschen bestimmter Perioden der Kaiserzeit, zu gewinnen, die dem jeweiligen Empfindungs-, Denk- und Handlungsvermögen zugrunde liegt und es begrenzt" (S. XVI). Ästhetische Wertungen spielen dabei keine Rolle – schon gar nicht der Gedanke der schöpferischen Originalität. Nicht das Ursprüngliche, sondern seine Neu- und Umbildungen interessieren, da die Umgestaltung bewußt geschieht und das Verständnis der rezipierenden Zeit enthüllt. Dazu gehört die genaue Bestimmung des Aufstellungsortes und der jeweiligen Funktion: So wurde während des ganzen 2. Jahrhunderts der Großteil der Plastiken in öffentlichen Gebäuden und Plätzen aufgestellt oder als Theater-, Thermen- und Brunnendekor verwandt. Damit konnte die gesamte Bevölkerung der Städte an dem künstlerischen Ausdruckswillen der Eliten Anteil nehmen. Dies wiederum führt zu den Intentionen der Auftraggeber: Während in der späten Republik und der frühen Kaiserzeit die Elite ihre Kunst in privaten Villen und Gärten aufstellte, tat sie es seit den Flaviern auf öffentlichen Plätzen. Sie demonstrierte damit ein neues Verständnis der Selbstdarstellung, die jetzt der öffentlichen Neugier zugänglich machte, was früher der privaten vor- behalten war.

ZANKER hat seine Methode auch auf die Schicht der Freigelassenen ausgedehnt und ihre Grabreliefs untersucht [255]. Dabei trat ein wichtiger Grundzug der gesellschaftlichen Denkweise zutage: Die sozialen Aufsteiger versuchten nicht nur ihr gesellschaftliches Prestige zur Schau zu stellen, sie bemühten sich auch, durch die *gravitas* und *dignitas*, die die von ihnen in Auftrag gegebenen Reliefs aus- strahlten, die statuarische Repräsentation der Eliten zu kopieren. Nichts sollte mehr an das alte Schicksal der neuen *cives Romani* erinnern; erkennbar durfte nur die so mühevoll erreichte hohe soziale Stellung sein, und die konnte insbesondere an einer belebten Straße stolz und selbstzufrieden nach außen gekehrt werden. Der Orientierungsmaßstab war in jedem Fall und in jedem Detail der große Herr; der kleine Mann hatte kein eigenes Profil und keine eigene Wertvorstellung. Auch dies bezeugt die Unangefochtenheit, mit der die adligen Herren ihre soziale und politische Führungsrolle behaupteten. So repräsentierten sich in eigener Pose nur noch die Ritter neben dem Senatorenstand. Zu ihren besonderen Stan- desabzeichen gehörte die *trabea*, ein bei offiziellen Anlässen getragenes Staatskleid; dazu H. GABELMANN [Die ritterliche trabea, JbDAI 90 (1975) S. 267–315], der die meisten Ritterbilder ins 3. Jahrhundert, die eigentliche Blüte- zeit dieses Standes, datiert. Insgesamt kann das archäologische Material de- monstrieren, daß sich die Denk- und Lebensgewohnheiten am Höherstehenden und nicht am Gleichgestellten orientierten.

Der große Herr als Vorbild des kleinen Mannes

Schließlich prägt ein besonderes Verständnis von der Vergangenheit des eigenen Volkes das Denken der römischen Aristokratie. Für sie hatte der Rückgriff in die Geschichte immer die Richtigkeit eines politischen Weges begründet oder die Güte vorhandener staatlicher und gesellschaftlicher Zustände bewiesen. Der Glanz und der Ruhm der in idealer Form rekonstruierten Vergangenheit be- stimmten die Bilder und die Losungen, die Maximen des täglichen Verhaltens und die politischen Entscheidungen vielfach nicht minder als das rationale Kalkül dessen, was nützlich und was falsch sein mußte. Weniges beweist dies besser als das in lyrischen Farben gemalte Ideal des landwirtschaftlichen Kleinbetriebes: Die ständig erlebte Erfahrung, daß gerade die Großwirtschaft effektiv und ge-

Die Vergangenheit Roms als Leitbild

winnbringend ist, hat an dieser Wertvorstellung nichts ändern können [449: STRASBURGER, S. 96 f.].

Im Raum der Politik hat die Forschung in der augusteischen Propaganda von der *res publica restituta* das wichtigste Exempel vor sich. An ihm kann die Wirksamkeit der schwärmerischen Bilder vom vergangenen Rom in der gegenwärtigen Geschichte studiert werden, von denen etwa der Tatenbericht des Augustus durchdrungen ist [36: HOFFMANN, S. 17 ff., vgl. S. 267]. Gerade die Idee des Prinzipats z. B. spitzte die traditionellen Vorstellungen eines Adels zu, der den Herrschaftsanspruch kraft persönlicher *auctoritas* immer anerkannt hatte [352: WICKERT, Princeps, Sp. 2080 ff.; 717: KUNKEL, Kl. Schriften, S. 402 f.]. Nicht anders geschah es mit der Staatslehre der Republik: Sie beherrschte die theoretische Diskussion der gesamten monarchischen Epoche, als die historische Wirklichkeit längst darüber hinweggegangen war. Trotzdem blieb von Tacitus bis Cassius Dio der Senat das Kernstück der staatlichen Ordnung. Selbst dort, wo etwa Tacitus das Versagen des Senats kritisiert und schließlich, was die Zukunft des Staates angeht, resigniert, tut er es mit den Denkkategorien der untergegangenen Republik [DEININGER, in 71: PGLit I, S. 358 ff.; 478: ROLLER, Constructing Autocracy].

e. Die Eliten als Diener der Monarchen

SYME, Roman Revolution

Seit MONTESQUIEU [Größe und Niedergang Roms, 1734] ist über das Schicksal des römischen Adels viel und kontrovers geschrieben worden. Lange Jahre bestimmte die wenige Tage nach dem Ausbruch des zweiten Weltkrieges erschienene *Roman Revolution* von SYME die Diskussion [350; dazu H. GALSTERER, A Man, a Book and a Method, in: Between Republic and Empire, hg. K.A. RAAFLAUB, Berkeley 1990, S. 1–20; DAHLHEIM, in 350: SYME, S. 640 f., U. WALTER, in: Res publica reperta, hg. J. SPIELVOGEL 2002, S. 137–152]. In dieser Geschichte einer Revolution ging es um mehr als den Untergang einer Klasse und die Machtübernahme eines Generals; die allgemeine Thematik von Macht, Moral und Gesetzgebung in der Geschichte überlagerte den historischen Gegenstand und bestimmte seine Gewichtung.

Tacitus' Erbe

Ein Ergebnis der Bürgerkriege und des ihm folgenden Prinzipats war offenkundig: Die Überlebenden des alten Senatsadels gaben sich geschlagen; entschädigt durch die Wohltaten des Friedens und die Pfründe des Reichsregiments beugten sie sich dem Machtanspruch des Princeps. Für einige aber blieb er der Totengräber der Republik. Ihnen hat Tacitus sein Ohr und seine Feder geliehen, als er mit dem Sohn des Caesar abrechnete: Roms große Familien, darunter die besten, seien durch Krieg und Mord vernichtet worden, und feige war, was übrigblieb: „In Rom aber drängten sich in die Knechtschaft Konsuln, Senatoren, Ritter. Je höher der Rang, desto größer Heuchelei und Hast" (Annalen 1,7,1). Syme hörte die Botschaft mit Sympathie. Gewiß: Die Republik hatte schwere Schuld auf sich geladen, als sie – so sagte es schon Tacitus – die Provinzen „den Machtkämpfen der

Großen, der Habsucht ihrer Beamten und der Verkommenheit ihrer Legislative" ausgeliefert hatte (Annalen 1,2,2). Auch Syme weiß es und stellt sich der Pflicht, daran die verlorene *libertas* der Aristokraten zu messen: „Es gibt etwas Wichtigeres als politische Freiheit; und politische Rechte sind ein Mittel, kein Selbstzweck. Ihr Zweck ist Sicherheit für Leben und Eigentum, und diese Sicherheit konnte durch die Verfassung des republikanischen Rom nicht garantiert werden" (S. 478). Die neue monarchische Ordnung aber, so viel Segen sie auch immer gebracht haben mochte, war für ihn „das Ergebnis von Betrug und Blutvergießen und beruhte darauf, daß ein revolutionärer Führer die Macht ergriffen und Vermögen und Besitz neu verteilt hatte" (S. 8).

1987 kehrte Syme in einer Sammlung von Aufsätzen noch einmal in die Zeit des Augustus zurück [484: SYME, The Augustan Aristocracy]. Wiederum beschrieb er leidenschaftlich das Schicksal einer sich beugenden Aristokratie und eines sich über seine Feinde erhebenden Parteiführers. Und wiederum ist der Kerngedanke taciteisch: Die großen Familien ordneten sich in die Gefolgschaft der siegreichen Partei ein und gingen doch zugrunde in der „murderous embrace of the dynasty". Wer sich mit dem neuen Machthaber arrangiert hatte, den traf der schwere Vorwurf der Kollaboration und der Mittelmäßigkeit: „Not an exhilarating prospect, the middle path, so it appears. It is the recourse of the opportunist and the careerist. The other name is compromise or collusion" (S. 454). Sätze wie diese haben wohl nur in der klaren Luft festgefügter moralischer Grundsätze ihren Platz. Denn welche Alternative hätte den Männern des Mittelwegs offen gestanden? Das Idealbild des freien Spiels der Kräfte? Die erneute Auslieferung der Provinzen an habgierige Barone und ausbeuterische Pachtgesellschaften? Noch einmal die uneingeschränkte Freiheit, in Staat und Reich zu tun und zu lassen, was man wollte? Dieses politische Programm war auf den Schlachtfeldern der Bürgerkriege so gründlich zerstört worden, daß es sich niemand mehr zu eigen machen wollte. SYME stellte sich die Frage auch gar nicht.

Andere stellten sie: E. GABBA [in 337: Caesar Augustus, S. 61–88] gab sie an die gescholtenen Kollaborateure weiter, von denen Tacitus gesagt hatte, sie seien zur Unterwürfigkeit nur allzu bereit gewesen. Zu ihnen zählten Velleius Paterculus, der seinen Aufstieg dem neuen Regime verdankte, Nikolaos von Damaskus, der als erster Vertreter der provinzialen Oberschicht und gestützt auf die Autobiographie des Augustus dessen Friedensregiment gefeiert hatte, Dionysios von Halikarnaß, Cassius Dio und Aelius Aristides. Sie alle verwiesen auf Frieden, Recht und Ordnung, die der Monarch der römischen Welt und insbesondere den geschundenen Provinzen gebracht hatte. Ihnen gegenüber erscheint Tacitus als der letzte „almost impotent protagonist of an approach which applied to the historical interpretation of Augustus and the Empire the unattainable political ideal of a centre of power susceptible to influence from below" (S. 85). So liegen nun auf der Waage der Geschichte auch die Stimmen der Untertanen des Weltreiches. Und sie

Macht und Moral

beteuern, ihre Zukunft sei in der monarchischen Welt des Gehorchens besser aufgehoben gewesen als in der senatorischen Welt der Freiheit.

Die Verteidigung der Monarchie

Im letzten Kapitel seiner *Augustan Aristocracy* ordnet Syme systematisch, was die Zeitgenossen zur Rechtfertigung des Aufstiegs der neuen monarchischen Ordnung zu sagen gewußt hatten. Wenig davon sei einem gezielten Indoktrinationsprogramm des Princeps entsprungen, das meiste hätten senatorische Mitläufer formuliert [gegen diese These sprechen unmißverständlich die Ergebnisse der archäologischen Forschung, s. S. 190 f.]. Zehn ständig gebrauchte Legitimationsformeln ließen sich erkennen: Die Idee von der *res publica restituta*, die Vorstellung von der im Einklang mit der Tradition wiedererlangten Größe Roms, die medizinische Metapher von der Heilung des kranken Staates, die Pflege der Hoffnung auf Eintracht und Stabilität im Inneren, die Befriedigung des Bedürfnisses nach einer zentralen Autorität, die Beschwörung der Pflichten gegenüber dem Imperium, die Abwehr des Despotismus, die in der gesetzlichen Bestallung begründete Legalität der Macht, der patronale Geist der Herrschaft und schließlich die Lehre vom Mittelweg, sprich das Prinzipat als Verbindung von Freiheit und monarchischer Herrschaft [*libertas et principatus*: Tacitus, Agricola 3,1].

6. GESELLSCHAFT UND WIRTSCHAFT

a. Die Bevölkerungsgeschichte

BELOCH, Bevölkerung

Am Anfang jeder Wirtschafts- und Sozialgeschichte steht die Bevölkerungszahl. Ihre Untersuchung ist von einem Werk geprägt: BELOCH, Die Bevölkerung der griechisch-römischen Welt [453]. Sein Autor wollte damit den Beweis antreten, daß die Anwendung wirtschaftshistorischer Fragestellungen auf antike Gegenstände erfolgreich sein kann und muß. Ohne die Erfassung der Bürgerzahlen schienen ihm Erkenntnisse über die wirtschaftlichen Verhältnisse einer vergangenen Epoche ebensowenig erreichbar wie Aussagen über die militärische Leistungsfähigkeit eines Staates. Von der exakten Bestimmung der Bevölkerungszahlen hingen für ihn alle Antworten auf Fragen nach der Begründung wie dem Untergang des Imperium Romanum, der Veränderungen von Besitzverhältnissen, dem Stand und den Möglichkeiten der Ernährung, der Entwicklung des Lebensstandards und der sozialen Bedeutung der Armen und der an die Randzonen der Gesellschaft Gedrängten ab.

Die methodischen Probleme

Die methodischen Schwierigkeiten waren und sind enorm, obwohl Rom wie alle antiken Stadtstaaten Listen seiner wehrfähigen und steuerpflichtigen Bürger führte. Der Wahrheitsgehalt der in den antiken Quellen überlieferten Zahlen ist jedoch in den seltensten Fällen feststellbar – häufig genug erweisen sie sich schon beim ersten Zusehen als reine Phantasieprodukte. Auch dort, wo dies einmal anders ist, läßt kein allgemein anwendbares Kriterium nachvollziehen, ob die vom jeweiligen Autor genannte Zahl eine Vermutung ist oder nicht, oder ob sie gar nur deshalb genannt wird, weil sie Außergewöhnliches unmittelbar verständlich machen kann. Wenn Augustus z. B. in seinem Tatenbericht (15–18; 21) seine Leser über die gewaltigen Summen unterrichtet, die er für den Ankauf von Land, die Veteranen, die Staatskassen, die Bevölkerung der Stadt Rom und sein Soldaten ausgegeben habe, so tat er das, um die jedes Maß übersteigende Größe seines Reichtums und seine patriarchalische Noblesse herauszustellen. Diese Angaben haben also ungeachtet ihrer vorgetäuschten Präzision nichts mit einem nüchternen Rechenschaftsbericht über Ein- und Ausgaben des ersten Princeps zu tun. Sie machten vielmehr anschaulich, was omnipotente Macht und Generosität des Herrn der Welt vermochten.

Feste Anhaltspunkte geben nur die Zensuszahlen der Republik und der frühen Kaiserzeit an die Hand: Die letzte, 69 v. Chr. durchgeführte Zählung (*lustrum*) der Republik nennt die Zahl von 910 000 erwachsenen männlichen Bürgern. Vierzig Jahre später (28 v. Chr.) veranstaltete Octavian eine Volkszählung, die die stolze Zahl von 4 063 000 Bürgern aufwies (Tatenbericht 8). Die auffällige Diskrepanz beider Zahlen erklärte Beloch damit, daß der neue Herr Roms – bewußt vom republikanischen Brauch abweichend – auch Frauen und Kinder hatte mitzählen lassen [453: BELOCH, S. 370 ff., 489 ff., zustimmend 454: BRUNT, Manpower, S. 113 ff.; Forschungsstand bei 343: KIENAST, Augustus, S. 81 f.]. Wie immer: entscheidend ist, daß diese Erhebung wie alle folgenden mit ihren eindrucksvollen Zahlen dazu dienen sollte, die Leistungsfähigkeit und die Fürsorge des neuen Herrschaftssystems zu beweisen und damit auch zu legitimieren. *Die Zensuszahlen*

Unüberwindbar sind bis heute die Hindernisse, die sich der Erfassung der Gesamtbevölkerung des Imperiums in den Weg stellen. Theoretisch wäre dies für einen antiken Historiker leicht möglich gewesen, da in den Provinzen eine Volkszählung als Grundlage aller Abgaben unverzichtbar war und daher bei der Einrichtung oder Neuordnung einer Provinz durch kaiserliche Beauftragte vorgenommen wurde. Trotzdem sammelte niemand diese Zahlen, da ein über den aktuellen Anlaß hinausführendes Interesse nicht existierte. So ergeben die bisher in der Forschung errechneten Zahlen der Reichsbevölkerung ein desolates Bild: BRUNT [454] errechnete für Italien 7,5 Millionen Menschen; O.A.W. DILKE [The Ancient Romans, London 1975, S. 29 f.] schätzte die Reichsbevölkerung auf 61 Millionen. B.W. FRIER [Demography, in 338: CAH XI, S. 787–816] orientiert sich an drei „major demographic components": Sterblichkeit, Fruchtbarkeit und Wanderungsbewegungen, und errechnet eine Gesamtzahl von 45,5 Millionen (20,4 für den Osten, 7 für Italien, 18,1 für den Westen des Reiches). Zur Einwohnerzahl einzelner Städte s. 608: ECK, Verwaltung I, S. 183 ff. *Die Gesamtbevölkerung des Imperiums*

Diese Schwankungen zeigen nur, daß das Nachdenken über die methodischen Kriterien solcher Untersuchungen seit Beloch eher ab- als zugenommen hat [459: PARKIN, Demography, VITTINGHOFF, in 451: Handbuch, S. 20 ff.; PLEKET, ebd. *Die Bevölkerung der Hauptstadt*

S. 56 ff.]. Nur für die Hauptstadt Rom scheint die Zahl der fehlenden Unbekannten genauer eingrenzbar. Da der Zensus des Augustus sich auf die gesamte römische Bürgerschaft bezieht, kann er über die Bevölkerungszahl der Stadt keine Angaben machen. Aber die Zahlen der Empfänger der regelmäßigen Getreidespenden enthalten einen wesentlichen Anhaltspunkt. Vor Caesar war die Schar der Versorgten auf 320 000 angewachsen, ehe sie der Diktator durch ein Bündel sozialpolitischer Maßnahmen auf 150 000 senken konnte. Augustus nennt in seinem Tatenbericht für das Jahr 5 v. Chr. 320 000 und für das Jahr 2 v. Chr. 200 000 Getreideempfänger. Die Differenz ergab sich dadurch, daß er die besser Bemittelten aus den Listen der *frumentatio* streichen ließ. Als sichere Zahl für die römische Plebs ergibt sich damit 320 000, zu der die Zahl der Frauen und Kinder, die Zahl der Senatoren und Ritter, die Zahl des Mittelstandes und die Zahl der Peregrinen – für beide Kategorien existieren keine Belege – hinzugerechnet werden müssen [zur Zusammensetzung der Bevölkerung H. SCHLANGE-SCHÖNINGEN, Fremde im kaiserzeitlichen Rom, in: A. DEMANDT (Hg.), Mit Fremden leben, München 1995, S. 57–67; zu den Juden in Rom H. WOLFF, in: K. ROTHER (Hg.), Minderheiten im Mittelmeerraum, Passau 1989, S. 35–63; zu den stadtrömischen Christen 799: LAMPE; zu anderen religiösen Gruppen H. CANCIK, in: J. TAUBES (Hg.), Gnosis und Politik II, München 1984, S. 167–184]. Die sich dabei ergebenden Unsicherheitsfaktoren sind jedoch so groß, daß die in der Forschung nach Beloch errechneten Zahlen von 700 000 bis 1 600 000 schwanken. „Bei nüchterner Betrachtung erweist sich die Unzulänglichkeit dieser Berechnungsmethode; aus den sicher überlieferten Zahlen lassen sich nur Teilkontingente, die ohne Zweifel vorhanden gewesen sein müssen, nicht aber eine zuverlässige Gesamtzahl feststellen" [458: MAIER, Römische Bevölkerungsgeschichte, S. 326].

Das Lebensalter des antiken Menschen

Es besteht keine Hoffnung, daran etwas ändern zu können. Denn es ist bis heute nicht gelungen, die Lücke zu schließen, die, solange sie da ist, jede Bevölkerungsstatistik weitgehend zur Makulatur macht: die Feststellung des Lebensalters der antiken Menschen. Aussagen dazu machen allein die Grabinschriften, jedoch täuschen ihre Angaben über das Alter eine Kenntnis vor, die nur wenige besaßen [460: LEWISON; umstritten bleibt die Sterblichkeitstabelle Ulpians (Digesten 35,2,68): 459: PARKIN, S. 38 ff.]. CLAUSS [455: Lebensalterstatistiken] errechnete die Gesamtzahl aller überlieferten Angaben auf etwa 0,015% und kam zu dem Schluß, daß man es aufgeben müsse, „den Lebensalterdurchschnitt einzelner Städte, Regionen, oder gar des gesamten Imperium Romanum zu berechnen." Optimistischer sieht dies FRIER [338], der sich an die Zeugnisse hält, die für das vorindustrielle Europa gelten und folgert: „almost all historians now assume that Roman life expectancy at birth was approximately twenty-five years" [in diesem Sinne auch 459: PARKIN, S. 84 ff.].

b. Die Grundzüge des sozialen und wirtschaftlichen Lebens und Denkens

Solange das Imperium stand, mußte keine Generation erleben, daß die alten Lebensweisen so zerstört wurden, daß neue hätten gefunden werden müssen. Anders als im Mittelalter und in der Neuzeit bildeten sich keine Schichten, die die Revolution geprobt oder den sozialen oder politischen Aufstieg organisiert und in Auseinandersetzung mit den herrschenden Klassen versucht hätten. So ist auch die wachsende Bedeutung der Ritter nicht die Konsequenz eines Kampfes um die Teilhabe an der wirtschaftlichen und politischen Macht. Sie war vielmehr die logische Folge eines monarchisch, und das heißt zentral und bürokratisch regierten Weltreiches, dessen Lasten den sich wandelnden Bedürfnissen angepaßt werden mußten. Die im Gegenzug inszenierte politische Entmachtung des Senatorenstandes hat daher weder den Reichtum noch die Privilegien noch das soziale Prestige dieser jahrhundertealten Elite gemindert. Und schließlich der kleine Mann: Er hatte niemals eigenes Profil, und er verfügte über keine eigenen Wertvorstellungen; sein Orientierungsmaßstab war und blieb der große Herr. So darf in jeder Entwicklungsphase der römischen Gesellschaft darüber gestritten werden, ob es den Menschen besser oder schlechter ging, ob sie mehr und bessere Nahrung, Kleidung oder Wohnungen zur Verfügung hatten. Aber sie alle, mochten sie nun in den Zeiten Homers oder unter Diokletian ihr Leben eingerichtet haben, wären als Nachbarn miteinander ausgekommen.

Die Konstanz der Lebensformen

Diese innere Festigkeit der sozialen Ordnung zu erklären, ist denn auch die erste Aufgabe der für die Wirtschafts- und Sozialgeschichte zuständigen Forscher. Die lange Zeit gültige Summe ihrer Bemühungen hatte ROSTOVTZEFF gezogen [324: HEUSS, RG, S. 526 ff.]. Erst in den siebziger Jahren entzündeten die von Finley heraufgeführte Max Weber-Renaissance und das von Alföldy an der modernen Soziologie ausgerichtete Gesellschaftsmodell eine heftige Diskussion um den Grundcharakter des antiken Wirtschaftslebens. Es schien nur idealtypisch faßbar, da die Lückenhaftigkeit der Quellen, ihre mangelnde Repräsentativität und ihre Interessenlosigkeit gegenüber den Faktoren des privaten und öffentlichen Wirtschaftens wenig Spielraum ließen [517: FINLEY, Antike Wirtschaft; 438: ALFÖLDY, Sozialgeschichte; 437: DERS., Die römische Gesellschaft, S. 69–81. Die Kontrahenten und ihre Thesen stellen knapp und präzise vor: WINTERLING und H. SCHNEIDER, in: P. KNEISSL/V. LOSEMANN (Hgg.): Imperium Romanum, Stuttgart 1998, S. 654 ff.; heranzuziehen ist die Sammlung wichtiger Aufsätze von 448: SCHNEIDER, Sozial- und Wirtschaftsgeschichte; ohne theoretischen Entwurf, gestützt auf die Quellen 514: DREXHAGE u. a., Die Wirtschaft].

Überblicke und Theorien

Heute überwiegen die Zurückhaltung gegenüber großflächigen Theorien und die Neigung zur Kleinarbeit: Die römische Wirtschaft sei „kein unveränderbares, auf einem primitiven Niveau verharrendes System" gewesen, sondern habe „eigene Formen von Rationalität und regional phasenverschobene Perioden von Auf- und Abschwung" gekannt, die entschiedene Korrekturen an dem Bild von der wenig entwicklungsfähigen Wirtschaftsstruktur notwendig machten [698: WITSCHEL, Krise, S. 160ff.]. Generelle Charakterisierungen wie die: „Nach heutigen Begriffen weisen Italien und das Römische Reich Züge eines modernen Entwicklungslandes auf" [K. BRINGMANN, Römische Geschichte, München 1995, S. 83, ebenso 322: GARNSEY/SALLER, Kaisereich, S. 65 ff.], werden unwirsch abgetan, obwohl flexiblere Modelle nicht in Sicht sind. So tut man gut daran, sich vorerst an das *Handbuch der europäischen Wirtschafts- und Sozialgeschichte* zu halten [451]. Darin behandeln verschiedene Autoren Italien, die Westprovinzen, den Balkan- und Donauraum und die außerhalb des Reiches lebenden Germanen und Reiternomaden; das antike Nordafrika und Vorderasien würdigen die Autoren VITTINGHOFF [Die Gesellschaft, S. 161–369] und PLEKET [Die Wirtschaft, S. 25–160] ebenso wie den gesamten Mittelmeerraum generalisierend. Wohltuend der Rundblick über alle sozialen Schichten bei GEHRKE [in 327: MARTIN, Das Alte Rom, S. 167–193].

Folgende Grundzüge sind weitgehend unstrittig:

Die geringe Bedeutung des Marktes

(1) Anders als die von der Industrialisierung geprägte ist die antike Wirtschaft durch die geringe Bedeutung des Marktes und ein niedriges Niveau ökonomischer Rationalität gekennzeichnet. D.h. die Produktion von Gütern geschah auf einer eher primitiven technologischen Stufe und war in kleinen Betriebseinheiten organisiert, während die Masse der Bevölkerung in einer extensiv betriebenen Landwirtschaft arbeitete; die städtischen Märkte waren weitgehend isoliert und dienten vor allem der Versorgung der Bevölkerung mit Nahrungsmitteln [zum Forschungsstand 448: SCHNEIDER, S. 654–673; zu den Wirtschaftstheorien TH. SCHLEICH, Überlegungen zum Problem senatorischer Handelsaktivitäten, in: Münsterische Beiträge zur antiken Handelsgeschichte 2 (1983) S. 65–90].

Die Mentalität der Oberschichten

(2) „Uns muß vor allem an der vorherrschenden Denkweise, der Ideologie gelegen sein", hatte FINLEY gefordert [517]. Und G. DUBY [Krieger und Bauern, 2. Aufl. Frankfurt 1986, S. 64] ist sich sicher, daß vorindustrielle Wirtschaften nur ein Forscher verstehen kann, der sich eine Vorstellung von den Geisteshaltungen jener Zeit verschafft hat: „Sie sind nämlich ebenso determinierend wie die Produktionsfaktoren." Wer z. B. wie die Christen mit der Tradition bricht, den Toten ihre Lebensutensilien mit ins Grab zu geben, macht wirtschaftlich fruchtbar, was vorher endgültig verloren war. So wird künftig jeder Wirtschaftshistoriker daran gemessen werden, inwieweit er beherzigt, daß soziale und ökonomische Faktoren nie direkt das Verhalten der Menschen bestimmen, sondern nur so, wie sie gedeutet werden. Entscheidend für die römische Gesellschaft war das wirtschaftliche Verständnis der Oberschichten. Denn sie verfügten im Prinzip über die materiellen Voraussetzungen und das Wissen, um Neues zu wagen und notfalls die Dampfmaschine zu erfinden: „auch in der römischen Epoche war die Innovationsfähigkeit ein hervorstechendes Kennzeichen des technischen Systems" [541: SCHNEIDER, Die Gaben des Prometheus, S. 210; 540: MEISSNER, Die technologische Fachliteratur, S. 178–263]. Sie häuften Reichtum, sie bildeten Han-

delskapital, aber nirgends erfolgte der Übergang zu einer industriellen Produktion. „Und auch der Kaiser kam gar nicht auf die Idee, dem Volk vom Rom eine nach unseren Begriffen sinnvolle, produktive Arbeit zu verschaffen, sondern er versorgte es mit Brot und Spielen. Und genau das wurde von ihm erwartet" [H. BOTERMANN, in: GWU 11 (1999) S. 685].

(3) Das Leben von jedermann orientierte sich an der Vorstellung, daß ehrenwerter Reichtum entweder geerbt wird oder durch politische Tätigkeiten oder dauerhafte Investitionen in Land erworben werden muß. Wie man sich dies beispielhaft vorstellen kann, beschreibt GUTSFELD [706: Wirtschaftsmentalität]. Er zeigt, wie der wegen Magie angeklagte Dichter Apuleius (s. S. 276 f.) seinen Richtern von seinem und dem Leben seiner Frau und der Kläger erzählt und den Lebensstil aller am Prozeß Beteiligten vorstellt – es ist das Wirtschaftsgebaren reicher nordafrikanischer Landbesitzer und Händler [525: FLACH, Agrargeschichte, S. 86]. Grundbesitz als allein ehrenwerter Reichtum

Was für sie galt, galt auch für den Kaiser, den Senator, den reich gewordenen Ritter, den fleißigen Freigelassenen mit Fortune und den erfolgreichen Handwerksmeister oder Kaufmann: Sie alle steckten ihr Kapital nicht in Betriebe, sondern kauften Land. Das Leben selbst eines kleinen Grundherrn war begehrenswerter als die Existenz eines noch so gewaltigen Bauunternehmers oder Fabrikanten. Denn nur der Eigentümer von Land galt etwas, und nur er konnte hoffen, eines Tages selbst zur Elite seiner Stadt gezählt zu werden. „Von allen Erwerbsarten ist die Landwirtschaft die beste, die ergiebigste und angenehmste, die des freien Mannes würdigste", hatte Cicero doziert (*de officiis* 1,150); wenige Lehren sind so eisern befolgt worden wie diese.

(4) Wirtschaftspolitik im modernen Sinn haben weder die Kaiser noch andere antike Machthaber betrieben. Ökonomische Probleme waren selten Gegenstand eigenständigen Nachdenkens, und niemandem wäre eingefallen, ihre Gesetzmäßigkeiten zu erkunden. Kaiserliche Eingriffe in das Wirtschaftsleben gab es natürlich; aber sie waren dazu da, akute Nöte und einzelne Mißstände zu beheben, nicht, um weltweit das tägliche Wirtschaftsgebaren zu ordnen – dies gilt auch für das Preisedikt Diokletians, das „auf einige Jahre hin angelegt war, nicht auf ewig" [B. MEISSNER, Über Zweck und Anlaß von Diokletians Preisedikt, in: Historia 49 (2000) S. 79–100]. Was die Lobredner des Kaisers priesen, war nicht der ökonomische Sachverstand des Regenten, sondern die Fürsorge des kaiserlichen Patrons und Friedensstifters. Denn wer die Versorgung der Hauptstadt und der Großstädte des Reiches sicherte, die ihre eigenen Bedürfnisse aus dem Umland nicht befriedigen konnten, der gab den Provinzen Ruhe und der kaiserlichen Familie Sicherheit. Das Fehlen einer kaiserlichen Wirtschaftspolitik

(5) Das Gros der etwa zweitausend Städte des Reiches bestand aus Agrarstädten. Ihre Bürger waren vornehmlich Bauern, für die das Land die einzige Quelle ihres Reichtums war und die alles, was sie an Metallen, Sklaven und Luxusgütern brauchten, mit den Erträgen ihrer Felder bezahlen mußten. Je Das Wirtschaftsleben der Städte

weiter sie vom Meer oder den großen schiffbaren Flüssen entfernt lebten, um so teurer wurde, was sie ex- oder importierten. „Da unsere Stadt weit entfernt von der Küste liegt", klagte der Bürger einer kleinasiatischen Stadt, „kann sie weder ihre überschüssigen Erzeugnisse absetzen noch – in Zeiten des Mangels – das Fehlende einführen." Diese dürren Worte beschreiben das nächste Grundgesetz antiken Wirtschaftens, denn nur der Seeweg machte den Transport von schweren Lasten und Massengütern bezahlbar. War die Fracht eines Schiffes erst einmal auf Karren oder die Rücken von Lasttieren verladen worden und auf dem Weg ins Landesinnere, so bedeutete das den Übergang von einem schnellen und billigen zu einem langsamen und teuren Transportmittel. Das 301 von Diokletian erlassene Preisedikt nennt genau die Folgen: Eine Wagenladung Weizen (rd. 550 kg) über Land befördert, verdoppelte ihren Preis bei einer Strecke von etwa 500 km und war damit dreimal so teuer wie bei einem Schiffstransport von einem Ende des Mittelmeeres zum anderen. Daher konnten die in fruchtbaren Gebieten erzeugten Überschüsse an Nahrungsmitteln nur über eine kurze Distanz zu den Märkten geschafft werden [HOPKINS, in 520: GARNSEY/WHITTAKER, Trade and Famine, S. 84–109].

Die Bedeutung des Straßennetzes

(6) Das vorhandene Straßennetz änderte daran wenig. Es sollte keine Wirtschaftsräume verbinden, sondern dem Staat die Möglichkeit schaffen, seinen Aufgaben gerecht zu werden [erschöpfend dazu 531: KOLB, Transport]. Es war gebaut worden, um die eroberten Gebiete militärisch zu durchdringen und es den Legionen leichtzumachen, in kürzester Zeit jedes Widerstandsnest erreichen und bekämpfen zu können. So verliefen diese Straßen zumeist tief im Landesinneren und dort durch Städte, deren Einwohner alles, was sie brauchten, aus ihrem Umland bezogen. Ihre Transportmittel – Karren, Ochsen und Maultiere – waren teuer genug, gleichgültig ob sie über Feldwege oder große Straßen zogen. Der Fluch eines samnitischen Fuhrknechts beim Anblick der Rechnung seines Gastwirts: „Das verdammte Maultier wird mich ruinieren", zeigt die Grenzen jedes Unternehmergeistes [28: DESSAU, ILS nr. 7478]. Für ihn und seinesgleichen waren die Straßen nutzlos und für die Anwohner eine Strafe der Götter obendrein. Denn sie mußten für ihre Instandhaltung arbeiten und den durchziehenden Kurieren, Funktionären und Truppen Nahrung, Unterkunft, Kleidung, Tiere und ihre eigene Arbeitskraft anbieten [701: FRIEDLÄNDER, Sittengeschichte I, S. 316 ff.; 541: SCHNEIDER, Die Gaben des Prometheus, S. 267 ff.].

Forschungsmethoden

Zentrales Thema der Sozial- und Wirtschaftsgeschichte sind und bleiben die Agrarverhältnisse. Sie waren relativ unkompliziert, so daß die Gründe, die zum Wandel der Bewirtschaftungsformen und dem Aufstieg des Kolonats geführt haben, sich leicht finden ließen (s. u.). Weite Bereiche der sozialgeschichtlichen Erforschung auch der unteren Schichten werden von der prosopographischen Methode beherrscht – nicht ohne Grund, denn in der kaiserzeitlichen Gesellschaft haben die Angehörigen aller Klassen auf Ehren- und Grabinschriften penibel genau Buch über ihre zivile und militärische Laufbahn geführt, so daß diese Angaben zusammen mit denen der literarischen Quellen fundierte Ergebnisse ermöglichen. H. LEPPIN [Histrionen, Bonn 1992] hat seine Untersuchungen zur sozialen Stellung von Bühnenkünstlern prosopographisch abstützen können, ebenso wie RUTLEDGE [401: Imperial Inquisitions], der mit einem ausführlichen prosopographischen Überblick über die *delatores* seinen Argumenten Gewicht verleiht.

c. Die Sklaven

Sklaven und Freigelassene beanspruchen seit langem einen zentralen Platz in der Forschung. Dies liegt in der sozialen und wirtschaftlichen Bedeutung dieser Gruppen begründet – nach den Berechnungen von BRUNT [454: S. 121 ff.] waren von der siebeneinhalb Millionen zählenden Bevölkerung Italiens drei Millionen Sklaven. In den letzten Jahren wird das Bemühen erkennbar, von einer isolierten Betrachtung des Phänomens der Sklaverei abzukommen und Bezüge zur allgemeinen gesellschaftlichen Entwicklungsgeschichte wiederzufinden. Dazu gehört der Vergleich mit anderen sklavenhaltenden Gesellschaften [ansatzweise bei 506: M.I. FINLEY, Sklaverei, und 508: SCHUMACHER, Sklaverei, dem die letzte umfassende Bearbeitung des Themas zu danken ist; vorzüglich 521: SCHIAVONE, The End of the Past, S. 108–164; unverzichtbar die Quellensammlung von 19: ECK/ HEINRICHS, Sklaven und Freigelassene, die sich auf die frühe und hohe Kaiserzeit beschränkt, die Epoche also, in der die Sklaverei ihre größte Verbreitung fand; zusammenfassend V. THÉBERT, in: 442: GIARDINA, Der Mensch der römischen Antike, S. 158–199; zum Sklavenmarkt anschaulich Horaz, *Epistulae* 2,2,1 ff.].

Forschungsschwerpunkte

Die Bedeutung und das Ausmaß der Sklaverei hängen von der Wirtschaftsordnung ab und wandeln sich mit dieser. Aber auch die Bürgerkriege als Geburtshelfer der Monarchie und diese selbst haben die Situation der Sklaven beeinflußt und verändert. Der Kaiser verdiene Lob, ruft Plinius, weil er die Ehrfurcht der Kinder und den Gehorsam der Sklaven wiederhergestellt habe (Panegyrikus 42). Das heißt auch: Der Sklave, der zunächst nur Eigentum seines Herrn ist, wird jetzt auch zum Untertan des Kaisers. Anders: Der Staat unterwirft das Straf- und Eigentumsrecht des Sklavenhalters seinem Zugriff.

Prinzipat und Sklavenrecht

Am Anfang der Entwicklung stand ein tausendfacher Rechtsbruch. Verantwortlich war mit Octavian der Mann, der nach der Kapitulation der Armee des Sextus Pompeius (36 v. Chr.) dreißigtausend der dort dienenden Sklaven gegen das gegebene Wort zur Bestrafung an ihre alten Herren zurückgeschickt hatte und selbst sechstausend von ihnen zur Abschreckung hatte kreuzigen lassen [335: BLEICKEN, Augustus, S. 239].

Die Reformen des Augustus

Trotzdem geschah unter Augustus und den nachfolgenden Monarchen etwas für die Sklaven – die gemachten Erfahrungen wogen zu schwer. Augustus hat im Zuge seiner Restauration von Sitte und Moral eine gezielte Verrechtlichung des Sklavenwesens betrieben, die dem Staat die Rolle eines Kontrollorgans auferlegte.

BEHRENDS [501: Prinzipat und Sklavenrecht] untersuchte zunächst das den Sklaven von Augustus zugestandene „Klagerecht wegen formlos vermachter Freiheit", das die Durchsetzung einer testamentarisch dem Erblasser auferlegten Freilassung ermöglichte. Für die begünstigten Sklaven bedeutete dies „nichts weniger als die Verleihung eines Stücks Rechtsfähigkeit, eines Stücks Persönlichkeitsrechts." Diese relative Rechtsfähigkeit (relativ, da die Klagbarkeit des Freikaufes nicht generell verfügt wurde) wurde unter Mark Aurel durch ein kompliziertes Verfahren (Schleichweg) soweit ausgebaut, daß die Erzwingung eines Freikaufs möglich wurde, ohne das Eigentumsrecht des Sklavenbesitzers aufzuheben. Die Vermehrung der Schutzrechte seit Claudius, die den Sklaven vor Mißhandlungen und der Verweigerung des Lebensunterhaltes schützen sollten, gipfelten schließlich in der Unterwerfung der Tötung des Sklaven unter die allgemeine Mordstrafe [502: BELLEN, Antike Staatsräson, S. 283–297]. Auch darin spiegelt sich das allen anderen Gütern übergeordnete staatliche Interesse, das dem einzelnen nicht mehr uneingeschränkt überlassen wollte und konnte, wie Sklaverei und Freilassung – unverrückbare Elemente des gesellschaftlichen Lebens – zu handhaben waren.

Die Hinrichtung von 400 Sklaven unter Nero

Es ist die Verknüpfung von rechtshistorischer und historischer Fragestellung, die fruchtbar ist. Ähnlich verfuhr BELLEN [502]. „Die Geschichte", sagt er zu Recht, „kennt Ereignisse, in denen ganze Daseinsformen ihr Wesen offenbaren." Dazu gehört die Hinrichtung von 400 Hausklaven im Jahre 61 als Sühne für die Ermordung ihres Herrn, des Stadtpräfekten Pedanius Secundus (Tacitus, Annalen 14, 42–45). Trotz schwerer Tumulte auf den Straßen Roms beschloß damals der Senat die Hinrichtung sämtlicher unter dem Dach des Pedanius wohnenden Sklaven, da diese ihrem an Leib und Leben bedrohten Herrn nicht zu Hilfe gekommen waren. Die Unterlassung jedes Rettungsversuches galt aber seit dem unter Augustus ergangenen (und noch von Justinian erneuerten) SC Silanianum, das die Strafverfolgung im einzelnen regelte, als todeswürdiges Verbrechen [19: ECK/HEINRICHS, S. 138–142; 521: SCHIAVONE, S. 109 ff. mit der Einschätzung, daß es wenig eindringlichere Zeugnisse gibt, die verstehen lassen, „what Roman slavery was, and how its most deep-rooted aspects were manifested"].

Die Einschränkung des Herrenrechts

Legitimiert wurden dieser Senatsbeschluß und das Verfahren des Jahres 61 durch den Hinweis auf den öffentlichen Nutzen (*utilitas publica*). Ein Schlüsselbegriff, wie Bellen betont, da nur dieses Argument stark genug war, das faktisch und rechtlich beanspruchte Eingriffsrecht des Staates in das Eigentumsrecht der Sklavenhalter durchzusetzen. Denn die hingerichteten Sklaven gehörten den Erben der Ermordeten, deren Vermögen durch die staatlich verfügte Massenhinrichtung entschieden geschmälert wurde. Den Grund für diesen massiven staatlichen Zugriff auf das Herrenrecht fand Bellen in den letzten Jahrzehnten der Bürgerkriege: Damals waren die Sklaven zum Mord an ihren den jeweiligen Machthabern mißliebig gewordenen Herren aufgerufen worden – das Proskriptionsgesetz des Jahres 43 v. Chr. verpflichtete dazu und lohnte die Tat mit hohen Summen und der Freiheit; gleichzeitig fochten in den Heeren der Revolutionsgeneräle Tausende von Sklaven, um ihre Freiheit zu erkaufen. Der Staat selbst, so Bellen, habe damit das Fundament der Sklaverei zerrüttet, und daher sei es ihm im Rahmen des augusteischen Restaurationsprogrammes auch zugefallen, es wiederherzustellen. Er tat es um den Preis der Einschränkung des Herrenrechtes und mit Hilfe gesetzlich verankerter Regeln, nach denen Sklavenhaltung künftig zu praktizieren war.

Nach Seneca habe der römische Senat die Empfehlung ausgesprochen, Sklaven so zu kleiden, daß sie unschwer von der freien Bevölkerung unterschieden werden könnten. Er habe die Idee jedoch schnell fallengelassen, als ihm klar wurde, „welche Gefahr drohte, wenn unsere Sklaven erst einmal begonnen hätten, uns zu zählen" (*clementia* 1,24,1). Gefahren drohten gewiß (Seneca, Briefe 107,5; 19: ECK/HEINRICHS, S. 136), trotzdem muß man solche Sorgen nicht allzu wörtlich nehmen. Denn es hat immer wieder den Selbstverkauf freier Bürger in die Sklaverei gegeben, und dieser Schritt ist, folgt man VEYNE [450: Gesellschaft, S. 237–268] nicht nur aus purer Not, sondern auch in der Hoffnung auf sozialen Aufstieg getan worden. So sind Ausbrüche von Angst eher Ausdruck eines tiefsitzenden Mißtrauens einer freien Bevölkerung, für die es nicht selbstverständlich war, Loyalität und Treue von Niedriggestellten zu fordern.

Die Furcht der Sklavenhalter

d. Die Freigelassenen

Üblicherweise wurde nach einer bestimmten Frist der Sklave freigelassen. Nicht jeder sah diese Entwicklung gerne, und mancher rümpfte angesichts des sozialen Aufstiegs anrüchiger Individuen die Nase: „Allenthalben gelangen auch Leute, die aus der Sklaverei befreit sind, gleich zu ritterlichen Standesabzeichen; früher war dergleichen nie vorgekommen. Und so sehr begannen sich die Unterschiede zu verwischen..." (Plinius, Naturgeschichte 33,33). Was Plinius beklagt, war bereit Augustus ein Dorn im Auge. Der Jurist Gaius berichtet, die augusteische *lex Fuvia Caninia* habe testamentarische Freilassungen eingeschränkt und es verboten, mehr als hundert Menschen die Freiheit zu geben; wenige Jahre später setzte die *lex Aelia Sentia* Altersbegrenzungen für Freilasser und freizulassende Sklaven fest [19: ECK/HEINRICHS, S. 180; 343: KIENAST, Augustus, S. 140 f. zu den Gründen]. Auch diese Bestimmungen schränkten das Verfügungsrecht des Herrn über seine Sklaven ein, auch hier machte der Staat ein übergeordnetes Interesse geltend und setzte es per Gesetz durch.

Gesetzliche Regelungen

Die Formen der Freilassungen und der Status der Freigelassenen (*liberti*) sind unstrittig [VITTINGHOFF, in 451: Handbuch, S. 186 ff.]. ALFÖLDY [500: Die Freilassung] resümierte, „daß die Freilassung eines Sklaven, spätestens wenn dieser das Alter von 30 bis 40 erreichte, vermutlich fast dem Normalfall gleichkam; jedenfalls war der Normalfall nicht das Dahinvegetieren bis zum Tod." Die methodische Grundlage dieser Feststellung war – neben der Inter-

Umfang der Freilassungen

pretation der literarischen und juristischen Quellen – die statistische Auswertung epigraphischen Materials (in erster Linie Grabinschriften) aus Rom, Italien, Spanien, Noricum, Dalmatien und Illyrien; dabei zeigte sich, daß die Zahl der über dreißigjährigen Sklaven sehr gering, die der Freien fortgeschrittenen Alters jedoch weitaus höher war [die gleiche Methode wandte 395: WEAVER, Familia Caesaris, S. 97 ff. an].

Die Akzeptanz des gezogenen Schlusses hängt von der Relevanz der angewandten Methode ab: Lassen die statistisch ausgewerteten epigraphischen Zeugnisse allgemeine Aussagen zu, oder gestatten sie nur einen Blick auf die Mobilität einer verhältnismäßig kleinen und privilegierten Schicht unter den Sklaven? Alföldy selbst betonte, daß die epigraphisch bezeugten Freigelassenen und Sklaven zu denen gerechnet werden müssen, die sich entweder – zumeist mit Hilfe freier Familienangehöriger – freikaufen konnten oder die in einem besonderen Treueverhältnis zu ihren Herren standen; in jedem Fall sind sie vermögend genug gewesen, sich einen Grabstein (oder eine Ehreninschrift) leisten zu können [Kritik bei WOLFF, in 440: Studien, S. 229 ff.].

Die Motive der Freilassungen

Um die Unsicherheiten der Materialauswertung einzuschränken, ist die Analyse der Motive der Freilassungen nützlich. Sie müssen in den humanen, ökonomischen und wirtschaftlichen Interessen des Freilassers (*manumissor*) gesucht werden. In diesem zentralen Punkt deckt sich Alföldys Position mit der seines Kritikers [512: WIEDEMANN, Regularity, S. 162 ff.], der auf den alles bestimmenden Faktor des Eigennutzes verwiesen hatte: „In the Roman world, masters were certainly prepared to free their slaves when it was in their own interest – as in other slave-owning societies" [weit differenzierter 449: H. STRASBURGER, Gesellschaftsideal, S. 90 ff., der die humanen Motive der Freilassungen betont].

Die rechtliche und soziale Stellung der Freigelassenen

Wenn in Rom ein Sklave freigelassen wurde, so erhielt er – anders als bei den Griechen, deren Freigelassene Metöken wurden – die eigene Rechtsfähigkeit und das römische Bürgerrecht, wenn dem nichts direkt entgegenstand [M. KASER, Das römische Privatrecht I, 1971, S. 117 ff.]. Als Gegenleistung ließ sich der *manumissor* in der Regel eidlich oder durch Vertrag verbindliche Dienstleistungen versprechen. Die Quellen stellen diese *operae* als obligatorische Verpflichtungen zur Leistung einer genau festgelegten Anzahl von Tagewerken vor, die – entsprechend der Tätigkeit des Freigelassenen während seines Sklavendaseins – sehr verschiedenartig sein konnten; sie wurden, gemäß den getroffenen Vereinbarungen, ein ganzes Leben oder nur für wenige Jahre eingefordert, und sie konnten auf die Nachfahren des Freilassers vererbt werden [Quellenmaterial und Erscheinungsformen sind unter rechtshistorischen Gesichtspunkten erschöpfend erfaßt von 510: WALDSTEIN, Operae libertorum]. Darüber hinaus verpflichtete die allgemeine Moral den Freigelassenen zur Treue und Hilfe gegenüber seinem ehemaligen Herrn, so daß die gegenseitigen Beziehungen mit jenen zwischen Eltern und Kindern oder Adoptiveltern und Adoptivkindern verglichen werden konnten [Digesten 37, 15,5; N. ROULAND, Pouvoir politique et dépendance personelle dans l'antiquité romaine, Brüssel 1979, S. 509 ff.; G. FABRE, Libertus. Recherches sur les rapports patron – affranchi á la fin de la république romaine, Rom 1981, S. 126 ff.].

Das Ausmaß der durch die Klientelpflicht hergestellten Abhängigkeitsverhältnisse war so groß, daß sich der Staat bereits in der späten Republik zu mäßigenden Eingriffen durch den Erlaß von Schutzrechten herausgefordert sah [510: WALDSTEIN, S. 131–208; 449: STRASBURGER, Gesellschaftsideal, S. 93.ff]; derartige Gesetze häuften sich im Zeitalter des humanitären Kaisertums. Dort, wo der Eigennutz des Herrn das vorrangige Motiv der Freilassung war, ist er in den Dienstpflichten der *liberti* präzise bestimmbar. Lassen sich diese systematisieren, und zeigen sie sich über einen längeren Zeitraum als konstante Größen, so wird sich klären lassen – was ALFÖLDY zu Recht als zentrales Erkenntnisziel formuliert hat –, inwieweit die Freilassung eines Sklaven nach einer bestimmten Zahl von Jahren eine gesellschaftliche Norm in den Städten des Imperiums geworden ist und inwieweit sich die Verhältnisse auf den ländlichen Großgütern davon unterschieden. Dort stellt sich die Frage nach der Wirtschaftlichkeit der Sklavenarbeit und dem Nutzen der Freilassung zweifellos anders [512: WIEDEMANN, S. 162 f.; 500: ALFÖLDY, S. 325 f.; 513: MARTINO, S. 540].

Eine eigene Gruppe von Freigelassenen bildeten die Latini Iuniani. Sie erhielten durch den Akt der Freilassung, der meist formlos *inter amicos* oder *per epistulam* erfolgte, lediglich die latinische Freiheit: Sie sollten zwar leben, als ob sie frei wären, rechtlich jedoch blieben sie Sklaven; ihnen fehlte insbesondere die Vermögensfähigkeit, sie besaßen kein *conubium* mit freien Bürgern und hatten nicht die Möglichkeit, Ämter zu bekleiden [504: BUCKLAND, S. 533 ff.].

Die gesellschaftliche Stellung des Freigelassenen war fragil. Einerseits war er einmal Sklave gewesen und niemand, er selbst schon gar nicht, konnte das vergessen und über die soziale Mißachtung hinwegsehen, die ihm deshalb entgegenschlug (Tacitus, Annalen 13,26–27, Plinius, Briefe 7,29). Andererseits war er ein freier Mann, aber doch an seinen ehemaligen Herrn gebunden und damit Regeln und Zwängen unterworfen, die ihn von der restlichen freien Bevölkerung trennten. Aus seiner Sicht war natürlich die Erlangung des römischen Bürgerrechts der entscheidende Vorteil. Aber vom Stolz auf die Freiheit des Bürgers bis hin zur Anerkennung als geachteter Mann lag ein dorniger Weg. Seine Wegweiser waren Fleiß, Geschäftstüchtigkeit, berufliche Qualifikation oder eine Erbschaft. Die Freigelassenen wurden damit zur Aufsteigerschicht schlechthin. Zu ihnen zählten Männer mit großen Vermögen und erfolgreiche Händler und Handwerker, die ihr Geld nutzten, um sich vom Makel ihrer unehrenhaften Herkunft zu befreien. Und wenn sie dies zu Lebzeiten nicht schafften, so sorgten sie doch für eine ehrenhafte Zukunft ihrer Kinder [524: D'ARMS, Commerce, S. 121–148].

Die Integration in die Gesellschaft

Einen von ihnen kennen wir genauer: Trimalchio. Ihm setzte Petronius, *arbiter elegantiarum* am Hofe Neros, ein gehässiges Denkmal als großmäuligem Parvenü.

Trimalchio

Dieser hatte als treu ergebener Diener nach seiner Freilassung das Vermögen seines Herrn geerbt und es erfolgreich im Weinhandel und in Spekulationsgeschäften aller Art investiert, um schließlich von dem Gewinn Land zu kaufen. Seinen Lebensabend genoß er in einer kampanischen Stadt, wo er eine Bruchbude in eine Villa mit vier Speise- und zwanzig Schlafzimmer umbauen ließ. Dort ahmte er den Luxus der Großen nach und hielt Hof unter seinesgleichen.

ROSTOVTZEFF [447, I, S. 52 f.] beschrieb ihn als typischen Vertreter bourgeoiser Händler und Geschäftemacher, die, vornehmlich ansässig in den Städten Italiens, im großen Stile ihre Geschäfte trieben, nachdem der augusteische Frieden alle Voraussetzungen dafür geschaffen hatte. D'ARMS verwandelte den bei Petronius geschilderten amüsanten Prahlhans in einen harten und erfolgreichen Geschäftsmann: „his zodiacal sign, cancer, that of merchant (39,8); his patron deity, Mercury, protector of traders (29,3, 67,7, 77,4); and his household gods, Gain, Luck, and Profit (60,8)" [524: D'ARMS, S. 97–120; 120]. Veyne, der ihm eine seiner schönsten Studien widmete, macht aus ihm einen Mann des Ancien Régime. Er repräsentiert weniger die Werte seines Standes, in dem er auf Grund seines großen Erbes ein Außenseiter war, sondern die einer Welt mit unterschiedlichen Status, persönlichen Bindungen und adligen Tugenden [450: VEYNE, Die römische Gesellschaft, S. 9–50; weitere Beispiele bei J. ANDREAU, in 442: GIARDINA, der Mensch der römischen Antike, S. 200–225, der die gesellschaftliche Außenseiterrolle der Freigelassenen und ihr Selbstverständnis behandelt; Trimalchio als Ökonom untersucht H. KLOFT, in: E fontibus haurire, hgg. GÜNTHER/REBENICH, Paderborn 1994, S. 117–131]. Wie sehr sich Trimalchio und seinesgleichen auch nach der Decke strecken und nach sozialer Anerkennung gieren mochten – sie zählten wenig in einer Gesellschaft, die soziale Geltung nach Herkunft zumaß. Der ebenso klarsichtige wie abschätzige Blick, den der amüsierte Petronius, gewiß ein großer Herr von Rang und Adel, auf diesen ehemaligen Sklaven warf, sagt bereits alles.

e. Familie, Mann und Frau

Die Definition der Mediziner

Frauen, Sklaven und Barbaren, darin war sich der römische Mann sicher, waren anders als er und standen unter ihm. Die Mediziner des 2. Jahrhunderts sagten ihm auch, warum: Die Natur selbst habe dies gewollt, da sie nur einen Teil der Föten in der Gebärmutter mit einem bestimmten Überschuß an Hitze und damit an Lebensgeist ausstatte. Männer dürften daher, so schrieb der Arzt Galen, in der Gewißheit leben, daß die Natur die eine Hälfte des ganzen Geschlechts unvollkommen gemacht habe, sie selbst aber zu den Erwählten, den Vollkommenen zählten [890: BROWN, Keuschheit, S. 22 ff.; TH. LAQUEUR, Auf den Leib geschrieben. Die Inszenierung der Geschlechter von der Antike bis Freud, Frankfurt 1992, und 468: STAHLMANN, Der gefesselte Sexus, Teil I].

Mediziner sind keine sachkundigen Interpreten der Gesellschaft. Trotzdem entfalteten ihre Spekulationen ihre Wirkung. Denn so mancher Historiker übertrug sie auf das soziale Leben und entdeckte wie Veyne in der römischen Familie wahre Drachennester [VEYNE, in 463: Geschichte des privaten Lebens, S. 79 ff.]. Dort litten Ehefrauen, die in der Hochzeitsnacht vergewaltigt wurden, um danach für den Rest ihres Daseins wie Kinder behandelt zu werden, der Mitgift wegen und allenfalls geschützt durch die vornehme Abkunft ihres Vaters. Mütter verbrachten dort ihr Leben in „ehrenvoller Gefangenschaft", und Liebespaare umarmten sich, die dies nicht sein durften: Denn die herrschende Herrenmentalität, da war sich Veyne sicher, machte in Rom die Frauen zu Sklavinnen, von denen der Mann Besitz ergreift wie von einem Sitzmöbel [vgl. dagegen die *laudatio Turiae*, den inschriftlich erhaltenen Nachruf eines Witwers auf seine Frau: D. FLACH, Die sogenannte Laudatio Turiae, Darmstadt 1991; wichtige weitere Quellen bei B. PATZEK, Quellen zur Geschichte der Frauen I: Die Antike, Stuttgart 2000, S. 255–320].

Die Konsequenzen

Gelassener sieht Jane Gardner in das ferne Rom [462: GARDNER, Frauen im antiken Rom]. Wissenschaftlich geprägt von den strengen Regeln des römischen Rechts und in der vergleichenden Geschichtsbetrachtung geübt, erinnert sie ihre Leser daran, daß so mancher englische Gentleman seine im viktorianischen Geist erzogenen Töchter vor allzu intensiver Lektüre römischer Texte warnte: Traten dort doch Frauen auf, die über ihr Schicksal selbst entschieden und ihren Ehemännern den Laufpaß gaben, wenn es ihnen richtig schien. Für das alte Rom gelte, daß die dem Mann durch Recht und Gesetz gegebenen Möglichkeiten nicht mit der sozialen Wirklichkeit übereinstimmten. Von ihr sprächen vor allem nichtliterarische Zeugnisse, Inschriften und Papyri, und vor allem sie lehrten, das Leben von Frauen richtig zu verorten: in der rechtlich sanktionierten Hierarchie als Freie, Sklavinnen und Freigelassene, in der sozialen Ordnung als Adlige und Arbeiterin, in der Familie als Töchter, Ehefrauen und Mütter.

Die Tragweite der Rechtsquellen

Das Leben einer Familie war bestimmt von der Übermacht des männlichen Oberhauptes, von der geringen Lebenserwartung aller Mitglieder, von der Bedeutung ererbten Vermögens und der ständigen Anwesenheit von Sklaven im Haushalt [322: GARNSEY/SALLER, Kaiserreich, S. 184 ff.]. Ohne Bindung an Haus und Familie besaß das Leben für Männer und Frauen keinen vernünftigen Sinn. Wer keinem Haushalt angehörte, war ausgeschlossen und lebte unglücklich. Um so auffälliger ist die Form, in der in Rom eine rechtsgültige Ehe begründet wurde. Anders als in den späteren europäischen Staaten war sie kein Rechtsverhältnis, sondern eine soziale Einrichtung. Keine öffentliche Gewalt sanktionierte die Eheschließung, kein Priester flehte den Segen des Himmels auf das Brautpaar herab. Die Ehe begann mit dem Einzug der Frau in das Haus des Mannes, und sie war geschlossen, wenn beide Partner freie Bürger, volljährig und einverstanden waren. Wurde ein Vertrag nötig, so regelte er nicht die Ehe, sondern die Mitgift und den Umgang mit ihr. Nicht minder einfach war die Scheidung: Sie forderte weder

Ehe und Scheidung

bestimmte Gründe noch besondere Formalitäten. Es genügte, wenn der Mann oder die Frau aus der gemeinsamen Wohnung auszog und niemand daran zweifeln konnte, daß damit die dauernde Trennung der Ehegatten beabsichtigt war [462: GARDNER, S. 36 ff.; 470: TREGGIARI, Roman Marriage].

Der Mythos vom sexuellen Schlaraffenland

Längst aufgeräumt hat die Forschung mit der Vorstellung, die römische Gesellschaft habe sich ein Schlaraffenland sexueller Freizügigkeit und ehelicher Ungebundenheit geschaffen, das erst der Gekreuzigte und die in seinem Namen verkündete Moral zerstört hätten. Tatsächlich war die Ehe das soziale und sittliche Fundament der Gesellschaft: Sie ruhte in der erklärten Absicht, legitime, d. h. erbberechtigte Kinder zu haben, monogam zu sein und in häuslicher Gemeinschaft verwirklicht zu werden. Nur dies zählte wirklich, nur dies bot sozialen Halt, nur dies verschaffte die von jedermann begehrte gesellschaftliche Anerkennung [Die Übereinstimmung der heidnischen Sexualmoral mit der christlichen Ehemoral betont 450: VEYNE, Gesellschaft, S. 81–123; 468: STAHLMANN, Sexus, zu den Bedingungen, unter denen die asketische Enthaltsamkeit gesellschaftsfähig wurde].

Frauen in der Politik

Im Raum der Politik spielten Frauen als Mütter, Geliebte und Witwen, aber auch als eigenständige politische Köpfe eine große Rolle – Livia, die Frau des Augustus, und Agrippina, die Mutter Neros, mögen für sie alle stehen und bezeugen, in welchem Ausmaß Frauen gesellschaftliche und politische Schlüsselrollen übernahmen [C.-M. PERKOUNING, Livia Drusilla – Iulia Augusta, Wien 1995, zu Livia, und 353: BARRETT, Agrippina, mit eingehender Würdigung der Quellen, sowie W. ECK, Agrippina, die Stadtgründerin Kölns, Köln 1993; zur Darstellung des Tacitus TH. SPÄTH, Männlichkeit und Weiblichkeit bei Tacitus. Zur Konstruktion der Geschlechter in der römischen Kaiserzeit, Frankfurt 1994]. Für die Familienpolitik der Kaiserzeit legte Augustus mit seinen Ehegesetzen, die der moralischen Erneuerung der römischen Gesellschaft dienen sollten, den Grundstein. Dazu 475: BALTRUSCH, Regimen morum, S. 162–183; 467: METTE-DITTMANN, Ehegesetze, mit der These, diese Gesetze hätten weniger als demographische oder moralische denn als politische Instrumente gedient, um die Macht des Kaisers auf Kosten der großen Familien durchzusetzen.

Einzelstudien

Die Forschung kennt kaum umfassende Zugriffe, wie sie schon FRIEDLÄNDER [701: Sittengeschichte I, S. 267–317, IV, S. 89–141] und jetzt die französische Forschung versucht haben. Nach der *Geschichte des privaten Lebens* erschien die *Geschichte der Frauen* [464], in der A. ROUSELLE den Wertewandel in der Kaiserzeit behandelt; guter Überblick von Th. SPÄTH, ‚Frauenmacht' in der frühen römischen Kaiserzeit?, in 461: DETTENHOFER, Männersache, S. 159–205; SALLER, Family and household, in 338: CAH XI, S. 855–874. Einzelstudien beherrschen das Feld. STUMPP [469] beschäftigt sich, gestützt auf das Material aus Rom und Pompeji, mit der Prostitution: Die soziale Herkunft und die Lebenssituation der Prostituierten werden ebenso gründlich und mit einem Übermaß an wissenschaftlicher Akribie studiert wie die Kunden und Nutznießer. E. WALLINGER

[Die Frauen in der Historia Augusta, Wien 1990] behandelt etwa 60 in der HA erwähnte Frauen, und MARTIN/ZOEPPFEL [466: Aufgaben, Rollen] sammelten Einzelbeiträge zu den verschiedensten Themen. Herausragend sind die Untersuchungen zu den Witwen und Waisen von KRAUSE [465]; ihre weit verbreitete Existenz – den Anteil der Witwen an der weiblichen Gesamtbevölkerung schätzt Krause auf ein Viertel bis ein Drittel – bezeugt eindringlich die Instabilität der römischen Ehen und Familien [zu den Scheidungsprozessen 467: METTE-DITTMANN, Ehegesetze, S. 100 ff.].

Das große Desiderat der Frauenforschung aber wird nur in Ansätzen gesehen. Von der Kellnerin bis zur Ärztin treten bei Gardner und anderen alle arbeitenden Frauen auf, nur die eine, die entscheidende nicht: die Bäuerin. Vielleicht liegt es daran, daß die römischen Juristen wenig über sie zu sagen hatten. Aber sie war es doch, die mit ihrem Mann die Last der antiken Weltordnung trug, in der die Bauern die Herrlichkeit der Städte mit ihrer Hände Arbeit bezahlten.

f. Die Bauern

Der Bauernhof stellt die Grundlage des antiken Wirtschaftssystems dar. Auch dort, wo es zur Ausbildung von Großgütern gekommen war, blieben die Bauern der Umgebung als Saisonarbeiter oder Pächter unverzichtbar, denn Großgrundbesitz bedeutete nicht einheitliche, geschlossene Bewirtschaftung. Der plantagenartig wirtschaftende Großbetrieb der späten Republik, der für einen größeren Markt als den einheimischen produzierte, blieb in der Regel Episode. Seine Rentabilität, ohnehin nur bei bestimmten Anbauarten oder bei Viehwirtschaft gegeben, stand und fiel mit der billigen Arbeitskraft von Sklaven. Ihr Preis stieg, als nach Augustus die großen Kriege endeten und die Zahl der Kriegsgefangenen abnahm. So wurde der Familienbetrieb wieder die rentabelste Form des Wirtschaftens, und das ökonomische Leitbild blieb der von einer bäuerlichen Familie bestellte Hof. In der Praxis bedeutete dies, daß der um seine Rendite besorgte Grundherr sein Land an Kleinbauern verpachtete oder es bei der Neuerwerbung den dort ansässigen Bauern beließ und mit ihnen einen Pachtvertrag schloß. Die kleine, aber sichere Rendite des Pachtzinses oder der Naturallieferungen schien allemal besser als kostspielige Experimente mit teuren Sklaven oder neuen Anbauprodukten. So zerfielen die Großgüter in eine Vielzahl kleiner Höfe, auf denen der Bauer – in welcher Rechtsstellung auch immer – wie eh und je seinen Pflug führte.

Grundzüge

Seit WEBER und ROSTOVTZEFF sind der Wandel der Bewirtschaftungsform und der Aufstieg des Kolonats immer wieder untersucht worden [297: WEBER, Römische Agrargeschichte; 447: ROSTOVTZEFF, Gesellschaft und Wirtschaft; Forschungsstand bei 448: SCHNEIDER, Sozial- und Wirtschaftsgeschichte, S. 1 ff.; 438: ALFÖLDY, Sozialgeschichte, S. 121 ff.; 698: WITSCHEL, S. 160–181]. Unentbehrlich sind die eng an den Quellen gearbeitete Agrargeschichte FLACHS und

Die Kolonen

die einschlägigen Arbeiten JOHNES, die das Quellenmaterial zur römischen Kolonenwirtschaft auf privaten und kaiserlichen Gütern vornehmlich in Italien und Nordafrika bis in die Zeit der Severer aufarbeiteten [525: FLACH, Agrargeschichte; 495: JOHNE/KÖHN/WEBER, Die Kolonen; 689: JOHNE, Gesellschaft und Wirtschaft, S. 64–99]. Die Erscheinungsformen der Bodenpacht sind von der Forschung, die im 19. Jahrhundert von den Wirtschaftswissenschaften geprägt worden war, nicht abschließend geklärt worden. Dies beruht vor allem auf dem besonderen Charakter der Quellen: Es sind weniger literarische (z. B. agrarwissenschaftliche) als juristische Texte, die es auszuwerten gilt.

Der Aufstieg der Bodenpacht

Die inschriftlichen Nachrichten – insbesondere aus Nordafrika – informieren in erster Linie über die Sorgen und Nöte der Kolonen auf den kaiserlichen Domänen [dazu 525: FLACH] und spiegeln nicht notwendig die allgemein herrschenden Verhältnisse. Mehr Klarheit besteht in der Diskussion über die historischen Voraussetzungen und Entwicklungen, die den unaufhaltsamen Vormarsch der Bodenpacht gefördert haben. Es waren dies der Rückgang der Sklavenimporte, die Konzentration des Grundbesitzes, das Übergewicht der städtischen Sklaverei gegenüber derjenigen auf dem Lande sowie die wachsenden Steuerschulden, die den freien Bauern ruinierten. JOHNE nennt weiter die Ansiedlung von Veteranen, die als die neuen Herren in einem unterworfenen Land häufig die von ihrem Gut vertriebenen Vorbesitzer als Pächter wiedereinstellten. Die im vierten Jahrhundert vorherrschende Bindung der Kolonen an den von ihnen bebauten Boden folgte nach JOHNE aus der wachsenden Verschuldung der Pächter, an der auch eine Maßnahme wie die des Plinius, der von seinen Pächtern Naturalabgaben statt Pachtgelder verlangt hatte, nichts ändern konnte [auf die Folgen der Bodensteuer verweist W. GOFFART, Caput and Colonata, Toronto 1974; vgl. JONES, in 448: SCHNEIDER, Sozial- und Wirtschaftsgeschichte, S. 81 ff.].

g. Der Handel

Der Handel ist in den letzen Jahren intensiv erforscht worden [zusammenfassend: 513: MARTINO, S. 356 ff.; H. KLOFT, Die Wirtschaft der griechisch-römischen Welt, Darmstadt 1992, S. 220 ff.]. Dies betrifft die Art der umgeschlagenen Güter ebenso wie den quantitativen Umfang des Handels, seine Reichweite und den Status der Händler. Auslösender Faktor der gestiegenen Aufmerksamkeit waren die einschlägigen Kapitel in FINLEYS Ancient Economy [517] und das allgemein gewachsene Interesse an der Erforschung der Kommunikationsformen innerhalb des Imperiums und über seine Grenzen hinaus. Der Fernhandel konzentrierte sich auf Luxusartikel, und er führte die Kaufleute bis nach Indien oder China. Er allein wird denn auch von Cicero (de officiis 1,151) respektiert und nicht zu den schimpflichen Berufen gezählt [513: MARTINO, S. 356 ff.]. Das offizielle Rom hat den Fernhandel nicht gesteuert, wie YOUNG [536: Rome's Eastern Trade] zeigt, der die wichtigsten Handelsrouten zwischen Ägypten, dem Nabatäerreich und Palmyra untersuchte sowie die gehandelten Waren und ihre Preisentwicklung prüfte. Rom achtete sorgsam auf die Steuereinahmen, ließ sich in seinen außenpolitischen Entscheidungen aber nicht davon beeinflussen.

Kernthema jeder Wirtschaftsgeschichte ist der Handel mit Grundnahrungsmitteln: Vom Ausmaß ihrer Produktion, die den Unbilden des Wetters und politischen Krisen ausgesetzt war, und den Möglichkeiten ihrer Verteilung hing das tägliche Brot der Bevölkerung der größeren Städte ab, die mit ihren handwerklichen Produkten und mit Geld die für sie lebensnotwendigen Güter bezahlten [534: RICKMAN, Corn Supply, S. 94 ff.; zu den ökologischen und politischen Ursachen von Versorgungskrisen und den Mitteln, sie zu steuern, 526: GARNSEY, Famine and Food Supply]. Garnsey betont, daß Rom weniger Versorgungskrisen gekannt hat als etwa das mittelalterliche und frühneuzeitliche Europa. Dies ist richtig, wenn man mit Garnsey Hunger als Katastrophe, als dramatisches Ansteigen der Sterblichkeitsrate versteht. Anderes überliefern unsere Quellen ohnehin nicht: Aus ihrer aristokratischen Perspektive war der Hunger des kleinen Mannes nur erwähnenswert, wenn er als spektakuläres Ereignis auftrat. Derartiges allerdings war selten. Denn die Städte des Imperiums und die kaiserliche Bürokratie überließen die Versorgung nicht dem Zufall oder dem freien Spiel der Natur, sondern sorgten vor. Grundlegend zu diesem ganzen Komplex jetzt FELLMETH [527: Brot und Politik], der die Grundlagen der Ernährung, die Möglichkeiten des Handels, die politischen Auswirkungen von Hungerkrisen, die Alimentierung der Armen und die präventiven Maßnahmen der Kaiser behandelt.

Der Handel mit Grundnahrungsmitteln

Getreide kann ohne Ertragsverlust nur zwei Jahre auf dem gleichen Boden angebaut werden, d. h. der Bauer muß sich für die Aussaat jedes Jahr einen anderen Platz suchen (System der Zwei- oder Dreifelderwirtschaft). Zudem ist der Ernteertrag gering: Auf ein gesätes Korn kommen in der Ernte etwa fünf Körner, von denen eines für die nächste Aussaat zurückgehalten werden muß [527: FELLMETH: von einem Hektar Ackerfläche konnte ein Mensch nur zu 75% ernährt werden]. Die Mehrzahl der Städte des Imperiums versorgte sich mit dem lebensnotwendigen Gertreide aus ihrer nächsten Umgebung; dies funktionierte zumeist reibungslos, da die Städte fast überall die in ihrem Umkreis gelegenen ländlichen Gebiete als ihr Territorium beherrschten. Sie waren nur bei Mißernten gezwungen, sich nach neuen Getreidelieferanten umzusehen. Viele trafen Vorsorge und legten Getreidespeicher (*horrea*) am leicht zugänglichen Meeresrand oder in der Nähe schiffbarer Flüsse an [ein gutes Beispiel dafür sind die am Mosellauf angelegten *horrea* in Trier: H. CÜPPERS in: Führer zu vor- und frühgeschichtlichen Denkmälern, Bd. 32: Trier, Teil I, Mainz 1977, S. 128–137; vgl. ansonsten G. RICKMAN, Roman Granaries and Store Buildings, Cambridge 1971].

Die Getreideversorgung

Auf den internationalen Getreidemarkt angewiesen waren die Hauptstadt Rom [534: RICKMAN, S. 94 ff.; 120 ff.], die Großstädte des Reiches und die Armeen in den Grenzräumen. Sie zu versorgen war dort besonders schwierig, wo sie in wenig

Die Versorgung der Armee und der Hauptstadt

entwickelten Grenzprovinzen am Rhein und an der Donau stationiert waren [dazu P. MIDDLETON, The Roman Army and Long-distance Trade, in: 520: GARNSEY, Trade and Famine, S. 75–83; 538: WIERSCOWSKI, S. 151 ff.; 528: HERZ, Studien, S. 81 ff.]. Insbesondere in den großen Städten bestimmten die vom Ernteertrag, der Jahreszeit und den Transportkosten abhängigen Preise im besonderen Maße das Leben der Armen, denen es nur selten möglich war, dem saisonbedingten Preisanstieg etwa durch die Anschaffung großer Vorräte zu entgehen [Die Preise für die See- und Landtransporte untersuchte HOPKINS, in 520: GARNSEY, Trade and Famine, S. 84–109]. Die Versorgung der Hauptstadt ist immer wieder behandelt worden; alles Wichtige bei 677: KOLB, Rom, S. 514–539; 448: SCHNEIDER, S. 664 ff.

Der Quellenwert archäologischer Zeugnisse

Der Quellenwert archäologischer Zeugnisse ist schwer abzuschätzen [D. TIMPE, in: Untersuchungen zu Handel und Verkehr der vor- und frühgeschichtlichen Zeit in Mittel- und Nordeuropa I, hg. K. DÜWEL u. a., Göttingen 1985, S. 7–12]. Diese lassen z. B. keine Unterscheidung zwischen Handelsgut, Beute oder Mitgift zu, so daß sie ohne zusätzliche Informationen für die Handelsgeschichte nutzlos sind. Zudem dokumentieren sie das wichtigste Handelsgut, Verbrauchswaren und Organisches, am schlechtesten. Dort, wo sie es tun, ist die Auswertung schwierig: Im Gebiet der Treverer z. B. sind bildliche Darstellungen des Weinanbaus, der Weinernte, des Vertriebs und des Genusses vielfältig dokumentiert. Trotzdem war nicht der Weinanbau, sondern der Getreideanbau der wichtigste Wirtschaftszweig der Treverer in den Jahrhunderten der Kaiserzeit [H. HEINEN, Trier und das Trevererland, Trier 1985, S. 145 f.]. Funde von weit gehandelten Luxusgütern sagen etwas über die Organisation und die Wege des Handels aus; häufig zeigen sie das bestehende zivilisatorische Gefälle zwischen den Handelspartnern, und manchmal sprechen sie auch von der Kühnheit und der Risikobereitschaft der Fernhändler. Der Handel mit Getreide, Fleisch, Wolle und Sklaven – das Nützliche und Notwendige des täglichen Lebens also – betraf jedoch mehr Menschen auf vielfältigere Weise [vgl. auch C. R. WHITTAKER, Trade and Frontiers, in 520: GARNSEY, S. 110–127].

7. SOLDATEN UND VETERANEN

a. Der Aufbau des stehenden Heeres

Die Fragen der Forschung

Die Erforschung des Krieges und seiner Diener gehorcht vielen Fragestellungen: Zunächst geht es um einfache Dinge wie Waffen und Ausrüstung, um Kampftechnik und Kriegführung. Dann schließen sich Fragen zur technischen Entwicklung an, auf die die Bedürfnisse einer Armee zu allen Zeiten einen nachhaltigen Einfluß hatten. Nicht minder wichtig ist die wirtschaftliche Bedeutung des Heeres für den Haushalt des Staates und der einzelnen Provinzen. Und immer wieder geht es um die Beziehung zwischen dem Soldaten und der Gesellschaft.

Diese hat zu seinen Kriegern stets ein gespanntes Verhältnis. Wie sollte es auch anders sein: Ohne Drachen besteht kein Bedarf an Drachentötern, und friedliche Jahre verwischen schnell den Gedanken daran, daß der Tag kommen mag, an dem man sie brauchen wird. In diesen Zusammenhang gehören Fragen nach dem Selbstbewußtsein der Truppe; es äußerte sich z. B. im Konkurrenzdenken, in der Selbstdarstellung und in bestimmten religiösen Überzeugungen [zur Ausbreitung der Mithrasmysterien Beispiele bei 722: CLAUSS, Mithras, S. 43 ff.; R. MERKELBACH, Mithras, 2. Aufl. Weinheim 1994, S. 162 ff.].

Unter Augustus schien Rom endlich von dem Alptraum befreit, hilflos den eigenen marodierenden Truppen ausgeliefert zu sein. Die vom ersten Princeps eingeleiteten Reformen waren wirkungsvoll: Ein Teil der Revolutionsarmee war abgemustert worden und ihre Versorgung mit Land und Geld sichergestellt. Das nunmehr stehende Berufsheer wurde mit Krieg und Garnisonsdienst beschäftigt; die Kerntruppen standen an weit entfernten Grenzen. Das Reich schien nach dem Chaos der Bürgerkriege seinen inneren Frieden wiedergefunden zu haben. RAAFLAUB, Die Militärreform des Augustus [in 334: Saeculum Augustum I, S. 246–307], hat das Bündel von Maßnahmen, mit dem Augustus die Trennung des politischen und militärischen Raums auf Dauer zu sichern suchte, gründlich aufgeschnürt; vier in die Tat umgesetzte politische Kerngedanken hätten der Politik wieder den Vorrang gegenüber dem Militär gesichert: „Die soziale und materielle Fürsorge für die Soldaten, Offiziere und Veteranen; die stete Pflege der persönlichen und Klientelbeziehung zwischen Princeps und Heer; die sorgsame Auswahl und Überwachung einer vertrauenswürdigen Generalität; und die Schaffung einer breiten Kooperationsbereitschaft in der durch großzügige und institutionalisierte Sonderprivilegien deutlicher als je zuvor herausgehobenen senatorischen und ritterlichen Oberschicht" [S. 304; s. auch L. KEPPIE, The Army and the Navy, in 338: CAH X, S. 371–396].

Die militärischen Reformen des Augustus

RAAFLAUB unterstreicht, daß diese Armee, so sehr ihr die Flügel gestutzt waren, doch nicht mehr voll in die römische Gesellschaft integriert werden konnte. Verlegt an die Grenzen der zivilisierten Welt und dort bewußt und ängstlich festgehalten, entwickelte sie ein soziales Eigenleben, das sie von Jahrzehnt zu Jahrzehnt weiter von der zivilen Gesellschaft entfernte. Verurteilt zu einem Sonderdasein, kappten die Soldaten in den Jahrzehnten der Reichskrise schließlich die letzten Halteleinen, die sie noch an den Staat banden, und fanden erst in Diokletian und Konstantin neue Bändiger. Daß es dazu kam, hatte auch etwas damit zu tun, daß unter Augustus die Geburtsstunde der Auxiliartruppen schlug, die – zahlenmäßig den Legionen etwa gleich – die Gestalt des Heeres neu prägten und das Verhältnis Roms zu seinen Untertanen in den Grenzprovinzen auf eine neue Grundlage stellten [553: HOLDER und 555: SADDINGTON; zu den Legionslagern und Kastellen an den Reichsgrenzen sowie zum Alltag des kasernierten Soldaten 559: JOHNSON].

Die Leibwache des Kaisers

Eine wichtige Randgruppe des Heeres bildete die Leibwache des Kaisers. Sie rekrutierte sich bis Nero, nach dessen Tod sie aufgelöst wurde, aus Germanen. Die Geschichte dieser mindestens 500 Mann starken Truppe verfolgt BELLEN, der durch die Analyse der Nomenklaturen nachwies, daß sich die Wache durchweg aus freien peregrinen Germanen zusammensetzte [391: Die germanische Leibwache; s. auch M.P. SPEIDEL, ‚Germani corporis custodes‘, in: Germania 62 (1984) S. 31–45]. Diese Männer kehrten nach ihrer Entlassung in der Regel in ihre Heimat zurück – reich belohnt mit Geld und manchmal auch dem römischen Bürgerrecht. Die Loyalität dieser angeworbenen Krieger war nicht sonderlich stark ausgeprägt, so daß der Verzicht auf sie nicht schwerfiel [BELLEN, S. 82 ff.].

b. Die Berufsarmee

Die Entwicklung der Forschung

Soldaten haben in der Militär-, Wirtschafts- und Reichsgeschichte seit langem Hochkonjunktur. Dies verdanken sie nicht zuletzt ihrer materiellen Hinterlassenschaft. Sie fesselte Historiker und Archäologen, seit Napoleon III. in Frankreich Grabungen in Alesia und anderswo aufnehmen ließ und in Deutschland 1892 die unter Mommsen gegründete Reichslimeskommission ihre Arbeiten begann, die das Fundament unserer Kenntnisse von der römischen Reichsgrenze legten. Seit 1984 erscheinen die von SPEIDEL herausgegebenen Bände der *Mavors Roman Army Researches* [548], die Aufsatzsammlungen zu allen Fragen der römischen Militärgeschichte enthalten. Eine Gesamtdarstellung bietet der Militärhistoriker LE BOHEC [547: Die römische Armee; zur Kampfesweise A.K. GOLDSWORTHY, The Roman Army at War, 100 BC – AD 200, Oxford 1996]. Zusammengefaßt liegen die Beiträge von G. ALFÖLDY zum Thema vor [543: ALFÖLDY, Heeresgeschichte, und: Das Heer in der Sozialstruktur des römischen Kaiserreiches, in 544: Kaiser, Heer, S. 33–57].

Berufssoldaten

Die Soldaten übten ihr Handwerk in der Kaiserzeit als langdienende Berufssoldaten aus (20 bis 28 Jahre, nicht selten noch länger). Dieser Berufsarmee, die auch in Krisenzeiten maximal 400 000 bis 450 000 Mann umfaßte, oblag es, den Staat gegen jeden potentiellen Feind jenseits der Grenzen zu schützen und den Bestand der politischen Herrschaftsform zu sichern. Die römischen Kriegsflotten hatte 1941 C.G. STARR [Roman Imperial Navy 31 B.C. – A.D. 324, 2. Aufl. Cambridge 1960] eingehend und maßgebend untersucht. 1966 konzentrierte sich KIENAST [567: Kriegsflotten] daher auf Probleme, „die von Starr nur ungenügend, beziehungsweise nicht behandelt wurden": die Zusammensetzung und die Stellung des Flottenpersonals, die Rolle der Flotten in der Innenpolitik, die Provinzialflotten im Mittelmeer und die Flotten in der Spätantike. 1986 legte REDDÉ [568: Mare nostrum] ein opulentes Werk vor, das zunächst die Schiffe, die Häfen und die Aufgaben der kaiserlichen Flotten beschrieb [S. 11–453], um anschließend die Flottenpolitik des Reiches vom Ende der Republik bis ins 5. Jahrhundert chronologisch abzuhandeln. Weitgehend außer Betracht blieben die soziale und rechtliche Stellung der Flottensoldaten und die wirtschaftliche Bedeutung, die der Flottenbau im Rahmen des römischen Wirtschaftssystems besessen hat. Die Quellenlage ermutigt auch nicht dazu: Verläßliche Angaben sind weder über die Bau- und Unterhaltskosten noch über die Lebensdauer der Schiffe zu erhalten.

Nach den großen Feldzügen des Augustus schliefen Krieg und Expansion ein. Nicht sofort und schon gar nicht durch eine politische Grundsatzentscheidung, aber letztlich doch. *Pacis magis quam bellis cupidus* ließ Hadrian seine an den Grenzen konzentrierten Truppen nun eine Seite ihres Handwerks kennenlernen, das dieses zu pervertieren drohte: Der Schweiß exerzierender Männer, die für den (meist ausbleibenden) Ernstfall nach einem genau festgelegten Reglement übten, ersetzte das Blut des großen Krieges, und Orden und Auszeichnungen gab es für Gehorsam und Pflichterfüllung statt für Tapferkeit und Todesbereitschaft (HA, *vita H.* 10,1 ff., Cassius Dio 69,9,1 ff.). Von den Großstädten kannten nur Rom und Alexandrien die ständige Präsenz starker militärischer Einheiten. Wo sie darüber hinaus innerhalb der Reichsgrenzen stationiert waren, versahen sie, aufgeteilt in kleine Detachements, ihren Dienst als Besatzungstruppen und übernahmen vielfältige zivile Aufgaben: Wir finden sie als Polizisten, Handwerker in Ziegeleien und Rüstungsbetrieben, Straßenbauer, Wachposten und als Beamte in den Kanzleien der Statthalter. Ohne kriegerische Bewährung, ohne Ruhm und ohne Auszeichnungen hatten sie mit den Grenzarmeen nichts mehr gemein.

Die Aufgaben der Soldaten

Das römische Heer als Wirtschaftsfaktor wurde das Generalthema von WIERSCHOWSKI [538]. Ausgangspunkt ist die Frage nach den Soldzahlungen und den finanziellen Verhältnissen der Soldaten, die nach ihrer Entlassung großzügige Abschiedsdonative dankbarer Kaiser erhielten und mit ihren Ersparnissen eine weit über dem Durchschnitt liegende soziale Position einnahmen [S. 89 ff.; zu den Veteranensiedlungen des Augustus 622: KEPPIE, Colonisation, S. 73 ff.]. Die Quellen über die Begräbnisse der Veteranen und ihrer Familien legen beredt Zeugnis von den Besitzverhältnissen und dem sozialen Prestige der Soldaten ab [WIERSCHOWSKI, Tab. 18, ausgewählte Inschriften bei 31: SCHUMACHER, Römische Inschriften, S. 246–257; 32: WALSER, Römische Inschriften-Kunst, S. 170–234]. Die Versorgung der Armeen mit Nahrungsmitteln und Waffen warf die Frage nach den Kosten auf, die jährlich den Staatshaushalt belasteten [zu den Soldzahlungen M.P. SPEIDEL, in 544: Kaiser, Heer, S. 65–97; zu vergleichen ist 545: CAMPBELL, S. 161 ff., der die Kosten für den Sold und die Veteranenversorgung unter Augustus mit jährlich 350–380 Millionen Sesterzen veranschlagte]. Die zu berücksichtigenden Rechengrößen jedoch (z. B. die Truppenstärke, die Besoldung der Auxilien, die Kosten der Schiffe, Tiere, Gespanne, Festungen, Maschinen, Waffen u.ä.) sowie der Umfang des römischen Staatshaushaltes sind zu ungenau, als daß man wirklich weiterkäme.

Das Heer als Wirtschaftsfaktor

Ein Problem von besonderem Gewicht stellt das Verhältnis des Kaisers zu seinen Soldaten dar, das MILLAR, The Emperor [384], ausgeklammert hatte. Die

Kaiser und Soldat

Lücke versucht CAMPBELL, The Emperor and the Roman Army [545] zu schließen: „I was led to ask preciseley how all emperors persuaded the army to identify with them, how they secured themselves against military revolt, and in what sense if any the Roman empire could be described as a military monarchy" [S. VII; kritisch: 543: ALFÖLDY, Heeresgeschichte, S. 19 ff.]. Alle Details zusammen gelesen zeigen, welche Opfer die Unterwerfung der Armee unter die Interessen des Staates gefordert hatte; das gegenseitige Abhängigkeitsverhältnis von Kaiser und Heer jedoch, das seinen in den Bürgerkriegen angenommenen Charakter einer persönlichen Armee des allein herrschenden Feldherrn nicht mehr verlor, gerät damit nicht scharf genug ins Blickfeld [543: ALFÖLDY, Heeresgeschichte, S. 19–25]. Um auch dies zu erreichen, bedarf es einer eindringlichen Behandlung der Krisenjahre 68/69 und 193/197. In diesen Jahren hatte das Heer einer verstörten Welt erneut vorgeführt, wie schnell Monarch und Staat zum Spielball seiner Interessen werden konnten. Es mußte vieles zusammenkommen, um die schwerfällige Maschinerie in Bewegung zu bringen. War es jedoch soweit, rasten die Soldaten blindwütig gegen sich und den Staat und ruhten nicht eher, als bis alles in Trümmern lag oder ihre Forderungen erfüllt wurden.

Das Heer im 3. Jahrhundert

Diese Explosionen von Gewalt und Eigennutz brachten an den Tag, wie schwer die Monarchie an ihrem revolutionären Gründungsakt zu tragen hatte, und wie unauflöslich die Schicksalsgemeinschaft zwischen Kaiser und Armee tatsächlich geschmiedet war. Dies zeigte sich unverhüllt, als – ausgelöst durch die außenpolitischen Krisen des 3. Jahrhunderts – das Heer ein mächtiges und privilegiertes Sonderdasein zu führen begann. F. HARTMANN [687] nennt in einer Typologie der Herrscherwechsel als Anlässe für die Proklamation eines neuen Kaisers den fehlenden militärischen Erfolg, die mangelnde Popularität des regierenden Herrschers [S. 81 ff.], das Ausbleiben materieller Fürsorge [S. 88 f.] und die Rivalität der Truppen untereinander [S. 88 f.]. Diese wuchs, je mehr die Legionen mit den Provinzen, in denen sie stationiert waren, verschmolzen: Der Soldat schützte dort vorab seine engere Heimat und vertrat energisch deren Anspruch auf besonderen Schutz und Wohlergehen – notfalls gegen die Zentralgewalt des Imperiums ebenso wie gegen den auswärtigen Feind. In der logischen Konsequenz dieser Entwicklung lag es, daß sich das Verhältnis zur Zivilbevölkerung in den alten Kerngebieten des Reiches zunehmend verschlechterte. In den militärischen Einsätzen gegen die Bevölkerung wie anläßlich der Hungerrevolte in Rom unter Commodus (Cassius Dio 73, 13,4 f.) oder in den Bürgerkriegen im Jahre 238 (Herodian 7,7,1 ff.; 11,5 ff.) spiegelte sich alles, was das gegenseitige Verhältnis zusätzlich belastete.

c. Soldat und Gesellschaft

Die Rekrutierung

Die Armee folgte in ihrer Hierarchie der Gliederung der Reichsbevölkerung und spiegelte deren Vielfalt. Sie ist insoweit integrierter Teil der Gesellschaft. „In sich aber war sie ein geschlossener Körper, einer strengen Befehlshierarchie unterworfen, in eine eigene sehr differenzierende Rang- und Rangstufenordnung eingebunden und mit eigenem militärischen Disziplinar- und Strafrecht ausgestattet" [Vittinghoff, in 451: Handbuch, S. 240f.; erschöpfend 552: Wesch-Klein]. Zu ihrem Regelwerk gehören z. B. die militärischen Rituale [Stoll, Truppen und Selbstidentifikation, in: 549, S. 106–136; generell: R. MacMullen, The Legion as a Society, in: Historia 33 (1984) S. 440–456]. Ein je eigenes Ehrgefühl bestimmte viele Truppeneinheiten und konnte innerhalb des Heeres in offene Rivalität umschlagen: *de honore et dignitate* kämpften nach Ammianus Marcellinus (29,6,13) die Pannonische und die Moesische Legion – sie unterlagen dem Feind, da sie nicht gemeinsame Sache machen wollten [vgl. die Fallstudie von 562: Nesselhauf, Geschichte des obergermanischen Heeres].

An den Grenzen dienten die Soldaten in geographischen Breiten, die der mediterranen Bevölkerung nur ungefähr bekannt waren und für die meisten jenseits ihrer Vorstellungswelt lagen. Dort veränderte die Armee auch ihr soziales Gesicht [grundlegend zur Zusammensetzung der Truppen und des Offizierskorps 564: Devijver, und 563: Breeze/Dobson, Roman Officers, A. Birley, Senators as Generals, in 544: Kaiser, Heer, S. 97–118]. Denn jetzt, da der Krieg nicht mehr die städtischen Bürger Jahr für Jahr in die Pflicht nahm, suchte er sich Freiwillige vornehmlich in den Nordprovinzen, auch wenn die Legionen noch für lange Zeit nur römische Bürger aufnahmen [561: Mann, Legionary Recruitment]. Aber auch diese kamen immer seltener aus Italien: In den Anwerbungsbüros sammelten sich die zweiten und dritten Söhne der Kolonisten, der Veteranen und der Auxiliarsoldaten, die in der Nähe ihrer alten Standorte ein Mädchen liebten und dort bleiben wollten. Am Ende lockten der soziale Aufstieg, eine ehrenvolle Stellung in der Gesellschaft und eine neue Heimat, in die man als fremder, aber geachteter Mann eintrat. Sie allerdings war klein geworden und wurde nur mehr schemenhaft als Teil des Imperiums wahrgenommen. Wer kämpfen mußte, tat dies nicht für den Erhalt eines die Welt umspannenden Friedens, sondern für Haus und Hof.

Die sozialen Folgen der Grenzbindung

Je länger die Truppen an den Grenzen blieben, um so gründlicher zerrissen die Verbindungen der Soldaten mit dem Leben außerhalb ihres militärischen Alltags. Allmählich und zunächst kaum wahrnehmbar entstand eine neue Gemeinsamkeit jenseits aller Gegensätze, die die soziale Herkunft und die wenigen Jahre einer zivilen Existenz begründet hatten. Die Erinnerungen daran schwanden und mit ihnen die Hoffnung auf selbstverständliche Rückkehr. Denn wer heimkam nach Jahren des Krieges in fernen Ländern, war ein Fremder geworden und als solcher selten willkommen. Wie sollte er auch? Als Soldat oder Offizier ohne Uniform trug er doch unbewußt den Dünkel des entlassenen Frontsoldaten mitten unter die Schar derer, die ihn in den Jahren des Bürgerkrieges fürchten gelernt hatten [569: Dahlheim, Die Armee eines Weltreiches; J.-M. Carrié, der Soldat, in 442: Giardina, Der Mensch, S. 117–157].

Die soldatische Gemeinschaft

Bürgerrecht und Eherecht   Eine wichtige Quelle für die soziale und rechtliche Stellung der Soldaten und Veteranen sind die Militärdiplome [30: ROXAN, RMD; ein Beispiel bei 32: WALSER, S. 234 f.; ausgezeichnet VITTINGHOFF, Militärdiplome, in 452: DERS., Civitas, S. 282–298]. Sie belehnten spätestens seit Claudius die Soldaten der Auxilien nach ihrer Entlassung mit dem Bürgerrecht und dem Eherecht (*ius conubii*; aktiven Soldaten war aus disziplinarischen Gründen eine rechtsgültige Eheschließung verwehrt). Das Bürgerrecht wurde zugleich bis zum Jahre 140 allen vor oder während der Dienstzeit geborenen Kindern gewährt; nach 140 [30: ROXAN, RDM 39] galt dies nur noch für Kinder, die nach der Rechtswirksamkeit des *ius conubii* ohnehin als römische Bürger geboren wurden. Die Mütter blieben vor und nach 140 im peregrinen Status. Diese Politik hat zur Romanisierung der provinzialen Bevölkerung im Westen des Mittelmeerraumes und in Mitteleuropa wesentlich beigetragen, wobei das Motiv des kaiserlichen Vorgehens sicher nicht durch diesen Effekt bestimmt wurde. S. DUSANIC [seine Arbeiten sind aufgelistet in 546, S. 26 f. Anm. 4] hat die These von A. von DOMASZEWSKI wieder aufgegriffen, daß die Bürgerrechtsprivilegien nur im Falle der besonderen Bewährung und nicht als allgemeines Dienstprivileg vergeben worden seien. Dies löste eine breite Forschungsdiskussion über die Militärdiplome als historische Quelle aus, die in dem Sammelband „Heer und Integrationspolitik" [546] ihren Niederschlag gefunden hat.

Die Integration der Veteranen   Die These selbst fand kaum Anklang; statt dessen konzentrierten sich die Autoren auf die Einordnung der Diplome in den größeren Zusammenhang der römischen Bürgerrechts- und Integrationspolitik. VITTINGHOFF [452: Civitas, S. 124 ff.] betonte die Bedeutung der mit *civitas* und *conubium* ausgezeichneten Auxiliarveteranen für die politische Integration des Imperiums, auch wenn unsere Kenntnisse über die Zahl der entlassenen Soldaten und ihrer Kinder und Nachkommen, über ihre Berufe und über ihre Heimat – nur wenige werden in ihre alten Dörfer und Städte zurückgekehrt sein, aus denen sie zu den Fahnen geeilt waren – nur dürftig sind. In den Grenzprovinzen „verkörperten diese Veteranen ein militantes Neurömertum, das sich im allgemeinen aus seinen frühen heimatlich-familiären Bindungen gelöst hatte...Der einfache peregrine Soldat aber, der im Dienste des Kaisers länger als ein Vierteljahrhundert seine Pflicht erfüllt hatte und dafür auch römischer Bürger geworden war, mußte sich im allgemeinen aufgerufen fühlen, notfalls seine römische Existenz und seine wohlerworbenen Rechte und Privilegien gegen Feinde und Aufständische zu verteidigen." VITTINGHOFF verglich die Privilegierung der Auxiliarveteranen mit den sonstigen Erscheinungsformen der römischen Bürgerrechtspolitik, die Zusammenhalt und Interessengleichheit innerhalb des bunten Völkergemischs des Imperiums entscheidend gefördert hatte.

Das Verhältnis von Armee und Provinz   Dieses große Thema forderte Einzeluntersuchungen über das jeweilige Verhältnis von provinzialer Bevölkerung und römischer Armee geradezu heraus. Die Pionierarbeit dazu schrieb LE ROUX [560: L'Armée romaine]. Er maß der Rolle des

Heeres bei der Romanisierung ("provincialisation" nach Roux) der spanischen Provinzen und beim Zusammenwachsen der spanischen Völker und Städte zu einer einheitlichen Kultur (*Hispania*) entscheidendes Gewicht zu: „l'exercitus romain d'Hispania ne fut pas seulement un reflet de l'évolution des forces provinciales: il en fut un élément activ, créateur d'une structure qui puisait sa dynamique á la foi dans l'organisation et dans la société provinciale" [S. 408; kritisch 543: ALFÖLDY, Heeresgeschichte, S. 380ff., 402ff.]. Die Geschichte der Armee „sans gloire des soldats sans la guerre", die seit Vespasian nur noch aus einer Legion sowie fünf Auxiliareinheiten bestand, wird als Teil der Verwaltungs- und Sozialgeschichte interpretiert, was in den letzten Jahrzehnten immer wieder gefordert und auch versucht worden war. Dies nimmt in die Pflicht: Neben den soldatischen Tätigkeiten sind es daher insbesondere die Beteiligung der Truppen an den vielfältigen Aufgaben der Provinzialverwaltung – in Spanien gehörte dazu z. B. die Überwachung der Bergwerke –, die das historische Interesse herausfordern.

Eine sozialgeschichtliche Betrachtung des Militärwesens führt fast notwendig zu den Lebensverhältnissen der entlassenen Soldaten. H. WOLFF [in: 546, S. 44–115] resümierte die Entwicklung der Veteranenprivilegien von der sullanischen Zeit bis Konstantin und fand eine erstaunliche Konstanz der Privilegierungspolitik. Sie befreite die in das Zivilleben zurückgekehrten Soldaten von den Lasten des bürgerlichen Daseins durch das Rechtsprivileg der Immunität und die Abgabenfreiheit. Zu den Nutznießern zählten spätestens seit Nero auch die entlassenen Auxiliar- und Flottensoldaten, die unter Claudius als reguläre Verbände des römischen Heeres anerkannt worden waren (S. 97ff.). Diese Privilegierung war der Lohn für eine jahrzehntelange Existenz als Soldat, dem mehr abgefordert wurde als Kriegs- und Kasernendienst: „Die Truppen waren auf lange Zeit das einzige viele Menschen umfassende Instrument in den Händen der Kaiser, mit dem diese unmittelbar auf das Reich einwirken konnten, und die Kaiser haben ihre Soldaten daher auch in vielfältiger Weise eingesetzt" [H. WOLFF, in: 543, S. 3]. Diese Privilegierungspolitik räumte den Veteranen eine soziale Sonderstellung ein: Seit Septimius Severus gehörten dazu auch strafprozessuale Sonderrechte, durch die sie wie Angehörige der Oberschichten vor entwürdigenden Strafen geschützt wurden (Digesten 49,18,1).

Wenn das Strafrecht die „maßgebliche Struktur des gesellschaftlichen Aufbaus" anzeigt [324: HEUSS, RG, S. 393], so macht diese Regelung endgültig deutlich, wie hoch der Soldat eines Weltreiches steigen konnte. Am Ende griff er nach den Sternen. Die Lebensläufe der Kaiser seit Maximinus Thrax [319: CLAUSS, Die römischen Kaiser] zeigen, was in jenen Jahrzehnten möglich war, als Drachentöter wieder gesucht wurden: Selbst dem Mann von niedrigster Herkunft konnte seine Tapferkeit den Marschallstab in den Tornister legen, und der Griff nach dem kaiserlichen Diadem wurde denkbar und legitim.

Die Privilegierung der Soldaten

8. Die Herrschaft über das Imperium

a. Die Aussagen der Quellen

Die Perspektive der Quellen
Seit Mommsen schreibt die Forschung Reichs- statt Kaisergeschichte, obwohl sie weiß, daß der antiken Überlieferung und dem römischen Bewußtsein diese Vorstellung fremd war. Selbst die von der Monarchie durchgesetzte Verstaatlichung der Provinzialherrschaft, die alle Provinzen erfassenden Gesetze des Kaisers und die Realität eines über das ganze Reich gespannten Beamtenapparates haben keinen römischen Autor verleiten können, die eigene Zeit aus der Sicht des Reichsbewohners zu verstehen: Ausgangs- und Endpunkt des Denkens war und blieb Rom. So schrieb Tacitus eine ehrende Biographie seines Schwiegervaters Agricola [74: TILL], deren Kernthema die Bezwingung Britanniens war, ohne daß darüber Verläßliches gesagt wird: Weder Namen noch Zahlen der unterworfenen Völker, noch Auskünfte über ihr Schicksal oder eine genaue Schilderung der Feldzüge belasten das Aufnahmevermögen des Lesers. Es ging um etwas ganz anderes: Die Zeitgenossen und die Nachwelt sollten vom beispielhaften Leben eines Mannes erfahren, der sich – im Unterschied zum regierenden Kaiser – im Dienst am Staate verzehrt und Leistungen wie vor ihm allenfalls Caesar in Britannien vollbracht hatte [H. NESSELHAUF, in 78: PÖSCHL, Tacitus, S. 208 ff.]. Zu dieser Sicht der Dinge paßt, daß Tacitus in einer Abwägung der Staatsordnungen (Prinzipat/Republik) die Notwendigkeit einer monarchischen Regierung für den Bestand des Reiches zwar erkennt (Tacitus, Historien 2,1), jedoch nicht ausführen will, warum das so ist: Der Zorn und die Trauer über das Versagen des Senats in diesem Punkt überwiegen alles andere.

Die Aussagen zur provinzialen Stadt
Die Schlußfolgerung für die Forschung war zwingend: Der Wert einer derart standortabhängigen Überlieferung wurde gering veranschlagt; statt dessen machte man sich daran, wertungsfreie Quellen (Inschriften, Papyri, archäologische Reste) zu erschließen, die allerdings angesichts ihres lückenhaften Zustandes besondere kombinatorische Fähigkeiten verlangten [wichtige Inschriften mit Übersetzungen bei 29: FREIS, Inschriften, 15: SHERK, The Roman Empire, 52: FLACH, zu den nordafrikanischen Inschriften der kaiserlichen Domänen: CIL VIII, 10570; 14428; 25902; 25943; 26416; zu den Stadtrechten s. Lit.-Verz. 57–61; Quellenüberblick bei 26: LEVICK, Roman Empire]. Einen anderen Weg gab es nicht, da die Menschen der Antike auch ihren engeren städtischen Lebensraum nur selten analysiert und schon gar nicht versucht haben, dessen mögliche Erscheinungsform etwa typologisch – z.B. nach den Kriterien des Gründungsaktes, der ökonomischen Basis, der sozialen Schichtung, des Verhältnisses zum umgebenden Land – zu fassen [so etwa M.I. FINLEY, The Ancient City, in: Comparative Studies in Society and History 19 (1977) S. 305–327]. Niemandem wäre es etwa in der Zeit Hadrians in den Sinn gekommen, über das jedermann Selbstverständliche nachzudenken, losgelöst

von seiner jeweiligen individuellen Erscheinung oder gar vor dem Hintergrund einer theoretisch oder faktisch vorhandenen Alternative.

So war die Urbanisierung als Mittel der Herrschaftssicherung klar erkannt worden (Tacitus, Agricola 21), wurde aber aus mehreren Gründen kein eigenes Thema des Nachdenkens: Die städtische Lebensform war ohnehin die einzige, die man zu akzeptieren bereit war, und Fragen der Herrschafts- und Außenpolitik wurden nicht öffentlich diskutiert. Das einzige Forum, vor dem man dies hätte tun können, war der Senat, und dieser schied aus der Entscheidungsfindung bei fortschreitender Verselbständigung der kaiserlichen Verwaltung aus. Und vor allem: Die Kaiser selbst verfolgten gegenüber dem beherrschten Raum keine Ordnungsvorstellungen, die programmatisch auf Verstädterung festgelegt oder durch die Konsequenz einer lange andauernden Übung von selbst ins Blickfeld gerückt wären. Dazu hätte es wohl einer massiven Herausforderung bedurft, die angesichts der wachsenden Zustimmung aller Provinzen zur Herrschaft des Kaisers nie erfolgte und die auch der geistige Widerstand gegen Rom nicht formulierte [er stammt ohnehin fast ausschließlich aus romischer Feder: Tacitus, Agricola 29: Calgacus-Rede; Annalen 1,59,4f.: zum naturhaft begründeten Widerstand der Barbaren; grundlegend 658: FUCHS, Widerstand, S. 16 ff.].

Die Erfassung der Rechtsform der Herrschaft bedarf einer adäquaten Begrifflichkeit, die man vernünftigerweise zunächst in der antiken Welt selbst gesucht hat. Die Griechen haben dazu erwartungsgemäß wenig beigetragen, aber auch die Römer liefern nur wenige interpretierende Aussagen. Auch dafür kann der Grund nur sein, daß die Bedeutung der provinzialen Städte für den Bestand des Reiches ebensowenig wie ihr Verhältnis zur Reichszentrale ins Blickfeld einer auf Rom fixierten Überlieferung geriet. Erkennbar ist daher zwar das Stufengefüge von untertänigen, verbündeten und freien Staaten; die juristische Gestalt der Herrschaft, die Grenzen zwischen ihren einzelnen Teilen und ihre historische Begründung bleiben seltsam diffus. Begrifflich eindeutig sind die jeweiligen Titulaturen: *colonia* und *municipium* für die Städte römischen und latinischen Rechts, *civitates foederatae, liberae, stipendiariae* für die Städte der Provinzialen. Im zweiten Jahrhundert bürgerte sich der Oberbegriff *civitas* als Bezeichnung aller Städtekategorien ein, d. h. die technischen Begriffe werden durch einen Terminus verdrängt, der auf die jenseits der unterschiedlichen Rechtsformen liegenden Gemeinsamkeiten städtischer Existenz zielt [eine Fallstudie bei 675: WOLFF, Civitas, S. 205 ff.]. Gespiegelt wird in dieser Begriffsgeschichte die nahezu völlige Beseitigung der Intensitätsunterschiede der Herrschaft in den Provinzen [635: NÖRR, Origo, S. 566 ff.]; das Ausmaß und das Ziel einer auf die provinzialen Städte bezogenen Herrschaftspolitik ergeben sich daraus nicht.

Die Folgen für die Forschung sind auch hier unschwer erkennbar: Die Stadt tritt als politische und rechtliche Einheit in Erscheinung, die ihre Selbstverwaltung innerhalb der römischen Herrschaft behält, mit dieser jedoch in einem ständigen Spannungsverhältnis lebt. Anders: Im Rahmen der sich verfestigenden ter-

<small>Die Begrifflichkeit der römischen Quellen</small>

<small>Imperium und Polis</small>

ritorialen Herrschaft Roms scheint sich die ursprünglich autonome Stadt in eine Verwaltungseinheit zu verwandeln, deren rechtliche Eigenständigkeit und deren politisches Selbstbewußtsein Zug um Zug abgebaut werden. NÖRR hat diese vor allem in den griechischen Quellen suggerierte Entwicklung heuristisch in die entgegengesetzten Begriffe „Stadt als Völkerrechtssubjekt" und „Stadt als territorialstaatlich aufgefaßte Verwaltungseinheit" verdichtet, zwischen denen sich die griechische Stadt unter der Herrschaft Roms bewegt habe. Am Ende des Weges stand ihre „Entpolitisierung" zur *civitas* (= „römische" Stadt), ein Vorgang, der zum einen durch die Anerkennung des Kaisertums, zum anderen durch die Ausdehnung des römischen Bürgerrechts, das die Polis ihre Bürger an Kaiser und Reich verlieren ließ, möglich wurde; dieser inneren Metamorphose der Polis entsprachen die Bürokratisierung der Verwaltung des Imperiums und die Schaffung eines weitgehend vereinheitlichten Stadtrechts, das die staatlichen Eingriffe in die städtische Selbstverwaltung regelte und systematisierte [671: NÖRR, Imperium und Polis, S. 6 ff., 115 ff.; in den sozialen Raum verlegt 616: STAHL, Imperiale Herrschaft, S. 13 ff. die Fragestellung Nörrs und konzentriert sich auf den Desintegrationsprozeß der städtischen Aristokratien].

Die Abhängigkeit als Teil städtischer Existenz

Der Normalfall städtischer Existenz in der Antike ist durch das Fehlen von Autonomie gekennzeichnet. Wenn die griechischen Autoren gerne von der Autonomie ihrer Städte sprachen und ihren Verlust beklagten (Plutarch, *Moralia* 814Ef.), so stimmt dies nur für einige wenige auf ihre Tradition stolze Städte. Das Gros war immer von äußeren Mächten (Städte oder Reiche) abhängig gewesen. Nach Bleicken müsse daher künftig eine Stadtgeschichte der Kaiserzeit geschrieben werden, „die nicht von ‚Freiheit' oder ‚Autonomie' als den Konstituanten ihres Seins, sondern gerade von der Abhängigkeit (Bindung) gegenüber der Außenwelt ausgeht, ja die diese äußere Bindung (und nicht die Idee von der Freiheit des politischen Willens) als die Konstituante auch des inneren Verfassungslebens ansieht" [316: BLEICKEN, Vfgs.- und Sozialgesch. II, S. 265]. Die immer wieder gemachte Beobachtung, daß der Strom der Petitionen an den Statthalter (oder Kaiser) nicht die Folge des Kompetenzhungers der römischen Behörden war, sondern der Initiative der Provinzialen selbst entsprang, muß dann weniger als Beweis für das schwindende politische Bewußtsein der städtischen Bürger, sondern vielmehr als das normale Verhalten der Provinzialen gelesen werden. Sie verlangten Rom damit die Rolle ab, die ihrer Auffassung nach von dem Mächtigen billigerweise erwartet werden darf. Denn in einer Welt, die innere Stabilität nur selten aus sich selbst heraus hatte schaffen können, gab erst die Macht eines unangefochten Starken den getroffenen Entscheidungen Autorität und Sicherheit.

b. Die Formen der Herrschaftsausübung

Die Herrschaft Roms ruhte auf drei Säulen. Die erste bildete die Gewalt des Eroberers (militärische Besetzung). Von ihr zeugen die erbarmungslosen Strafexpeditionen gegen Aufständische und große Umsiedlungsaktionen in latent unruhigen Gebieten. Für die Provinzen sprach Plutarch, als er die städtischen Beamten mahnte, stets an den Stiefel des Legionärs über seinem Haupte zu denken [*Moralia* 813E, vgl. 105: JONES, Plutarch, S. 110 ff.]. Die zweite Säule formte sich aus der provinzialen Ordnung (Regiment des Statthalters) und aus den Patronaten der Eliten. Der Kaiser kontrollierte auch diese Formen der Machtausübung entweder als ihre Quelle (oberster Kriegsherr, Inhaber des *imperium* über die kaiserlichen Provinzen) oder kraft seiner politischen und sozialen Übermacht (wirksam in den senatorischen Provinzen und gegenüber den Patronen). Die dritte Säule des römischen Herrschaftssystems waren die Besiegten selbst. Denn die Verwaltung des Reiches ruhte auf Gedeih und Verderb auf der Unterstützung durch die lokalen Behörden der Gemeinden [612: LINTOTT, Imperium Romanum, S. 129–153; 322: GARNSEY/SALLER, Kaiserreich, S. 34–61]. Sie hat sich daher vornehmlich in den östlichen Provinzen den vorgefundenen Gegebenheiten anpassen müssen [dazu die Aufsätze von 651: BOWERSOCK, Studies on the Eastern Roman Empire]. So fordern nicht zufällig die Städte des Ostens und die sie regierenden Notabeln das besondere Interesse der Forschung heraus [ausführlich 615: SARTRE, L'Orient romain; eine zusammenfassende Gesamtdarstellung des römischen Ostens bietet auch 596: MILLAR, The Roman Near East]. Für die Westprovinzen bleiben die Untersuchungen VITTINGHOFFS grundlegend [452: Civitas, 11–249].

Gewalt, Provinzialisierung, Patronat

Auffallend ist die Aspektumkehr der neueren Forschung, die neben den Institutionen die Erfahrungen und Erwartungen von Herr und Untertan thematisiert. Damit rückt die Aufteilung der Herrschaftsausübung in einen amtlichen und einen privaten Bereich in den Vordergrund, werden die Patronagen großer Familien und ihre herrschaftsstabilisierende Funktion deutlicher faßbar und wird am Ende erkennbar, daß die Integration der Provinzialen durch diese persönliche Form einer auf Fürsorge ausgerichteten Herrschaft spürbar gefördert wurde.

Anders geworden waren die Pflichten der provinzialen Untertanen. Gehorchen bedeutete unter Augustus und seinen Nachfolgern nicht mehr wie unter dem Regiment der Republik die Stellung von Geiseln und Hilfstruppen und die Heeresfolge, die Leistung von Treueiden, Geschenke an die Mächtigen, Unterwerfung unter die Forderungen der Steuerpächter und den Richterspruch der Imperiumträger. Die neuen Herren verlangten unscheinbarere Dienste, Leistungen jedes Augenblicks und jeder Art: Steuern, deren Höhe klar geregelt war, Dienstleistungen, Requisitionslasten, Quartier und Unterhalt für die Truppen in den Grenzprovinzen, Gebietswechsel, Gewohnheitsänderungen und – alles

Die Pflichten der Untertanen

übergreifend – Gehorsam, der sich den Pflichten gegenüber einem wohlgeordneten Staat bedingungslos fügt.

<small>Das provinziale Herrschaftssystem</small>

Das provinziale Herrschaftssystem der Kaiserzeit ist hinsichtlich seiner äußeren Organisation (Beamtenkader, Instanzenzüge, zivile und militärische Kompetenzen) nicht zuletzt mit Hilfe der prosopographischen Methode vorzüglich erforscht [zusammenfassend zu den Amtsträgern, den Gegenständen und den Prinzipien der Verwaltung 316: BLEICKEN, Vfgs.- und Sozialgesch. I, S. 125 ff.; 612: LINTOTT, Imperium Romanum, S. 111 ff.; 608: ECK, Verwaltung II, S. 3–145 = 338: CAH XI, S. 195–292; 404: AUSBÜTTEL, Verwaltung; zur Tätigkeit der Statthalter ist grundlegend 610: HAENSCH, Das Statthalterarchiv, mit dem Nachweis, daß jeder Statthalter über ein kontinuierlich benutztes Archiv verfügen konnte, 611: HAENSCH, Capita Provinciarum; zu den Möglichkeiten der Kommunikation 531: KOLB, Transport und Nachrichtentransfer]. Auch die Rechtsprechung von Kaiser und Senat, die auf dem Wege der Appellation – selten auch direkt aufgrund einer *supplicatio* – angerufen werden konnten, ist bearbeitet [405: BLEICKEN, Senatsgericht und Kaisergericht; 717: KUNKEL, Kl. Schrift., S. 90 ff.]. Hingegen fehlt die Geschichte der provinzialen Herrschaftsform. Sie müßte die Motive der Entwicklung der amtlichen Herrschaft, ihre Konkurrenz zu den Formen der indirekten Beherrschung (Klientelkönige), die Stufen ihrer Veränderungen und ihre jeweilige Zielsetzung erfassen; zugleich wäre damit das noch weitgehend unerklärte Phänomen der Romanisierung hinsichtlich der zugrundeliegenden Voraussetzung (Planung oder Assimilation, Druck oder Konsens über die richtigen Lebensformen) und hinsichtlich des Ausmaßes (Stadt – Land, Eliten – Unterschichten) besser zu fassen. J. GAUDEMET, Gouvernés et gouvernants dans le monde grec et romain, in: Receuils de la Societé Jean Bodin XXIII, Brüssel 1968, S. 21–44, orientierte sich an der Frage nach der Herrschaftsteilhabe und typisierte das Beziehungsverhältnis zwischen Rom und den Beherrschten unter dem Begriff der „participation indirecte": Demnach waren die Unterworfenen an der Herrschaft durch „groupements officiels" (die Organe der städtischen Selbstverwaltung, die Korporationen und die in das Reichsregiment aufgestiegenen Führungsschichten) und durch „forces populaires non organisées" (Armee, Kirche, Volksbewegungen) beteiligt.

<small>Die Steuer</small>

Die Nachfolger des Augustus haben das von ihm eingeführte Steuersystem nicht von Grund auf erneuert, sondern sich mit Anpassungen und Sondersteuern in militärischen Krisensituationen begnügt [608: ECK, Verwaltung II, S. 134 ff.; RATHBONE, The Imperial Finances, in: 338 CAH X, S. 309–323; 533: NEESEN, Staatsabgaben; zur Neuordnung durch Diokletian 317: CHRIST, Kaiserzeit, S. 715 ff.]. Wer wieviel an den Kaiser und seine Ortsgemeinde zu bezahlen hatte, regelte über drei Jahrhunderte der Census, der die steuerliche Leistungskraft der Provinz festlegte [606: BRUNT, Roman Imperial Themes, S. 324ff; 531 ff.]. Den Verpflichtungen gegenüber dem Imperium und seiner Gemeinde (*officia* und *munera*) konnte sich der Grundbesitzer nicht entziehen, da der Census seine

Ländereien Scholle für Scholle erfaßt hatte. Besser erging es dem reichen Händler und Bankier: So weiß Apuleius von einem Geldwechsler namens Chryseros zu berichten, der in Lumpen gehüllt durch die Stadt strich, einsam und bescheiden wohnte, tatsächlich aber „auf seinen Goldsäcken saß" und seinen Reichtum erfolgreich verheimlichte (Metamorphosen 4,9,3). Er war gewiß nicht der einzige, der so den Steuerbehörden entging.

Die Einrichtung der Provinz erfolgte durch *leges provinciae*, die als Grundgesetze der Provinz die Rechtsstellung der Städte und ihre Aufgaben regelten. Für ihre Wirksamkeit in der Kaiserzeit spricht die *lex Pompeia* für Bithynien, von der Plinius Einzelheiten überliefert hat [Briefe 10, 79f.; 112f.; 114f.; dazu 157: SHERWIN-WHITE, The Letters of Pliny]. Ihre Fortschreibung übernahmen die Statthalter (*edictum provinciale*) und die kaiserliche Gesetzgebung, die sich an die ganze Provinz oder einzelne Städte richten konnte; die Edikte von Kyrene aus der augusteischen Zeit zeigen zudem, daß der Kaiser auch in die Provinzen des Senats eingriff [Übers.: 29: FREIS, Nr. 28; 39: DE VISSCHER, Les édits d'Auguste; 40: STROUX/WENGER, Die Augustus-Inschrift]. Herr der Provinz war der Statthalter (*proconsul* oder *legatus Augusti*) im strengen Sinne des Wortes: Seine Zuständigkeit und seine Macht waren allumfassend, so daß die Grenzen der Machtausübung allein durch die Interessen der Herrschaftsmacht und durch ihre Fähigkeiten, diese auch in Handlung umzusetzen, gezogen wurden.

Das provinziale Regiment

Die bestehenden sozialen Ordnungen hat Rom grundsätzlich anerkannt, wenn sie auf dem timokratischen Prinzip fußten – was die Regel war – und wenn sie keine politischen Unruhen provozierten – was höchst selten vorkam. Die Forschung definiert dementsprechend einmütig das Herrschaftsinteresse Roms; so etwa VITTINGHOFF: „Das Interesse richtete sich fast ausschließlich auf die Wahrung von Ruhe, Ordnung und Rechtssicherheit in Italien und den Provinzen, auf die Zahlung von Tributen, bestimmten Steuern und Abgaben, die Rekrutierung von Soldaten, auf die Regelung von Konflikten zwischen den Gemeinwesen und die Ausübung der Kapital- und höheren Zivilgerichtsbarkeit" [452: VITTINGHOFF, Civitas, S. 253 ff.]. Aus der Sicht der Unterworfenen hieß dies, daß sie ihre politischen und sozialen Ordnungsfunktionen in diesem Rahmen selbst wahrnahmen und nur von Fall zu Fall für die zentralen Aufgaben des Staates herangezogen wurden, so z. B. für die Umlage und die Eintreibung der Tribute, Sachleistungen und die Versorgung der Truppen. Der Statthalter seinerseits hatte sich ganz auf die Aufrechterhaltung von Ruhe und Ordnung zu konzentrieren, da davon die Regierbarkeit seiner Provinz abhing: Ohne zählbare Truppenkader und ohne bürokratischen Apparat war er verloren, wenn die städtische Selbstverwaltung ins Stolpern geriet. Seine Rolle war denn auch weit mehr die eines Schiedsrichters als die eines ausbeutenden Potentaten: Er schlichtete den Streit der Städte und der Bürger und sorgte für die Autorität und Stabilität verantwortlicher Institutionen, da sie die Arbeit taten, zu denen ihm das Rüstzeug und das Personal fehlten.

Die Herrschaftsinteressen

Die Bedeutung der städtischen Selbstverwaltung

Umfassender, aber in der Sache nicht anders ist die Rolle des Kaisers zu definieren. Seine Interventionen in die städtische Selbstverwaltung dienten nicht der Disziplinierung seiner Untertanen oder ihrer Ausplünderung, sondern der Stabilität des Systems [Die Einzelheiten bei F. DE MARTINO, Storia della costituzione romana IV 2, Rom 1974/5, S. 735 ff.; 671: NÖRR, Imperium und Polis, S. 12 ff.]. Seine besondere Aufmerksamkeit beanspruchten die städtischen Haushalte. In domitianisch-trajanischer Zeit wandten sich die ersten bankrotten italischen Städte an den Kaiser und baten um die Entsendung eines Kurators, der mit der kaiserlichen Autorität im Rücken ihr Haushaltsgebaren auf eine neue solide Grundlage stellen sollte [zur Einführung und zu den Aufgaben des Kurators 621: ECK, Die staatliche Organisation Italiens, S. 190 f., 207 ff.]. Die Institution weitete sich bald auf die Provinzen aus, so daß seit Diokletian für jede Stadt ein Kurator tätig wurde, der im Idealfall das Vertrauen der Stadt und des Kaisers besaß. In dieser Institution ist nicht das reglementierende und kontrollierende Element dominant, sondern die Sorge um das städtische Finanzgebaren als Teil einer Politik, die die Leistungsfähigkeit der städtischen Selbstverwaltung unter allen Umständen erhalten mußte [673: VITTINGHOFF, Stadt und Herrschaft, S. 113 ff.; 608: ECK, Verwaltung II, S. 245 ff., 333 ff.]. Es ist das Grundprinzip der imperialen Herrschaft, und von ihm aus sind alle römischen Entscheidungen zu werten, die immer wieder durch die Finanznot der Städte herausgefordert wurden.

Der Stadtpatronat

Die Unmöglichkeit, mit Hilfe einer flächendeckenden Bürokratie Herrschaft auszuüben, hatte einerseits die Abhängigkeit des imperialen Regiments von der städtischen Selbstverwaltung und andererseits die Aufteilung der Herrschaftsausübung in einen amtlichen und einen privaten Bereich von Anfang an begründet. Bereits die in Italien besiegten Städte und Stämme gelangten in die Klientel großer aristokratischer Häuser, die die ihnen damit zugewachsene Aufgabe der patronalen Fürsorge und Kontrolle als erbliche Verpflichtung auf sich nahmen. Ein anschauliches Bild über das Funktionieren dieser Patronagen und über ihr wichtigstes Ziel gewährt der Schiedsspruch der Minucier in Genua [28: DESSAU, ILS nr. 5946]: Dort regelte der römische Patron schwelende Grenzstreitigkeiten mit den Nachbarn und versöhnte die erhitzten Streithähne in der Stadt, die offenbar drauf und dran waren, wegen einiger Äcker an den Steilhängen der Stadt miteinander in Fehde zu geraten – wie ihre Nachfahren im 11. und 12. Jahrhundert. Damit stand (nur aus einem anderen Grund) auf dem Spiel, was zu wahren auch die Kuratoren von Amts wegen geschworen hatten: die Fähigkeit zum städtischen Selbstregiment. Auch alle anderen Formen des Beistandes, die der Patron seinem Schützling zukommen ließ, finden hier ihren Sinn. Dabei ging es vor allem um die Gewährung von Rechtshilfe und um die Rechtsvertretung in Auseinandersetzungen und Prozessen gegen die Statthalter und die Finanzprokuratoren des Kaisers. Hinzu kam die Förderung und Begünstigung der Städte im weitesten Sinne: Geld- und Lebensmittelspenden, Bauten und Spiele.

Die intensive Erforschung der Stadtpatronagen begann 1957 mit den Büchern von ENGESSER [627] und HARMAND [628], die gestützt auf das Inschriftenmaterial die Erscheinungsform, die Funktion in der Reichsverwaltung und das Verhältnis der Institution zur kaiserlichen Suprematie klärten. Der formale Hergang der Begründung von Stadtpatronaten zeigt, daß die Kooptation eines *patronus civitatis* durch ein *decretum decurionum* erfolgte und an eine Reihe von Bedingungen geknüpft sein konnte [629: NICOLS, Tabulae patronatus, 626: ECK, Wahl von Stadtpatronen]. Die Finanznot der Städte taucht als ständig wiederkehrendes Problem natürlich auch hier auf: Die Stadtväter von Tergeste (Triest) sorgten unter Antoninus Pius dafür, daß ein gewisser L. Fabius, Patron der Stadt, eine Ehreninschrift erhielt; darauf rühmten sie, daß ihr Wohltäter dem Kaiser überzeugend dargelegt hatte, die städtische Aristokratie könne die *munera* nicht mehr leisten und müsse daher die finanzkräftigen Grundbesitzer der attribuierten Stämme in die Pflicht nehmen [28: DESSAU, nr. 6680 II, 383: HEUSS, Ges. Schrift. II, S. 1003 ff.]. Der Patron der Stadt ist hier ebenso erfolgreich wie der Centurio Sex. Aetrius Ferox der legio II Traiana. Dank seiner Stellung als corniculus praefectus vigilum verschaffte er seiner umbrischen Heimat Tuficum eine Straßensteuer und entlastete damit die städtische Kasse [28: DESSAU, ILS nr. 2666a; 621: ECK, Die staatliche Organisation Italiens, S. 78 f.]. Die Kontinuität und die praktische Wirksamkeit dieses Instituts für das Reichsregiment behandelte SALLER [630: Personal Patronage]. Drei Merkmale zeichnen für ihn das Patronat aus: Der gegenseitige Austausch von Waren und Diensten, eine personelle Beziehung von Dauer und ein Verhältnis der Ungleichheit – „a quality which sets patronage off from friendship between equals" (S. 1). Die Bürokratisierung der Reichsverwaltung, betont Saller, habe die Patronagen nicht beschränkt; vielmehr sei die Administration des Imperiums immer auf die personellen Beziehungen zwischen dem römischen Zentrum und den Provinzen angewiesen geblieben, ja der Kaiser habe bewußt die Eliten als Makler seiner eigenen Wohltaten benutzt: „by using senators and *equites* as brokers to distribute his *beneficia* throughout Italy and the empire, the emperor found the mediators needed to bind to himself through a chain of personal bonds numerous municipal aristocrats and provincials with whom he had no personal contact" [S. 75; zusammenfassend SALLER, in 338: CAH XI, S. 817–54]. Fraglos ist die Integration der Provinzialen in das Reichsganze durch diese persönliche Form einer auf Fürsorge ausgerichteten Herrschaft spürbar gefördert worden.

Die Begründung und die Funktion der Stadtpatronate

Alle Reichsbewohner, vom kleinen Mann in der Provinz über den römischen Beamten bis hin zum Kaiser, wurden darüber hinaus in ein enges Netzwerk von Ehren eingespannt. Welche Rolle das Streben nach Ehre (*honor*) und die Vergabe von Ehre als Herrschaftsinstrumente spielten, sucht LENDON [444: Empire of Honour] zu klären. Der Kaiser konnte die größten Auszeichnungen vergeben und als Gegenleistung Loyalität und Dankbarkeit erwarten. Nichts ging ohne Verdienst, und das hieß, daß z. B. die Statthalter der Provinzen von den Städten nur

Das Netzwerk von Ehrungen

dann Ehrungen erwarten durften, wenn sie die einheimischen Würdenträger respektierten und durch noble Gesten gegenüber den Stadtbürgern auffielen. Diese Abhängigkeit des Statthalters und jedes römischen Beamten von der öffentlichen Meinung gab den Provinzialen ein gewisses Maß an Einfluß und Kontrolle [LENDON, S. 196 ff.]. Das Streben nach Ehre und ihr Preis schufen Regeln des Umgangs zwischen Sieger und Besiegten, die dem römischen Herrschaftsanspruch nützten. Der Grundsatz der Wechselseitigkeit durchzieht also das soziale Leben ebenso wie die Herrschaftspraxis. Und dies galt nicht zuletzt auch für den Kaiser: Er mußte stets darauf bedacht sein, den Empfänger durch die Großzügigkeit seiner Gaben unterzuordnen und ihn in unaufhebbarer Dankesschuld dauerhaft zu verpflichten, denn dies war der allgemein anerkannte Erweis seiner Superiorität [478: ROLLER, Constructing Autocracy, Teil 2].

Der Kaiser als oberster Patron

Der Kaiser war und blieb der Patron schlechthin. Aus der Zeit Hadrians sind über 130 Städte bekannt, die direkt von Hadrian *beneficia* erhielten. Vermittelt wurden diese von den munizipalen Eliten, und sie umfaßten alle Aspekte des urbanen Lebens: Tempel, Heroengräber, Bauten, Spiele und Theateraufführungen, Schlichtung von Grenzstreitigkeiten und Steuererleichterungen [M. BOATWRIGHT, Hadrian and the Cities of the Roman Empire, Princeton 2000]. Trotzdem (und zusätzlich) mußte der Kaiser die großen, seiner Macht potentiell gefährlichen Klientelen der römischen Aristokraten in den Provinzen einhegen, ohne der Institution dabei den Garaus zu machen. Er selbst konnte als *pater patriae* und als Schutzherr des ganzen Reiches keine Patronate über einzelne Städte anstreben; dies war denn auch von Augustus seit 2 v. Chr. dadurch exemplarisch vorgeführt worden, daß er auf die Übernahme neuer Patronate verzichtete. Das Problem erledigte sich im Grunde von selbst: Die Monarchie gestattete Koloniegründungen nur noch dem Kaiser und beendete die Zeit selbständiger und selbstherrlicher Heereskommanden. Praktisch führte dies zur politischen Bedeutungslosigkeit der Patronate, da sie keine wesentlichen Quellen der Macht mehr erschließen konnten. Zugleich öffnete sich damit das Tor zu ihrer ungehemmten Wirksamkeit in der Verwaltung des Reiches, da die politische Entmachtung der Institution erst ihre volle organisatorische Effektivität schenkte [627: ENGESSER, S. 10 ff.; 628: HARMAND, S. 155 ff.].

c. Das Gesicht der Städte

Geschichte als Stadtgeschichte

Der antike Mensch, der die Einmaligkeit des Imperiums beschreiben wollte, blickte zuerst auf die Städte: „Wann gab es denn so viele Städte im Binnenland und am Meer, oder wann wurden sie so mit allem ausgerüstet? Wer reiste früher jemals so, daß er die Städte nach Tagen zählte und bisweilen am gleichen Tag zwei oder drei durcheilte wie Straßen einer Stadt?" (Aelius Aristides, Romrede 93). Niemals und niemand, lautete die Antwort des Festredners. Denn während früher Könige und Kaiser über ein leeres Land und feste Burgen herrschten, regierten die

Römer über Städte. Aelius hätte noch hinzufügen können, daß das Gesicht der etwa 2000 Städte, die sich vom Atlantik bis zum Euphrat, von der syrischen Wüste bis an den Rhein dehnten, in seiner Geometrie fast gleichförmig war. Dies gab dem Imperium etwas Zeitloses, sprach von immerwährender Gültigkeit und dem Ende der bisherigen Geschichte von Krieg und Eroberung. Was vor Rom war, hatten die römischen Stadtplaner in den unterworfenen Gebieten des Westens gründlich beseitigt: Der Besiegte brauchte keine eigene Geschichte, hatte er doch eine rosige Zukunft vor sich, in der die Vorstellung von Veränderung gestrichen war.

In Griechenland, an der kleinasiatischen Küste und in Italien, wo das Städtewesen seit Jahrhunderten seine Heimat hatte, war die Zahl der Städte hoch, der Umfang ihrer Landgebiete jedoch gering – sie hatte Aelius vor Augen, als er sein Loblied sang. In allen anderen Provinzen war es umgekehrt: hier lagen die Städte meist weit voneinander entfernt, umringt von Landgebieten, die nur in mehreren Tagesreisen zu überwinden waren. Alle Städte, die in Gallien gegründet wurden und die allein Partner der Reichsorganisation waren, kontrollierten ein Territorium von durchschnittlich 8300 km². GALSTERER [in 673: Stadt und Herrschaft, S. 74 ff.] hat die wichtigsten Probleme, die sich daraus ergaben, unter die Stichworte der rechtlich-administrativen, der wirtschaftlichen und der sozialen Beziehungen zusammengefaßt; Literaturbericht bei R. CHEVALIER, Cité et territoire, in: ANRW II 1, Berlin 1974, S. 649–788.

Stadt und Land

Im Zentrum der Städte standen die Bauten des öffentlichen Lebens: Tempel, Versammlungsplätze (Foren oder Agorai), Markt- und Gerichtsplätze und die Amtsgebäude der städtischen Behörden; in weiterer Entfernung lagen Theater, Amphitheater, Gemeinschaftsbäder (Thermen), Speicher für die Getreideversorgung (Horrea), steinerne Wasserverteiler und Zisternen; alle Straßen waren gepflastert, unterirdisch verlief eine gemauerte Kanalisation. Außerhalb der mit Türmen bewehrten Stadtmauern schlängelten sich über viele Kilometer Wasserleitungen (Aquädukte) in die nächstgelegenen Berge, und entlang der Ausfallstraßen lagen die Gräber, da die Lebenden mit den Toten nichts zu schaffen haben wollten [Vgl. die Überblicke bei 323: GRANT/KITZINGER, Civilisation; 327: MARTIN, Das Alte Rom; zur Urbanisierung der Westprovinzen: TH. LORENZ, Römische Städte, Darmstadt 1987, S. 125 ff.; F. GREW/B. HOBLEY, Roman Urban Topography and the Western Empire, London 1985; zum Luxus in den Städten s. 701: FRIEDLÄNDER, Sittengeschichte II, S. 263 ff.].

Die städtischen Bauten

Zurück in die Stadt. Ihre Wohnviertel teilte ein geradliniges Straßennetz, dessen Häuserblocks die herrschaftlichen Villen der Reichen ebenso wie die mehrstöckigen Wohnhäuser der Armen beherbergten. Gewiß gab es in den großen Städten vornehme und weniger vornehme Stadtteile, eine konsequente Trennung von armen und reichen Wohnvierteln verbot jedoch schon das Grundgesetz der sozialen Ordnung, das den kleinen Mann zum Diener des großen und den großen Mann zum Fürsprecher des kleinen bestimmte und damit beiden die räumliche Nähe geradezu aufzwang. Beide genossen auf ihre Weise die Künste einer immer

Städtische Lebensart

weiter verfeinerten Lebenskultur. Was sie ihren Schöpfern alles zu bieten hatte, beschreibt Seneca sehr genau – auch wenn sein stoisches Herz davon nicht allzu erbaut sein durfte: „Erst in unseren Tagen gibt es Dinge wie etwa Fenster, die helles Tageslicht durch durchsichtige Scheiben einlassen, oder wie in den Bädern die Hohlfußböden und das eingebaute Röhrennetz, das die Wärme verteilt und Decken und Böden gleichmäßig erwärmt. Nicht zu reden von den Marmorflächen, die Tempel und Häuser glänzen lassen, und von den riesigen runden, polierten Steinsäulen, die wir Hallen und Dachgeschosse tragen lassen" (Briefe 14,90,25; vgl. Strabon 5,3,8 ff.).

Die Wasserversorgung

Eine Welt, die so ungeniert auf ihre Zivilisation stolz war, verlangte viel von ihren Technikern. „Ihr habt den ganzen Erdkreis vermessen", staunte Aelius, „Flüsse überspannt mit Brücken verschiedener Art, Berge durchstochen, um Fahrwege anzulegen, in menschenleeren Gegenden Poststationen eingerichtet und überall eine kultivierte und geordnete Lebensweise eingeführt." Zu ihr gehörte Wasser in Hülle und Fülle. Wasser, das zahllose Brunnen entlang der Straßen füllte, die jedermann mit dem nötigen Trinkwasser versorgten; in Rom hatte unter Augustus sein Paladin Agrippa allein 700 Schöpfbrunnen (*lacus*) und 500 Laufbrunnen (*salientes*) anlegen lassen, verziert mit hunderten von Statuen und Marmorsäulen (Plinius, Naturgeschichte 36,121). Wasser, das unterirdisch durch gemauerte Kanäle floß, die das anfallende Abwasser abführten und die Kloaken reinigten. Wasser schließlich, das in die heißen und kalten Bassins klimatisierter Thermen schoß, die bis dahin nie gekannte Genüsse versprachen. In die Städte brachten es Wasserleitungen, die sich über viele Kilometer hinweg in die nahen Berge schlängelten. Nach Rom führten elf davon, die zwischen 17 und 90 km lang waren; aus der Eifel floß das Wasser nach Köln über 73 km, und in Nordafrika brauchte es über den Zaghouan-Aquädukt 132 km, um in Karthago anzukommen [541: SCHNEIDER, Die Gaben des Prometheus, S. 283 ff.]. Dort und anderswo war Wassermangel ein Wort aus ferner Vergangenheit: Das kleinasiatische Pergamon bot jedermann 160 Liter pro Tag, während es im moselländischen Trier bis zu 1000 Liter waren.

Die politische Dimension

Die Aquädukte, schrieb der von der Allmacht des ewigen Rom tief geprägte Frontin, müßten aufs sorgfältigste gepflegt werden, seien sie doch „ein besonderes Zeichen für die Größe des römischen Imperiums." Frontin wußte, wovon er sprach. Er zählte zum engsten Kreis der politischen Führung des Imperiums, war 97 n. Chr. zum Kurator für die Wasserversorgung der Hauptstadt ernannt worden und hatte die damit verbundenen Aufgaben in einer eigenen Schrift penibel verzeichnet (*De aquaeductu urbis Romae*). Das Amtsverständnis, das ihm die Feder führte, unterstrich, was herrschende Lehre seit Augustus und die Triebfeder der römischen Baukunst waren: Universale Macht verlangt nach monumentaler Repräsentation, und dem Monarchen oblag es, Rom und die Städte des Reiches so mit öffentlichen Bauten zu schmücken, daß die Würde des Reiches (*maiestas imperii*) zu leuchten begann [K. CHRIST, Sextus Iulius Frontinus, in: 317: DERS., Von Caesar zu Konstantin, S. 115–125]. So spiegelte sich der Herrschaftswille einer Weltmacht im Marmor der kaiserlichen Hauptstadt ebenso wie in den gewaltigen Bögen der Wasserleitungen oder den riesigen Hallen der Thermen.

Grundlegende Arbeiten über die Wassserversorgung schrieb ECK [608: Verwaltung I, S. 161–280; s. auch 542: Wasserversorgung im antiken Rom; zur Stadt Rom: CHR. BRUUN, The Water Supply of Ancient Rome, Helsinki 1991; eine wichtige Fallstudie bei W. HABERMANN, Zur Wasserverteilung einer Metropole im kaiserzeitlichen Ägypten, München 2000]. Das wichtigste Kennzeichen des urbanen Lebensstils waren die Thermen. Ihre riesigen Bauwerke, „Kathedralen des Fleisches", bildeten die Brennpunkte des gesellschaftlichen Lebens [vgl. E. BRÖDNER, Die römischen Thermen und das antike Badewesen, Darmstadt 1983; zur Hauptstadt 677: KOLB, Rom, S. 568 ff.]. Aber sie kosteten Unsummen, belasteten die städtischen Haushalte über Gebühr und zwangen die spendablen Herren der Stadt bzw. den Kaiser zu immer nobleren Zuschüssen. Die unausweichliche Folge war, daß seit etwa der Mitte des 2. Jahrhunderts für alle großen Bauten wie Wasserleitungen, Gymnasien und Stadtmauern Baugenehmigungen nur noch erteilt wurden, wenn der Kaiser oder zumindest der Statthalter zugestimmt hatten (Digesten 1,16,7,1; Plinius, Briefe 10,23 u.ö.).

Im Westen des Mittelmeeres und in Mitteleuropa mußte alles dies neu geschaffen werden. Durch direkte Eingriffe – Gründung von Kolonien und Verleihung von Stadtrechten – sowie durch indirekte Förderung richtete Rom auch dort die Stadt als lokale Selbstverwaltungseinheit und zentralen Lebensraum der einheimischen Bevölkerung ein [eine vorzügliche Einzelstudie über die Geschichte des römischen Trier schrieb H. HEINEN, Trier und das Treverland in römischer Zeit, Trier 1985]. Tacitus hatte den zivilisatorischen Fortschritt, den Rom in die entlegensten Winkel seines Provinzialreiches trug, grimmig belächelt: Er charakterisierte die im römischen Britannien wachsenden Säulenhallen und Bäder sowie das zunehmende Vergnügen an erlesenen Gelagen als Teil der römischen Unterdrückungspolitik, die die ahnungslosen Unterworfenen auch noch lauthals als Lebenskultur priesen (Tacitus, Agricola 21,3). Nur wenige Leser werden ihm bei dieser Einschätzung gefolgt sein. Selbst und gerade im fernen Britannien verstand man die Sprache eines römischen Grabsteins besser und sah darin auch die eigene Welt gespiegelt: „Bäder, Wein und die Liebe zerstören uns, aber sie machen das Leben aus: Bäder, Wein und die Liebe" [CIL VI 15258].

d. Die Binnenstruktur des Reiches

Das Grundprinzip der imperialen Herrschaft Roms war die Selbstregierung der Städte, die darüber hinaus ihre (z. T. sehr großräumigen) Territorien beherrschten, deren Boden und deren Bewohner rechtlich Teil der Stadt waren. In den Provinzen des Westens sind nahezu alle Städte entweder von Rom gegründet worden oder sie erhielten von dort ihre politische Verfassung. In den Provinzen des Ostens tat Rom alles, um den Willen zur Eigenständigkeit in der Polis zu erhalten und ihre Ausbreitung in den Grenzprovinzen zu fördern. Diese fundamentale Bedeutung der Stadt hat seit dem 19. Jahrhundert ihre kontinuierliche Erforschung bewirkt, so daß inzwischen eine Reihe von Gesamtdarstellungen vorliegt [grundlegend bleibt 299: WEBER, Die Stadt, mit dem Kommentar von W. NIPPEL; 668: JONES, The Cities; VITTINGHOFF, Die kaiserzeitliche Stadt, in 452: Civitas, S. 11–249; 664: DAHLHEIM, Wiege Europas]. Neben den sozialgeschichtlichen Fragen nach den städtischen Lebensformen behandelt die Forschung drei Problemkreise, die die Bedeutung der Stadt im Rahmen des Herrschaftsverbandes klären: Die Stadtgründungen und die Rechtsform der Städte, das Verhältnis der Stadt zu ihrem Umland und die Belastungen der Städte durch Tribute und *munera*, die im ursächlichen Zusammenhang mit der Frage nach der Regierungsfähigkeit der städtischen Notabeln erörtert werden.

Die Stadtgründungen

Die Gründung von Städten erfolgte durch die Anlage von Kolonien, durch die Vergabe des Munizipalstatus an um Rom verdiente Gemeinden der Unterworfenen und durch von Rom künstlich geschaffene peregrine Städte, in denen die lokalen Machthaber mit Gewalt oder Versprechungen angesiedelt und zur Regierungsverantwortung gezwungen wurden [das in 60 *civitates* aufgeteilte Gallien ist das geschichtswirksamste Beispiel dafür: 676: WOLFF, Kriterien]. Einen besonderen Rang in der Forschung beanspruchen die Arbeiten von VITTINGHOFF, der 1951 die Kolonisation unter Caesar und Augustus behandelte [639], in den folgenden Jahrzehnten die Urbanisierungspolitik in den Westprovinzen und an der Rhein- und Donaugrenze verfolgte oder von seinen Schülern bearbeiten ließ [452: VITTINGHOFF, Civitas, 675: WOLFF, Civitas, 666: GALSTERER, Untersuchungen] und schließlich versuchte, die antike Urbanisierung kategorial zu erfassen, um sie mit anderen Phänomenen dieser Art vergleichbar zu machen [vgl. auch M.I. FINLEY, Colonies – an Attempt at a Typology, in: Transactions of the Royal Historical Society, 5. Ser. 26, 1976, S. 167–188].

Die kommunalen Organisationsformen

Die innere Ordnung vieler Städte im Westen regelten von Rom erlassene Statute. Einige von ihnen sind in zum Teil umfänglichen Bruchstücken erhalten. Sie beziehen sich auf spanische Stadtgemeinden römischen oder latinischen Rechts. Dazu zählen Urso, im Tal des heutigen Guadalquivir 44 v. Chr. als römische Kolonie eingerichtet, Salpensa, gelegen in der heutigen Provinz Sevilla und von Domitian mit dem Stadtrecht ausgezeichnet, und Malaca (Malaga) [alle Inschriften bei 28: DESSAU, ILS nr. 6087/89 und 29: FREIS, nr. 42, 59 und 60; grundlegend zu Malaca TH. MOMMSEN, in: Ges. Schriften I, Berlin 1905, S. 267–382; eine eindringliche Interpretation aus juristischer Sicht bei 61: SPITZL]. Alle diese Statute sind typisch für römische Gesetzestexte dieser Art; sie regeln jedes Detail des öffentlichen Lebens, so in Malaca die Durchführung der städtischen Wahlen (Kandidatenvorschlag, Wahlmodalitäten, Stimmabgabe, Amtseide, Kautionshinterlegung durch die Gewählten zur Sicherung des Gemeindevermögens während der Amtszeit), die Verleihung des Patronats [vgl. dazu 28: DESSAU, ILS nr. 6780 = 31: SCHUMACHER, nr. 160], das Verbot des Gebäudeabrisses ohne Zustimmung der Dekurionen, sowie privatrechtliche Angelegenheiten.

Malaca erhielt wie viele andere Städte in den Jahren 81–83 ein neues Stadtrecht, nachdem Vespasian den spanischen Provinzen das latinische Recht verliehen hatte. Wahrscheinlich hatten vom Kaiser eingesetzte Delegationen alle betroffenen Gemeinden bereist und dort unter Berücksichtigung der jeweiligen lokalen Besonderheiten die neuen Stadtverfassungen ausgearbeitet, die sich an einem vorgefertigten Modell orientierten [dazu 666: GALSTERER, Untersuchungen, S. 44 ff.]. Sie alle unterscheiden sich nur in Details. Dies bestätigen die in Südspanien gemachten Neufunde. Unter ihnen ragt das Stadtgesetz des bislang unbekannten *municipium Flavium Irnitanum* heraus, das sich bis auf den Anfang und zwei kleinere Partien zur Gänze rekonstruieren ließ [58: GONZALES; eine umfassende Edition und Kommentierung legte 60: LAMBERTI vor; dazu H. GALSTERER, in: ZSavStift. R.A. 114 (1997) S. 392–401]. Es informiert über die Aufgaben und Rechte der Magistrate und Dekurionen, die Modalitäten beim Erwerb des römischen Bürgerrechts, die Formen der Freilassungen, über Gesandtschaften, fiskalische Regelungen, Probleme der öffentlichen Ordnung und die Jurisdiktion. Auch dieses Gesetz bestätigt, was MOMMSEN (s. o.) bereits annahm: Die Gemeindeordnungen der latinischen Munizipien waren – zumindest in Spanien – aus gutem Grund weitgehend identisch. Ihre Anpassung an die Institutionen des römischen Rechts entsprach den Interessen der einst Besiegten, die nun ihre eigene Tradition dem großen römischen Vorbild ohne Bedauern opferten.

Erhaltene Stadtrechte

e. Die strukturelle Labilität des städtischen Eigenlebens

Die römische Welt ist in ihrer wirtschaftlichen Produktion im wesentlichen agrarisch gewesen. Im Gegensatz dazu war die politische, religiöse und soziale Ordnung städtisch, und der Einzelne bestimmte seinen Status als Bürger (*civis*) in der Stadt. Die politische Macht und das Vermögen konzentrierten sich dort und hatten sich längst von der agrarischen Urproduktion gelöst. Die politisch tonangebenden Schichten waren Grundrentner geworden, und das Gros der Klein- und Mittelbauern und der Pächter blieb von der Teilhabe an der politischen und sozialen Macht ausgeschlossen. ROSTOVTZEFF hat der von den Städten beherrschten ländlichen Bevölkerung die Fähigkeit zugetraut, gemeinsam mit ihren in der Armee mächtig gewordenen Söhnen im 3. Jahrhundert die aristokratischen Eliten herausgefordert und letztlich ihren Untergang betrieben zu haben [447: Gesellschaft und Wirtschaft II, S. 106 ff.]. Anders: das ausgebeutete Land hätte an der parasitären Stadt furchtbare Rache geübt. Dazu ist oft gesagt worden, daß die revolutionären russischen Bauern dem Emigranten Rostovtzeff den Weg zu dieser Interpretation gewiesen haben. Trotzdem: solche den Erfahrungen der eigenen Zeit abgerungenen Erkenntnisse führen durchaus zu tiefen

Die ländliche Bevölkerung und die Stadt

Einsichten. So sind die Prämissen Rostovtzeffs ernst zu nehmen. Erstens hat er zu Recht eine Verschärfung der sozialen Gegensätze seit dem beginnenden 2. Jahrhundert beobachtet [vgl. 445: MacMullen, Social Relations, S. 88 ff.], die die städtischen Eliten näher an Rom heranrücken ließen, von dem sie die Garantie der bestehenden sozialen Ordnung (notfalls mit dem Schwert) erwarteten. Damit verlagerte sich die Herrschaft des römischen Siegers in den sozialen Bereich, nachdem Rom den städtischen Eliten sein Bürgerrecht gewährt hatte [103: Bleicken, Aelius Aristides, S. 947 ff.; 616: Stahl, Imperiale Herrschaft, S. 137 ff.]. Zweitens gerieten die städtischen Eliten seit dem Ende des 2. Jahrhunderts in eine Krise, die ihre Regierungsfähigkeit über ihre Städte und das Umland und damit den Bestand der römischen Herrschaft in Frage zu stellen begann. Die auslösenden Faktoren sind vielschichtig; deutlich zutage liegen die außenpolitischen Niederlagen, die Bürgerkriege, Inflation, Pest und der wachsende Steuerdruck des um sein Überleben kämpfenden Reiches [Galsterer, in 673: Stadt und Herrschaft, S. 101 ff.; 491: Garnsey, Aspects, S. 229 ff.]. Die Folge war das langsame Abdriften des flachen Landes aus der Herrschaft der Städte – ein Prozeß, den Rom, das durch seine Urbanisierungspolitik das städtische Leben zur einzig anerkannten Daseinsform gemacht hatte, nicht verhindern konnte [447: Rostovtzeff, II, S. 89 ff.].

Die Bindung der Eliten an ihre Städte

Die Bindung der adligen Herren an ihre Städte und damit die Chance, weite Bereiche der städtischen Existenz zu verstaatlichen, war keineswegs ein Vorgang, dem per se Dauer beschieden sein mußte. Nach wie vor lag ihr Reichtum in Gestalt ihrer Äcker weit vor den Toren der Stadt, und ihre Ideale entsprachen denen ihrer mittelalterlichen Nachfahren weit mehr als denen eines Staatsbeamten des frühneuzeitlichen Fürstenstaates. Wie jene waren auch sie latent bereit, ihre Städte zu Turnierfeldern der Macht zu machen, von denen in Genua, Bologna, Siena und anderswo die Geschlechtertürme zeugen; im Imperium Romanum wurden derartige Kämpfe in den zivilisierten Formen von Prozessen vor dem Richterstuhl des Statthalters oder des Kaisers ausgetragen: die starke Hand des römischen Herrn duldete keine privaten Fehden [Beispiele bei 666: Galsterer, S. 86 f.; 106: Jones, Dio Chrysostom, S. 95 ff.]. Alles dies hing davon ab, ob das Gleichgewicht zwischen dem politischen und finanziellen Aufwand der Eliten und dem als Gegenleistung gewährten öffentlichen Ansehen erhalten blieb. Gefährdet wurde es durch zwei Eingriffe der Reichsverwaltung, die ganz unterschiedliche Ziele verfolgten: Zum einen eröffnete die Möglichkeit des Aufstiegs in die Führungspositionen des Reiches für viele städtische Notabeln neue, glanzvollere Perspektiven, zum anderen stiegen die Lasten für Stadt und Reich, so daß viele es vorzogen, auf ihren Gütern zu leben, bevor sie an den Bettelstab kamen. Diese Lasten – Steuergarantie für Rom und die *munera* für die Heimat und das Reich – sind in der Forschung breit vorgestellt und immer auf die Krise der städtischen Aristokratien bezogen worden: 492: Langhammer, Die rechtliche und soziale Stellung, S. 245 ff.; 321: Neesen, Staatsabgaben, S. 203 ff.; 440: Eck,

Studien, S. 283 ff., 313 ff. (zu den jährlichen Gesandschaften der Städte an den Kaiser und an den Statthalter, die als Teil der kontinuierlich geforderten Loyalitätsbekundungen erwartet wurden); ST. MITCHELL, JRS 66 (1976) S. 106 ff. (zu Quartier, Verpflegung und Transport der im staatlichen Auftrag reisenden Personen); C. DREROLL, Die Liturgien im Römischen Kaiserreich des 3. und 4. Jh. n. Chr., Stuttgart 1997 (mit einer Fallstudie zu Ägypten).

Da diese Leistungen für die Städte lebensnotwendig waren, sah sich der Kaiser früh genötigt, feste gesetzliche Regelungen zu treffen, die seit Vespasian Hand in Hand mit einer bestimmten Privilegierungspraxis stetig ausgebaut wurden. Die im 50. Buch der Digesten erhaltenen Bestimmungen zeigen, daß die Verpflichtung zu den *munera* der Normalfall war und die Gesetze bemüht waren, den Zwang zu begrenzen [452: VITTINGHOFF, Civitas, S. 218 ff.]. Das Ausmaß der Privilegierung ist allerdings ebensowenig klar einzugrenzen wie eventuelle lokale Unterschiede; sicher scheint nur, daß das Ungleichgewicht der Aufgaben der Städte gegenüber dem Reich durch die ad personam verliehenen Immunitäten gesteigert wurde [472: CHARBONNEL, Les „munera publica", S. 139 ff.]. Die munera-Gesetzgebung des Kaisers

Die politischen und sozialen Gegensätze zwischen arm und reich, angesehen und verachtet, berühmt und ehrlos, ohnehin scharf und bitter, verschärften sich mit fortschreitender Zeit. So steht so manche Untersuchung zur Sozialstruktur im Banne der Dichotomie *humiliores/honestiores*, die die römischen Juristen für das Strafrecht festlegten. Die Beobachtung, daß der Masse der plebs ("Unterschicht") eine sich abkapselnde „Oberschicht" gegenübersteht, schien zu deutlich in den juristischen Kategorien ihre Entsprechung gefunden zu haben [445: MACMULLEN, Social Relations, S. 88 ff.; zu der Aussage der Rechtsquellen 441: GARNSEY, Social Status, S. 221 ff.]. Die methodischen Bedenken melden sich jedoch unüberhörbar: Der spezifische Charakter der herangezogenen Quellenmasse ebenso wie der Gegenstand des juristischen Interesses darf bei der Auswertung nicht vernachlässigt werden, und das heißt hier: Rechtliche Unterscheidungsmerkmale taugen nicht unbesehen als Kategorien sozialer Klassifizierungen. Im einzelnen: Die Juristen unterschieden zwischen *humiliores* und *honestiores*, um Strafkataloge aufstellen zu können, die für Senatoren, Ritter, Dekurionen und Veteranen bei gleichen Vergehen mildere Strafen als für alle anderen Bürger festlegen [TH. MOMMSEN, Röm. Strafrecht, 1899, S. 1031 ff.; D. LIEBS, Privilegien und Ständezwang, RIDA 24 (1977) S. 304 ff.]. Die rechtliche Qualifizierung will also nicht die bestehende soziale Konstellation juristisch faßbar machen, sondern sie trennt zwischen um den Staat bewährten und nicht (oder weniger) bewährten Personen. Das Strafrecht spiegelt damit nur den die kaiserliche Gesellschaftspolitik bestimmenden Grundsatz, alle um den Staat verdienten Funktionsträger besonders auszuzeichnen [grundlegend 477: RILINGER, Zu einer sozialen Dichotomie]. Die Dichotomie humiliores/honestiores

Ganz anders steht es um den Begriff der *potentiores*. Auch er ist ein Terminus der Rechtsquellen. Trotzdem hat er als soziale Kategorie zu gelten. WACKE [480: Die Die potentiores

„potentiores"] konnte dies verdeutlichen, indem er zunächst die Intention überprüfte, mit der die römischen Juristen das hinter dem Begriff liegende Problem verfolgten: Sprachen sie bei den *honestiores* von strafrechtlichen Privilegien, so hier von der Abwehr mißbräuchlicher Macht, die sich gegen den sozial Schwachen richtete oder die Durchführung staatlicher Hoheitsakte verhinderte. Als Inhaber einer derartigen Machtfülle waren schon immer die Besitzer der großen Landgüter identifiziert worden, die innerhalb ihrer Herrschaftsbereiche nahezu souverän über Mensch und Besitz regierten [L. MITTEIS, in: Mélanges P.F. GIRARD II, Paris 1912, S. 226 sprach von „Trutzburgen des Faustrechts von tatsächlicher und teilweise auch rechtlicher Exterritorialität"]. Außerhalb ihrer Güter setzten sie seit der Mitte des 3. Jahrhunderts die ihnen zugänglichen Ämter sowie ihre ökonomische Macht zur Wahrung ihrer eigenen Interessen ein und arrondierten ihre Güter notfalls durch Betrug und Mord [Cyprian, *de lapsis* 6; *ad Donatum* 12; zur Verwicklung christlicher Bischöfe in solche Geschäfte 846: Eck, Christen im höheren Reichsdienst, S. 456 ff.]. Sie trotzten dabei mehr und mehr dem staatlichen Machtanspruch. Sie konnten es, weil sich zu allen Zeiten und in allen Provinzen die Mittel der ökonomischen Erpressung, des gerichtlichen Drucks und der offenen Gewaltanwendung bewährt hatten, um den Besitz der Mächtigen zu mehren. Selbst der Kaiser machte keine Ausnahme, wenn es um seine Domänen ging [384: MILLAR, The Emperor, S. 153 ff.; J. GAUDEMET, Les abus des „potentes" au Bas-Empire, in: Études de droit romain III, 1979, S. 433 ff.]. Seit dem 3. Jahrhundert verlieh die fortschreitende Konzentration des Grundbesitzes diesen Praktiken die Dimension, die ausreichte, die staatliche Autorität des Kaisers und der Gesetze zu erschüttern. Dies kennzeichnet die andere Seite des Zerfalls der Regierungsfähigkeit und des Regierungswillens der städtischen Eliten.

f. Die Bürgerrechtspolitik

Ihre Bedeutung   Die seit Montesquieu und Gibbon für die Forschung zentrale Frage nach den Gründen der Stabilität und der Konstanz der imperialen Herrschaft ist von den Römern selbst gestellt worden. Kaiser Claudius fand die Antwort in der römischen Bürgerrechtspolitik, die – so der Kaiser im Senat vor einem sachkundigen Publikum – bewirkt habe, „daß nicht nur einzelne von Fall zu Fall, sondern ganze Länder und Völker im römischen Bürgerrecht zu einer Einheit zusammenwuchsen" [Tacitus, Annalen 11,24; zum inschriftlich erhaltenen Senatsbeschluß 28: DESSAU, ILS nr. 212; 452: VITTINGHOFF, Civitas, S. 299–321; übertrieben, aber im Grundsatz richtig ist die Aussage des Claudius nach 402: TALBERT, Senate, S. 31; zu den Anfängen unter Augustus 483: SCHÄFER, Die Einbeziehung der Provinzialen]. Die Erklärung des Kaisers enthüllt den Faktor, der der Herrschaft Roms ihre Tragfähigkeit innerhalb und ihre Verteidigungsmöglichkeit außerhalb des Imperiums gab: Die Assimilation und die Integration der Eliten der Besiegten.

8. Die Herrschaft über das Imperium 251

Die moderne Forschung hat sich die kaiserliche Auffassung zu eigen gemacht [grundlegend 638: SHERWIN-WHITE, The Roman Citizenship]. Mit Caesar und Augustus gewann die Vergabepraxis eine neue Qualität, da sie nunmehr auch von dem Wunsch bestimmt wurde, den Kreis der Anhängerschaft so zu erweitern, daß die auf diesem Weg gegründeten persönlichen Gefolgschaften alle anderen weit übertreffen [639: VITTINGHOFF, Kolonisation, S. 51 ff.; 135 ff.]. Unverändert blieb das Kernziel dieser Politik: Um Rom verdiente Familien sollten belohnt und fest an das Reich gebunden werden, das ihnen mit dem Bürgerrecht den Schlüssel zu einer großen Karriere als Angehörige des Reichsadels in die Hand gab. Dieses Motiv leitete Mark Aurel, als er im Jahre 177 führenden Angehörgen des nordafrikanischen Wüstenstammes der Zegrenser die Zivität verlieh [so die Tafel von Banasa, AE 1971, nr. 534; Übers. bei 29: FREIS, S. 186 ff., 326: KÖNIG, Der römische Staat II, S. 439 ff.; dazu 54: SHERWIN-WHITE, The Tabula of Banasa, 640: WOLFF, Constitutio, S. 86 ff., 317: CHRIST, Kaiserzeit, S. 460 f.]. Auch der Effekt dieser Politik ist nicht zweifelhaft: „Die Römer ersparen sich eine Besatzung in den Städten durch die Verleihung des Bürgerrechts an die *honestiores*, die als *cives Romani* selbst ein Interesse daran haben, daß die Stadt treu zu Rom steht" [635: NÖRR, Origo, S. 587; 452: VITTINGHOFF, Civitas, S. 253 ff. mit dem Hinweis, daß im Westen in den Gemeinden latinischen Rechts seit Hadrian alle Notabeln *cives Romani* sind]. Und nicht zuletzt: Rom erhält die Führungskader, die es braucht, um das Reich zu regieren.

Die Ziele

Im Jahre 212 machte die *Constitutio Antoniniana* Caracallas alle Reichsbewohner zu römischen Bürgern – ein Vorgang, der hinsichtlich seiner Gründe und seines Ausmaßes in der Forschung heftig umstritten ist. Die Schwierigkeiten beginnen bei der Quellenlage: Es existieren nur zwei direkte Bemerkungen zur Constitutio aus der Feder des Cassius Dio (7,9,5) und des Juristen Ulpian [Digesten 1,5,17; die Quellen bei 326: KÖNIG, Der römische Staat II, S. 444 ff.; 317: CHRIST, Kaiserzeit, S. 461 f.]. Alle anderen literarischen Zeugnisse enthalten nur Verweise auf die Regelung und besagen für das Edikt Caracallas nichts. Im Jahre 1912 wurde eine verstümmelte Papyruskolumne, der sogenannte Papyrus Giss. 40 I, gefunden (FIRA I 88), in der man die *Constitutio* entdeckt zu haben glaubte. Die mit diesem Fund entfachten Kontroversen – vervielfältigt durch eine fast unerschöpfliche Fülle von Ergänzungsmöglichkeiten – konzentrierten die Frage auf das Problem des Umfangs der Verleihungen und auf das Verhältnis des Reichsrechts zu den verschiedenen Volksrechten. Innerhalb dieses Problems beanspruchte das Rätsel der „*dediticii*" die besten Kräfte: Verbarg sich hinter diesem in der bruchstückhaft erhaltenen Zeile 9 des Papyrus auftauchenden Begriff eine eigene Rechtsgruppe, die von der Bürgerrechtsverleihung ausgeschlossen wurde, und – wenn ja – welcher Personenkreis war damit gemeint? 1926 erklärte ELIAS BICKERMANN das Nachdenken darüber für müßig, da von einer Identität von Papryrus und *Constitutio* nicht ausgegangen werden dürfe; vielmehr gehe aus den literarischen Quellen deutlich hervor, daß Caracalla das Bürgerrecht

Die Constitutio Antoniniana

an alle freien Reichsbewohner verliehen habe [E. BICKERMANN, Das Edikt des Kaisers Caracalla in P. Giss. 40, Diss. Berlin 1926]. WOLFF [640: Constitutio] folgte Bickermann und stellte den Erkenntniswert des Papyrus überhaupt in Frage. Tatsächlich habe Caracalla eine allgemeine Verleihung des Bürgerrechts vorgenommen, und Aufgabe der Forschung sei es, die politische Bedeutung dieses Vorganges zu klären, wozu die Gesamtentwicklung der römischen Bürgerrechtspolitik herangezogen werden müsse.

Die integrative Funktion der Bürgerrechtspolitik

Die Forschung kehrte damit zum Kernproblem des Kaisers Claudius zurück und konzentrierte sich auf den Zusammenhang, der zwischen der Bürgerrechtspolitik und der Konstanz des Imperiums besteht [resümierend BRUNT, Romanization of the Local Ruling Classes, in 606: Roman Imperial Themes, S. 267–281, 515–517; TIMPE, in 285: Latein und Europa, S. 58 f.; DAHLHEIM, in 673: Stadt und Herrschaft, S. 63 ff.]. Dabei wird deutlich, daß die Politik der Provinzialisierung die Erweiterung des imperialen Bürgerrechts zur einzigen Möglichkeit erhoben hatte, um das Maß an Zustimmung der Beherrschten zu Rom zu erreichen, das die militärische Ungleichheit zwischen Eroberer und Eroberten auslöschen konnte. Das Mißverhältnis der Zahl zwischen Römern und den besiegten Völkern, die Weite des beherrschten Raumes, die Heterogenität der Unterworfenen und die Unausgeprägtheit des Herrschaftssystems ließen eine andere Lösung als die Integration und Assimilation der Eliten der Provinzialen nicht zu. Dazu gehörte, daß diese das Angebot Roms bereitwillig annahmen und damit ihre Integration in die römische Welt höher als das starre Festhalten an einer Zukunft des eigenen Stammes oder der eigenen Stadt gewichteten, die nur um den Preis des Widerstandes gegen den Eroberer durchzusetzen gewesen wäre. Die Einsichten in diese Zusammenhänge sind durch die Auflösung der europäischen Kolonialreiche geprägt worden, so daß der historische Vergleich hier besonders gefordert ist. Forschungsansätze dazu gibt es kaum, oder sie werden durch die gern behandelte Frage, ob man den Begriff „Imperialismus" auf Rom anwenden könne oder nicht, eher verschüttet als gefördert. Trotzdem gibt es Lesenswertes: J. HATSCHEK [Britisches und römisches Weltreich, 1921], R. SYME [Colonial Elites. Rome, Spain and the Americas, 1958], der die Politik Spaniens in seinen überseeischen Besitzungen mit der römischen Politik in Spanien konfrontiert, und P. BENDER [Das Amerikanische und das Römische Imperium, ein Vergleich, in: Merkur 617/8 (2000) S. 890–900], der Interessen und Herrschaftsmethoden beider Weltmächte vergleicht.

9. Die Legitimation des Reiches

a. Die römische Außenpolitik

Rom hat bis Mark Aurel zur Behauptung seines Reiches keine besonderen Grundzüge
Energien entfalten müssen, denn nach den Eroberungen des Augustus war es
umgeben von einer Welt, in der es keinen Zusammenhalt gab und in der sich
wenig veränderte [324: HEUSS, RG, S. 361 ff.]. Daraus ergaben sich vier Faktoren,
welche die Außenpolitik bestimmten:

– Die römische Raumerfassung [dazu 580: NICOLET, L'inventaire du monde;
574: BRODERSEN, Terra Cognita; 581: TIMPE, Entdeckungsgeschichte, S. 307–337;
579: MÜLLER, Ethnographie II; 578: KRÜGER, Das Überleben des Erdkugelmodells].

– Die strategischen Optionen der kaiserlichen Außenpolitik [zur Eroberung
Germaniens und der Anpassung der militärischen Taktik an die geographischen
Gegebenheiten 582: TIMPE, Geographische Faktoren, S. 13–27; 575: DEININGER,
Flumen Albis, S. 8 ff.; zu den Nordgrenzen 643: SYME, The Northern Frontiers; zu
den Grundsatzentscheidungen im Osten 594: HEIL, Die orientalische Außenpolitik des Kaisers Nero; 595: KETTENHOFEN, Die römisch-persischen Kriege;
596: MILLAR, The Roman Near East].

– Die Schablonen der Weltherrschaftsideologie [BRUNT, Roman Imperial Illusions, in 607: DERS., Imperial Themes, S. 433–480] und zumeist stereotype
Vorstellungen von den „Barbaren" [D. TIMPE, Rom und die Barbaren des Nordens, in: Die Begegnung mit dem Fremden, hg. M. SCHUSTER, Stuttgart 1996, S. 34–
50; TIMPE, Der Barbar als Nachbar, in: CHR. ULF (Hg.): Ideologie-Sport-Außenseiter, Innsbruck 2000, S. 203–230; I. OPELT/W. SPEYER, in: RAC Suppl. I, 1992,
Sp. 613–895 s.v. Barbar; 664: DAHLHEIM, Wiege Europas, S. 130–153].

– Das Verständnis der Eliten von Krieg und Eroberung. Der von Mark Aurel an
der Donau aufgenomme Kampf müsse fortgesetzt werden, beschworen die
Generäle ihren jungen Kaiser Commodus; dies sei ein Gebot der militärischen
Vernunft und der Ehre: „Deine Ehre aber liegt darin, erst dann, wenn du alle
unterworfen und den Ozean zur Nordgrenze des Reiches gemacht hast, im
Triumph... nach Hause zurückzukehren" (Herodian 1,6,5). So waren es weniger rationale Gesichtspunkte, die darüber entschieden, wo und wie Krieg zu
führen war, sondern moralische, „such as the need to repress *superbia*, avenge
iniuriae, and maintain the honor or *decus* of the empire" [vorzüglich 598: MATTERN, Rome and the Enemy, S. 194]. Augustinus sah es ähnlich: Allein dünkelhafte
Ruhmsucht hätte die Römer bis an die Grenzen der Erde getrieben: „Ruhm liebten
sie glühend, für ihn gingen sie ohne Zögern in den Tod; die übrigen Begierden
drängten sie zurück aus grenzenloser Sucht nach Ruhm und nichts als Ruhm"
(Gottesstaat 4,4–5; 5,12,15–19).

Bereitschaft und Fähigkeit zur Expansion

Innerhalb des Reiches blieben Aufstände der Unterworfenen die Ausnahme, da es jenseits der Grenzen keine mächtigen Gegner gab, auf deren Unterstützung Rebellen hätten zählen können [eine Aufstellung aller Revolten bei 661: PEKARY, Seditio, und 657: DYSON, Native Revolt]. Für alle schien die „unermeßliche Majestät des römischen Friedens" (Plinius) Himmel und Erde zu füllen, gültig für alle Zeiten. Trotzdem hat Rom, dem Augustus die europäischen Binnenräume zu Füßen gelegt hatte, nicht die Politik einer im großen und ganzen friedlichen Koexistenz verfolgt [599: SCHMITT, Außenpolitik, zur grundsätzlichen Bereitschaft Roms zu weiteren Eroberungen]. Noch für lange Jahrzehnte sollte es zu den ersten Pflichten seiner Kaiser gehören, den Anspruch auf den Thron durch erfolgreiche Kriege zu legitimieren; den Nachweis für Nero etwa führte HEIL [594]. Auch im Westen hat es zu keiner Zeit einen ausdrücklichen Verzicht auf die Eroberung Germaniens gegeben, auch wenn nach 16 n. Chr. die Elbe kein Ziel römischer Angriffe mehr war [TIMPE, Der römische Verzicht auf die Okkupation Germaniens, in: Chiron 1 (1971) S. 267–284; 575: DEININGER, S. 41 f.]. Die Fähigkeit dazu war allerdings seit der Heeresreform des Augustus (s. S. 227 f.) begrenzt: Das an die Grenzen der zivilisierten Welt verlegte Heer taugte nur noch bedingt zu großen Heerzügen und weiträumig geplanten Operationen.

b. Die Romanisierung der Unterworfenen

Der Westen des Reiches

Dem Angebot des Bürgerrechts an die Besiegten war in den Westprovinzen in der Regel die Verstädterung vorausgegangen, die alle Lebensumstände veränderte. Der damit notwendigen Umgestaltung der politischen und sozialen Ordnung und der Neuorientierung des Denkens wiesen die in der neu geschaffenen Gemeinde ansässigen italischen Einwanderer oder eine benachbarte römische Stadt (Kolonie oder Munizipium) den Weg. Am Ende stand eine weitgehende Übernahme der römischen Lebensart, der lateinischen Sprache, des Rechtes und der städtischen Zivilisation, ein Vorgang, der unter dem Begriff *Romanisierung* zusammengefaßt wird [634: LAURENCE/BERRY, Cultural Identity, zum Ausmaß der Romanisierung Europas]. Die Erforschung dieses singulären Phänomens ist heute nur bis zu der unbestrittenen Feststellung gediehen, daß diese sprachlich-kulturelle Assimilation nicht das Ergebnis einer darauf abgestellten Herrschaftspolitik war, sondern die Konsequenz der politisch und zivilisatorisch überlegenen Macht Roms, die sich ungehindert auf einem Feld ausbreiten konnte, auf das niemand Anspruch erhob und auf dem der Wille zur Behauptung der eigenen Lebensformen nur schwach ausgeprägt war [631: BROUGHTON, Romanisation; 636: PFLAUM, La romanisation de l'Afrique, S. 55 ff.; die häufig verwandten Begriffe wie Imitation, Osmose, Assimilierung, Selbstromanisierung machen klar, daß niemand den Gedanken an eine gezielte römische Kulturexpansion als Teil der Herrschaftspolitik verfolgt]. Die letzten Boten römischer Lebenskultur waren die christlichen Missionare, die römisches Denken in die entlegensten Winkel des flachen Landes trugen [758: BROWN, Entstehung, S. 95 ff.].

J. VOGT [Vom Reichsgedanken der Römer, Leipzig 1942, S. 4 f.] sprach von der Notwendigkeit eines ideellen Bandes, von der Einheit von Macht und Geist, die das römische Herrschaftsgefüge durchzogen habe. Dieses Band war sicher nicht die auf Rom und seine Kaiser bezogene Ideologie von der ewigen Weltherrschaft, die die Götter gewährt hätten; allenfalls förderten die mit dem Bürgerrecht gewährten Aufstiegschancen der Eliten die Übernahme römischer Lebensformen [vgl. 647: KIENAST, Corpus Imperii, S. 1 ff.]. Aufschlußreicher ist die handfeste Frage nach den Grundbedingungen des Herrschens, zu denen die in der neueren Forschung bevorzugte Sehweise aus der Perspektive der Provinzialen wesentliche Erkenntnisse beiträgt. Dabei zeigt sich, daß es in der römisch gewordenen Welt keine Energien gab, die gegen die von Rom zur Grundlage seiner Herrschaft gemachte städtische Lebensform zu mobilisieren gewesen wären. Die Völker des Westens und des Nordens besaßen keine festen Kristallisationspunkte politischer Macht. Und außerhalb der Reichsgrenzen gab es keinen Konkurrenten, der das, was den Völkern des Reiches an Ideen und Visionen für eine eigene Zukunft fehlte, von außen an sie herangetragen hätte.

Die Griechen brauchten ihn ohnehin nicht. Rom hatte sich so selbstverständlich ihrer überlegenen Kultur angepaßt, daß man von einer regelrechten Symbiose von Römertum und Griechentum sprechen kann [HEUSS, Die Römer, in 383: Ges. Schriften, II, S. 1541 ff.]. Wie weit die griechische Zustimmung reichte, ist bis heute strittig. Die Quellen, die es auszuwerten gilt, sind die kaiserzeitlichen Historiker wie Appian und Cassius Dio und die Schriftsteller aus der Zeit der sogenannten Zweiten Sophistik. Appian, dessen Lebenslauf ihn als typischen Angehörigen der politisch integrierten provinzialen Eliten ausweist, hat den Sieg der Monarchie über die Republik als Überwindung der aus dem Elend der Bauern geborenen Bürgerkriege gefeiert [70: HOSE, Erneuerung, S. 344 ff.]. Der Bithynier Cassius Dio, als Senatorensohn unter den Severern für seine Loyalität mit einer glänzenden Karriere und dem Konsulat belohnt, beugte sich tief vor der machtpolitischen Effizienz der Herren der Welt [112: MILLAR, Cassius Dio]. *Die Griechen*

Differenzierter ist das Bild, das die griechische Intelligenz vom Schicksal der Griechen unter Rom entwirft. „Gehabe dich etwas weniger martialisch in deiner Amtstracht", mahnte Plutarch seine jungen Schüler, die als Politiker groß werden wollten, und fügte warnend hinzu: „Vergiß auf der Rednerbühne nicht, daß über dir der Prätor thront, verlasse dich nicht zu stolz auf deinen Kranz: er schmückt denselben Kopf, über dem du die römischen Stiefel siehst!" (*Praecepta gerendae rei publicae* 17–19). Sätze wie diese werden meist übertönt von den Hoheliedern, die Männer wie Aelius Aristides auf das ewige Rom und seine die Menschheit beglückenden Leistungen anstimmten. Aber sie beweisen, daß kein Grieche vergessen konnte, wer der Herr und wer der Diener war. So blieben die Erinnerung an die eigene Vergangenheit, die Pflege der eigenen *Das griechische Beharren auf der eigenen Identität*

Sprache und die offene Ablehnung des Lateinischen eiserne Klammern der griechischen Identität.

SWAIN hat ihren wichtigsten Vertretern Plutarch, Dio Chrysostomos, Aelius Aristides, Lukian, Pausanias, Galen, Philostratos, Arrian, Appian und Cassius Dio mit Erfolg zugehört. Bei allen fand er ein erstaunliches Selbstbewußtsein, unverhüllten Stolz auf ihr Griechentum und eine innere Distanz zu Rom selbst unter denen, die in römischen Diensten groß geworden waren [653: SWAIN, Hellenism and Empire; vgl. auch CHR. AUFFARTH, in: 721: CANCIK/RÜPKE, Reichsreligion, S. 219–237]. Diese Distanz unterstreicht der griechische Roman: Die Stadt Rom kommt dort nicht vor [144: SAID, The City in the Greek Novel, S. 218]. Einsprüche blieben nicht aus: So kann sich JONES [141: Lucian, S. 78 ff.] mit der Vorstellung nicht anfreunden, Lukian sei als antirömisch eingestellter Intellektueller einzustufen, und AMELING [649: Griechische Intellektuelle, S. 2473 ff.] erinnert an die Vielzahl von Schriftstellern verschiedenster Professionen, die mit dem Tagesgeschäft der Politik wenig zu tun haben wollten. Trotzdem bleibt die Diagnose eines ungebrochenen griechischen Selbstbewußtseins richtig. Sie hilft zu erklären, warum es trotz der langen Dauer des Imperiums nicht zu einer organischen Verbindung von lateinischer und griechischer Kultur und Lebensart kam, sondern bei einem Nebeneinander blieb. Die Folgen erkannte man erst sehr viel später, als am Ende des 4. Jahrhunderts die Teilung des Imperiums in eine Ost- und eine Westhälfte irreparabel schien. Diese Entwicklung bezeugen auch die christlichen Quellen. Sie werden von den Briefen des Paulus bis hin zu den großen Kirchenvätern vorgestellt von 761: FRANK, Lehrbuch, und 187: Hdb. der Literaturwiss. 4 (dazu im einzelnen S. 288 ff.).

Einen wesentlichen Schritt weiter geht VEYNE [655: L'identité grecque]. Ausgehend von Dion von Prusas 31. Rede an die Rhodier, die Roms Herrschaft als „Friede und Sklaverei" abtut, sieht Veyne Griechen vor sich, die ihre Rolle als Untertanen nur mit geballten Fäusten ertrugen: „Die griechische Identität ist, deutlich abgesetzt von der lateinischen Hälfte des Reiches, unauflöslich geblieben und steht den Römern feindlicher gegenüber, als man heute gemeinhin annimmt." So habe es durchaus der Logik der Geschichte entsprochen, daß niemals ein Grieche Imperator wurde, solange das Reich bestand.

Anders und unter welthistorischer Perspektive sieht DOBESCH [652] die römisch-griechische Ehe. Die Ordnung, die Pompeius und nach ihm Augustus dem griechischen Osten gaben, sei die Rettung der im Chaos versunkenen hellenistischen Welt gewesen; ihre von Rom geförderten Eliten hätten nach den wilden Jahrhunderten der Diadochenkönige Ruhe und Ordnung unter dem römischen Schild und die Existenz „braver Reichsbewohner" lieben gelernt. Am Ende hätten sie den römischen Reichsgedanken, obwohl in der neuen Hauptstadt Konstantinopel die griechische Sprache die lateinische bald völlig verdrängte, als Grundlage allen politischen Tuns festgehalten und bewahrt. „Vergil ist einer der Väter von Byzanz", lautet knapp und präzise die Bilanz einer Jahrhunderte währenden Umerziehung (S. 585). Oder anders: Als die Griechen in der byzantinischen Reichshälfte ihre Kultur wieder für sich hatten, nannten sie sich fortan „Rhomaioi", Römer.

Die Verlegenheit der Forschung gegenüber dem Weltreich liegt in ihrer eigenen Geschichte begründet. Die Eroberung der Welt hat wie kaum ein anderes Thema der römischen Geschichte die leidenschaftliche Parteinahme der jeweiligen Forschergeneration herausgefordert und in das historische Erkenntnisinteresse immer neu die moralische Bewertung des Vorgangs verwoben. Die Pole der Interpretation hatte die römische Welt bereits selbst formuliert: Die heidnische wie die christliche Überlieferung sprachen entweder von den Segnungen des ewigen Friedens oder klagten das Reich der Zerstörung der Tradition und der eigenen Geschichte der Völker an. Am Anfang der Moderne steht das apokalyptische Gemälde HERDERS [Ideen zur Philosophie der Geschichte der Menschheit, ND Darmstadt 1966, S. 365ff.], der aus der „Räuberhöhle Rom" die Henker großer Völker ausziehen läßt, die der Welt nichts außer „verwüstender Nacht" hinterlassen hätten. Herder war auf seiner Suche nach dem Ursprung von Sprache und Dichtung zu der Gewißheit gelangt, daß die Völker der Erde nach Anlage und Umwelt immer verschieden waren und die Eigenart eines Volkes nicht unterdrückt werden darf, sondern organisch zur Entfaltung kommen muß. Vor diesem Richter hatten die Krieger Roms keine Chance: Ihr Zerstörungswerk in den Ländern des Westens konnte keine zivilisatorische Leistung ausgleichen: Wie großartig die übergestülpte römische Lebensordnung auch gewesen sein mag, sie war nicht organisch gewachsen und daher verdammenswert [zu den Zusammenhängen der Herderschen Theorie s. F. SCHNABEL, Deutsche Geschichte I, 4. Aufl. Freiburg 1948, S. 187ff.; 709: SEEL, Römertum, S. 305ff.].

Die moralische Dimension des historischen Problems

c. Die Legitimationsformeln imperialer Herrschaft

Die Ausdehnung der europäischen Kolonialreiche im 19. Jahrhundert mußte zu ganz neuen Wertungen führen. Denn ihre Führer erhoben den Anspruch, die von ihnen beherrschte Welt zu einer besseren machen zu können. Dies gilt zunächst für England, wo CHARLES DILKE [The Greater Britain, 1868] auf eine unter der englischen Krone geeinte außereuropäische Welt hoffte, in der die Herrschaft englischer Gesetze einen wesentlichen Beitrag für die Freiheit der ganzen Menschheit leisten werde. Und ROBERT SEELEY [The Expansion of England, 1883 (dt. 1954)], genauer Kenner der römischen Expansion, sah in der Durchdringung der gewonnenen Gebiete mit der englischen Kultur und den Vorzügen des englischen Wirtschaftssystems die eigentliche Aufgabe der Eroberungspolitik. Benjamin Disraeli sprach gerne von „Expansion and Union", aber das Urbild, das er vor Augen hatte, war das Imperium, da „kein Adler so weit geflogen war wie der römische." Und der britische Außenminister Palmerstone erklärte, jeder Engländer müsse überall in der Welt sagen können: Civis Romanus sum. Die Ar-

Das 19. Jahrhundert

chäologen der Victorianischen und Edwardschen Zeit stimmten dem auf ihre Weise zu und prägten ihre Vorstellung von „Englishness" nach dem Vorbild Roms [R. HINGLEY, Roman Officers and English Gentlemen. The Imperial Origins of Roman Archaeology, London 2000].

In Frankreich hatte sich das imperiale Denken noch weit entschiedener moralisch-politische Konturen verschafft. Der französische Mythos der kulturellen Mission, die auf Eroberung und Kolonisierung folgen müsse, sah in der Verbreitung von Zivilisation und Recht in den Ländern Nordafrikas die entscheidende Legitimation. Hier wie in England ist der Grundgedanke dem Herders genau entgegengesetzt: Einer dank ihrer militärischen und kulturellen Entwicklung überlegenen europäischen Zivilisation wird das Recht eingeräumt, barbarische Territorien zu zivilisieren, wenn sich die ökonomischen und politischen Interessen des Kolonisators unauflöslich mit der Pflicht verbanden, die Besiegten aus der Barbarei zu befreien [K. EPTING, Das französische Sendungsbewußtsein im 19. und 20. Jhdt., Heidelberg 1952; R. WERNER, in: ANRW I 1, Berlin 1972, S. 513 ff.].

Das Urteil über Rom

Dieses Bewußtsein von der europäischen Leistung mußte auf die Beurteilung des römischen Imperiums durchschlagen. Jetzt beherrschte der Gedanke die Forschung, daß Rom den Barbaren des Westens und des Nordens Ordnung, Recht, Frieden, Sicherheit und städtische Zivilisation gebracht habe; gerade dies sei die historische Aufgabe der Kaiserzeit gewesen, die sie so gelöst habe, daß jede bei der Bildung des Reiches angewandte Gewalt vor der Geschichte gerechtfertigt erscheinen mußte. Kein Geringerer als MOMMSEN formulierte diesen Gedanken und rief die himmlischen Heerscharen selbst in den Zeugenstand, um zu bekräftigen, daß das Imperium vielen der ihm zugehörigen Länder eine seither nie wieder erreichte Höhe der Kultur, des Friedens und des Wohlstandes gebracht habe [614: MOMMSEN, RG V, S. 4 f.; die ungebrochene Wirksamkeit dieses Gedankens demonstrierte 1981 H. GESCHE, Rom – Welteroberer und Weltorganisator; dies allerdings mit der Pointe, daß Rom künftigen Zeiten als „friedlicher Weltintegrator" zum Vorbild dienen könne. Vorschläge dieser Art waren Mommsens Sache nicht].

Der Zweifel an imperialen Tugenden

Im und nach dem Ersten Weltkrieg zerfielen diese Maßstäbe. Die Zweifel an der Fähigkeit Europas, die eigene oder gar die Geschichte fremder Völker richtig regeln zu können, wurden jetzt zur Gewißheit. So rückte die in der Nachfolge der Französischen Revolution ausgebildete Lehre von der Volkssouveränität nunmehr die moralische Kategorie vom Selbstbestimmungsrecht der Völker in den Vordergrund und gab ihr im Frühjahr 1918 in den 14 Punkten Wilsons ihre richtungweisende Programmatik. In gewissem Sinne bedeutete diese Erhebung einer moralischen Kategorie zur politischen Handlungsmaxime eine Rückkehr zu Herders Vorstellung. So stellte die Forschung unter dem Eindruck dieses Vorgangs erneut die kulturelle Mission Roms – gewissermaßen stellvertretend für die europäischen Kolonialreiche – auf den Prüfstand, und erneut wurde der Akzent der Betrachtung auf die Unterwerfung und die Zerstörung der vorgefundenen Kulturen gelegt. Mommsens himmlische Boten sahen nun wieder die tiefen Spuren der Verwüstungen und der militärischen Vergewaltigung [M. ROSTOVTZEFF, Der Niedergang der Alten Welt, in: K. CHRIST (Hg.): Der Untergang des Römischen Reiches, Darmstadt 1970, S. 228 ff.].

Nach dem Zweiten Weltkrieg verschob sich die Perspektive erneut. Der Begriff der Entkolonialisierung wurde zum politischen Kampfruf, und die europäische Phase der Unterwerfung der außereuropäischen Welt erschien in immer trüberem Licht. Der Gedanke der Ausbeutung rückte angesichts eines wachsenden Interesses an wirtschaftlichen Problemen in den Vordergrund. Jetzt wurde darüber auch mit Rom abgerechnet, und die Zahl der Abhandlungen stieg sprunghaft an, die Buch über die römischen Gewinne aus Krieg und Provinzialherrschaft führten. Gleichzeitig wuchs das Interesse an den Widerstandsbewegungen gegen das Reich; eine 1976 von D.M. PIPPIDI herausgegebene Aufsatzsammlung trug den bezeichnenden Titel „Assimilation et résistance á la culture grécoromaine dans le monde ancien." Die besondere Neugier der Forschung forderten die Hartnäckigkeit und die Dauer des Widerstandes in den nordafrikanischen Provinzen heraus [636: PFLAUM, La romanisation, S. 55 ff., 656: BENABOU, La résistance africaine, 659: GUTSFELD, Römische Herrschaft]. Selbst der innere Friede des Reiches, der in der kaiserlichen Propaganda alle anderen Segnungen der Zeit weit übertraf, wurde mit der Frage geprüft, ob es innerhalb der Grenzen des vermeintlich so sicheren Reiches nicht viel turbulenter zuging, als man bisher geglaubt hat [660: MACMULLEN, Enemies, S. 255 ff.].

Ausbeutung und Widerstand

Die deutlichsten Spuren der modernen Diskussion unter dem Stichwort „Entkolonialisierung" finden sich in der französischen Forschung. 1955 schrieb J.J. HATT eine „Histoire de la Gaule romaine" mit dem Untertitel „colonisation ou colonialisme" und kam zu dem Schluß, daß seit Claudius in Gallien ein Musterfall an „colonisation" gelungen sei, der auch den Besiegten meßbaren Nutzen gebracht habe. DEMAN/MICHEL [633: S. 3 ff.] hingegen hielten sich an die in den fünfziger Jahren entstandenen Begriffe „Unterentwicklung" und „Entwicklungsländer", die die Polarisierung der modernen Welt in zwei Ländergruppen nach den Wachstumsraten der Produktion und des Einkommens definieren sollten. Mit ihnen wandte er sich den nordafrikanischen Provinzen zu, die als „das gelobte Land der Grundherrschaften" zu den bevölkerungsreichsten und wirtschaftlich stärksten Ländern des römischen Westens zählten [A. SCHULTEN, Die römischen Grundherrschaften, 1890, S. 17]. Dennoch sei Nordafrika ein „unterentwickeltes" Land gewesen. Dies bezeugten zum einen die große Zahl der Munizipien und Kolonien (etwa 30% des gesamten Bestandes der Westprovinzen), deren Bewohner die großen Getreideanbaugebiete des Maghreb ausgebeutet und die Entwicklung der Bevölkerung des flachen Landes und des städtischen Proletariats behindert hätten [WHITTAKER, Africa, in 338: CAH XI, S. 514–546]. Zum anderen seien viele afrikanische Notabeln, Nachkommen angesiedelter Italiker, in

„Unterentwickelte" Provinzen

den Senatoren- und Ritterstand aufgestiegen und hätten ihr Vermögen nicht im Lande, sondern für ihre politische Karriere in Rom verbraucht (im 3. Jahrhundert waren ca. 17% der Senatoren und 27% der Ritter Afrikaner). Ganz anders das Schicksal der Gallia Comata: Hier habe sich die römische Kultur angesichts nur weniger Munizipien und Kolonien und angesichts einer nur geringen Zahl von Aufsteigern in den Reichsdienst (etwa kontinuierlich 4% der Gesamtmenge) auf dem flachen Lande und quer durch alle sozialen Klassen ausbreiten können.

Der Grundgedanke ist klar und bedarf eingehender Prüfung: Die Urbanisierung einer Provinz, der Zustrom italischer Siedler und der Aufstieg der lokalen Eliten in die Reichsaristokratie werden zu Indikatoren einer „unterentwickelten" Provinz. Diese These löste zunächst heftige Kontroversen aus [J.-M. LASSÈRE, REA 81 (1979) S. 67–104; H. FREIS, in: Chiron 10 (1981), S. 367–390]. Jedoch sind ihre Gegner über Apologien, die erneut die Vorzüge der römischen Herschaft addieren, noch nicht hinausgekommen [das Muster dazu schrieb 618: VOLKMANN, Provinzialverwaltung, S. 395 ff.].

Die Perspektive der Provinzialen   Der forschungsgeschichtliche Fortschritt derartiger Arbeiten liegt in der Aspektumkehr: Die Sicht der Dinge aus der Perspektive der Provinzialen läßt besser verstehen, daß das Imperium dem Glück der Waffen zu danken war und ohne sie keinen Bestand haben konnte. Das elementare Phänomen der Urbanisierung gewinnt hinsichtlich seiner Funktion und seiner unterschiedlichen Handhabung an Kontur. So fällt auf, daß insbesondere die Kolonisation noch unter Vespasian und Trajan zuerst der militärischen Sicherung des Herrschaftsraumes und der Versorgung italischer Siedler diente [zu den afrikanischen Kolonien nach Augustus 656: BENABOU, La résistance, S. 429 ff.; P. GARNSEY, Rome's African Empire, in: Imperialism in the Ancient World, ed. GARNSEY/WHITTAKER, 1978, S. 223 ff.; WHITTAKER, Roman Africa, in 338: CAH X, S. 591–618; Caesar und Augustus hatten bereits 34 Kolonien angelegt: 639: VITTINGHOFF, Kolonisation, S. 81 ff.; 119 ff.]. Es besteht kein Zweifel, daß diese Kolonien in den ertragreichsten Landstrichen angelegt und die darauf wohnenden Provinzialen vertrieben wurden; der inschriftlich erhaltene Kataster von Orange macht die ganze Brutalität anschaulich, mit der dort im Jahre 36 die früheren Bewohner ins Ödland gejagt wurden oder als Saisonarbeiter und abhängige Kolonen auf den Domänen oder Feldern der italischen Siedler eine dürftige Existenz fristeten [44: PIGANIOL, S. 54 ff.; vgl. Tacitus, Annalen 14,31]. Ebensowenig zweifelhaft ist, daß der anhaltende Widerstand der nomadisierenden Stämme am Südrand der beiden mauretanischen Provinzen vor allem auf ihre Verdrängung von den alten Weidegründen und den Wasserquellen zurückzuführen ist. Und schließlich: Die Ausrichtung der afrikanischen Landwirtschaft auf den Weizenanbau, der später durch Ölbaumkulturen ergänzt wurde, hat gewiß etwas mit den vitalen Interessen der Kaiser zu tun, die Getreideversorgung der Hauptstadt zu sichern, die zu zwei Dritteln aus Afrika kam [632: CHERRY, Frontier and Society].

Weiter geraten bei dieser Perspektive die Institutionen der Unterworfenen und ihr Weiterbestehen dort, wo sie den römischen Herrschaftsinteressen nicht zuwiderliefen, wieder ins Blickfeld. Die Frage, warum die alten Verhältnisse stabil blieben und warum jeder staatliche Romanisierungsdruck ausblieb, legt die Antwort nahe, daß vorhandene Privilegien italischer Einwanderer im Interesse der Macht geschützt wurden. So konnte H.-G. PFLAUM [La romanisation de l'ancien territoire de la Carthage punique, in: Afrique Romaine, 1978, S. 300 ff.] auf dem Territorium des alten Karthago eine Reihe von Städten nachweisen, die ihre Sufetenorganisation bewahrt hatten und weder zu Kolonien noch zu Munizipien aufgestiegen waren.

Die Unterwerfung historischer Fragestellungen unter die Schlagwörter der Zeitgeschichte ist ein Spiel mit dem Feuer, da sie häufig Voraussetzungen und Vorstellungen unterliegen, die die römische Welt nicht kannte. So enthält der Begriff der „Unterentwicklung" die Prämisse, daß die so charakterisierten Völker auf Grund ihrer Geschichte bis zum Zeitpunkt der Eroberung die Möglichkeit hatten, ihre eigene Geschichte im Sinne einer Weiterentwicklung fortzuschreiben. Dies kann in Nordafrika nur für Karthago und die phönikischen Kolonien gelten – und eben dies waren die Städte, die unter den römischen Kaisern eine bis heute nicht wieder erreichte Blüte erlebten. Alle anderen Völkerschaften Afrikas befanden sich – wie die meisten des gesamten Westens – vor der römischen Eroberung in dem latent labilen Zustand lose zusammengefügter Stammesverbände, die jeder Beeinflussung durch den Nächststärkeren ausgeliefert waren. Das Leben, das sie führten, war keiner eigenen zukunftsträchtigen politischen Vorstellung unterworfen, und die Frage, die sich ihnen ständig stellte, „ging niemals darum, ob Fremdherrschaft ausgeübt würde, sondern bezog sich allein darauf, durch wen dies geschah" [HEUSS, Die Römer, in: Ges. Schriften II, S. 1541 f.].

Nutzen und Gefahren der Gebundenheit historischer Fragen an den Horizont der eigenen Zeit liegen in der französischen Nordafrikaforschung offen zutage. Der im August 1955 ausbrechende Aufstand in Algerien war für den Sozialhistoriker auch der Aufstand von Bauern und Hirten, die – wie etwa in der Kabylei – auf dürren Hügeln ihr Leben fristeten, während in den Tälern der französische Colon den Pflug über ein blühendes und fruchtbares Land führte. Dies allerdings war erst von ihm geschaffen worden. So schienen diese Bauern durchaus Nachfahren jener römischen Kolonisten zu sein, die in Nordafrika die Kornkammern des Reiches bebauten. Beide wurden daher befragt, ob in den paradiesischen Gärten, in die die Kolonisten Roms und die Bauern Frankreichs die Sümpfe und das karge Weideland der Nomaden verwandelt hatten, nicht zugleich (und beinahe zwangsläufig) die besiegten Einheimischen nur noch als Knechte oder Tagelöhner geduldet wurden. Gewiß: die französische Assimilationspolitik hatte ebenso wie die des alten Rom viele der politischen Eliten der Besiegten an sich binden können. Das Gros der Bevölkerung jedoch träumte von

Die Grenzen der Brauchbarkeit moderner Begriffe

jenen fernen Tagen, in denen Jugurtha oder Tacfarinas ihre Nomadenkrieger gegen die römischen Siedler geführt hatten. Der Aufstand von 1955 formulierte schließlich auch die Frage neu, ob die eigene Tradition des eroberten Landes nicht auch dann noch stärker ist, wenn die Sieger den wirtschaftlichen Wohlstand und den inneren Frieden ins Land bringen.

d. Die Einheit des Reiches

Die Rolle des Kaisers Die Verstrickung der Forschung in die zentralen Probleme der eigenen Zeit, aufgefangen in Begriffen wie Kolonialismus, Selbstbestimmungsrecht der Völker, Unterentwicklung, hat die Fragestellungen gründlich ausgeweitet, mit denen man dem singulären Phänomen der Dauer des Imperiums zu Leibe rückte. Kann von seiner Einheit gesprochen werden, obwohl sich Ende des 4. Jahrhunderts die Spaltung in Orient und Okzident immer klarer auf der politischen Landkarte abzeichnete? Die späte Republik und das Zeitalter des Augustus haben das Imperium noch nicht als Reich, nicht als eine organische Einheit verstanden, „in der die einzelnen Glieder nur aus dem Sinnzusammenhang einer größeren Ordnung leben" [F. Vittinghoff, Augustus, Göttingen 1959, S. 75]. Erst der den ganzen Herrschaftsraum durchdringende Beamtenapparat der Kaiser, ihre reglementierende Gesetzgebung, ihre als Legitimationsformel ständig wiederholte Fürsorge und der Friede haben das Reich zusammenwachsen lassen und der Vorstellung von einer Einheit der eroberten Provinzen zum Durchbruch verholfen. „Tatsächlich beruhte ja die Einheit des Imperiums vor allem auf dem Kaiser, wie schon nach außen in vielen Einzelheiten zum Ausdruck kam. Es genügt dafür, an den Herrscherkult, an die zahlreichen Augustusstädte in den Provinzen, an die Münzprägung mit dem Bilde des Kaisers oder an die unzähligen Meilensteine mit seinem Namen an den Straßen des Reiches zu erinnern" [647: Kienast, Corpus Imperii, S. 15].

Die Pflicht des Eroberers Die römischen Eroberer hatten nie daran gezweifelt, daß die Götter mit ihnen waren und ihnen das Imperium zum Lohn für das beständig gezeigte Wohlverhalten gegeben hatten. Und sie waren sich sicher, daß sie allen Widrigkeiten ihrer Herrschaftspraxis zum Trotz der Welt den Frieden gebracht und erhalten hatten und die Provinzialen dies guthießen [C. Ando, Imperial Ideology and Provincial Loyalty in the Roman Empire, Berkeley 2000]. Die moderne Forschung bestaunt ihrerseits die einzigartige Konstanz dieses weltumspannenden Reiches und fragt vornehmlich nach dem Beziehungsverhältnis zwischen Herrschern und Beherrschten und prüft – darin dem Griechen Aelius Aristides nicht unähnlich –, ob die römische Herrschaftspraxis den Unteranen Frieden, Recht und Wohlstand gebracht und ob die Bürgerrechtspolitik die Einheit des Reiches bewirkt habe. Die moralische Dimension, in die bereits die Aufklärung das Problem gebettet hatte, blieb immer erhalten: „Es ist Sache eines Eroberers, einen Teil des Unrechtes, das er begangen hat, wiedergutzumachen. Ich definiere das Eroberungsrecht folgendermaßen: Ein notwendiges, legitimes und unglückliches Recht, das immer nach der Bezahlung einer ungeheuren Schuld verlangt, um sich der menschlichen Natur gegenüber zu entlasten" [MONTESQUIEU, Geist der Gesetze IX, 4].

10. LEBENS- UND DENKFORMEN

a. Die Bestimmung des Gegenstandes

Historiker stellen zwei Fragen: Die eine forscht nach den natürlichen und gesellschaftlichen Bedingungen und Folgen menschlichen Handelns, die andere nach den Lebens- und Denkformen sozialer Gemeinschaften. Die erste entspringt den Erfahrungen des eigenen Lebens, die zweite gehorcht der Einsicht, daß Menschen, die aus einer fernen Vergangenheit zu uns sprechen, anders waren: Sie bewerteten ihre Erfahrungen nicht nur anders, sie machten sie auch anders.

Die Fragen der Forschung

Die Bedeutung dieser simplen Beobachtung nimmt in die Pflicht. So hatte A. HEUSS bereits in den 60er Jahren eine Geistesgeschichte gefordert, welche die Veränderungen der Denk- und Glaubensvorstellungen aufspürt und erklären kann, wie sich die Lebensrhythmen und ihre moralischen Fundamente im Lauf der Zeit wandelten [324: HEUSS, RG, S. 578 f.]. Vor ihm hatte OTTO SEEL, seiner Zeit weit voraus, eine „Morphologie des Römertums" versucht und wissen wollen, wie das Selbstgefühl der Römer aussah, wie sie die Welt erlebten und wie sie darin ihren eigenen Ort bestimmten [709: SEEL, Römertum, S. 79–415]. Umschrieben war damit eine Aufgabe für alle Disziplinen der Altertumswissenschaft. Der Althistorie ist dabei aufgegeben, das Wechselverhältnis zwischen politischem Herrschaftsanspruch und privater Moral, zwischen öffentlichen Pflichten und privater Zurückgezogenheit, zwischen den Erfahrungen des einzelnen und den Werten der Gemeinschaft zu erörtern.

Leicht war der Weg zu einer solchen Geschichtsbetrachtung nicht. Dies lag zunächst an der diffusen Bedeutung des Begriffes *Mentalität*, der einer neuen historischen Sicht einen sinnfälligen Namen geben soll. Geboren um 1770 in England, machte er Karriere in Frankreich [V. SELLIN, Mentalität und Mentalitätsgeschichte, in: HZ 241 (1985) S. 555–598]. Seine Historiker benutzten ihn seit den dreißiger und verstärkt seit den sechziger Jahren, wenn sie Antworten auf die Frage suchten, wie die Deutungsmuster, Weltbilder und Denkformen aussehen, mit deren Hilfe Menschen ihre Wahrnehmungen ordnen, ihr tägliches Leben organisieren und historische Veränderungen erfassen. Im Grunde folgen sie damit einer sehr einfachen historischen Erfahrung: Die Realität des politischen und sozialen Lebens bestimmt menschliches Handeln immer nur so, wie sie gedeutet wird. So wird eine soziale Krise erst dann zu einer Krise, wenn sie als solche erlebt und beklagt wird. Die Suche nach diesem Phänomen wurde in den letzten Jahren

Histoire des mentalités

so wichtig wie die Analyse des historischen Ereignisses selbst [zur Entwicklungsgeschichte H. SCHULZE, Mentalitätsgeschichte – Chancen und Grenzen eines Paradigmas der französischen Geschichtswissenschaft, in: GWU 36 (1985) S. 247–271].

Mit ihrer sehr offenen Definition hat die Mentalitätsgeschichte noch keinen Kanon von Gegenständen finden können, der sich von dem der traditionellen Ideen- und Geistesgeschichte unterscheidet [abzulesen z. B. an dem von 704: DINZELBACHER, Europäische Mentalitätsgeschichte, S. X-XI aufgestellten Themen- und Fragenkatalog]. Er ist vielleicht auch gar nicht nötig in einer Disziplin, die bewußt auf weitreichende Theorien (z. B. des sozialen Wandels) verzichtet. Ihr genügt eine ungefähre Übereinstimmung in der Definition, um dann den einzelnen Historiker nach seiner Fasson selig werden zu lassen. Immer aber geht es um Liebe und Tod, um kollektive Empfindungen und Veränderungen des Gruppenbewußtseins, um Sitten und Gefühle, um die Träume der Jugend und die Eselslast des Alters [Beispiele bei SELLIN, in: HZ 241 (1985) S. 559 f.].

<small>Die französische Forschung</small>

Wie nützlich es sein kann, theoretischen Ballast erst gar nicht an Bord zu nehmen, lehrt wiederum die französische Forschung: Hatte sie sich zunächst vorwiegend den Phänomenen der *longue durée*, langwirkenden und jeder kurzfristigen Veränderung abholden Denkmustern zugewandt und dementsprechend nach Quellen gefahndet, die über einen längeren Zeitraum formal gleichgeblieben sind und nach einheitlichen Merkmalen befragt werden konnten, so griff sie bald mehr und mehr nach Einzelfällen: Anfang der dreißiger Jahre suchte FEBVRE unter dem Stichwort der *Grande Peur*, die nach dem 14. Juli 1789 Frankreich für einige Wochen schüttelte, ein massenpsychologisches Phänomen zu fassen, das keine rational faßbaren Ursachen hatte [L. FEBVRE, La Grande Peur de 1789, 1932]. Seitdem beanspruchen Gefühle wie Haß und Liebe, Furcht und Grausamkeit als Gegenstand des historischen Interesses ernst genommen zu werden [zur Forschungsgeschichte 738: KNEPPE, Metus temporum, S. 9–15]. Sie finden sich am leichtesten in den Schicksalen von Familien, deren Einstellungen und Verhaltensformen anhand autobiographischer Zeugnisse während weniger Jahre analysiert und erzählt werden können. „Ein Schnitt mit der Säge", beschreibt LE ROY LADURIE sein Vorgehen, „legt die geistigen und sozialen Schichten frei, aus denen ein weit in die Vergangenheit reichendes Ancien Régime sich zusammensetzt." Seine Zeugen sind Handwerker einer kleinen Stadt, gelegen in der Dauphiné, geplagt von Bauernunruhen und verunsichert durch den Konflikt zwischen König und Ständen; sie proben den Aufstand gegen die Notabeln, scheitern in den Tagen des Karneval und sehen am Ende die alte Ordnung zurückkehren [E. LE ROY LADURIE, Le Carneval de Romans. De la Chandeleur au mercredi des Cendres, 1579–1580, Paris 1979; dt. Übers. 1982]. In diesem Szenario, rekonstruiert aus den Akten des städtischen Archivs, verwandelt sich das Menetekel an der Wand der alten Ordnung des Ancien régime in Fleisch und Blut. Perspektiven dieser Art verändern den Griff nach den Quellen ebenso wie die Art der Darstellung: Statt spröder Verwaltungs- und Rechtsakten nun Autobiographien, statt trockener Analyse nun lebendige und bilderreiche Erzählung [E. LE ROY LADURIE, Eine Welt im Umbruch. Der Aufstieg der Familie Platter 1499–1628, Stuttgart 1998].

Die Mentalitätsgeschichte hat Grenzen, und sie sind leicht erkennbar: Die Art und Weise, in der Menschen Wirklichkeit sehen und auslegen, darf nicht mit den Ursachen historischer Veränderungen verwechselt werden. Rom liefert dafür den besten Anschauungsunterricht. Der jedem römischen Aristokraten ganz selbstverständliche Wille etwa, durch besondere Leistungen für den Staat einen besonderen Anspruch auf Macht und Ansehen zu begründen, wuchs erst mit dem Weltreich ins Unermeßliche und wurde allein dadurch zur tödlichen Gefahr für die Republik. Tacitus wußte es und brachte die zu ziehende Lehre auf einen einfachen Nenner: „Die alte, den Menschen längst eingewurzelte Gier nach der Macht mußte gleichzeitig mit der Vergrößerung des Reiches anwachsen, mit ihr eigentlich erst zum Ausbruch kommen. War doch unter bescheidenen Verhältnissen Gleichheit untereinander leicht zu bewahren" (Historien 2,38,1). Die Grenzen der Mentalitätsgeschichte

Ergänzend zur Mentalitätsgeschichte tritt die historische Anthropologie. Auch dieser Begriff wird von verschiedenen wissenschaftlichen Disziplinen gebraucht, ist von schillernder Unschärfe und erweckt daher wenig Vertrauen [TH. NIPPERDEY, in: Geschichte heute, hg. G. SCHULZ, 1973, S. 225 ff.]. Trotzdem kommt keine Geschichtsschreibung ohne die Annahme anthropologischer Universalien aus. Ihre historische Variante beschäftigt sich mit der biologischen Natur des Menschen und deren Folgen sowie mit den Grundbedingungen der conditio humana [338: HEUSS, in: Ges. Schriften III, S. 2367 ff.; M. MITTERAUER/E. SAURER, Editorial, in: Historische Anthropologie 1, 1993, S. 1–3, G. DRESSEL, Historische Anthropologie. Eine Einführung, Wien, 1996, R. van DÜLMEN, Historische Anthropologie, 2. Aufl. 2001]. Historische Anthropologie

Die Zurückhaltung der Forschung gegenüber der „anthropologischen Dimension der Geschichtswissenschaft" [NIPPERDEY] ist nicht zufällig. Sie ist die Konsequenz eines positivistischen Wissenschaftsverständnisses, das von seinem methodischen Ausgangspunkt her wenig geneigt war, Fragen nach den ethischen Maßstäben des menschlichen Handelns aufzuwerfen. Echte Erkenntnis schien nur dort möglich, wo die Erscheinungen des politischen und sozialen Lebens empirisch nachweisbar waren und sich dementsprechend verifizieren oder falsifizieren ließen. Nun sind Meinungen und Einschätzungen, die Dingen und Handlungen beigemessen werden, zugegeben nicht quantifizierbar. Trotzdem beeinflussen sie die Einstellung jedes Handelnden zu seiner Umwelt und den stattfindenen Ereignissen und bewirken damit tatsächliches Handeln. Gefühle, Vorurteile, Leidenschaften, kurz: der gesamte emotionale Bereich menschlicher Existenz ist Teil von Handlungsabläufen und hinsichtlich seiner Wirksamkeit von Fall zu Fall zu gewichten. Anders: Die Anschauungs- und Denkformen, die die äußeren Lebensumstände der gesellschaftlichen Schichten ebenso bestimmen wie die Formen ihres sozialen Umgangs und ihres Verhältnisses zur Macht, gehören zum Spektrum des historischen Erkenntnisinteresses wie die Fragen nach den objektiven Bedingungen des Daseins.

Das kulturelle Gedächtnis

Ein weites Forschungsfeld öffnet sich mit der Frage, wie Menschen mit ihren Erinnerungen umgehen und wofür sie sie gebrauchen. Ihr Ausgangspunkt ist die Beobachtung, daß jeder einzelne in unterschiedliche Gedächtnishorizonte eingespannt ist: in das Gedächtnis der Familie, der Nachbarschaft, der Gesellschaft, des Volkes. Aber es sind nicht allein Individuen oder Familien, die sich erinnern, um zu wissen, wohin sie gehören und wohin sie gehen. Auch ganze Kulturen und Völker haben und brauchen ein Gedächtnis, um Identitäten herzustellen und Legitimationen zu finden. Damit wird das Begriffspaar *Kultur und Gedächtnis* zum Stichwortgeber für weitgefächerte, interdisziplinäre Fragestellungen.

Bereits in den zwanziger Jahren dieses Jahrhunderts hatten der Soziologe M. HALBWACHS und der Kunsthistoriker A. WARBURG vom „kollektiven" oder „sozialen" Gedächtnis gesprochen und die Konstanz kollektiv geteilten Wissens als Phänomen der kulturellen Entwicklung zu erklären versucht [745: HALBWACHS, Les cadres sociaux, der das kommunikative Gedächtnis in einem Milieu räumlicher Nähe, gemeinsamer Lebensformen und geteilter Erfahrungen wachsen sieht; zu Warburg s. E.H. GOMBRICH, Aby Warburg, London 1970; dt. Übers.: Frankfurt 1984]. Ihr methodischer Ansatz wurde seit dem Ende der achtziger Jahre wieder aufgegriffen [741: ASSMANN, Das kulturelle Gedächtnis; 742: ASSMANN, Erinnerungsräume]. Wie, so lautet die entscheidende Frage, ist zu erklären, daß Gruppen oder ganze Gesellschaften über einen ihnen eigentümlichen Bestand an Wissen verfügen und daraus ihr Selbstverständnis und das Bewußtsein ihrer Eigenart gewinnen? Die Antwort verweist auf das kulturelle (und kollektive) Gedächtnis; es dient als Sammelbegriff für alles Wissen, „das im spezifischen Interaktionsrahmen einer Gesellschaft Handeln und Erleben steuert und von Generation zu Generation zur wiederholten Einübung und Einweisung ansteht" [J. ASSMANN, in 743: Kultur und Gedächtnis, S. 9].

Erinnerung und politische Identität

Für die römische Kaiserzeit liegen noch keine speziellen Fallstudien vor, wie sie ASSMANN (s. o.) für Ägypten, Israel und Griechenland angestellt hat – angesichts der kulturellen Vielfalt des Imperiums wenig verwunderlich. Trotzdem wird die Wechselwirkung zwischen der gesellschaftlichen Realität und dem sie bestimmenden kollektiven Gedächtnis auch für die römische Geschichte deutlich gesehen und in den sozial und politisch führenden Schichten der wichtigste Ort der Erinnerung erkannt. Dort, wo sie sich am klarsten artikuliert, in der senatorischen Geschichtsschreibung, zeigt sie einen immer schmaler werdenden Realitätsbezug: Wer wie Tacitus in einem Weltreich das annalistische Prinzip konserviert, also streng genommen Stadtchronik schreibt und zu seinem Thema das Problem der Freiheit unter monarchischer Herrschaft macht, repräsentiert gewiß nur einen eher unwesentlichen Teil des kulturellen Gedächtnisses der kaiserzeitlichen Gesellschaft. Und da dem so war, verlor die Geschichtsschreibung unter den Kaisern ihren während der Republik zentralen Rang und ihre Wirkung [dazu die Aufsätze von K.-J. HÖLKESKAMP und D. TIMPE in 744: Vergangenheit und Lebenswelt, S. 301–338; 277–299; zur Wechselwirkung zwischen ereigneter und erinnerter Geschichte U. WALTER, Die Botschaft des Mediums, in: G. MELVILLE (Hg.), Institutionalität und Symbolisierung, Köln 2001, S. 241–278]. Die Biographie, verliebt in große Männer und ihre Schwächen, trat das Erbe an [S. SWAIN, Biography and Biographic, in 65: EDWARDS/SWAIN, Portraits, S. 1–37].

Andererseits: Die Macht der Tradition war in Rom in jeder politischen Entscheidung spürbar. Wer Staat und Gesellschaft verändern wollte, mußte sich mit der Berufung auf das wappnen, was einst war. Denn die Toten waren die Instanz, vor der alles Gegenwärtige und Künftige zu bestehen hatte. „Die goldenen Zeiten bringt er nach Latium wieder, wo einst Saturn regierte", feierte Vergil Augustus (Aeneis 6,790 ff.), und das war in den Augen jedes Römers die größte Tat, die ein Mensch vollbringen konnte. Die Vergangenheit als Quelle der Wahrheit und als Weggefährtin in die Zukunft zu verstehen, bedeutete also zugleich, das Goldene Zeitalter dort und nicht im Morgen zu suchen. Das hatte nicht zuletzt mit der Einsicht in die Kürze des Lebens zu tun, das sich immer an der Dauer des Gewesenen messen lassen mußte. Und es beruhte auf der Gewißheit, in den längst Dahingegangenen über die Abgründe der vergangenen Zeit hinweg Verbündete zu haben, die dem eigenen Handeln Orientierung geben. Denn in römischen Augen ist das Beständige das, was war, nicht das, was ist. Die Forschung hat die sich daraus ergebenden Fragestellungen, die auf die Wesenszüge der römischen Zivilisation zielen, nicht eigens thematisiert. So sei verwiesen auf HEUSS, Die Römer, in 383: Ges. Schrift. II, S. 1523 ff.; 709: SEEL, Römertum, S. 189 ff.; VEYNE, Humanitas, in 442: GIARDINA, Der Mensch, S. 382 ff.

<small>Die Macht der Tradition</small>

Unverzichtbar für die Einordnung des kulturellen Gedächtnisses sind die Religionen. Sie bilden den festesten Kern der Erinnerung und verändern ihr Gesicht nur langsam. So brach erst nach Jahrhunderten und mit vielen Kompromissen das frühe Christentum mit der tradierten heidnischen Religion, sagte ihr den Kampf an und zerstörte am Ende einen religiösen Pluralismus, der nach der Integration vieler Völker in die hellenistisch-römische Ökumene die überkommenen Traditionen additiv miteinander verbunden hatte. In welchem Ausmaß die Christen in Anlehnung an die jüdische Glaubensvorstellung „Tradition zum Gegenstand von Wille, Entscheidung und öffentlicher Auseinandersetzung" machten und das Verhältnis der Menschen zu Vergangenheit und Tradition auf eine neue Grundlage stellten, zeigt THEISSEN, in 743: Kultur und Gedächtnis, S. 170–189 [vgl. auch den Forschungsstand bei H. CANCIK/H. MOHR, in 746: Hdb. religionswiss. Grundbegriffe 2, S. 299 ff.; 308 ff. s.v. Erinnerung].

<small>Erinnerung und Religion</small>

Die Ausbildung eines alle Reichsbewohner umfassenden Identitätsbewußtseins im Schatten des christlichen Kreuzes geschah erst in den Jahrzehnten nach Konstantin. Bis dahin war es zum einen das Ergebnis kaiserlicher Propaganda,

<small>Die gemeinsame Erinnerung der Reichsbewohner</small>

die von Friede, Recht, Sicherheit und Fürsorge sprach, zum anderen die Folge eines über Jahrhunderte andauernden Romanisierungs- und (im Osten auch) Graezisierungsprozesses, der die Unterschiede zwischen Sieger und Besiegten einebnete, zugleich aber die bestehende soziale Hierarchie festigte. Das nahezu einheitliche Gesicht der rd. 2000 Städte des Reiches bezeugt das Ausmaß eines gemeinsamen Erfahrungshorizontes, der einen klaren Grenzstrich zwischen der eigenen römischen und der fremden barbarischen Welt zog (dazu S. 253).

b. Die öffentliche Gemeinschaft

Definition Typisch für alle antiken Gesellschaften (und ganz anders als für die modernen) ist das Bedürfnis nach öffentlicher Gemeinschaft. Die Individualität eines Aristokraten etwa war nur in dem Maße bemerkenswert, wie sie sich innerhalb des Kanons der geltenden Werte entfaltete [ALFÖLDY, Die Rolle des Einzelnen, in: DERS., Die römische Gesellschaft, S. 334–377; BROWN, Die „vornehmen" Wenigen, in 463: G. des privaten Lebens, S. 233 ff.]. Und der kleine Mann entkam den tiefen Schatten, die über seinem Leben lagen, nur in den wenigen Momenten, in denen er in Politik und Krieg Herausragendes leistete. Beide lebten ihr eigenes privates Leben und trafen sich nur im öffentlichen Raum. So liegt es nahe, den Römern dorthin zu folgen, wo sie sich auf spektakuläre Weise öffentlich vorstellten: im Circus, im Kampf der Gladiatoren, im monströsen Schauspiel des Ringens von Mensch und Tier.

Die Spiele   Die Frage nach dem Ursprung der Spiele führt in den privaten Raum und zu den Bestattungsritualen großer Familien. Dort aber blieben sie nicht: Sie lösten sich allmählich aus ihrem sakralen Rahmen, dienten der allgemeinen Unterhaltung und wurden Bestandteil staatlicher Feste; daran teilzunehmen gehörte zu den Rechten jedes römischen Bürgers. Zu allen Zeiten blieben sie das Forum, auf dem sich die politische und soziale Macht der großen Patrone zur Schau stellte. In dieser Funktion waren die Spiele so wichtig, daß der Sturz der Republik sie nicht unberührt lassen konnte. So begann mit Augustus ihre Verstaatlichung, d. h. ihre Ausrichtung in Rom wurde an die Person des Kaisers gebunden [710: BALTRUSCH, Verstaatlichung, S. 324 ff.; zu den Spielen in der Hauptstadt 677: KOLB, Rom, S. 587–606].

Ihre weite Verbreitung in alle römischen Winkel des Imperiums und ihre politische Bedeutung haben immer wieder die Frage laut werden lassen, ob sie einen besonderen Zug römischen Wesens enthüllen. Der Chor der Antworten ist vielstimmig. So setzt sich HOPKINS auf den Rängen der Amphitheater neben Menschen, deren Leben von Kampf und Eroberung und der Erinnerung daran geprägt war und deren kriegerische Gesinnung sich in den Gladiatorenspielen spiegelte. Was von den fernen Grenzen an Kriegslärm zu hören war, nahm in den Arenen (*artificial battlefields*) Fleisch und Blut an und verkündete den Herrn der Welt ihre Überlegenheit [456: HOPKINS, Death and Renewal, S. 1–

30]. Einsprüche gegen diese Deutung blieben nicht aus: W.G. RUNCIMAN [in: JRS 76 (1986) S. 259–265] z. B. ist sich sicher, daß die Römer der Kaizerzeit den Krieg in der Arena so gedankenlos hinnahmen wie die Engländer des 19. und 20. Jahrhunderts die Fuchsjagd. Umfassender geht WIEDEMANN zu Werke. Er sieht in der raschen Verbreitung der Spiele in einem kulturell so unterschiedlichen Reich den Vormarsch einer Einheit stiftenden Symbolik und läßt den Zuschauer im Triumph der Gladiatoren über ihre Gegner den Sieg der römischen Zivilisation nachvollziehen [713: WIEDEMANN, Kaiser und Gladiatoren]. Am entschlossensten betritt BARTON das Feld der mentalitätsgeschichtlichen Interpretation: Dort, sagt sie, wo vor den Augen aller sozialen Schichten das Töten zur Kunst wurde, dort, wo der sozial Ausgegrenzte als Gladiator zum Vorbild für reich und arm aufstieg, dort, wo auch im Spiel mit dem Tod Ehre zu gewinnen war, enthüllt sich die römische Seele wie nirgends sonst [711: BARTON, The Sorrows of the Ancient Romans; zum ganzen Panorama römischer Massenunterhaltung 712: WEEBER, Panem et circenses].

Die Kosten der großen Spektakel trugen der Kaiser oder die Patrone der Städte. Ihr Dank war die uneingeschränkte Bewunderung, die ihnen entgegenschlug und ihren Anspruch auf Führung bestätigte [zur Magerius-Inschrift: L'Année épigraphique 1967, S. 549]. Für die Tage, an denen die Massen sie hochleben ließen, hatten sie gelebt, und im Jubelsturm der Menge waren sie auf dem Gipfel ihrer sozialen Existenz und ihres persönlichen Glücks angekommen: „Als der Wohltäter, der sie alle zusammengebracht hatte, vor die Menge hintritt, erheben sich alle von ihren Plätzen und begrüßen ihn mit lautem Jubel. Wie aus einem Munde lassen sie ihn als Schutzherrn und Herrscher ihrer Vaterstadt hochleben und strecken den Arm zum Gruße aus... Sie nennen ihn den Nil der Wohltätigkeiten und sagen, daß er mit seinen großzügigen Geschenken wie der Ozean unter den Gewässern sei." Der Kirchenvater Johannes Chrysostomos, der solche Wünsche als Hoffart geißelte, ergänzte zornig, daß alle Standesgenossen des so geehrten Vornehmen heimlich beteten, einst möge auch für sie der Tag anbrechen, an dem Tausende im Theater von ihren Sitzen aufsprängen, um sie jubelnd als Wohltäter und Väter der Stadt zu begrüßen (Johannes Chrysostomos, Über Hoffart und Kindererziehung 4 f.). *Der Lohn der Ausrichter*

„Das Volk", höhnte der Satiriker Juvenal, „welches früher den Oberbefehl, die Fasces, die Legionen, kurz alles verlieh, hält sich jetzt zurück und wünscht sich nur noch zwei Dinge: Brot und Spiele" (Satiren 10,88). Dies, lobte der Rhetor Fronto, habe Kaiser Trajan genau gewußt, so daß ihm nie in den Sinn kam, diese zu vernachlässigen (Fronto, Die Grundsätze der Geschichtsschreibung 17). Tatsächlich war die fürstliche Großmut (*liberalitas*) Teil des politischen Umgangs mit der hauptstädtischen Bevölkerung, deren in der Arena gebündelter Zorn zu fürchten und deren Hochrufe zu suchen waren. Was in Rom galt, war in den Städten des Reiches Gesetz. Hier wie dort hatte sich der Raum der Politik verengt, hielten der Kaiser und seine Bürokraten oder lokale Notabeln die Macht in *Die politische Bedeutung der Spiele*

Händen. So blieben die Theater und Stadien die einzigen Orte, um den Mächtigen zuzustimmen oder ihnen die Faust zu zeigen. Dort saßen, Reihe für Reihe und geordnet nach Berufsgruppen und Vereinen, alle sozialen Schichten. Brüllten sie gemeinsam, verwandelte sich eine schaulustige Menge plötzlich in einen ernsten politischen Gegner. Auch ein plötzliches Verstummen, etwa wenn der Statthalter das Rund des Theaters betrat, ließ nichts Gutes ahnen. Aus der Sicht des fernen, aber wachsamen Rom hatte ein solcher Beamter in beiden Fällen seine Untertanen nicht glücklich, sondern aufsässig gemacht und damit seine Aufgabe, die Provinz ruhig zu halten, verfehlt.

Kaiser und plebs urbana

Das wichtigste Buch hierzu schrieb PAUL VEYNE. Er modifizierte überzeugend die bereits in der Kaiserzeit kolportierte und naheliegende These, die plebs urbana sei durch Brot und Spiele planmäßig von politischen Themen abgelenkt worden. Richtig daran sei, daß die Mächtigen danach strebten, nicht nur die Unterwürfigkeit, sondern auch die Zuneigung der Beherrschten zu gewinnen. In Rom habe der Kaiser durch die Spiele seine Volkstümlichkeit bewiesen, während die Menge durch Akklamationen oder Mißfallensäußerungen ihre Zustimmung oder Forderungen vortrug. So konnte sich das „Drama der Gefühle", das die Spiele zelebrierten und Kaiser und Untertan einander für Tage, manchmal für Wochen näher brachte, schnell in eine „Arena der Politik" verwandeln, auf der die Stabilität des kaiserlichen Regiments ernsthaft geprüft wurde [499: VEYNE, Brot und Spiele, S. 83 ff., 603 ff.]. DEININGER geht einen Schritt weiter. Gestützt auf Tacitus spricht er den Spielen den Rang einer Institution zu, die der politischen Artikulation der städtischen Plebs Raum gab; diese habe durchaus ein waches politisches Interesse besessen, mit dem die Kaiser zu rechnen hatten [413: DEININGER, Brot und Spiele, S. 278 ff.]. Seine Ergebnisse unterstreicht SÜNSKES THOMPSON [416: Demonstrative Legitimation). Sie sieht im weiten Rund der Arena den Kaiser um Zustimmung für seine Herrschaft werben und betont, „daß das Volk von Rom den *status quo* bevorzugte und sich als verläßlicher Unterstützer des Kaisers erwies, dessen Legitimität von der Menge so lange in öffentlicher Demonstration bestätigt wurde, wie er die existentiellen Bedürfnisse und moralischen Erwartungen der Plebs erfüllte" (S. 31).

Die Verhaltensnormen

Fragen nach den Lebensformen und der Moral verweisen auf alle von der Gesellschaft einstudierten Verhaltensweisen, die in der Abgeschiedenheit des privaten Raums wie auf der öffentlichen Bühne gelten. Sie unterstreichen soziale Distanz, vornehme Exklusivität oder gesellschaftliche Abhängigkeit und willigen Gehorsam. Wer sich richtig zu benehmen wußte, wer die rechte Sprechweise gelernt und seine Gesten unter Kontrolle hatte, durfte mit Fug und Recht Beachtung verlangen, da ihn sein Verhalten als bedeutsam und mächtig auswies. In einer aristokratisch geordneten und monarchisch geführten Gesellschaft wie der römischen, deren Funktionsfähigkeit eine homogene Elite, die Unanstößigkeit des kaiserlichen Amtes und eine klare Unterscheidung zwischen oben und unten forderte, mußte die private Sphäre von öffentlicher Bedeutung sein und konnte jederzeit zum Gegenstand staatlicher Gesetze werden [grundlegend 475: BALTRUSCH, Regimen morum; BROWN: 563, S. 233 ff.; 708: SCHOTTLÄNDER, Römisches Gesellschaftsdenken].

Das Verhältnis des Menschen zu seinem Körper ist nicht ausschließlich dem kreatürlichen Zustand geschuldet, sondern das Ergebnis langer Lernprozesse, die alle Formen sozialer Kommunikation und sozialer Abgrenzung immer wieder neu festlegen. Fragen nach Geschlecht und Sexualität zielen daher auf das historische Individuum und den sozialen Raum, in dem es sich bewegt. Dort, wo (wie in der Antike) die Erfahrungen des Einzelnen mit den Werten der Gemeinschaft übereinstimmen und zwischen politischem Herrschaftsanspruch und privater Moral ein unauflösbarer Zusammenhang besteht, ist auch die sexuelle und eheliche Moral in das Licht des öffentlichen Interesses gehüllt. Zur aristokratischen Exklusivität etwa gehörte in Rom die rechte Einstellung zur Sexualität. Würdevolles Benehmen hörte im Bett nicht auf, und das Ehegemach mußte eine Schule des gesitteten Verhaltens sein, kein Spielplatz erotischer Passion. Bestimmte Positionen einzunehmen z. B. bedeutete, sich aus Übermut, Zügellosigkeit und Unbeherrschtheit an der Natur zu vergehen. Sexualität

Das Interesse an diesem Thema nimmt zu. Seine allen Details übergeordnete Wichtigkeit demonstriert bereits die Frage, warum sich das Christentum, lange eingesponnen in eine eigene Welt, in der Kaiserzeit durchsetzen konnte. In den ersten beiden Jahrhunderten, antwortet VEYNE, fand ein großes und trotzdem unbeachtetes Ereignis statt: „eine Metamorphose der sexuellen und ehelichen Beziehungen, die zu einer Übereinstimmung der heidnischen Sexualmoral mit der künftigen christlichen Ehemoral hinführt" [450: VEYNE, Gesellschaft, S. 81–123]. Diesem Generalthema hat BROWN ein meisterliches Buch gewidmet. Es untersucht die Gründe und die Praxis „dauerhafter sexueller Enthaltsamkeit" in den christlichen Gemeinden und forscht nach den Motiven und Folgen der Wandlungen, welche die christliche Einstellung zur Sexualität bis in die Zeit des Augustinus prägten. Dabei werden alle großen Kirchenväter, von Paulus bis Augustinus, von Tertullian bis Ambrosius, vom Hirt des Hermas bis Johannes Chrysostomos in den Zeugenstand gerufen. Ihre Aussage bestätigt die Ergebnisse Veynes: Die puritanische Ehemoral, die die Bischöfe der schweigenden Mehrheit ihrer Gemeinden predigten, war auch die der römischen Moralisten [890: BROWN, Die Keuschheit der Engel. Auch die theologische Literatur hat sich an das Thema Sexualität längst gewöhnt: H. TIEDEMANN, Erfahrung des Fleisches. Paulus und die Last der Lust, Stuttgart 1998; vgl. auch S. 329].

Die philologische Forschung hat sich in mehreren Arbeiten mit der Furcht der Mächtigen beschäftigt, die Teil ihres Lebens unter einem allmächtigen Kaiser war. Die düstere Atmosphäre von Angst und Terror, die die Majestätsprozesse des Tiberius auslösten, wird in den Annalen des Tacitus ausführlich geschildert und ist daher häufig untersucht worden (Tacitus, Annalen 6,8 zum Prozeß gegen den römischen Ritter Terentius). Die Ausweitung dieser Fragestellung auf eine ganze Die Furcht

Epoche oder alle sozialen Schichten lag als Aufgabe nahe. So stellte bereits 1965 Dodds dem zweiten und dritten Jahrhundert die Diagnose einer tiefsitzenden Angstneurose: Die Menschen, die damals öffentlich an den Kaiser wie an einen fürsorgenden Gott glaubten, hätten im privaten Heim der Zukunft nicht getraut, ängstlich die Orakel befragt, auf Schwarmgeister gehört und in Romanen gestöbert, die sie in andere Welten entführten. Und vor allem hätte ihre Suche nach Gott tiefe Schatten über alle ihre anderen Tätigkeiten geworfen [734: Dodds, Heiden und Christen; das Buch hat eine heftige Diskussion ausgelöst: R.C. Smith/J. Lounibos (Hgg.), Pagan and Christian Anxiety. A Response to E.R. Dodds, Lamham 1984; zusammenfassend 695: Strobel, Imperium Romanum, S. 21 ff.].

Das Thema war aufregend und verlangte geradezu nach weiterer Aufklärung. So erschienen 1994 zwei Bücher zu den Ängsten, die die Menschen des ersten und zweiten Jahrhunderts plagten: Barghop versuchte es mit den Methoden der historischen Anthropologie und richtete den Blick auf die Senatoren, Kneppe hielt sich an die philologische Tradition, analysierte die Ängste als Teil des allgemeinen Zeitgefühls und konzentrierte sich auf die Krisenjahre 9, 69 und 193 [D. Barghop, Forum der Angst. Eine historisch-anthropologische Studie zu Verhaltensmustern von Senatoren im Römischen Kaiserreich, Frankfurt 1994; 738: Kneppe, Metus temporum]. Einen Dammbruch hin zu derartigen Fragestellungen bewirkten diese Arbeiten jedoch nicht.

Die Hoffnung   Dort, wo sich die Angst in Hoffnung verwandelt, bezeugt sie ein neues Verständnis von den Göttern und ihren Pflichten. Erwarteten die Menschen seit dem 2. Jahrhundert von den Überirdischen, was diesen bisher allein zukam, die Teilhabe an der Unsterblichkeit? Spiegeln die aufstrebenden Mysterienkulte, der wachsende Aberglaube, die weite Verbreitung gnostischer Lehren sowie die Forderungen nach sittlicher Reinigung ein allgemein steigendes Verlangen nach dem Kraut, das gegen den Tod gewachsen war? Suchten jetzt mehr Menschen als zu anderen Zeiten nach dem Schlüssel, der die Pforten der Ewigkeit öffnete? Für die Christen hatte der Sohn Gottes durch seinen Tod die Menschen vom Tod losgekauft – aber strebten danach nicht alle Menschen, die sich nicht damit abfinden wollten, daß allein die Götter mächtig, weise und glücklich waren? Mit einem Wort: Wurzelt der Aufstieg des Christentums nicht auch in einem Wandel der Erwartungen, die Menschen an ihr Leben stellten? „Freut euch, daß eure Namen im Himmel geschrieben sind", hatte Jesus nach Lukas (10,20) den Seinen versichert – wollten nicht alle dorthin? Den alten Göttern war der Tod fremd, und kein Grieche oder Römer konnte in seiner letzten Stunde zu einem Gott sagen: „In deine Hände befehle ich meinen Geist." Auch Jahwe war die Unsterblichkeit des einzelnen nicht willkommen, und nach Johannes hat Jesus seine eigene Tat daran gemessen: „Eure Väter haben Manna gegessen und sind in der Wüste gestorben. Ich bin das lebendige Brot, vom Himmel gekommen, wer von diesem Brot ißt, wird leben in Ewigkeit" (6,49–51).

JACOB BURCKHARDT hat daraus Konsequenzen gezogen und die Veränderung der Denkweise in der Kaiserzeit im Zusammenhang mit dem Aufstieg und dem Sieg des Christentums beschrieben: „Sodann aber war die Zeit gekommen, da der Mensch in ein ganz neues Verhältnis zu den sinnlichen wie zu den übersinnlichen Dingen treten sollte, da Gottes- und Nächstenliebe und die Abtrennung vom Irdischen die Stelle der alten Götter- und Weltanschauung einnehmen sollten" [Werke II, 1929, S. 113]. Das Grundproblem und die künftigen Aufgaben der Forschung hatte er damit definiert: „Wir müssen ... Götter-, Orakel-, Wunder-, Magie- und Geisterglauben als konstituierende Elemente von Wahrnehmung und Analyse der Welt in der Bevölkerung der Kaiserzeit betrachten, die auch vom Christentum keineswegs zurückgedrängt wurden" [695: STROBEL, Imperium Romanum S. 327 f.; so auch H.C. KEE, Miracle in the Early Christian World, London 1983, und 835: LANE FOX, Pagans and Christians, S. 36 f.].

Damit ist ein neues Terrain abgesteckt, das zu bearbeiten fesselnder sein kann als so manches Feld, das die offizielle Philologie immer wieder umgräbt. Dies beweisen kulturhistorische Monographien über die Anziehungskraft des Exotischen [A. DIHLE, Die Griechen und die Fremden, München 1994, S. 105–121], aber auch theologische Arbeiten zu den christlichen Wundergeschichten und dem Umgang der Frommen mit ihnen [215: THEISSEN, Wundergeschichten; 805: BERGER, Historische Psychologie]. Menschen, die nicht daran zweifelten, daß viele Kranke unter ihnen von Dämonen geplagt wurden, machten andere Lebenserfahrungen und bewerteten sie anders als die Menschen eines aufgeklärten Zeitalters. Jesus, so berichten alle Evangelisten glaubhaft, erhielt Zulauf als erfolgreicher Exorzist – bei Markus sind die Hälfte aller Wunder glorreich bestandene Kämpfe gegen Dämonen. Seine Jünger, so erzählen die Apostelgeschichte und die apokryphen Apostelakten, folgten dem Vorbild und dem Auftrag des Meisters: „Treibt Dämonen aus!" [Mt. 10,8; B. KOLLMANN, Jesus und die Christen als Wundertäter, Göttingen 1996; 214: THEISSEN, Lokalkolorit, S. 102 ff.; EBNER, in: 136: Lukian, Lügenfreunde, S. 167–182].

Wundergeschichten

Einsichten dieser Art verändern nicht nur gründlich die Vorstellung von den Anfängen des Christentums, sondern führen zu neuen Fragen über das Bild, das wir uns von den antiken Menschen machen müssen. Viele von ihnen glaubten, nicht sie selbst seien Herren ihres Tuns, sondern Wesen, die als gute oder böse Dämonen ihre Spiele trieben, als Handelnde und Sprechende mächtig waren und mit eigenem Namen agierten (Augustinus, Gottesstaat 18,18). Wer so dachte, verband viele alltägliche Dinge mit besonderen Wünschen. So sangen die frühen Christen nicht nur zur Erbauung der Herzen. Vielmehr hofften sie, mit ihren Liedern die Geister abzuwehren, die die Luft bevölkerten, und teilzuhaben an dem Lobgesang der himmlischen Chöre, die sie vor dem Throne Gottes jubilieren hörten. Für diese Menschen waren Wundertäter und Heilige nichts Außergewöhnliches, und ihnen Einfluß in der Gesellschaft einzuräumen, erschien ganz selbstverständlich, hatten sie doch Macht über die Dämonen und damit über die

Krankheiten, das schlechte Wetter und die täglichen Gefahren des Lebens [grundlegend 732: BROWN, Die Gesellschaft und das Übernatürliche, S. 21–47]. Am Ende weiterer Untersuchungen mag vielleicht die Einsicht stehen, daß das Christentum nicht deswegen über die alten Götter siegte, weil es den Glauben an die Dämonen abschaffte, sondern weil Jesus und seine späteren Diener Heerscharen von ihnen aus den gepeinigten Menschen austrieben.

Die Schwierigkeiten einer Mentalitätsgeschichte

Der Weg zu einer umfassenden Mentalitätsgeschichte der Kaiserzeit ist mühsam. Als erstes verlangt er, entschlossen hinabzusteigen in die dornigen Niederungen einer bisher wenig geachteten Literatur. Dort, in Romanen, Reiseberichten, Volksdichtungen, Zauberbüchern und nicht zuletzt in zu Andacht und Erbauung geschriebenen christlichen Wundergeschichten findet sich, was den kleinen und so manchen großen Mann umtrieb, wenn er über den Sinn des Lebens und die geheimen Kräfte, die es lenkten, nachdachte (vgl. dazu die ebenso polemische wie melancholische Betrachtung des Plinius, Naturgeschichte 28,10 und 30,1 ff.). Als zweites erwartet er, daß sich der Wanderer daran gewöhnt, in eine wundergläubige Zeit einzutauchen, in der Sterne den Menschen die Geschichte deuten, Kaiser Visionen haben, die Götter noch zu den Menschen sprechen und verkünden, welche Sache sie für die gerechte halten. Augustinus (Gottesstaat 18,13 ff.) zählte die alten Mythen und Fabeln auf, von denen die Dichter nicht lassen wollten. „Gaukelspiel der Dämonen" nannte er sie zornig; was den Frommen zu raten sei, die allzu gierig danach greifen, fügt er gleich hinzu: „Fliehet hinweg aus Babylons Mitte." Jedoch: seine genaue Schilderung aller dieser alten und hundertfach erzählten Geschichten strafen ihn Lügen: Auch er kannte sie, auch er muß sie geliebt haben.

Die Ziele der archäologischen Forschung

Am weitesten vorangekommen auf dem Weg der Altertumswissenschaften zur Mentalitätsgeschichte ist die archäologische Forschung. Anfang der 70er Jahre hatte BANDINELLI eine Kunstgeschichte Roms vorgelegt, die selbstbewußt Abschied von der formalästhetischen Betrachtungsweise nahm und ankündigte, verstehen zu lehren, „welche Kulturelemente, welche Bräuche, welche klar erfaßbaren oder unterschwelligen Motive dazu beigetragen haben, Bedeutung und Ausdruck der betreffenden Kunstwerke zu bestimmen" [253: BIANCHI BANDINELLI, Rom, S. 11; vgl. im farbenfrohen Überblick 251: ANDREAE, Die Römische Kunst]. 1987 nahm ZANKER den Faden auf und meldete sich mit dem programmatischen Satz zu Wort: „Bauwerke und Bilder spiegeln den Zustand einer Gesellschaft, ihre Wertvorstellungen ebenso wie ihre Krisen und Aufbruchstimmungen." Mit ihm machte sich eine ganze Forschergeneration auf, den Prozeß eines umstürzenden Stilwandels aus den Legitimationsnöten einer sich etablierenden Monarchie zu erklären [grundlegend 262: ZANKER, Augustus, S. 5]. Am Ende gerieten alle Formen sozialer Kommunikation, soweit sie sich zu Bildeindrücken verdichteten, ins Blickfeld, und ihre mentalitätsgeschichtliche Befragung revolutionierte einen ganzen Forschungszweig.

Dieser ordnet Geographie, Raum und Stadt in die Geschichte der Gesellschaft und der Lebensformen ein, betrachtet die Bauten der Amphitheater, Thermen, Wasserleitungen und Straßen in den alten Römerstädten als steinerne Zeugnisse vergangener Lebensart und liest die Triumphbögen, Statuen und Grabdenkmäler als Dokumente politischer Rechtfertigung und sozialer Selbstdarstellung [279: ZANKER, Pompeji; 275: ANDREAE, Am Birnbaum; zur heutigen Ortsbestimmung der Klassischen Archäologie 252: BORBEIN/HÖLSCHER/ZANKER; darin besonders wichtig ZANKER, Bildräume und Betrachter im kaiserzeitlichen Rom, S. 205–226]. Damit weitet sich der Blick über die aristokratische und monarchische Herrlichkeit hinaus: So findet ZANKER in den Grabreliefs der Freigelassenen das fast rührende Bemühen des kleinen Mannes, zu sein wie der große Herr [255: ZANKER, Grabreliefs].

Formalästhetische Kategorien erhalten bei dieser Betrachtungsweise einen neuen Stellenwert. So kann das Studium des sich wandelnden Kunstgeschmacks z. B. die Eigenart des Lebensgefühls der Menschen bestimmter Perioden der Kaiserzeit, ihre Empfindungen und sentimentalen Erinnerungen zum Sprechen bringen [256: ZANKER, Klassizistische Statuen]. Es blieb das Publikum und seine Erwartungen. Denn nicht nur, was gezeigt, sondern wie, wo und wem es gezeigt wird, ist von fundamentaler historischer Bedeutung. Gerade politisierte Kunst, die in allen ihren Ausdrucksformen eine bestimmte Botschaft vermitteln will, muß die Interessen ihrer Adressaten besonders dann berücksichtigen, wenn sie diese verändern will [T. HÖLSCHER, Staatsdenkmal und Publikum. Vom Untergang der Republik bis zur Festigung des Kaisertums in Rom, Konstanz 1984; grundlegend zur Botschaft der Trajanssäule 273: SETTIS, Die Trajanssäule].

Die Anfänge der christlichen Kunst liegen im Dunkel. Erst im 3. Jahrhundert treten die ersten anonymen Künstler auf, die alt- und neutestamentliche Berichte auf Grabwände und Grabverschlüsse malen; Christus-, Marien- und Heiligenbilder folgen erst im 4. und 5. Jahrhundert. Lag dies an der sozialen Schichtung, an der geringen Zahl oder an dem Willen der frühen Christen, sich auf die größere Eindeutigkeit des Schriftlichen zu verlassen? Wie auch immer: Daß heidnische Werkstätten eines Tages auch Bildwerke mit rein christlicher Thematik schufen, bedurfte der Neuinterpretation des Gebotes, das für Juden und Christen gleichermaßen galt: „Du sollst dir kein Bildnis noch irgendein Gleichnis machen" [2 Moses 20,4; zur Umgehung dieses Gebotes s. B. BRENK, Spätantike und frühes Christentum, Frankfurt 1977, S. 16 ff. Überblicke über die Entwicklung der christlichen Kunst bei 313: MEER, Bildatlas; A. GRABAR, Die Kunst des frühen Christentums I, München 1967. Zur historischen Bedeutung: TH. F. MATHEWS, The Clash of Gods. A Reinterpretation of Early Christian Art, Princeton 1999].

Die Aussage der christlichen Kunst

c. Die Welt des Übernatürlichen

Definition

Zum Bild einer Gesellschaft gehören ihre Hoffnungen, ihre Verzweiflung, ihre Phantasien, ihre Träume, ihr Verständnis von Gott und der Welt [722: CLAUSS, Mithras, S. 19 ff.]. Teil einer sozialgeschichtlichen Analyse sind daher Untersuchungen zu Aberglaube, Wahrsagerei, Wunder, Magie und Hexerei. Die mediävistische und frühneuzeitliche Forschung ist in dieser Thematik eingeübt, die althistorische beginnt erst damit. Lange hielt sie sich an Plutarch, der übernatürlichen Hokuspokus zu meiden empfahl: „Es gibt keine Krankheit, die so voller Irrtümer und Leidenschaften steckt, in der sich solche widersprüchliche, ja einander aufhebende Meinungen vermischen, wie die Krankheit des Aberglaubens. Deshalb muß man ihm entfliehen" [Plutarch, Über den Aberglauben 14; Übers. in: 101: SNELL, S. 83–92; 101: KLAUCK, S. 82; die großen Magier, Zauberer und Hexen stellen Diogenes Laertios 1,1 f. 6–9 und 733: DICKIE, Magic and Magicians, S. 202–250 vor]. Das Urteil Plutarchs hielt in der Berufung nicht stand. In den letzten Jahren versucht eine ganze Reihe von Althistorikern eilends nachzuholen, was ihnen andere Disziplinen voraus haben – unter ihnen auch die Theologen, wie der Beitrag zur geistigen Situation der Kaiserzeit von A.M. RITTER zeigt [in 812: Hdb. I, S. 99–116].

Die Quellen

An Material mangelt es wahrlich nicht; dies demonstriert z. B. der Überblick bei KLAUCK [178: Religiöse Umwelt I, S. 129–197]. Denn es sind nicht nur die literarischen Quellen, die aussagewillig sind; Weihinschriften, Fluchtafeln, Gelübde, Weihgaben, Figürchen von Menschen und Göttern, Miniaturen von Tieren u.ä. (Massenproduktionen in der Regel) bieten ihre Dienste an. Sie alle bezeugen den tiefen Glauben an die Möglichkeit, mit dem Übernatürlichen Kontakt aufnehmen und dadurch Wege finden zu können, die das harte Geschäft des Lebens erträglicher machen. Zwar sind es Angehörige aller Stände, die sich um Wundertäter und Wahrsager drängten. Aber die Quellen sprechen vor allem über die kleinen Leute, und was sie von ihnen erzählen, handelt von täglicher Not und Krankheit, von Haß und Mißgunst, von Hoffnung und Dankbarkeit, kurz: von einem Leben im Schatten des großen Weltgeschehens und des offiziellen Staatstheaters. Dort konnte man an seinen Feinden nicht aus eigener Kraft Rache nehmen. Dort war Genugtuung für erlittene Unbill nur mit Hilfe der Götter und rächender Geister zu bekommen [728: RÜPKE, Die Religion, S. 154 ff.; zu den Fluchtafeln BRODERSEN, Briefe in die Unterwelt, in 731: DERS., Gebet und Fluch, S. 57–68].

Die Gerichte und das Übernatürliche

Wer erfahren mußte, daß seine Feinde ihn und seine Familie durch Hexerei ins Unglück stürzen wollten, der rief nach dem Staat und wehrte sich durch eine Anklage – wenn er die Macht und das Geld dazu hatte. Wie schwer es war, einer solchen Beschuldigung mit heiler Haut zu entkommen, wußten die Betroffenen am besten. Zu ihnen zählt der Dichter Apuleius (s. S. 161). Er war 158/59 in der Stadt Sabratha in der nordafrikanischen Tripolis vor dem Prokonsul beschuldigt worden, er habe als nahezu mittelloser und ortsfremder Literat eine reiche Witwe, die einstige Schwägerin des Anklägers, durch Zauberei gefügig gemacht und zur Hochzeit gezwungen. Seine Verteidigungsrede zählt zu den wichtigsten Quellen über ein solches Prozeßverfahren [*Apologia sive de magia*, 736: GRAF, Gottesnähe, S. 61–82; zur persönlichen Lage des Dichters U. SCHINDEL, Die Verteidigungsrede des Apuleius; die rechtliche Würdigung des Prozesses bei D. LIEBS, Römisches Recht in Africa im 2. Jahrhundert n. Chr.; beide Aufsätze in: Literatur und Recht, hg. U. MÖLK, Göttingen 1996, S. 13–36]. Dieser und andere Prozesse (z. B. Tacitus, Annalen 12,59) sowie die von LIEBS herangezogenen Aussagen der Juristen Ulpian (um 210) und Pseudo-Paulus (um 290) machen deutlich, in welchem Ausmaß Zauberei und Wahrsagerei als schwere, todeswürdige Verbrechen galten. Zu dieser Einschätzung trugen die Zaubermittel und Zauberpraktiken bei, die zu Angriff und Abwehr taugten und von Alchemisten zusammengerührt wurden. Diese dienten jedermann, und sie taten das ihre, um geheimnisvollen Kulten unerhörte Weihen und den Gläubigen nie erlebte Schrecken und Wonnen zu vermitteln. Was dabei genau geschah, war nicht immer sagbar, sondern nur erlebbar. Das Ziel allerdings blieb stets klar: Die Befreiung von allen Übeln, vergleichbar der Erlösung, von der die Mysterienkulte sprachen, begleitet von der Offenbarung einer Gottheit, der Begegnung mit dem Heiligen [H.-W. SCHÜTT, Auf der Suche nach dem Stein der Weisen: Die Geschichte der Alchemie, München 2000, S. 11–148].

Wer die Welt beherrscht, weiß, daß es in ihr nicht mit rechten Dingen zugeht. Denn Zufall, das Schicksal oder die Verquickung von Geschehnissen, die man nicht in der Hand hat, können jede Planung, so vorausschauend sie immer entworfen worden war, von einem auf den anderen Tag verwerfen. Gegen diese geheimen Kräfte und Gegenkräfte halfen nur die Götter. Sie aber forderten überschwengliche Hingabe, verlangten nach ständiger Anbetung, gierten nach Opfern und mußten immer wieder neu verlockt oder versöhnt werden. Ihren Willen zu durchschauen, war schwer, und wer sich nicht mit den alten, gewiß nicht immer bewährten Mitteln der Erkundung göttlicher Ratschlüsse zufrieden geben wollte, fiel schnell in die Hände von Wahrsagern, Traumdeutern und Astrologen.

Magie und Zauberei

So war es die Angst vor dem Unerklärlichen, aber auch der Wille, das Unberechenbare irgendwie doch kontrollieren zu können, notfalls auch jenseits der von Göttern und Menschen gesetzten Grenzen, welche die Zauberer und Magier, die Wahrsager und Astrologen, die Traumdeuter und Orakelinterpreten unter Augustus wie unter Konstantin reich an Geld und Einfluß machte [grundlegend 735: FÖGEN, Enteignung der Wahrsager]. Tacitus verachtete von ihnen am meisten die Astrologen, „eine Menschenart, den Herrschenden treulos, den Hoffenden trügerisch, in unserem Staat immer verboten und immer gebraucht" (Historien 1,22). Überzeugend fanden das nur wenige. Die römische Gesellschaft war so abergläubisch wie jede andere (Plinius d. Ä., Naturkunde 30,1,1 f.), und die meisten dachten wie der große Augustus, der den Tag verfluchte, an dem er morgens den linken für den rechten Schuh anzog, und der sich im Keller versteckte, wenn ein Gewitter heraufzog [Sueton, Augustus 92,1; 335: BLEICKEN, Augustus, S. 674 f.; weitere Beispiele bei 178: KLAUCK, Religiöse Umwelt I, S. 129–196; zusammenfassend: N. JANOWITZ, Magic in the Roman World. Pagans, Jews and Christians, London 2001, der auch die polemische Verwendung des Begriffs *Magier* untersucht]. Die Vorlieben des 2. Jahrhunderts für Zauberei und Wunder schildert am vergnüglichsten Lukian; seiner Geschichte vom Zauberlehrling verschafften Wieland und Goethe zeitlosen Ruhm [Philopseudeis 34–36, 141: JONES, Lucian, S. 46 ff.; NESSELRATH, Lukian und die Magie, in 136: Lukian, Lügenfreunde, S. 153–166]. Was im privaten Raum gang und gäbe war, scheute auch den öffentlichen nicht. So fand die Nachricht Glauben, Kaiser Valerians antichristliche Religionspolitik sei nicht auf rationale Erwägungen, sondern auf die Einflüsterungen eines ägyptischen Zauberers zurückzuführen [Eusebius, Kirchengeschichte 7,10,4; 881: SCHWARTE, Christengesetze, S. 109 ff.; weitere Beispiele und grundsätzlich zum Verhältnis von Kaiser und Astrologie 735: FÖGEN, S. 110 ff., 138 ff.].

Die Position der Christen

Der Überbringer dieser Nachricht ist kein geringerer als der Bischof Alexandriens, Dionysios. Er und seine Glaubensbrüder haben also wie viele andere Menschen politisch unerklärbare Entscheidungen der Macht von Zauberern zugeschrieben. Denn es war eine Sache, schädliche heidnische Einflüsse zu vermeiden, und eine andere, sich dem Göttlichen auf vertraute Weise zu nähern. So machte das Kreuzzeichen, wen ein Skorpion gebissen hatte, „spricht eine Beschwörung und gibt der Bestie einen Fußtritt" (Tertullian, *Scorpiace* 1,3). So trug, wer sich auch nach der Taufe wirksam vor Fieber oder Zahnschmerzen schützen wollte, weiterhin schutzbringende Bleiamulette. Geschmückt waren sie jetzt allerdings mit dem Bild der Maria und dem Kind an ihrer Brust, und die Aufschrift verkündete: „Die Gottesmutter hilft" [830: SCHNEIDER, Geistesgeschichte, S. 304–311; M.W. MEYER/R. SMITH, Ancient Christian Magic. Coptic Texts of Ritual Power, Princeton 1999; B. LANG, Heiliges Spiel, München 1998, S. 311–391]. Nichts daran ist verwunderlich. Denn der Glaube an die Kraft des Übernatürlichen war soweit verbreitet, „daß man Magie und Religion für den überaus größten Teil der Menschen in eins setzen muß. Magie war kein abergläubisches Randphänomen, sondern die Religion des durchschnittlichen Menschen. Das Christentum war seiner sozialen Herkunft nach in keiner Weise dafür disponiert, aus dieser allgemeinen Religiosität auszubrechen" [H. D. BETZ, Hellenismus und Urchristentum, Tübingen 1990, S. 241].

Jesus als Magier

So taten sich die Christen, deren Hals Amulette mit magischer Kraft schmückten, schwer, den Vorwurf abzuwehren, Jesus sei in Ägypten in der Kunst der Zauberei ausgebildet worden, seine späteren Wundertaten bewiesen nur die Gelehrigkeit des Schülers, und seine Auferstehung sei eine geschickte Täuschung, nichts als sorgfältig vorbereitete Zauberei gewesen. Diesem Bild, das die Gegner der Christen, allen voran Kelsos, im 2. Jahrhundert wirkungsvoll verbreiteten (s. S. 315), schloß sich im 20. Jahrhundert der Religionshistoriker SMITH ausdrücklich an: Auch für ihn waren die Erscheinungen des Begrabenen das Ergebnis magischer Suggestion, von Jesus noch zu Lebzeiten bewußt initiiert [M. SMITH, Jesus the Magician, San Francisco 1978, S. 230–261 mit dem Hinweis, daß für den antiken Menschen der Schluß ganz nahe lag, Jesus sei den Jüngern am Grabe als Totengeist, als Dämon, erschienen und die Evangelien hätten dieser magisch-dämonologischen Deutung entgegenzuwirken versucht; zu den modernen Erklärungsversuchen des Ostergeschehens 775: THEISSEN/MERZ, Der historische Jesus, S. 415–422]. Vergleichbare Vorwürfe trafen den Wanderprediger Apollonios (zu ihm S. 314). Daher sind die Berichte, die ihm den Ruf eines exzellenten Magiers eintrugen, immer wieder parallel zu den Erzählungen der Evangelisten über die Wundertaten Jesu gelesen und mit ihnen verglichen worden [G. PETZKE, Die Traditionen über Apollonius von Tyana und das Neue Testament, Leiden 1970]. Daß die Heilungen Jesu Wunder und die des Apollonios Zauberkunststücke waren, entschieden erst spätere Jahrhunderte. Für die Zeitgenossen gilt anderes. Für sie wurde der Streit über Wunder nicht zwischen Gläubigen und Rationalisten ausgetragen, „sondern zwischen zwei Parteien derer, die an sie glaubten" [734: DODDS, Heiden und Christen, S. 108; 735: FÖGEN, S. 189 ff.].

Der Staat hat sich gegen Magie und Zauberei zur Wehr gesetzt, wenn er sich bedroht sah. So verfing sich in den Maschen der Gesetze, wer durch magische Praktiken den Lauf der Welt verständlich machen oder gar beeinflussen wollte und damit auf seine Weise die Stabilität der Gesellschaft gefährdete. Heftig begehrt und unendlich anstößig war der Blick in die Zukunft. Als die alten Orakelstätten ihren guten Ruf verloren, fiel ihr Geschäft in andere, das öffentliche Licht scheuende Hände. Der Kaiser fürchtete sie, wenn sie seine Person und das Imperium des Reiches magisch beschworen oder verfluchten. So drohte er allen Sehern und Zukunftsdeutern, die nach der Zukunft und dem Schicksal des regierenden Kaiserhauses zu fragen wagten, den Tod an. Am Ende vieler gesetzgeberischer Akte, die dem Elend nicht sanktionierter Zukunftsdeuterei abhelfen sollten, dekretierte 357 Kaiser Constantius: „Die Neugier all dieser Menschen auf die Wahrsagung soll endgültig schweigen!" Damit erklärte er unterschiedslos alle zu Kriminellen, die Kontakte mit dem Übernatürlichen unterhielten [735: FÖGEN, S. 48 ff.; zu den Gründen des Niedergangs der alten Orakel T. S. SCHEER, in: K. BRODERSEN (Hg.): Prognosis. Studien zur Funktion von Zukunftsvorhersagen in Literatur und Geschichte seit der Antike, Münster 2001, S. 73–95]. *Die Gegenwehr des Staates*

Es bleiben die Träume. Für Aristoteles und Cicero waren sie Begleiterscheinungen der Verdauung. Anklang fand diese biologische Erklärung allerdings nicht – im Gegenteil. „Träumen", so heißt es von Augustus, „maß er eine große Bedeutung bei, und zwar sowohl seinen eigenen als auch denen anderer, wenn er in ihnen vorkam" [Sueton, Augustus 91,1; erschöpfend und grundlegend zu den kaiserlichen Träumern 740: WEBER, Kaiser, Träume und Visionen]. Die *Die Träume*

Christen sahen es nicht anders: „Die meisten Menschen erlangen Kenntnis von Gott durch Träume", erklärte Tertullian ohne Bedauern. Träume ängstigten oder beglückten jedermann – ob Kaiser oder Sklave. Sie konnten heilen oder töten, sie konnten trivial sein oder Licht in das Dunkel der Zukunft bringen. In jedem Fall waren sie ein göttliches Zeichen und als solches ernst zu nehmen [722: CLAUSS, Mithras, S. 22; G.W. BOWERSOCK, Fiction as history, Berkeley 1994, Kap. IV]. Sie zu deuten, ihnen gar Botschaften für das rechte Tun zu entlocken, bedurfte allerdings der Sachkunde – tatsächlicher oder vorgetäuschter [G. WEBER, in 731: BRODERSEN, Gebet und Fluch, S. 89 ff.].

Die Traumdeuter   Einer der Kundigen war Artemidor aus dem kleinasiatischen Daldis. Er hatte sein Leben damit zugebracht, Träume und ihre Interpretationen zu klassifizieren. Sein Traumbuch (*Oneirocriticon*) ist das einzig erhaltene Exemplar einer einst blühenden Gattung. Es belehrte über die Technik der Traumdeutung und sammelte Berichte über in Erfüllung gegangene Träume [TH. HOPFNER, in: RE 6/A2, 1935, Sp. 2233–2245 s.v. Traumdeutung; P.C. MILLER, Dreams in late antiquity. Studies in the imaginations of culture, Princeton 1994; zum christlichen Verständnis siehe 734: DODDS, S. 44 ff.; kurzer Überblick bei 178: KLAUCK, Religiöse Umwelt I, S. 168 f.]. Zu den bekanntesten Träumern der Antike zählen der Hypochonder Aelius Aristeides, der von Krankheit und Heilung [P. BROWN, Die letzten Heiden, Berlin 1978, S. 72 ff.], und die Märtyrerin Perpetua, die in den angstvollen Wochen vor ihrem Tod vom Kampf mit dem Teufel träumte und wundersamen Trost erhielt [224: MUSURILLO, S. 106 ff.; 175: KLEIN/GUYOT, S. 98–117; 231: SHAW, Passion; 890: BROWN, Keuschheit, S. 88 ff. und P. HABERMEHL, Perpetua und der Ägypter oder Bilder des Bösen im frühen afrikanischen Christentum, Berlin 1992].

11. DIE ENTWICKLUNG DER RELIGIONSWISSENSCHAFT UND DAS HISTORISCHE INTERESSE AN DER ENTSTEHUNG DES CHRISTENTUMS

a. Die Gegenstände der Religionswissenschaft

Die Folgen der   Die Aufklärung und die in ihrem Gefolge wachsende Abkehr des aufsteigenden
Aufklärung   Bürgertums von allen religiös bestimmten Deutungen des menschlichen Lebens hatten die Entwicklung der jungen Geschichtswissenschaft im 19. Jahrhundert tief beeinflußt. Viele ihrer Vertreter waren wie ihr ungekrönter König Theodor Mommsen überzeugte Liberale und den Idealen der Achtundvierziger Revolution zeitlebens verbunden. Die Zukunft, daran zweifelten nur wenige, gehörte den aufgeklärten Geistern und nicht den etablierten Dienern längst überlebter antiker Religionen. Diese, so schien es, schickten sich ohnehin an, von der modernen Welt Abschied zu nehmen. Die Protestanten, weil sie sich in den Jahrzehnten nach der Französischen Revolution einer stockkonservativen Le-

bensführung verschrieben hatten, die Katholiken, weil sie der Kirche die Treue hielten, obwohl das Erste Vatikanische Konzil 1870 dem Papst in Fragen des Glaubens und der Sitte die Unfehlbarkeit zuerkannt hatte, wenn er ex cathedra sprach [TH. NIPPERDEY, Deutsche Geschichte 1866–1918, Bd.I, München 1990, S. 428 ff.].

So hatten die Historiker ein gutes Gewissen, als sie sich den Problemen zuwandten, die bereits Barthold Georg Niebuhr ans Katheder der neu gegründeten Humboldt-Universität in Berlin getrieben hatte: Staat, Verfassung und Politik [NIEBUHR, Römische Geschichte I, 1811, Vorrede]. Auch die Klassische Philologie hatte sich von der Theologie distanziert und tat wenig, um die Historiker daran zu erinnern, daß der Siegeszug des Christentums auch sie zum Nachdenken herausfordern mußte. So waren die Philologen zwar dabei, als die Theologen in großen Corpora die gesamte schriftliche Hinterlassenschaft der frühen Christen zu edieren begannen, aber sie stellten keine eigenen Fragen an die Texte. Nützlich schienen sie allenfalls als Steinbrüche, in denen sonst verlorene Zitate gefunden werden konnten. Die Autoren selbst maß man an den großen Klassikern und fand Epigonen: Schreiberlinge, die Griechisch oder Lateinisch wie Barbaren schrieben und daher keine Beachtung verdienten. So der vordergründige Befund. Im Grunde aber lag der Bruch bereits Jahrhunderte zurück: „Der Humanismus hat sich konstituiert, indem er die *humaniora* dem *divinum* entgegenstellte, und er hat dabei mit Entschiedenheit auf die paganen Klassiker zurückgegriffen. Der antikirchliche Impuls konnte sich im Formalen verstecken. Man entdeckte das ‚gute' Latein und blickte stolz von der Höhe der ‚klassischen' Sprache aufs Mönchslatein herab – das immerhin eine Sprache lebendiger Kommunikation geblieben war. In welchem Sinne es überhaupt ‚gute' und ‚schlechte' Sprache geben kann, hat man nicht diskutiert; der Stolz der Humanisten ging bruchlos über in die Hybris des Noten verteilenden Gymnasiallehrers" [280: BURKERT, Altertum/Christentum, S. 14 f.].

So kam es, wie es kommen mußte: Die Theologen machten sich alleine an die Arbeit, die quellenkritischen Kunstgriffe der Historiker auf ihre Texte anzuwenden und diese mit historischen Fragen zu traktieren. Aber sie taten (und tun es) auf ihre eigene Weise. Denn nichts und niemand kann sie aus der Pflicht entlassen, in den Anfängen des Christentums die Grundlagen ihres Glaubens zu bedenken, steht er doch „auf dem Fundament der Apostel, Propheten, Hirten und Lehrer" (Paulus, Eph 4,11 f.) und damit auf Texten. Dies beflügelte und hatte Folgen: Heute häuft sich um ein kleines Buch, das Neue Testament, ein Berg von Literatur, den ein Theologe vielleicht, ein Historiker gewiß nicht erklimmen kann. „Die Sekundärliteratur zum Johannes-Evangelium", seufzte der Theologe BERGER, „ist so angewachsen, daß man mittlerweile zu jedem Vers eine mehrbändige Forschungsgeschichte schreiben könnte und müßte" [K. BERGER, Im Anfang war Johannes, Stuttgart 1997, Vorwort; ebenso: M. HENGEL, Aufgaben der neutestamentlichen Wissenschaft, in: New Test. Stud. 40 (1994) S. 321–357].

Philologie und Theologie

Die Pflichten der Theologen

Die Religions-wissenschaft

Die Götter waren unsichtbare Nachbarn jedes antiken Menschen und bestimmten sein Leben von der Wiege bis zur Bahre. Sie erwarteten von ihm täglich sichtbare Beachtung und rauchende Altäre, ererbte Riten und festgelegte Gebärden. Sie waren viele, und so gab es viele Wege, sich ihnen zu nähern [758: Brown, Entstehung, S. 34 ff.]. Sie alle kennenzulernen, erschien auch dem 18. und 19. Jahrhundert wichtig, und niemand zweifelte an der Notwendigkeit, diesen Aspekt des antiken Lebens zu beleuchten und daraus eine Wissenschaft zu machen. Diese entwickelte sich mit der zunehmenden Spezialisierung zu einer eigenständigen Disziplin [280: Burkert, S. 22 ff.]. Allerdings nicht völlig, denn die Klassische Philologie wollte ihre Beschäftigung mit der altrömischen Religion und deren Wandel in der Kaiserzeit nicht aufgeben. Die Darstellungen der römischen Religionsgeschichte von G. Wissowa [730] und K. Latte [725] zeugen von ihrer Forschungsleistung und ihrer Schwerpunktsetzung [J. Rüpke, in 721: Cancik/Rüpke, Reichsreligion, S. 8 ff.]. Wenn dessen ungeachtet Religionsgeschichten heute anders als die von Wissowa und Latte aussehen, so hat dies mehrere Gründe. Als erstes ist auf die Fülle des neuen Materials zu verweisen, das die Provinzialforschung zutage gefördert hat; es bezeugt einen überwältigenden Siegeszug der orientalischen Religionen durch die Städte und Militärlager des Imperiums [Grundlegend dazu bleibt die Arbeit von R. Reitzenstein, Die hellenistischen Mysterienreligionen nach ihren Grundgedanken und Wirkungen, Leipzig 1910, auf die die von M.J. Vermaseren geleitete Schriftenreihe *Études preliminaires aux religions orientales* aufbaut]. Dann wurde die Vorstellung Wissowas aufgegeben, die Untersuchungen zur römischen Religion ließen sich auf die Staatsreligion begrenzen. Schließlich weitete sich die Suche nach der Bedeutung von Religion zur vergleichenden Religionssoziologie aus.

Max Weber und die Religionssoziologie

Die wichtigste Rolle in dieser Entwicklung kommt Max Weber zu. Für ihn (wie schon für Herodot) gab es keine Staatsformen ohne Religion, denn alle belegten kennen „theokratische Gewalten". Anders aber als in der orientalischen Kultur, in der die Priesterschaften die Legitimität des Königs bestimmten und daher eine dominierende Position gewannen, sei die griechische Bürgerpolis durch ihren vergleichsweise „rein weltlichen Charakter" gekennzeichnet, der das Ergebnis der Dominanz des Krieges und seiner Träger, der Hopliten, gewesen sei [dazu die Aufsatzsammlung 296: Schluchter, Max Webers Sicht des antiken Christentums]. Einen weiteren Schlüssel zur Bestimmung der okzidentalen Eigenart und des antiken Beitrags fand Weber im „Verbrüderungscharakter" der okzidentalen Stadt. Dieser habe sich in einem einheitlichen Kultverband mit einer Speisegemeinschaft ausgebildet; in Asien hingegen hätten rituelle Tabus, wie die zwischen den chinesischen Sippenverbänden (Ahnenkult) oder zwischen den indischen Kasten, eine vergleichbare Entwicklung verhindert. Im Okzident habe schließlich das Christentum alle in den antiken Städten noch bestehenden Hindernisse überwunden und im Rahmen einer gemeinsamen Kirche die Verbrüderung von Individuen ermöglicht, was wiederum die unerläßliche Voraussetzung für die Entstehung des mittelalterlichen Bürgertums gewesen sei [dazu W. NIPPEL, in: 295: MEIER, Die okzidentale Stadt, S. 35–57, und DERS., Verbrüderung, Vereinigungen, christliche Gemeinde, in: H. KAELBLE und J. SCHRIEWER (Hgg.), Gesellschaften im Vergleich, 1998, S. 3–11.]. Der Ethnologe MÜHLMANN hat diese Beweiskette Webers enger geknüpft und auf die Entstehung eines alle sozialen Schichten umspannenden Solidaritätsgefühls im frühen Christentum hingewiesen:

„In Europa erwuchs dem Bürgertum aus der Überlieferung der antiken Polis in Verbindung mit der christlichen Gemeinde Religiosität, die ihrerseits ideell in der Gemeinschaft der Eucharistie wurzelt. Ein derartiges Konzept ist z. B. jedem korrekten Hindu völlig unverständlich, weil ihm der Gedanke einer Speisegemeinschaft mit einem Kastenfremden ein Greuel ist. Selbst ein so aufgeklärter Mann wie Gandhi hat erklärt, Tisch und Heiratsgemeinschaft seien zur Förderung des Geistes der Demokratie unwesentlich, Essen und Trinken hätten überhaupt keine soziale, sondern nur physische Bedeutung. Ghandi beweist damit nur, daß er die historische Bedeutung des Abendmahls für die Integrierung eines alle rituellen und kastenartigen Grenzen überschreitenden Gemeinschaftsgefühls im Abendland nicht kennt" [W.E. MÜHLMANN, Okzident und Orient, in: DERS.: Homo creator, Wiesbaden 1962, S. 411].

Das okzidentale Christentum

Weber hat den geplanten vierten Band seiner Religionssoziologie über das okzidentale Christentum nicht mehr geschrieben. Das Leitmotiv aber blieb erhalten: „Das Christentum ... begann seinen Lauf als eine Lehre wandernder Handwerksburschen. Es war und blieb eine ganz spezifisch städtische, vor allem: bürgerliche Religion in allen Zeiten seines äußeren und inneren Aufschwungs, in der Antike ebenso wie im Mittelalter und im Puritanismus. Die Stadt des Okzidents in ihrer Einzigartigkeit gegenüber allen anderen Städten und das Bürgertum in dem Sinne, in welchem es überhaupt nur dort in der Welt entstanden ist, war sein Hauptschauplatz, für die antike pneumatische Gemeindefrömmigkeit ebenso wie für die Bettelorden des hohen Mittelalters und für die Sekten der Reformationszeit bis zum Pietismus und Methodismus hin" [WEBER, Ges. Aufsätze zur Religionssoziologie I, 9. Aufl. Tübingen 1988, S. 240; kritisch dazu W.A. MEEKS, in 296: SCHLUCHTER, S. 364 ff.; A. ANGENENDT, Geschichte der Religiosität im Mittelalter, Darmstadt 1997, S. 7 ff.; 296: SCHLUCHTER, S. 11 ff.]. Es sind Langzeitanalysen, die Max Webers vergleichende Religionssoziologie auszeichnen. Sie werden daher immer wieder mit der Frage konfrontiert werden, ob man eine viele Jahrhunderte umfassende Entwicklung überzeugend auf einen Nenner bringen kann [dazu H.-U. WEHLER, Die Herausforderung der Kulturgeschichte, München 1998, S. 96–115].

Heute haben die Anthropologie, die Semiotik und selbst die Biologie ihr Recht angemeldet, bei der Erörterung der Ursprünge von Religion Gehör zu finden. Alle Völker und Staaten haben eine Religion, sagt Cicero (*de natura deorum* 2,5), und seine modernen Nachfahren reizt die Familienähnlichkeit religiöser Er-

Die Frage nach den Ursprüngen von Religion

scheinungen zu neuen Definitionen und Fragestellungen. Religion sei „ein kulturelles Zeichensystem, das Lebensgewinn durch Entsprechen zu einer letzten Wirklichkeit verheißt" erklärt THEISSEN und definiert Religion nach ihrem Wesen (kulturelle Zeichensprache) und ihrer Funktion (Lebensgewinn). Das Ziel dieser Anstrengung ist eine „Theorie der urchristlichen Religion", die mit religionswissenschaftlichen Kategorien Glaube, Kult und Ethos der frühchristlichen Gemeinden und damit letztlich ihre Überzeugungskraft in der antiken Welt erklären will [796: THEISSEN, Die Religion der ersten Christen, S. 17–44]. Weit tiefer schürft BURKERT mit der Frage: „Warum und wieso ist in der Evolution der Lebensprozesse Religion geschaffen worden?" Sie sei, so lautet die Antwort, das Ergebnis eines soziobiologischen Feldzuges, „der über die Auslese zur Ausmerzung der ‚anderen' führen mußte." Damit dringt die Suche nach den Ursprüngen bis auf das biologische Urgestein menschlichen Lebens vor. Dort findet Burkert die „Urstromtäler einer biologischen Landschaft, die schon vor dem Auftreten des Menschen sich ausgestaltet hat" [W. BURKERT, Kulte des Altertums. Biologische Grundlagen der Religion, München 1998, Einleitung und S. 213].

Die soziale Dimension

Antike Religion ist in erster Linie Kultreligion. Die unsichtbare, übernatürliche Macht, die das Leben und Sterben des großen und kleinen Mannes umlagerte, forderte sichtbare Verehrung, Furcht und Unterwerfung. So erhielten die Götter öffentliche Rituale, besaßen Tempel und Feste, kannten Priester und andere Diener. Von vielen von ihnen wissen wir nur die Namen. Einige hat Augustinus aufgezählt, unter ihnen die Göttin Cunina, die die Wiegen hütet, oder Fortunata Barbata, die den Jünglingen den Bart verleiht, oder die Göttin Virginiensis, die der jungfräulichen Gattin den Gürtel löst (Vom Gottesstaat 4,11). Zu ihnen (und den gewichtigen Staatsgöttern) gesellten sich unendlich viele Dämonen, die Erwachsene und Kinder beschützten, erschreckten und narrten. Sie alle, Götter und Dämonen, wollen im einzelnen erforscht werden – gewiß die erste Aufgabe einer Religionswissenschaft. Aber sie wollen auch in ihrer gesellschaftlichen Bedeutung betrachtet werden, und diese Pflicht rückt mehr und mehr in den Vordergrund [J. RÜPKE, Antike Religionen als Kommunikationssysteme, in 731: BRODERSEN, S. 13–30; 728: RÜPKE, Religion, S. 9 ff.; 732: BROWN, Die Gesellschaft und das Übernatürliche]. Die größte Bedeutung kommt dabei dem Ritual zu, einer festen Sequenz von Handlungen also, die stets gesellschaftsbezogen waren und in deren Zentrum das gemeinsame Opfer stand [grundlegend W. BURKERT, Homo necans, 2. Aufl. Berlin 1997, S. 31 ff., und DERS., Opfertypen und antike Gesellschaftsstruktur, in: G. STEPHENSON (Hg.): Der Religionswandel unserer Zeit, Darmstadt 1976, S. 168–187; zur Bedeutung des christlichen Rituals: B. LANG, Heiliges Spiel. Eine Geschichte des christlichen Gottesdienstes, München 1998; M. METZGER, Geschichte der Liturgie, Paderborn 1998].

Die politische Dimension

Die Götter brauchten keine Rechtfertigung ihrer Existenz. Sie waren da. Ihren menschlichen Untertanen genügte die Gewißheit, welche die Tradition und der

Brauch der Väter gewährten. Sie verlangten auch keine Glaubenssätze, vergleichbar etwa den Zehn Geboten des alttestamentlichen Gottes, und sie kannten keine Diener, die sie mit Glaubenswahrheiten und Dogmen behängten [B. GLADIGOW, Erwerb religiöser Kompetenz: Kult und Öffentlichkeit in den klassischen Religionen, in: G. BINDER/K. EHLICH (Hgg.), Religiöse Kommunikation, Trier 1997, S. 103–118]. Unter diesem Gesichtspunkt gewinnt die Frage nach der politischen Funktion der Religion bei der Gründung und Behauptung des Imperiums ihren besonderen Reiz: Haben die römischen Götter überhaupt zur Integration der Besiegten beitragen können (und wenn ja: in welcher Form) oder haben die lokalen Kulte eher das Beharren auf den alten Lebens- und Denkformen gefördert? War erst das Christentum fähig, in den Köpfen der Menschen ein klar geordnetes Bild eines von Gott gesegneten Universalreiches zu schaffen, dem unbedingter Gehorsam geschuldet wurde? Und ist hier der Schlüssel für den Sieg des Gekreuzigten über seine Widersacher zu finden? [erste Antworten in den Aufsätzen bei: H. CANCIK/J. RÜPKE: Römische Reichsreligion und Provinzialreligion, Tübingen 1997; die lange herrschende Meinung, seit dem 3. Jahrhundert hätten sich die Menschen von den heidnischen Religionen abgewandt, widerlegt 835: LANE FOX, Pagans and Christians, S. 27–261].

b. Theologie und Geschichtswissenschaft

Die von Niebuhr begründete historische Kritik und ihr Erfolg in der römischen Profangeschichte beflügelte auch die junge neutestamentliche Wissenschaft. Bereits ihre erste große Publikation, das 1835/36 veröffentliche „Leben Jesu" von David Friedrich STRAUSS, wirkte als aufsehenerregende Provokation und Befreiung zugleich. Von jetzt an hielt die Suche nach den ältesten Quellen über Jesus ganze Forschergenerationen in Atem. Denn die Rekonstruktion des Lebens Jesu mit den Mitteln der historischen Quellenkritik sollte, ja mußte den Glauben an den gekreuzigten Erlöser stärken. Aber ach: je tiefer man in die Materie eindrang, um so ferner rückte der Gesuchte dem ehrgeizigen Zugriff der Gelehrten, und was dem Glauben Halt geben sollte, erschütterte statt dessen die theologische Gewißheit.

Der Griff nach Jesus mit den Instrumenten des Historikers dehnte sich schnell auf die Erforschung der christlichen Frühgeschichte aus. Auch sie lernten die Theologen mit den Augen des Historikers zu sehen. Und sie taten es mit der Leidenschaft, die einer jungen Wissenschaft zukommt: „Vor uns lag", schrieb rückblickend HARNACK, „wie ein gewaltiger Ozean das große Gebiet der alten Kirchengeschichte, eng verbunden mit der Reformationsgeschichte. Sonnenbeglänzt war dieser Ozean, und wir wußten, welches Schiff wir zu besteigen und welchen Kurs wir zu nehmen hatten. Die Sonne war die evangelische Botschaft, das Schiff die strenge geschichtliche Wissenschaft, der wir uns bedin-

<aside>Die theologische Erprobung der historischen Methode</aside>

gungslos anvertrauten" [Der Briefwechsel zwischen Adolf von Harnack und Martin Rade. Theologie auf dem öffentlichen Markt, hg. J. JANTSCH, Berlin 1996]. Geblieben ist von dieser Leidenschaft die ruhige Gewißheit, Theologen handhaben die historische Methode nicht minder souverän als andere: „Kirchengeschichte ist eine historische Disziplin, die mit den gleichen Methoden wie die sog. Profangeschichte arbeitet", heißt denn auch der erste programmatische Satz des 1996 erschienenen Lehrbuches zur Geschichte der Alten Kirche [761: FRANK, Lehrbuch, S. 1].

Der Weg dorthin war längst geebnet: Bereits Anfang des zwanzigsten Jahrhunderts hatten die Werke von H. LIETZMANN [765], A. HARNACK [762] und E. TROELTSCH [843] alle christlichen Quellen mit der Methode Niebuhrs zugänglich gemacht und auch ihre Fragestellung unabhängig von jeder theologischen Gegenwartsproblematik formuliert. So erregte 1921 der Historiker Eduard MEYER zum Schaden der historischen Zunft wenig Aufsehen, als er in einem dreibändigen Werk die Quellenfrage des frühen Christentums kritisch-philologisch erörterte [766]. Denn inzwischen waren die Zeiten vorbei, in denen die historische Kritik der christlichen Quellen (vor allem des Neuen Testaments) stets auch eine Erschütterung der theologischen Dogmatik provozierte: Die erfolgreiche Reflexion über den Unterschied zwischen dogmatischer und historischer Hermeneutik hatte dieses Problem entschärft [vgl. 755: SCHWEITZER, Leben-Jesu-Forschung; 775: THEISSEN/MERZ, Der historische Jesus, S. 21–33, und – grundsätzlich zum Problem – H. GADAMER, Wahrheit und Methode, 1960, S. 27 ff., 205 ff., 250 ff.].

Die althistorische Forschung

Bis heute haben die Althistoriker zwei Fragen offengelassen: erstens, ob sie in die Fußstapfen Meyers treten und die Geschichte des frühen Christentums auch zu ihrer Aufgabe machen wollen, zweitens, ob sie ihre Fragen nach den sozialen und mentalen Zuständen der kaiserzeitlichen Gesellschaft auch an die christlichen Quellen richten können. Einiges spricht dafür, vieles dagegen. MOMIGLIANO hatte schon 1936 gefordert, jede Geschichte der Kaiserzeit müsse die christlichen Quellen berücksichtigen und darüber hinaus die Entstehung und Etablierung des Christentums als zentralen Gegenstand behandeln. Aber selbst die von ihm inspirierte *Storia di Roma* [328: III 2, S. 283 ff. (MEEKS)] begnügt sich ebenso wie der 1996 erschienene Bd. 10 der CAH [338: CLARKE, S. 848 ff.] mit einem knappen und konventionellen Abriß der christlichen Frühgeschichte, während Bd. 11, der die Zeit von 70–192 umfaßt, zwar ein eigenes Kapitel zur Religionsgeschichte enthält, die Christen jedoch wie Pestkranke meidet [LIEBESCHUETZ, Religion, in 338: CAH XI, S. 984–1008]. Das auf sechs Bände geplante Werk: *I Greci. Una storia greca* (Hg. S. SETTIS) nimmt von den Christen nur beiläufig unter dem Titel *I Greci oltre la Grecia* Notiz. Die einbändige *Einleitung in die lateinische Philologie* (1997) hingegen behandelt den Aufstieg des Christentums und beginnt mit einem Kapitel über Jesus [MARKSCHIES, in 69: Einleitung II., S. 520–533].

Es ist die Ausnahme. Das Stichwort Jesus, der Name des Mannes also, der wie kein zweiter Mensch der antiken Welt Geschichte schrieb, taucht ansonsten in den Personenregistern althistorischer Überblickswerke selten auf. Selbst für die fällige Neubearbeitung von SCHÜRERS *Geschichte des jüdischen Volkes* [822] fühlte sich in Deutschland niemand zuständig [M. HENGEL, Der alte und der neue ‚Schürer', in JSS 35 (1990) S. 19 ff.]. Gewiß: viele Althistoriker bedenken das Verhältnis der aufstrebenden christlichen Gemeinden zu Staat und Kaiser und fragen nach den Gründen und dem Verlauf der Christenverfolgungen (dazu S. 342 ff.). Aber kaum einer erklärt sich zuständig für Fragen nach dem Wandel der Glaubensinhalte oder nach innerkirchlichen Konflikten; Quellenstudien zu den Evangelien und anderen Texten oder biographische Untersuchungen zu Jesus und den späteren Führern der christlichen Kirchen bleiben wie eh und je den Theologen vorbehalten. Allein das Verständnis der Christen von Geschichte – ihre Deutung der Zeitläufte, ihre apokalyptische oder heilsgeschichtliche Sichtweise, ihre Auseinandersetzung mit der Realität von Staat und Gesellschaft, von Häresie und Krise – weckten das Interesse der Historiker; grundlegend und richtungweisend jetzt 767: TIMPE, Heilsgeschichte.

Die Zurückhaltung der Historiker hat neben der wissenschaftsgeschichtlichen Entwicklung einen weiteren und sehr gewichtigen Grund: Wer sich mit den antiken Christen beschäftigt, kann die Theologie nicht beiseite lassen. Ihr zentraler Gegenstand aber gehört der Ewigkeit und entzieht sich den Wandlungen der Zeit. Dementsprechend handelt die christlich-theologische Sprache wie alle religiösen Sprachen von fiktionalen Subjekten: Gott, Christus und Heiliger Geist. Und ihre zentralen Begriffe benennen keine dem historischen Denken selbstverständlichen Kategorien: Diesseits und Jenseits, Himmel und Hölle, Sünde und Erlösung, Natur und Gnade. So hatten die Herausgeber des Lexikons „Geschichtliche Grundbegriffe" gute Gründe für ihre Entscheidung, religiöse Begriffe wie „Gott" auszuklammern – richtig wird sie dadurch nicht. *Die Gründe der Abstinenz*

Aber es gibt weitere Beispiele für ein Umdenken der Historiker. Die für das Mittelalter zuständigen, ohnehin mit der Kirchengeschichte wohlvertraut, bemächtigten sich mehr und mehr auch der Entwicklung der Religiosität [A. ANGENENDT: Geschichte der Religiosität im Mittelalter, Darmstadt 1997] oder stellen vergleichende Betrachtungen zur lateinischen und griechischen Christenheit und zum Islam an [693: PITZ, Die griechisch-römische Ökumene, S. 289 ff.; 314 ff.]. Die Althistorie kann sich auf A. HEUSS berufen, der sich in glanzvollen Kapiteln seiner Römischen Geschichte mit dem Christentum als eigenständiger religiöser und sozialer Größe beschäftigt hat [324: HEUSS, RG, 398 ff.; 425 ff.; 448 ff.; 464 ff.]. Sein Schüler BLEICKEN räumt in seiner Darstellung des Kaiserreiches der Geschichte des Christentums und dessen geistigen Voraussetzungen breiten Raum mit dem erklärten Ziel ein, die nach Edward Gibbon eingetretene Loslösung der Religionsgeschichte von der übrigen Geschichte rückgängig zu machen [316: BLEICKEN, Vfgs.- und Sozialgeschichte II, S. 105–218; *Die Hinwendung zur Geschichte der Christen*

257 f.]. Selbst Eduard MEYER und sein Anliegen kehren zurück: J. MOLTHAGEN [875] und H. BOTERMANN haben quellenkritische Studien zur Apostelgeschichte vorgelegt und bewiesen, daß die großen Fragen nach den Gründen der Ausbreitung des Christentums mit den kleinen nach der Aussage der Quellen beginnen [871: BOTERMANN, mit einem kritischen Überblick über die Forschung S. 18 ff.]. Die christlichen Zeugnisse des 3. Jahrhunderts prüfte STROBEL unter dem Gesichtspunkt „Krisenbewußtsein" [695], und die jüdische Geschichte in den Grenzen des Imperiums untersuchte BALTRUSCH unter ständigem Rekurs auf die christlichen Positionen [824: Juden].

Jedoch: HARNACKS lauter Freudenschrei (1890), „der Zaun, welcher früher das Feld der Kirchengeschichte von dem Felde der allgemeinen Geschichte getrennt hat, ist niedergerissen", war kein Weckruf. Die in der Theologie wie in der Geschichtswissenschaft fortschreitende Spezialisierung hat die Zäune zwischen den Disziplinen wieder aufgerichtet, die Harnack schon gefallen sah [Antrittsrede vor der Preußischen Akademie, in: Kl. Schriften I, Leipzig 1980, S. 1 ff.]. Heute lassen die zusammenfassenden Arbeiten zur Kaiserzeit erkennen, daß sich dies ändern kann. Während M. CLAUSS [Einführung in die alte Geschichte, München 1993] in seinem Überblick über die gesamte Antike den Siegeszug des christlichen Glaubens erst unter Konstantin würdigt, ordnen ihn K. CHRIST [318: S. 577 ff.; 680 ff.] und vor allem J. BLEICKEN [316: II, S. 105 ff.] in die geistige Verfassung der Kaiserzeit ein. Denn zu ihr gehört ein tiefgreifender Wandel der Religiosität, der durch eine weit verbreitete Sehnsucht nach persönlicher Nähe von Mensch und Gott und durch die Hoffnung auf Erlösung in einer besseren Welt gekennzeichnet ist [erkennbar auch in der Verehrung des Mithras, dem ein weit verbreiteter Mysterienkult huldigte, s. 722: CLAUSS]. In diesem Licht erscheint der Triumph des gekreuzigten Gottessohnes über die alten Götter Roms als eine revolutionäre Veränderung des Bewußtseins, das alle überkommenen Gewißheiten in Frage stellte: „Das Gefühl der eigenen Unzulänglichkeit und Kraftlosigkeit hebt sich in der Gewißheit des von dem Gott gewußten sicheren Weges auf" [316: BLEIKKEN, S. 116]. Wer ihn beschreiben will, kann es nicht ohne genaue Kenntnis des Ringens der frühen Christen um eine neue Sicht von Himmel und Erde, von Glauben und Moral, von Herz und Verstand.

12. DIE ENTSTEHUNG UND AUSBREITUNG DES CHRISTENTUMS IM SPIEGEL DER QUELLEN

a. Die Anfänge der christlichen Literatur und ihre sozialen Bedingungen

Literaturgeschichten Es mangelt nicht an Überblicken zur christlichen Literatur der Kaiserzeit. Sie wurden, von wenigen Ausnahmen abgesehen, von Theologen geschrieben. Zu den grundlegenden gehören O. BARDENHEWER, Geschichte der altkirchlichen Lite-

12. Die Entstehung und Ausbreitung des Christentums im Spiegel der Quellen

ratur, 5 Bde., 1913–1932 (ND Darmstadt 1962), A. HARNACK, Geschichte der altchristlichen Literatur bis Eusebius, 2 Bde., Leipzig 1893 ff. und PH. VIELHAUER, Geschichte der urchristlichen Literatur, Berlin 1975. Aus philologischer Hand kommen hinzu: 64: DIHLE, Literatur der Kaiserzeit, S. 216 ff. u. ö., HORN, in 71: PGLit II, S. 63–82; ergänzend zu den lateinischen Vätern des christlichen Europa 62: ALBRECHT, Literatur II, S. 1209–1377. Aus historischer Sicht schrieben 766: MEYER, Ursprung I, S. 3 ff. und 830: SCHNEIDER, Geistesgeschichte, S. 428–455. Zur Einführung nützlich sind 792: FISCHER, Urchristentum, K.-W. TRÖGER, Christentum im zweiten Jahrhundert, Berlin 1988, und 798: HAENDLER, Von Tertullian bis Ambrosius.

Sie alle vermitteln eine Erkenntnis, die die Durchsetzungskraft der neuen Religion auf die einfachste Weise belegt: Die Christen hatten in vier Jahrhunderten gelernt, alle literarischen Gattungen ihrer Umwelt für sich zu nutzen und neue zu erfinden. Zwischen 80 und 150 schrieben sie Evangelien, Apostelgeschichten, Apokalypsen und Lehrbriefe und konzentrierten sich auf Jesus, ihren Glauben und das Leben in der Gemeinde. Zwischen 130 und 200 bekämpften sie ihre Gegner mit Apologien und hielten die Geschichten ihrer Helden, die für den Glauben verblutet waren, in Märtyrerakten für immer fest. Im 3. Jahrhundert fanden sie den Weg zur griechischen Philosophie und deren Methodik; von nun an hüllten sie ihre Vorstellung von Gott und ihre Hoffnung auf Erlösung in Theologie: Exegetische Abhandlungen, Bibelkommentare und Predigten widmeten sich den zentralen Fragen des Glaubens und der Moral. Am Anfang des 4. Jahrhunderts stand die Entdeckung der Kirchengeschichte und der Weltchronik; beide deuteten Welt- als Heilsgeschichte, beide schrieben Geschichte als die Geschichte des Heiligen Geistes. Zur gleichen Zeit rief Laktanz seine Glaubensbrüder auf, sich auch der Dichtung zuzuwenden (*Divinae Institutiones* 5,1,21). Sie taten es im Osten seit Gregor von Nazianz und im Westen seit Hilarius und Ambrosius; hier wie dort hielten Christen Einzug in das Haus der großen epischen und lyrischen Dichtung und fanden in Jamben und Hexametern, in Hymnen und Liedern neue Formen der dogmatischen und emotionalen Verehrung. Am Ende des 4. Jahrhunderts schrieben Christen vom Gedicht bis zum Bibelkommentar alles, was für Verstand und Herz der Frommen nützlich war. *(Die Entwicklung der christlichen Literatur)*

Wer alles hat, braucht nicht, was andere schrieben. Schon gar nicht die Bücher seiner Feinde. Waren die Werke der heidnischen Philosophen, Dichter und Historiker nicht ein das Seelenheil gefährdendes Teufelszeug? „Von allen Schriften der Heiden halte dich fern", heißt es drohend bereits in der syrischen *Didaskalie* aus dem 3. Jahrhundert (so auch Tertullian, Apologie 46,18). Und dem heiligen Hieronymus (um 350–42) träumte Jahrzehnte später nach einem Tag, an dem er allzu emsig die klassischen Texte studiert hatte, Christus selbst klage ihn an, ein „Anhänger Ciceros (*Ciceronianus*), nicht ein Anhänger Christi (*Christianus*)" zu sein [22. Brief, 30; DORMEYER, in: 187 Neues Hdb. der Literaturwiss. 4, S. 121– *(Die Abgrenzung gegenüber der heidnischen Literatur)*

124]. Dies waren keine guten Auspizien für das Überleben eines Thukydides oder Cicero [320: DAHLHEIM, Die Antike, S. 673 ff.].

Die jüdischen Schriften

Die Geschichte des Christentums beginnt in Palästina. Die Zustände dort zur Zeit Jesu und in den Jahrzehnten danach sind gut belegt [mehrere Quellensammlungen stellen die Belege zusammen: 172: BARRETT/THORNTON, Texte zur Umwelt, 177: KIPPENBERG/WEWERS, Textbuch].

Flavius Josephus

Der wichtigste Autor ist Flavius Josephus, 37/38 in Jerusalem als Sohn einer der vornehmsten Familien Jerusalems geboren. Kurz nach dem Ausbruch des jüdischen Aufstandes 66 als Verteidiger der Bergfeste Jotapata in römische Gefangenschaft geraten, suchte und fand er das Wohlwollen des späteren Kaisers Vespasian und schrieb im Dienste Roms eine Chronik des Aufstandes der Jahre 66–70 [*Bellum Judaicum*, Der Jüdische Krieg, zweisprachige Ausgabe von 99: MICHEL/BAUERNFEIND]. Vespasian und sein Sohn Titus, die Zerstörer Jerusalems und des Tempels, erhalten die Absolution als Zuchtruten Jahwes gegenüber seinem Volk, das einer Handvoll gottloser Fanatiker in den Widerstand gegen die Herren der Welt gefolgt war: Darum „ist die Gottheit aus ihrem Tempel geflohen und steht auf der Seite jener, gegen die ihr (sc. die Aufständischen) kämpft" (b.J. 5,412). In den 90er Jahren schrieb der in Rom ansässig Gewordene eine Geschichte des Judentums von der Erschaffung der Welt bis 66 n. Chr. [*Antiquitates Judaicarum*, Die jüdischen Altertümer; zweibändige deutsche Übersetzung von H. CLEMENTZ, Köln 1959. Ausführlich zu Josephus: 107: KRIEGER, Geschichtsschreibung als Apologetik, und ST. MASON, Flavius Josephus und das NT, Tübingen 2000. Durchgehend zu studieren ist die dreibändige Quellensammlung von 182: STERN, Greek and Latin Authors].

Die Qumrantexte

Die Diskussion der religiösen Strömungen innerhalb des Judentums vollzieht sich in den letzten Jahren im Schatten der Qumranschriften. Beduinen fanden sie 1947 in Höhlen am Westufer des Toten Meeres und gaben einer religiösen Gruppe ungewollt das Leben zurück, die etwa zwischen 100 v. und 70 n. Chr. in der Wüste eine mönchsartige Gemeinde bildete [die Texte bei 179: MEIER]. Weder Jesus noch eine der aus den Evangelien bekannten Personen werden erwähnt; der Name der *Essener*, mit denen die Gruppe häufig in Verbindung gebracht wird, fällt nicht [zu diesen Josephus, *bellum Judaicum* 2, 137–142, 162–166 u.ö. und der jüdische Philosoph Philo, Quod omnis probus liber sit 75–80; Auszüge bei 172: BARRETT/THORNTON, Texte zur Umwelt, S. 187–191]. So mancher Eifrige hat sich lange Jahre bemüht, Jesus und seine Predigt mit den strengen Lebensregeln der Qumranbewohner in Verbindung zu bringen – ohne erkennbare und des Zitierens werte Erfolge. Einige gedankliche Übereinstimmungen wie die Erwartung der Zerstörung des Tempels, die Hoffnung auf ein neues Zeitalter oder das Verständnis von der Ehe als einer legitim nur einmal zu schließenden Verbindung ändern an diesem Befund nichts [zusammenfassend K. BERGER, Qumran und Jesus, Stuttgart 1993, und 770: HEILIGENTHAL, Der Lebensweg Jesu, S. 98–124]. Weitere Informationen zur jüdischen Religiosität finden sich bei den Rabbinen; die wichtigsten Sammlungen der Diskussionen jüdischer Weiser entstanden zwischen dem 3. und 6. Jahrhundert, enthalten aber älteres Material [der Palästinensische und der Babylonische Talmud, die Mischna; die wichtigsten Auszüge bei 177: KIPPENBERG/WEWERS, S. 107–232, und 172: BARRETT/THORNTON, S. 208–250].

Die frühen Christen wußten den zentralen Punkt sehr genau zu benennen, der sie von jeder anderen Religion unterschied: Der Glaube an die Menschwerdung Gottes entsprang nicht prophetischer oder mythologischer Einsicht, sondern war historische Gewißheit. Daraus folgte die Pflicht, das Leben Jesu von der Wiege bis zur Bahre aufzuschreiben. Denn so hoch er auch als Gottessohn über allem Irdischen stand, er hatte als Mensch gelebt und mußte daher auch als Mensch beschrieben werden. Dies war die Aufgabe von Biographen. Sie verfaßten in den Jahren zwischen 70 und 100 vier Evangelien; als die Neugier der Gläubigen im 2. Jahrhundert auch das wissen wollte, was vergessen worden war, kamen weit mehr hinzu. *Die Anfänge: Briefe und Evangelien*

Aber nicht sie, sondern Briefe standen am Anfang der christlichen Literatur. Sie entsprachen den elementaren Bedürfnissen der ersten Christen. Sie wurden in der ersten Stunde von denen geprägt, die den universalen Auftrag erfüllten, „Gehet hin in alle Welt und macht alle Völker zu Jüngern" (Mt 28,19). Angetrieben von eschatologischen Visionen hatten sie von Palästina über Syrien, Kleinasien und Griechenland in knapp drei Jahrzehnten Rom erreicht und vielerorts städtische Gemeinden gegründet. Diese verlangten weitere Belehrung über das neue Leben, auf das sie sich mit der Taufe eingelassen hatten, und zwangen ihre weitergewanderten Gründer, nun schriftlich zu tun, was von Angesicht zu Angesicht nicht mehr möglich war. So übernahm der Brief die Rolle des abwesenden Lehrers und Trösters. Nun predigte die Feder Glaube und Moral, rechnete mit den Gegnern und Konkurrenten ab, gab Ratschläge für den Umgang mit dem feindlichen Nachbarn und schlichtete Streit in den Häusern, die von Eiferertum und Mißgunst erschüttert wurden. Der erste und zugleich alle anderen überragende Briefschreiber war Paulus (dazu S. 319f.). Seine Briefe wurden in den folgenden Jahrzehnten zum Vorbild für zahlreiche weitere. Deren Verfasser verbanden ihre Lehren mit der Autorität des Paulus (z. B.: Kolosser-, Epheser-, Timotheus-, Titusbrief), des Petrus (1. Brief des Petrus) oder anderer Apostel (z. B.: Jakobusbrief); sie alle wurden in den Kanon des Neuen Testaments aufgenommen [instruktiver Überblick bei 201: BORNKAMM, Bibel, S. 87ff.]. Zusammen mit den nichtkanonischen Briefen der sogenannten Apostolischen Väter und den ersten Kirchenordnungen (dazu S. 304f.) bezeugen sie die täglichen Probleme der ersten Christen in einer Weise, wie dies in den folgenden zwei Jahrhunderten nicht mehr der Fall sein wird. *Ihre Funktion*

Briefe wie Evangelien richteten sich nur an die christlichen Gemeinden. „Die jetzige und die zukünftige Welt sind zwei Feinde", dieser Satz bestimmte für viele Jahre die Weltsicht und das praktische Handeln (2. Clemensbrief, 6,3ff.). Für den jüdischen oder heidnischen Nachbarn, obwohl Gegenstand angestrengter Mis- *Die Adressaten* sionstätigkeit, wurde daher keine einzige eigene Schrift verfaßt. Aber er war auch nicht sonderlich neugierig, denn was er über die Christen erfuhr, erschien ihm ohnehin bestenfalls verachtenswert (s. S. 314). Auch der Staat entwickelte zunächst keine grundsätzliche Feindschaft gegenüber den Christen. Generell in Fragen der Religion liberal, schritt er nur dort ein, wo er die öffentliche Ordnung und Wohlfahrt gefährdet sah.

Die Dominanz des Griechischen

Alle Zeugnisse des frühen Christentums sind in griechischer Sprache geschrieben. Griechisch sprachen und lasen auch die Gemeinden der Westprovinzen und in Rom. Erst als das zweite Jahrhundert zu Ende ging, wurde dies anders, verlangten die Missionare nach Übersetzern, um den Neubekehrten die Bücher des Alten und Neuen Testaments auch lateinisch vortragen zu können. Es waren viele, die sich an die Arbeit machten, so bescheiden ihre Fähigkeiten auch waren (Augustinus, *doctr. christ.* 2,11,16). Erst im späten 4. Jahrhundert schuf Hieronymus einen einheitlichen lateinischen Text [die *Vulgata*; ein ausgezeichneter Überblick bei FRANK, in 285: Latein und Europa, S. 110 ff.]. Seit dieser Zeit sprach Gott im Westen zu den Seinen in der Sprache Ciceros; Übersetzungen in die Volkssprachen verbot die Kirche.

Die mündliche Tradition

Jesus hat wie Sokrates und sein ungefährer Zeitgenosse Epiktet oder wie später Muhammad keine Zeile hinterlassen. So kennen wir sein Leben und seine Lehren nur aus den Evangelien. Ihnen ging eine jahrzehntelange mündliche und schriftliche Überlieferung voraus, in der sich Spruchsammlungen und Erbauungsgeschichten, Legendäres und Biographisches zu einem schier unentwirrbaren Knäuel verdichteten. Dies beanspruchte gerade wegen seiner weitgehenden Mündlichkeit einen besonderen Stellenwert: „Denn ich war der Ansicht", schrieb um 130 der kleinasiatische Bischof Papias, „daß aus Büchern geschöpfte Berichte für mich nicht denselben Wert haben können wie das lebendige und beständige mündliche Zeugnis." Papias hatte Nachrichten verschiedenster Herkunft über *Worte und Taten Jesu* gesammelt und erklärt [Eusebios, Kirchengeschichte 3,39; 196: HENNECKE/SCHNEEMELCHER I, S. 12 f.; vgl. Lukas 1,1–4; zu den methodischen Problemen bei der Rekonstruktion der mündlichen Vorgeschichte 214: THEISSEN, Lokalkolorit, S. 1 ff.; DORMEYER, in 187: Hdb. der Literaturwiss. 4, S. 101 ff.; nach W. SCHMITHALS, Einleitung in die ersten drei Evangelien, Berlin 1985 gibt es jedoch keine zwingenden Beweise für eine nennenswerte mündliche Überlieferung].

Das Mißtrauen der Christen gegen jede schriftliche Überlieferung hat drei Wurzeln:

– Das Christentum entstand in einer sozialen Welt, in der die mündliche Tradition dominierte und literarische Werke eher ein zufälliges Nebenprodukt waren oder aus einer gewissen Notsituation geboren wurden.

– Das mündliche Wort hatte die Autorität eines großen Namens hinter sich. Für die Christen der ersten zwei Jahrhunderte war es die der Apostel, allen voran die des Petrus.

– Und schließlich: Die Hoffnungen der ersten Christen hatten sich auf ein schnelles Ende der verdorbenen Welt und auf ein Reich gerichtet, das mit der unmittelbar bevorstehenden Wiederkunft Christi (Parusie) beginnen sollte [Paulus, 1 Thess. 4,16–18; Mt 10,7: „Das Himmelreich ist nahe … ich sage euch: Ihr werdet mit den Städten Israels nicht zu Ende kommen, bis der Menschensohn kommt"; F. HAHN, Christologische Hoheitstitel, 5. Aufl. Göttingen 1995, S. 179 ff.]. Wer so dachte, nahm das Heil der Seele wichtiger als die Teilhabe an den Dingen dieser Welt, und nichts drängte ihn, schriftlich niederzulegen, was Jesus gesagt oder wie er gelebt hatte.

Erst später, als die Kinder der ersten und zweiten Generation ihre Eltern zu Grabe getragen hatten und mit ihnen den Glauben an ein schnelles Ende der Welt, meldete sich die Wirklichkeit zurück. Mit ihr kam der Streit. Denn bald erfuhr jeder Fromme am eigenen Leibe, daß der Mangel an schriftlich fixierter Überlieferung der Phantasie unzulässige Türen öffnete. Immer neue Geschichten und Lehren liefen unter dem Namen Jesu um und gefährdeten mit dem Glauben auch den inneren Frieden der Gemeinden. Auf wen sollte man hören? Doch nur auf wohlbekannte Autoritäten, gleichgültig, ob sie sich mündlich oder schriftlich äußerten. Paulus zählte sie auf, als er von Petrus, Jakobus, Barnabas, den „Aposteln vor mir" oder den „Brüdern des Herrn" sprach [Gal. 1,17; Röm. 16,7; 1 Kor. 9,5; 207: HENGEL, Geschichtsschreibung, S. 28 ff.]. Nur auf ihr Wort sei zu achten, beschwört auch der Evangelist Lukas seine Leser, da es schon viele unternommen hätten, „eine Darstellung der Ereignisse abzufassen, die sich unter uns zugetragen haben" [1,1–4; dazu 204: DORMEYER, Das Neue Testament, S. 47 f.]. So hat das 2. Jahrhundert die Lebensbeschreibungen Jesu entweder einem der Jünger (Matthäus, Johannes) oder einem Begleiter der Apostel (Markus, Lukas) zugeschrieben – nur so konnte ihre Glaubwürdigkeit gesichert werden [Die frühchristlichen Spekulationen über die Evangelisten bezeugt Papias: 176: HEILMANN/KRAFT, Texte IV, S. 356 f.].

Die Autorität des Überlieferten

Auf die Entstehungszeit der Evangelien haben sich die Neutestamentler ungefähr verständigt: Bestenfalls Markus entstand vor 70, alle anderen Evangelien und die Apostelgeschichte wurden zwischen 80 und 100 abgefaßt; die genaue Datierung des Markus-Evangeliums hängt an der bis heute unbeantworteten Frage, ob das 13. Kapitel die Zerstörung des Tempels im Jahre 70 bereits voraussetzt oder nicht [Forschungsstand bei H.-M. DÖPP, Die Deutung der Zerstörung Jerusalems, Tübingen 1998, S. 249–252; für eine Frühdatierung aller Evangelien vor 70 plädiert C.P. THIEDE, Ein Fisch für den römischen Kaiser, München 1998, S. 248 ff.; eine neue chronologische Abfolge sämtlicher frühchristlichen Schriften bei 191: BERGER/NORD]. Kanonisch ist die herrschende Lehre vom Primat der Synoptiker bei der Rekonstruktion des Lebens Jesu nicht geworden. So zählen für J.D. CROSSAN, Der historische Jesus, München 1994 die Synoptiker nicht zu den primären Quellen [S. 563 ff.: chronologische Ordnung der Überlieferung].

Autoren und Abfassungszeit der Evangelien

Markus nannte seine Darstellung des Lebens Jesu „Evangelium" (gr.: *euaggélion*, frohe Botschaft). Damit faßte er wie vor ihm Paulus die Heilsbotschaft von Jesus Christus unter einem Begriff zusammen, der ein wichtiger sakraler Terminus des Kaiserkultes war und die Thronbesteigung eines „Heilandes" ankündigte [A. DEISSMANN, Licht vom Osten, 4. Aufl. 1923, S. 313, gestützt auf die Kalender-Inschrift von Priene aus der Zeit um 9 v. Chr., und MICHEL, in 748: RAC 6, S. 1110 f.]. Zwei bis drei Jahrzehnte später schrieben Lukas und Matthäus ihre erweiterte Version des Lebens Jesu; von allen dreien weicht das vierte, dem Johannes zugeschriebene und um 100 entstandene Evangelium stark ab [Zur historisch-kritischen Exegese und zur Entstehung der Evangelien im sozialen und geistesgeschichtlichen Kontext der Zeit 214: THEISSEN, Lokalkolorit, und 211: MACK, Wer schrieb das Neue Testament?; zur Einordnung in die antike Literatur 204: DORMEYER, Das Neue Testament; zur Gattungsanalyse K. BERGER, Exegese des NT, 3. Aufl. Heidelberg 1991; zur theologischen Deutung 810: BERGER, Theologiegeschichte; zur Interpretation Satz für Satz 190: Das Neue Testament Deutsch (NTD); zum direkten Textvergleich mit den Zeugnissen jüdischer und griechisch-römischer Literatur 173: BERGER/COLPE, Textbuch].

Der soziale Kontext der Überlieferung

Als sich die Evangelisten zum Schreiben entschlossen, hatte sich das jüdische Palästina gründlich verändert. Seine Hauptstadt hatten römische Legionen im Jahre 70 zerstört, der Tempel lag in Trümmern, das Land war verwüstet und die kleine Schar der Christen in alle Winde zerstreut. Die Bindung an Jerusalem, dem Ort der Passion Jesu, löste sich. Von jetzt an gehörte die Zukunft den christlichen Gemeinden in den Städten des griechischen Ostens [211: MACK, S. 201–248; MARKSCHIES, in 721: CANCIK/RÜPKE, Reichsreligion, S. 265 ff.]. Für sie schrieben die Evangelisten und gaben Antwort auf die Frage aller Fragen: wie es denn genau war, als mit Jesus das Göttliche in die Geschichte einbrach. Sie taten es in der Form einer Lebensbeschreibung, deren Zentrum die Leidensgeschichte und die Auferweckung Jesu einnahmen. Damit wird der Grundgedanke des Glaubens vom Erlösungstod des Gottessohnes, den Paulus in seinen Briefen behauptet, aber nicht dargestellt hatte, zum wichtigsten Gegenstand des historischen Ablaufs: In der Passion finden Gottes Ratschluß und Wille ihre Erfüllung.

Unter diesem Vorzeichen konnten die Evangelisten nicht einfach eine Biographie wie jede andere auch im Ablauf von Zeit und Raum schreiben. Ihr Held war längst Gegenstand der Anbetung geworden und damit jedem rein profanhistorischen Zugriff entrückt. So sagen sie wenig über das soziale und familiäre Milieu, aus dem Jesus stammte, nichts über seine Jugend und Ausbildung, nichts über sein Aussehen. Dabei müssen die Geschichten darüber reich geflossen sein: „Es ist uns unmöglich, von dem, was wir gesehen und gehört haben, nicht zu reden", hatten Petrus und Johannes Gläubigen und Ungläubigen zugerufen, und wir glauben ihnen (Apg. 4,20). Erhalten blieb nur, was den ersten Tradenten wichtig war und ihrem sozialen Milieu entsprach [214: THEISSEN, Lokalkolorit, S. 2 ff.]. Die Einflußreichsten unter ihnen hatten den Lebensstil ihres Meisters, die offene Straße, gewählt. So hielten sie aus schierem Eigennutz an den radikalen Geboten Jesu fest, rechtfertigten diese doch ihr Leben als heimat-, besitz- und familienlose Wanderprediger (zu ihnen S. 317f.).

Am Anfang der christlichen Überlieferung standen also vom Geist beseelte Vagabunden und nicht Institutionen oder Kollektive. Daraus ergibt sich als erste Konsequenz für die kritische Analyse der Evangelien, daß der Inhalt des Überlieferten nicht an Entscheidungen städtischer Gemeinden gebunden und vieles nicht auf deren Bedürfnisse ausgerichtet war. Diese kommen, anders als in den Briefen, praktisch nicht vor. *Die methodischen Konsequenzen*

Die zweite Konsequenz sind bestimmte methodische Schrittfolgen, die der Interpret zu beachten hat. Als erstes muß er die mündliche Tradition, die den Evangelisten bekannt sein konnte, und ihre Gesetze zu entschlüsseln versuchen. Dann wird er die Evangelien nach schriftlichen (heute verlorenen) Vorlagen und der Art ihrer Benutzung befragen; Hilfe von außen, z. B. durch nichtchristliches Quellenmaterial, darf er nicht erwarten (s. o.). Weiter hat er mit Partien zu rechnen, die im Leben der Gemeinden wurzeln, also Antworten auf Fragen geben, die die Christen der Jahre nach 70 bedrängten, nicht aber in die Zeit Jesu passen. Schließlich gilt es, die literarische Eigenart und die besonderen Interessen und Motive der einzelnen Evangelien zu würdigen. Lange als eine unabhängige Sonderliteratur eingeschätzt, werden sie heute mehr und mehr der antiken Gattung Biographie zugeordnet und mit ihr verglichen: H. CANCIK, Die Gattung Evangelium, in: DERS. (Hg.), Markus-Philologie, Tübingen 1984, S. 85–115; D. DORMEYER, Evangelium als literarische und theologische Gattung, Darmstadt 1989 (mit Forschungsdiskussion); weitreichend jetzt DORMEYER in 828: Rom und das himmlische Jerusalem, S. 29–52 mit der These, dem Caesar des Plutarch und dem Evangelium des Markus läge ein gemeinsames Gattungsmuster zugrunde, das in den lateinischen Biographien des Cornelius Nepos zu finden sei.

Es bleibt die Pflicht, die zeitgeschichtlichen Bezüge nicht außer acht zu lassen. Dazu gehören die Welt Jesu und die so ganz andere der Evangelisten ebenso wie die geistigen und die religiösen Strömungen der jüdischen und der griechischen Tradition und die politischen und sozialen Nöte der Zeit. Vielen Forschern erschien am Ende ihrer Mühen das Unterfangen, das Leben Jesu rekonstruieren zu können, doch zu kühn. Für sie steht R. BULTMANN, der in den zwanziger Jahren über die sich türmenden methodischen Probleme räsonierte, „daß wir vom Leben und der Persönlichkeit Jesu so gut wie nichts mehr wissen können, da die christlichen Quellen sich dafür nicht interessiert haben, außerdem sehr fragmentarisch und von der Legende überwuchert sind." Die Forschung müsse sich daher darauf beschränken, in den Evangelien lediglich das Bild des „Christus des Glaubens" (auch: des „kerygmatischen Jesus") zu suchen, auf eine nennenswerte historische Erinnerung hingegen sei nicht zu rechnen [BULTMANN, Jesus, 1926, S. 12; in dieser Tradition 211: MACK; er bezweifelt selbst den Kreuzestod Jesu, womit jede Frage nach dem historischen Jesus sinnlos wird]. *Der zeitgeschichtliche Bezug*

Die Evangelien und die Welt der Gemeinden

Immer wieder kommt die Forschung auf die Frage zurück, inwieweit sich in den Evangelien die spannungsvolle Welt der Gemeinden direkt oder indirekt spiegelt. Denn dort entstanden sie, und in diesem historischen Zusammenhang müssen sie gelesen werden – eine Einsicht, die schon Erasmus und Lorenzo Valla mit Melanchthon und Luther teilten, und die bis heute jede Diskussion bestimmt. So formulierte den ersten methodischen Grundsatz der Quellenanalyse der protestantische Pfarrer WETTSTEIN aus Basel bereits Mitte des 18. Jahrhunderts: „Wenn du die Bücher des Neuen Testaments ganz und gar verstehen willst, versetze dich in die Person derer, denen sie zuerst von den Aposteln zum Lesen gegeben worden sind. Versetze dich im Geiste in jene Zeit und jene Gegend, wo sie zuerst gelesen wurden. Sorge, soweit es möglich ist, dafür, daß du die Sitten, Gebräuche, Gewohnheiten, Meinungen, überkommene Vorstellungen, Sprichwörter, Bildersprache, tägliche Ausdrucksweisen jener Menschen erkennst und die Art und Weise, wie sie andere zu überzeugen versuchen oder Begründungen Glauben verschaffen" [178: KLAUCK, Umwelt I, S. 19]. Dieses Vorgehen, so schließt der gelehrte Pfarrer, sei dort zwingend vorgeschrieben, wo der Blick auf Textstellen stößt, für die sich keine der eigenen Erfahrung zugängige Erklärung finden läßt. Dieser Befund hat die neuere Forschung zur religionspsychologischen Exegese geführt, die die kritisch-historische Methode ergänzt [dazu G. THEISSEN, Psychologische Aspekte paulinischer Theologie, Göttingen 1983; 805: BERGER, Historische Psychologie].

Die Quellen der Evangelien

Die Evangelien des Markus, Matthäus und Lukas sind eng verwandt; ihre Berichte gehen vielfach parallel und ihre Übereinstimmungen und Unterschiede lassen sich anhand einer Synopse (gr: Zusammenschau) schnell überblicken [C.H. PEISKER, Züricher Evangelien-Synopse, 1962]. Ihre drei Autoren werden daher unter dem Begriff *Synoptiker* zusammengefaßt und von dem vierten Evangelisten Johannes unterschieden. Sie lassen (anders als Johannes) Jesus als eschatologischen Prediger auftreten, „der in Wort und Tat, in Gleichnissen und Wundern Gottes hereinbrechende Königsherrschaft als Zuwendung zu den Armen und Sündern verkündet und repräsentiert" [775: THEISSEN/MERZ, Jesus, S. 42]. Literarisch sind sie teilweise voneinander abhängig: Das Markusevangelium liegt als Hauptquelle Matthäus und Lukas zugrunde, beide verwenden darüber hinaus eine Reihe von Jesusworten, die auffällig übereinstimmen.

Die Logienquelle

Dies legt den Schluß auf eine gemeinsame schriftliche Vorlage nahe. Sie entstand wahrscheinlich als Sammlung von Jesusworten zwischen 40 und 65 und wurde als „Logienquelle" rekonstruiert [nach dem gr. Wort *logia* (Worte, Sprüche); seit Joh. WEISS, Predigt Jesu vom Reiche Gottes, 1892 auch kurz als „Q", (Quelle) bezeichnet]. Die Forschung hat also bei der Interpretation von Matthäus und Lukas zwei voneinander unabhängige Quellen (Markus und Q) und dazu größere Partien zu berücksichtigen, die jeweils einer unabhängigen (mündlichen oder schriftlichen) Tradition geschuldet werden (das sogenannte „Sondergut"; dazu gehören zahlreiche Gleichnisse Jesu: 201: BORNKAMM, Bibel, S. 35 ff.]. Ganz ist der

Streit um die Existenz und die Bedeutung der Quelle Q nie entschieden worden. Schon ihr Inhalt und ihre Komposition werfen kaum lösbare Fragen auf, denn sie enthält außer der Geschichte vom Hauptmann von Kapernaum (Mt 8,5ff; Lk 7,1ff.) fast ausnahmslos nur Herrenworte. Sie verzichtet also auf Wundergeschichten und Streitgespräche – in den Evangelien von großer Bedeutung –, sagt nichts über Tod und Auferweckung und vermeidet jede biographische Ordnung des Stoffes [grundlegend D. ZELLER, Kommentar zur Logienquelle, Stuttgart 1984]. Ein solches Schriftstück ist in der antiken Literatur beispiellos und für das Verständnis der eschatologisch ausgerichteten urchristlichen Sekte von unschätzbarer Bedeutung – wenn es denn je existiert hat [810: BERGER, Theologiegeschichte, S. 643–653 z.B. liest Q als eine zeitgenössische Ergänzungsschrift zu Markus, die Matthäus und Lukas in ihre Evangelien eingearbeitet hätten].

Das Bild der Evangelien von Jesus wurde normativ. Es vermittelte allen Christen die Überzeugung, daß der Sohn Gottes selbst alles Entscheidende über sich und seine Lehren gesagt habe. Aber es ist nicht vollständig. Nur wenig erzählten die Evangelien über Kindheit und Jugend Jesu, nichts wußten sie vom Leben der Apostel. Ihr Mittelpunkt ist so ausschließlich Jesus als Lehrer, Wundertäter und Erlöser, daß alle anderen Personen kein eigenes Profil gewinnen. Deutlich ist nur soviel: Von Wohlgeborenen und Wohlgeratenen ist wenig die Rede. Es sind allesamt kleine Leute, die auftreten: ein herumziehender Prediger, der in Nazareth wie sein Vater das Bauhandwerk gelernt hatte, seine Anhänger, die am See Genezareth als Fischer oder Händler arbeiteten, Kranke und Besessene, Zöllner und Bauern. So konnte es nur eine Frage der Zeit sein, bis die Neugier der Frommen die offenen Lücken schloß. Zu nachdrücklich forderten die Gestalten des Neuen Testaments, die nur im Lichte Jesu die Aufmerksamkeit der Gläubigen beanspruchen durften, ein eigenes Leben. So erscheinen seit der Mitte des zweiten Jahrhunderts

Die apokryphen Evangelien und Apostelgeschichten

– neue Evangelien, die jetzt Genaues über Geburt, Flucht und Kindheit Jesu berichten [189: SCHNEIDER, Apokryphe Kindheitsevangelien]. Sie verwandelten den sanften Mann, der seinen Anhängern verbot, die Waffe zu ziehen, in einen mächtigen Herren, der schon als Fünfjähriger nach Gutdünken strafte, um seine gottgewollte Macht jedermann zu beweisen.

– Geschichten, die den Aposteln ein eigenes Leben von der Wiege bis zur Bahre gaben. Wer bisher meist nur ein Name war, verwandelt sich in einen erfolgreichen Missionar, gründet große Gemeinden in aller Welt, vollbringt gewaltige Wunder, lebt asketisch und stirbt als Märtyrer. Fünf große Apostelakten entstanden so im 2. und 3. Jahrhundert und wurden zur Erbauung wie zur Unterhaltung gelesen: Die Johannes-, Petrus-, Paulus-, Andreas- und Thomasakten [196: HENNECKE/ SCHNEEMELCHER II, S. 71–367; 145: SÖDER, Die apokryphen Apostelgeschichten].

Diese Evangelien und Apostelakten versahen die späteren Kirchenväter seit Hieronymus (340–420) mit dem griechischen Adjektiv *apókryphos* (verborgen) im

Ihre Wirkung

Sinne von „ketzerisch" und „verfälscht". Dessen ungeachtet genossen sie fast alle für viele Jahrhunderte großes Ansehen – allen voran das Evangelium des Jakobus [189: SCHNEIDER, S. 21–34, 95–145]. Es wurde in den Kirchen des Ostens auch im Gottesdienst gelesen und inspirierte die spätere christliche Literatur und Kunst tausendfach; dies gilt vor allem für die um 1230 entstandene *Legenda aurea* des Jacobus de Voragine [hg. R. BENZ, 10. Aufl. 1984, S. 676 ff. u.ö.]. Die meisten Texte gingen jedoch verloren oder verfielen dem Bannstrahl der Amtskirche; trotzdem sind rund siebzig Beispiele bekannt – häufig als eine Art Negativabdruck in den Schriften ihrer Verfolger [die beste Auswahl bietet W. MICHAELIS, Die Apokryphen Schriften zum Neuen Testament, Bremen 1956; 191: BERGER/NORD enthält die wichtigsten]. Ihre Existenz bezeugt auch die muslimische Tradition, die Jesusworte aus Evangelien zitiert, die in der christlichen Tradition verloren sind [H. BUSSE, Die theologischen Beziehungen des Islams zu Judentum und Christentum, Darmstadt 1988, S. 116 ff.; 770: HEILIGENTHAL, Lebensweg Jesu, S. 43–47].

Der historische Wert der Apokryphen — Für die Rekonstruktion des Lebens Jesu oder seiner Jünger ist das meiste wertlos [abgewogen 771: KEE, Jesus, S. 44–59; 775: THEISSEN/MERZ, Jesus, S. 48–68]. Historisch unendlich wichtig sind die Apokryphen indessen für das Ringen der frühen christlichen Gemeinden um den rechten Glauben, die rechte Moral und die Abwehr von Randgruppen. Vor allem aber bezeugen sie mit ihren teils rührenden, teils haarsträubenden Geschichten die unersättliche Neugier der kleinen Leute. Sie wollten jeden Tag des Kindes Jesus verfolgen, die Familienumstände kennen, möglichst viel über die Verwandtschaft erfahren und alles über die Mutter Maria wissen. So legen die Apokryphen wie Perlen einer zerrissenen Kette Zeugnis ab von der fast hektischen Aktivität, mit der sich die Christen alle Gattungen der Literatur aneigneten und ihren Zielen nutzbar machten.

Die Bedeutung des Alten Testaments — Die Christen haben von der ersten Stunde an das Alte Testament als die Grundlage ihres Glaubens anerkannt und mit ihrem Verständnis vom Wirken Jesu als etwas radikal Neuem verbunden [eingehend dazu 829: KINZIG, Novitas Christiana, S. 118ff]. Sie lasen das Alte Testament in einer griechischen Übersetzung, die ab dem 3. Jahrhundert v. Chr. 72 jüdische Gelehrte in Alexandrien fertigten [die *Septuaginta*; dazu 212: REVENTLOW, Epochen I, S. 24–32; zur Entstehung 172: BARRETT/THORNTON, S. 331 ff.]. Im Lichte dieser Tradition deuteten sie die Botschaft Jesu und seine heilsgeschichtliche Aufgabe. Denn es war der Schöpfergott Israels, der bei allem, was er in der Geschichte tat, den Auftritt seines Sohnes in der irdischen Welt mitbedachte. So machten sich die Interpreten auf, das ganze Neue Testament in das Alte hineinzulesen. Der Paradiesbaum wird dabei ebenso zum Kreuz wie die Himmelsleiter Jakobs, Joseph im Gefängnis ebenso zum leidenden Christus wie Hiob. Adam und Eva werden zu Christus und der Kirche, Abel ist der getötete Jesus, Lamech der Hohepriester Kaiphas; Noah ist der Kirchengründer Christus, die Aussendung der Taube meint die Aussendung der

Jünger Christi. Das Leben Jesu tritt den Gläubigen als die Erfüllung aller Prophezeiungen der jüdischen Schriften vor Augen: „Ich bin nicht gekommen, um aufzuheben, sondern zu erfüllen" [Mt 5,17; 212: Reventlow, S. 24–103; 211: Mack, S. 368 ff.]. Die Folgen waren weitreichend: Was immer die späteren Kirchenväter diskutierten, sie zogen das Alte wie das Neue Testament zur Begründung ihrer Position heran [besonders gravierend z. B. der Entwurf der augustinischen Gnadenlehre, die sich auf die Geschichte von Jakob und Esau (Genesis 25–27) und die Interpretation des Paulus (Römer 9,9–20) berief: K. Flasch, Logik des Schreckens. Augustinus von Hippo, De diversis quaestionibus ad Simplicianum, Mainz 1990].

Damit war der erste Schritt auf dem langen Weg zu einem für alle verbindlichen Text getan. Der zweite fiel unendlich schwer und beanspruchte über zwei Jahrhunderte. Er begann in der 2. Hälfte des 2. Jahrhunderts und wurde um 400 zu Ende getan; 367 nannte der 39. Osterbrief des Athanasius die jetzt anerkannten Schriften erstmalig *Kanon* („Maßstab") [Die Entwicklung bei 196: Hennecke/Schneemelcher, Apokryphen I, S. 1–40; zusammenfassend: 830: Schneider, Geistesgeschichte, S. 194 ff., 795: Markschies, Welten, S. 100 ff.]. Der Anstoß kam vom Rand des christlichen Lebens. Um 144 verwarf ein gewisser Marcion in seinen *Antithesen* die jüdischen Schriften zur Gänze und ließ von den apostolischen Schriften nur das Evangelium des Lukas und zehn von jüdischen Zusätzen gereinigte Briefe des Paulus gelten [Textauszüge der marcionitischen Argumentation bei 181: Ritter, Alte Kirche, S. 23 ff., zur Person s. S. 313]. Die herausgeforderte Großkirche wehrte sich und verwies auf die Vorlesepraxis des Gottesdienstes, in dem vier Evangelien und weitere Schriften und Briefe ihren festen Platz hatten [Justin, Apologie 67,3; Irenäus, Gegen die Häretiker 3,11,7–8; dazu Dormeyer in 187: Neues Hdb. der Literaturwiss. 4, S. 97 ff.; A. Angenendt, G. der Religiosität im MA, Darmstadt 1997 S. 168 f.]. Marcion wurde zwar aus der römischen Kirche ausgestoßen, aber sein Anliegen blieb, da angesichts des unkontrolliert wuchernden Schrifttums die Zeit gekommen war, dem Glauben verbindliche Textgrundlagen zu schaffen (Melito von Sardes bei Eusebius, Kirchengeschichte 4,26,13 f.). Die am Ende des 2. Jahrhunderts anerkannten nennt Tertullian: vier Evangelien, dreizehn Briefe des Paulus, die Apostelgeschichte, die Offenbarung und jeweils ein Brief von Johannes, Petrus und Judas. Wenig später erschien eine Aufzählung sämtlicher in der „katholischen Kirche" als gültig anerkannten Schriften, der sogenannte *Canon Muratori* [er kennt bereits den Akt eines kirchlichen Plazet: *in catholicam ecclesiam recipi non potest*; 196: Hennecke/Schneemelcher, Apokryphen I, S. 27 ff.]. Um 400 waren es 27 kleine Schriften, darunter 21 Briefe, alle in einem Zeitraum von ca. 60 Jahren geschrieben (etwa zwischen 50 und 110 n. Chr.), die das Neue Testament ausmachten.

Die Kanonbildung

Niemand berichtet Einzelheiten über diese Entscheidung [757: Andresen, Die Kirchen, S. 156–160]. Trotzdem zählt sie zu den grundlegenden in der Geschichte

Die christliche Identität

des frühen Christentums. Sie reifte in langen von Streit und Abspaltung geprägten Jahrzehnten und demonstriert wie weniges sonst die Fähigkeit und den Willen der Christen, eine möglichst alle Gläubigen umfassende Identität zu bewahren.

– Dazu gehörte zunächst die Beschneidung der Phantasie. Der Kanon schob alle gnostischen Spekulationen beiseite, tolerierte aber die innere Pluralität des Urchristentums, indem er trotz aller Wiederholungen und Unstimmigkeiten vier und nicht nur ein Evangelium zuließ [796: THEISSEN, Religion der ersten Christen, S. 339–384, 367; ausführlich B. METZGER, The Canon of the New Testament, Oxford 1987, dt. 1993].

– Dann: Den vier ersten Evangelien wurde der Vorrang vor jeder anderen Überlieferung zugestanden. Damit wurde für alle Christen nicht die (brieflich bezeugte) Lehrtätigkeit des Paulus normativ, sondern die Biographie des Mensch gewordenen Gottessohnes. An sein Schicksal und an seine Worte waren von nun an Glaube und Lehre der Christen unauflöslich gebunden.

– Schließlich: Die Besinnung der Kirche auf ihr Wesen führte sie zu ihren Anfängen. Nicht das „Der Herr hat gesagt", sondern das „Apostolische" wurde zur Normgröße. Nur was sich auf die Apostel zurückführen ließ, durfte Autorität beanspruchen. Denn sie hatten mit der Kraft des heiligen Geistes auch die vollkommene Erkenntnis empfangen: „Von niemand anderem als von denen, durch die das Evangelium an uns gelangt ist, haben wir Gottes Heilsplan gelernt", schrieb Irenäus und verwies auf die Konsequenz: „Was sie zuerst gepredigt und dann nach dem Willen Gottes uns schriftlich überliefert haben, das sollte das Fundament und die Grundsäule unseres Glaubens sein" [Irenäus, Gegen die Häresien 3,1; von der Autorität „apostolischer Kirchen" spricht Tertullian, Die Prozeßeinreden gegen die Häretiker 36,1–4; 765: LIETZMANN, Geschichte II, S. 90 ff.]. Erkennbar war die Autorität des Apostolischen im jeweiligen Bischof: Konnte dieser auf eine ununterbrochene Amtsfolge verweisen, so hatte er den Schlüssel zur richtigen Lehre in Händen. Konsequent forderte Tertullian von den Häretikern, die Ursprünge ihrer Kirche darzulegen; der erste Bischof einer Gemeinde müsse von einem Apostel geweiht worden sein: „Das ist die Weise, wie die apostolischen Kirchen ihren Ursprung nachweisen" [Tertullian, Die Prozeßeinreden 32,1–4; K.S. FRANK, Vita apostolica und dominus apostolicus, in: G. SCHWAIGER (Hg.), Konzil und Papst, Paderborn 1975, S. 19 ff.]. Es war dies der einzige Weg, zu einem Bekenntnis zu kommen, das die Mehrheit überzeugte. Denn keine Gesamtorganisation, keine Institution und keine Person konnte von sich behaupten, sie spreche für alle [zur Textüberlieferung des NT s. B.M. METZGER, Der Text des Neuen Testaments, Stuttgart 1996 (engl. 1964)].

Die Gefahr, daß das Christentum in mehrere, regional und inhaltlich unterschiedliche Christentümer zerfiel, schien am Ende des 3. Jahrhunderts vorbei. Sie war durch die Einigung auf einen biblischen Kanon und auf identische Glaubensregeln gebannt worden (zu diesen S. 299). Gebannt hatte sie aber auch der Entwurf verbindlicher Verhaltensweisen und interner Modalitäten von Sündenbekenntnis, Buße und Vergebung. Gesichert wurde beides durch den Aufbau einer hierarchisch gegliederten Organisation, die überregionale Kommunikationsnetze entwickelte und seit Cyprian als juristisch organisierte Heilsanstalt auftrat (dazu S. 350). Was immer das kommende 4. Jahrhundert bringen mochte – am Ende des 3. waren die Christen gut gerüstet, ihren Weg in die Zukunft als eine das ganze Imperium umspannende Religion zu gehen.

Die Apostelgeschichte tritt neben die Briefe des Paulus (zu ihnen S. 320 f.). Ihr Autor ist der Evangelist Lukas, der sie zwischen 75 und 90 schrieb, ohne die paulinischen Briefe einzuarbeiten. Er stand Paulus jedoch so nahe, daß HENGEL ihn zu dessen Begleiter auf seinen letzten Reisen machen konnte [784: HENGEL, Paulus zwischen Damaskus und Antiochien; ebenso 216: THORNTON, Der Zeuge, 786: RIESNER, Frühzeit, und 188: LANE FOX, Die Geheimnisse, S. 274 ff.]. Bewährt sich diese These, so enthält die Apostelgeschichte ab Kapitel 16 einen Augenzeugenbericht für die Spätzeit des Paulus [gravierende Einwände bei E. PLÜMACHER, RE Suppl. 14, 1974, Sp. 237; ROLOFF, Die Apostelgeschichte, S. 2 ff. mit Forschungsüberblick, in 190: NTD; zur Literatur 76/: TIMPE, Heilsgeschichte, S. 40 ff.]. *Die Apostelgeschichte*

Das Werk stellt sich seinen Lesern als farbig und dramatisch aufbereitete Erzählung vor. Sie beginnt mit der Prophezeiung Jesu am Himmelfahrtstag an seine Jünger; „Ihr werdet die Kraft des Heiligen Geistes empfangen, der auf euch herabkommen wird, und ihr werdet meine Zeugen sein in Jerusalem und ganz Judäa und in Samarien und bis an die Grenzen der Erde" (1,8). Es ist die Leitidee des ganzen Werkes. Sie versetzt die Christen nach Jahren der Hoffnung auf die Parusie wieder in die Geschichte. Dort ziehen sie siegreich von Jerusalem bis nach Rom, dem Zentrum des Weltreiches, das dem gefangenen Paulus die volle Redefreiheit einräumt [207: HENGEL, Geschichtsschreibung, S. 37; zur Einordnung in die hellenistische Tradition 814: STRECKER, Theologie des NT, S. 234–258].

Lukas war kein Historiker. Sein Objekt war nicht die Geschichte der apostolischen Zeit, sondern die Predigt des Evangeliums. So ist sein Bericht heftig umstritten und häufig als „hellenistische Wundererzählung" beiseite gelegt worden. Erst die jüngere Forschung ist geneigt, ihn als Quelle für die Geschichte des Urchristentums ernst zu nehmen [so bereits 766: MEYER, Urgeschichte II, S. 30 ff., und jetzt 871: BOTERMANN, Judenedikt, S. 29 ff.; Forschungsstand bei 751: HAHN, S. 178–190, und NOETHLICHS, in 828: VON HAEHLING, Rom und das himmlische Jerusalem, S. 59–63]. Der Held ist Paulus [856: STEGEMANN, Sozialgeschichte, S. 256–258]. Und er ist dies so unbedingt, daß bis auf Petrus die vielen anderen, die neben ihm die Mission vorantrieben, in Vergessenheit gerieten. Dies allerdings legte dem Autor die Pflicht auf, die schweren Konflikte nicht zu unterschlagen, die den Weg des Paulus zu den Heiden begleiteten. Er konnte und mußte sie allerdings glätten. Denn die Verkündigung des Evangeliums, angeleitet vom Heiligen Geist, schloß Hader und Streit zwischen den Aposteln aus; ihre Autorität konnte nur im Lichte voller Eintracht glänzen. *Der Quellenwert der Apostelgeschichte*

Daß die Wirklichkeit anders aussah, lehren die Briefe des Paulus. Zusammen mit der Apostelgeschichte öffnen sie die Tür zur Geschichte der frühen Christen [766: MEYER, Urgeschichte II, S. 13 ff.; 207: HENGEL, S. 11 ff.]. Die Briefe sind situationsgebunden, die Apostelgeschichte entwirft ein Gesamtbild der Entwicklung bis zum Jahr 64 – wie verzerrt es auch immer sein mag. Beide spiegeln ungewollt den Kampf um die Lehre, die Konkurrenz der Missionare, die Frontstellungen innerhalb der Gemeinden und das Ringen um die Legitimation des Paulus, der sich von Gott selbst zum Apostel für alle Völker berufen sah. Und beide bezeugen die soziale Ordnung, die Lebensbedingungen der ersten Christen und die Sorgen des täglichen Lebens in einer Umwelt, die den Christen nicht wohlgesonnen war [grundlegende Analysen bei 857: THEISSEN, Soziologie, S. 201–330].

Die historische Bedeutung der Apostelgeschichte
Die historische Bedeutung der Apostelgeschichte liegt weniger in ihrem Wert als historische Quelle für eine bestimmte Zeit, als vielmehr in ihrem Verständnis von der Welt, in der sich die Christen zurechtfinden mußten. Nach Timpe sind dabei zwei Dinge von grundlegender Bedeutung [767: TIMPE, Heilsgeschichte, S. 40–57]: Lukas verkündet eine Lehre, die er schon in seiner Darstellung der Geburt Jesu mit Anschauung füllte und die bis an die Grenze christlichen Selbstverständnisses ging: Die Gemeinschaft der Heiligen stellt die reichsbürgerliche Solidarität nicht in Frage, das Evangelium kann in allen Provinzen des Imperiums öffentlich verkündet werden, christliche Mission und weltliche Ordnung sind miteinander vereinbar. Und weiter: Lukas ist der erste gebildete Vertreter eines kulturellen Milieus, das sich der heidnischen Gesellschaft immer wieder als gedanklicher Vermittler anbot. Es war dies eine der Voraussetzungen für den gesellschaftlichen und kulturellen Assimilationsprozeß, der den Glauben an den Gekreuzigten schließlich bis aufs Kapitol führte.

Die Apokalypsen
In den Kanon des Neuen Testaments wurde die johanneische Apokalypse aufgenommen, eine in spätdomitianischer Zeit aufgezeichnete judenchristliche Vision von Weltende und Weltgericht, „ein gleichsam vulkanischer Ausbruch christlicher Naherwartung" [201: BORNKAMM, Bibel, S. 145]. Sie richtete sich in ihrer „verrätselten Botschaft ausschließlich an die Gläubigen: Die Enthüllung höchster Geheimnisse gilt keiner Öffentlichkeit" [grundlegend 767: TIMPE, Heilsgeschichte, S. 27 ff.]. Im konkreten Fall waren dies bedrängte Gemeinden in der Provinz Asia und Leser, die die Bildsprache und Deutungsmuster des Alten Testaments kannten [Forschungsgeschichte: O. BÖCHER, Die Johannesapokalypse, 4. Aufl. Darmstadt 1998]. In glühenden Bildern beschreibt ihr Autor den Untergang dieser Welt „im feurigen Pfuhl", das Gericht am Jüngsten Tag, „einen neuen Himmel und eine neue Erde", endlose Qual für die Verworfenen, ewige Seligkeit für die Auserwählten [Abk. 20/21; zu den formalen und inhaltlichen Wesenselementen dieser Gattung D. HELLHOLM (Hg.), Apocalypticism in the Mediterranean World and the Near East, 1983]. Jesus selbst hat nach Aussage der Synoptiker lange Reden über das bevorstehende Ende der Welt gehalten (Mk 13;

Lk 17,22–37; 21,5–36; Mt 24,1–25). Er bewegte sich damit in der Tradition der jüdischen Apokalyptik, einer Spätform der alttestamentlichen Prophetie, deren Ziel es war, dem geistigen Widerstand der Gerechten gegen ihre weltlichen Unterdrücker Worte zu verleihen, Worte, die diesen den Untergang und jenen das künftige Gottesreich prophezeiten. Mit dem Buch Daniel fand diese Literatur Eingang in die Septuaginta [die wichtigsten in dt. Übers. bei 197: KAUTZSCH, Die Apokryphen II, S. 177–458, und 10: KÜMMEL, Jüdische Schriften V: Apokalypsen; ausgewählte Texte bei 171: BARRETT/THORNTON, S. 357–393].

Die frühen Christen, ohnehin in ihrem Glauben von eschatologischen Ängsten, Hoffnungen und Stimmungen geprägt, haben diese jüdischen Apokalypsen übersetzt, bevor sie die ganze Literaturgattung übernahmen und zahlreiche Werke dieses Genres selbst schufen [196: HENNECKE/SCHNEEMELCHER, Apokryphen II, S. 491–679; zur Einführung 206: HAHN, Apokalyptik]. Sie alle sprechen von der Hoffnung, daß die Zeit für eine durch und durch verkommene Welt abgelaufen sei. Diese Hoffnung flammte in schweren Zeiten immer wieder auf, und die apokalyptischen Bilder, in die sie sich hüllte, verzauberten viele Gläubige. Die einen, weil sie eine verdorbene Gesellschaft fürchteten, in der „alle Normen der Moral, alles im Verschwinden begriffen ist" (Cyprian, An Demetrianus 3), die anderen, weil sie schon lange auf ein Zeichen des Himmels gewartet hatten, und schließlich alle, die an den erstarrten Formen der Frömmigkeit in ihren Gemeinden litten und hofften, daß Gottes Gerechtigkeit endlich das Böse vernichte: „Wie lange zögerst du noch, Herr, ... Gericht zu halten und unser Blut an den Bewohnern der Erde zu rächen?" (Offenbarung 6,10).

<small>Literatur des Widerstandes</small>

So verkörpert die Apokalypse eine ganz andere Weltsicht als die Apostelgeschichte: hier die Hoffnung auf ein Zusammenleben mit Rom, dort ein klares Zeichen des Widerstandes gegen den Pakt mit Rom, der Hure Babylon, die die Versammlung der Heiligen unter der Dunstglocke von Frieden und Wohlstand dazu verführte, sich in dieser Welt häuslich einzurichten [H. GIESEN, Das römische Reich im Spiegel der Johannes-Apokalypse, in: ANRW 26,3, Berlin 1996, S. 2501–2614; 365: JONES, Domitian, S. 114; 767: TIMPE, Heilsgeschichte, S. 33 f.].

b. Das Ringen um Einheit und Behauptung

Apokalyptische Visionen prägen auch den zwischen 90 und 150 entstandenen *Hirt des Hermas*. Der Ich-Erzähler, freigelassener Handwerker oder erfolgreicher Sklave in einem städtischen Hause, lebte in einer römischen Gemeinde, die von Presbytern geführt wurde, Verfolgungen erlitten und sich als soziale Sondergruppe (5,5,2: „Volk Gottes") in der Gesellschaft eingerichtet hatte. Der Autor erzählt von himmlischen Offenbarungen, verzichtet aber auf Enthüllungen über den letzten Tag und die jenseitige Welt [198: KÖRTNER/LEUTZSCH, S. 107–497 mit Literatur]. Die diesseitige sieht er gebeugt unter der schweren Last der Sünde und im Umgang mit ihr ungeübt, obwohl die Schar derer, die nach der Taufe erneut

<small>Der Hirt des Hermas</small>

schuldig wurden, beängstigend wuchs. Wer die Schuldigen nicht aus der Gemeinde stoßen wollte, mußte ihnen die Chance zur Umkehr geben, mußte ihnen gestatten, nach Bekehrung und Taufe noch einmal, ein letztes Mal, Buße tun zu dürfen [2,2,4f.; zur späteren Institutionalisierung des Bußverfahrens ist Tertullians Schrift *Über die Buße* besonders wichtig; Auszüge bei 191: RITTER, Alte Kirche, S. 68ff.].

Die Sünden-vergebung Die Gemeinden, die diesen durch himmlischen Auftrag sanktionierten Anleitungen zur Buße willig ihr Ohr liehen, hatten sich weit von ihren Anfängen entfernt. Sie träumten zwar ab und an vom nahen Ende, riefen mit Paulus: „Maranatha – Unser Herr, komm" (1 Kor 16,22), aber im täglichen Leben nahmen sie die Menschen so, wie sie nun einmal waren: ohne Heiligenschein und verliebt in die Sünde. Ihre Besserung allerdings ging nicht ohne die Formulierung genauer ethischer Normen, nach denen zu leben und – gegebenenfalls – zu verzeihen war [vgl. auch Didache 14,1–3, und 194: SCHÖLLGEN, Didache, S. 68ff.]. So führt der *Hirt des Hermas* in eine Welt des Umbruchs. In ihr werden die Werte des sozialen Miteinanders neu durchdacht und der Zusammenhalt der Gemeinde höher gewichtet als die radikalen Forderungen der ersten Generation.

Die Literatur der Gemeinden In diese Welt des Umbruchs gehören auch der Hebräerbrief und die sog. *katholischen Briefe* sowie die Schriften der *Apostolischen Väter* [Ausgaben und Übersetzungen: 189–200; zu den Inhalten: 791: CONZELMANN/LINDEMANN, Arbeitsbuch, S. 399–434; 209: KLAUCK, Briefliteratur, S. 252–266 mit Lit.; zu den Vätern zusätzlich TRÖGER, Christentum im 2.Jhdt., S. 65–70; 767: TIMPE, Heilsgeschichte, S. 57ff.]. Die „Väter" richteten Mahnschreiben an die Gemeinden und boten Lösungen zu akuten theologischen und organisatorischen Problemen an. Auch für sie war die Naherwartung zur Konvention erstarrt, und der Alltag, „das innere Leben der Kirche, die Ordnung der Normalität, begann zum Inhalt aktiven Handelns und Planens in dieser Welt zu werden" [767: TIMPE, S. 59]. Dazu gehörten Ratschläge zum Umgang mit Wanderaposteln, die einem ins Haus fielen (Didache 11,4ff.), zum Verhalten in den Monaten der Verfolgungen (1 Clemens 5–6, Ignatius-Briefe), zum inneren Frieden in der Gemeinde (1 Clemens 37–61), zu liturgischen Regelungen (Didache 7–10), zu Ehefragen, zur Würde des Bischofs (Ignatiusbriefe) und zur Abwehr von Häresien (Brief des Polykarp). Es waren also die häuslichen Sorgen, die auf den Nägeln brannten, nicht die weite Welt der Politik. Der Kaiser war fern, und für ihn und den Erhalt seiner Macht den Himmel anzuflehen, machte keine Umstände (1 Clemens 60,4). Niemand sah sich berufen, die politische und soziale Ordnung in Frage zu stellen – trotz staatlicher Verfolgung, trotz gesellschaftlicher Bedrängnis.

Die Kirchenordnungen Besondere Aufmerksamkeit verlangen die Kirchenordnungen, eine Griechen und Römern unbekannte literarische Gattung. Auch sie richteten sich nach innen, an „den Verband der Heiligen, die in der Wahrheit wandeln" [Hippolyt, *In Dan.* 1,18,7; KRETSCHMAR in: 832: FROHNES/KNORR, Missionsgeschichte, S. 109ff.] Vier von ihnen sind aus den ersten drei Jahrhunderten erhalten: Die

Didache (Zwölf-Apostel-Lehre) aus der Zeit um 100, die *Traditio apostolica* des Hippolyt aus dem frühen 3. Jahrhundert, die *syrische Didaskalie* aus der ersten Hälfte des 3. Jahrhunderts und die *Apostolische Kirchenordnung* aus dem 3. (oder frühen) 4. Jahrhundert [Textausgaben vorgestellt bei 761: FRANK, Lehrbuch, S. 101 f.]. Keine von ihnen maßte sich an, das Gemeindeleben von Kopf bis Fuß zu regeln; alle suchten vielmehr nach Antworten auf offene Fragen oder drängten auf die Beseitigung von Mißständen. Davon gab es genug, vor allem im Bereich der Armenfürsorge, die immer zu den wichtigsten Aufgaben der Gemeinden gehört hatte. Sie strapazierte angesichts herandrängender Schmarotzer und Betrüger allzuhäufig die Geduld der Gebenden und verlangte nach klaren Verhaltensregeln (Didache 11–13). Vieles von dem, was da an Verbesserungen vorgeschlagen wurde, ist nie Realität geworden, sondern Opfer des Widerstandes einflußreicher Gruppierungen. So dürfen diese Ordnungen auch nicht ungeprüft als ein Spiegel der tatsächlichen Verhältnisse gelesen werden.

Im 3. Jahrhundert protokollieren sie einen dramatischen Umbruch in der Gemeindeorganisation: Die Trennung von Klerus und Laien ist nahezu vollzogen [grundlegend 861: FAIVRE]; alle wichtigen Aufgaben werden der Kontrolle hauptamtlicher und von der Gemeinde bezahlter männlicher Amtsträger unterstellt, während die Ämter selbst mit sakraler Weihe umgeben und damit unangreifbar gemacht werden [grundlegend 866: SCHÖLLGEN, Professionalisierung]. Zu Beginn des 2. Jahrhunderts gab es noch drei Formen der Gemeindeordnung: Das Miteinander von gewählten Amtsträgern (Episkopen und Diakonen) und Wandercharismatikern (Propheten und Lehrer) in der Didache [194: SCHÖLLGEN, Didache, S. 70 ff.], die kollegiale Führung im Ersten Clemensbrief [42–44: Bischöfe und Diakone, 193: SCHNEIDER, Clemens von Rom, S. 36 ff.] und die Alleinherrschaft des Bischofs als Stellvertreter Gottes in den Ignatiusbriefen (Brief an die Magnesier 6–7). Jetzt zeigen die Gemeindeordnungen den monarchisch regierenden Bischof nahezu unverhüllt. In der *Traditio apostolica* tritt er in der Lehre und im Kultvollzug mit herrscherlicher Attitüde auf und kommt in seiner Machtfülle dem alttestamentlichen Hohenpriester gleich; alle anderen Ämter und Dienste sind ihm nachgeordnet und auf ihn zugeschnitten [194: GEERLINGS, Traditio Apostolica, S. 207 f.]. Es hat ihn nicht vor Hader und Streit bewahren können, wie die *Syrische Didaskalie* zeigt: Die Reichen, als Großspender in den Gemeinden unverzichtbar, hofften und forderten – darin ihren heidnischen Standesgenossen gleich – als Gegengabe für ihre stets offene Hand Einfluß und Ehren, beides Dinge, die sich mit dem monarchischen Regierungsanspruch des Bischofs nicht vertrugen [866: SCHÖLLGEN, Professionalisierung, S. 175 ff.].

Amt und Gemeindeverfassung

Alle Kirchenordnungen beriefen sich, um Gehör und Gehorsam zu finden, direkt oder indirekt auf die Apostel. Denn sie allein wurden von allen Gemeinden als Autoritäten anerkannt (s. S. 338). Dies konnte nicht so bleiben, als die Gemeinden wuchsen und mit ihnen die Macht ihrer Führer. Jetzt übernahmen die auf Synoden versammelten Bischöfe die Aufgabe der (echten und fiktiven) Apostel. Sie sprachen mit eigener Autorität und im Bewußtsein der Mitwirkung des Heiligen Geistes. Sie setzten sich damit durch, weil anders die Einheit der Kirche nicht zu wahren war. Im Lichte dieser Entwicklung sind die überlieferten Kirchenordnungen „ein Übergangsphänomen; sie füllen das disziplinäre Vakuum zwischen der apostolischen Zeit und der endgültigen Etablierung des Synodenwesen als oberster Instanz in den Fragen der Gemeindeordnung" [194: SCHÖLLGEN, Didache, S. 21].

Die Apologeten Seit Hadrian hebt sich der Blick der Christen langsam über den Rand ihrer eigenen Probleme und richtet sich auf die heidnische Umwelt. In diesen Jahren waren alle, die mit der Predigt vom nahen Ende der Welt die Gläubigen begeistern konnten, beiseite gedrängt worden. Nur noch wenige wollten den Ruf Jesu wörtlich nehmen: „Selig seid ihr, wenn euch die Menschen hassen um des Menschensohnes willen" (Lukas 6,22). Die Mehrheit war bereit, sich in dieser Welt trotz ihrer Fallstricke einzurichten, und das hieß auch, Gegner so ernst zu nehmen, wie sie es verdienten. Denn der Staat drohte mit Verfolgung, und der heidnische Nachbar schrie: „die Christen vor den Löwen", wenn Hunger oder Seuchen ihm das Leben schwer und die Suche nach Schuldigen leicht machten (Tertullian, Apologie 40,2). Es schlug die Stunde der Anwälte, die für ihre Glaubensbrüder auf das Recht pochten, leben zu dürfen wie jedermann. Selbstbewußt, beredt, häufig unduldsam traten sie in die Schranken und äußerten sich in Reden, Dialogen, philosophischen Traktaten oder Briefen. Damit beendeten sie die christliche Nabelschau, zeigten ihren Gegnern die Zähne und wiesen ihren Brüdern und Schwestern den Weg in die Welt. Sie plädierten ohne kirchliche Legitimation, nicht selten als umherziehende Prediger, aber getragen von dem Zuspruch der Gemeinden [zum sozialen Hintergrund der Apologeten grundlegend 221: TIMPE, Apologeti, S. 99–127]. Was sie forderten, Toleranz für ihren Glauben und ihren Lebensstil, klang gut, konnte aber vor dem Thron ihres Gottes, der jeden Nebenbuhler unnachsichtig verfolgte, nicht dauerhaft bestehen: „Im Glauben allein hat die Freiheit ihren Wohnsitz aufgeschlagen", beschwor Laktanz alle Feinde, und er sagte ihnen auch, warum: „Denn mehr als alles andere ist er eine Frage des freien Willens" [*divinae institutiones*, Nachwort; zur Einordnung der christlichen Forderung nach Toleranz in die Tradition vgl. 906: KÖTTING, Religionsfreiheit, S. 15–46, und 905: GARNSEY, Religious Toleration, S. 1–27; P. BROWN, Autorität und Heiligkeit, Stuttgart 1998, S. 45 ff.].

Cyprian, An Demetrianus Der karthagische Bischof Cyprian ist der letzte große Apologet. Er verteidigte 252 die Christen gegen den Vorwurf, sie provozierten durch ihre Verachtung der Götter das Elend der Welt [Schrift an einen sonst unbekannten Demetrianus; dazu 695: STROBEL, Imperium Romanum, S. 171 ff.]. Cyprian markiert bereits den Beginn einer neuen Epoche der christlichen Literatur. Denn die mit Decius einsetzenden reichsweiten Verfolgungen, deren Ziel die Sammlung aller Reichsbewohner unter dem Schutz der Götter war, machten alle Argumente zur

Makulatur. Jetzt zählten nur noch der praktische Verstand der Bischöfe und das Vorbild der Märtyrer [222: FIEDROWICZ, Apologie, S. 34–144].

Die Apologeten richteten ihre Eingaben an den Kaiser und seine Statthalter. Sie betonten ihre Loyalität zu Staat und Reich [Justin, Apologie 1,17; BEAUJEU, in: 431: Le culte des souverains, S. 101–136], verwiesen listig auf die Verletzung des römischen Rechtsempfindens durch die Verfolgungen (Tertullian, Apologie 2,6–9) und lobten die philosophischen Höhen des christlichen Gedankengebäudes [Justin, Dialog mit Tryphon 8: im christlichen Glauben stecke die „allein verläßliche und angemessene Philosophie". Dagegen Tertullian, Apologie 46; zum philosophischen Hintergrund K. ROSEN, in 828: VON HAEHLING, Rom und das himmlische Jerusalem, S. 126–151, und 222: FIEDROWICZ, Apologie, S. 291 ff.]. Und sie suchten nach einer überzeugenden Antwort auf die peinigende Frage: „Warum so spät?" Warum ließ Gott nach dem Sündenfall und der Vertreibung aus dem Paradies viertausend Jahre verstreichen, bevor er Fleisch wurde und um der Erlösung der Menschen willen litt und starb? Der Alte und der Neue Bund, so laute die Lösung dieses Rätsels, seien eins und der Abstieg des Gottessohnes in die Unterwelt habe die sonst vom Heilswerk übergangenen Gerechten der Vorzeit gerettet wie alle noch Lebenden [Tertullian, Apologie 46,18 f.; 243: TIMPE, Was ist Kirchengeschichte, S. 175 f.]. Alles in allem waren dies respektable Argumente, und darauf angelegt, den Christen einen legalen, anerkannten Platz in der sozialen Welt zu sichern. Dazu allerdings hätte der Standpunkt des Gegners von Fall zu Fall berücksichtigt werden müssen – dies aber blieb weitgehend aus [767: TIMPE, Heilsgeschichte, S. 87 ff.].

Die Argumente der Apologeten

Folgerichtig machten sich die Apologeten keine Illusionen über den Erfolg ihrer Mühen (Tertullian, Das Zeugnis der Seele 1,4). Ob jemals eine ihrer Schriften wirklich das kaiserliche Kabinett erreicht hat oder gar in die Hände des Monarchen gelangte, ist mehr als fraglich. Römische Beamte begnügten sich, wenn sie mit Anklagen konfrontiert wurden, mit mündlichen Nachfragen und zeigten keine Neigung, sich näher mit der Sache zu befassen. „Klar ist aber, daß man (sc. die Apologeten) versucht hat, diese Werke in den Kreisen der Gebildeten zu verbreiten, sie also in die üblichen Kanäle des Buchhandels zu leiten – und da ist der Erfolg augenscheinlich ausgeblieben" [LIETZMANN, Geschichte II, S. 175; WLOSOK, in: 832: FROHNES/KNORR, S. 147–165]. Die Autoren werden dies gewußt haben. Aber sie schrieben ohnehin in der Hoffnung, daß ihre Schriften im eigenen Haus wirkten, „wo sie einer intellektuellen Rechtfertigung des christlichen Glaubens und der Stärkung des kirchlichen Selbstbewußtseins dienten" [761: FRANK, Lehrbuch, S. 178 ff.; R. MACMULLEN, Two Types of Conversion to early Christianity, in: Vigiliae Christianae 37 (1983) S. 104, 134].

Die historische Bedeutung

Ihr Wert als historische Quelle jedenfalls ist für die Entwicklung des christlichen Denkens groß. Denn zum erstenmal nahmen die Christen ihre Umwelt wahr, zum erstenmal versuchte ihre Intelligenz einem allgemein gebildeten, überregionalen Publikum christliche Lebensart näherzubringen. Für eine soziale Bestandsaufnahme der Gemeinden des 2. und 3. Jahrhunderts hingegen ist ihre Aussagekraft geringer, da „ihr Denken weite Bereiche der zeitgenössischen Realität nicht erreichte oder nicht angemessen einschätzte. Namentlich die soziale und geistige Wirklichkeit der Kirche erfaßte, deutete und verteidigte es nur zum Teil" [221: TIMPE, Apologeti christiani, S. 126 f.].

Tertullian   Erhalten geblieben sind Texte und Fragmente von gut einem Dutzend Autoren [einen Überblick geben 761: FRANK, Lehrbuch, S. 178 ff.; B. STUDER, in 187: Neues Hdb. der Literaturwiss. 4, S. 161–164; 222: FIEDROWICZ, Apologie, S. 34 ff.] Die wichtigsten von ihnen waren der aus Nablus stammende Grieche Justin (165 als Märtyrer in Rom gestorben), der römische Rechtsanwalt Minucius Felix, der in Dialogform die gesellschaftlichen Vorurteile gegen seine Glaubensbrüder bekämpft, und in severischer Zeit der lateinisch schreibende Karthager Tertullian, dessen Apologeticum das Christentum in einem fiktiven Gerichtsverfahren gegen geständige Glaubensbrüder verteidigt. Er war hoch gebildet und kam, nach einer Karriere als Rechtsanwalt in Rom, spät zum Christentum. Von diesem Tag an widmete er, nach Karthago zurückgekehrt, seine Feder und seine ganze Leidenschaft dem Gekreuzigten, obwohl er wohl niemals eine offizielle Position in seiner Heimatgemeinde eingenommen hat.

Wenige seines Standes und seiner Überzeugung waren so voller Widersprüche wie dieser Mann. Er war alles andere als eine in sich ruhende Persönlichkeit. Stets mit geballten Fäusten argumentierend verkündete er nicht selten Wahrheiten, die er wenige Jahre später wieder verwarf. Immer zu neuen Ufern unterwegs, hatte er ein waches Verständnis für seine Zeit, die dem Wort eines Monarchen mit universalem Machtanspruch folgte. Er litt an den Nöten der Bischöfe, die sich mit Schwarmgeistern, Propheten und eigenwilligen Interpretationen der doch einzigen Wahrheit herumschlugen – seine polemischen Angriffe auf die Häretiker und Juden zeugen davon. Zugleich aber trieb ihn, maßlos bis hinein in den Stil, die Rücksichtslosigkeit des Fanatikers – ihr sind die Schriften geschuldet, die seine christlichen Nachbarn mit schier übermenschlichen Ansprüchen an Zucht und Ordnung peinigten und das Los der Märtyrer als einzig würdiges Lebensziel priesen. Er starb im Zorn über die Verweltlichung des christlichen Lebens und die wachsende Macht der Bischöfe, die bußfertigen Sündern selbst Ehebruch und Unzucht vergaben. „Recht und Entscheidung liegen beim Herrn, nicht beim Diener; bei Gott selbst, nicht beim Priester", rief er (Über die Ehrbarkeit 21,17) und bestand auf dem alten Grundsatz: „Wo drei versammelt sind, ist es eine Gemeinde, auch wenn es nur Laien sind" (*de exhortatione castitatis* 7). Am Ende nahm er die Hoffnung mit ins Grab, die Christen könnten als Gemeinschaft der Heiligen überleben. Denn er sah sehr klar, daß die überwältigende Mehrheit seiner Brüder und Schwestern einen anderen Weg einschlug als er und sich aufmachte, die alte Heilsgemeinschaft zur Heilsanstalt umzubilden. Dazu gehörte die Anerkennung des Anspruches der institutionalisierten Kirche, daß niemand Gott zum Vater haben könne, „der die Kirche nicht zur Mutter hat"

[Cyprian; 813: HARNACK, Dogmengeschichte I, S. 439; 830: SCHNEIDER, Geistesgeschichte, S. 566].

Seit der Mitte des 2. Jahrhunderts begannen die Gemeinden, die Taten und Leiden ihrer Blutzeugen aufzuzeichnen [die Textausgaben: 223–225; *mártys* = Zeuge]. Dafür gab es Vorbilder: In der jüdischen Tradition waren es die Legenden um die Makkabäer [197: KAUTZSCH, Apokryphen I, S. 24–135, HABICHT, 2. Makkabäerbuch, in: 10: Jüdische Schriften I], in der heidnischen die Überlieferung vom Tod des Sokrates [dazu 225: MUSURILLO, The Acts of the Pagan Martyrs, und 223: BASTIAENSEN, S. IX–XXIV; ihren Vorbildcharakter bestreitet 885: BOWERSOCK, Martyrdom, Kap. I]. Dieser aber, so notierte Justin, war zwar für seine Überzeugung gestorben, hatte aber nicht wie Jesus unzählige Nachahmer gefunden [Justin, Apologie 2,10,8, E. DASSMANN, Christus und Socrates, in: JAC 36 (1993) S. 33–45]. Die Soldaten Christi

Der erste Märtyrer, dessen Leben und Sterben ein genauer Bericht rühmte, war Polykarp, Bischof von Smyrna, den noch der Apostel Johannes geweiht haben soll; den 86jährigen führte der Henker 158 (oder 168) in Rom auf den Scheiterhaufen. Seine sterblichen Überreste, „kostbarer als Edelsteine und wertvoller als Gold", sammelten die Frommen und begingen Jahr um Jahr den Tag seines Martyriums „zur Übung und Zurüstung der künftigen Märtyrer" [*Acta Polycarpi*, in 181: RITTER, Alte Kirche, S. 39f.]. Sein Schicksal fand durch Rundbriefe weite Verbreitung (um 160; Eusebius, Kirchengeschichte 4,15,3–45). Von nun an feierten die Christen die Taten ihrer Blutzeugen wie die von Heroen. Ihre Berichte gliedern sich in drei Gattungen: Briefe und Schriften an gefangene Christen, Prozeßakten (*Acta*) und Passionsgeschichten. Die Briefe forderten das Ausharren bis zum bitteren Ende: z. B. Tertullian, *Ad martyres*, Origenes, *Exhortatio ad martyrium*, Cyprian, Brief an die Verfolgten des Jahres 250 [die wichtigsten Zeugnisse bei 176: HEILMANN/KRAFT, Texte IV, S. 67–110]. Die Akten enthalten Aufzeichnungen christlicher Augenzeugen auf der Basis amtlicher Protokolle, die jedoch im christlichen Sinne umgestaltet und – entweder vom Autor selber oder durch einen späteren Redakteur – nach Belieben ergänzt wurden [dies gilt z. B. für den Prozeß gegen die Märtyrer von Scili: 181: RITTER, Alte Kirche, S. 44ff.; 229: FREUDENBERGER, Die Akten, S. 196ff., 214f.]. Passionsgeschichten schrieben entweder christliche Zeugen, die die Angeklagten im Gefängnis besucht und sie auf ihrem letzten Weg begleitet hatten, oder christliche Märtyrer selbst [so die Perpetua-Geschichte: 231: SHAW, Perpetua, S. 3–19; 890: BROWN, Keuschheit, S. 88ff.; 890: BASTIAENSEN, S. 114–147]. Damit war der Legendenbildung Tür und Tor geöffnet [von „romantic scripture" spricht 885: BOWERSOCK, S. 143]. An ihrem Ende standen Wunder- und Abenteuergeschichten im Stile des profanen Romans, die für mentalitätsgeschichtliche Analysen, nicht aber für eine Rekonstruktion historischer Abläufe taugen [Überblick über die Quellenlage bei STUDER, in: 187: Neues Hdb. der Litwiss. 4, S. 443–447; zusammenfassende Darstellung bei 320: DAHLHEIM, Antike, S. 611–620]. Die Märtyrerakten

Die historische
Aussage der Berichte

Den Wert dieser Berichte bestimmen die Fragen, die an sie gestellt werden. Wer etwas über die Praxis der Verfolgungen erfahren will, wird angesichts der ungehemmten Erfindungslust der Autoren enttäuscht. Wer jedoch nach den innerkirchlichen Folgen und dem Selbstverständnis der Christen sucht, wird reich belohnt. Denn nur wenige Quellen spiegeln so intensiv ihre Konflikte, ihre Versuchungen, ihr wachsendes Selbstbewußtsein. Das heißt im einzelnen:

Die Texte spielen mit der Wirklichkeit und zeigen, daß deren exakte Erfassung den Christen wenig bedeutete. „Für weite Bereiche der geschichtlichen Realität besaßen die christlichen Autoren weder Interesse und Sachkenntnis noch Urteilskategorien, und sie durchdrangen sie deshalb auch nicht" [767: TIMPE, Heilsgeschichte, S. 112]. So rekonstruieren die Märtyrerberichte die Geschehnisse nicht als historische Ereignisse; sie wollen die Frommen erbauen, die Schwankenden stärken und den Ruhm der Gemeinden mehren. So führte ihnen nicht der Gedanke an das die Feder, was wirklich war, sondern an das, was wahr sein mußte. So malten sie in glühenden Farben, worauf es jenseits der Tatsachen ankam: Alle Märtyrer waren Missionare, hielten lange, erbauliche Reden vor ihren Richtern, ertrugen lächelnd Folterungen der furchtbarsten Art und wirkten Wunder vor und nach dem Tod.

Die Bekenner

Nicht jeder Verurteilte starb. Viele Inhaftierte kehrten in ihre Gemeinden zurück, wo die kleine Schar der Tapferen von dem Heer der Schwachen geehrt wurde. Dies ging nicht ohne Konflikte ab, und die rüttelten an die Grundfesten der kirchlichen Organisation. Sie brachen auf, als die Bekenner (*confessores*), die Gefängnis und Folter überlebt hatten, nach ihrer Heimkehr als vom göttlichen Geist Beseelte beanspruchten, Aufgaben zu übernehmen, die Sache der Bischöfe waren: die Auslegung des Glaubens, die Vergebung der Sünden. Hier aber gab es nichts zu teilen, wenn die Einheit der Kirche gewahrt bleiben sollte. Also mußten die Märtyrer zur Raison gebracht werden, ohne ihrem Bekenntnis die Würde zu nehmen und ihre vorbildliche Funktion im täglichen Leben der Gemeinde zu zerstören [889: STE. CROIX, Why Persecuted, S. 21 f.; KÖTTING, Konfessor, in 764: DERS., Ecclesia I, S. 122–144].

Falsche Märtyrer

Bereits die ersten, die für ihren Glauben starben, warfen ein verstörendes Problem auf: Wo war die Grenze zu ziehen zwischen echten und falschen Märtyrern, wie unterschied man zwischen dem Gott wohlgefälligen Opfer und dem vorsätzlichen Spiel mit dem Tod? [Zur lange anhaltenden Diskussion um die Bedeutung des freiwilligen Märtyrertums 835: LANE FOX, Pagans and Christians, S. 434 ff.; 886: BUTTERWECK, Martyriumssucht, S. 2 ff.; A.R. BIRLEY, in 828: VON HAEHLING, Rom und das himmlische Jerusalem, S. 97–123]. Einfache und zugleich schmerzliche Erfahrungen führten zu dieser Frage. Denn von Anfang an drängten Außenseiter zum Martyrium, so daß allein das standhafte Bekenntnis oder gar die Zahl der Märtyrer nichts über die Wahrheit des Glaubens aussagen konnten [886: BUTTERWECK, Martyriumssucht, S. 111 ff.]. Also galt es, „alle, die sich in den Tod stürzen ... wie die indischen Gymnosophisten", ebenso fernzuhalten wie die, die der staatlichen Macht den Fehdehandschuh hinwarfen, indem sie Götterbilder oder Heiligtümer zerstörten [KÖTTING, Martyrium und Provokation, in 764: DERS., Ecclesia, S. 231–238]. Sie gehören nicht zu uns, beschwor Clemens die Seinen, „sie haben nur den Namen mit uns gemein, führen ihn aber zu Unrecht" (Clemens von Alexandrien, Stromata 4,17,1). Die Ausgrenzung von Häretikern begann damit dort, wo Christen ihr Leben für ihren Glauben gelassen hatten – eine Zerreißprobe, der nicht jede Gemeinde gewachsen war. Denn wie sollte man den Gedanken bekämpfen, daß sich die Radikalität der Gnade Gottes nach der Radikalität des Opfers für ihn ausrichtete?

Freiwillig in den Tod zu gehen war für den Christen alles andere als selbstverständlich. Wer gab ihm, so lautete die einfache Frage, das Recht dazu und damit eine besondere Würde? Christus selbst, lautete nach kurzem Zögern die Antwort der Kirche, denn die Märtyrer hätten die höchste Form der Nachfolge gewählt [Ignatius, An die Römer 5,3; zu der alten Vorstellung, allein das Martyrium gewähre Einlaß in das messianische Reich, 810: BERGER, Theologiegeschichte, S. 292 ff.]. Das Martyrium als *imitatio Christi* – diese Assoziation klang wie ein Sakrileg, denn Jesu Sühnetod war doch ein unwiederholbarer Akt göttlicher Erlösung gewesen, den nachzuahmen Menschen nicht zustand. So zwingend logisch diese Einsicht auch war, sie zerbrach beim Anblick der in der Arena Standhaften. Die Erinnerung an sie und ihren Mut fegte alle theologischen Bedenken beiseite und rückte den gequälten Märtyrer in die Nähe des Gekreuzigten [884: BAUMEISTER, Die Anfänge; zum Märtyrertitel N. BROX, Zeuge und Märtyrer, 1961]. Dort bewirkte er unendlich mehr als jede noch so geschickt formulierte Apologie: „Wir werden zahlreicher sein, so oft wir von euch niedergemäht werden: ein Same ist das Blut der Christen", rief Tertullian. Das war zwar eine gewaltige Übertreibung, denn Verfolgungen waren selten und die abstoßende Wirkung eines für die Umwelt sinnlosen Todes nicht gering. Aber sein Ruf hallte in allen künftigen Märtyrergenerationen wider und gab ihrem Tod Legitimation und Sinn [Apologie 50,13; 835: LANE FOX, Pagans and Christians, S. 419 ff.; zur Einschätzung der Märtyrer in der apologetischen Literatur 886: BUTTERWECK, Martyriumssucht, S. 36 ff.]. Imitatio Christi

Das Martyrium überforderte die meisten. Daher wurden die, die es durchlitten, als Heroen verehrt. In ihnen konnten die Schwachen neben den Aposteln Männer und Frauen bewundern, die gelebt hatten wie sie, aber gestorben waren großartiger als Achill. Denn sie hatten „im Kriegsdienst (*ad militiam*) des lebendigen Gottes" die Stunde der Bewährung bestanden und konnten mit Fug und Recht erwarten, in der Welt jenseits des Todes von ihrem himmlischen Kommandeur ausgezeichnet zu werden [so die Militärmetaphorik bei Tertullian, *ad martyres* 3; Apologie 50,2–3 und Cyprian, Briefe 10,1: A. HARNACK, Militia Christi, 1905]. Ihr Andenken zu ehren, erschien daher als die natürlichste Sache der Welt und für die Lebenden zudem von großem Nutzen. Denn sie taten noch als Tote Wunder und sprachen an Gottes Thron für die Zurückgebliebenen. So gewährten ihnen die Dankbaren Die Privilegien der Märtyrer einzigartige und für viele unerhörte Privilegien: Ihre Taten verlas der Lektor während des Gottesdienstes, an ihren Gedenktagen versammelte sich die ganze Gemeinde, und über ihren Gräbern erhoben sich Kirchen und Altäre. Es war die Geburtsstunde des Reliquienkultes und der Heiligenverehrung: KÖTTING, Heiligen-, Reliquien- und Bilderverehrung, in 764: DERS., Ecclesia II, S. 43–224; A. ANGENENDT, Heilige und Reliquien, München 1994, S. 33 ff.

Der Kampf um die Einheit des Glaubens

Die Auseinandersetzungen um den rechten Glauben begannen mit dem Tode Jesu. Sie waren in einer Gemeinschaft nicht zu vermeiden, deren Lehrer die ewige Seligkeit versprochen, aber keine Wegbeschreibung hinterlassen hatte. Also stritt man unermüdlich um den rechten Weg und schickte die besten Köpfe in den Kampf. Sie kamen vorwärts, als sie sich auf einen Kanon von verbindlichen Schriften einigten und damit die lebenswichtige Frage beantworteten, wie trotz fortschreitender Zeit die Verbindung zu Jesus und den Aposteln aufrechterhalten werden konnte (dazu S. 338). Sie blieben stecken, als es um den Bau eines einheitlichen Lehrgebäudes ging. Der Streit darüber blieb bis ins vierte Jahrhundert auf einzelne Gemeinden oder Provinzen beschränkt. Denn eine zur Klärung des Streits befugte und übergeordnete Instanz hat es vor dem Konzil von Nizäa nicht gegeben. Sie zu schaffen war auch nicht vordringlich gewesen in einer Welt, in der man eine verfolgte Minderheit war, ja in vielen Fällen hatte es sich sogar als ratsam erwiesen, eine endgültige Festlegung zu vermeiden, um Abspaltungen nicht zu provozieren. Erst, als der einst überwältigende Gedanke von der unmittelbaren Wiederkehr Christi seine Kraft verlor und damit Differenzen in der Lehre eine ganz andere Bedeutung bekamen als in den Tagen der Hoffnung auf ein schnelles Ende aller Übel, lernte man, daß in den Kernfragen des Glaubens dogmatische Eindeutigkeit unerläßlich und diese nur durch die ständige Kommunikation der Gemeindevorsteher zu bewahren war.

Die Gnosis

„Es gibt auch falsche Propheten im Volk ... und sie werden verderbliche Irrlehren verbreiten", klagte der Autor des 2. Petrusbriefes, der gegen Mitte des 2. Jahrhunderts gegen die verruchten Irrlehrer stritt [2,1–3; 209: KLAUCK, Briefliteratur, S. 306 ff.]. Er hatte recht, schossen doch angesichts eines Christentums, das seine Dogmen nicht ausformuliert und seine Ämter noch nicht hierarchisch geordnet hatte, die Häresien ins Kraut [831: BARDY, Menschen werden Christen, S. 307 ff.] Die wichtigsten werden unter den Begriff *Gnosis* gefaßt. Er benennt eine Vielzahl religiöser Systeme. Ihre wuchernden Spekulationen durchdrangen alle Bereiche des Denkens und Empfindens: „Sie ist in der Vielfältigkeit und Beweglichkeit ihrer Systeme ein Muster für das religiöse Suchen und Drängen der Menschen in der Kaiserzeit und charakterisiert die Tiefe und Kraft des religiösen Empfindens dieser Zeit am besten" [316: BLEICKEN, Vfgs.- und Sozialgesch. II, S. 135]. Alle christlichen Gnostiker peinigte die Frage nach der Herkunft der Sünde: Wie und warum waren sie und das Böse in die Welt gelangt, „woher kommt der Mensch und wie ist er geschaffen? Woher ist Gott?" (Tertullian, Prozeßeinreden gegen die Häretiker 7). Die ersten Antworten gaben der

Glaube an einen vollkommenen jenseitigen Gott und die Gewißheit, die Materie und die irdische Welt gehörten zum Reich des Bösen. Dorthin seien schicksalhaft Funken göttlicher Substanz gestürzt; ihr im Menschen gefangener Teil strebt seitdem zu seinem Ursprung zurück und kann allein durch die Erkenntnis (*Gnosis*) seiner wahren Natur Erlösung finden [235: MARKSCHIES, Gnosis; die Texte bei 232: FÖRSTER, Die Gnosis; Überblicke bei C. COLPE, in 748: RAC 11, 1981, Sp. 537–659 s.v. Gnosis II; 178: KLAUCK, Umwelt II, S. 145–198 mit Literatur; 759: DASSMANN, Kirchengeschichte I, S. 134–150; 761: FRANK, Lehrbuch, S. 147–158; Forschungsüberblick: C. SCHOLTEN, Probleme der Gnosisforschung, in: IkaZ 26 (1997) S. 481–501].

Derartige Lehren verbreiteten sich in unendlichen Variationen über alle Provinzen [Überblick bei 760: ESLER, The Early Christian World II, S. 893–1001 mit Literatur]. Von ihnen wurde Marcion inspiriert, ein Reeder aus dem pontischen Sinope, der sich in Rom mit dem dortigen Klerus überwarf und eine eigene Gemeinde gründete [zur religionspolitischen Bedeutung der Hauptstadt H. CANCIK, Gnostiker in Rom, in: J. TAUBES (Hg.), Gnosis und Politik II, München 1984, S. 163–184]. Er beanspruchte wie Paulus, der wahre Verfechter der christlichen Botschaft zu sein, und gründete daher eine eigene Kirche, die vor allem in Kleinasien und Syrien mit den übrigen christlichen Gemeinden wetteiferte. Marcion bündelte die uferlosen gnostischen Mythen zu einem klaren Bild des Universums: Die sichtbare Welt, in der der Mensch lebte, war grausam und vom alttestamentlichen Prinzip der Vergeltung beherrscht; über ihr wölbte sich der Himmel des Schöpfergottes, des finsteren Jehova, durch einen Abgrund getrennt vom eigentlichen Himmel, in dem der wahre Gott der Güte und Barmherzigkeit regiert und aus dem Christus kam, um die Menschen zu erlösen [grundlegend 234: HARNACK, Marcion].

Marcion

Die Abwehr dieser (und anderer) Häresien organisierten die Bischöfe und stärkten damit ihren Machtanspruch (dazu S. 352). Die geistige Auseinandersetzung übernahmen antihäretische Streitschriften. Sie verteidigten die Richtigkeit der kirchlichen Lehre und Ethik und systematisierten sie, um die Gemeinden vor jeder Versuchung zu bewahren. Ihr erster und wichtigster Vertreter war Irenäus, Bischof von Lyon (um 177–200). Seine *Darstellung der apostolischen Verkündigung* ebenso wie seine fünf Bücher *Entlarvung und Widerlegung der fälschlich sogenannten Gnosis* sind erhalten geblieben [233: BROX, Irenäus, Adversus haereses]. Mit ihnen gedachte der Autor das „schlecht gebaute Körperchen" dieses „Füchsleins" bloßzustellen und aus seinem Bau zu vertreiben (*Adv. haer.* 1,314). Seine Jagd setzte Tertullian mit seinen fünf Büchern *Wider Markion* und seinen *Prozeßeinreden gegen die Häretiker* fort; dort tröstete er seine Leser mit dem Einfall, Häresien seien in der Welt, „um den Glauben zu versuchen und ihn eben dadurch seine Bewährung finden zu lassen" [kurze Textauszüge aus den Schriften beider Autoren bei 181: RITTER, Alte Kirche, S. 53 ff., 65 ff.; Überblick bei 761: FRANK, Lehrbuch, S. 183 ff.].

Die antihäretischen Schriften

Die Geschichts- Die historiographische Tradition der Christen beginnt mit der *Kirchen-*
schreibung: *geschichte* des Eusebius. Diese Einschätzung ist auch dann richtig, wenn man
Eusebius Eduard SCHWARTZ ernst nimmt, der den Titel des Werkes angesichts seines
chaotischen Umgangs mit den eingefügten Dokumenten gerne in „Materialien
zur Kirchengeschichte" umbenannt hätte. 313 zum Bischof von Caesarea (Palästina) gewählt, beschrieb Eusebius als erster den Aufstieg der christlichen Kirchen
von den Anfängen bis 323 und begründete damit nach seinem eigenen Urteil eine
neue Form der Geschichtsschreibung [Kirchengeschichte 1,1,5; Ausgabe 239:
SCHWARTZ; dt. Übers. 186: HÄUSER; eine erste lateinische Bearbeitung und Fortsetzung bis zum Jahr 395 bei Rufinus, Bischof von Aquileia, gest. 410]. Diese
Kirchengeschichte ist eine unverzichtbare Quelle zur Geschichte des frühen
Christentums; sie enthält Akten und Exzerpte, die trotz vieler phantasievoller
Ausschmückungen von großem Wert sind. Obgleich chronologisch den Regierungszeiten der Kaiser folgend, gehorcht sie thematischen Leitlinien: Die
Nachfolge der Apostel und die großen Bischofssitze, die Verfolgungen und ihre
Märtyrer, die Häresien, das Schicksal des jüdischen Volkes (Kirchengeschichte
1,1–2). Aber es ist auch hier weit mehr als der Quellenwert, der die Bedeutung
dieser Kirchengeschichte ausmacht. Geschrieben wurde sie in der stolzen Gewißheit, daß die Geschichte auf der Seite der Christen und Gott immer mit ihnen war.
Was auch geschehen war in den drei Jahrhunderten, in denen Leid und Verfolgungen, innerer Zwist und häretischer Übermut nicht selten waren, Eusebius
fügte alles in einen großartigen gottgewollten Zusammenhang als Triumphzug des
auf Golgotha ans Kreuz Geschlagenen und seiner Lehre [243: TIMPE, Was ist
Kirchengeschichte?, S. 171–204; 767: TIMPE, Heilsgeschichte, S. 105 ff.; ein Gesamtüberblick bei F. WINKELMANN, in 748: RAC 15 (1991) S. 746–765 s.v. Historiographie].

c. Die Argumente der Gegner

Das Desinteresse der Die heidnischen Autoren haben sich für die christlichen Minderheiten in ihren
Historiker Städten nicht interessiert. Was wir von ihnen über Jesus erfahren, ist fast nichts,
jedoch unendlich wichtig. Denn die Römer Sueton (Claudius 25,4), Tacitus
(Annalen 15,44) und Plinius (Briefe 10,96) bezeugen die Existenz Jesu [771:
KEE, Jesus, S. 13–32; K. HOHEISEL, in 748: RAC, S. 838–878 s.v. Jesus III].
Dessen Anhänger hielten alle drei für Narren, nannten sie Feinde des Menschengeschlechts und glaubten sie scheußlicher Verbrechen fähig (Sueton, Nero
16,2: *genus hominum superstitionis novae ac maleficae*; dazu S. 343 f.). Hundertfünfzig Jahre später, in der Zeit der Severer, war dies nicht anders geworden;
von den Christen nehmen weder die Historiker Cassius Dio und Herodian noch
der Rhetor Flavius Philostratos (um 170–245) Notiz, obwohl dieser dem Leben
des wundertätigen Wanderpredigers Apollonios von Tyana (um 4–96) auf Verlangen der Kaiserin Julia Domna um 222 eine eigene Biographie gewidmet hatte

12. Die Entstehung und Ausbreitung des Christentums im Spiegel der Quellen

[zu diesem Mann, den Lukian einen Schwindler nannte, spätere jedoch für einen zweiten Jesus hielten, Ed. MEYER, Apollonius von Tyana, in: Kleine Schriften II, Halle 1924, S. 131–191, und 178: KLAUCK, Umwelt I, S. 140–146]. Lukian (120–180 n. Chr.) erwähnt die Christen zwar nur beiläufig und kennt ihre Schriften nur aus zweiter Hand [H.D. BETZ, Lukian von Samosata und das Christentum, in: DERS.: Hellenismus und Urchristentum, Tübingen 1990, S. 10–21; 141: JONES, Lucian, S. 117 ff.]. Aber seine Satire „Über den Tod des Peregrinus", eines Mannes, der eine Zeitlang als christlicher Wanderprediger durch die Lande gezogen war, läßt doch erkennen, wie die Christen mit vagabundierenden Scharlatanen fertig zu werden begannen [vgl. Didache 11; 866: SCHÖLLGEN, Professionalisierung, S. 44–44].

Die intellektuellen Kritiker der Christen treten seit der Mitte des 2. Jahrhunderts auf [grundlegend zu ihnen 250: NESTLE, Die Haupteinwände des antiken Denkens]. Der streitbarste von ihnen, der Platoniker Kelsos, schrieb unter Mark Aurel [allgemein: P. MERLAN, in 748: RAC 2, 1954, Sp. 954–65 s.v. Celsus]. Er hatte eine Reihe alt- und neutestamentlicher Schriften und die jüdische Polemik gegen die Christen gelesen, sich in der Geschichte ihrer Gemeinden umgetan und ihre Lebenspraxis studiert. Seine unter dem Titel *Wahre Lehre* (*Alethès lógos*) erschienene Attacke überlebte den Sieg seiner Feinde nicht. Wie weh sie tat, bezeugt jedoch die rund achtzig Jahre später erschienene Gegenschrift des Origenes [*Contra Celsum*, acht Bücher; 245: HOFFMANN, Celsus]. Aus ihr lassen sich die Grundgedanken der Anklage rekonstruieren [801: WILKEN, Die frühen Christen, S. 106 ff.; 246: ANDRESEN, Logos und Nomos; 247: BICHLER, Streit um das Christentum]. Kelsos verachtete den Glauben an den Sohn einer verstoßenen Ehebrecherin, der als Räuber und Zauberer, verlassen von seinen feigen und ehrlosen Jüngern, sein verdientes Ende fand, beklagte die niedere soziale Herkunft der Christen und verurteilte ihren von der übrigen Gesellschaft abgeschotteten Lebensstil, der einer eigenen Soziallehre gehorchte und die Übernahme zentraler staatlicher Aufgaben, wie die Aufwendungen (*munera*) für die Städte und den Dienst im Heer, ausschloß. Die Bilanz war bitter und voller Haß: „Wenn alle ebenso handelten wie ihr, dann könnte den Kaiser nichts vor völliger Vereinsamung und Verlassenheit bewahren, und die Herrschaft über das Reich fiele in die Hände der wildesten und gesetzlosesten Barbaren" (8, 68 f.). Dies traf den Kern des Problems, auf das die Christen früher oder später eine Antwort finden mußten [zusammenfassend RITTER, in 812: Hdb. d. Dogmengesch. I, S. 111 ff.].

Die Polemik der Gebildeten: Kelsos

Hundert Jahre später (zwischen 268 und 279) präsentierte der Plotinschüler Porphyrios seine Schrift *Wider die Christen*, „unstreitig das umfangreichste und gelehrteste Werk, welches im Altertum gegen das Christentum verfasst worden ist" [grundlegend 244: HARNACK, Porphyrius, S. 3; die Hauptthesen bei 801: WILKEN, Die frühen Christen, S. 138 ff., und M.B. SIMMONS, Arnobius of Sicca. Religious Conflict and Competition in the Age of Diocletian, Oxford 1995, S. 28 ff.]. Auch diese von dem „größten Gelehrten unter den Philosophen"

Porphyrios

(Augustinus) verfaßte Kritik eines Gebildeten, der die Bibel so gut wie seine Gegner kannte, fiel unter den christlichen Kaisern ins Feuer, so daß nur der Zufall einige Passagen dem Vergessen entriß. Aus ihnen wird deutlich, daß der Autor dem christlichen Glauben seine Irrationalität vorwarf, das logische Durcheinander der Fischern und Handwerkern geschuldeten Evangelien geißelte, die Göttlichkeit Jesu bestritt und den Glauben als Abfall „von der Väter Sitten" und als Gefährdung des Staates definierte; daher müsse seine weitere Verbreitung in den Kreisen der Eliten bekämpft werden [kurze Auszüge aus den Texten beider Autoren bei 181: RITTER, Alte Kirche, S. 41–44, 109ff.]. Der christliche Einspruch ließ nicht auf sich warten [Überblick bei 222: FIEDROWICZ, Apologie, S. 73 f.]. Unter den Lateinern griff um 303 der gerade bekehrte Rhetor Arnobius aus dem nordafrikanischen Sicca zur Feder und schrieb, eifrig bemüht, die Aufrichtigkeit seiner durch einen Traum provozierten Bekehrung glaubhaft zu machen, „Bücher gegen die Heiden" (*adversus nationes*), in denen Porphyrios, obwohl namentlich nicht genannt, der große Gegner ist [SIMMONS, Arnobius of Sicca, Oxford 1995, S. 216ff.].

Gerüchte um Zauberei und Verbrechen

Was Kelsos und Porphyrios vortrugen, war nicht für die breiten Massen geschrieben. Deren Verachtung schürten Gerüchte, der christliche Nachbar schließe aus guten Gründen seine Tür vor neugierigen Augen, mache er sich doch dahinter ritueller Verbrechen (*flagitia*) und der Zauberei schuldig. Die erste lateinische Rede, die solche Vorwürfe zusammenfaßt, nahm Anfang des 3. Jahrhunderts der Christ Minucius Felix in sein Streitgespräch zwischen zwei Freunden auf: Heide der eine, Christ der andere (Octavius 5 ff.). Sie zählt peinlich genau alles auf, was an Verleumdungen über die Christen im Umlauf war, und sie belegt, daß alle Anwürfe im Vorwurf der Verschwörung gegen Staat und Gesellschaft gipfelten [C. BAMMEL, Die erste lateinische Rede gegen die Christen, in: Ztschr.f.K.G. 104 (1993) S. 295–311]. Alles dies sind Zeugnisse eines sich verschärfenden geistigen Ringens, in dem die Christen nach einigem Zögern den Fehdehandschuh aufnahmen. Sie prangerten ihrerseits die lasterhafte Moral ihrer Verfolger an, die sich an blutigen Spielen, obszönen Theaterstücken und exzessiven Opfern für nicht minder unmoralische Götter ablesen lasse – so das Fazit der Abrechnung Tertullians mit den Spielen [*De spectaculis*; J.B. RIVES, Human Sacrifice among Pagans and Christians, in: JRS 85 (1995) S. 65–85]. Bei diesem Befund lag der Gedanke nahe, für den Beginn des 3. Jahrhunderts einen Propagandakrieg zu diagnostizieren, der den Weg in die großen Verfolgungen ebnete [248: FREND, Prelude to the Great Persecution; alle wichtigen Quellentexte bei 175: GUYOT/KLEIN II, S. 140–232].

13. Die Anfänge des christlichen Europa: Der lange Weg zur Einigung von Staat und Kirche

a. Der Aufbruch

Die ersten Jahre der Urgemeinde sind in der Forschung weitgehend unstrittig: 791: CONZELMANN, Urchristentum, S. 21–63; 794: KRAFT, Entstehung, S. 207–289; F. VOUGA, G.d. frühen Christentums, Tübingen 1994, S. 23–46; knapp, aber mit weiterführender Literatur 761: FRANK, Lehrbuch, S. 49–52. Demnach ergibt sich folgendes Bild: Wenige Tage oder Wochen nach dem Tod Jesu sammelten sich seine Anhänger in Jerusalem und richteten sich dort ein. Die meisten waren nach der Verhaftung ihres Meisters in ihre alte Heimat Galiläa geflohen. Nun kehrten sie zurück, überzeugt, daß Gott den auf Golgotha Gekreuzigten „von den Toten auferweckt" habe [Paulus, Römer 10,9; dazu ANDRESEN, in 812: Hdb. der Dogmengesch. I, S. 16]. Viele erzählten, sie hätten den Auferstandenen gesehen und gehört, und alle hofften, die von ihm verkündete neue Weltzeit sei nahe. Sein schändlicher Tod war „gemäß der Schrift" geschehen, und in ihm habe Gott die Verheißungen für sein Volk erfüllt. Trotz Folter und Kreuz war er der Messias. Von ihm zu sprechen und ihn den Juden als auferstandenen Christus zu nahezubringen, war daher die nächstliegende und wichtigste Aufgabe. [Die Gemeinde in Jerusalem]

Kaum einer der Apostel sah Galiläa später wieder; der Ort, wo alles begonnen hatte, sank zurück ins Dunkel der Geschichte. In Jerusalem lag die Zukunft der Männer und Frauen, die überzeugt waren, der Geist Gottes sei über sie gekommen und leite sie; die christliche Tradition verdichtete dieses Erlebnis in der Pfingstgeschichte [794: KRAFT, Entstehung, S. 207ff.; zur psychologischen Deutung 805: BERGER, Historische Psychologie, S. 240–248]. Im Schatten des Tempels hielten sie loyal an den jüdischen Institutionen und Überzeugungen fest und verehrten den Gott Israels, der Himmel und Erde geschaffen und mit seinem Volk einen Bund geschlossen hatte. Neu an ihrem Glauben war die Überzeugung, der Gott Abrahams und Jakobs habe seinen Sohn Mensch werden lassen, um allen schuldig gewordenen Geschöpfen die Vergebung ihrer Sünden zu gewähren; den am Kreuz Gestorbenen habe er wieder zum Leben erweckt, ja zu sich selbst erhöht. Dieses Bekenntnis fand Paulus vor und zitierte es in seinem Brief an die Korinther [1 Kor 14,34; 794: KRAFT, S. 214ff.].

Die Entscheidung, in der Stadt, und nicht, wie etwa die Gruppe von Qumran (dazu S. 290), am Rande der zivilisierten Welt zu leben, legten die Spielregeln des täglichen Lebens fest. Die Anhänger Jesu wollten keine Sekte sein, fern von den Nöten der anderen Menschen, die sie zu gewinnen suchten. Ihre Apostel, Propheten und Lehrer glaubten sich vom Geist Gottes beseelt und berufen, zu missionieren und zu heilen (Mk 3,13ff.). Losgelöst von den Notwendigkeiten einer städtisch-bürgerlichen Existenz zogen sie als Wanderprediger von Haus zu Haus, von Stadt zu Stadt, wo sie Tage oder Wochen von den ortsansässigen [Die Wandercharismatiker]

Gemeinden versorgt wurden. Nur zu ihnen passen die in den Evangelien bewahrten und von Jesus propagierten Ideale eines heimat-, besitz- und familienlosen Daseins: „Siehe, wir haben, was wir hatten, verlassen und sind dir nachgefolgt" (Lk 18,28). Mancher mag diesen Satz als Freibrief für seinen Bruch mit der etablierten Welt vor sich her getragen haben. Wie immer: Gebunden an nichts und niemanden und nur seinem Auftrag verpflichtet, brauchte keiner dieser Männer etwas von der Lehre Jesu den sozialen Gegebenheiten anzupassen [grundlegend 857: THEISSEN, Studien zur Soziologie, S. 79–141; 756: THEISSEN, Soziologie der Jesusbewegung, S. 14 ff.; Forschungsstand bei L. SCHENKE, Die Urgemeinde, Stuttgart 1990, S. 217–238; zum heute allgemein üblichen Begriff des Wandercharismatikers 298: WEBER, Wirtschaft und Gesellschaft, S. 654 ff.; M.N. EBERTZ, Macht aus Ohnmacht. Die stigmatischen Züge der charismatischen Bewegung um Jesus von Nazareth, in: W. GEBHARDT u. a. (Hgg.), Charisma, Berlin 1993, S. 71–90].

Der Konflikt zwischen „Hebräern" und „Hellenisten"

Den Späteren erschienen die in Jerusalem Versammelten als eine ideale Gemeinschaft, in der alle einträchtig und friedlich lebten und jeder mit jedem teilte, was er hatte (Apg. 2,44 f.; 4,32–35). So aber war es gerade nicht. Die beschworene Harmonie verdeckt nur notdürftig die schweren Konflikte, welche die Gemeinde unheilbar spalteten. Sie aber sollten die Kräfte freisetzen, die den Abschied von der jüdischen Tradition verlangten und den Frommen den Weg in die Städte der Griechen und Römer öffneten.

Die Apostelgeschichte nennt als Kontrahenten zwei durch ihre Sprache auffällig gekennzeichnete Gruppen: Die eine sprach aramäisch, rekrutierte sich aus den Juden Judäas und wurde von den zwölf Aposteln geführt (die *Hebräer*), die andere Gruppe bestimmten griechisch sprechende Juden, die aus der Diaspora nach Jerusalem gezogen und der christlichen Gemeinde beigetreten waren (die *Hellenisten*); für alle war Jerusalem „das eigentliche geistig-geistliche Zentrum" [816: HENGEL, Jerusalem, S. 297–300]. Beide gerieten in Streit um die Versorgung der hellenistischen Witwen [zu den Gründen 810: BERGER, Theologiegeschichte, S. 140 f.; 826: WANDER, Trennungsprozesse, S. 123 ff.]. Diese waren bei der täglichen Speisung übersehen worden und forderten nun, was ihnen zustand. Die Lösung des Problems war ebenso einfach wie folgenreich: Ein neues Gremium, bestehend aus sieben Hellenisten, wurde gewählt und richtete eine eigene Witwenversorgung ein (Apg. 6,1–6). Damit spalteten sich die Jünger Christi in zwei sozial und sprachlich klar zu unterscheidende Gruppen, die von ihren Gegnern auch unterschiedlich bekämpft werden konnten.

Die Gemeinde in Antiochien

Es traf die Hellenisten, als sie den blutigen Tempelkult als „Vergehen gegen den heiligen Geist" kritisierten (Apg. 7,40–43, 810: BERGER, Theologiegeschichte, S. 142 f.]. Der Zorn der jüdischen Behörden trieb sie aus Jerusalem [zur Quellenlage F. VOUGA, aaO., S. 40 ff.]. Viele von ihnen zogen in die syrische Weltstadt Antiochia, wo sie Aufnahme und Sympathie vornehmlich bei den „Gottesfürchtigen" suchten – so bezeichnet die Apostelgeschichte Heiden, die dem jüdischen Monotheismus folgten, Teile des jüdischen Gesetzes beachteten und den Sabbat heiligten, vor dem Übertritt zum Judentum jedoch zurückschreckten [10,22 u.ö.; ihre Existenz gilt jetzt als bewiesen: J. REYNOLDS/R. TANNENBAUM, Jews and Godfearers at Aphrodisias, Cambridge 1987 mit Auswertung einer Inschrift aus dem Jahr 210, auf der die Unterstützer der Synagoge geehrt werden, darunter viele *Theosebeis*, „Gottesfürchtige"; zum Forschungsstand 826: WANDER, Trennungsprozesse, S. 173–185 und kurz 856: STEGEMANN, Sozialgeschichte, S. 223 mit Lit.]. Unter ihnen fanden die Flüchtlinge aus Jerusalem erste Zuhörer; viele tauften sie, ohne ein Wort über die Beschneidung zu verlieren. Sie legten damit den Grundstein zur gesetzesfreien Heidenmission [Forschungsstand bei 871: BOTERMANN, Judenedikt, S. 160 ff.].

Antiochien, eine halbe Tagesreise vom Mittelmeer im reichen Tal des Orontes gelegen, war nach Rom und Alexandrien die drittgrößte Stadt des Imperiums mit ca. 200 000 Einwohnern und einer großen jüdischen Minorität [zur Größenordnung 786: RIESNER, Frühzeit, S. 98]; ihre Mitglieder sprachen Griechisch als Muttersprache, verfügten über eine größere Zahl von Synagogen und lebten in einem spannungsreichen Verhältnis zur Mehrheit der Bevölkerung, in der – wie im ganzen syrisch-arabischen Raum – ein latenter Judenhaß lauerte, der zu sporadischen Ausbrüchen von Mord und Totschlag fähig war [grundlegend zu dieser Stadt 665: DOWNEY, Antioch]. Daß es gelang, gerade dort eine Gemeinde zu gründen, bedeutete nach fast einhelliger Forschungsmeinung den zweiten entscheidenden Schritt der Christen auf ihrem Weg in die Welt: Schon wenige Jahre nach Jesu Tod faßte seine Bewegung in einer weltoffenen Großstadt Fuß und wandte sich erfolgreich nicht nur an Juden, Proselyten und Gottesfürchtige, sondern auch an Heiden [zur Gemeindebildung 784: HENGEL/SCHWEMER, Paulus, S. 274 ff.]. Damit war der Bruch mit der Synagoge letztlich unvermeidlich geworden – mochte man sich dazu offen bekennen oder nicht. Denn die Beschneidung, die Ritualgebote, Reinheitsvorschriften und die Sabbatheiligung galten Christen nichts mehr. Der Akt der Taufe, unverzichtbares Initiationsritual, trennte sie sichtbar von jedem Nichtgläubigen. Keinem Juden konnte dies entgehen, ebensowenig wie die prophetisch-ekstatischen Kultpraktiken der aus Jerusalem vertriebenen Schwärmer oder ihre blasphemische Lehre von einem gekreuzigten und auferstandenen Messias, der jetzt zur Rechten Gottes thronte [784: HENGEL/SCHWEMER, S. 300 ff.]. Gleichzeitig legte das Leben der neuen Gemeinde in der Weltstadt den Grundstein für die kosmopolitische Ausrichtung der Anhänger Jesu. Dort erhielten sie auch den Namen, den sie bis heute tragen: Christen [Apg. 11,26, 791: CONZELMANN, Urchristentum, S. 51; zur Diskussion des Forschungsstandes 871: BOTERMANN, Judenedikt, S. 147 ff., die den Namen *Christiani* mit Paulus nach Rom gelangen sieht].

Ihre historische Bedeutung

Nach Antiochien kam 39/40 auch Paulus. Es ist das Verdienst dieses Mannes, die Heidenmission gegen alle Widerstände und allerorten durchgesetzt zu haben. Aus seinen Briefen ergibt sich eine autobiographische Skizze seines Lebens und

Paulus: Sein Leben

Denkens [zur Chronologie überzeugend 786: RIESNER, Frühzeit; tabellarische Zusammenfassung S. 282 ff.]. Demnach war er ein griechischsprachiger Diaspora-Jude aus dem kilikischen Tarsos, der von seinem Vater höchstwahrscheinlich das römische Bürgerrecht geerbt hatte [bestritten von 786: RIESNER, S. 129 ff., abgewogen K.L. NOETHLICHS, in 828: VON HAEHLING, S. 53–84]. Als Pharisäer, der auf seine jüdische Herkunft stolz war (Phil 3,5–6), verfolgte er die „Kirche Gottes über die Maßen", bis ihm Gott offenbarte, daß Jesus der Messias und Gottes Sohn sei und er „ihn unter den Völkern" verkünden solle [Gal 1,15; J. BECKER/U. LUZ, Die Briefe an die Galater, Epheser und Kolosser, Göttingen 1998]. So des göttlichen Ursprungs seiner Lehre und seines Auftrags sicher, ging er erst nach Arabien, dann in die Orte des kleinasiatischen Hinterlandes und schließlich in die großen Städte der Ägäis, wo er sich jeweils jahrelang in Korinth, Ephesos, Thessalonike und Philippi aufhielt [zur Missionsgeographie 786: RIESNER, Frühzeit, S. 204 ff., und J.M. SCOTT, Paul and the Nations, Tübingen 1995]. Er starb um 60 in Rom. Dorthin hatte ihn ein alexandrinisches Schiff gebracht, nachdem er als beklagter Unruhestifter an das Gericht des Kaisers appelliert hatte. Nach ihm ist es erst wieder Tertullian, „von dessen Innenleben und Eigenart wir uns ein deutlicheres Bild zu machen vermögen" [813: HARNACK, Dogmengeschichte I, S. 556 Anm. 1, vgl. S. 308].

Paulus hat, wie er selbst bekannte, Jesus nicht „dem Fleische nach" gesehen und gehört somit zu den ersten, die sich zum Glauben an den Auferstandenen bekehren ließen. Alle Zeugnisse über ihn sprechen von einem Visionär, der ehe- und heimatlos von Stadt zu Stadt hetzte, um möglichst vielen die Lehre von dem neuen Reich eines Gottes zu verkünden, der das alte zerstörte. Sein Leben war voller Streit und Zwietracht, aber getragen von der unerschütterlichen Gewißheit, Gott dienen zu müssen, ihm, „der unsern Herrn Jesus auferweckt hat von den Toten, welcher ist um unserer Sünden willen dahingegeben und um unserer Rechtfertigung willen auferweckt" (Römer 4,24).

Die Briefe des Paulus

Paulus ist damit der erste Zeuge des Glaubens an den gekreuzigten Sohn des jüdischen Gottes. Seine Briefe aus den fünfziger Jahren sind die einzigen Texte aus dem 1. Jahrhundert, die von dem Verfasser geschrieben wurden, der sie unterzeichnete. Sie entstanden in der sicheren Gewißheit göttlicher Inspiration. Gerichtet waren sie (bis auf den Philemonbrief) an die von ihm missionierten Gemeinden, unter denen sie zirkulierten: „Wenn der Brief bei euch vorgelesen worden ist, sorgt dafür, daß er auch in der Gemeinde von Laodizea bekannt wird, und den Brief an die Laodizener lest auch bei euch vor" (Kolosser 4,16; der zitierte Brief ging verloren). 13 Briefe sind unter dem Namen des Paulus überliefert; davon gelten gemeinhin als echt: Erster Thessaloniker-, Galater-, Philipper-, Römer-, Philemonbrief und die beiden Schreiben an die Korinther [209: KLAUCK, Briefliteratur, S. 228–251; 203: CONZELMANN/LINDEMANN, Arbeitsbuch, S. 223–288]. Von besonderer Bedeutung ist das 55/56 in Korinth diktierte Schreiben an die ihm unbekannte Gemeinde in der Hauptstadt Rom. Es sollte die Römer mit dem

Missionar und seiner Botschaft vertraut machen und enthält eine umfassende Darlegung seiner Überzeugungen, die er nach seinem Rombesuch auch nach Spanien tragen wollte. Dieser Brief zählt, seitdem Martin Luther vornehmlich aus ihm seine Lehre von der Rechtfertigung allein aus dem Glauben gewonnen hatte (Römer 3,28, hinzuzunehmen ist der Brief an die Galater), zu den am meisten behandelten christlichen Dokumenten [789: SCHELKLE, Paulus, S. 113–124, und umfassend M. THEOBALD, Der Römerbrief, Darmstadt 2000].

Niemand würde eine Frühgeschichte der christlichen Gemeinden ohne eine Erörterung der Briefe des Paulus wagen. Dabei sind die Probleme enorm, und sie hängen an vielen Fragen: Warum hat Paulus über das irdische Leben Jesu und seine Lehren geschwiegen? Tat er es, weil es für seinen Glauben an den Erlöser irrelevant war [so 814: STRECKER, Theologie des NT, S. 108], oder setzte er einfach voraus, daß seine Leser Leben und Lehre Jesu kannten? Oder: Waren Leben und Lehre eines palästinensischen Wanderpredigers in den griechisch sprechenden städtischen Gemeinden nicht direkt vermittelbar und wurden daher auch nicht verbreitet? [so 857: THEISSEN, Studien zur Soziologie, S. 79–105]. Oder: Entspricht die paulinische Interpretation des Glaubens und der christlichen Lebensart den Vorstellungen der meisten Christen oder ist sie nur eine von vielen und von Bedeutung lediglich deswegen, weil ihr als einziger die Zeit nichts anhaben konnte? Oder: Welche Glaubenssätze und Lehrtexte fand Paulus bereits vor und arbeitete sie in seine Briefe ein? Oder: Paulus hat einige Briefe gemeinsam mit anderen verfaßt, und bei manchem muß mit einer späteren redaktionellen Überarbeitung gerechnet werden, als ihre Weitergabe an andere Gemeinden die Zusammenstellung von Sammlungen erzwang. Wie weit reichen diese Überarbeitungen und welche Interessen spiegeln sie? [eingehend zu Aufbau, Inhalt und Echtheit der Briefe 789: SCHELKLE, Paulus und 204: DORMEYER, Das Neue Testament, S. 190 ff.]. Und schließlich: Warum plagte sich der Missionar in entlegenen anatolischen Nestern ab, statt in die Weltstadt Alexandria zu gehen?

Die Bedeutung dieses Mannes für das Überleben, die Ausbreitung und die Lehren des Christentums ist so groß, daß die Forschung immer wieder durch die provozierende Frage vorwärts getrieben wurde, ob nicht Paulus der eigentliche „Entdecker der christlichen Religion als einer neuen Religion" gewesen sei [833: HARNACK, Mission, S. 50]. Denn er setzte die Heidenmission durch, er trennte das christliche vom jüdischen Schicksal, und er prägte das Bild vom himmlischen Christus und gekreuzigten Gottessohn, das aus einer messianisch-apokalyptischen Sekte der frühen Jahre eine konkurrenzfähige Religion machte. An seiner welthistorischen Rolle ändert auch nicht, daß weder die jüdische noch die heidnische Literatur seine Existenz zur Kenntnis nahm. In den christlichen Gemeinden der ersten Jahrhunderte blieb seine Autorität ungebrochen, auch wenn seine theologischen Ausführungen gegenüber seiner Morallehre zurücktraten.

Die Schwierigkeiten ihrer Auswertung

Die Bedeutung des Paulus

Die Forschung hat es sich mit diesem Mann nicht leicht gemacht. In den letzten Jahren erschienen allein fünf umfängliche Biographien über ihn: Nach J. BECKER, Paulus, 1989 und E. BISER, Paulus, 1992 sind es 785: LOHSE, 782: GNILKA und 790: WENHAM. Wenham rang mit der kaum lösbaren Frage, ob Paulus den Lehren Jesu folgte oder ein radikaler Neuerer war; methodisch verpflichtete dieses Unterfangen zur vergleichenden Analyse der Evangelien und der Briefe des Apostels [zur Forschungsgeschichte 782: GNILKA, Paulus, S. 9ff.]. Es ist kein Wunder, daß ein schier uferloser Strom von Paulus-Literatur die Bibliotheken füllte [Überblicke bei 789: SCHELKLE, Paulus; 761: FRANK, Lehrbuch, S. 52ff.; H. HÜBNER, Paulusforschung seit 1945, in: ANRW II 25.4, 1987, S. 2649ff.].

Der jüdische Hintergrund

Zu den weiterführenden Darstellungen zählt HENGEL/SCHWEMER, Paulus zwischen Damaskus und Antiochien [784]. Die Leitidee der Verfasser ist die Annahme, daß Paulus seine Lehren schon vor den großen Missionsreisen der fünfziger Jahre durchdacht habe. So folgen sie dem Weg des „einsamen Missionars" durch die dunklen Jahre zwischen der Bekehrung des Pharisäers vor Damaskus und der sogenannten ersten Missionsreise nach Zypern und in das südöstliche Kleinasien (33 bis 47/49). Die dürftige Quellenlage forderte unabweisbar die Beschreibung der religiösen, historischen, sozialen und geographischen Kulisse, vor der der frühe Paulus agierte [596: MILLAR, Roman Near East, leistete dabei gute Dienste]. Zentral ist die These, die pharisäischen Jahre des Paulus, ohnehin ganz jüdisch geprägt, müßten als notwendige Voraussetzung seiner späteren christlichen Theologie neu entdeckt werden. Der Gedanke folgt der allgemeinen Tendenz der jüngeren Forschung, die jüdischen Wurzeln des Christentums stärker als die hellenistischen zu betonen und die Anfänge des Christentums als die einer jüdische Sekte zu lesen, über die der tiefe Schatten des Zweiten Tempels fiel [796: THEISSEN, Religion, S. 227: „das Urchristentum ist in seinen besten Teilen nichts anderes als universalisiertes Judentum"]. Diese Sicht wird von der angelsächsischen Exegese vorangetrieben; so hatte bereits E.P. SANDERS aus der Analyse der ältesten rabbinischen Überlieferung und den Qumrantexten das überkommene Bild einer Gesetzesreligion, vor deren düsterem Hintergrund das christliche Evangelium besonders strahle, zu revidieren versucht [787: SANDERS, Paulus und das palästinensische Judentum, und 788: Paulus; dagegen 785: LOHSE, Paulus, S. 282ff.; zurückhaltend 810: BERGER, Theologiegeschichte, S. 434ff.].

Die Durchsetzung der Heidenmission

Die historische Analyse konzentriert sich auf eine Reihe von Entscheidungen, die mit dem Namen Paulus verbunden werden:

Als erstes die Durchsetzung der Heidenmission gegen den Widerstand anderer Apostel. Die Fragen, um die es dabei ging, hat Paulus „manchmal argumentierend, manchmal knurrend, oft aber brüllend" [788: SANDERS, Paulus, S. 70] in seinem Brief an die Galater auf den Punkt gebracht: Muß die Beschneidung gefordert werden, um Heiden zur Taufe zuzulassen? Muß das mosaische Gesetz Grundlage des Zusammenlebens zwischen Heiden und Juden in der christlichen Gemeinschaft, sprich beim Gottesdienst und der Tischgemeinschaft sein? Das Ringen um Antworten spitzte sich zu einem schweren Konflikt zwischen Petrus und Paulus zu („Ich widerstand ihm ins Angesicht"). Ausgetragen wurde er in Antiochien, und er endete mit dem Sieg des Paulus und dem zweimaligen „Nein" auf die gestellten Fragen [Galater 2,11 ff.; BECKER/LUZ, Die Briefe, 1998, S. 37–44]. Das neue Israel, das es zu gründen galt, sollte keine gesellschaftlichen und nationalen Schranken mehr kennen: „Da heißt es nicht mehr Heide oder Jude, Beschnittener oder Unbeschnittener, Barbar oder Skythe, Sklave oder Freier, nein, Christus ist allen und in allen" (Kolosser 3,11). Die Taufe machte alle zu „Söhnen Gottes", die „in Christo" das Ziel ihres Lebens erreicht hatten.

Die gesamte Paulusforschung, jede Paulusbiographie hat diesen Streit geschildert – mal als Auseinandersetzung unter Brüdern [785: LOHSE, S. 83–96; 782: GNILKA, S. 95–107], mal als unerbittlichen Zweikampf ohne versöhnliches Ende [richtungweisend F. CHRISTIAN BAUR, Kritische Untersuchungen über die Kanonischen Evangelien, Tübingen 1847]. Unstrittig ist die historische Bedeutung: Der Sieg des Paulus führte die Jesusbewegung endgültig aus Palästina hinaus und in die griechischen Städte; dort hatte sie Erfolg, „nachdem sie sich unter veränderten Verhältnissen zum hellenistischen Urchristentum verwandelt" und die „Anpassung an die normale Alltäglichkeit" vollzogen hatte [THEISSEN, Soziologie, S. 140f. u.ö.]. Nach MAX WEBER ist der „Tag von Antiochien" gar ein Schlüsseldatum der europäischen Geschichte [Ges. Aufsätze zur Religionssoziologie II, 1988, S. 39f. u.ö.]. Denn die sich durchsetzende Vorstellung, nicht das Gesetz, sondern allein der Glaube weise den Weg zum Heil, zeigte den Weg zur universalen Mission des Christentums, das auf Dauer nicht mit zwei Tischgemeinschaften unter einem Dach leben konnte [W. NIPPEL, in: Gesellschaften im Vergleich, 1998, S. 3 ff.].

Die Synagoge blieb unbesiegt. Die Religion Jesu hat „auf jüdischem und auch auf semitischem Boden keine Wurzeln fassen können" [833: HARNACK, Mission, S. 71]. Und da der Glaube und die Geschichte ein Nebeneinander ausschlossen, kam es zur Konfrontation. Ihr Anfang wird von Harnack mit der jüdischen Feindschaft und Gegenmission in Verbindung gebracht. „Paulus ist es gewesen, der die christliche Religion aus dem Judentum herausgeführt hat" [762: HARNACK, Wesen des Christentums, S. 178 ff.]. Ganz allerdings hat das weder er noch sonst einer getan. Denn der Gott des Alten Testaments blieb immer der Vater Jesu und alle Versuche, beide zu trennen, brandmarkten die christlichen Führer unnachsichtig als Häresie (S. 313). In der heutigen Forschung wird der Konflikt nicht mehr mit Harnack als dramatisches Ereignis, sondern als langsamer, aber unaufhaltsamer Prozeß gelesen. Gewiß begann alles in Antiochien (s. o.). Aber was dort geschah, führte noch nicht zu klaren Konturen, da sich das Christentum seiner inneren Autonomie erst langsam bewußt wurde. Daher lassen auch die Briefe des Paulus und die Evangelien noch keinen eindeutigen Gegensatz zwischen Judentum und Christentum erkennen [825: NIEBUHR, Judentum, S. 218 ff.].

_{Die Trennung vom Judentum}

Trotzdem kam die Trennung [826: WANDER, Trennungsprozesse, zu den Anfängen; 796: THEISSEN, Religion, S. 225–280 zur gesamten Entwicklung]. Ihre Gründe wogen schwer:

Die Gründe
– Die Lehre des Paulus, allein das Bekenntnis zu Jesus entscheide über Heil und Unheil, gab dem Gesetz einen völlig anderen Stellenwert. Seine Funktion, das Verhältnis zwischen Gott, seinem Volk und jedem einzelnen zu regeln, übernahm der Glaube an den Auferstandenen. Das Dach der Synagoge konnte nun nicht mehr beide beherbergen, da die Christen das allen Juden Gemeinsame aufgaben [762: HARNACK, Wesen, S. 178 ff.; 791: CONZELMANN, Urchristentum, S. 33 f.].

– Die politische Katastrophe des Jahres 70 interpretierten die Christen als Werk Gottes, der die jüdischen Verfolger seiner Anhänger strafte und durch die Trümmer des Tempels den Weg des auf Tempelkult und Gesetz nicht mehr festgelegten neuen Gottesvolkes bestätigte [H.-M. DÖPP, Die Deutung der Zerstörung Jerusalems, Tübingen 1998]. An die Stelle der zerstörten Stadt trat das Himmlische Jerusalem, das am Ende der Zeit auf die Erde herabkommen wird: „Wir haben hier keine bleibende Stadt, sondern die zukünftige suchen wir" (Hebr. 13,14).

– Mit den Evangelien schufen sich die Christen „eine eigene Grunderzählung und schieden aus der Erzählgemeinschaft des Judentums aus" [796: THEISSEN, Religion, S. 227].

– Die Besetzung des zweiten Throns neben Jahwe mit dem Gekreuzigten und der göttliche Glanz, mit dem die Evangelisten bereits den Menschen Jesus umgaben, zerstörte in jüdischen Augen den Glauben an den einen und einzigen Gott (S. 334).

– Seit der Verfolgung durch Nero wuchs das Mißtrauen der römischen Behörden gegen die Christen. Diese sahen sich daher gezwungen, den Tod Jesu durch die Hand eines römischen Beamten zu erklären. So sprachen alle Biographen des Gekreuzigten Pontius Pilatus von der Anklage der Tötung des Gerechten frei und verurteilten an seiner Stelle die jüdischen Volksführer; denn nicht der Vorwurf des Hochverrats, sondern ihre falschen Anklagen und der Druck aufgehetzter jüdischer Massen hätten den Statthalter des Kaisers gezwungen, Jesus zu verurteilen [erschöpfend dazu 778: BROWN, The Death of the Messiah; zur Besonderheit des Johannesevangeliums 793: HENGEL, Reich Christi, S. 163–184].

Die Folgen
Am Ende steht die polemische Vorstellung von der zweigeteilten Welt: hier Juden, dort Nichtjuden, zu denen die Christen gehören [829: KINZIG, Novitas, S. 174]. Eigene Schriften gegen die Juden (*adversus Iudaeos*) entstanden und zogen die Gräben tiefer [H. SCHRECKENBERG, Die christlichen Adversus-Iudaeos-Texte und ihr literarisches und historisches Umfeld, Bd. 1, Frankfurt 1982; grundlegend 827: CONZELMANN, Heiden – Juden – Christen, S. 219–322; kurz: STUDER, in 187: Hdb. der Literaturwiss. 4, S. 160 f.]. Mit der Christianisierung des Imperiums scheint diese Vorstellung politisch wirksam zu werden, da sich seit Konstantin der jüdische Status schrittweise verschlechtert und die justinianische Gesetzgebung das Judentum in die Nähe einer verbotenen Religion rückt. Die Ein-

schätzung, „the peace of the Church set the Jews on the road leading to the medieval ghetto", war daher lange communis opinio [823: SMALLWOOD, The Jews, S. 545]. Dagegen jetzt überzeugend BALTRUSCH: „Die Faktoren dieses Prozesses (sc. die Verschlechterung des jüdisch-römischen Verhältnisses) sind Veränderungen *innerhalb* der politischen Herrschaft, nicht die Ausbreitung der christlichen oder einer anderen Religion" [824: Christianisierung, S. 23 ff.].

Am Anfang der christlichen Gemeindebildung standen Klein- und Kleinstgruppen. Sie wurden bisweilen von charismatischen Radikalen hierhin und dorthin getrieben, immer aber blieben sie ausgerichtet auf die Autorität ihrer Missionare und Lehrer. In den griechischen Städten Syriens und Kleinasiens werden daraus fest strukturierte Ortsgemeinden, die alle wesentlichen Organisationsprinzipien ihrer Umwelt übernehmen. Paulus vor allem steht für die Wendung von charismatischer und prophetischer Spontanität zu den Lebensformen der städtischen Gesellschaft, zu ihrer sozialen Stabilität und zu ihren ethischen Verkehrsnormen [1 Kor 14,40; 840: KEE, das frühe Christentum, S. 96 ff; 221: TIMPE, Apologeten, S. 13 f.]. Damit nahm die soziale Entwicklung der Gemeinden eine Richtung, die mit der der nichtchristlichen Umwelt konvergierte. Es ist weit wichtiger, dies zu konstatieren, als die christliche Absonderung zu diskutieren. Die normale Lebenspraxis war über die radikalen Sprüche, die die Evangelisten für Jesus aufgezeichnet hatten, hinweggegangen. Schon der Kolosserbrief und die Pastoralbriefe lassen den Familienzusammenhang als Sozialmodell der Gemeinden erkennen und stützten die bestehende soziale Hierarchie [so die Haustafel in Kolosser 3–4; 840: KEE, S. 123 ff.; 763: JEDIN, Kirchengeschichte I, S. 125 ff.].

Die soziale Ordnung der Gemeinden

Im 2. Jahrhundert werden endgültig ortsansässige Priester und Bischöfe an die Stelle wandernder Lehrer und Propheten treten, und die Gemeinden erscheinen als kompakte Einheiten, deren soziale Zusammensetzung keine Unterschiede zur heidnischen Umwelt erkennen läßt. Die Forschung hat mit dieser Einschätzung Abschied von der lange Jahrzehnte herrschenden Vorstellung genommen, das Urchristentum sei mit den „unteren (unliterarischen) Schichten" verflochten gewesen [DEISSMANN, Das Urchristentum und die unteren Schichten, 2. Aufl. Göttingen 1908]. Heute gilt der Satz, „das Christentum war in seinen Anfängen eine sozial gutsituierte Bewegung der großen hellenistischen Städte" [GÜLZOW, in 832: FROHNES/KNORR, S. 220; Forschungsüberblick bei 761: FRANK, Lehrbuch, S. 66 f.; 856: STEGEMANN, Sozialgeschichte, S. 249 ff.; 855: STARK, Aufstieg, S. 35 ff.].

b. Die Ausbreitung

Auf allen Straßen der antiken Welt wanderten Philosophen, Gotteslehrer und Prediger. Nirgendwo türmten sich unüberwindliche Hindernisse, denn das Imperium, das sie durchzogen, kannte weder Grenzen noch Sprachbarrieren [830:

Die Missionare

SCHNEIDER, Geistesgeschichte, S. 428 ff.]. Hier fielen die christlichen Wanderprediger der ersten Stunde nicht sonderlich auf. Auch sie zogen ohne Besitz und ohne Familie von Stadt zu Stadt, taten Wunder und setzten auf die ekstatische Kraft ihrer Worte: „Meine Rede", schrieb stolz Paulus, der erfolgreichste unter ihnen, „bestand im Erweis des Geistes und der Kraft" [1 Kor 2,4; zur sozialen Erscheinung urchristlicher Missionare s. S. 317 f.; neben den Briefen sind es die Apostelakten und Apostelromane, die ihre Lebensweise veranschaulichen: 196: HENNECKE/SCHNEEMELCHER II]. Freundlich willkommen hieß man sie keineswegs immer (Didache 11), und ihre Gegner übergossen sie mit Hohn und Spott (Lukian, *de morte Peregrini* 13).

Ihre Ziere Ihre Schritte lenkten sie vornehmlich in Städte [zu den Zeugnissen ländlicher Mission JONES, Der soziale Hintergrund, in 869: KLEIN, Das frühe Christentum, S. 336 ff.]. Dort ließen sie sich auf eine soziale Ordnung ein, deren Tempel, Amtsgebäude, Theater und Gemeinschaftsbäder, deren Gerichtsbarkeit, munizipale Mitsprache und Wehrpflicht von einem Lebensstil zeugten, der Jesus und seinen Anhängern, die in Galiläa von Dorf zu Dorf zogen, fremd und feindlich gewesen war. Und sie verließen früh Jerusalem und Palästina und gründeten neue Zentren ihrer Gemeinschaft in Antiochia, Kleinasien, Afrika und Rom [einen knappen, fundierten Überblick über die Ausbreitung in und außerhalb des Imperiums bieten KÖTTING, in 748: RAC s.v. Christentum (Ausbreitung), und 795: MARKSCHIES, Zwischen den Welten, S. 13–37; zu den Anfängen in Palästina: MARKSCHIES, Stadt und Land, in 721: CANCIK/RÜPKE, Reichsreligion, S. 265 ff.; zu den ersten Missionaren: CLARKE, in 338: CAH X, S. 848–872]. Erst nach dem Untergang des römischen Weltreiches trugen die Missionare des Gekreuzigten den Glauben an ihn bis ins ferne Island und mit ihm die letzten Erinnerungen an Rom [N. BROX, Zur christlichen Mission in der Spätantike, in 834: KERTELGE, Mission, S. 190–237; 758: BROWN, Entstehung des christlichen Europa].

Ihre Position im christlichen Verständnis Zu Helden machte die ersten Missionare Lukas. Seine Apostelgeschichte prägte die Vorstellung, Paulus, die übrigen Apostel und ihre Helfer hätten die entscheidende Rolle bei der Ausbreitung des Evangeliums gespielt. Jesus selbst habe sie mit diesem Auftrag geadelt: „Der heilige Geist wird auf euch kommen, und ihr sollt meine Zeugen sein bis zu den Grenzen der Erde", rief er ihnen am Tag seiner Himmelfahrt zu [Apg. 1,8; daß Jesus selbst keinen Auftrag zur Weltmission erteilt haben kann, betont R. PESCH, in 834: KERTELGE, Mission, S. 11 ff., 41 f.]. Es wurde in den Augen der späteren Generationen ein einziger Triumphzug. Eusebius beschrieb ihn dreihundert Jahre später und machte seine Leser glauben, Massenbekehrungen durch öffentliche Predigten und Wunder der Apostel hätten der Lehre Jesu den Weg gebahnt: „Denn damals wirkten noch in ihnen zahlreiche Wunderkräfte des heiligen Geistes, so daß ganze Scharen gemeinsam schon bei der ersten Predigt freiwillig den Glauben an den Weltschöpfer annahmen" [Kirchengeschichte 3,37,3; eine Zusammenstellung und Wertung aller wesentlichen Quellentexte zum missionarischen Selbstbewußtsein der Christen bei 833: HARNACK, Mission, S. 529 ff.; 829: KINZIG, Novitas, S. 452 ff.].

Der erste, der die Geschichte dieses wundersamen Aufbruchs kritisch verfolgte, schrieb das bis heute grundlegende Standardwerk: Adolf von HARNACK [833: Mission und Ausbreitung]. In seiner Rückschau treten in den ersten Jahrzehnten berufsmäßige Missionare auf, die ihre Schritte in die Städte des östlichen Mittelmeerraumes und nach Rom lenkten und dort durch massenhafte Bekehrungen die Fundamente der christlichen Gemeinden gossen. Später, als die Missionare seltener wurden, sei das Christentum durch „stete Gärung" gewachsen, d. h. im Umfeld des täglichen Lebens durch Bekehrungen der Familienangehörigen, der Nachbarn und Freunde [zustimmend 836: MACMULLEN, Christianizing the Roman Empire, S. 29 u.ö.]. Dieses Bild Harnacks ist geprägt von der lukanischen Apostelgeschichte und seines Haupthelden Paulus. Es überzeugt heute nur noch bedingt. Vor allem gilt der Apostel nicht mehr als der große Bahnbrecher, das Vorbild für viele Nachahmer, als der Missionar schlechthin. Er war doch, notiert nüchtern Reinbold, „ein Einzelgänger..., der mit der Mission der Zentren der griechisch-römischen Welt ein Projekt verfolgt, das weder vor noch nach ihm irgendein anderer in Angriff genommen hat." Nicht die Hetzjagd großer Missionare durch die Städte des Imperiums, so lautet die neue Lehre, habe die Gemeinschaft der Heiligen von Beginn an stetig wachsen lassen, verantwortlich dafür seien vielmehr „die individuelle Propaganda der einzelnen" und die alltäglichen privaten und beruflichen Kontakte [837: REINBOLD, Propaganda und Mission, S. 117–225; 343].

Die These Harnacks

Einige wenige Gebildete haben in privaten Zeugnissen die Gründe dargelegt, die sie zu Christen werden ließen; dazu gehören z. B. die Lebensbeichte des Justinschülers Tatian, der sich selbst einen „Barbarenphilosophen aus dem Assyrerland" nannte [dazu M. ELZE in 749: RGG, Bd. 6, S. 621 f.], oder der Bericht des karthagischen Bischofs Cyprian über seine Bekehrung [Brief an seinen Freund Donatus; 765: LIETZMANN, Geschichte II, S. 229 f.; weitere Zeugnisse bei 837: REINBOLD, S. 332 ff.]. Diese Quellen aber reichen nicht aus, um die Überzeugungskraft der christlichen Lehre spürbar zu machen, zumal der kleine Mann auch diesmal stumm bleibt. Leicht jedenfalls kann der Weg zum Taufbecken weder dem Reichen noch dem Armen gefallen sein. Denn Konversionen galten in der Antike generell als anstößig [zu den Bekehrungen im Heiden- und Judentum s. 831: BARDY, Menschen werden Christen, S. 17–125]. Wer gar Christ wurde, warf sein altes Leben von sich: Er schwor den alten Göttern ab, verließ die Sitten der Väter und setzte alle seine Hoffnungen auf ein glückliches Leben im Reich ohne Wiederkehr [Origenes, contra Celsum 5,25; Laktanz, Über die Todesarten 34; 899: THEISSEN, Tradition und Entscheidung, S. 181 ff.] Damit trennte er sich von vielen in seiner Familie und seiner Nachbarschaft, gab – wie der Schulmeister oder Soldat – seinen Beruf auf, nahm die Existenz eines gesellschaftlichen Außenseiters auf sich und setzte als Mitglied einer eingetragenen

Die Folgen der Konversion

Verbrecherorganisation sein Leben aufs Spiel [831: BARDY, S. 171 ff.]. Wer sich trotz allem für den Gekreuzigten entschied, mußte gute Gründe haben.

Die private Missionstätigkeit   Die Suche nach Gründen für den Übertritt zum Christentum führt zunächst zu den sozialen Nöten des Alltags. Dort regierte weder die aufrüttelnde Predigt des Missionars noch die elegante Feder des Theologen. Dort galten die Kunst des Überlebens, die individuelle Zuneigung und die gemeinschaftliche Fürsorge. So fand der Christ in seinem Stadtviertel Gehör, wenn er seinem Nachbarn von der Sorge seiner Glaubensbrüder um die Armen, Kranken und Verstorbenen berichtete oder Mittel gegen Krankheiten, Ängste, soziale Not und Einsamkeit nannte oder von gelungenen Wundertaten und Dämonenaustreibungen zu erzählen wußte: „Ohne Lohn und ohne Engelt", rief Tertullian stolz seinen heidnischen Lesern zu, „treiben wir die Dämonen aus euch aus" (Apologie 37,9), und er hat damit gewiß mehr Ohren für die frohe Botschaft geöffnet als manche wohlgesetzte Predigt oder Schrift; denn „niemand", so klagt er andernorts, „wendet sich unseren Schriften zu, der nicht bereits ein Christ ist" (Das Zeugnis der Seele 1).

Den Weg in die christliche Gemeinschaft wies also – darüber ist sich die Forschung weitgehend einig – die persönliche Berührung. Christen begegnete man im täglichen Leben und hörte von ihren inneren und äußeren Erfahrungen verheißungsvolle Berichte [765: LIETZMANN, Geschichte II, S. 148; MOLLAND, in: 832: FROHNES/KNORR, S. 63 ff.; grundlegend zu solchen Berichten jetzt 837: REINBOLD, S. 299 ff.]. „Ansteckend" sei dieser Aberglaube, schrieb Plinius hellsichtig seinem Kaiser (Briefe 10,96,9). So war es. Denn die christliche Lehre drang in die sozialen Netzwerke ein und verbreitete sich „durch ein Geflecht von direkten und intimen interpersonellen Beziehungen" [855: STARK, Aufstieg des Christentums, S. 26].

Die Rolle der Frauen   Diese bestimmten wesentlich die christlichen Frauen. Ihre Zahl war (auch in den oberen Ständen) viel größer als die der Männer [833: HARNACK, Mission, S. 598 und jetzt eingehend 855: STARK, S. 111–149]. Der heidnischen Polemik ist dies nicht entgangen: Die Christen hätten sich über das Frauengemach und die leicht verführbare Jugend Zugang in das Haus ihres Nachbarn verschafft, liest man bei Kelsos (Origenes, contra Celsum 3,9) und Porphyrius [244: HARNACK, Porphyrius Fragmente 82, Nr. 58]. Die Forschung hat den gehässigen Zungenschlag notiert, aber die Diagnose bestätigt und präzisiert. KRAUSE [465: Witwen, S. 115 f.] nennt als Gründe der leichten Bekehrbarkeit der Frauen die unterschiedliche Ausbildung von Knaben und Mädchen, ihren geringeren Bildungsstand und die daraus resultierende Empfänglichkeit für jede Art von Aberglauben; am wichtigsten sei jedoch die ihnen nur im Raum der Religion allein eingeräumte Möglichkeit des gesellschaftlichen Engagements gewesen, die insbesondere die Witwen angesprochen hätte; zu einer Aufwertung ihrer gesellschaftlichen Stellung habe dies allerdings nicht geführt [vgl. auch 835: LANE FOX, Pagans and Christians, S. 308 ff.].

Die sozialen Folgen waren gravierend. So konnte es im 2. und 3. Jahrhundert eine erregte Diskussion über das Problem der gemischten Ehen nur geben, weil Christinnen Heiden heirateten und niemand genau zu sagen wußte, ob dies richtig oder falsch war [801: WISCHMEYER, Von Golgotha zum Ponte Molle, S. 113 ff.; die Aufgaben der Ehe definierten Heiden und Christen ohnehin gleich: B. QUINT, in 893: MARTIN/QUINT, Christentum und antike Gesellschaft, S. 169 ff.]. Feuerköpfe wie Tertullian, der – anders als der behutsame Paulus (1 Kor 7,12–16) – von Hurerei sprach und den Ausschluß aus der Gemeinde forderte (An seine Frau 2, 3–4), belegen, wie weit verbreitet solche Ehen waren [vgl. Cyprian, Über die Gefallenen 6; 835: LANE FOX, S. 310].

Frauen beanspruchten bereits innerhalb der Jesusbewegung eine zentrale Rolle [775: THEISSEN/MERZ, Jesus, S. 203 ff.], und in der Darstellung der Apostelgeschichte bilden sie den Kern der Gemeinden [894: MEEKS, Urchristentum und Stadtkultur, S. 120 ff.; 856: STEGEMANN, Sozialgeschichte, S. 332 f.]. Die Gründe dafür sind leicht auszumachen: Vor Gott hatten die Christen Mann und Frau gleichgestellt, beide nach demselben Ritual und mit demselben Wasser getauft und ihnen weitreichende Verantwortungen im Dienst der Gemeinden übertragen, so daß die religiöse Selbständigkeit der Frau und ihr sozialer Status in bis dahin nicht gekannter Weise verwirklicht wurde [GÜLZOW, Soziale Gegebenheiten, in 832: FROHNES/KNORR, S. 200 ff. mit anschaulichen Beispielen; Quellentexte bei 175: KLEIN/GUYOT II, S. 4 ff.; 890: BROWN, Keuschheit, S. 155 ff., erklärt die wachsende Bedeutung des Ideals der Enthaltsamkeit seit dem 3. Jahrhundert]. Der römische Staat hat daraus die logische Konsequenz gezogen und in den Zeiten der Verfolgung christliche Männer und Frauen gleichermaßen zu Tod und Circus verurteilt: Im Jahre 177 starben in Lyon 24 Männer und 23 Frauen für ihren Glauben (Eusebius, Kirchengeschichte 5,1,3 ff.).

Die Gleichstellung von Mann und Frau

Die richtige Einordnung der Frauen in die Missionsgeschichte beginnt mit HARNACK: „Wer das Neue Testament und die nächst folgenden Schriften aufmerksam liest, muß bemerken, daß die Frauen im apostolischen und nachapostolischen Zeitalter eine bedeutende Rolle in der Propaganda des Christentums und in den Gemeinden gespielt haben ... Noch weit über die Mitte des 2. Jahrhunderts hinaus treten die Frauen hervor, nicht nur durch die große Zahl und im Gemeindedienst als Witwen und Diakonissen, sondern auch als Prophetinnen und Lehrerinnen." [833: Mission, S. 395, 600.] Aufgehört habe die aktive kirchliche Betätigung der Frauen am Ende des 2. Jahrhunderts: Erst „der Gegensatz zur marcionitischen Kirche, sowie zum Gnostizismus und Montanismus bestimmte die Kirche, die Tätigkeit der Frauen in der Kirche – abgesehen von den Dienstleistungen an Frauen – ganz zu untersagen" (S. 602 ff.). In den letzten Jahren hat sich vor allem die feministische Kirchengeschichtsschreibung dieses Themas energisch angenommen. Hervorzuheben ist die Arbeit von EISEN [860: Amtsträgerinnen im frühen Christentum]. Sie konnte anhand der literarischen und der epigraphischen Zeugnisse die Amtsträgerinnen

Frauen als Amtsträgerinnen

der Kirche verfolgen und ihre Rechtsstellung definieren [dazu auch 856: STEGEMANN, Sozialgeschichte, S. 335 ff.]. Von besonderer Bedeutung war das Ringen um die seelsorgerischen Funktionen der Witwen: Gebet für die Gemeinde, Taufe, Unterweisungen der jüngeren Frauen. Witwen hatten diese Aufgaben in Zeiten übernommen, in denen Bischöfe, Presbyter und Diakone für den Unterhalt ihrer Familie arbeiteten und daher ihren Gemeinden nur einen Bruchteil ihrer Zeit widmen konnten. Mit der allmählichen Professionalisierung des Klerus seit Anfang des 3. Jahrhunderts kam es zum Konflikt, in dem sich die männlichen Kleriker durchsetzten. Sie wurden nun von ihren Gemeinden unterhalten, konnten sich ganz der Seelsorge widmen und zogen die den Witwen überlassenen Aufgaben an sich: 866: SCHÖLLGEN, Professionalisierung, S. 147 ff.; skeptisch 465: KRAUSE, Witwen, S. 52–66, der die Vorstellung, „Frauen seien in der Kirche aus einer anfänglich sehr viel prominenteren Position zunehmend zurückgedrängt worden", als mit den Quellen nicht vereinbar zurückweist; insbesondere seien keine liturgischen oder ähnliche Positionen nachweisbar.

Die Kontakte des Alltags

Gewiß wanderte auch in den nachapostolischen Zeiten der eine oder andere Missionar von Stadt zu Stadt – Origenes hat ihn gesehen und beschrieben (*Contra Celsum* 3,9) –, und sein reiner Glaube und sein asketischer Lebenswandel mögen viele überzeugt haben [seine Bedeutung unterstreicht KRETSCHMAR, in 832: FROHNES/KNORR, S. 94 ff.]. Aber das tat er auf eigene Rechnung und ohne Unterstützung der offiziellen Kirche. Sie setzte auf die Kontakte des Alltags und auf den Glanz ihrer „Existenz und ihre heiligen Besitztümer und Ordnungen", nicht auf die Überzeugungskraft vagabundierender Prediger [833: HARNACK, Mission, S. 557]. Denn bei der Schlußabrechnung zählten nur die Getauften, die für immer blieben, ihre Familien und ihr Gesinde auf Dauer bekehrten, ihre Kinder den neuen Glauben lehrten und auf das Wort der Bischöfe hörten. So war es vornehmlich den Künsten der Vertreter der institutionalisierten Kirche zu danken, „jedem, der erst einmal in eine christliche Gemeinde eingetreten war, seine Entscheidung im Nachhinein plausibel zu machen" [P. BROWN, Die letzten Heiden, Berlin 1978, S. 105].

Die Zahl der Christen

Wer am Ende des 1. Jahrhunderts Umschau hielt, sah kleine und meist unauffällige christliche Gemeinden in den Städten des östlichen Mittelmeerraums, Italiens und in Rom [Die Aussagen der Quellen konzentrieren sich auf die Hauptstadt: 623: PACK, Italia, Sp. 1160 ff., und 799: LAMPE, Die stadtrömischen Christen]. Juden, an die das Evangelium doch zuerst gerichtet worden war und von denen in den Reichsgrenzen etwa 5 Millionen lebten [822: SCHÜRER, Geschichte des jüdischen Volkes III, S. 1 ff., 835: LANE FOX, S. 318 f.], waren kaum darunter: Paulus, der als erklärter Apostel der Nichtjuden durch die Welt gestürmt war, hatte sich durchgesetzt [vgl. 824: BALTRUSCH, Christianisierung, S. 23 ff.; zu den antijüdischen Schriften s. S. 324 f.]. Über die Gesamtzahl der in den ersten drei Jahrhunderten Bekehrten läßt sich trefflich streiten, da es kaum auswertbares Material oder klare methodische Prämissen gibt (s. S. 208 f.). Die in der Forschung gehandelten Zahlen sind daher eher geraten als gerechnet. Sicher ist nur, daß die griechische Sprachbarriere der Ausbreitung der Christen im Westen deutliche Grenzen setzte. So kannten am Vorabend der konstantinischen Wende das mittlere und nördliche Gallien, Britannien, der Westteil Spaniens, Mauretanien und der Großteil der Balkaninsel und der Alpenländer kaum Christen, während sie in den Ostprovinzen mancherorts nahezu die Hälfte der Bevölkerung ausmachten [833: HARNACK, Mission, S. 948 ff. einen gründlichen geographisch geordneten Überblick über alle Provinzen bietet 797: Geschichte des Christentums II, S. 55–155 mit Lit.]. Sicher ist weiter, daß von einer explosionsartigen Zunahme in den ersten zwei Jahrhunderten nicht ausgegangen werden darf: Die christliche Bewegung „wuchs zwar weit schneller als alle anderen Religionsgemeinschaften im Mittelmeerraum, war aber in absoluten Zahlen noch recht klein und machte im Jahr 250 wohl nur ungefähr zwei Prozent der Gesamtbevölkerung aus" [835: LANE FOX, S. 317; R.M. GRANT, Christen als Bürger im Römischen Reich, Göttingen 1981, S. 15 ff.; 759: DASSMANN, Kirchengeschichte I, S. 260 ff.].

Nach 250 allerdings stieg die Zahl der Bekehrten deutlich an [765: LIETZMANN, Geschichte III, S. 42 ff.; die Frage nach dem Warum und Wer ist Gegenstand des Buches von 801: WISCHMEYER, Von Golgotha zum Ponte Molle]. Am Beginn der diokletianischen Verfolgung im Jahre 303 wird man von fünf bis maximal zehn Prozent Christen ausgehen können – so oder so zuviel, als daß eine staatliche Verfolgung noch hätte Erfolg haben können. Diese Entwicklung entspricht der Art und Weise der Mission, wie sie die heutige Forschung vertritt: „Wenn die Christen ihre Kinder christlich erziehen und der Christ in der Zeitspanne einer Generation auch nur *einen* seiner heidnischen Nachbarn, die Christin *eine* ihrer paganen Freundinnen dauerhaft von der Wahrheit ihres Glaubens überzeugen kann, haben sie und er mehr (!) getan, als wir voraussetzen müssen, um das Wachstum der Kirche in den ersten drei Jahrhunderten erklären zu können" [837: REINBOLD, Propaganda, S. 351; zur Diskussion der Zahlen wichtig 855: STARK, Aufstieg, S. 8 ff.; zur weiterhin lebendigen Kontinuität des traditionellen Heidentums 726: LIEBESCHUETZ, Continuity, S. 296 ff.].

Das Anwachsen im 3. Jahrhundert

Einer Religion, die sich nur durch ihre diesseitige Funktion, etwa ihren sozialen Nutzen, legitimiert, gehört nicht die Zukunft. So hing der Erfolg des Christentums an zwei Fäden: seiner Fähigkeit zur sozialen Integration und der Überzeugungskraft seiner Glaubens- und Sittenlehre. Denn der Nachbar, der viel vom Zusammenhalt der christlichen Gemeinden und den Wundern ihrer Missionare und Priester hörte, wollte früher oder später wissen, wer der neue eifersüchtige Gott war, der jeden göttlichen Konkurrenten unnachsichtig verfolgte, wollte hören, was er verlangte und was er als Gegenleistung versprach.

Die Überzeugungskraft des Glaubens

Dieser Nachbar war meist Grieche, in jedem Fall aber Bürger oder Untertan des römischen Imperiums. Das Evangelium, das ihm verkündet wurde, wirkte anstößig, lächerlich und angesichts der universalen Macht des Kaisers in Rom auch provokant. Denn er hörte von einem galiläischen Handwerker, der zugleich der fleischgewordene Sohn des jüdischen Gottes Jahwe gewesen sein soll; unter Tiberius sei er als Aufrührer gekreuzigt worden, weil ihm sein himmlischer Vater den Tod für die Sünden der Menschen befohlen hatte; von den Toten auferstanden beanspruche er jetzt von allen Menschen die alleinige Verehrung als König und Herr. Wer bis hierhin zugehört hatte, begriff, daß ihn der neue Glaube in eine paradoxe Situation stieß: Um das ewige Leben zu finden, mußte er das irdische verlieren; um im Himmel neu geboren zu werden, mußte er auf Erden sterben; um erlöst zu werden, mußte er das Kreuz tragen. Am Ende erfuhr er von einem wundersamen Kult, in dessen Zentrum ein Ritual stand, bei dem die Gläubigen den Leib und das Blut des gestorbenen und wiederauferstandenen Gottessohnes in der Form von Brot und Wein verspeisten [Justin, Apologie 66,1 f.; Quellenüberblick bei 176: HEILMANN/KRAFT, Texte IV, S. 276 ff.; zur Entwicklung der Eucharistie 757: ANDRESEN, Die Kirchen, S. 71 ff.].

Die Probleme der Vermittlung Dies zu vermitteln, war unendlich schwer. Wer eine neue Welt verkündete, mußte wissen, wem er diese Lehre predigen wollte (allen, oder nur einem Kreis Auserwählter?), und wie er sie vortrug (verständlich auch für den kleinen Mann?). Jesus hatte die Bekehrung aller Menschen gefordert und damit seinen Jüngern eine schwere Bürde auferlegt.

Die Verständigung mit den Ungebildeten Zunächst: Die Mehrheit der potentiellen Gläubigen waren einfache Menschen, keineswegs alle gleich begabt und gewiß nicht gleich fähig oder gewillt, sich intensiv mit dem verkündeten Reich Gottes zu beschäftigen. „Nehmt euch der Schwachen an", hatte Paulus gefordert (1 Thess 5,14), und das hieß, die große Schar der Ungebildeten zu belehren, wie belastend auch immer ihre Existenz für die Bekehrung der gebildeten Schichten war. Früher oder später mußte daraus der Konflikt zwischen der reflektierenden Theologie und dem Glauben der einfachen Laien werden. Diese lasen die apokryphen Apostelgeschichten und Evangelien und hielten sich an die nicht weiter erklärte Heilslehre. Jene suchten den Anschluß an die zeitgenössische Philosophie und begannen, sich den Kopf über das Problem der Trinität zu zerbrechen. Die Forschung hat diesen Konflikt unter dem Stichwort der „Volksfrömmigkeit" abgehandelt; grundlegend dazu 806: BROX, Der einfache Glaube, S. 161 ff., und KEHL, Volksfrömmigkeit, in 893: MARTIN/QUINT, S. 103–142.

Die Anfänge der Theologie Dann: Die im Judentum wurzelnden Lehren des Evangeliums verlangten nach Einordnung in das Weltbild der Griechen und Römer und mußten gleichzeitig gegen jede unbillige Auslegung, gegen jedes häretische Mißverständnis geschützt werden. Dies zwang, nahezu alle zentralen Glaubensinhalte immer wieder neu zu durchdenken: das Verständnis von Gott (welchen Rang kann der Sohn neben dem Vater beanspruchen?), das Verhältnis zwischen Gottvater und Sohn (was geschah bei der Inkarnation?), das Ausmaß der menschlichen Abhängigkeit von Gott (wie weit reicht die Gnade Gottes?) und die Hoffnung auf die Auferstehung jedes Einzelnen. Es schlug damit die Stunde des Theologen, des Lehrers, „der mit der

Gnade der Wissenschaft begabt ist" (Tertullian). Der Begriff *Theologie*, den neutestamentlichen Schriften und den apostolischen Vätern unbekannt, wird mit Beginn des 3. Jahrhunderts als die „wahre Theologie des ewig seienden Logos" zur Bezeichnung des Christentums [Clemens von Alexandrien, *Stromata* 5,56,4; A. von Harnack, Die Entstehung der christlichen Theologie und des kirchlichen Dogmas, 1927; 759: Dassmann, Kirchengeschichte I, S. 152ff].

Weiter: Und jeder, der sich als Christ für die irdische Pilgerfahrt rüstete, mußte die Fallstricke, die das Leben Tag für Tag bereithielt, zweifelsfrei erkennen können. Wer sündigte, wollte wissen, ob es noch Buße und Gnade für ihn gab, und wer seiner Arbeit nachging oder im öffentlichen Raum auftrat, wollte vor den Versuchungen des Bösen sicher sein. Wie schwierig es war, dazu eine gemeinsame Position zu finden, zeigt Schöllgen [854: Die Teilnahme der Christen am städtischen Leben, S. 319ff.].

Schließlich: Am Ende mußten die christlichen Lehrer vieles von der reinen Lehre des Nazareners neu formulieren, interpretieren oder schlicht mißachten. Bereits sein „Gehet hin in alle Welt", von Anfang an praktiziert als „Gehet hin in alle Städte des römischen Imperiums", verurteilte viele seiner Forderungen als lebensfern, ja als verwerflich. Denn sein heimat-, besitz- und familienloses Leben auf Erden war so ganz anders als das seiner in Städten heimischen Gläubigen gewesen. Ihnen galten die verkündeten Regeln der offenen Straße nichts; sie dienten nicht ihren, sondern den Bedürfnissen von Wanderpredigern, die den Bruch mit den Mustern seßhaften Lebens bewußt vollzogen hatten. Wer sich in der Stadt durchs Leben schlug, konnte nicht mit Petrus sagen: „Siehe, wir haben, was wir hatten, verlassen und sind dir nachgefolgt" (Lk 18,28). Er blieb in einer festgefügten Umgebung, sorgte sich um Frau und Kinder, hatte einen Beruf und Nachbarn und die Pflicht, das versprochene Reich Gottes mit seiner Familie zu erwarten [857: Theissen, Studien zur Soziologie, S. 83 ff.; 890: Brown, Keuschheit, S. 55 ff.]. *Die Forderungen des Städters*

Jesus war nicht der erste Christ. Denn das Christentum setzt seinen Tod und seine Auferstehung voraus. Beides versprach, was die Hoffnung aller Gläubigen ausmachte: Die Erlösung und das ewige Leben auch für die eigene, unbedeutende Existenz. Aber: im Gegensatz zu allen anderen Göttern der Zeit war Jesus ein leibhaftiger Mensch gewesen: „Und sie gebar ihren ersten Sohn und wickelte ihn in Windeln und legte ihn in eine Krippe" (Lk 2,7). Diese einfache, in der Form eines Idylls geschilderte Geschichte von der Geburt des Gottessohnes im Winkel eines Stalls vermittelte auf anrührende Weise die erste Besonderheit der neuen Religion: Die Menschwerdung Gottes fand nicht außerhalb der Zeit, sondern in der Geschichte statt. Kein Mythos, keine Sage, keine vermittelte Offenbarung umgibt den Gott der Christen. Er kam nicht auf den Wolken des Himmels, er erschien nicht in einem brennenden Dornbusch, er kam als und wie jeder Mensch in diese Welt, und für die äußeren Umstände und den Ort seiner Geburt waren römische Beamte verantwortlich. *Die Menschwerdung Gottes*

Das Glaubensbekenntnis   Jeder Christ lernte und sprach formelhafte Bekenntnisse seines Glaubens; seit dem 5. Jahrhundert werden sie *symbolon*, Symbol, das „Erkennungszeichen" genannt [zu den Anfängen und zur Entwicklung bis zum Apostolischen Glaubensbekenntnis s. 809: KELLY, Glaubensbekenntnisse]. In knappen, aneinandergereihten Merksätzen enthielten sie die Hauptlehren des Christentums. Sie standen daher im Zentrum des Taufrituals, dem Initiationsakt in die neue christliche Existenz [Mt 28,19; 830: SCHNEIDER, Geistesgeschichte, S. 545 ff.; zur Ausbildung einer christlichen Theologie s. 316: BLEICKEN, Vfgs.- und Sozialgesch. II, S. 179 ff.]. In den ersten Jahrhunderten kannten die Gemeinden ganz unterschiedliche Versionen, die zudem immer wieder geändert werden mußten, um die wahre Lehre scharf gegen Irrlehrer abzugrenzen. Am Ende führte der Streit um den rechten Glauben zur dogmatischen Festlegung auf reichsweiten Konzilien, deren Entscheidungen als Reichsgesetze promulgiert wurden (Eusebius, *Vita Constantini* 3,17–20): das erste von Nizäa (325) verwarf die Lehre des Arius, der Sohn Gottes sei als Geschöpf des Vaters diesem nicht gleich. Das zweite von Konstantinopel (381) bekräftigte das Dogma von der göttlichen Trinität und setzte sie in Ost und West durch [Die Dekrete mit dt. Übers. bei J. WOHLGEMUTH (Hg.), Conciliorum oecumenicorum Decreta I. 2. Aufl. 1998, S. 1–35; H. LIETZMANN, Symbole der Kirche, 5. Aufl. Berlin 1961, und 809: KELLY, Glaubensbekenntnisse]. Beide Konzilien wie das spätere von Chalkedon (451) haben ihre dogmatischen Formulierungen mit griechischen Begriffen wie *homoousios, ousía, physis, hypóstasis* und *prósopon* ausgestattet. So hatte schon mancher zeitgenössischer Bischof den Eindruck, es sei auf den Konzilien nicht „nach Art der Fischer" (*piscatorie*), sondern nach der „des Aristoteles" (*aristotelice*) zugegangen [811: GRILLMEIER, Jesus Christus, Band 1, S. 765 ff.].

Die Vergöttlichung Jesu   Das Kernproblem der dogmatischen Entwicklung war die Vergöttlichung Jesu. „Höre, Israel! Jahwe, unser Gott, Jahwe ist einzig!" (5. Mose 6,4) – dieser Ruf ist auch der der frühen Christen, die den jüdischen Monotheismus in aller Strenge teilten. Dreihundert Jahre später jedoch forderten die Theologen von den Gläubigen das Bekenntnis zur Dreiheit von Vater, Sohn und Heiligem Geist und nannten neben dem biblischen Schöpfer noch einen anderen Gott: Jesus von Nazareth. Wie und mit welchen Argumenten war es den Christen möglich, den Begriff Gott (*theós*) als Mehrzahl zu interpretieren und dennoch an der Überzeugung festzuhalten, der Fromme gehorche nur einem Gott? [knapp und grundlegend 807: BROX, Terminologisches; zu den Anfängen des Vergöttlichungsprozesses 796: THEISSEN, Religion, S. 71–98, und F. HAHN, Christologische Hoheitstitel, 5. Aufl. Göttingen 1995, der die Bezeichnungen Jesu als Menschensohn, Kyrios, Christos, Davidssohn und Gottessohn untersucht]. Diese Frage führte zur nächsten: Wo war das Symbolon von Nizäa mit der Aussage der Evangelien vereinbar? Ihnen und den Christen des 1. und 2. Jahrhunderts wären die Vergöttlichung Jesu und die dogmatische Festlegung unverrückbarer Glaubenssätze mit einer der griechischen Philosophie entlehnten Terminologie unendlich fremd gewesen. Nichts davon hatte Jesus selbst gelehrt. Daß es trotzdem dahin kam, daß die geistige Substanz der christlichen Botschaft auf diese besondere Weise verdichtet werden konnte, wurde früh zum Kernproblem der Kirchengeschichte.

Sie hatte von zwei festen Größen auszugehen: Das Christentum begann als jüdisch-messianische Sekte, die Welt aber, in der es groß werden sollte, stand unter dem Vorzeichen des griechischen Geistes. Ihm schrieb HARNACK vor mehr als hundert Jahren die entscheidende Rolle zu: Das Christentum sei „ein Werk des griechischen Geistes auf dem Boden des Evangeliums" [813: HARNACK, Dogmengeschichte I, S. 20] und eine „synkretistische Religion" gewesen [833: HARNACK, Mission, S. 324 ff.]. Seine Botschaft habe alles zusammengefaßt, was die griechische Philosophie und das Evangelium an religiösen Einsichten boten. Damit sei es der menschlichen Suche nach Offenbarung ebenso entgegengekommen wie dem Streben nach universaler Erkenntnis; der Zweck der christlichen Religion, den Menschen göttliches Leben zu bringen, sei in der christlichen Botschaft mit dem Ziel der Philosophie, die Welt zu erkennen, verbunden worden. Alles dies habe zudem den Bedürfnissen der sich entfaltenden Kirchenorganisation entsprochen, habe die Überwindung der gnostischen Häresie ermöglicht und sei in einer Welt notwendig gewesen, die nach wahrer Lehre und nach Beweis verlangte.

Die Hellenisierung des Glaubens

Harnack verstand sich als aufgeklärter Protestant und Historiker. Ihm ging es in seiner grundlegenden Dogmengeschichte um die Frage, wie das christliche Dogma entstehen konnte. Sein Gedanke von der „Hellenisierung" des Christentums, die die Entwicklung in der Alten Kirche bestimmt habe, ist angesichts seiner zentralen Bedeutung wieder und wieder diskutiert worden [808: GRILLMEIER, Christus licet, S. 226 ff.; H. KRAFT, Patrologie, Darmstadt 1991, S. 28 ff.]. Zugespitzt wurde er von Carl Schneider, der im Christentum eine genuine Schöpfung des griechischen Geistes sah. Wie tief er das Christentum geprägt habe, könne an einfachen Tatbeständen abgelesen werden: Das Alte Testament wurde den Christen nur in der Form einer griechischen Übersetzung, der Septuaginta, nahegebracht, griechisch seien alle heiligen Schriften der Christen geschrieben, griechisch hätten seine größten geistigen Führer gesprochen und gedacht und in griechischen oder stark hellenisierten Metropolen – auch Rom war es in dieser Zeit in hohem Grade geworden – hätten sich die entscheidenden Jahrhunderte seiner Entstehung abgespielt [830: SCHNEIDER, Geistesgeschichte, S. 1 ff.; zur Entwicklung der Forschungsgeschichte L. SCHEFFCZYK, Tendenzen und Brennpunkte der neueren Problematik um die Hellenisierung des Christentums, München 1982]. Clemens von Alexandrien (um 160–215) und Origenes (um 185–253/4) hätten Schneider nicht widersprochen. Denn sie führten die Auseinandersetzung um die zentralen Fragen des Glaubens mit der Methodik der griechischen Philosophie. Den Gebrauch ihrer Begriffe und Deutungsmuster erklärte Origenes als unverzichtbar für die Erkenntnis der göttlichen Weisheit. Clemens sprach gar von den „Samenkörnern" des Christentums, die der göttliche Logos mit dem Unkraut unter der griechischen Philosophie ausgestreut habe [zu beiden und ihren Schülern 761: FRANK, Lehrbuch, S. 186–194].

Die jüdische Tradition

Gegen die Hellenisierungsthese protestiert am entschiedensten die Forschungsrichtung, die die Herkunft des christlichen Glaubens aus der jüdischen Tradition hervorhebt. Aber auch diese sehen Harnack und Schneider hellenistischen Einflüssen unterworfen: In den Diasporagemeinden habe es ein aufgeklärtes Judentum gegeben, bei dem die bildlose monotheistische Gottesverehrung, die Tugendlehren und der Glaube an eine künftige jenseitige Vergeltung im Vordergrund gestanden hätten und im übrigen ein griechisch-römisch kultivierter Lebensstil gepflegt worden sei [813: HARNACK, Dogmengeschichte I, S. 93 f.]. Zudem sei die christliche Religion früh aus dem Judentum herausgeführt worden, und Paulus, der Initiator dieser welthistorisch unendlich bedeutenden Entscheidung, habe „das Evangelium mit vollem Bewußtsein in die Völkerwelt getragen und vom Judentum auf den griechisch-römischen Boden hinüber gestellt" [762: HARNACK, Wesen des Christentums, S. 179].

Der Marienkult

Im 2. Jahrhundert tauchte ein neues Problem auf. Die Gestalten des Neuen Testaments, die nur im Lichte Jesu die Aufmerksamkeit der Gläubigen beanspruchen durften, fordern nun ihr eigenes Leben. Vor allem Maria tritt jetzt aus dem Schatten ihres Sohnes, und der fromme Glaube beginnt, ihr Leben von ihrer Geburt bis zu ihrem Tode liebevoll auszumalen. Das Evangelium aus der Zeit nach 150, dessen Autor vorgibt, Jakobus, der Bruder Jesu, zu sein, macht den Anfang und beschreibt den von Engeln und guten Menschen behüteten Lebensweg einer schon vor ihrer Empfängnis von Gott auserwählten Frau [189: SCHNEIDER, Kindheitsevangelien, S. 27 ff., Text S. 96 ff.]. Seit dem Erscheinen dieses Evangeliums machte sich die Volksfrömmigkeit zäh und entschlossen daran, die Jungfrau und Mutter Maria gegen alle theologischen Widerstände in den Himmel zu versetzen.

An sich ein unmögliches Vorhaben. Denn der Glaube an den auferstandenen Christus ließ keine Verehrung einer Göttin zu. Daran hätte auch die Anziehungskraft der heidnischen Muttergottheiten allein nichts ändern können: Zu unmißverständlich hatten Paulus und die Evangelisten die Erlösung von allen Übeln an die Tat des männlichen Gottessohnes gebunden, zu klar hatte Jahwe, der in der Gestalt Gottvaters unangefochten Himmel und Erde regierte, die Verehrung anderer, gar weiblicher Gottheiten verboten. So sollte es Jahrhunderte dauern, bis Maria ihr Ziel erreichen konnte und sich in der offiziellen Liturgie niederschlug, was in den Herzen der Frommen längst Gewißheit geworden war. Die Theologen haben dazu auf ihre Weise beigetragen. Je eifriger sie sich in die Frage nach der göttlichen Natur Jesu verbissen, um so ferner rückte der Gekreuzigte dem einfachen Gläubigen. Der wandte sich nun der Mutter zu und erbat von ihr, was er einst Isis ans Herz gelegt hatte: Trost für die Trauernden,

Heilung für die Kranken und Verzeihung für die Sünder (Apuleius, Metamorphosen 11,25,1f.).

Die Entwicklung des Marienmythos in der Antike beschreibt SCHNEIDER [830: Geistesgeschichte, S. 148–153 u.ö]. Zur Aussage der Evangelien: H. RÄISÄNEN, Die Mutter Jesu im Neuen Testament, 2. Aufl. 1989. Umfassende Überblicke bei G. SÖLL, Mariologie, in M. SCHMAUS/A. GRILLMEIER u.a. (Hgg.), Hdb. der Dogmengeschichte III/4, Freiburg 1978, S. 1–134 und K. SCHREINER, Maria. Jungfrau, Mutter, Herrscherin, München 1994. Nach langem Kampf beugten sich auch die Theologen dem Siegeszug Mariens in den Himmel und in die Herzen der Gläubigen. Auf dem Konzil von Ephesos (431) verliehen sie ihr den Ehrentitel „Gottesgebärerin" und erkannten ihre Rolle als Mittlerin zwischen Gott und den Menschen an [die Quellen dazu: J. WOHLGEMUTH (Hg.), Dekrete der ökumenischen Konzilien Bd. 1: Konzilien des ersten Jahrtausends: vom Konzil von Nizäa (325) bis zum Vierten Konzil von Konstantinopel (869/70), 2. Auflage Paderborn 1998, mit deutscher Übersetzung; zusammenfassend: TH. KLAUSER, Gottesgebärerin, in RAC 11, 1981, Sp. 1071–1103].

Es war unendlich schwer, die christliche Offenbarung in eine jeden Frommen überzeugende Sprache zu bringen, und der Raum für Irrtümer unendlich groß. Mehr noch als der Ungläubige war es daher der Falschgläubige, der Irrlehrer, kurz: der Häretiker (2 Petr 2,1, Justin, Apologie 1,26,8), der die Missionare, Lehrer und Gemeindevorsteher herausforderte. Denn er glaubte an den Grundartikel der christlichen Lehre, den Erlösungstod Jesu, aber er interpretierte ihn in den Augen der Mehrheit der Gläubigen falsch (Ignatius, An die Trallaner 6–10; zu den Häretikern s. S. 312 f.). „Wenn euch jemand ein Evangelium bringt entgegen dem, was ihr empfangen habt, der sei verflucht", eiferte bereits Paulus und beweist zugleich, wie früh der Streit unter die Christen trat [Galater 1,6–9; dazu J. BECKER/U. LUZ: Die Briefe an die Galater, Epheser und Kolosser, Göttingen 1998, S. 23 ff.].

Die Häresien

Wie hätte es auch anders kommen sollen in einer Glaubensgemeinschaft, die sich an Evangelien orientieren mußte, deren Aussagen nicht eindeutig waren und zu unterschiedlicher Auslegung reizten? Zudem: die Hoffnung der ersten Generation auf die baldige Parusie Christi war bald dahin und der Einsicht gewichen, sich auf Erden einrichten zu müssen [dies zeigt sich unmißverständlich bereits an der Apostelgeschichte: H. CONZELMANN, Die Mitte der Zeit, 5. Aufl. 1964]. Je klarer dies wurde, um so drängender wurde die Aufgabe, in hartnäckiger Anspannung den Bau eines Lehrgebäudes anzupacken. Es mußte über der christlichen Grundoffenbarung errichtet werden, um alle ihre Geheimnisse für jedermann verständlich zu entschlüsseln und sämtliche Schwarmgeister und Irrlehrer zu widerlegen. Diese waren ernst zu nehmen, trieb doch auch sie das leidenschaftliche Bemühen, das Wort Gottes richtig zu verstehen, um es zur Richtschnur des Lebens machen zu können. Denn nur wem dies gelang, der durfte am Tag des Gerichts unter den Auserwählten stehen.

Der Gehorsam gegenüber den weltlichen Herren, den christlichen Institutionen und den alltäglichen Pflichten von Beruf und Familie halfen dabei nicht – darin waren sich alle Häretiker einig. So lobenswert das alles sein mochte, es bot keine Gewißheit, den ungeheuren Lohn der ewigen Seligkeit tatsächlich zu verdienen. Also galt es mehr zu tun, galt es herauszutreten aus der grauen Schar der Allerweltsgläubigen, um von Gott noch wahrgenommen zu werden. Ein erster Schritt auf diesem Weg war der Verzicht auf Ehe, Familie und Beruf, die Abkehr von Gemeinde und Bischof ein zweiter. War dies erst einmal getan, galt es Gleichgesinnte zu suchen, um eine neue, vor Gott und den Menschen durch ihre ungewöhnliche Lebensweise ausgezeichnete Gemeinde zu gründen.

Die Antwort der Großkirche

Streit um den rechten Glauben, die richtige Einordnung von Rechtgläubigkeit und Ketzerei, wahr oder falsch – damit war den Gemeinden eine Last auferlegt, die eine harte Pflicht begründete und weit schwerer zu tragen war als die Auseinandersetzung mit der heidnischen Umwelt und dem römischen Staat [einen knappen Überblick über die wichtigsten Häresien bei 761: FRANK, Lehrbuch, S. 139 ff.; 320: DAHLHEIM, Die Antike, S. 620 ff.]. Bei der Lösung dieser Aufgabe bestand die Großkirche ihre erste Bewährungsprobe. Sie definierte sich als „apostolische", band Verkündigung und Auslegung des Glaubens an die Autorität der Apostel und erhob den Bischof zu deren Nachfolger. Die ununterbrochene Amtsnachfolge eines Bischofs auf den anderen wurde zum untrüglichen Beweismittel für die Echtheit der christlichen Lehre [K.S. FRANK, Vita apostolica und dominus apostolicus. Zur altkirchlichen Apostelnachfolge, in G. SCHWAIGER (Hg.), Konzil und Papst, Paderborn 1975, S. 20]. Wahr ist jetzt, was apostolisch ist. Was sich so nicht legitimieren kann, ist als häretische Fälschung zu verwerfen: „Die Häretiker", verlangte denn auch Tertullian, „sollen die Ursprünge ihrer Kirche darlegen, sie sollen die Reihenfolge ihrer Bischöfe vorweisen, die sich von Anfang an durch Nachfolge so fortsetzt, daß der erste Bischof einen von den Aposteln oder apostolischen Männern, die aber mit den Aposteln in fester Gemeinschaft verharrten, zum Gewährsmann und Vorgänger hat" (Tertullian, Die Prozeßeinreden gegen die Häretiker 32,1–4). Am Ende fiel den Bischöfen mit ihrer apostolischen Würde auch das Recht zu, allein und autoritär über die Sakramente zu wachen. Diese durften unter keinen Umständen den Häretikern in die Hände fallen, denn sie verschafften die Macht über die Seelen der Menschen.

c. Das Verhältnis zu Staat und Gesellschaft

Die Grenzen der staatlichen Toleranz

In einer Reihe von Punkten kann die Forschungsdiskussion um den Konflikt zwischen Christ und römischem Staat in den ersten drei Jahrhunderten als abgeschlossen gelten:

> In den ersten beiden Jahrhunderten entwickelte der Staat keine grundsätzliche Feindschaft gegenüber dem Christentum. Dies hatte nichts mit Toleranz zu tun, da es den religiös indifferenten Staat in der Antike nicht gab; die Gemeinschaft seiner

Bürger war immer zugleich politische und kultische Gemeinschaft und verpflichtete alle, am Kult der Götter teilzunehmen, die den Staat schützten [KÖTTING, Religionsfreiheit, in 764: DERS., Ecclesia I, S. 158 ff.]. Trotzdem war das Konfliktpotential gering: Die polytheistische Göttervorstellung ließ religiöse Exklusivität per se nicht zu, so daß auch niemand darüber nachdenken mußte, wie Andersgläubige zu bekehren oder auszurotten seien. Die Obrigkeit sah sich nur dann herausgefordert, wenn fremde Religionen den Verdacht nährten, durch ihre Kultformen und durch die Lebensführung ihrer Mitglieder den Staat und das allgemeine Verständnis von Moral zu gefährden [875: MOLTHAGEN, Die ersten Konflikte, S. 61 f. mit Verweis auf den in diesem Zusammenhang immer wieder herangezogenen Bacchanalienkult und sein Verbot im Jahr 186 v. Chr. 28: DESSAU, ILS 18]. Beides aber griffen die Christen nicht an, im Gegenteil: Ihr Leben vollzog sich in den Bahnen sorgfältig gehüteter Wohlanständigkeit, und ihre Gebete stiegen selbst in den Jahren der Not für Staat und Kaiser zum Himmel [829: KINZIG, Novitas, S. 443–452]. So verschwieg der Autor des Clemensbriefes (S. 304) nicht die Verfolgungen der römischen Gemeinde unter Nero, der „eine große Menge von Erwählten" zum Opfer gefallen sei [193: SCHNEIDER, Clemens von Rom, S. 50 ff.]. Aber selbst ihr Blut konnte seine Loyalität gegen Kaiser und Staat nicht ins Wanken bringen, denn es war geflossen zu Ehren des einen Gottes und nicht zur Verdammnis des einen Kaisers.

So nimmt es nicht wunder, daß die Mehrzahl der christlichen Lehrer nicht müde wurde, Staats- und Kaisertreue zu bekunden und von ihren Gemeinden zu fordern [die wichtigsten Zeugnisse bei R. M. GRANT, Christen als Bürger im römischen Reich, Göttingen 1981, S. 23–54, und 867: ALAND, Das Verhältnis von Kirche und Staat, S. 60 ff.]. Sie taten es nicht aus opportunistischen, sondern aus wohlerwogenen theologischen Gründen. Denn die Staatsgewalt stammte unmittelbar von Gott (Paulus, Römerbrief 13,1-4), und sich ihr in Wort und Tat zu unterwerfen, war christliches Gebot: „Darum beten wir zwar Gott allein an", schrieb Justin (Apologie 1,17), „in allem anderen aber leisten wir Euch freudigen Gehorsam, indem wir euch als Kaiser und Herrscher der Menschen anerkennen." Ein Christ, bekräftigte Tertullian, „ist niemandes Feind, am wenigsten des Kaisers. Da er weiß, daß derselbe von Gott eingesetzt wurde, muß er ihn notwendig lieben, fürchten, ehren und seine Erhaltung wünschen" [An Scapula 2,6; 180: RAHNER, Kirche und Staat, S. 31 ff.; zu den wenigen anderen Stimmen und den Feindbildern der Gegner 895: SCHÄFKE, Widerstand, S. 460 ff.] Gegen die communis opinio der Forschung erklärte E. PAGELS [Adam, Eva und die Schlange, Hamburg 1991, S. 91–132] die Christen zu Widerstandskämpfern. Das gewichtigste Beweisstück dafür, die Johannes zugeschriebene Offenbarung, die Rom zum apokalyptischen Ungeheuer stilisiert, fand jedoch nur den Beifall einer verschwindenden Minderheit [vgl. S. 302; J. MOLTHAGEN: Rom als Garant des Rechts und als apokalyptisches Ungeheuer, in: E. BRANDT u. a. (Hgg.), Gemeinschaft am Evangelium, Leipzig 1996, S. 127–142. Das im Schatten der

Das christliche Staatsverständnis

deutschen Friedensbewegung 1986 vorgelegte Buch von 648: WENGST, Pax Romana, enthält das gesamte zu überschauende Material].

Das Konflikt-
potential

Das bedeutet: Weder das an dem religiösen Denken seiner Untertanen desinteressierte Rom noch die dem gottgegebenen Staat unterwürfige Kirche suchte den Konflikt. Vermeiden konnten sie ihn trotzdem nicht. Denn über die Wurzel des Übels hatten sie nur eine sehr begrenzte Verfügungsgewalt. „Mein Reich ist nicht von dieser Welt", hatte Jesus erklärt, und alle, die ihm folgten, sahen sich auf Erden als Pilger in einem fremden Land.

Die Reaktion der
Gesellschaft

Die daraus folgende Abkehr von Freud und Leid der Nachbarn, gepaart mit dem penetranten Anspruch, Wahrheit und Heil allein zu besitzen, überstieg das Maß, das einer ganz anders denkenden und handelnden Gesellschaft zuzumuten war. Dies lag am wenigsten an der Lehre: Die Predigt von einem politischen Verbrecher, der von den Toten auferstanden war, um am Ende aller Tage als Gott der Rache und Vergeltung zurückzukehren, erregte Kopfschütteln, aber keinen Haß (Plinius, Briefe 10,96). Diesen nährte die soziale Außenseiterrolle, in der sich die Anhänger des Gekreuzigten gefielen – Menschen, die sich als neues endzeitliches Volk von dieser Welt losgesagt hatten, um ihren himmlischen Lohn nicht zu verspielen, Menschen, die sich eng aneinanderpreßten und als „Brüder und Schwester" ihren erlösungsbringenden Kult pflegten, Menschen, die die Existenz anderer Götter leugneten und nur dem einen gehorchten. Menschen also, die Freud und Leid des Lebens mit niemandem teilen wollten, da sie „als Diener Gottes in der Fremde" weilten (Hirt des Hermas 50,1). „Wir können auf keine Weise zu Schaden kommen", schrieb Tertullian im Namen vieler Frommer, „weil wir in dieser Welt schlechthin kein anders Interesse haben, als sie so schnell wie möglich zu verlassen" (Apologie 2).

Die soziale
Absonderung

Wer so dachte und lebte, stiftete allein durch seine Existenz sozialen Unfrieden. Dagegen half nicht die betont zur Schau getragene Ehrbarkeit, zumal sie zu oft und zu penetrant Hand in Hand mit der offenen Verachtung für den heidnischen Sünder ging, den Gott am Ende aller Tage seines verderbten Lebenswandels wegen ins Feuer warf (z. B. Hirt des Hermas 53,1ff). Cicero war lange tot, als der erste Christ diese Erde betrat. Aber er kannte Menschen dieser Art, die niemandem ein Leid zufügten und trotzdem gefährlich waren: „Denn sie sondern sich von dem Leben in der Gemeinschaft ab (*deserunt enim vitae societatem*), weil sie nichts dazu beitragen an Arbeitseifer, an Mühe und an Fähigkeiten" (*de officiis* 1,29). Wie selbstgewählte soziale Einsamkeit, gepaart mit der Gewißheit, den einzig richtigen Lebensweg gefunden zu haben, Pogromstimmung und Gewalt provozieren konnte, zeigt eindrucksvoll der 1. Petrusbrief (vor allem 4,12ff.). Geschrieben unter Domitian, tröstet und ermahnt er die in Bedrängnis geratenen Christen in „Pontus, Galatia, Kappadokia, Asia und Bithynia" und hält zugleich Gericht über die heidnischen Mitbürger, die „in Ausschweifungen, Leidenschaften, Weingelagen, Schwelgereien, Zechereien und frevelhaftem Götzendienst" lebten [4,3; der Brief ist in den letzten Jahren sehr genau untersucht worden: 892: FELDMEIER, Die Christen als Fremde; 876: MOLTHAGEN, Die Lage der Christen, S. 422–458, und MOLTHAGEN, Rom als Garant des Rechts und als apokalyptisches Ungeheuer, in: E. BRANDT u. a., Gemeinschaft am Evangelium, Leipzig 1996, S. 127–142; zum Forschungsstand siehe N. BROX, der erste Petrusbrief, 4. Auflage 1993].

So fand das soziale Miteinander nicht von ungefähr in einer Atmosphäre latenter Spannung statt und schlug in Zeiten von Not und Unglück in Haß und Gewalt um. Dem Staat blieb damit nur ein schmaler Pfad eines vernünftigen Umgangs mit einer religiösen Minderheit, die für den Kaiser betete, ihren Nachbarn aber provozierte: Er rief seine Richter, wenn der soziale Konflikt ausartete, und trat beiseite, wenn er zu Ende war. „Tötet euch doch selbst allesamt, geht schon jetzt zu Gott und macht uns keine Scherereien", riefen Justin zufolge aufgebrachte Heiden den Christen zu (Apologie 2,4). Die römischen Behörden sahen es nicht anders. So haben sie „im allgemeinen mehr Energie in der Vermeidung als in der Durchführung von Prozessen gegen die Christen gezeigt" [316: BLEICKEN, Vfgs.- und Sozialgesch. II, S. 170]. Trotzdem gab es sie, trotzdem steigerten sie sich zu systematischen Verfolgungen, als das dritte Jahrhundert die sakrale Weihe des Kaisers neu definierte und die Not des Imperiums als Folge der Abkehr von den alten Göttern interpretierte.

Die Aufgabe des Staates

Die Quellenlage ist für die ersten beiden Jahrhunderte wenig ergiebig. Der Staat sah sich nicht verpflichtet, seine Ziele zu erläutern, und die römischen und griechischen Geschichtsschreiber fanden an Christenprozessen nichts, was des Berichtens wert war, ja sie nahmen Christen als gesellschaftliche Außenseiter kaum zur Kenntnis – ein Umstand, den noch Mitte des 4. Jahrhunderts Kaiser Julian mit sichtlicher Befriedigung notierte (Gegen die Galiläer 206B). Der Ort, wo die Christen öffentlich auffielen, waren zudem die Stadtgemeinden, nicht die Amtssitze der Reichsverwaltung [VITTINGHOFF, Christianus sum, in 452: DERS., Civitas Romana, S. 322 ff.]. So spielten im Bewußtsein des Kaisers und der römischen Eliten die Christen erst dann eine Rolle, als die ersten bekehrten Senatoren und Ritter für Aufsehen sorgten (s. u.).

Die Aussage der Quellen

Die christliche Literatur des 2. und 3. Jahrhunderts stürzte sich auf die Blutzeugen, deren Schicksal schnell zum Stoff von Legenden und Seligpreisungen wurde (dazu S. 309f.). Im 1. Jahrhundert ist es zunächst die Apostelgeschichte, die von vielfältigen Nachstellungen berichtet: Paulus etwa wird an allen wichtigen Orten seiner Reisen ins Gefängnis geworfen, gegeißelt, geschlagen und gesteinigt. Das kann so nicht gewesen sein [837: REINBOLD, Propaganda, S. 206 ff.]. Trotzdem vermitteln die im dramatischen Episodenstil erzählten Konflikte ein einheitliches Bild, das jenseits des Einzelfalls ernst genommen werden muß: Die christlichen Missionare hatten Erfolg, gerieten deswegen in Konflikte erst mit den Juden, dann mit der übrigen Bevölkerung, verursachten Unruhen und wurden schließlich wegen Störung der öffentlichen Ordnung angeklagt und verfolgt [875: MOLTHAGEN, Die ersten Konflikte, S. 42 ff.].

Die Perspektiven der Quellen

Alle Nachrichten gehorchen unterschiedlichen Perspektiven: Die einen referieren die Sicht des Kaisers und der Eliten des Reiches (Tacitus, Plinius, Cassius Dio), die das Hergebrachte, den Kult der einzelnen Götter hochhielten. Andere spiegeln die Erfahrungen der städtischen Gesellschaftsschichten (Apostelgeschichte, Apologien, Briefe), die die sozialen Konflikte und die den Christen vorgeworfenen Verbrechen (*flagitia*) beklagten. Andere lassen die Widerstände der Juden erkennen (Evangelien, Apostelgeschichte, Kelsos), die sich der christlichen Vorwürfe erwehrten und die neue Sekte als religiöse Spätgeburt bekämpften (S. 299). Wieder andere erhellen die Verachtung der griechischen Intelligenz (Kelsos, Apologeten, Origenes), die die Religion vorlauter Waschweiber als gefährliche Abkehr von Staat und Gesellschaft angriff (S. 314f.). Und schließlich bezeugen alle christlichen Autoren den durch keine Nachstellungen zu erschütternden Willen, sich Rom und der Obrigkeit zu beugen, ohne die eigenen Blutzeugen zu verraten. Die Folge war eine die Forschung bis heute verwirrende Verzerrung der historischen Tatsachen:

Der Tod Jesu

Es beginnt mit dem Tod Jesu auf Befehl eines römischen Beamten. Selbst die kürzeste Nachricht über die Christen erwähnt diesen Umstand. So berichtete Tacitus über die neronische Verfolgung und benannte als Wurzel des christlichen Übels einen Aufrührer, den „unter der Regierung des Tiberius der Prokurator Pontius Pilatus mit dem Tode bestrafte" (Annalen 15,44,3). Die kurze Notiz beweist, daß die römische Obrigkeit Christen sofort mit einem schweren Verbrechen in Verbindung brachte. Es ist also davon auszugehen, „daß der Christianismus durch die Person seines ‚Stifters' als eines hingerichteten politischen Aufrührers und die Christiani als Anhänger und Träger seines Namens von Anfang an generell kriminalisiert waren" [452: VITTINGHOFF, Civitas, S. 327; 826: WANDER, Trennungsprozesse, S. 278]. Bereits die Evangelisten erkannten, wie schwer an dieser Last zu tragen war, und schrieben die Geschichte vom Tod Jesu um (S. 293 ff.).

Die Verfolgung unter Domitian

Unter ihre Feinde reihten die Christen alle Kaiser ein, deren Regentschaft im allgemeinen Verständnis durch Willkür geprägt und von der Nachwelt mit der *damnatio memoriae* bestraft worden war. Der Wichtigste unter ihnen ist Domitian [Eusebius, Kirchengeschichte 3,14–20, dazu J. ULRICH, in: ZNV 87 (1996) S. 269–89; die Zeugnisse bei 172: BARRETT/THORNTON, Texte, S. 20 ff. und 175: GUYOT/KLEIN I, S. 24–37]. Ihn klagen christliche Zeugen der Christenverfolgung an, jedoch bestätigt im Unterschied zu Nero, Decius, Valerian und Diokletian kein außerchristlicher Beleg ihre Aussage. So liegt der Verdacht nahe, daß die Christen die von der Tradition als schlecht abgetanen Monarchen zu Verfolgungskaisern stilisierten, um das gute Einvernehmen zwischen Kirche und Imperium herauszustreichen. Ist diese Annahme richtig, hat es keine domitianische Verfolgung in der von den Christen vorgestellten Form gegeben [365: JONES, Domitian, S. 114–117; aus der Apokalypse sind keine kaiserlichen Maßnahmen herauszulesen: L.L. THOMPSON, The Book of Revelation. Apocalypse and Empire,

Oxford 1990]. Endgültige Klarheit allerdings ist nicht zu gewinnen, zumal auch der zeitgenössische 1. Clemensbrief (S. 304) nicht sehr viel weiterhilft. Er beschwört zwar Unglück und Leid, das plötzlich über die römische Gemeinde gekommen sei, erinnert auch an die Verfolgung Neros und mahnt die Korinther, man befinde sich „auf demselben Kampfplatz" – reicht dies aber aus, um von einem Reflex auf eine kaiserliche Verfolgung zu sprechen? [193: SCHNEIDER, Clemens von Rom, S. 49 ff.].

Bleibt der 1. Petrusbrief. Wer ihn in die Zeit Domitians datiert [dagegen etwa 191: BERGER/NORD, NT, S. 53 ff.] und seinen leidvollen Inhalt auf eine konkrete historische Situation bezieht, wird ihn mit Molthagen in die Diskussion einbeziehen und die angebliche Verfolgung des Kaisers als „allgemeine Kriminalisierung der Christen" interpretieren und Christenprozesse, wie sie aus dem Bericht des jüngeren Plinius bekannt sind, schon unter Domitian vermuten, der aufgrund einer Verwaltungsanordnung „in rechtlich wirksamer Weise das Christsein im römischen Reich strafbar machte" [876: MOLTHAGEN, Die Lage der Christen, S. 422–458; erschöpfend zur Thematik des Petrusbriefes 892: FELDMEIER, Die Christen als Fremde].

Die Aussagen der christlichen Märtyrergeschichten können keine historische Beweiskraft beanspruchen, was die tatsächlichen Ereignisse angeht. Wohl aber spiegeln sie die Grausamkeit der Hinrichtungen [713: WIEDEMANN, Kaiser und Gladiatoren, S. 88 ff.] und das wachsende Selbstbewußtsein der Christen, die ihre Blutzeugen wie Heroen priesen (s.S. 309 f.). Die Blutzeugen

Das Urteil der römischen Elite bis hinauf zum Toleranzedikt des Kaisers Galerius lautete: Schuldig eines abscheulichen Aberglaubens und der Menschenverachtung (*odium humanis generis*: Tacitus, Annalen 15,44). Es traf Christen wie Juden [Tacitus, Historien 5,5; die Zeugnisse bei 182: STERN und 827: CONZELMANN, Heiden-Juden-Christen, S. 95 ff.]. Zwei wesentliche Unterschiede aber gab es: Die christliche war anders als die jüdische eine junge Religion, und Jesus hatte wie seine Jünger und späteren Anhänger gegen die nationale und religiöse Tradition verstoßen: „man wird, ist nicht von Geburt an Christ" (*fiunt, non nascuntur Christiani*), hatte Tertullian (Apologie 18,4) gesagt, und dies war in römischen Augen die Abkehr vom Erbe der Väter. „Stets und unter allen Umständen", mahnte Cassius Dio, seien die Götter „nach Väterart zu verehren", und er fügte den Rat hinzu, die Verächter der alten Ordnung im Interesse des Staatswohls zu verfolgen (52,36,1). Was die Juden schützte – ihre ethnische Identität und das Alter ihrer Religion –, fehlte den Christen, so daß sie in den Augen der römischen Führungsschicht keine Schonung beanspruchen konnten [452: VITTINGHOFF, Civitas, S. 340 ff.]. Allerdings: ein kapitaler Straftatbestand ergab sich aus der Misanthropie der Christen nicht. Die Anklagen: *odium humani generis*

Das Urteil der breiten Menge, dem sich auch Tacitus (Annalen 15,44,3) und Sueton (Nero, 16,2) anschlossen, lautete für lange Zeit: schuldig abscheulicher Verbrechen (*flagitia*). Diese umfaßten alles, was entsetzlich und grausam war: Abscheuliche Verbrechen ritueller Verzehr von Menschenfleisch, schrankenlose Unzucht und Zauberei [Tertullian, Apologie 7,1–5; die Zeugnisse bei 175: KLEIN/GUYOT II, S. 140–225]. Die Anklage war falsch, aber in einer Welt, der Menschenopfer nicht unbekannt waren, nicht völlig aus der Luft gegriffen: Die hinter verschlossenen Türen vollzogenen Kultpraktiken bis hin zur Eucharistie reizten die Phantasie der Übelmeinenden. Haben, so folgt aus diesem Befund, diese offenbar früh umlaufenden Vorwürfe die Christenverfolgungen ausgelöst und legitimiert? [so 157: SHERWIN-WHITE, Letters, S. 787, und 870: NESSELHAUF, Ursprung, S. 17 ff. Zu den Vorwürfen 895: SCHÄFKE, Widerstand, S. 579 ff.]. Plinius bestätigt, daß Statthalter nach derartigen Verbrechen geforscht haben und unsicher wurden, wenn sie solche nicht finden konnten (Briefe 10,96). Trajan ließ sich jedoch in seiner abschließenden Entscheidung darauf nicht ein: Er klammert in seiner Antwort an den ratsuchenden Statthalter die Frage der *flagitia* als bedeutungslos aus.

Nomen Christianum

Das Urteil des Kaisers und seiner Statthalter lautete: schuldig des Christseins. Trajan, der diese erste reichsweit gültige Regelung über den Umgang mit Christen per Reskript verfügte, führte damit eine neue Verbrechenskategorie in das römische Strafrecht ein: *nomen Christianum* [316: BLEICKEN, Vfgs.- und Sozialgesch. II, S. 168 f.]. Christsein war künftig Inhalt der Anklage, Gegenstand der Verhandlung und Grund der Verurteilung. Warum aber reichte das öffentliche Geständnis „Ich bin Christ" (Christianus sum) aus, um als todeswürdiger Verbrecher dem Henker ausgeliefert zu werden? Wie wurde der strafbare Tatbestand begründet? Warum konnte Rom die Christen nicht wie die Juden und andere Religionsgemeinschaften als *religio licita* (Befreiung von Staatskult und Militärdienst) behandeln, obwohl sie den Staat als gottgegeben verehrten, für ihn beteten, ihm Steuern zahlten und die Gesetze beachteten?

Für die Beantwortung dieser Fragen haben sich seit Mommsen die Historiker für zuständig erklärt. War es doch der römische Staat, der den Kampf gegen die Christen führte, so daß seine Motive und Entscheidungen und nicht die Rolle der Verfolgten zur Erklärung des Vorgangs herangezogen werden mußten [880: MOLTHAGEN, Der römische Staat und die Christen, hat denn auch das Problem bewußt aus der Perspektive der Provinzialbehörden und des Kaisers erläutert]. Einig ist sich die Forschung zunächst in der Ablehnung der Mommsenschen These, die Christen seien als Religionsfrevler, Gottlose und Majestätsverbrecher abgeurteilt worden [718: MOMMSEN, Strafrecht, S. 575]. Weitgehendst einig ist sie sich auch darüber, daß die Städte der entscheidende Austragungsort der Konflikte waren [452: VITTINGHOFF, Civitas, S. 322 ff.], vor Nero Christen nicht als Kriminelle bekämpft wurden, Nero sie als Brandstifter belangen ließ, seit Trajan die Rechtsregel galt, daß das vor einem Richter abgelegte Geständnis, Christ zu sein, die Verurteilung bedingte und ab Decius kaiserliche Edikte die Verfolgungen regelten [zusammenfassend mit Lit. 761: FRANK, Lehrbuch, S. 78–94; die von 880: MOLTHAGEN, S. 21 ff., 136 ff. entwickelte These, das Vorgehen des Plinius

setze das Bestehen einer festen Regelung zwingend voraus und diese sei in einem kaiserlichen *mandatum* des Nero verfügt worden, ist nicht zur Gänze widerlegt].
Die Zeit der Verfolgung beginnt mit Jesus. Ihn hatten die jüdischen Behörden am 7. April 30 dem *praefectus Iudaeae* Pontius Pilatus mit der Anklage überstellt, er habe vor Zeugen ausgesagt, er könne den Tempel eigenhändig niederreißen und in drei Tagen wieder aufbauen [zu Pilatus erschöpfend 772: LÉMONON, Pilate, und A. DEMANDT, Hände in Unschuld, Köln 1999, S. 63–92]. Der Vorwurf wog schwer. Denn neben der Gotteslästerung enthüllte diese Unheilsprophetie eine aufsässige Gesinnung, da sie die tempelstaatliche Ordnung Judäas, die Rom anerkannt hatte, in Frage stellte. So fragte Pilatus den Beklagten zweimal: „Bist du der König der Juden?", und schloß die Akte, als er die Antwort „Du sagst es" hörte. Denn der Beschuldigte hatte gestanden, und die Anmaßung, ein König zu sein, erfüllte den Tatbestand des Hochverrats (*crimen laesae maiestatis*). Die Forschung zu diesem Prozeß ist seiner welthistorischen Bedeutung gemäß uferlos [753: KÜMMEL, Jesusforschung, S. 661 ff. u. ö.; 773: LEROY, Jesus, S. 97 ff.; 775: THEISSEN/MERZ, Jesus, S. 388 ff.; 778: BROWN, The Death of the Messiah; überzeugend zur Bedeutung der jüdischen Anklage: MÜLLER, in 779: KERTELGE, Prozeß, S. 41–83; nicht überzeugend 776: COHN, Prozeß, der die jüdischen Behörden rühmt, sie hätten Jesus als Juden vor dem Zugriff der Besatzungsmacht retten wollen]. Der Prozeß Jesu

Spätestens seit dem Bericht des Plinius gehen die Juristen am kaiserlichen Hof davon aus, daß Christen nicht zwingend krimineller Handlungen schuldig sind und ihnen daher die Gelegenheit gegeben werden muß, ihrem Aberglauben abzuschwören und damit Anspruch auf Begnadigung zu erlangen. Die Entscheidungen des trajanischen Reskripts beruhen auf zwei Grundgedanken: Sie beharren auf der Strafwürdigkeit des Christseins, verbieten aber die staatliche Fahndung und verlangen das persönliche, durch einen privaten Ankläger erzwungene Erscheinen des Beklagten vor Gericht. Zudem lassen sie ein Nebeneinander von staatlich verordnetem Kultvollzug und individueller Glaubensüberzeugung zu [grundlegend 872: BRINGMANN, Christentum und römischer Staat, S. 5 ff.; 430: CLAUSS, Kaiser und Gott, S. 420 f.]. Die weitgehende Wirkungslosigkeit einer auf dem Prinzip der Popularklage gegründeten Strafjustiz war offenbar einkalkuliert: Wenn ein Opfer in letzter Sekunde den Freispruch erwirkte, wie erdrückend die Beweise und Zeugenaussagen den Angeklagten auch belasten mochten, so konnte kein Kläger mit einem sicheren Prozeßausgang rechnen, ja er riskierte, seinerseits wegen böswilliger Verleumdung belangt und verurteilt zu werden. Daraus folgten Konsequenzen: Die Regelung Trajans

– Es hat vor der Mitte des 3. Jahrhunderts nur wenige Christenverfolgungen gegeben [833: HARNACK, Mission, S. 502 ff.; Überblicke bei FREUDENBERGER, in: TRE 8 (1981) S. 23–29 s. v. Christenverfolgungen, und 759: DASSMANN, Kirchengeschichte I, S. 95–113]. Sie traten vereinzelt auf, verliefen räumlich und zeitlich planlos und wurden von Pogromen eingeleitet und begleitet; den Bestand der Kirche haben sie nicht gefährdet. Vor Nero lassen sich keine Ver- Der Grundsatz politischer Opportunität folgungen nachweisen. Nero selbst jagte und henkte sie als Brandstifter, da sie in der Bevölkerung wegen ihrer angeblichen *flagitia* ohnehin verhaßt waren [889: DE STE CROIX, Why Were the Early Christians Persecuted?, S. 10]. Die Entscheidung Trajans muß unter der Einsicht gewürdigt werden, daß Rom kein Rechtsstaat im modernen Sinne des Wortes war und kein römischer Jurist je daran gedacht hätte, Aufgabe des Rechts müsse es sein, das Individuum gegen eine willkürliche Anwendung des staatlichen Gewaltmonopols zu schützen. Der imperiale Staat unterwarf den Kaiser und seine Statthalter einer anderen, vorrangigen Pflicht: unter allen Umständen Ruhe und Ordnung in den Provinzen aufrecht zu erhalten. Die Reaktion des Kaisers auf Anfragen orientierte sich daher „am Recht als der Kunst, die Gesichtspunkte des Guten und der Billigkeit ausfindig zu machen" [K. BRINGMANN, Römische Geschichte, München 1995, S. 74].

– Die römische Obrigkeit lohnte seit Trajan die tätige Reue eines Christen mit Straflosigkeit (*venia ex paenitentia*). Verlangt wurde im Prozeßverfahren nur ein einziger Akt der Loyalität, vollzogen in aller Öffentlichkeit vor den Statuen der Götter und des Kaisers, um sicher zu sein: Wer dies getan, kehrte in die römische Gesellschaft zurück, denn er hatte einen Verrat begangen, für den es in christlichen Augen keine Verzeihung, keine Gnade geben konnte.

– Strafwürdig erschien der einzelne Christ nur dann, „wenn er im objektiven Sinne Anlaß zu Aufruhr und Störungen der öffentlichen Ruhe gegeben hatte", d. h. Ausschreitungen und Pogrome den Statthalter zum Handeln zwangen [872: BRINGMANN, S. 10]. Das kaiserliche Reskript ließ sich also vom Grundsatz der politischen Opportunität leiten. Es zog aus einer einfachen Beobachtung eine ebenso einfache Schlußfolgerung: Da der Christ die Lebensart seiner städtischen Nachbarn ablehnte und sie zu Tumult und Aufruhr reizte, störte er die öffentliche Ordnung und gefährdete am Ende die Ruhe in der Provinz – Grund genug, ihn als Feind von Kaiser und Staat einzuordnen.

Der Verdacht politischer Illoyalität

Über alle Verfahren legte sich seit dem Anfang des 2. Jahrhunderts der schwere Verdacht politischer Illoyalität [324: HEUSS, RG, S. 406]. Denn alle Christen verweigerten die Teilnahme am Kaiserkult, der bei besonderen Anlässen die enge Bindung des Untertanen an seinen kaiserlichen Herrn sichtbar machte. So ist es „ein Paradoxon der Weltgeschichte, daß ausgerechnet derjenige nichtchristliche Kult, der von allen die geringste religiöse Intensität hatte und der zudem noch Inbegriff einer politischen Loyalität war, die die Christen niemals verweigert hatten, zu der Barriere wurde, an der sich die Christen die Köpfe blutig schlugen" [316: BLEICKEN, Vfgs.- und Sozialgesch. II, S. 164]. Auswege gab es keine. Denn in den Augen des Kaisers waren Religiosität und Loyalität nicht zu trennen: „Religiosität schafft Loyalität, Loyalität mündet in Religiosität" [429: CLAUSS, Deus praesens, S. 428; eingehend zum ganzen Problem 430: CLAUSS, Kaiser und Gott, S. 420–465]. Der christliche Gott aber war ein eifersüchtiger Gott, der weder auf Erden noch im Himmel Rivalen neben sich duldete: „Denn die Götter der Völker sind Götzen, der Herr aber hat den Himmel gemacht" (Psalm

96,5). Auf Erden bedeutete dies Krieg gegen die alten Götter. Kein Weihrauchkorn durfte vor ihren Altären gestreut werden, auch wenn es nur zum Beweis unverbrüchlicher Treue ins Feuer geworfen werden sollte. Der Christ, der diesen Akt verweigerte, verstand den Zorn der Obrigkeit nicht. Denn er sagte nicht Nein zum Herrschaftsanspruch des Kaisers, sondern wehrte sich nur gegen die Form, in der Gott und Kaiser zugleich Reverenz geschuldet wurde. Zwischen Politik und Religion, zwischen Kaiser und Gott zogen die Christen zum erstenmal einen unüberwindlichen Graben [BEAUJEU, in: 431: Le culte des souverains, S. 101–136].

Dagegen verfing nicht, daß so mancher verzweifelte Christ den göttlichen Befehl: „So gebt denn dem Kaiser, was des Kaisers ist" (Mt 22,20) auch auf den Kaiserkult ausdehnte und ohne innere Anteilnahme opferte. Die Versuchung war groß, verstand doch der römische Herr den Kaiserkult als formalen Akt, bei dessen Vollzug niemand wissen wollte, was im Kopf des Opfernden vorging und welches Gebet zu welchem Gott er dabei sprach [CLAUSS, in: P. KNEISSL/V. LOSEMANN, Imperium Romanum, Stuttgart 1998, S. 93 ff., 104; 430: CLAUSS, Kaiser und Gott, S. 424 ff.]. Zudem hat die Obrigkeit nicht jede Verweigerung des Kaiserkultes als rebellischen Akt geahndet, sondern hingenommen [MILLAR, in 431: Le culte des souverains, S. 143–165]. Schon gar nicht mußte der Christ in der täglichen Furcht leben, „zum Opfertest vor ein Kaiserbild geschleppt zu werden und bei Nichtbestehen das Martyrium erleiden zu müssen" [178: KLAUCK, Umwelt II, S. 17–74]. Denn die Annäherung von monarchischer und göttlicher Macht und die Entrückung der kaiserlichen Person in die Sphäre des Überirdischen wurden erst im 3. Jahrhundert populär und vom Kaiser immer energischer betrieben [316: BLEICKEN, Vfgs.- und Sozialgesch. I, S. 96 ff.]. *Die christliche Antwort*

Bis es soweit war, standen die Christen an einer Kreuzung, von der drei Wege führten: Der erste gewährte das Leben dem, der sich zu drehen und zu wenden verstand, die beiden anderen wiesen nur den Tod als Märtyrer. Die beiden letzteren beschreibt die Märtyrerakte von Scili: Im Prozeß antwortet der Angeklagte Speratus auf den Befehl, beim Genius des Kaisers zu schwören: „Ich kenne kein Reich von dieser Welt, vielmehr diene ich jenem Gott, den kein Mensch sieht." Es ist der Weg des auf diesen Status stolzen gesellschaftlichen Außenseiters. Auch die nach ihm vorgeführte Beklagte Donata lehnt den Eid ab: „Ehre dem Kaiser als Kaiser, doch Gott allein ist es, dem Furcht gebührt" [181: RITTER, Alte Kirche, S. 44 f.]. Es ist der Weg des Kompromisses. „Die urchristliche Haltung gegenüber der staatlichen Macht steht in der Spannung zwischen beiden Antworten" [793: HENGEL, Reich Christi, S. 184). Der letzteren gehörte die Zukunft.

d. Das dritte Jahrhundert: Verfolgung und Annäherung

Den Christen war es in den ersten beiden Jahrhunderten nicht gelungen, ihre Umwelt, die Provinzialbeamten und den Kaiser von ihrer Harmlosigkeit und Staatstreue zu überzeugen. So blieben sie auch im 3. Jahrhundert eine verbotene *Die Götter als Schützer des Imperiums* und verfemte Gemeinschaft. In diesen Jahrzehnten ging das Imperium schweren Zeiten entgegen, in denen seine Monarchen hofften, die Existenz des Reiches mit der tätigen Hilfe jener Götter zu retten, die Roms Geschicke seit tausend Jahren so wundersam gelenkt hatten [681: ALFÖLDY, Die Krise, S. 349–387]. Sie allein entschieden auch über das künftige Schicksal des Weltreiches und waren daher Gegenstand ständiger Sorge und Furcht: „Nie wohl ist durch furchtbarere Leiden des römischen Volkes, nie durch gewaltigere, gerechtere Anzeichen deutlich geworden, daß den Göttern nicht unsere Sicherheit am Herzen liege, sondern die Rache" (Tacitus, Historien 1,3,2). Tacitus schrieb diesen Satz, als er mit der Geschichte des Vierkaiserjahres 68/69 begann. Er blieb immer gültig und verpflichtete den Kaiser, die Verehrung der alten Götter zu sichern und die Unwilligen zu strafen, die die göttliche Rachsucht provozierten (Cassius Dio 52,36,1–2). Denn sie mißachteten das einzige religiöse Dogma Roms, demzufolge die Götter die Frömmigkeit der Reichsbürger mit dem Bestand und der Wohlfahrt des Imperiums lohnten [695: STROBEL, Imperium Romanum, S. 333 ff. mit Lit.]. So sollten auch jetzt, als die Fronten wankten, die Gebete aller Reichsbewohner den Himmel gnädig stimmen.

Die Quellen   Vernachlässigung der Götter (*neglegentia deorum*) und Verrat am Brauch der Vorfahren (*mos maiorum*) – wen hätte diese Anklage schärfer treffen können als die Christen? Niemanden. Dies zeigte sich, als 249/250 der Kaiser Decius per Edikt von allen Reichsbewohnern Opfer und Gebete vor den Göttern Roms forderte und damit für jedermann sichtbar machte, wer ein Feind des Staates und wer ein loyaler Bürger war [757: ANDRESEN, Die Kirchen, S. 285 ff.]. Jede Untersuchung zu seinen und den Verfolgungen des Valerian kann sich auf gute Quellen stützen, auch wenn die kaiserlichen Anordnungen nicht direkt bezeugt sind. Denn es liegen die Berichte zweier Augenzeugen vor, der Bischöfe Cyprian von Karthago und Dionysios von Alexandrien. Hinzu kommen die Märtyrerakte des Pionius von Smyrna [224: MUSURILLO, Acts, S. 136 ff.] und über 40 Papyrusurkunden, die schriftlich das vollzogene Opfer bestätigen (*libelli*); für die Zeit des Valerian sind entscheidend die Berichte über die Verfahren gegen Cyprian im ersten Kapitel der *Acta Proconsularia Cypriani*, einer Niederschrift des Prozeßverlaufs aus christlicher Hand [224: MUSURILLO, Acts, S. 168 ff.] und gegen Dionysios [die Selbstaussage des Bischofs: Eusebius, Kirchengeschichte 7,11,6–11; die wichtigsten Quellen bei 175: GUYOT/KLEIN I, S. 124–160]. Über die soziale Entwicklung, die Integration aller sozialen Schichten, die Macht der Bischöfe und des Klerus sowie die innerkirchlichen Auswirkungen der Verfolgungen geben die Briefe Cyprians und – bis zu einem gewissen Grade – die Denkmäler christlicher Kunst und ihre Inschriften Auskunft [238: Cyprian, Opera; 886: BUTTERWECK, Martyriumssucht, S. 177 ff.; zur Kunst: TH. F. MATHEWS, The Clash of Gods. A Reinterpretation of Early Christian Art, Princeton 1999; A. GRABAR, Die Kunst des frühen Christentums I, München 1967, und 313: MEER, Bildatlas].

Die Forschung ist sich über die Motive der Verfolger nicht einig: Reagierten sie auf schwere Katastrophen des Reiches, glaubten sie subjektiv an eine Krise, die nur mit göttlicher Hilfe zu bewältigen war, oder trieben sie ganz persönliche Animositäten? Warum waren es erstaunlich wenige Kaiser, die den Christen nachstellten? War es der wachsende Einfluß der Christen in der Gesellschaft und in der kaiserlichen Regierung, der derart heftige Gegenreaktionen auslöste? Oder hatte eine zunehmende Empfänglichkeit für Religion allgemein das Engagement des Kaisers bedingt, der „nun nicht mehr über der Sache stand, sondern als Partei nun in der Tat den Religionskrieg begann" [316: BLEICKEN, Vfgs.- und Sozialgesch. II, S. 170 f.; zur Diskussion 881: SCHWARTE, Die Christengesetze Valerians, S. 104 ff.]. Nicht minder umstritten sind die Ziele der Verfolger: Ging es um die notfalls gewaltsam herzustellende religiöse Einheit des Reiches, wollte man die Christen nur einschüchtern und damit zur Religion der Väter zurückholen, oder ging es um die Vernichtung der ganzen verhaßten Sekte? Die Antwort des alexandrinischen Bischofs Dionysios, die Feinde wollten, „daß wir selbst überhaupt keine Christen sein dürfen", weist auf einen Religionskrieg, aber seine Einschätzung hat nicht alle überzeugt (Eusebius, Kirchengeschichte 7,11,4).

Die Verfolgungen: Motive und Ziele

Klarer sind hingegen die Initiativen und die Methoden der Verfolger. Drängte im 1. und 2. Jahrhundert noch die lokale Bevölkerung auf eine Verfolgung der „Atheisten" und zögerten die staatlichen Organe, so war es im 3. Jahrhundert genau umgekehrt: Die Stadtbürger nahmen die Gegenwart von Christen als Teil des zivilen Lebens hin und beobachteten mit Mißtrauen, wie jetzt die Bürokraten der Soldatenkaiser über sie herfielen [835: LANE FOX, Pagans and Christians, S. 450 ff.; zum Vorwurf des Atheismus: 250: NESTLE, Haupteinwände des antiken Denkens, S. 65 ff.]. Diese hatten sich gut vorbereitet. So griffen sie zum erstenmal gezielt nach den kirchlichen Amtsträgern, den Bischöfen der Hauptstädte, den Eliten (Senatoren, Ritter und Kuriale) und den kaiserlichen Beamten (*Caesariani*); gleichzeitig wurden christliche Versammlungen und der Besuch der Friedhöfe verboten [sehr gute zusammenfassende Darstellungen in 797: Geschichte des Christentums II, S. 156 ff.; 317: CHRIST, Kaiserzeit, S. 680 ff.; alle Details bei 874: KERESZTES, Imperial Rome and the Christians; die Forschungsdiskussion bei 880: MOLTHAGEN, Der römische Staat und die Christen, und 881: SCHWARTE].

Die Methoden der Verfolger

Ihre Ziele haben die Verfolgungen des Decius und des Valerian nicht erreicht. Sie blieben Episode. Die innere Entwicklung der Kirche jedoch haben sie wie kein Ereignis zuvor bestimmt. Denn sie brachten Konflikte an die Oberfläche, die lange ihrer Lösung harrten, und erschütterten das Selbstverständnis der Kirche. Vor allem aber gefährdeten sie die Einheit der Christen und zwangen die Bischöfe zu dem Eingeständnis, daß sie fürderhin keiner Versammlung von Heiligen, sondern einer Bußanstalt für Sünder vorstehen würden. Denn in den wenigen Jahren, in denen der Staat zum erstenmal und in allen Provinzen mit der Verfolgung Ernst machte, waren allzuviele schwach geworden, unter ihnen Bischöfe (Cyprian, *de*

Die Schwäche der Kirche

lapsis 7–11). Das Urteil, „many in the Church were not slow to discover that age-old principle, that leaders are somehow too valuable to risk themselves in the front line" [835: LANE FOX, S. 495] mag sarkastisch sein, in der Sache wird es jedoch durch ein Schreiben des römischen Klerus an die karthagischen Glaubensbrüder bestätigt [Cyprian, Briefe 8,1 ff.; H. GÜLZOW, Cyprian und Novatian, Tübingen 1975, 757: ANDRESEN, Kirchen, S. 185].

Die Kirche als Bußanstalt

Wie aber sollte man mit den Schuldigen umgehen? Sie waren in Todesgefahr vom Glauben abgefallen oder hatten sich in ihrer Herzensnot Opferbescheinigungen erschlichen. Nun, als der Druck nachließ, drängten sie in den Schoß der Kirche zurück. Sie sind für immer verloren, sagten die Rigoristen, deren Hauptvertreter der römische Presbyter Novatian wurde (Eusebius, Kirchengeschichte 6,43,1 f.). Sie können gerettet werden, sagten die Bekenner (*confessores*), die Gefängnis und Folter überlebt hatten und sich durch den in ihnen wirkenden Heiligen Geist berufen glaubten, aus eigener Vollmacht den Reumütigen die Wiederaufnahme in die Kirche zu erlauben; ihre charismatisch begründete Schlüsselgewalt spiegelt der Friedensbrief, mit dem sie dem Sünder die Vergebung versprachen [KÖTTING, Konfessor, in 764: DERS., Ecclesia I, S. 122 ff.]. Es war die alte, pneumatisch legitimierte Autorität, die sich damit gegen die amtliche des Bischofs stellte. Nein, sagte dieser, Gefallene können nur dann Gnade finden, wenn sie sich einem von der offiziellen Kirche geregelten Wiederaufnahmeverfahren unterwerfen und aus der Hand des Bischofs die Verzeihung entgegennehmen und damit anerkennen, daß allein ihm die Vollmacht zur Sündenvergebung zukomme. Beide Positionen verwarfen den bis dahin wirksamen Grundsatz, Apostasie sei eine nicht vergebbare Schuld. Der Streit darüber währte lange und spaltete die Kirche [Die Briefe und die Schrift *De lapsis* Cyprians sind die wichtigsten Quellen für die pastoralen Probleme der Gemeinden nach dem Massenabfall; Auszüge bei 181: RITTER, Alte Kirche, S. 88–98; zum Streit 765: LIETZMANN, Geschichte II, S. 230 ff.; 797: Geschichte des Christentums II, S. 162 ff.].

e. *Die Stärke der Christen*

Der Umgang mit dem Reichtum

Als die Christen in den Städten heimisch wurden, heirateten, aßen und kleideten sie sich wie ihre Nachbarn. Und sie hatten keine Scheu, die Lehre Jesu den sozialen Gegebenheiten anzupassen (s. S. 296). Viele von ihnen waren bettelarm und auf die Unterstützung der wenigen angewiesen, die Arbeit gefunden hatten oder bereit waren, ihr kleines Vermögen mit den Bedürftigen zu teilen (Apg. 4,36 f.; 5,1–11. Tertullian, Apologie 39,5 berichtet, daß sich die Gemeindekasse mit vielen kleinen, aber regelmäßig entrichteten Beiträgen füllte). Anstößig war Armut nicht, im Gegenteil: Sie war ein Zeichen der Erwählung. Denn, so hatten die ersten Christen als fromme Juden gelernt, „der Herr macht arm und macht reich, er erniedrigt und er erhöht. Er richtet den Dürftigen auf aus dem Staube, aus dem Kot erhebt er den Armen, daß er sie setze neben die Fürsten und ihnen den Ehrenthron gebe" (1 Samuel 2,7-8). Im Evangelium des Lukas wird dieser Gedanke im Magnificat der Maria und in den Seligpreisungen aufgenommen [Lk 1,46-55 und 6,20ff.; zu den Parallelen in der griechischen Literatur H. KELSEN, Vergeltung und Kausalität, The Hague 1941, S. 177 ff.].

Zur Verfluchung des Reichtums und der Reichen hat dies nicht geführt, obwohl es Ansätze dazu gab: „Kein Sklave kann zwei Herren dienen ... Ihr könnt nicht Gott dienen und dem Mammon", heißt es bei Lukas 12,13, und die Geschichte vom armen Lazarus unterstrich, daß der Himmel auf den Armen, die Hölle aber auf den Reichen wartete (Lk 16,19-31). In den Städten jedoch wurden solche Stimmen mit der Abschwächung der eschatologischen Hoffnungen immer leiser, und die Tore des Himmels öffneten sich auch für die Reichen, von denen nie die Übereignung ihres Vermögens an die Gemeinde verlangt wurde. Wie sollte es auch anders sein: Die Pflicht der Gemeinden zur Armenpflege forderte am Ende die Wertschätzung von Reichtum und Arbeit und goß über beide den milden Schein sozialer Fürsorge: „Der Starke soll für den Schwachen sorgen, der Schwache soll den Starken achten; der Reiche soll den Armen unterstützen, der Arme aber soll Gott dafür danken, daß er jenem gab, wodurch seinem Mangel abgeholfen wurde ..." (1 Clemensbrief 8, 1f). Trotzdem blieb der Gedanke immer lebendig, nichts könne die vollkommene christliche Gesinnung besser unterstreichen als der Verzicht auf Besitz und Eigentum. Zu diesem unendlich oft diskutierten Problem COUNTRYMAN [838: Rich Christian], der seine Darstellung mit Clemens von Alexandrien beginnt, dem ersten Autor, der mit *Quis dives salvetur* die erste theologische Reflexion des Problems vorgelegt hat. Mit eingehender Berücksichtigung der jüdischen Tradition 839: HENGEL, Eigentum und Reichtum; die wichtigsten Quellen bei 176: HEILMANN/KRAFT, Texte III, S. 371-413.

Die Verfügung Valerians, allen überführten Personen von Stand ihr Vermögen zu nehmen, beweist, daß das Christentum ungeachtet seiner gesellschaftlichen Außenseiterrolle in den Spitzen von Hof und Gesellschaft Fuß gefaßt hatte. Die Briefe Cyprians belegen darüber hinaus, daß viele davon betroffen waren und häufiger als andere vom Glauben abfielen, um ihren Besitz zu retten [die wichtigsten Texte bei 838: COUNTRYMAN, S. 135-148; vgl. 833: HARNACK, Mission, S. 559 ff.; 840: KEE, Das frühe Christentum; H. GÜLZOW, Soziale Gegebenheiten, in 832: FROHNES/KNORR, Missionsgeschichte I, S. 189-226; 847: ECK, Das Eindringen des Christentums, S. 381 ff.; 846: ECK, Christen im höheren Reichsdienst, S. 449-464]. Die Zahl der Reichen muß also kontinuierlich gewachsen sein, obwohl diese sich einer Disziplin fügen mußten, die nicht den Verhaltensmustern ihres Milieus, sondern der Moral der sozial Gefährdeten gehorchten [grundlegend 838: COUNTRYMAN, und 866: SCHÖLLGEN, Professionalisierung, S. 172-194]. Gewiß war ihr Geld willkommen. Denn was die Gemeinde brauchte, um den Klerus zu versorgen und die Armen zu pflegen, kam ja nicht nur aus den Spenden armer Witwen, sondern floß aus den Geld-

Der Aufstieg der Reichen

säcken der Großen. Häufig genug war es anderen abgepreßt oder sonstwie unredlich erworben worden (Cyprian, *ad Donatum* 12, *de lapsis* 6).

<small>Die Bedeutung der Reichen in den Gemeinden</small>

Wie also sollte sich der Bischof verhalten, wie mit den Reichen umgehen und vor allem: wie seine Unabhängigkeit wahren? Hier die unersetzlichen Patrone der Gemeinde, dort der nach monarchischen Vollmachten strebende Bischof – dies war ein Konflikt, der in den Jahren der Not offen ausbrechen mußte. Seine Lösung konnte nur in der Integration der Patrone in das geistliche Amt liegen. Um ihnen dies schmackhaft zu machen, mußte die Bischofswürde den Kirchenführern eine Macht geben, die der ebenbürtig war, die aus der Pflicht der Vornehmen zum Unterhalt ihrer Stadt erwachsen war. Dorthin kam es, als die Kirche als Institut organisierter Armenpflege die staatliche Wohlfahrt überflügelte und die praktische Umsetzung des leuchtenden Ideals der Solidarität innerhalb der Gemeinde in die ringbeschwerten Hände der Bischöfe fiel. Dies gab ihnen, was wirklich zählte: Macht, Prestige und Bewunderung in dem Maße, wie es die traditionellen Eliten der städtischen Notabeln schon immer beansprucht hatten [801: WISCHMEYER, Von Golgotha zum Ponte Molle, S. 163–203; P. BROWN, Macht und Rhetorik in der Spätantike, Frankfurt 1995, S. 95–152; zur Bedeutung Cyprians in diesem Prozeß: RIST, Cyprian von Karthago, in 828: VON HAEHLING, S. 257–286 mit Lit.].

<small>Die Attraktivität des Kirchendienstes</small>

Die Attraktivität des Kirchendienstes konzentrierte sich für die Mächtigen damit für immer auf das Amt des Bischofs. Seine Legitimation gaben ihm Christus und die Apostel (s. S. 305 f.), seine Aufgaben bestimmten der Kampf um die rechte Lehre (s. S. 312), die Sorge um die Armen und die Leitung der Gemeinde, seine ökonomische Sicherheit verschaffte ihm seine von der Gemeinde bezahlte Stellung, und seine geistliche Autorität gewährten ihm der Anspruch auf die alleinige Bußgewalt sowie die praktische Durchsetzung des Satzes, „wenn einer nicht mit dem Bischof ist, ist er auch nicht in der Kirche" [Cyprian, Briefe 66,8,3; Überblicke zur Entwicklungsgeschichte bei 835: LANE FOX, S. 493–545; 859: DASSMANN, Ämter und Dienste, S. 49–73; KÖTTING, Bischofsamt und Bischofswahl, in 764: DERS., Ecclesia I, S. 467–479]. Zu Recht betont H. VON CAMPENHAUSEN [Kirchliches Amt und geistliche Vollmacht, Tübingen 1963, S. 311 ff.] die Eroberung der alleinigen Bußgewalt durch den Bischof als den entscheidenden Schritt hin zur beherrschenden Stellung des Bischofs. WISCHMEYER [801: S. 126–147] betont die Rolle des Bischofs als Versöhner und erkennt dort die Quelle der Macht.

Die Rechtsbegriffe, auf die sich die Bischofsgewalt gründete, waren dieselben, „mit welchen das römische Staatsrecht die Amtsgewalt der Oberbeamten erfaßt"; so wird das Amt in Staat und Kirche als eine Ehre (*honor*) und Würde (*dignitas*) charakterisiert, und die Begriffe *officium* und *ministerium* dienen hier wie dort zu seiner allgemeinen Bezeichnung. So konnte A. BECK [Römisches Recht bei Tertullian und Cyprian, Halle 1930, Kap. 28] denn auch von der „Bischofsmagistratur" sprechen. [Generell zum Ausmaß und den Folgen der Integration oder Transformation von Prinzipien, Werten und Organisationsformen der profanen Gesellschaft, die man auch als Romanisierung der Kirche bezeichnen kann, 901: HOFFMANN, Kirchliche Strukturen, zusammenfassend S. 303 ff.].

Es ist eine der großen Leistungen der Christen, einen professionellen Klerus geschaffen zu haben und seine Stellung theologisch so zu begründen, daß sie auf Dauer unangreifbar wurde. Am Anfang stand das Amt. Ihm folgte seine Legitimation in dem Maße, in dem seine Rechte wuchsen [zu den Anfängen von den Paulusbriefen bis zur *Traditio apostolica* Hippolyts 865: MARTIN, Amtspriestertum]. Damit hatte sich Kirche einen institutionellen Rahmen gegeben, mit dem es keine der konkurrierenden Religionen aufnehmen konnte: „Ein nahezu das gesamte Imperium (oder zumindest seine wichtigsten Teile) überziehendes Netz von festen Gemeinden mit einem professionellen, hierarchisch gegliederten Klerus, der gleichzeitig die Gemeindeleitung, die Gemeindefinanzen, die Armenversorgung und die religiöse Unterweisung in seinen Händen hat, kann seit dem 3. Jh. lediglich die christliche Kirche aufweisen" [866: SCHÖLLGEN, Professionalisierung, S. 33]. In ihrem Zentrum steht der Bischof: „He represented the unity and continuity of the Christian society, and by commission of his ordination combined both an institutional authority and charismatic power" [H. CHADWICK, The Role of the Christian Bishop in the Ancient Society, Berkeley 1980, S. 14]. Damit zeigte sich die Kirche gut gerüstet für vierzig Jahre friedlicher Koexistenz. Sie leitete Gallienus (260–268) mit der Aufhebung der Edikte seines Vaters ein. „Die Vorsteher des Wortes sollen ihren gewohnten Pflichten frei nachgehen können", lautete die Quintessenz seiner Entscheidung, die er denen mitteilte, die sich als Führer ihrer Gemeinden bewährt hatten: den Bischöfen (Eusebius, Kirchengeschichte 7,3).

Das Bischofsamt

Wer sich um 300, wenige Jahre vor der letzten großen Verfolgung, in den christlichen Gemeinden umblickte, dem konnte angesichts der verwirrenden Vielfalt von Glauben und Ethik schwindeln. Sah er doch einen unvorstellbar wuchernden theologischen Reichtum, drei Götter, die einer sind, eine jungfräuliche Mutter Gottes dazu, Hunderte von Märtyrern, die einen besonderen Platz im Himmel wie auf Erden beanspruchten, wundertätige Reliquien, zu denen eine wachsende Schar von Gläubigen pilgerte, eine subtile Dogmatik, die in den Schulen des griechischen Osten gepflegt und im Westen kaum noch verstanden wurde, und alles dies weiter wachsend, obwohl die Offenbarung doch eigentlich beendet war. Fester wurde der Boden, wenn man auf die Organisation sah: eine hochentwickelte hierarchische Bürokratie, bischöfliche Schlichtung und Rechtsprechung, eingeübte Rituale und Ornamente, allesamt nach römischen Vorbildern gemustert.

Der Sieg des Christentums

So beantworten vor allem die in den Verfolgungen gefundenen festen Organisationsformen die Frage, warum sich die Religion der Mühseligen und Beladenen in einer Welt durchsetzen konnte, deren soziale Ordnung beherrscht war von den Prinzipien des Herrschens und Dienens, deren imperiale Macht bestimmt wurde durch den Gegensatz von Sieger und Besiegten und deren politische Struktur durch das Verhältnis von Monarch und Untertan geprägt war. Niemand wollte diese Welt für eine andere aufgeben. Denn sie gewährte trotz sporadischer Verfolgungen ein Maß an Frieden und Freiheit, das in keiner anderen Ordnung erreichbar schien. So wurde das Christentum „schließlich nur durch den Genuß der ihm gegönnten Freiheit zu einem Machtfaktor, so sehr, daß es sich schließlich der Staatsspitze aufpfropfte, d. h. den Herrschern, die es zuerst geduldet und dann bekämpft hatten, als es zu spät war" [A. HEUSS, in: DERS., Gesammelte Schriften III, S. 2392; eine generelle Zusammenfassung aller Gründe bietet 316: BLEICKEN, Vfgs.- und Sozialgesch. II, S. 175 ff.].

III. Quellen und Literatur

Vorbemerkung: Es ist ein leichtes, sich in der Alten Geschichte bibliographisch fortzubilden und Hinweise auf den jeweiligen Stand der Forschung zu finden. Für alle altertumswissenschaftlichen Disziplinen sorgt die seit 1928 jährlich erscheinende *L'année philologique* (hg. J. MAROUZEAU und J. ERNST), die keinen Titel vergißt; kurze Inhaltsangaben der Aufsätze und die Auflistung aller Buchrezensionen helfen jedermann. Dies tut auch die Zeitschrift Gnomon, ein reines Besprechungsorgan, das seit 1925 existiert und ebenfalls umfassend über alle Bereiche der Alten Geschichte und der Klassischen Philologie unterrichtet. Ihr an die Seite gegeben ist eine Datenbank: J. MALITZ, Gnomon, Bibliographische Datenbank. Internationales Informationssystem für die Klassische Altertumswissenschaft (mit jährlichem Up-Date; auch auf CD-ROM und im Internet: http://www.gnomon.ku-eichstaett.de/Gnomon/Gnomon.html). Nicht minder nützlich ist die Historische Bibliographie der Historischen Zeitschrift; die Jahrgänge seit 1990 (kostenpflichtig) auch im Internet unter >http://historische-bibliographie.de. In die Nutzung des Internets führen ein: S. JENKS/ST. MARRA, Internet-Handbuch Geschichte, Köln 2001

Viele Aufsätze sind in den letzten Jahren mehrfach veröffentlicht oder in Sammelbänden zusammengefaßt worden. Sie werden nach dem letzten Erscheinungsort zitiert.

A. BIBLIOGRAPHIEN UND FORSCHUNGSBERICHTE

1. Aufstieg und Niedergang der römischen Welt (ANRW), Teil II: Prinzipat, hg. W. HAASE/H. TEMPORINI
2. CHRIST, K.: Römische Geschichte und deutsche Geschichtswissenschaft, München 1982
3. VOLLMER, D.: Alte Geschichte in Studium und Unterricht, Stuttgart 1994
4. HOPWOOD, K.: Ancient Greece and Rome. A Bibliographical Guide, Manchester 1995, S. 199–328 (mit wichtigen Rezensionen)
5. Bibliographie zur römischen Sozialgeschichte, Bd. 1, hg. J.-U. KRAUSE, Die Familie und weitere anthropologische Grundlagen, Stuttgart 1992, Bd. 2,

hg. J.-U. KRAUSE u. a., Schichten, Konflikte, religiöse Gruppen, materielle Kultur, Stuttgart 1998

6. FLACH, D. u. a.: Bibliographie zur römischen Agrargeschichte, Paderborn 1991
7. WINTERLING, A.: ‚Staat' und ‚Gesellschaft' in der römischen Kaiserzeit, in: Zentrum für interdisziplinäre Forschung der Universität Bielefeld, Mitteilungen 3 (1998) S. 5–23

B. DIE QUELLEN

1. ALLGEMEINE QUELLENSAMMLUNGEN

8. ALBRECHT, M. VON: Die römische Literatur in Text und Darstellung, Bd. 3–5, Stuttgart 1987/9; GÖRGEMANNS, H.: Die griechische Literatur in Text und Darstellung, Bd. 5: Kaiserzeit, 1988
9. AREND, W.: Altertum, in: Geschichte in Quellen, hg. W. LAUTERMANN/M. SCHLENKE, Bd. 1, 2. Aufl. München 1975
10. Jüdische Schriften aus hellenistisch-römischer Zeit, hg. H. LICHTENBERGER, Gütersloh 1973 ff.
11. JONES, A.H.M.: A History of Rome through the Fifth Century, Bd. 2: The Empire, New York 1970 (chronologisch geordnete Sammlung übersetzter Quellen; kurze Kommentare)

2. THEMATISCH GEORDNETE QUELLENSAMMLUNGEN

a. Der Kaiser

12. BRAUND, D.C.: Augustus to Nero: A Sourcebook on Roman History 31 BC-AD 68, London/Sydney 1985 (Übersetzungen; basiert auf 13: EHRENBERG/JONES und 16: SMALLWOOD)
13. EHRENBERG, V./JONES, A.H.M.: Documents Illustrating the Reigns of Augustus and Tiberius, 2. Aufl. Oxford 1955
14. MCCRUM, M./WOODHEAD, A.G.: Selected Documents of the Principates of the Flavian Emperors, 2. Aufl. Cambridge 1966 (aufgebaut wie 13: EHRENBERG/JONES)
15. SHERK, R.K.: The Roman Empire: Augustus to Hadrian, Cambridge 1988 (Teil I: Die kaiserliche Regierung in Krieg und Frieden, Teil II: Die Gesellschaft der Römischen Welt)

16. SMALLWOOD, E.M.: Documents illustrating the Principates of Gaius, Claudius and Nero, Cambridge 1967 (aufgebaut wie 13: EHRENBERG/ JONES)
17. SMALLWOOD, E.M.: Documents illustrating the Principates of Nerva, Trajan and Hadrian, Cambridge 1967

b. Gesellschaft und Wirtschaft

18. CAMPBELL, B.: The Roman Army, 31 BC-AD 337. A Sourcebook, London 1994
19. ECK, W./HEINRICHS, J.: Sklaven und Freigelassene in der Gesellschaft der römischen Kaiserzeit, Darmstadt 1993
20. PICARD, G./Rouge, J.: Textes et documents relatifs à la vie économique et sociale dans l'empire romain (31 av.J.-C.- 225 apr.J.-C.), Paris 1969 (mit kurzen Kommentierungen)
21. WIEDEMANN, T.: Greek and Roman Slavery, London 1981

c. Reich und Außenpolitik

22. DODGEON, M.H./LIEU, S.N.C. (Hgg.): The Roman Eastern Frontier and the Persian Wars (AD 226–363). A Documentary History, London/New York 1991
23. GOETZ, H.-W./WELWEI, K.-W. (Hgg.): Altes Germanien. Auszüge aus den antiken Quellen über die Germanen und ihre Beziehungen zum Römischen Reich. Quellen zur Alten Geschichte bis zum Jahre 238 n. Chr., 2 Teile (Freiherr vom Stein-Gedächtnisausgabe, Bd. 1a/1 und 2), Darmstadt 1995
24. GREWE, W.G. (Hg.): Fontes Historiae Iuris Gentium. Quellen zur Geschichte des Völkerrechts. Bd. 1: 1380 v. Chr.-1493. Berlin/New York 1995 (Sammlung und Übersetzung; systematisch geordnet)
25. HERRMANN, J. (Hg.): Griechische und lateinische Quellen zur Frühgeschichte Mitteleuropas bis zur Mitte des 1. Jahrtausends n. Chr., 4 Bde., Berlin 1988/1992 (Quellentexte mit Übersetzung und Kommentar)
26. LEVICK, B.: The Government of the Roman Empire: A Sourcebook, London 1985; 2. Aufl. 2000 (systematisch geordnete Quellensammlung zu allen Bereichen der Herrschaftspraxis)

3. DIE INSCHRIFTEN

a. Inschriftensammlungen: Die Corpora

27. Corpus Inscriptionum Latinarum, Berlin seit 1869 (Sammlung aller lateinischen Inschriften; geographisches Gliederungsprinzip; für eine Reihe von Provinzen [z. B. Afrika, die Balkanprovinzen] existieren eigene Cor-

pora; Überblicke bei MEYER, E.: Einführung in die lateinische Epigraphik, Darmstadt 1973, S. 131 ff. und – erschöpfend – in: Guide de l'épigraphiste: Bibliographie choisie des épigraphies antiques et médiévales, hg. F. BÉRARD, 3. Aufl. Paris 2000)

28. DESSAU, H.: Inscriptiones Latinae selectae, 3 Bde., Berlin 1892–1916 (ND 1974) (Auswahlsammlung; wichtig die reichen Indices)
29. FREIS, H.: Historische Inschriften zur römischen Kaiserzeit von Augustus bis Konstantin, 2. Aufl. Darmstadt 1994 (nur Übersetzungen)
30. ROXAN, M. (Hg.): Roman Military Diplomas (RMD), 1954–1977, London 1978; 1977–1983, 1985, 1994 (Sammlung der nach dem Erscheinen von CIL XVI [1936 und 1955, hg. H. NESSELHAUF] gefundenen Militärdiplome)
31. SCHUMACHER, L.: Römische Inschriften, lat./dt., Stuttgart 1988 (systematisch geordnete Auswahl mit Übersetzung und Kommentar)
32. WALSER, G.: Römische Inschrift-Kunst. Römische Inschriften für den akademischen Unterricht und als Einführung in die lateinische Epigraphik, Stuttgart 1988

b. Der Tatenbericht des Augustus

Texte/Übersetzungen:

33. VOLKMANN, H.: Res gestae divi Augusti. Das Monumentum Ancyranum, Berlin 1957 (lateinischer und griechischer Text; Kommentierung)
34. WEBER, E. (Hg.): Augustus, Meine Taten, 2. Aufl. München 1974

Literatur:

35. HEUSS, A.: Zeitgeschichte als Ideologie. Bemerkungen zu Komposition und Gedankenführung der Res Gestae Divi Augusti (1975), in: Gesammelte Schriften Bd. 2, Stuttgart 1995, S. 1319–1359
36. HOFFMANN, W.: Der Widerstreit von Tradition und Gegenwart im Tatenbericht des Augustus, in: Gymnasium 76 (1969) S. 17–33
37. KORNEMANN, E.: Mausoleum und Tatenbericht des Augustus, Berlin 1921
38. RAMAGE, E.S.: The Nature and Purpose of Augustus' „Res gestae", Wiesbaden 1987 (mit kommentierter Bibliographie)

c. Einzelne Inschriften

Kyrene-Edikte (Übers.: 29: FREIS, Nr. 28):

39. DE VISSCHER, F.: Les édits d'Auguste découverts à Cyrène, Louvain-Paris 1940
40. STROUX, J./WENGER, L.: Die Augustus-Inschrift auf dem Marktplatz von Kyrene, Abh. Bayer. Ak. Wiss., phil. hist. Kl. 34, 2, München 1928

Tabula Siarensis (Senatsbeschluß vom Dezember 19 n. Chr., der die Ehrungen für den im Oktober desselben Jahres verstorbenen Germanicus regelte):
41. GONZÁLEZ, J.: Tabula Siarensis, in: Zeitschrift für Papyrologie und Epigraphik 55 (1984) S. 55–100
42. LEBEK, W.D.: Welttrauer um Germanicus: Das neu gefundene Originaldokument und die Darstellung des Tacitus, in: Antike und Abendland 36 (1990) S. 93–102

Senatus consultum de Cn. Pisone patre (in der spanischen Provinz Baetica gefundenes SC, mit dem der Prozeß gegen Calpurnius Piso, angeklagt wegen Mordes an Germanicus, beendet wurde; der Beschluß sollte in den Hauptstädten aller Provinzen und in den Winterlagern der Legionen veröffentlicht werden):
43. ECK, W./CABALLOS, A./FERNÁNDEZ, F.: Senatus consultum de Cn. Pisone patre, München 1996; die Ergebnisse zusammengefaßt bei ECK, W.: Die Täuschung der Öffentlichkeit. Der Prozeß gegen Cnaeus Calpurnius Piso im Jahre 20 n. Chr., in: U. MANTHE/J. VON UNGERN-STERNBERG, Große Prozesse der römischen Antike, München 1997, S. 128–145

Der Kataster von Orange:
44. PIGANIOL, A.: Les documents cadastraux de la colonie romaine d'Orange, Paris 1962

Die Kaisereide:
45. HERRMANN, P.: Der römische Kaisereid, Göttingen 1968

Claudius über die Zulassung von Galliern in den Senat (Text: 28: DESSAU, nr. 212; Übers.: 29: FREIS, Nr. 34; vgl. Tacitus, Annalen 11, 23):
46. VITTINGHOFF, F.: Zur Rede des Kaisers Claudius über die Aufnahme von „Galliern" in den römischen Senat, in: Hermes 82 (1954) S. 348–371 = 452: DERS., Civitas, S. 299–321

Lex de imperio Vespasiani (28: DESSAU, nr. 244; Übers.: 29: FREIS, Nr. 49):
47. BRUNT, P.A.: Lex de Imperio Vespasiani, in: JRS 67 (1977) S. 95–116
48. PAPST, A.: „...ageret faceret quaecumque e re publica censeret esse." – Annäherungen an die lex de imperio Vespasiani, in: Festschrift R. Werner, hg. W. DAHLHEIM u. a., Konstanz 1989, S. 125–148

Die Alimentartafel von Veleia (CIL XI, 1147):
49. CRINITI, N.: La Tabula alimentaria di Veleia, Parma 1991 (Neuedition mit italienischer Übers., Fundgeschichte, sozialgeschichtliche Einordnung)
50. VEYNE, P.: La table des Ligures Baebiani et l'institution alimentaire de Trajan, in: Mél. École Franç. de Rome 69 (1957) S. 81–135; 70 (1958) S. 177–241
51. WOOLF, G.: Food, Poverty and Patronage. The Significance of the Roman Alimentary Schemes in Early Imperial Italy, in: PBSR 58 (1990) S. 197–228

Zur Steuer- und Sozialgesetzgebung:

52. FLACH, D.: Inschriftenuntersuchungen zum römischen Kolonat, in: Chiron 8 (1978) S. 441–492 (zu den nordafrikanischen Inschriften der kaiserlichen Domänen: CIL VIII, 10570; 14428; 25902; 25943; 26416)

53. LAFFI, U.: L'iscrizione di Sepino (CIL, IX, 2438) relativa ai contrasti fra le autorità municipali e i conductores delle greggi imperiali con l'intervento dei prefetti del pretorio, in: Studi classici e orientali 14 (1965) S. 177–200 (zu den praktischen Problemen der Transhumanz in den Abruzzen; Übers.: 29: FREIS, NR. 105)

54. SHERWIN-WHITE, A.N.: The Tabula of Banasa and the Constitutio Antoniniana, in: JRS 63 (1973) S. 86–98 = 374: WdF 550, 1979, S. 429–458 (vgl. 29: FREIS, Nr. 107 und 326: KÖNIG, Der römische Staat II, S. 439 ff.)

Der Tatenbericht des Schapur I.:

55. GÖBL, R.: Der Triumph des Sassaniden Sahpur über die Kaiser Gordianus, Philippus und Valerianus. Die ikonographische Interpretation des Felsreliefs, Wien 1974

56. HUYSE, PH.: Die dreisprachige Inschrift Sabuhrs I. an der Ka'ba-i Zardust (Corpus Inscriptionum Iranicarum, Part 3, Pahlavi Inscriptions Vol. 1, Royal Inscriptions, with their Parthian and Greek Versions), 2 Bde., London 1999 (mit Übersetzung)

d. Stadtrechte

57. ABBOTT, F.F./JOHNSON, A.C.: Municipal Administration in the Roman Empire, Princeton 1926 (mit Textauswahl)

58. GONZALEZ, J.: The Lex Irnitana: A New Copy of the Flavian Municipal Law, JRS 76 (1986) S. 147–238

59. GRADENWITZ, O.: Die Stadtrechte von Urso, Salpensa und Malaga, Heidelberg 1920 (zu 28: DESSAU, nr. 6088 ff.; zentrale Belege für Stadtrechte)

60. LAMBERTI, F.: Tabulae Irnitanae. Municipalità e ius Romanorum, Neapel 1993

61. SPITZL, TH.: Lex municipii Malacitani, München 1984 (Vestigia 36)

4. ALLGEMEINE DARSTELLUNGEN ZUR LITERATUR DER KAISERZEIT

62. ALBRECHT, M. VON: Geschichte der römischen Literatur: von Andronicus bis Boethius; mit Berücksichtigung ihrer Bedeutung für die Neuzeit, 2 Bde., 2. Aufl. Bern 1994

63. Cambridge History of Classical Literature II, 1984, S. 297–680

64. DIHLE, A.: Die griechische und lateinische Literatur der Kaiserzeit. Von Augustus bis Justinian, München 1989

65. EDWARDS, M. J./SWAIN, S. (Hgg.): Portraits: Biographical Representation in the Greek and Latin Literature of the Roman Empire, Oxford 1997
66. FANTHAM, E.: Literarisches Leben im antiken Rom. Sozialgeschichte der römischen Literatur von Cicero bis Apuleius, Stuttgart 1998
67. FUHRMANN, M. (Hg.): Römische Literatur, in: Neues Handbuch der Literaturwissenschaft 3, Frankfurt a.M. 1974 (Thematisch geordnete, von mehreren Autoren bearbeitete Literaturgeschichte)
68. FUHRMANN, M.: Geschichte der römischen Literatur, Stuttgart 1999
69. Einleitung in die Altertumswissenschaft, 2 Bde.: GRAF, F. (Hg.): Einleitung in die lateinische Philologie, und NESSELRATH, H.-G.: Einleitung in die griechische Philologie, Stuttgart 1997 (von mehreren Autoren lehrbuchartig verfaßter Überblick über Sprache, Geschichte, Literatur, Recht, Religion, Philosophie und Kunstgeschichte)
70. HOSE, M.: Die Erneuerung der Vergangenheit. Die Historiker im Imperium Romanum von Florus bis Cassius Dio, Stuttgart 1994
71. Propyläen-Geschichte der Literatur I: Die Welt der Antike, II: Die mittelalterliche Welt, Berlin 1981 (von verschiedenen Autoren bearbeitet und nach Literaturgattungen gegliedert; hervorzuheben sind: I: S. 343–368: J. DEININGER: Das Staatsdenken der Römer; S. 409–437: K. CHRIST, Römische Geschichtsschreibung; II: S. 62–82: H.-J. HORN, Die christliche griechische Literatur)

5. DIE LATEINISCHE GESCHICHTSSCHREIBUNG

Tacitus und die lateinische Geschichtsschreibung

Publius Cornelius Tacitus (ca. 55–117 n. Chr.), hoher Staatsbeamter (88 Prätor, 97 Konsul, unter Trajan Prokonsul der Provinz Asia, Mitglied des Kollegiums der xv-virisacris faciundis, schrieb nach kleineren monographischen Versuchen (*Agricola, Germania*) zunächst Zeitgeschichte (*Historiae*), dann die Geschichte der julisch-claudischen Zeit (*Annales ab excessu divi Augusti*); als seine Lehrmeister erwähnt er rühmend Livius und Sallust. Von den Historien, die die Jahre 69–96 behandelten, existiert die Schilderung der ersten beiden Jahre (Buch 1–5); von den Annalen, die die Epoche von 14–68 erfaßten, blieben lückenhaft Buch 1–6 (14–37 n. Chr.) und 11–16 (47–66 n. Chr.) erhalten. Diese Werke, alle erst in der Zeit nach Domitian geschrieben, haben die Annalisten der vorhergehenden Epoche als Quellen ausgewertet und zugleich dem Vergessen ausgeliefert: Aufidius Bassus, Plinius d.Ä., Cluvius Rufus, Fabius Rusticus. Die Darstellung konzentriert sich auf Rom und die Kaiser; die Provinzen erscheinen nur in dem damit gesetzten Rahmen (zusammenfassende Würdigung mit Lit.-Verz. in 62: VON ALBRECHT II, S. 869–908).

Texte/Übersetzungen:

72. BORST, J.: Historien, lat./dt., 3. Aufl. München 1977
73. HELLER, E.: Annalen, lat./dt., Einf. von M. FUHRMANN, 3. Aufl. München 1997; dt. Übers. mit Anmerkungen von W. SONTHEIMER, Stuttgart 1991
74. TILL, R.: Das Leben des Julius Agricola, lat./dt., 3. Aufl. Darmstadt 1979; Die Germania, lat./dt. G. PERL, in 25: HERRMANN, Bd. 2

Literatur:

75. Beiträge zum Verständnis der Germania des Tacitus, Teil I hg. H. JAHN-KUHN und D. TIMPE, Göttingen 1989, Teil II, hg. G. NEUMANN und H. SEEMANN, 1992
76. FLACH, D.: Einführung in die römische Geschichtsschreibung, Darmstadt 1987; 3. Aufl. 1998
77. FLACH, D.: Tacitus in der Tradition der antiken Geschichtsschreibung, Göttingen 1973
78. PÖSCHL, V. (Hg.): Tacitus, WdF 97, Darmstadt 1969 (Aufsatzsammlung)
79. SYME, R.: Tacitus, 2 Bde., Oxford 1958
80. TIMPE, D.: Romano-Germanica. Gesammelte Studien zur Germania des Tacitus, Stuttgart 1995 (grundlegende Aufsätze des Autors; darunter, methodisch richtungweisend, S. 1–60: Die Söhne des Mannus)

Velleius Paterculus

Gaius Velleius Paterculus aus Capua, Ritter, Offizier und Staatsbeamter unter Augustus und Tiberius (Militärtribun, Legat in Germanien und Pannonien, Quästor und Prätor), schrieb 29/30 n. Chr. eine Römische Geschichte von der Zerstörung Troias bis in die eigene Zeit in zwei Büchern. Wesentlich die Schilderung der Zeitgeschichte in Buch 2 aus der Perspektive eines seinem Kaiser treu ergebenen Offiziers; sein Werk endet dementsprechend mit einem Hymnus auf Tiberius (zusammenfassende Würdigung mit Lit.-Verz. in: 62: VON ALBRECHT II, S. 841–851).

Texte/Übersetzungen:

81. Velleius Paterculus, Historia Romana, lat./dt. M. GIEBEL, Stuttgart 1989; Loeb Classical Library, lat./engl., hg. F. SHIPLEY, London 1924 (ND 1955)

Literatur:

82. KUNTZE, C.: Zur Darstellung des Kaisers Tiberius und seiner Zeit bei Velleius Paterculus, Frankfurt 1985

83. SCHMITZER, U.: Velleius Paterculus und das Interesse an der Geschichte im Zeitalter des Tiberius, Heidelberg 2000

Sueton und die Biographie

Gaius Suetonius Tranquillus (ca. 75–150 n. Chr.), Ritter, Anwalt und zeitweilig Sekretär (*ab epistulis*) in der Kanzlei Hadrians, schrieb Biographien der römischen Kaiser von Julius Caesar bis Domitian (*de vita XII Caesarum libri VIII*; fast vollständig erhalten), wobei er urkundliches Material ebenso wie die Memoirenliteratur und sonstige literarische Zeugnisse heranzog. Er wurde zum Begründer der lateinischen historischen Biographie, die (entsprechend der monarchischen Regierungsstruktur des Reiches) die annalistische Geschichtsschreibung weitgehend verdrängte. Die Schriften des Fortsetzers des Sueton, Marius Maximus (ca. 185–230), sind verloren und nur durch Quellenanalyse aus der Historia Augusta wiederzugewinnen (zusammenfassende Würdigung mit Lit.-Verz. in 62: VON ALBRECHT II, S. 1104–1119; zum Leben Suetons vgl. R. SYME, in: Roman Papers III, Oxford 1984, S. 1337ff.)

Texte/Übersetzungen:

84. Sueton, Kaiserbiographien, lat./dt. O. WITTSTOCK, Berlin 1993, Die Kaiserviten, lat./dt. hg. H. MARTINET, Düsseldorf 1997; Loeb Classical Library, 2 Bde., lat./engl., hg. J.C. ROLFE, London 1928–1930

Literatur:

85. CIZEK, E.: Structures et ideologie dans les Vies des Douze Cesars de Sueton, Paris 1977
86. LAMPRECHT, U.: Herrscherbild und Prinzipatsidee in Suetons Kaiserbiographien. Untersuchungen zur Caesar- und zur Augustusvita, Bonn 1984
87. STEIDLE, W.: Sueton und die antike Biographie, 2. Aufl. München 1963

Historia Augusta und die Breviarien

30 Biographien römischer Kaiser, Mitregenten und Usurpatoren von Hadrian bis Carinus (117–285 n. Chr.). Das Werk ist nahezu vollständig erhalten; es fehlen die Viten der Jahre 244–253; die Viten des Valerian und des Gallienus sind nur lückenhaft überliefert. Das literarische Vorbild ist Sueton (Max. Balb. 4, 5; Prob. 2, 7), so daß der Beginn des Werkes mit den Biographien des Nerva und des Trajan wahrscheinlich ist. Die Abfassungszeit ist umstritten; als Termini post quem und ante quem stehen lediglich die Jahre 360/61 und 525 fest. Fiktiv sind die sechs

genannten Verfassernamen der einzelnen Viten, die alle von einem anonymen heidnischen Autor verfaßt sind, dessen sozialer und politischer Umkreis nicht genau bestimmt werden kann. Außer Zweifel stehen seine weitgespannte literarische Kenntnis und Belesenheit: Sie ließen sich nur vor einem gebildeten Publikum ausbreiten. Die Absicht des Werkes war denn auch vorab die Belehrung und Unterhaltung, der weite, mit romanhaften Erzählungen und Schilderungen bestaunenswerter Taten angereicherte Partien dienen. Hinzu kommt eine betont heidnische Grundhaltung, die ohne konkrete Zielsetzung und ohne deutliche Polemik auf die christliche Entwertung der heidnischen Vergangenheit Roms reagiert. Die Quellen, auf denen die Darstellung fußt, sind nicht zur Gänze rekonstruierbar. Historisch verläßliches Material bieten nur die Viten der regierenden Kaiser und innerhalb dieser Kategorie wiederum im wesentlichen nur die Viten bis Caracalla. Vor allem der Wert der Information für die Zeit der Soldatenkaiser des 3. Jhdts. ist aus dem Wust der sich gerade hier häufenden Legenden, Verfälschungen und Verdrehungen angesichts des nahezu völligen Fehlens von Kontrollen durch andere Quellen (z. B. Dexippos) nicht abschließend bestimmbar.

Im Schatten der HA stehen bis heute die Geschichtsschreiber des 4. Jhdts., die nur noch in Umrissen ihr Publikum mit der Geschichte Roms vertraut machen wollten. Die wichtigsten sind: AURELIUS VICTOR, hoher Staatsbeamter, der Kurzbiographien von Augustus bis Constantius II. (gest. 361) schrieb, EUTROP, enger Vertrauter des Kaisers Valens (gest. 378), der 10 Bücher Römische Geschichte ab urbe condita bis zum Jahre 364 seinem Kaiser widmete, und der *magister memoriae* des Valens, FESTUS, dessen Breviarium das Wachsen des Imperiums bis in die eigene Zeit verfolgte (Vgl. den Überblick bei 76: FLACH, S. 257–311).

Texte/Übersetzungen:

88. Scriptores historiae Augustae, hg. E. HOHL, Bd. 1–2, Leipzig 1927; 2. Aufl. mit Nachträgen von CH. SAMBERGER/W. SEYFARTH, Leipzig 1965; Historia Augusta, Römische Herrschergestalten, eingel./dt. übers. E. HOHL, 2 Bde., Zürich 1976/85

89. Aurelius Victor: Die römischen Kaiser/De Caesaribus, lat./dt. hg. K. GROSS-ALBENHAUSEN/M. FUHRMANN, Düsseldorf 1997

Literatur:

90. DESSAU, H.: Über Zeit und Persönlichkeit der Scriptores Historiae Augustae, in: Hermes 24 (1889) S. 337–392 (bahnbrechend und bis heute grundlegend)

91. KOLB, F.: Untersuchungen zur Historia Augusta, Bonn 1987

92. LIPPOLD, A.: Kommentar zur Vita Maximini duo der Historia Augusta, Bonn 1991
93. LIPPOLD, A.: Die Historia Augusta. Eine Sammlung römischer Kaiserbiographien aus der Zeit Konstantins, Stuttgart 1998 (Gesammelte Aufsätze des Autors zum Thema)
94. MOMMSEN, TH.: Die Scriptores Historiae Augustae, in: Hermes 25 (1890) S. 228–292
95. SCHLUMBERGER, J.: Die Epitome de Caesaribus. Untersuchungen zur heidnischen Geschichtsschreibung des 4. Jhdts. n. Chr., München 1974

6. DIE GRIECHISCHE GESCHICHTSSCHREIBUNG

Die griechische Geschichtsschreibung und Rhetorik

Die griechische Geschichtsschreibung hat die ersten Jahrzehnte der Monarchie weitgehend als Teil der Republik behandelt; herausragend die Lebensbeschreibung des Augustus durch NIKOLAOS VON DAMASKUS (JACOBY, FGrHist. II A 391–420; 11 C 261–291). Die späteren Historiker konzentrierten sich auf bestimmte Epochen oder die Länder des Ostens: FLAVIUS JOSEPHUS (ca. 37–100) behandelte die jüdische Geschichte (*Der Jüdische Krieg* = Die Geschichte des jüd. Aufstandes bis 72 n. Chr.; *Die Jüdische Altertumskunde* = Die Geschichte und Kultur des Judentums von der Erschaffung der Welt bis 66 n. Chr.); PLUTARCH (ca. 40–120) schrieb Vitae der Eintagskaiser der Jahre 68/69 und ARRIAN (ca. 95–175) monographische Abhandlungen über die Zeit Trajans und Hadrians (*Parca*: JACOBY, FGrHist. II B nr. 156, 837 ff.; *Periplus Ponti Euxini*). Im 3. Jhdt. schilderte der Athener P. HERENNIUS DEXIPPOS (ca. 210–273) die Goteneinfälle von 238–270 n. Chr. (*Skythika*) und verfaßte eine Weltgeschichte von den ältesten Zeiten bis 269/70 (*Chronik*) in 12 Büchern (beide Werke verloren; Fragmente bei JACOBY, FGrHist. II A 452 ff.; II C 304 ff.). Für das Verständnis der unterworfenen Griechen von ihrer neuen Umwelt sind entscheidend die Reden des DION VON PRUSA (ca. 40–120 n. Chr.), die *Romrede* des AELIUS ARISTIDES (gehalten 143 n. Chr.) und Teile der *Moralia* des Plutarch (insbes. die Abhandlung *Praecepta gerendae rei publicae*). PAUSANIAS schließlich beschrieb zwischen 155 und 180 n. Chr. das griechische Mutterland so, wie es ein damaliger Reiseführer seinem Publikum an Ort und Stelle vorzuführen pflegte. Für die sozialgeschichtliche Forschung ist seine *Periegese* unentbehrlich (vgl. 530: KAHRSTEDT).

Texte/Übersetzungen:

96. Aelius Aristides, Die Romrede, hg./übers./komm. R. KLEIN, 2 Bde., Darmstadt 1981/83

97. Aelius Aristides: OLIVER, J.H.: The Ruling Power. A Study of the Roman Empire in the Second Century A.D. through the Roman Oration of Aelius Aristides, Philadelphia: The Am. Phil. Soc. 953, S. 871–1003 (Ausgabe, Übers., Kommentar)
98. Dion von Prusa (Chrysostomos), Sämtliche Reden, hg. W. ELLIGER, Zürich 1967 (dt. Übers.)
99. Flavius Josephus, Opera, hg. B. NIESE, 7 Bde., Berlin 1887–95 (ND 1955); De bello Judaico, gr./dt., 3 Bde., hg. O. MICHEL/O. BAUERNFEIND, München 1959–1969
100. Pausanias, Beschreibung Griechenlands, übers./komm. E. MEYER, 3 Bde., Zürich 1986/87
101. Plutarch's Moralia, Loeb Classical Library, gr.-engl., 15 Bde., hg. H.N. FOWLER, London 1969; Auszüge in dt. Übers.: Plutarch, Lebensklugheit und Charakter, ausgew. R. SCHOTTLÄNDER, Leipzig 1979; Plutarch, Von der Ruhe des Gemüts, ausgew. B. SNELL, Zürich 1952; Plutarch, Moralphilosophische Schriften, hg. H.-J. KLAUCK, Stuttgart 1997
102. Plutarch, Religionsphilosophische Schriften, gr./dt., hg. H. GÖRGEMANNS/ R. FELDMEIER/J. ASSMANN, Düsseldorf 2001

Literatur:

103. BLEICKEN, J.: Der Preis des Aelius Aristides auf das römische Weltreich (1966), in: Gesammelte Schriften II, Stuttgart 1998, S. 901–954
104. HABICHT, CH.: Pausanias und seine „Beschreibung Griechenlands", München 1985
105. JONES, C.P.: Plutarch and Rome, Oxford 1971
106. JONES, C.P.: The Roman World of Dio Chrysostom, Cambridge/Mass. 1978
107. KRIEGER, K.-S.: Geschichtsschreibung als Apologetik. Flavius Josephus' Darstellung römischer Machtausübung und jüdischer Reaktionen in Palästina 6–70 n. Chr., Tübingen 1993
108. MILLAR, F.: P. Herennius Dexippus: The Greek World and the Third Century Invasions, in: JRS 59 (1969) S. 12–29
109. TIMPE, D.: Römische Geschichte bei Flavius Josephus, in: Historia 9 (1960) S. 474–502

Cassius Dio

Cassius Dio Cocceianus (ca. 150–235 n. Chr.), hoher Staatsbeamter (u. a. Provinzstatthalter und Konsul), Senator und Historiker (72, 18, 3 f.), schrieb eine römische Geschichte in griechischer Sprache vom Ursprung der Stadt an in 80 Büchern bis zum Jahre 229 (*Rhomaika*). Im Original erhalten sind die Bücher 36– 54 für die Zeit von 68–10 v. Chr., Fragmente der Bücher 55–60 für die Jahre 9

v. Chr.-46 n. Chr. sowie der Bücher 79 und 80, die die Ereignisse vom Tod Caracallas bis zur Mitte der Regierung Elagabals enthalten. Dank der großen Bedeutung des Werkes für das Romverständnis in Byzanz wurden im 11. und 12. Jh. Auszüge gefertigt, die als Ersatz für die verlorenen Teile dienen: Ioannes XIPHILINOS (um 1070) komprimierte die Bücher 36–80 und Ioannes ZONARAS (um 1150) Teile der Bücher 1–21 und 44–80, wobei ihm Xiphilinos vorlag. Das politische Glaubensbekenntnis des Dio enthüllt die im 52. Buch eingelegte Maecenasrede. Insbesondere die Schilderung der eigenen Zeit von Commodus bis zum Jahre 222 und in Ausblicken bis 229 (Buch 72–80), verstanden als eine Epoche von „Eisen und Rost" (72, 36, 4), ist von entscheidendem Quellenwert.

Texte/Übersetzungen:

110. Cassius Dio, hg. BOISSEVAIN, 5 Bde., 1895–1931 (ND 1955); Römische Geschichte, übers. O. VEH, 5 Bde., Zürich 1985–1987

Literatur:

111. BLEICKEN, J.: Der politische Standpunkt Dios gegenüber der Monarchie (1962), in: Gesammelte Schriften II, Stuttgart 1998, S. 876–899
112. MILLAR, F.: A Study of Cassius Dio, Oxford 1964
113. STRASBURGER, H.: Geschichte und Politik im Altertum, in: Historia integra (Festschrift E. Hassinger), Berlin 1977, S. 33–50

Herodian

Herodian, wahrscheinlich kaiserlicher Freigelassener, schrieb unter Philippus Arabs oder Decius eine Geschichte Roms vom Tode Mark Aurels bis 238 n. Chr. für ein griechisches Publikum [zum Leben: WHITTAKER I, IX-LXXXII]. Seine Quellen waren Cassius Dio (für Buch 1–6) und persönliche Erinnerungen (Buch 6–8); die Darstellung vereinfacht das vorliegende Material, arbeitet mit dramatisch-rhetorischen Übertreibungen und erhält ihren Wert vor allem durch die Perspektive des kleinen Mannes.

Texte/Übersetzungen:

114. Herodian, Geschichte des Kaisertums nach Marc Aurel, gr./dt. F. MÜLLER, Stuttgart 1996, und: C.R. WHITTAKER, Herodian in two Volumes with an English Translation, London 1969/70 (Loeb Classical Library)

Literatur:

115. WIDMER, W.: Kaisertum, Rom und Welt in Herodians meta Markou basileias historia, Zürich 1967
116. ZIMMERMANN, M.: Kaiser und Ereignis. Studien zum Geschichtswerk Herodians, München 1999

7. DICHTUNG UND ROMAN

Die Dichter des augusteischen Zeitalters

Die neue Ordnung des Prinzipats hat die Dichtkunst der Zeit tief geprägt. Ihre herausragenden Vertreter Vergil, Horaz, Ovid, Properz und Tibull (Textauswahl in: 8, Bd. 3) stammten wie Livius und schon Catull aus italischen Landstädten; Vergil und Horaz stiegen dank der Protektion des Maecenas aus einfachen Verhältnissen zu vermögenden Männern auf. Sie alle standen dem Kaiserhaus nahe, waren auf Gedeih und Verderb auf das kaiserliche Wohlwollen angewiesen und priesen die Taten des Augustus und die Rückkehr des goldenen Zeitalters. Ihre Verse erlangten Weltruhm und haben die europäische Dichtkunst tief geprägt.

HORAZ aus Venusia (65–8 v. Chr.), Sohn eines Freigelassenen, unter Brutus glückloser Militärtribun, 38 von Vergil dem Maecenas empfohlen, schrieb Epoden (*Iambi*), Satiren (*sermones*), Oden (*carmina*) und Briefe (*epistulae*); für die Säkularfeier im Jahre 17 forderte Augustus die Abfassung des *carmen saeculare*. VERGIL aus Mantua (70–19 v. Chr.), ungelenker und erfolgloser Anwalt, vor dem Verlust des väterlichen Gutes durch die Gunst Octavians bewahrt, schrieb in den Jahren 42–30 nach dem Vorbild Theokrits Hirtengedichte (*Eklogen*) und, angeregt durch Maecenas, ein Lehrgedicht vom Landbau (*Georgica*); in den zwanziger Jahren feierte er mit der *Aeneis* Triumphe, dessen einziger Held Aeneas der Stammvater des Augustus ist. OVID aus Sulmona (42 v.-18 n. Chr.), Sohn einer vornehmen Ritterfamilie, ausersehen für eine erfolgreiche politische Laufbahn in Rom, lebt dort bis 8 n. Chr. als Dichter; von Augustus aus nie ganz geklärten Gründen nach Tomi am Schwarzen Meer verbannt, schrieb er dort elegische Episteln (*Tristia*) und vier Bücher Briefe (*Epistulae ex Ponto*). In Rom las man unbehelligt und mit ungetrübtem Vergnügen seine Liebeselegien (die *Amores*, *Ars amatoria* und die *Heroidenbriefe*), die poetische Bearbeitung des römischen Festkalenders (*Fasti*) und vor allem die *Metamorphosen*, Verwandlungssagen in 15 Büchern. PROPERZ aus Assisi (47–2 v. Chr.), auch er von Maecenas umworben, veröffentlichte 28 v. Chr. seine Elegien. Der Römer TIBULL (50–19 v. Chr.), Ritter und Freund des Valerius Messalla Corvinus, hatte bis zu seinem frühen Tod zwei Gedichtbände veröffentlicht und galt als der größte Liebeslyriker seiner Zeit.

Texte/Übersetzungen:

117. Horaz, Sämtliche Werke, lat./dt., hg. H. FÄRBER, München 1957
118. WIELAND, CHRISTOPH MARTIN, Übersetzung des Horaz, hg. M. FUHRMANN, in: Werke Bd. 9, hg. G.-L. FINK u. a., Frankfurt 1986 (Übersetzung der Briefe und Satiren; vorbildliche Kommentierung)
119. Ovid, Metamorphosen, lat./dt., hg. E. RÖSCH, München 1952; Metamorphosen, lat./dt., hg. M. VON ALBRECHT, Stuttgart 1998; Liebesbriefe (Heroides), lat./dt., hg. B.W. HÄUPTLI, Zürich 1995; Festkalender, lat./dt., hg. N. HOLZBERG, Zürich 1995; Liebeskunst, lat./dt., hg. N. HOLZBERG, Zürich 1985; Liebesgedichte, lat./dt., hg. R. HARDER und W. MARG, 6. Aufl. München 1984; Briefe aus der Verbannung, lat./dt., hg. W. WILLIGE, München 1990
120. Properz, Gedichte, lat./dt. R. HELM, Berlin 1983
121. Tibull, Gedichte, lat./dt. R. HELM, Berlin 1972
122. Vergil, Aeneis, lat./dt. J. GÖTTE, 6. Aufl. München 1983; Landleben (Bucolica, Georgica, Catalepton), lat./dt. J. u. M. GÖTTE, 4. Aufl. München 1981

Literatur:

123. CAIRNS, F.: Virgil's Augustan Epic, Cambridge 1989
124. HOLZBERG, N.: Ovid. Dichter und Werk, München 1997
125. LEFÈVRE, E.: Horaz: Dichter im augusteischen Rom, München 1993
126. LUNDSTRÖM, S.: Ovids Metamorphosen und die Politik des Kaisers, Stockholm 1980
127. MEYER, H.D.: Die Außenpolitik des Augustus und die augusteische Dichtung, Köln-Graz 1961 (Kölner hist. Abh. 5)
128. SCHMITZER, U.: Zeitgeschichte in Ovids Metamorphosen, Stuttgart 1990
129. STRASBURGER, H.: Vergil und Augustus, in: Gymnasium 90 (1983) S. 41–76
130. WHITE, P.: Promised Verse. Poets in the Society of Augustan Rome, Oxford 1993

Bettelpoet und Sozialkritiker: Martial

Zwischen 38 und 41 in Nordspanien geboren, macht sich der in Grammatik und Rhetorik ausgebildete junge Mann als Klient vornehmer Landsleute auf den Weg nach Rom. Dort gelangt er durch die Kunst seiner Feder und die Gunst seiner Patrone zu bescheidenem Vermögen. Mit meisterlicher Ironie beschreibt er das Leben der Hauptstadt und die mannigfachen Plagen eines Klienten, der sich auf der Jagd nach Geld und Ansehen dreht und wendet und schon vor Sonnenaufgang mit zahllosen anderen die Haustür des großen Herrn belagert. Alt und müde geworden kehrt er nach 34 Jahren der Weltstadt den Rücken, um in der alten Heimat zu sterben (104 n. Chr.).

Texte/Übersetzungen:

131. M. Valerii Martialis Epigrammata, hg. D. R. SHACKLETON BAILEY, Stuttgart 1990 (Bibliotheca Teubneriana)
132. Martialis, M. Valerius, Epigramme, ausgew., eingeleitet und kommentiert U. WALTER, Paderborn 1996 (Textauswahl ohne Übersetzungen, aber mit ausgezeichneten Einzelinterpretationen)
133. Martial, Epigramme, hg./übers. W. HOFFMANN, Frankfurt 1997 (vorzügliche deutsche Übersetzung)

Die Romanliteratur

Texte/Übersetzungen:

134. Apuleius, Metamorphosen oder der Goldene Esel, lat./dt. R. HELM, 7. Aufl. Berlin 1978 (ND 2001)
135. KYTZLER, B. (Hg.): Im Reiche des Eros. Sämtliche Liebes- und Abenteuerromane der Antike. Übers. F. JACOBS/F. AST, 2 Bde., München 1983 (ND 2001)
136. Lukian, Die Lügenfreunde oder: der Ungläubige, eingel./übers. M. EBNER u. a., Darmstadt 2001 (mit ausführlicher Einleitung, Kommentierung und ergänzenden Essays)
137. Petronius, Satyrica, lat./dt. K. MÜLLER/W. EHLERS, 3. Aufl. 1983

Literatur:

138. HÄGG, T.: Eros und Tyche. Der Roman in der antiken Welt, Mainz 1987 (engl. 1983)
139. HELDMANN, G.: Märchen und Mythos in der Antike? Versuch einer Standortbestimmung, München 2000
140. HOLZBERG, N.: Der antike Roman. Eine Einführung, München 1986
141. JONES, C.P.: Culture and Society in Lucian, Cambridge 1986
142. MILLAR, F.: The World of the Golden Ass (1981), in: S.J. HARRISON, Oxford Readings in the Roman Novel, Oxford 1999, S. 247–268
143. MÜLLER, C.W.: Der griechische Roman, in: Neues Hdb. der Literaturwiss. II, hg. E. VOGT, Wiesbaden 1981, S. 377–412
144. SAID, S.: The City in the Greek Novel, in: J. TATUM (Hg.), The Search for the Ancient Novel, Baltimore 1994, S. 216–236

145. Söder, R.: Die apokryphen Apostelgeschichten und die romanhafte Literatur der Antike, Stuttgart 1932

146. Swain, S. (Hg.): Oxford Readings in the Greek Novel, London 1999

147. Walsh, P.G.: The Roman Novel. The Satyricon of Petronius and the Metamorphoses of Apuleius, Cambridge 1970

8. Fachschriftsteller und Juristen

Die Plinii, die Briefschreiber, die Fachschriftsteller

Plinius Secundus, der Ältere (23–79), kaiserlicher Prokurator unter Vespasian (R. Syme, in: Roman Papers 2, S. 746 ff.), starb als Kommandeur der bei Misenum stationierten Flotte beim Ausbruch des Vesuv (geschildert von seinem Neffen, dem jüngeren Plinius: Briefe 6,16). Als Wissenschaftler schrieb er für gebildete Leser eine enzyklopädische, nach Sachgruppen geordnete *Naturgeschichte* in 37 Büchern, die er Titus, dem Mitregenten und Sohn Vespasians, widmete. Plinius Caecilius Secundus (ca. 62–113) aus Comum, Rhetor und hoher Staatsbeamter (Prätor 93, Konsul mit Trajan 100, Statthalter Bithyniens wahrscheinlich 112–113), befreundet mit Tacitus, Vertrauter Trajans, schrieb Briefe an seine Freunde, die er für die Öffentlichkeit redigierte; sie liegen in 9 Büchern vor. Hinzu kommt der Briefwechsel mit Trajan (Buch 10), ab Brief 15 von und nach Bithynien geführt. Er stellt die wichtigste literarische Quelle für das provinziale Reichsregiment dar. Darunter befindet sich (Brief 96 u. 97) die Anfrage über die Behandlung der Christen in der Provinz. Vitruv (Ende des 1. Jhs. v. Chr.), Truppeningenieur unter Caesar und Octavian, Architekt, Günstling der Octavia, der Schwester des Augustus, verfaßte das einzige aus der Antike erhaltene Werk über die Architektur; es umfaßt 10 Bücher und behandelt alle Formen sakraler, öffentlicher und privater Bautätigkeit. Sextus Julius Frontinus (ca. 30–104 n. Chr.), dreimal Konsul, 74–78 Statthalter Britanniens, 97 verantwortlicher Kurator für die Wasserleitungen der Hauptstadt, schrieb über Kriegswesen, Landvermessung, Kriegslisten und die Wasserversorgung der Stadt Rom. Columella (1. Jahrhundert), Grundbesitzer in Italien, setzte die Tradition der republikanischen Untersuchungen zur Landwirtschaft (Cato, *De agricultura*, Varro, *De re rustica*, Vergil, *Georgica*) fort. Sein Hauptwerk *De re rustica* beklagt das mangelnde Interesse der Eliten an der Landwirtschaft als Teil des allgemeinen Sittenverfalls und lehrt die rechte Nutzung eines idealen Gutsbetriebes. Pomponius Mela schrieb unter Claudius ein geographisches Werk über "die Lage des Erdkreises" (1,1) in Form eines Periplus; Heinrich der Seefahrer las ihn neben Herodot, Strabon und Plinius, als er den Vorstoß nach Indien entlang der afrikanischen Küste plante (E. Schmitt, Die großen Entdeckungen II, München 1984, S. 52 ff.).

Texte/Übersetzungen:

148. Columella, Zwölf Bücher über Landwirtschaft, hg./übers. W. RICHTER, 3 Bde., Zürich 1981/83
149. Dionysios von Alexandria, Das Lied von der Welt, zweisprachig hg. K. BRODERSEN, Hildesheim 1994 (unter Hadrian als Lese- und Schultext unter dem Titel „Oikumenes periegesis" erschienen; das einzige erhaltene griechische Lehrgedicht zur Geographie)
150. Frontinus, Kriegslisten, lat./dt., hg./übers. G. BENDZ, 3. Aufl. 1987
151. Plinius d.Ä., Naturalis historia, lat./dt., hg. R. KÖNIG/G. WINKLER, München 1973–96
152. Plinius d.J., Briefe, lat./dt., hg. H. KASTEN, 1968; letzte Aufl. München 1995; Sämtliche Briefe, lat./dt., hg. M. GIEBEL/H. PHILIPS, Stuttgart 1998
153. Pomponius Mela, Kreuzfahrt durch die Alte Welt, zweisprachig hg. K. BRODERSEN, Darmstadt 1994
154. Vitruv, Zehn Bücher über Architektur, lat./dt., übers./hg. C. FENSTERBUSCH, 3. Aufl. Darmstadt 1981

Literatur:

155. BARDON, H.: Les empereurs et les lettres latines d'Auguste à Hadrian, 2. Aufl. Paris 1968
156. FEIN, S.: Die Beziehungen der Kaiser Trajan und Hadrian zu den litterati, Stuttgart 1994
157. SHERWIN-WHITE, A.N.: The Letters of Pliny. A Historical and Social Commentary, Oxford 1966

Lateinische Philosophie und Rhetorik

Lucius Annaeus SENECA, geboren um das Jahr 4 v. Chr. im spanischen Cordoba als Sohn hochgebildeter Eltern, kam in jungen Jahren nach Rom, wo er unter Claudius erst in Ungnade fiel, dann aber zum Erzieher des kaiserlichen Prinzen Nero aufstieg; in den ersten Jahren der Regierung Neros führte er mit dem Prätorianerpräfekten Burrus weitgehend die Regierungsgeschäfte. Angeklagt, an der Verschwörung des Piso teilgenommen zu haben, nahm er sich auf Befehl des Kaisers im Jahre 65 das Leben (Tacitus, Annalen 15,60–64). Seine philosophischen Schriften orientieren sich an der Gedankenwelt der Stoa. Insbesondere seine *Epistulae morales*, adressiert an seinen Freund Lucilius, kreisen um das Problem des rechten ethischen Verhaltens und suchen nach dem, was eine eigene Abhandlung wert schien: *de vita beata*. Die erhaltenen neun Tragödien folgen der Thematik der athenischen Tragödie: *Medea*, *Phaedra*, *Oedipus* und *Agamemnon* waren Themen, die das gebildete Publikum der neronischen Zeit erwartete.

Die Staatsordnung der Republik hatte vor jede politische und rechtliche Entscheidung die öffentliche Diskussion gesetzt, und die Historiker hatten von den Griechen gelernt, Reden in ihre Geschichtswerke einzubauen. Die Kaiser nahmen der Rhetorik die politische Bühne, fügten dem Repertoire aber die Lobrede auf den Herrscher hinzu; die Theoretiker arbeiteten aus, was sie aus den Schriften Ciceros gelernt hatten. Unter ihnen ragen drei hervor: der ältere SENECA (55 v.-um 41 n. Chr.): Seine *Controversiae* lehrten, das Für und Wider einer Rechtsfrage richtig zu traktieren. QUINTILIAN (35–96): unter Vespasian der erste öffentlich besoldete Professor für Rhetorik, verfaßte zur Ausbildung der Rhetorikschüler ein Lehrbuch (*Institutio oratoria*), das Jahrhunderte später die Renaissance-Päpste ebenso energisch wie Erasmus und die Führer der Reformation studierten. PLINIUS DER JÜNGERE (s. o.): er schrieb Reden, von denen die Dankrede auf Trajan bei Antritt des Konsulats erhalten ist (*Panegyricus*). Sein Freund TACITUS (s.o) beklagte in einem „Gespräch über die Redner" (*Dialogus de oratoribus*) den Niedergang der Redekunst, die er zu den Grundlagen einer umfassenden Bildung zählt. Im Verborgenen begann sich die christliche Predigt zu entfalten; sie sollte ihre größten Vertreter im vierten Jahrhundert finden (P. BROWN, Macht und Rhetorik in der Spätantike, München 1995).

Texte/Übersetzungen:

158. Plinius d.J., Panegyrikus. Lobrede auf den Kaiser Trajan, hg./übers. W. KÜHN, Darmstadt 1985
159. Quintilian, Ausbildung des Redners. Zwölf Bücher, hg./übers. H. RAHN, Darmstadt 1975 (ND 1995)
160. Seneca, Werke in 5 Bden., hg./übers. M. ROSENBACH, 5. Aufl. 1995
161. Tacitus, Gespräch über die Redner, lat./dt. H. VOLKMER, 3. Aufl. 1979

Literatur:

162. FUHRMANN, M.: Seneca und Kaiser Nero. Eine Biographie, Berlin 1997
163. GRIFFIN, M.T.: A Philosopher in Politics, Oxford 1976, Tb. 1992
164. UEDING, G.: Grundriß der Rhetorik. Geschichte, Technik, Methode, 3. Aufl., Stuttgart 1994
165. VEYNE, P.: Weisheit und Altruismus. Eine Einführung in die Philosophie Senecas, Frankfurt a.M. 1993

Das Recht

Im Rahmen einer neuen Sammlung der Kaisergesetze durch Justinian wurde von 530–533 das gesamte Juristenrecht neu gesichtet und in 50 Büchern zusammengestellt: Die Digesten (*digesta* = eine nach Titeln vorgenommene Einteilung) oder *Pandekten* (gr.: „allumfassend"), die die Hauptquelle unseres Wissens von der klassischen Jurisprudenz (Rechtsentscheidungen ebenso wie Rechtsgutachten) bilden. Die einzelnen Bücher sind nach Sachgruppen in mehrere Titel gegliedert, deren Gegenstand durch eine Überschrift (*rubrica*) bezeichnet wird. Der Inhalt erfaßt alle Rechtsgebiete, jedoch beansprucht das Privatrecht wie in den Digestenwerken der klassischen Juristen den größten Raum. Der 529 zusammengestellte *Codex* enthält neben den Kaisergesetzen seit Konstantin auch das ältere Kaiserrecht des 2. u. 3. Jhdts.; jedoch sind diese *Constitutiones* bisweilen nachträglich verändert oder gekürzt worden. Nach dem Abschluß der Sammlung der Digesten ließ Iustinian ein Lehrbuch (*institutiones*) verfassen, das zum 30. Dezember 533 Gesetzeskraft erhielt.

Texte/Übersetzungen:

166. Corpus Iuris Civilis, hg. TH. MOMMSEN/P. KRÜGER u. a., Bd. 1: Institutiones et Digesta; Bd. 2: Codex; Bd. 3: Novellae, Berlin 1928/29 (ND 1954); ins Deutsche übers. von einem Verein Rechtsgelehrter u. hg. C.E. OTTO/ B. SCHILLING/ F. SINTENIS, Leipzig 1823 ff. (ND Aalen 1984/85) (nur teilweise brauchbar)
167. Corpus Iuris Civilis. Text und Übersetzung auf der Grundlage der von Theodor Mommsen und Paul Krüger besorgten Textausgaben, Bd. I: Institutionen, übers. O. BEHRENDS /R. KNÜTEL /B. KUPISCH /H.H. SEILER, 2. Aufl. Heidelberg 1997; UTB 1764, Heidelberg 1993; Bd. II: Digesten 1–10, Heidelberg 1995 (S. XIII-XXII zur Wirkungsgeschichte), Bd. III: Digesten 11–20, Heidelberg 1999

Literatur:

168. KUNKEL, W./SCHERMAIER, M.: Römische Rechtsgeschichte, 13. Aufl. Köln 2001
169. NÖRR, D.: Rechtskritik in der römischen Antike, SB Bayer. Ak. Wiss., phil.-hist. Kl., Heft 77, München 1974
170. STEIN, Peter G.: Römisches Recht und Europa. Die Geschichte einer Rechtskultur, Frankfurt 1996 (Rezeptionsgeschichte)
171. WIEACKER, F.: Römische Rechtsgeschichte. Quellenkunde, Rechtsbildung, Jurisprudenz und Rechtsliteratur, Erster Abschnitt (HdAW II 3,1,1), München 1988 (S. 3–182: Entwicklung und Quellenkunde der Rechtsgeschichte)

9. Die christlichen Quellen

a. Quellensammlungen

172. BARRETT, CH./THORNTON, C.-J.: Texte zur Umwelt des Neuen Testaments, 2. Aufl. 1991 (vornehmlich geistes- und religionsgeschichtliche Quellen)
173. BERGER, K./COLPE, C.: Religionsgeschichtliches Textbuch zum Neuen Testament, Göttingen 1987 (die jüdische und nichtchristliche Parallelüberlieferung)
174. Fontes Christiani (FCh). Zweisprachige Ausgabe christlicher Quellentexte aus Altertum und Mittelalter, hg. N. BROX, S. DÖPP u. a., Freiburg 1991 ff., 1. Folge, 21 Bde. in 38 Tl.-Bdn (Texte mit Übers. und Kommentar)
175. GUYOT, P./KLEIN, R.: Das frühe Christentum bis zum Ende der Verfolgungen. Eine Dokumentation; Bd. 1: Die Christen im heidnischen Staat, Darmstadt 1992; Bd. 2: Die Christen in der heidnischen Gesellschaft, 1994 (einbändige Neuausgabe 1997)
176. HEILMANN, A./KRAFT, H.: Texte der Kirchenväter, 5 Bde. mit Kirchenväterlexikon, München 1963–65 (thematisch geordnete Texte über Gott, die Schöpfung, den Menschen, die Kirche und das Ende der Zeiten)
177. KIPPENBERG, H.G./WEWERS, G.A.: Textbuch zur neutestamentlichen Zeitgeschichte, Göttingen 1979
178. KLAUCK, H.-J.: Die religiöse Umwelt des Urchristentums I: Stadt- und Hausreligion, Mysterienkulte, Volksglaube, Stuttgart 1995, II: Herrscher- und Kaiserkult, Philosophie, Gnosis, Stuttgart 1996
179. MEIER, J.: Die Qumran-Essener: Die Texte vom Toten Meer, 2 Bde., 1995 (UTB)
180. RAHNER, H.: Kirche und Staat im frühen Christentum, 2. Aufl. München 1961 (zweisprachige Sammlung)
181. RITTER, A.M.: Alte Kirche, in: Kirche und Theologiegeschichte in Quellen, hg. H.A. OBERMAN u. a., Bd. I, 6. überarb. Aufl. Neukirchen/Vluyn 1994 (Quellen vornehmlich zur innerkirchlichen Entwicklung)
182. STERN, M.: Greek and Latin Authors on Jews and Judaism, 3 Bde., Jerusalem 1974–84 (Sammlung, Übersetzung und eingehender Kommentar)

b. Editionen und Übersetzungen

183. Patrologiae cursus completus, hg. J.P. MIGNE, Series Graeca, 161 Bde., Paris 1864–1886 (PG); Series Latina, 221 Bde., Paris 1844–1864 (PL)
184. Corpus Scriptorum Ecclesiasticorum Latinorum, hg. Wiener Ak. Wiss., Wien 1866 ff. (CSEL)
185. Die griechischen christlichen Schriftsteller der ersten drei Jahrhunderte, hg. Preuß. Ak. Wiss., Berlin 1897 ff. (GCS)
186. BARDENHEWER, O./SCHERMANN, TH. u. a.: Bibliothek der Kirchenväter, 1. Reihe 1911–32; 2. Reihe 1932–39, 81 Bde. u. 2 Registerbde. (BKV)

c. Die literarische Überlieferung 1: Allgemeine Darstellungen; Überblicke

187. LODEWIJK J./HOFMANN, H. (Hgg.): Spätantike, in: Neues Handbuch der Literaturwissenschaft 4, Wiesbaden 1997, S. 89–172 (D. DORMEYER über die Bibel, B. STUDER über die theologische Literatur)
188. LANE FOX, R.: The Unauthorized Version. Truth and Fiction in the Bible, London 1991, dt.: Die Geheimnisse der Bibel richtig entschlüsselt, Gütersloh 1995

d. Die literarische Überlieferung 2: Die einzelnen Gattungen

Lehrbriefe, Evangelien, Apostelgeschichten, Apokalypsen

Texte/Übersetzungen:

189. Apokryphe Kindheitsevangelien, gr./lat./dt. G. SCHNEIDER, Freiburg 1995 (174: FCh Bd. 18)
190. Das Neue Testament Deutsch (NTD), Neues Göttinger Bibelwerk, hg. G. FRIEDRICH/P. STUHLMACHER, verschiedene Auflagen, Göttingen 1978 ff. (vielbändig; ausführliche Kommentierung der Evangelien, der Apostelgeschichte, der Apokalypse und der Briefe)
191. Das Neue Testament und frühchristliche Schriften, übersetzt und kommentiert von K. BERGER und CHR. NORD, Frankfurt a.M. 1999 (chronologisch geordnete Übersetzung aller „frühchristlichen Schriften, die nach Gattung, Inhalt und Anspruch für eine Aufnahme in eine kanonische, d. h. kirchlich maßgebliche und verbindliche Sammlung der Texte der frühesten Christenheit in Frage gekommen wären oder tatsächlich in den Kanon aufgenommen wurden": S. 12)
192. NESTLE, E./ALAND, K.: Novum Testamentum. Graece et Latine, 26. Aufl. 1984
193. Clemens von Rom, Epistola ad Corinthios, gr./lat./dt. G. SCHNEIDER, Freiburg 1994 (174: FCh 15)
194. Didache, übers./eingel. G. SCHÖLLGEN, Traditio apostolica, übers./eingel. W. GEERLINGS Freiburg 1991 (174: FCh 1)
195. FISCHER, J.A.: Die Apostolischen Väter (Schriften des Urchristentums I), 9. Aufl. Darmstadt 1986 (Klemens-Brief, Ignatius-Briefe, Polykarp-Briefe, Quadratus-Fragment)
196. HENNECKE, E./SCHNEEMELCHER, W.: Neutestamentliche Apokryphen in deutscher Übersetzung, 2 Bde., 5. neu bearbeitete Aufl. Tübingen 1990 (kommentierte Sammlung der apokryphen Evangelien, Apostelgeschichten und Apokalypsen)
197. KAUTZSCH, E.: Die Apokryphen und Pseudepigraphen des Alten Testaments, 2 Bde., Tübingen 1921 (ND Darmstadt 1975) und: CHARLESWORTH, J.H.: The Old Testament Pseudepigrapha, 2 Bde., Garden City 1983–85

198. KÖRTNER, U.H.J./LEUTZSCH, M.: Papiasfragmente. Hirt des Hermas (Schriften des Urchristentums III), Darmstadt 1998
199. LINDEMANN, A./PAULSEN, H.: Die Apostolischen Väter. Griechisch-deutsche Parallelausgabe, Tübingen 1992 (Text u. Übersetzungen)
200. WENGST, K.: Didache, Apostellehre, Barnabasbrief, Zweiter Klemensbrief, Schrift an Diognet (Schriften des Urchristentums II), Darmstadt 1984

Literatur:

201. BORNKAMM, G.: Bibel. Das Neue Testament, Stuttgart 1971
202. BROX, N. (Hg.): Pseudepigraphie in der heidnischen und jüdisch-christlichen Antike, Darmstadt 1977
203. CONZELMMANN, H./LINDEMANN, A.: Arbeitsbuch zum Neuen Testament, 13. Aufl. Tübingen 2000
204. DORMEYER, D: Das Neue Testament im Rahmen der antiken Literaturgeschichte: eine Einführung, Darmstadt 1993
205. ERLEMANN, K.: Die Datierung des Ersten Klemensbriefes, in: New Testament Studies 44 (1998) S. 591–607
206. HAHN, F.: Frühjüdische und urchristliche Apokalyptik: Eine Einführung, Neukirchen-Vluyn 1998
207. HENGEL, M.: Zur urchristlichen Geschichtsschreibung, Stuttgart 1979
208. Herders Theologischer Kommentar zum Neuen Testament (HThKNT), hg. J. GNILKA/L. OBERLINNER, Freiburg (24 Bde. zu den Texten und Suppl.bde. zu den Personen und den theologischen Problemen des NT)
209. KLAUCK, H.-J.: Die antike Briefliteratur und das Neue Testament. Ein Lehr- und Arbeitsbuch, Paderborn 1998
210. KÖSTER, H.: Überlieferung und Geschichte der frühchristlichen Evangelienliteratur, in: ANRW 25,2, Berlin 1984, S. 1463–1542
211. MACK, B.L.: Wer schrieb das Neue Testament: Die Erfindung des christlichen Mythos, München 2000 (engl. Ausgabe 1995)
212. REVENTLOW, H. GRAF: Epochen der Bibelauslegung, Bd. I: Vom Alten Testament bis Origines, München 1990
213. SHERWIN-WHITE, A.N.: Roman Society and Roman Law in the New Testament, Oxford 1963 (ND 1981)
214. THEISSEN, G.: Lokalkolorit und Zeitgeschichte in den Evangelien. Ein Beitrag zur Geschichte der synoptischen Tradition, 2. Aufl. Göttingen 1992
215. THEISSEN, G.: Urchristliche Wundergeschichten. Ein Beitrag zur formgeschichtlichen Erforschung der synoptischen Evangelien, 5. Aufl. Gütersloh 1987
216. THORNTON, C.-J.: Der Zeuge des Zeugen. Lukas als Historiker der Paulusreisen, Tübingen 1991

Apologien

Texte/Übersetzungen:

217. Justin, hg./übers. C. MUNIER, Freiburg/Schw. 1995
218. Minucius Felix, Octavius, hg./übers./eingel. B. KYTZLER, München 1965
219. Tertullian, Apologeticum, hg./übers./erl. C. BECKER, 2. Aufl. München 1961

Literatur:

220. KINZIG, W.: Der ‚Sitz im Leben' der Apologie in der Alten Kirche, in: Zeitschrift für Kirchengeschichte 100 (1989) S. 291–317
221. TIMPE, D.: Apologeti christiani e storia sociale della chiesa antica, in: Annali della Facoltà di Lettere e Filosofia. Università di Siena 7 (1986) S. 99–127
222. FIEDROWICZ, M.: Apologie im frühen Christentum. Die Kontroverse um den christlichen Wahrheitsanspruch in den ersten Jahrhunderten, Paderborn 2000

Märtyrerakten

Texte/Übersetzungen:

223. BASTIAENSEN, A.A.R. u. a.: Atti e Passioni dei Martiri, Mailand 1987 (kritische und kommentierte Textausgabe der wichtigsten Zeugnisse; italienische Übersetzung)
224. MUSURILLO, H.: The Acts of the Christian Martyrs, Oxford 1972 (mit engl. Übersetzung); deutschsprachige Sammlung in: Bibliothek der Kirchenväter [BKV], Bd. 14, S. 297–366
225. MUSURILLO, H.: The Acts of the Pagan Martyrs, Oxford 1954/62

Literatur:

226. BARNES, T.D.: Pre-Decian Acta Martyrum, in: Journal for Theological Studies N.S. 19 (1968) S. 509–531
227. BAUMEISTER, TH.: Die Anfänge der Theologie des Martyriums, Münster 1980
228. BROX, N.: Zeuge und Märtyrer. Untersuchungen zur frühchristlichen Zeugnisterminologie, München 1961
229. FREUDENBERGER, R.: Die Akten der Scilitanischen Märtyrer als historisches Dokument, in: Wiener Studien N.F. 7 (1973) S. 196–215
230. REITZENSTEIN, R.: Die Nachrichten über den Tod Cyprians. Ein philologischer Beitrag zur Geschichte der Märtyrerliteratur, Heidelberg 1913

231. SHAW, B.D.: The Passion of Perpetua, in: Past and Present 139 (1993) S. 3–19

Schriften gegen die Häretiker; die Gnosis

Texte/Übersetzungen:

232. Die Gnosis, hg. W. FÖRSTER, 2. Aufl. Zürich 1995 (nur dt. Übers.; Bd. 1: Zeugnisse der Kirchenväter; Bd. 2: Koptische und mandäische Quellen; Bd. 3: Der Manichäismus)
233. Irenäus von Lyon, Adversus haereses/Gegen die Häresien, Text/ Übers./ Kommentar N. BROX, 5 Bde., in: 174: FCh 8,1–5, Freiburg 1993/2001

Literatur:

234. HARNACK, A. VON: Marcion. Das Evangelium vom fremden Gott, 2. Aufl. 1924 (ND 1996)
235. MARKSCHIES, CHR.: Die Gnosis, München 2001
236. RUDOLF, K.: Die Gnosis. Wesen und Geschichte einer spätantiken Religion, 2. Aufl. 1980; Gnosis und Gnostizismus, Wege der Forschung 262, Darmstadt 1975 (Aufsatzsammlung)

Theologische Literatur, Cyprian, christliche Weltchronik

Texte/Übersetzungen:

237. Clemens von Alexandrien, Opera, hg. O. STÄHLIN, 4 Bde., 1909–60; Bd. 2 u. 3 neu hg. L. FRÜCHTL, 1960; 1970 (185: GCS 12; 15; 17; 39); dt. Übers.: O. STÄHLIN, 5 Bde., 1934–48, in: 186: BKV
238. Cyprian, Opera, hg. W. HARTL, 3 Bde., 1868/71 (184: CSEL 3); De lapsis und de ecclesiae unitate, hg./übers. M. BÉVENOT, 1971; Epistulae, hg./übers. G.W. CLARKE, 1984–1989
239. Eusebius von Caesarea, Historia ecclesiastica, hg. E. SCHWARTZ, 3. Bde. (185: GCS 9), Berlin 1903/9; dt. Übers.: PH. HAEUSER, in: 186: BKV II 1, 1932, und in: Eusebius, Kirchengeschichte, hg./eingel. H. KRAFT, München 1967
240. Origenes, Opera, hg. P. KOETSCHAU u. a., 12 Bde. 1899–1983 (185: GCS); Vier Bücher von den Prinzipien, hg./übers./kommentiert H. GÖRGEMANNS/H. KARPP, 3. Aufl. Darmstadt 1992

Literatur:

241. HOFFMANN, A.: Kirchliche Strukturen und Römisches Recht bei Cyprian von Karthago, Paderborn 2000

242. SAGE, M.M.: Cyprian, Cambridge/Mass. 1975
243. TIMPE, D.: Was ist Kirchengeschichte? Zum Gattungscharakter der Historia Ecclesiastica des Eusebius, in: Festschrift R. Werner, hg. W. DAHLHEIM u. a., Konstanz 1989, S. 171–204

Die Polemik gegen die Christen: Kelsos und Porphyrios

Texte/Übersetzungen:

244. HARNACK, A. VON: Porphyrius „Gegen die Christen". 15 Bücher Zeugnisse, Fragmente und Referate, Abh. Preuß. Ak. Wiss., Jg. 1916, 1, Berlin 1916; dagegen: BARNES, T.D.: Porphyry Against the Christians: Date and the Attribution of Fragments, in: Journal of Theological Studies NS 24 (1973) S. 424–442
245. HOFFMANN, R.J.: Celsus, Oxford 1987

Literatur:

246. ANDRESEN, C.: Logos und Nomos. Die Polemik des Kelsos wider das Christentum, Berlin 1955
247. PICHLER, K.: Streit um das Christentum. Der Angriff des Kelsos und die Antwort des Origenes, Bern 1980
248. FREND, W.H.C.: Prelude to the Great Persecution: The Propaganda War, in: Journal of Ecclesiastical History 38 (1987) S. 1–18
249. LABRIOLLE, P. DE: La réaction païenne. Etude sur la polémique antichrétienne du Ier au VIe siècle, 2. Aufl. Paris 1948
250. NESTLE, W.: Die Haupteinwände des antiken Denkens gegen das Christentum (1948), in: 893: Christentum und antike Gesellschaft, S. 17–80

10. DIE ARCHÄOLOGISCHEN QUELLEN

a. Allgemeine Darstellungen

251. ANDREAE, B.: Die Römische Kunst, 2. Aufl. Freiburg 1999
252. BORBEIN, A.H./HÖLSCHER, T./ZANKER, P.: Klassische Archäologie. Eine Einführung, Berlin 2000 (Aufsatzsammlung)
253. BIANCHI BANDINELLI, R.: Rom. Das Zentrum der Macht, München 1970; Rom – Das Ende der Antike, 1971; einbändige Ausgabe: Die römische Kunst. Von den Anfängen bis zum Ende der Antike, München 1975
254. HÖLSCHER, T.: Die Geschichtsauffassung in der römischen Repräsentationskunst, in: JbDAI 95 (1980) S. 265–321

255. ZANKER, P.: Grabreliefs römischer Freigelassener, in: JbDAI 90 (1975) S. 267–315
256. ZANKER, P.: Klassizistische Statuen. Studie zur Veränderung des Kunstgeschmacks in der römischen Kaiserzeit, Mainz 1974

b. Das Augusteische Zeitalter

257. BORBEIN, A.H.: Die Ara Pacis Augustae. Geschichtliche Wirklichkeit und Programm, in: JbDAI 90 (1975) S. 242–266
258. BUCHNER, E.: Die Sonnenuhr des Augustus, Mainz 1982
259. NASH, E.: Bildlexikon zur Topographie des antiken Rom, 2 Bde., Berlin 1961/62 (2. engl. Aufl. 1968)
260. SIMON, E.: Augustus. Kunst und Leben in Rom um die Zeitenwende, München 1986
261. VIERNEISEL, K./ZANKER, P.: Die Bildnisse des Augustus. Herrscherbild und Politik im kaiserlichen Rom, Mainz 978
262. ZANKER, P.: Augustus und die Macht der Bilder, 2. Aufl. München 1990 (grundlegend zur augusteischen Bildwelt in ihrem machtpolitischen Kontext)

c. Kaiser und Untertanen

263. FISCHER, TH. (Hg.): Die römischen Provinzen. Eine Einführung in ihre Archäologie, Darmstadt 2001
264. JUCKER, H.: Der große Pariser Kameo. Eine Huldigung an Agrippina, Claudius und Nero, in: JbDAI 91 (1976) S. 211–250
265. L'ORANGE, H.P.: Apotheosis in Ancient Portraiture, Oslo/Cambridge 1947
266. L'ORANGE, H.P.: Domus Aurea – der Sonnenpalast, in: Symb. Osl. Suppl. 11 (1942) S. 68–100; S. 353–368
267. ZANKER, P.: Prinzipat und Herrscherbild, in: Gymnasium 86 (1979) S. 353–368
268. ZANKER, P.: Provinzielle Kaiserporträts. Zur Rezeption der Selbstdarstellung des Princeps, Bayer. Akad. Wiss., phil.-hist. Kl., NF 90, München 1983

d. Imperialer Jubel in Stein

269. BECATTI, G.: La colonna di Marco Aurelio, Mailand 1957
270. CICHORIUS, C.: Die Reliefs der Trajanssäule, 3 Bde., Berlin 1896 u. 1900
271. HÖLSCHER, T.: Victoria Romana. Archäologische Untersuchungen zur Geschichte und Wesensart der römischen Siegesgöttin von den Anfängen bis zum Ende des 3. Jhdts., Mainz 1967

272. LEHMANN-HARTLEBEN, K.: Die Trajanssäule, ein römisches Kunstwerk zu Beginn der Spätantike, Berlin-Leipzig 1926
273. SETTIS, S.: Die Trajanssäule: Der Kaiser und sein Publikum, in: J. ARROUYE u. a. (Hgg.), Die Lesbarkeit der Kunst. Zur Geistes-Gegenwart der Ikonologie, München 1992, S. 40–52
274. ZANKER, P.: Das Trajansforum als Monument imperialer Selbstdarstellung, in: Archäologischer Anzeiger 1970, S. 499–544

e. Das Gesicht der Städte

275. ANDREAE, B.: Am Birnbaum. Gärten und Parks im antiken Rom, in den Vesuvstädten und Ostia, Mainz 1996
276. ÉTIENNE, R.: Pompeji. Das Leben in einer antiken Stadt, 2. Aufl. Stuttgart 1974
277. ESCHEBACH, H. und L.: Pompeji. Vom 7. Jahrhundert v. Chr. bis 79 n. Chr., Köln 1995
278. MACMULLEN, R.: Roman Imperial Building in the Provinces, in: Harvard Studies in Class. Philol. 64 (1959) S. 207–235
279. ZANKER, P.: Pompeji. Stadtbilder und Wohngeschmack, Zabern 1995 (Geographie, Raum und Stadt als Spiegel von Gesellschaft und Mentalität)

C. DIE GESCHICHTE DER FORSCHUNG

1. DIE KONSTITUIERUNG DES FORSCHUNGSGEGENSTANDES UND DIE GESCHICHTE DER REZEPTION ROMS

a. Übergreifende Darstellungen

280. BURKERT, W.: Klassisches Altertum und antikes Christentum. Probleme einer übergreifenden Religionswissenschaft, Berlin 1996
281. SCHNABEL, F.: Das humanistische Bildungsgut im Wandel von Staat und Gesellschaft, München 1956
282. CHRIST, K.: Von Gibbon zu Rostovtzeff. Leben und Werk führender Althistoriker der Neuzeit, 3. Aufl. Darmstadt 1989
283. HEUSS, A.: Theodor Mommsen und das 19. Jahrhundert, Kiel 1956 (ND Stuttgart 1996) (Einordnung der wissenschaftlichen Schwerpunkte Mommsens in die Geschichte des 19. Jahrhunderts; grundlegende Behandlung des „Staatsrechts")
284. HUNGER, H. (Hg): Geschichte der Textüberlieferung der antiken und mittelalterlichen Literatur I, Zürich 1961 (grundlegend der Beitrag von

H. Rüdiger zur Wiederentdeckung der antiken Literatur im Zeitalter der Renaissance: S. 511–580)

285. Latein und Europa, hg. K. BÜCHNER, Stuttgart 1978 (grundlegende Aufsätze)

286. MOMMSEN, TH.: Römische Kaisergeschichte. Nach den Vorlesungsmitschriften von Sebastian und Paul Hensel 1882/86, Hgg. B. und A. DEMANDT, München 1992 (dazu: K. CHRIST, in: 317: Von Caesar zu Konstantin, S. 178–214)

287. PAULSEN, F.: Geschichte des gelehrten Unterrichts auf den deutschen Schulen und Universitäten vom Ausgang des Mittelalters bis zur Gegenwart, 2 Bde., 3. Aufl. Leipzig 1919/21

288. PITZ, E.: Der Untergang des Mittelalters. Die Erfassung der geschichtlichen Grundlagen Europas in der politisch-historischen Literatur des 16. bis 18. Jahrhunderts, Berlin 1987

b. Das heutige Verständnis

289. DAHLHEIM, W.: Ratlose Erben: Die Erinnerung an die Antike und die Zukunft Europas, in: Imperium Romanum. Studien zur Geschichte und Rezeption, hg. P. KNEISSL/V. LOSEMANNN, Stuttgart 1998, S. 105–122

290. DEMANDT, A.: Was wäre Europa ohne die Antike?, in: Alte Geschichte und Wissenschaftsgeschichte, hg. P. KNEISSL/V. LOSEMANNN, Darmstadt 1988, S. 113–129

291. FUHRMANN, M.: Der europäische Bildungskanon des bürgerlichen Zeitalters, Frankfurt 1999

292. SCHULZE, H.: Die Wiederkehr der Antike. Renaissancen und der Zusammenhang der europäischen Geschichte, in: Weltbürgerkrieg der Ideologien, hg. TH. NIPPERDEY, Frankfurt 1993, S. 361–383

293. TIMPE, D.: Kaiserzeit und Weltgeschichte bei Alfred Heuß, in: Alfred Heuß – Ansichten seines Lebenswerkes, hg. H.-J. GEHRKE, Stuttgart 1998, S. 79–114

2. DIE SYSTEMATISCHE UND VERGLEICHENDE FORSCHUNG

294. DEININGER, J.: Die antike Welt in der Sicht Max Webers, München 1987

295. MEIER, CHR. (Hg.): Die okzidentale Stadt nach Max Weber. Zum Problem der Zugehörigkeit in Antike und Mittelalter, HZ Beiheft 17, München 1994 (Aufsatzsammlung, die die Notwendigkeit einer vergleichenden Betrachtung der verschiedenen Ausprägungen der okzidentalen Stadt unter Beweis stellen soll)

296. SCHLUCHTER, W. (Hg.): Max Webers Sicht des antiken Christentums, Frankfurt/M 1985 (Aufsatzsammlung)

297. WEBER, M.: Die römische Agrargeschichte in ihrer Bedeutung für das Staats- und Privatrecht, 1891, hg. von J. DEININGER, Tübingen 1986 (Max-Weber-Gesamtausgabe Abt. I., Bd. 2)

298. WEBER, M.: Wirtschaft und Gesellschaft (Grundriß der Sozialökonomik, III. Abteilung), Tübingen 1921–1922; 5. Aufl., besorgt von J. WINCKELMANN, Tübingen 1972

299. WEBER, M.: Die Stadt, hg. von W. NIPPEL, Tübingen 1999 (Max-Weber-Gesamtausgabe Abt. 1, Bd 22, Teilband 5)

3. Die prosopographische Methode

300. ALFÖLDY, G.: Konsulat und Senatorenstand unter den Antoninen. Prosopographische Untersuchungen zur senatorischen Führungsschicht, Bonn 1977; ergänzend dazu: DERS.: Die senatorische Führungselite, in: 303: Prosopographie, S. 61–70

301. BIRLEY, A.R.: The Fasti of Roman Britain, Oxford 1981

302. DEN BOER, W.: Die prosopographische Methode in der modernen Historiographie der hohen Kaiserzeit, in: Mnemosyne 22 (1969) S. 268–280

303. ECK, W. (Hg.): Prosopographie und Sozialgeschichte. Studien zur Methodik und Erkenntnismöglichkeit der kaiserzeitlichen Prosopographie, Köln 1993 (Aufsatzsammlung)

304. ECK, W.: Die Statthalter der germanischen Provinzen vom 1.-3. Jahrhundert, Köln 1985

305. ECK, W.: Senatoren von Vespasian bis Hadrian. Prosopographische Untersuchungen mit Einschluß der Jahres- und Provinzialfasten der Statthalter, München 1970; DERS.: Jahres- und Provinzialfasten der senatorischen Statthalter von 69/70 bis 138/39, in: Chiron 12 (1982) S. 281–362; 13 (1983) S. 147–237 (Neuauflage des zweiten Teils)

306. GRAHAM, A.J.: The Limitations of Prosopography in Roman Imperial History, in: ANRW II 1, Berlin 1974, S. 136–157

307. HALFMANN, H.: Die Senatoren aus dem östlichen Teil des Imperium Romanum bis zum Ende des 2. Jh. n. Chr., Göttingen 1979

308. PFLAUM, H.-G.: Les Fastes de la Province de Narbonnaise, Paris 1978

309. Prosopographia Imperii Romani saeculi I, II, III (PIR), 1897–1898; seit 1933 in 2. Aufl. hg. von E. GROAG/A. STEIN u. a. (bis Buchstabe R)

310. THOMASSON, B.E.: Laterculi praesidum I, Göteburg 1984; III, 1996 (Addenda IV laufend im Internet)

D. DIE LITERATUR: KAISER, REICH, GESELLSCHAFT

1. Allgemeine Darstellungen der Kaiserzeit

a. Atlanten

311. Tübinger Atlas des Vorderen Orients (TAVO), hg. vom Sonderforschungsbereich 19 der Universität Tübingen, Wiesbaden 1977 ff. (die besten Karten zur römischen Ostpolitik)
312. Barrington Atlas of the Greek and Roman World, hg. R.J.A. Talbert, Princeton 2000
313. Meer, F. van der/Mohrmann, C./Kraft, H.: Bildatlas der frühchristlichen Welt, Gütersloh 1959
314. Atlas zur Kirchengeschichte, hg. H. Jedin/K.S. Latourette/J. Martin, Freiburg 1970 (Neuausgabe 1987)

b. Darstellungen

315. Bellen, H.: Grundzüge der römischen Geschichte II: Die Kaiserzeit von Augustus bis Diokletian, Darmstadt 1998
316. Bleicken, J.: Verfassungs- und Sozialgeschichte des Römischen Kaiserreiches, Bd. 1 in 4. Aufl. Paderborn 1995; Bd. 2 in 3. Aufl. Paderborn 1994 (UTB 838/39)
317. Christ, K.: Geschichte der römischen Kaiserzeit, 2. Aufl. München 1992; dazu Ders.: Von Caesar zu Konstantin. Beiträge zur römischen Geschichte und ihrer Rezeption, München 1996
318. Christ, K.: Die römische Kaiserzeit. Von Augustus bis Diokletian, München 2001
319. Clauss, M. (Hg.): Die römischen Kaiser, München 1997 (kurze Biographien der Kaiser von Augustus bis Iustinian)
320. Dahlheim, W.: Die Antike, 4. Aufl. Paderborn 1995, S. 469–594
321. Dessau, H.: Geschichte der römischen Kaiserzeit, 2 Bde., Berlin 1924–1930 (von Augustus bis zum Jahre 69 n. Chr.)
322. Garnsey, P./Saller, R.: Das römische Kaiserreich. Wirtschaft, Gesellschaft, Monarchie, Hamburg 1989
323. Grant, M./ Kitzinger, R. (Hgg.): Civilisation of the Ancient Mediterranean, 3 Bde., New York 1988 (nach Sachthemen geordnete, von mehreren Autoren bearbeitete Darstellung der griechisch-römischen Zivilisation)
324. Heuss, A.: Römische Geschichte, 4. Aufl. Braunschweig 1976 (ND mit ergänzendem Forschungsbericht von J. Bleicken, W. Dahlheim, H.-J. Gehrke, Paderborn 1998)

325. KIENAST, D.: Römische Kaisertabelle. Grundzüge einer römischen Kaiserchronologie, 2. Aufl. Darmstadt 1996
326. KÖNIG, I.: Der römische Staat II: Die Kaiserzeit, Leipzig 1997
327. MARTIN, J. (Hg.): Das Alte Rom. Geschichte und Kultur des Imperium Romanum, Gütersloh 1994 (Aufsatzsammlung; vorzüglich bebildert)
328. MOMIGLIANO, A./SCHIAVONE, A. (Hgg.): Storia di Roma, II 2: I principi e il mondo, Torino 1991; II 3: La cultura e l'impero, 1992; III 1: Crisi e trasformazioni, 1993 (jeder Band besteht aus Einzelbeiträgen verschiedener Autoren)
329. MOMMSEN, TH.: Römisches Staatsrecht, 3. Aufl. Leipzig 1887/88, (ND Darmstadt 1963), Bd. II 2: Der Principat; Abriß des Römischen Staatsrechts, 2. Aufl. Leipzig 1907 (ND Darmstadt 1974)
330. Rom und das Reich in der hohen Kaiserzeit. 44 v. Chr.-260 n. Chr., Bd. I: JACQUES, F./J. SCHEID: Die Struktur des römischen Reiches, Stuttgart 1998; Bd. II: LEPELLEY, C. (Hg.): Italien und die Provinzen, Stuttgart 2000
331. The Cambridge History of Greek and Roman Political Thought, hg. CH. ROWE/M. SCHOFIELD, Cambridge 2000, S. 517 ff. (von verschiedenen Autoren verfaßte Kapitel zur Geistesgeschichte)
332. WELLS, C.: Das Römische Reich, München 1985

2. DIE BEGRÜNDUNG DER ALLEINHERRSCHAFT UND DAS ZEITALTER DES AUGUSTUS

333. BÉRANGER, J.: Recherches sur l'aspect idéologique de principat, Basel 1953
334. BINDER, G. (Hg.): Saeculum Augustum, 3 Bde., Darmstadt 1987–1991 (Aufsatzsammlungen zu Herrschaft und Gesellschaft, Religion und Literatur, Kunst und Bildersprache)
335. BLEICKEN, J.: Augustus. Eine Biographie, Berlin 1998
336. BRINGMANN, K./SCHÄFER, TH.: Augustus und die Begründung des römischen Kaisertums, Berlin 2002
337. Caesar Augustus. Seven Aspects, hg. F. MILLAR/E. SEGAL, Oxford 1984 (Aufsätze verschiedener Autoren)
338. Cambridge Ancient History (CAH) X: The Augustan Empire, 43 B.C.-A.D. 69, hg. ALAN K. BOWMAN, E. CHAMPLIN, A. LINTOTT, 2. Aufl. Cambridge 1996; XI: The High Empire, A.D. 70–192, hg. ALAN K. BOWMAN, P. GARNSEY, D. RATHBONE, 2. Aufl. 2000 (Sammlung von Spezialistenbeiträgen)
339. DETTENHOFER, M.: Herrschaft und Widerstand im augusteischen Prinzipat. Die Konkurrenz zwischen res publica und domus Augusta, Stuttgart 2000
340. ECK, W.: Augustus und seine Zeit, München 1998

341. GALINSKY, K.: Augustan Culture. An Interpretive Introduction, Princeton 1996 (Überblick über die kreative Kultur dieser Zeit; thematisiert die literarische, religiöse und architektonische Umsetzung der augusteischen Idee von der Wiederkehr des goldenen Zeitalters)
342. HABINEK,TH./SCHIESARO, A.: The Roman Culturel Revolution, Cambridge 1997
343. KIENAST, D.: Augustus. Prinzeps und Monarch, Darmstadt 1982; 3. erw. Aufl. 1999
344. KIENAST, D.: Augustus und Caesar, in: Chiron 31 (2001) S. 1–26
345. MEIER, CHR.: Augustus. Die Begründung der Monarchie als Wiederherstellung der Republik, in: DERS.: Die Ohnmacht des allmächtigen Dictators Caesar, Frankfurt 1980, S. 223–287
346. PREMERSTEIN, A. VON: Vom Werden und Wesen des Prinzipats, München 1937
347. SCHMITTHENNER, W. (Hg.): Augustus, WdF 128, Darmstadt 1969 (Aufsatzsammlung)
348. SCHMITTHENNER, W.: Caesar Augustus – Erfolg in der Geschichte, in: Saeculum 36 (1985) S. 286–298
349. SOUTHERN, P.: Augustus, London 1998
350. SYME, R.: The Roman Revolution, London 1939; dt. Übers. hg. W. DAHLHEIM, München 1992
351. VITTINGHOFF, F.: Kaiser Augustus, 3. Aufl. Göttingen 1991
352. WICKERT, L.: in: RE 22, 2 (1954) Sp. 1998–2296 s. v. Princeps

3. DIE KAISER VON TIBERIUS BIS DIOKLETIAN

a. Die julisch-claudische Dynastie

353. BARRETT, A.A.: Agrippina, Mother of Nero, London 1996 (Grundlegende Behandlung mit eingehender Würdigung der Quellen)
354. BARRETT, A.A.: Caligula. The Corruption of Power, London 1989
355. GRIFFIN, M.T.: Nero. The End of a Dynasty, London 1984, Tb. 2000
356. HENNIG, D.: L. Aelius Seianus. Untersuchungen zur Regierung des Tiberius, München 1975
357. LEVICK, B.: Claudius, London 1990, Tb. 2001
358. LEVICK, B.: Tiberius the Politican, London 1976, Tb. 1999 (Tiberius als guter und schuldlos gescheiterter Kaiser)
359. MEISE, E.: Untersuchungen zur Geschichte der Julisch-Claudischen Dynastie, München 1969
360. STROCKA, V.M. (Hg.): Die Regierungszeit des Kaisers Claudius (41–54 n. Chr.). Umbruch oder Episode?, Mainz 1994 (Aufsatzsammlung; hervorzuheben ist: D. TIMPE: Claudius und die kaiserliche Rolle, S. 35–43)

361. WIEDEMANN, TH.: The Julio-Claudian Emperors: AD 14–70, Bristol 1989
362. YAVETZ, Z.: Tiberius, der traurige Kaiser. Eine Biographie, München 1999

b. Die Flavier

363. HENDERSON, B.W.: Five Roman Emperors (Vespasian to Trajan), New York 1927 (ND 1969)
364. JONES, B.W.: The Emperor Titus, London 1984
365. JONES, B.W.: The Emperor Domitian, London 1992
366. LEVICK, B.: Vespasian, London 1999
367. SOUTHERN, P.: Domitian. Tragic Tyrant, London 1997
368. URNER, C.: Kaiser Domitian im Urteil antiker literarischer Quellen und moderner Forschung, Augsburg 1993
369. WELLESLEY, K.: The Long Year A.D. 69, London 1975; neu unter dem Titel: The Year of the Four Emperors, London 2000 (grundlegend)

c. Die Adoptivkaiser des zweiten Jahrhunderts

370. BIRLEY, A.: Mark Aurel, 2. Aufl. München 1977
371. BIRLEY, A.: Hadrian. The Restless Emperor, London 1996, Tb. 2000
372. CIZEK, E.: L'époque de Trajan. Circonstances politiques et problèmes idéologiques, Paris 1983
373. HAMMOND, M.: The Antonine Monarchy, Rom 1959
374. KLEIN, R. (Hg.): Marc Aurel, WdF 550, Darmstadt 1979 (Aufsatzsammlung)
375. ROSEN, K.: Marc Aurel, Hamburg 1997

d. Die Severer; die Soldatenkaiser (s. auch 680–698)

376. BIRLEY, A.: The African Emperor Septimius Severus, 2. Aufl. London 1988
377. BLOIS, L. DE: The Policy of the Emperor Gallienus, Leiden 1876
378. KOLB, F.: Diocletian und die erste Tetrarchie. Improvisation oder Experiment in der Organisation monarchischer Herrschaft?, Berlin 1987
379. KÖNIG, I.: Die gallischen Usurpatoren von Postumus bis Tetricus, München 1981

4. Die Regierung des Monarchen

a. Der Kaiser; die Epoche des Prinzipats

380. Alföldi, A.: Die monarchische Repräsentation im römischen Kaiserreiche, Darmstadt 1970 (ND der 1934 u. 1935 erschienenen Aufsätze zum monarchischen Zeremoniell und zu den Insignien und der Tracht der Kaiser)
381. Bleicken, J.: Prinzipat und Dominat. Gedanken zur Periodisierung der römischen Kaiserzeit (1978), in: Gesammelte Schriften II, Stuttgart 1998, S. 817–842
382. Bleicken, J.: Zum Regierungsstil des römischen Kaisers. Eine Antwort auf Fergus Millar (1982), in: Gesammelte Schriften II, Stuttgart 1998, S. 817–842
383. Heuss, A.: Gesammelte Schriften, 3 Bde., Stuttgart 1995
384. Millar, F.: The Emperor in the Roman World, 2. Aufl. London 1991; vgl. Ders.: L'empereur romain comme décideur, in: Nicolet, C. (Hg.), Du pouvoir dans l'antiquité: mots et réalités (Cahiers du centre G. Glotz I), Genève 1990, S. 207–220, insbesondere S. 212 ff.
385. Nesselhauf, H.: Von der feldherrlichen Gewalt des römischen Kaisers, in: Klio 30 (1975) S. 306–322
386. Schrömbges, P.: Tiberius und die Res publica Romana. Untersuchungen zur Institutionalisierung des frühen römischen Principats, Diss. Bonn 1982

b. Nachfolge und Kontinuität

387. Flaig, E.: Den Kaiser herausfordern. Die Usurpation im Römischen Reich, Berlin 1992
388. Hammond, M.: The Transmission of the Powers of the Roman Emperor from the Death of Nero in A. D. 68 to that of Alexander Severus in A. D. 235, in: Memoirs of the Am. Acad. in Rome 24 (1956) S. 61–133
389. Pabst, A.: Comitia imperii. Ideelle Grundlagen des römischen Kaisertums, Darmstadt 1997
390. Timpe, D.: Untersuchungen zur Kontinuität des frühen Prinzipats, Wiesbaden 1962

c. Der kaiserliche Hof; das kaiserliche Privatleben

391. Bellen, H.: Die germanische Leibwache der römischen Kaiser des julisch-claudischen Hauses, Wiesbaden 1981
392. Demandt, A.: Das Privatleben der römischen Kaiser, München 1996
393. Friedländer, L.: Der Hof, in: 701: Ders., Sittengeschichte I, S. 33–103
394. Turcan, R.: Vivre à la cour des Césars d'Auguste à Dioclétien, Paris 1987

395. WEAVER, P.R.C.: Familia Caesaris. A Social Study of the Emperor's Freedmen and Slaves, Cambridge 1972
396. WINTERLING, A.: Hof ohne „Staat". Die aula Caesaris im 1. und 2. Jahrhundert n. Chr., in: DERS. (Hg.): Zwischen „Haus" und „Staat". Antike Höfe im Vergleich, München 1997, S. 91–112
397. WINTERLING, A.: Aula Caesaris. Studien zur Institutionalisierung des römischen Kaiserhofes in der Zeit von Augustus bis Commodus (31 v. Chr.-192 n. Chr.), München 1999

d. Kaiser und Senat

398. FLAIG, E.: Loyalität ist keine Gefälligkeit. Zum Majestätsprozeß gegen C. Silius 24 n. Chr., in: Klio 75 (1993) S. 289–305
399. KIENAST, D.: Der heilige Senat. Senatskult und „kaiserlicher" Senat, in: Chiron 15 (1985) S. 253–282 = Kleine Schriften, Aalen 1994, S. 545–574
400. Opposition et résistances à l'empire d'Auguste à Trajan, Entretiens sur l'antiquité classique XXXIII, Genf 1986 (Aufsatzsammlung; herausragend: D. TIMPE, Geschichtsschreibung und Prinzipatsopposition)
401. RUTLEDGE, S.H.: Imperial Inquisitions. Prosecutors and informants from Tiberius to Domitian, London 2001 (mit ausführlichem prosopographischen Überblick über die delatores)
402. TALBERT, R.J.A.: The Senate of Imperial Rome, Princeton 1984 (Funktionen, Geschäftsordnung, Kompetenzen, Mitglieder, Verhältnis zum Kaiser)

e. Die kaiserliche Zentrale und ihre Aufgaben

403. ALPERS, M.: Das nachrepublikanische Finanzsystem. Fiscus und Fisci in der frühen Kaiserzeit, Berlin 1995
404. AUSBÜTTEL, F. M.: Die Verwaltung des römischen Kaiserreiches. Von Augustus bis zum Niedergang des Weströmischen Reiches, Darmstadt 1998 (zu den zentralen Bereichen der Reichsverwaltung: Steuer, Versorgung, Post, Gerichtswesen, Bautätigkeit)
405. BLEICKEN, J.: Senatsgericht und Kaisergericht. Eine Studie zur Entwicklung des Prozeßrechts im frühen Prinzipat, Göttingen 1962
406. BOULVERT, G.: Les esclaves et les affranchis impériaux sous le Haut-Empire romain. Rôle politique et administratif, 2 Bde., Neapel 1970
407. HALFMANN, H.: Itinera principum. Geschichte und Typologie der Kaiserreisen im Römischen Reich, Stuttgart 1986
408. HIRSCHFELD, O.: Die kaiserlichen Verwaltungsbeamten bis auf Diokletian, 2. Aufl. Berlin 1905 (ND 1963)
409. HONORÉ, T.: Emperors and Lawyers, London 1981 (dazu F. MILLAR, in: JRS 76 (1986) S. 272–280)

410. LEHNEN, J.: Adventus principis: Untersuchungen zu Sinngehalt und Zeremoniell der Kaiserankunft in den Städten des Imperium Romanum, Frankfurt a.M. 1997

411. NÖRR, D.: Zur Reskriptenpraxis in der hohen Prinzipatszeit, in: Z. Sav. Stift. R.A. 98 (1981) S. 1–46 = Gesammelte Schriften, 2002, Nr. 55

412. TURPIN, W.: Imperial Subscriptions and the Administration of Justice, in: JRS 81 (1991) S. 101–118

f. Kaiser und Volk (siehe auch 710–713)

413. DEININGER, J.: Brot und Spiele. Tacitus und die Entpolitisierung der plebs urbana, in: Gymnasium 86 (1979) S. 278–303

414. GIOVANNINI, A. (Hg.): Nourrir la plèbe. Actes du colloque ténu à Genève les 28. et 29. IX. 1989 en hommage à D. van Berchem, Basel 1991 (Aufsatzsammlung)

415. NIPPEL, W.: The city of Rome, in: Public Order in Ancient Rome, Cambridge 1995, S. 85–100 (ausführlich zum Forschungsstand)

416. SÜNSKES THOMPSON, J.: Demonstrative Legitimation der Kaiserherrschaft im Epochenvergleich. Zur politischen Macht des stadtrömischen Volkes, Stuttgart 1993

5. DIE LEGITIMATION DES MONARCHEN

a. Die Kaisertitulatur

417. DEININGER, J.: Von der Republik zur Monarchie: Die Ursprünge der Herrschertitulatur des Prinzipats, in: ANRW I 1, 1972, S. 982–997

418. HAMMOND, M.: Imperial Elements in the Formula of the Roman Emperors during the first two and a half Centuries of the Empire, in: Memoirs of the American Acad. in Rome 25 (1957) S. 17–64

419. KNEISSL, P.: Die Siegestitulatur der römischen Kaiser. Untersuchungen zu den Siegernamen des 1. und 2. Jahrhunderts, Göttingen 1968

420. SYME, R.: Imperator Caesar. A Study in Nomenclature, in: Historia 7 (1958) S. 172–188; dt. in: WdF 128, 1969, S. 264–290

b. Das Versprechen von Freiheit und Sicherheit

421. KLEIN, R. (Hg.): Prinzipat und Freiheit, WdF 135, Darmstadt 1969 (Aufsatzsammlung)

422. KLOFT, H.: Liberalitas principis. Herkunft und Bedeutung. Studien zur Prinzipatsideologie, Köln 1994 (Diss. Köln 1970)

423. STYLOW, A.U.: Libertas und liberalitas. Untersuchungen zur innenpolitischen Propaganda der Römer, Augsburg 1972

c. Die Tugenden des Kaisers

424. KLOFT, H. (Hg.): Ideologie und Herrschaft in der Antike, WdF 528, Darmstadt 1979
425. SCHWARTE, K.-H.: Salus Augusta Publica. Domitian und Trajan als Heilbringer des Staates, in: Bonner Festgabe J. Straub, Bonn 1977, S. 225–246
426. WOLF, J.G.: Politik und Gerechtigkeit bei Traian, Schriftenreihe der jurist. Ges. Berlin 54, Berlin 1978

d. Das Wohlwollen der Götter: Der Herrscherkult

427. ALFÖLDI, A.: Der Vater des Vaterlandes im römischen Denken, Darmstadt 1971
428. CERFAUX, L./TONDRIAU, J.: Un concurrent du christianisme. Le culte des souverains dans la civilisation gréco-romaine, Tournai 1957 (vergleichende Behandlung des Gegenstandes)
429. CLAUSS, M.: Deus praesens. Der römische Kaiser als Gott, in: Klio 78 (1996) S. 400–433
430. CLAUSS, M.: Kaiser und Gott. Herrscherkult im römischen Reich, Stuttgart 1999
431. DEN BOER, W. (Hg.): Le culte des souverains dans l'Empire Romain, Entretiens sur l'antiquité classique XIX, Genf 1973 (Aufsatzsammlung)
432. FISHWICK, D.: The Imperial Cult in the Latin West. Studies in the Ruler Cult of the Western Provinces of the Roman Empire, 2 Bde. in 4, Leiden 1987–1992
433. HEUSS, A.: Alexander der Große und die politische Ideologie des Altertums, in: Antike u. Abendland 4 (1954) S. 65–104 = Gesammelte Schriften, Bd. 1, Stuttgart 1995, S. 147–186
434. PRICE, S.R.F.: Rituals and Power. The Roman Imperial Cult in Asia Minor, Cambridge 1984
435. RUFUS FEARS, J.: Princeps a diis electus: The Divine Election of the Emperor as a Political Concept at Rome, Papers and Monographs of the Am. Acad. Rome 26, Rom 1977
436. WLOSOK, A. (Hg.): Römischer Kaiserkult, WdF 372, Darmstadt 1978 (Aufsatzsammlung)

6. Die soziale Ordnung

a. Allgemeine Darstellungen zu Gesellschaft und Wirtschaft; das Grundgesetz von Herrschen und Dienen, von Geben und Nehmen

437. ALFÖLDY, G.: Die römische Gesellschaft. Ausgewählte Beiträge, Stuttgart 1986

438. ALFÖLDY, G.: Römische Sozialgeschichte, 3. Aufl. Wiesbaden 1984

439. GAGÉ, J.: Les classes sociales dans l'Empire Romain, 2. Aufl. Paris 1971

440. ECK, W./GALSTERER, H./WOLFF, H.(Hgg.): Studien zur antiken Sozialgeschichte (Festschrift F. Vittinghoff), Köln 1980

441. GARNSEY, P.: Social Status and Legal Privilege in the Roman Empire, Oxford 1970

442. GIARDINA, A. (Hg.): Der Mensch der römischen Antike, Frankfurt a.M. 1991; ital. Orginalausgabe Rom 1989 (durchgehend sehr gute Aufsätze zu allen wesentlichen Berufs- und Lebensformen)

443. KOLB, F.: Zur Statussymbolik im antiken Rom, in: Chiron 7 (1977) S. 239–259

444. LENDON, J.E.: Empire of Honour. The Art of Government in the Roman World, Oxford 1997

445. MACMULLEN, R.: Roman Social Relations 50 B.C. to A.D. 284, 2. Aufl. New Haven/London 1976

446. RILINGER, R.: Moderne und zeitgenössische Vorstellungen von der Gesellschaftsordnung der römischen Kaiserzeit, in: Saeculum 36 (1985) S. 299–325

447. ROSTOVTZEFF, M.: Gesellschaft und Wirtschaft im römischen Kaiserreich, 2 Bde., Leipzig 1931; engl. Originalausgabe 1926; diese in 2. Aufl. 1957 rev. von P.M. FRASER; ND der deutschen Ausgabe Aalen 1985

448. SCHNEIDER, H. (Hg.): Sozial- und Wirtschaftsgeschichte der Römischen Kaiserzeit, WdF 552, Darmstadt 1981 (Aufsatzsammlung)

449. STRASBURGER, H.: Zum antiken Gesellschaftsideal, Heidelberg 1976

450. VEYNE, P.: Die römische Gesellschaft, München 1995 (Aufsätze des Autors aus den Jahren 1960–1990)

451. VITTINGHOFF, F. (Hg.): Europäische Wirtschafts- und Sozialgeschichte in der römischen Kaiserzeit. Handbuch der europäischen Wirtschafts- und Sozialgeschichte Bd. 1, Stuttgart 1990

452. VITTINGHOFF, F.: Civitas Romana. Stadt und politisch-soziale Integration im Imperium Romanum der Kaiserzeit, hg. W. ECK, Stuttgart 1994 (Aufsätze des Autors)

b. Die Bevölkerungsgeschichte

453. BELOCH, K.J.: Die Bevölkerung der griechisch-römischen Welt, Leipzig 1886
454. BRUNT, P.A.: Italian Manpower 225 B.C.-A.D. 14, Oxford 1971
455. CLAUSS, M.: Probleme der Lebensalterstatistiken aufgrund römischer Grabinschriften, in: Chiron 3 (1973) S. 395–417
456. HOPKINS, K.: Death and renewal (Sociological studies in Roman history Bd. 2), Cambridge 1983
457. LASSERE, J.-M.: Ubique populus. Peuplement et mouvements de population dans l'Afrique romaine de la chute de Carthage à la fin de la dynastie des Sévères (146 a.C. – 235 p.C.), Paris 1977
458. MAIER, F.G.: Römische Bevölkerungsgeschichte und Inschriftenstatistik, in: Historia 2 (1953) S. 318–351
459. PARKIN, T.G.: Demography and Roman Society, Baltimore 1992
460. LEWISON, W.: Die Beurkundung des Civilstandes im Altertum. Ein Beitrag zur Geschichte der Bevölkerungsstatistik, in: BJbb 102 (1898) S. 1–82

c. Familie, Mann und Frau

461. DETTENHOFER, M.H. (Hg.): Reine Männersache? Frauen in Männerdomänen der antiken Welt, Köln 1994
462. GARDNER, J.F.: Women in Roman Law and Society, 1986; dt.: Frauen im antiken Rom. Familie, Alltag, Recht, München 1995
463. Geschichte des privaten Lebens, hg. G. DUBY u. a., Bd. 1: Vom römischen Imperium zum byzantinischen Reich, hg. P. VEYNE, Frankfurt 1989
464. Geschichte der Frauen, hg. G. DUBY u. a., Bd. 1: Antike, Frankfurt a.M. 1993
465. KRAUSE, J.-U.: Witwen und Waisen im römischen Reich, 4 Bde., Stuttgart 1994/95 (erschöpfende Behandlung; Bd. IV zum frühen Christentum)
466. MARTIN, J./ZÖPFFEL, R. (Hgg.): Aufgaben, Rollen, Räume von Frau und Mann, 2 Bde., Freiburg 1989
467. METTE-DITTMANN, A.: Die Ehegesetze des Augustus: Eine Untersuchung im Rahmen der Gesellschaftspolitik des Princeps, Stuttgart 1991
468. STAHLMANN, I.: Der gefesselte Sexus. Weibliche Keuschheit und Askese im Westen des Römischen Reiches, Berlin 1997
469. STUMPP, B.E.: Prostitution in der römischen Antike, Berlin 1998 (gekürzte Fassung Berlin 2001)
470. TREGGIARI, S.: Roman Marriage. Iusti Coniuges from the Time of Cicero to the Time of Ulpian, Oxford 1993
471. WIEDEMANN, TH.: Adults and Children in the Roman Empire, London 1989

d. Öffentliche Zwangsdienste (Liturgien; munera)

472. CHARBONNEL, N.: Les munera publica au IIIe siècle, Paris 1974

473. DRECOLL, C.: Die Liturgien im Römischen Kaiserreich des 3. und 4. Jh. n. Chr. Untersuchungen über Zugang, Inhalt und wirtschaftliche Bedeutung der öffentlichen Zwangsdienste in Ägypten und anderen Provinzen, Stuttgart 1997 (zur reichsweiten Gleichheit der Rechtsgrundlagen und der Aufgabenbereiche)

474. NEESEN, L.: Die Entwicklung der Leistungen und Ämter (munera et honores) im römischen Kaiserreich des 2. bis 4. Jhdts., Historia 30 (1981) S. 203–235

e. Die Eliten: allgemein

475. BALTRUSCH, E.: Regimen morum. Die Reglementierung des Privatlebens der Senatoren und Ritter in der römischen Republik und frühen Kaiserzeit, München 1989

476. MRATSCHEK-HALFMANN, S.: Divites et praepotentes. Reichtum und soziale Stellung in der Literatur der Principatszeit, Stuttgart 1993 (prosopographische Behandlung des Themas)

477. RILINGER, R.: Humiliores – Honestiores. Zu einer sozialen Dichotomie im Strafrecht der römischen Kaiserzeit, München 1998

478. ROLLER, M.B.: Constructing Autocracy. Aristocrats and Emperors in Julio-Claudian Rome, Princeton 2001

479. SALLER, R.P.: Promotion or Patronage, in: JRS 70 (1980) S. 44–63

480. WACKE, A.: Die „potentiores" in den Rechtsquellen. Einfluß und Abwehr gesellschaftlicher Übermacht in der Rechtspflege der Römer, in: ANRW II 13, Berlin 1980, S. 562–607

f. Die Senatoren

481. ECK, W.: Beförderungskriterien innerhalb der senatorischen Laufbahn, dargestellt an der Zeit von 69–138 n. Chr., in: ANRW II 1, Berlin 1974, S. 158–228

482. LEUNISSEN, P.M.: Konsuln und Konsulare in der Zeit von Commodus bis Severus Alexander (180–235 n. Chr.). Prosopographische Untersuchungen zur senatorischen Elite im römischen Kaisereich, Amsterdam 1989

483. SCHÄFER, N.: Die Einbeziehung der Provinzialen in den Reichsdienst in augusteischer Zeit, Stuttgart 2000

484. SYME, R.: The Augustan Aristocracy, Oxford 1987

g. Die Ritter

485. ALFÖLDY, G.: Die Stellung der Ritter in der Führungsschicht des Imperium Romanum (1981), in: 437: DERS., Die römische Gesellschaft, S. 162–209)

486. BRUNT, P.A.: Princeps and Equites, in: JRS 73 (1983) S. 42–75

487. DESSAU, H.: Die Herkunft der Offiziere und Beamten des römischen Kaiserreiches während der ersten zwei Jahrhunderte seines Bestehens, in: Hermes 45 (1910) S. 1–26

488. PFLAUM, H.G.: Les carrières procuratoriennes équestres sous le Haut-Empire romain, Paris 1960/61 (3 Bde.; Suppl. 1982)

489. PFLAUM, H.G.: RE 23, 1 (1957) Sp. 1240–1279 s. v. procurator

490. STEIN, A.: Der römische Ritterstand, München 1927

h. Die Dekurionen

491. GARNSEY, P.: Aspects of the Decline of the Urban Aristocracy in the Empire, in: ANRW II 1, Berlin 1974, S. 229–252

492. LANGHAMMER, W.: Die rechtliche und soziale Stellung der Magistratus municipales und der Decuriones in der Übergangsphase der Städte von sich selbstverwaltenden Gemeinden zu Vollzugsorganen des spätantiken Zwangsstaates (2.-4. Jhdt. der röm. Kaiserzeit), Wiesbaden 1973

j. Der Bauer und die plebs urbana

493. DE ROBERTIS, F.: Storia delle corporazioni e del regime associativo nel mondo romano, 2 Bde., Bari 1972

494. FRIER, B.W.: Landlords and Tenants in Imperial Rome, Princeton 1980

495. JOHNE, K.-P./KÖHN, J./WEBER, V.: Die Kolonen in Italien und den westlichen Provinzen des Römischen Reiches. Eine Untersuchung der literarischen, juristischen und epigraphischen Quellen vom 2. Jahrhundert v.u.Z. bis zu den Severern, Berlin 1983

496. JONES, A.H.M.: The Roman Colonate, in: Studies in Ancient Society (hg. v. M.I. FINLEY), London 1974, S. 288–303; dt. in 448: SCHNEIDER (Hg.), S. 81–99

497. MACMULLEN, E.: Peasants during the Principate, in: ANRW II I, Berlin 1974, S. 253–261

498. ROSTOVTZEFF, M.: Studien zur Geschichte des römischen Kolonats, Beiheft zum Archiv f. Papyrusforsch. 1, Leipzig 1910 (ND 1970)

499. VEYNE, P.: Le pain et le cirque. Sociologie historique d'un pluralisme politique, Paris 1976 (dt. Übers.: Brot und Spiele, Berlin 1988, Taschenbuch-Ausgabe 1994)

k. Sklaven und Freigelassene

500. ALFÖLDY, G.: Die Freilassung von Sklaven und die Struktur der Sklaverei in der römischen Kaiserzeit, in 437: DERS., Die römische Gesellschaft, S. 286–331
501. BEHRENDS, O.: Prinzipat und Sklavenrecht. Zu den geistigen Grundlagen der augusteischen Verfassungsschöpfung, in: Rechtswissenschaft und Rechtsentwicklung 11 (1980) S. 53–88
502. BELLEN, H.: Antike Staatsräson. Die Hinrichtung der 400 Sklaven des römischen Stadtpräfekten L. Pedanius Secundus im Jahre 61 n. Chr. (1982), in: DERS., Politik – Recht – Gesellschaft. Studien zur Alten Geschichte, Stuttgart 1997, S. 283–297
503. BRADLEY, K.R.: Slaves and Masters in the Roman Empire. A Study in Social Control, Brüssel 1984
504. BUCKLAND, W.W.: The Roman Law of Slavery. The Condition of the Slave in Private Law from Augustus to Justinian, Cambridge 1908 (ND 1970)
505. DUFF, A.M.: Freedmen in the Early Roman Empire, Cambridge 1958
506. FINLEY, M.I.: Die Sklaverei in der Antike. Geschichte und Probleme, München 1981
507. ROSEN, K.: Römische Freigelassene als Aufsteiger und Petrons Cena Trimalchonis, in: Gymnasium 102 (1995) S. 79–92
508. SCHUMACHER, L.: Sklaverei in der Antike. Alltag und Schicksal der Unfreien, München 2001
509. VEYNE, P.: Leben des Trimalchio, in 450: DERS., Die römische Gesellschaft, S. 9–50
510. WALDSTEIN, W.: Operae libertorum. Untersuchungen zur Dienstpflicht freigelassener Sklaven, Stuttgart 1986
511. WEILER, I. (Hg.): Soziale Randgruppen und Außenseiter im Altertum, Graz 1988 (Aufsatzsammlung)
512. WIEDEMANN, TH.E.: The Regularity of Manumission at Rome, in: Classical Quarterly 35 (1985) S. 162–175

7. DIE WIRTSCHAFT

a. Gesamtdarstellungen und Aufsatzsammlungen

513. DE MARTINE, F.: Storia economica di Roma antica, Rom 1979/80; dt. Übers. B. GALSTERER: Wirtschaftsgeschichte des alten Rom, München 1985
514. DREXHAGE, H.-J./KONEN, H./RUFFING, K: Die Wirtschaft des Römischen Reiches (1.-3. Jahrhundert), Berlin 2002
515. DUNCAN-JONES, R.: The Economy of the Roman Empire, Cambridge 1974
516. DÜWEL, K. u. a.: Untersuchungen zu Handel und Verkehr der vor- und frühgeschichtlichen Zeit in Mittel- und Nordeuropa I: Methodische

Grundlagen und Darstellungen zum Handel in der vorgeschichtlichen Zeit und in der Antike, Abh. Gött. Ak. d. Wiss., phil.-hist. Kl., 3. Folge Nr. 143, Göttingen 1985

517. FINLEY, M.I.: The Ancient Economy, Berkeley 1973, erweiterte Ausgabe 1984; dt.: Die antike Wirtschaft, 3. Aufl. München 1993 (mit kommentierender Bibliographie von M. Tschirner)

518. FRANK, T. (Hg.): An Economic Survey of Ancient Rome, 5 Bde. und Index, 1933–1940 (nach Provinzen geordnet)

519. GARNEY, P./HOPKINS, K./WHITTAKER, C.R.: Trade in the Ancient Economy, London 1983 (Aufsatzsammlung)

520. GARNSEY, P./WHITTAKER, C.R.: Trade and Famine in Classical Antiquity, Cambridge 1983 (Aufsatzsammlung)

521. SCHIAVONE, A.: The End of the Past. Ancient Rome and the Modern West, Cambridge/Mass./London 2000

522. WEBER, M.: Agrarverhältnisse im Altertum, in: Hdb. d. Staatswiss. I, 1909 = Ges. Aufsätze zur Sozial- und Wirtschaftsgeschichte, Tübingen 1924, S. 1–228

b. Einzeluntersuchungen

523. BEHRENDS, O.: Die Rechtsformen des römischen Handwerks, in: Das Handwerk in vor- und frühgeschichtlicher Zeit I, Abh. d. Gött. Ak. d. Wiss., Göttingen 1981, S. 141–203

524. D'ARMS, J.H.: Commerce and Social Standing in Ancient Rome, Cambridge (Mass.) u. London 1981

525. FLACH, D.: Römische Agrargeschichte (HdAW Abt. 3, Teil 9), München 1990

526. GARNSEY, P.: Famine and Food Supply in the Graeco-Roman World. Responses to Risk and Crisis, Cambridge 1988

527. FELLMETH, U.: Brot und Politik. Ernährung, Tafelluxus und Hunger im antiken Rom, Stuttgart 2001

528. HERZ, P.: Studien zur römischen Wirtschaftsgesetzgebung – Die Lebensmittelversorgung, Stuttgart 1988

529. HOPKINS, K.: Economic Growth and Towns in Classical Antiquity, in: Towns in Societies, Cambridge 1978, S. 35–77

530. KAHRSTEDT, U.: Das wirtschaftliche Gesicht Griechenlands in der Kaiserzeit. Kleinstadt, Villa und Domäne, Bern 1954

531. KOLB, A.: Transport und Nachrichtentransfer im Römischen Reich, Berlin 2000

532. MARTIN, R.: Pline le Jeune et les problèmes économiques de son temps, in: RÉA 69 (1967) S. 62–97; dt. in 448: SCHNEIDER (Hg.), S. 196–233

533. NEESEN, L.: Untersuchungen zu den direkten Staatsabgaben der römischen Kaiserzeit (27 v. Chr.-284 n. Chr.), Bonn 1980 (Vgl. dazu: BRUNT, The Revenues of Rome, in 606: Roman Imperial Themes, S. 325–346)

534. RICKMAN, G.: The Corn Supply of Ancient Rome, Oxford 1980

535. SCHRÖMBGES, P.: Zum römischen Staatshaushalt in tiberischer Zeit, in: Gymnasium 94 (1987) S. 1–49

536. YOUNG, G.K.: Rome's Eastern Trade. International commerce and imperial policy, 31 Bc.-AD 305, London/New York 2001

537. WHEELER, M.: Der Fernhandel des römischen Reiches in Europa, Afrika und Asien, München 1969

538. WIERSCHOWSKI, L.: Heer und Wirtschaft. Das römische Heer der Prinzipatszeit als Wirtschaftsfaktor, Bonn 1984

c. Die Entwicklung der Technik

539. KIECHLE, F.: Sklavenarbeit und technischer Fortschritt im römischen Reich, Wiesbaden 1969

540. MEISSNER, B.: Die technologische Fachliteratur der Antike. Struktur, Überlieferung und Wirkung technologischen Wissens in der Antike, Berlin 1999

541. Schneider, H.: Die Gaben des Prometheus. Technik im antiken Mittelmeerraum zwischen 750 v. Chr. und 500 n. Chr., in: Propyläen Technikgeschichte, hg. W. KÖNIG, Berlin 1991, S. 17–313

542. Wasserversorgung im antiken Rom, hg. Frontinus Gesellschaft, 2 Bde., Mainz 1982; 1987 (s. auch W. ECK, in: 608, Bd. 1, S. 161–252)

8. DAS HEER

a. Allgemeine Darstellungen

543. ALFÖLDY, G.: Römische Heeresgeschichte. Beiträge 1962–1985, Amsterdam 1987

544. ALFÖLDY, G./DOBSON, B./ECK, W. (Hgg.): Kaiser, Heer und Gesellschaft in der Römischen Kaiserzeit, Stuttgart 2000

545. CAMPBELL, J.B.: The Emperor and the Roman Army 31 B.C.-A.D. 235, Oxford 1984 (dazu G. ALFÖLDY, in 543: Heeresgeschichte)

546. ECK, W./WOLFF, H. (Hgg.): Heer und Integrationspolitik, Köln 1986 (Aufsatzsammlung)

547. LE BOHEC, Y.: L'armée romaine. Sous le Haut-Empire, 2. Aufl. Paris 1990; dt.: Die römische Armee, Stuttgart 1993

548. SPEIDEL, M.P. (Hg.): Mavors Roman Army Researches, 4 Bde. Amsterdam 1984; ab Bd. 5 Stuttgart 1992 (Vielbändige Aufsatzsammlung von Militärhistorikern)

549. STOLL, O.: Römisches Heer und Gesellschaft, Stuttgart 2001 (Aufsätze des Autors zum Thema)

550. WEBSTER, G.: The Roman Imperial Army, 3. Aufl. London 1985

551. WELWEI, K.-W.: Unfreie im antiken Kriegsdienst, 3. Teil: Rom, Stuttgart 1988

552. WESCH-KLEIN, G.: Soziale Aspekte des römischen Heerwesens in der Kaiserzeit, Stuttgart 1998

b. Die Reformen des Augustus

553. HOLDER, P.A.: The Auxilia from Augustus to Trajan, Oxford 1980

554. RAAFLAUB, K.: Die Militärreform des Augustus, in: 334: Saeculum Augustum I, S. 264–307

555. SADDINGTON, D.B.: The Development of the Roman Auxiliary Forces from Caesar to Vespasian (49 B.C. – A.D. 79), Harare 1982

c. Aushebung, Ausbildung, Stationierung, Kampf

556. AUSTIN, N.J.E./RANKOW, N.B.: Exploratio. Military and Political Intelligence in the Roman World from the Second Punic War to the Battle of Adrianopel, London 1995

557. HORSMANN, G.: Untersuchungen zur militärischen Ausbildung im republikanischen und kaiserzeitlichen Rom, Boppard 1991

558. ISAAC, B.: The Limits of Empire. The Roman Army in the East, 2. Aufl. 1993

559. JOHNSON, A.: Römische Kastelle, Mainz 1987

560. LE ROUX, P.: L'Armée romaine et l'organisation des provinces ibériques. D'Auguste à l'invasion de 409, Paris 1982 (Vgl. dazu ALFÖLDY, in 543: Heeresgeschichte, S. 380 ff.)

561. MANN, J.C.: Legionary Recruitment and Veteran Settlement during the Principate, hg. M.M. ROXAN, London 1983

562. NESSELHAUF, H.: Umriß einer Geschichte des obergermanischen Heeres, in: Jb RGZM 7 (1960) S. 151–179

d. Die Offiziere

563. BREEZE, D.J./DOBSON, B.: Roman Officers and Frontiers, Stuttgart 1993

564. DEVIJVER, H.: The Equestrian Officers of the Roman Imperial Army, 2 Bde., Stuttgart 1989/1992, und: Prosopographia militiarum equestrium quae fuerunt ab Augusto ad Gallienum [PME], 5 Bde. 1976–1993

565. FRANKE, TH.: Die Legionslegaten der römischen Armee in der Zeit von Augustus bis Trajan, Bochum 1991
566. JOHNE, K.-P.: Das Offizierscorps des 3. Jahrhunderts als Reservoir einer neuen Führungsschicht, in: 303: Prosopographie und Sozialgeschichte, S. 251–259

e. Das Meer und die Flotte

567. KIENAST, D.: Untersuchungen zu den Kriegsflotten der römischen Kaiserzeit, Bonn 1966
568. REDDÉ, M.: Mare nostrum. Les infrastructures, le dispositif et l'histoire de la marine militaire sous l'empire romain, Paris 1986

f. Der Soldat und die Zivilbevölkerung

569. DAHLHEIM, W.: Die Armee eines Weltreiches: Der römische Soldat und sein Verhältnis zu Staat und Gesellschaft, in: Klio 74 (1992) S. 197–220
570. DAVIES, B.W.: The Daily Life of the Roman Soldier under the Principate, in: ANRW II 1, Berlin 1974, S. 299–338
571. LINK, ST.: Konzepte der Privilegierung römischer Veteranen, Stuttgart 1989 (Bürger- und Eherecht; Immunitäten)
572. MACMULLEN, R.: The Legion as a Society, in: Historia 33 (1984) S. 440–456
573. RICH, J./SHIPLEY, G. (Hgg.): War and Society in the Roman World, London 1993

9. DIE AUSSENPOLITIK (VGL. DIE QUELLENSAMMLUNGEN 22–26)

a. Raumbewußtsein und geographischer Horizont

574. BRODERSEN, K.: Terra Cognita. Studien zur römischen Raumerfassung, Hildesheim 1995
575. DEININGER, J.: Flumen Albis. Die Elbe in Politik und Literatur der Antike, Hamburg 1997
576. DILKE, O.A.W.: Greek and Roman Maps, London 1985
577. HENNIG, R.: Terrae Incognitae. Eine Zusammenstellung und kritische Bewertung der wichtigsten vorcolumbischen Entdeckungsreisen an Hand der darüber vorliegenden Orginalberichte, Bd. 1, 2. Aufl. Leiden 1944
578. KRÜGER, R.: Das Überleben des Erdkugelmodells in der Spätantike (ca. 60 v.u.Z.-ca. 550), Berlin 2000
579. MÜLLER, K.E.: Geschichte der antiken Ethnographie und ethnologischen Theoriebildung. Von den Anfängen bis auf die byzantinischen Histo-

riographen, Bd. 1, Wiesbaden 1972; Bd. 2, 1980 (umfassende, nach Autoren geordnete Behandlung der antiken Ethnographie)

580. NICOLET, C.: L'inventaire du monde: Géographie et poltique aux origines de l'empire romain, Paris 1988 (engl. Übers.: 1991); (dazu: N. PURCELL, in: JRS 80 (1990) S. 178–82)

581. TIMPE, D.: Entdeckungsgeschichte, in: Reallexikon der Germanischen Altertumskunde, Bd. 7, 2. Aufl. Berlin 1989, S. 307–337 (die faktische, mythische und wissenschaftliche Erschließung Nord-, Mittel- und Westeuropas; die Fahrten der großen Entdecker)

582. TIMPE, D.: Geographische Faktoren und politische Entscheidungen in der Geschichte der Varuszeit, in: WIEGELS, R./WOESLER, W. (Hgg.): Arminius und die Varusschlacht. Geschichte – Mythos – Literatur, Paderborn 1995, S. 13–27 (die Eroberung Germaniens und die Anpassung der militärischen Taktik an die geographischen Gegebenheiten; vgl. auch D. TIMPE, Die Landesnatur der Germania nach Tacitus, in 80: Romano-Germanica, S. 258–277)

b. Die imperiale Politik des Augustus

583. CHRIST, K.: Zur augusteischen Germanienpolitik, in: Chiron 7 (1977) S. 149–203 (mit Forschungsüberblick)

584. TIMPE, D.: Arminius-Studien, Heidelberg 1970

585. TIMPE, D.: Zur Geschichte der Rheingrenze zwischen Caesar und Drusus, in: Monumentum Chiloniense (Festschrift E. Burck), Amsterdam 1975, S. 124–147

586. WELLS, C.M.: The German Policy of Augustus. An Examination of the Archaeological Evidence, Oxford 1972

c. Die Nordgrenzen des Reiches

587. DEMOUGEOT, E.: La formation de l'Europe et les barbares I: Des origines germaniques à l'avènement de Dioclétien, Paris 1969; II: De l'avènement de Dioclétien (284) à l'occupation germanique de l'Empire Romain d'Occident (début du VIe siècle), 1979

588. STROBEL, K.: Der Chattenkrieg Domitians. Historische und politische Aspekte, in: Germania 65 (1987) S. 423–452

589. STROBEL, K.: Untersuchungen zu den Dakerkriegen Trajans. Studien zur Geschichte des mittleren und unteren Donauraums in der Hohen Kaiserzeit, Bonn 1984 (Antiquitas 33)

590. TIMPE, D.: Die Germanen und die *fata imperii* (1993), in 80: Romano-Germanica, S. 203–228 (grundlegend zur Germanenpolitik der Nachfolger des Augustus)

591. WELLS, P. S.: The Barbarians speak: how the conquered peoples shaped Roman Europe, Princeton 1999

d. Die Ostgrenzen des Reiches

592. ENSSLIN, W.: Zu den Kriegen des Sassaniden Schapur I., München 1947

593. FUNKE, P.: Die syrisch-mesopotamische Staatenwelt in vorislamischer Zeit, in: Hellenismus, hg. B. FUNCK, Tübingen 1997, S. 217–238

594. HEIL, M.: Die orientalische Außenpolitik des Kaisers Nero, München 1997 (Der Krieg um Armenien und die Ostpolitik als Teil der Herrschaftslegitimation Neros)

595. KETTENHOFEN, E.: Die römisch-persischen Kriege des 3. Jahrhunderts n. Chr. (Beihefte zu 311: TAVO, Reihe B, 55), Wiesbaden 1982

596. MILLAR, F.: The Roman Near East, 31 BC – AD 337, Oxford 1994

e. Die imperiale Ideologie

597. GRUEN, E.S.: Augustus and the Ideology of War and Peace, in: The Age of Augustus, hg. R. WINKES, Louvain-la-Neuve 1985, S. 51–72

598. MATTERN, Susan P.: Rome and the Enemy. Imperial Strategy in the Principate, Berkeley 1999

599. SCHMITT, M.T.: Die römische Außenpolitik des 2. Jahrhunderts n. Chr. Friedenssicherung oder Expansion?, Stuttgart 1997

600. WELWEI, K.-W.: Römische Weltherrschaftsideologie und augusteische Germanienpolitik, in: Gymnasium 93 (1986) S. 118–137

f. Die Formen der Außenpolitik: Klientel; Verträge

601. CIMMA, M.R.: Reges socii et amici populi Romani, Mailand 1976, S. 291–330 (Die Klientelkönige der augusteischen Zeit)

602. GAGÉ, J.: L'empereur romain et les rois. Politique et protocole, in: Revue historique 221 (1959) S. 221–260

603. KLOSE, J.: Roms Klientel-Randstaaten am Rhein und an der Donau. Beiträge zu ihrer Geschichte und rechtlichen Stellung im 1. u. 2. Jhdt. n. Chr., Breslau 1934

604. LEMOSSE, M.: Le régime des relations internationales dans le Haut-Empire romain, Paris 1967

605. STAHL, M.: Zwischen Abgrenzung und Integration: Die Verträge der Kaiser Mark Aurel und Commodus mit den Völkern jenseits der Donau, in: Chiron 19 (1989) S. 289–317

10. Das Reich: Aufbau und Vewaltung

a. Die Ordnung der Provinzen

606. BRUNT, P.A.: Roman Imperial Themes, Oxford 1990 (Aufsätze des Autors zum Thema)

607. DEININGER, J.: Die Provinziallandtage der römischen Kaiserzeit von Augustus bis zum Ende des dritten Jahrhunderts n. Chr., München 1965

608. ECK, W.: Die Verwaltung des Römischen Reiches in der Hohen Kaiserzeit. Ausgewählte Beiträge, 2 Bde., Basel 1995/98 (Überarbeitete Aufsätze des Autors)

609. GARNSEY P.: The Criminal Jurisdiction of Governors, in: JRS 58 (1968) S. 51–59

610. HAENSCH, R.: Das Statthalterarchiv, in: ZSavStift. R.A. 109 (1992) S. 209–317

611. HAENSCH, R.: Capita Provinciarum, Statthaltersitze und Provinzialverwaltung in der römischen Kaiserzeit, Mainz 1997

612. LINTOTT, A.: Imperium Romanum. Politics and Administration, London 1993

613. MARTIN, J.-P.: Les provinces romaines d'Europe centrale et occidentale, Paris 1990

614. MOMMSEN, TH.: Römische Geschichte V: Die Provinzen von Caesar bis Diokletian, Berlin 1885

615. SARTRE, M.: L'Orient romain. Provinces et societés provinciales en Méditerranée orientale d'Auguste aux Sévères (31 avant J.C.-235 après J.-C.), Paris 1991 (Ausführliche Behandlung aller Ostprovinzen unter besonderer Hervorhebung der städtischen Notabeln; knappe Darstellung der römischen Regierungspraxis; historischer Abriß der Grenzkonflikte)

616. STAHL, M.: Imperiale Herrschaft und provinziale Stadt. Strukturprobleme der römischen Reichsorganisation im 1.–3. Jh. der Kaiserzeit, Göttingen 1978

617. THOMASSON, B.E.: Legatus. Beiträge zur römischen Verwaltungsgeschichte, Stockholm 1991

618. VOLKMANN, H.: Die römische Provinzialverwaltung der Kaiserzeit im Spiegel des Kolonialismus, in: Gymnasium 68 (1961) S. 395–409

619. WOLFF, H.J.: Römisches Provinzialrecht in der Provinz Arabia (Rechtspolitik als Instrument der Beherrschung), in: ANRW II 13, Berlin 1980, S. 763–806

620. WOLTERS, R.: Römische Eroberung und Herrschaftsorganisation in Gallien und Germanien. Zur Entstehung und Bedeutung der sogenannten Klientel-Randstaaten, Bochum 1990

b. Die Ordnung Italiens

621. ECK, W.: Die staatliche Organisation Italiens in der hohen Kaiserzeit, München 1979
622. KEPPIE, L.: Colonisation and Veteran Settlement in Italy 47–14 B.C., London 1983
623. PACK, E.: Italia, in: RAC 18, 1998
624. SIMSHÄUSER, W.: Untersuchungen zur Entstehung der Provinzialverfassung Italiens, in: ANRW II 13, Berlin 1980, S. 401–452
625. THOMSON, B.: The Italic Regions. From Augustus to the Lombard Invasion, Kopenhagen 1957

c. Der Stadtpatronat als Herrschaftsform

626. ECK, W.: Wahl von Stadtpatronen mit kaiserlicher Beteiligung?, in: Chiron 9 (1979) S. 489–494
627. ENGESSER, F.: Der Stadtpatronat in Italien und den Westprovinzen des römischen Reiches bis auf Diokletian, Diss. Freiburg 1957 (maschinenschriftl.)
628. HARMAND, L.: Un aspect social et économique du monde romain: le patronat sur les collectivités publiques, des origines au Bas-Empire, Paris 1957
629. NICOLS, J.: Tabulae patronatus: A Study of the Agreement between Patron and Client-Community, in: ANRW II 13, Berlin 1980, S. 535–561
630. SALLER, R.P.: Personal Patronage under the Early Empire, Cambridge 1982

d. Die Romanisierung der Besiegten; das Bürgerrecht

631. BROUGHTON, T.R.S.: The Romanisation of Africa Proconsularis, Baltimore 1929
632. CHERRY, D.: Frontier and Society in Roman North Africa, Oxford 1998
633. DEMAN, A./MICHEL, J.H.: Matériaux et réflexions pour servir à une étude du développement et du sous-développement dans les provinces de l'Empire Romain, in: ANRW II 3, Berlin 1975, S. 3–97
634. LAURENCE, R./BERRY, J.: Culturel Identity in the Roman Empire, London 2001 (zum Ausmaß der Romanisierung Europas)
635. NÖRR, D.: Origo. Studien zur Orts-, Stadt- und Reichszugehörigkeit in der Antike, in: Tijdschrift voor Rechtsgeschiedenis 31 (1963) S. 525–600
636. PFLAUM, H.-G.: La romanisation de l'Afrique, in: Akten des VI. Internat. Kongresses f. Griech. und Latein. Epigraphik München 1972, 1973, S. 55–72 (Vestigia 17) = Scripta varia I, Paris o.J., S. 375–392
637. SCHÖNBAUER, E.: Reichsrecht, Volksrecht und Provinzialrecht, in: ZSavStift. R.A. 57 (1937) S. 309–355
638. SHERWIN-WHITE, A.N.: The Roman Citizenship, 2. Aufl. Oxford 1973

639. VITTINGHOFF, F.: Römische Kolonisation und Bürgerrechtspolitik unter Caesar und Augustus, Abh. Ak. Wiss. Mainz, geistes- u. sozialwiss. Kl. 14, Mainz 1951
640. WOLFF, H.: Die constitutio Antoniniana und Papyrus Gissensis 40 I, 2 Bde., Diss. Köln 1976

e. Die Grenzen des Reiches

641. KORNEMANN, E.: Die unsichtbaren Grenzen des römischen Kaiserreiches, in: Gestalten und Reiche, Wiesbaden o.J., S. 323–338
642. LUTTWAK, E.N.: The grand Strategy of the Roman Empire, 3. Aufl. Baltimore/London 1979
643. SYME, R.: The Northern Frontiers under Augustus, in: CAH X, 2. Aufl. 1952, S. 340–381
644. WHITTAKER, C.R.: Frontiers of the Roman Empire: A Social and Economic Study, Baltimore/London 1994

f. Die Legitimation des Reiches

645. BRUNT, P.A.: Laus Imperii, in: 606: Imperial Themes, S. 289–323
646. FUCHS, H.: Augustin und der antike Friedensgedanke, Berlin 1926
647. KIENAST, D.: Corpus Imperii. Überlegungen zum Reichsgedanken der Römer, in: Romanitas – Christianitas (Festschrift J. Straub), hg. G. WIRTH, Berlin 1982, S. 1–17 = Kleine Schriften, Aalen 1994, S. 281–297
648. WENGST, K.: Pax Romana, Anspruch und Wirklichkeit, Erfahrungen und Wahrnehmungen des Friedens bei Jesus und im Urchristentum, München 1986

g. Die Griechen und das Reich

649. AMELING, W.: Griechische Intellektuelle und das Imperium Romanum: Das Beispiel Cassius Dio, in: ANRW II 34,3, Berlin 1997, S. 2472–2496
650. BOWERSOCK, G.W.: Augustus and the Greek World, Oxford 1965
651. BOWERSOCK, G.W.: Studies on the Eastern Roman Empire. Social, Economic and Administrative History, Religion, Oxford 1995 (Aufsätze des Autors; Generalthema: die Anpassung der römischen Herrschaft in den östlichen Provinzen an die vorgefundenen Gegebenheiten)
652. DOBESCH, G.: Die römische Kaiserzeit – eine Fortsetzung des Hellenismus?, in: Hellenismus, hg. B. FUNCK, Tübingen 1997, S. 561–609
653. SWAIN, S.: Hellenism and Empire. Language, Classicism, and Power in the Greek World, AD 50–250, Oxford 1996
654. TOULOUMAKOS, J.: Zum Geschichtsbewußtsein der Griechen in der Zeit der römischen Herrschaft, Göttingen 1971

655. VEYNE, P.: L'Identité grecque devant Rome et l'Empereur, in: Revue des Études Grecques 112 (1999) S. 510–568

h. Der Widerstand

656. BENABOU, M.: La résistance africaine à la romanisation, Paris 1976
657. DYSON, ST.L.: Native Revolt Patterns in the Roman Empire, in: ANRW II 3, Berlin 1975, S. 138–175
658. FUCHS, H.: Der geistige Widerstand gegen Rom in der antiken Welt, Berlin 1938 (grundlegend)
659. GUTSFELD, A.: Römische Herrschaft und einheimischer Widerstand in Nordafrika. Militärische Auseinandersetzungen Roms mit den Nomaden, Stuttgart 1989
660. MACMULLEN, R.: Enemies of the Roman Order. Treason, Unrest and Alienation in the Empire, Cambridge (Mass.) 1966
661. PEKARY, TH.: Seditio. Unruhen und Revolten im Römischen Reich von Augustus bis Commodus, in: AncSoc 18 (1987) S. 133–150
662. URBAN, R.: Der „Bataveraufstand" und die Erhebung des Julius Classicus, Trier 1985

11. DIE STÄDTE

a. Die Städte des Reiches

663. BEHRENDS, O./CAPOGROSSI, L. (Hgg.): Die römische Feldmeßkunst. Interdisziplinäre Beiträge zu ihrer Bedeutung für die Zivilisationsgeschichte Roms, Göttingen 1992 (Aufsätze zur römischen Feldvermessung; darunter: O. BEHRENDS zu den Wechselbeziehungen zwischen Bodenhoheit und privatem Bodeneigentum; E. GABBA zu den Zusammenhängen zwischen Politik, Kolonisation und Feldmeßkunst)
664. DAHLHEIM, W.: An der Wiege Europas. Städtische Freiheit im antiken Rom, Frankfurt 2000
665. DOWNEY, G.: A History of Antioch in Syria, Princeton 1961 (kürzere Fassung: Ancient Antioch, 1963)
666. GALSTERER, H.: Untersuchungen zum römischen Städtewesen auf der iberischen Halbinsel, Berlin 1971
667. JACQUES, F.: Le privilège de liberté. Politique impériale et autonomie municipale dans les cités de l'occident romain (161–244), Paris 1984
668. JONES, A.H.M.: The Cities of the Eastern Roman Provinces, 2. Aufl. Oxford 1970
669. LIEBENAM, W.: Städteverwaltung im römischen Kaiserreiche, Leipzig 1900 (ND 1967)

670. MILLAR, F.: Empire and City, Augustus to Julian: Obligations, Excuses and Status, in: JRS 73 (1983) S. 76–96

671. NÖRR, D.: Imperium und Polis in der hohen Prinzipatszeit, 2. Aufl. München 1969

672. SCHÖNBAUER, E.: Municipia und coloniae in der Prinzipatszeit, in: Anz. d. öst. Ak. Wiss. 2 (1954) S. 13–49

673. VITTINGHOFF, F. (Hg.): Stadt und Herrschaft. Römische Kaiserzeit und Hohes Mittelalter, HZ Beiheft 7, München 1982 (darin: W. DAHLHEIM, Die Funktion der Stadt im römischen Herrschaftsverband, S. 13–74; H. GALSTERER, Stadt u. Territorium, S. 75–106; F. VITTINGHOFF, Zur Entwicklung der städtischen Selbstverwaltung, S. 107–146)

674. WEBER, M.: Wirtschaft und Gesellschaft, Teilband 5: Die Stadt, hg. W. NIPPEL, Tübingen 1999 (Neuausgabe mit Kommentar des Herausgebers)

675. WOLFF, H.: Civitas und Colonia Treverorum, in: Historia 26 (1977) S. 205–242

676. WOLFF, H.: Kriterien für latinische und römische Städte in Gallien und Germanien und die „Verfassung" der gallischen Stammesgemeinden, in: BJbb 176 (1976) S. 45–121

b. Rom und Italien (siehe auch 621–625)

677. KOLB, F.: Rom. Die Geschichte der Stadt in der Antike, München 1995

678. Lexicon topographicum Urbis Romae, hg. E.M. STEINBY, 1993 ff.

679. STAMBAUGH, J.E.: The Ancient Roman City, Baltimore/London 1988

12. ZEIT DES UMBRUCHS: DAS 3. JAHRHUNDERT

680. ALFÖLDI, A.: Studien zur Geschichte der Weltkrise des 3. Jhdts. n. Chr., Darmstadt 1967 (Aufsätze des Autors)

681. ALFÖLDY, G.: Die Krise des Römischen Reiches. Geschichte, Geschichtsschreibung und Geschichtsbetrachtung, Stuttgart 1989 (Aufsätze und Rezensionen des Autors mit Nachträgen)

682. BRECHT, ST.: Die römische Reichskrise von ihrem Ausbruch bis zu ihrem Höhepunkt in der Darstellung byzantinischer Autoren, Rahden 1999 (chronologisch geordnete Übersetzung und Kommentierung der Quellen für die Jahre 222–268 n. Chr.)

683. CHRISTOL, M.: L'empire Romain du IIIe siècle: Histoire Politique (de 192, mort de Commode, à 325, concile de Nicée), Paris 1997

684. DIETZ, K.: Senatus contra principem. Untersuchungen zur senatorischen Opposition gegen Kaiser Maximinus Thrax, München 1980

685. DRINKWATER, J.F.: The Gallic Empire: Separatism and Continuity in the Northwestern Provinces of the Roman Empire, A.D. 260–274, Wiesbaden 1987
686. GIBBON, E.: History of the Decline and Fall of the Roman Empire, 6 Bde., London 1776–1788; wiss. Ausgabe von J.B. Bury, 7 Bde., 1896–1900; dt. Übers. in 3 Bänden, Olten 1934
687. HARTMANN, F.: Herrscherwechsel und Reichskrise. Untersuchungen zu den Ursachen und Konsequenzen der Herrscherwechsel im Imperium Romanum (3. Jahrhundert nach Christus), Frankfurt a.M. 1982
688. HERRMANN, P.: Hilferufe aus römischen Provinzen. Ein Aspekt der Krise des römischen Reiches im 3. Jahrhundert n. Chr., Hamburg 1990
689. JOHNE, K.-P. (Hg.): Gesellschaft und Wirtschaft des Römischen Reiches im 3. Jahrhundert, Berlin 1993 (Aufsatzsammlung)
690. KOLB, F.: Herrscherideologie in der Spätantike, Berlin 2001
691. KOLB, F.: Wirtschaftliche und soziale Konflikte im Römischen Reich des 3. Jhdts. n. Chr., in: Bonner Festgabe Johannes Straub, Bonn 1977, S. 277–295
692. MACMULLEN, R.: Roman Government's Response to Crisis A. D. 235–337, New Haven/London 1976 (kritisch dazu: 681: ALFÖLDY, Die Krise, S. 343–348)
693. PITZ, E.: Die griechisch-römische Ökumene und die drei Kulturen des Mittelalters. Geschichte des mediterranen Weltteils zwischen Atlantik und Indischem Ozean 270–812, Berlin 2001
694. RÉMONDON, R.: La crise de l'Empire romain, de Marc-Aurèle à Anastase, Paris 1964
695. STROBEL, K.: Das Imperium Romanum im 3. Jahrhundert. Modell einer historischen Krise? Zur Frage mentaler Strukturen breiterer Bevölkerungsschichten in der Zeit von Marc Aurel bis zum Ausgang des 3. Jh. n. Chr., Stuttgart 1993
696. SOUTHERN, P.: The Roman Empire from Severus to Constantine, London 2001
697. VOLLMER, D.: Tetrarchie. Bemerkungen zum Gebrauch eines antiken und modernen Begriffs, in: Hermes 119 (1991) S. 435–449
698. WITSCHEL, C.: Krise – Rezession – Stagnation? Der Westen des römischen Reiches im 3. Jh. n. Chr., Frankfurt a.M. 1999

13. DIE LEBENS- UND DENKFORMEN/MENTALITÄTSGESCHICHTE

a. Allgemeine Literatur

699. BRACHER, K.D.: Verfall und Fortschritt im Denken der frühen römischen Kaiserzeit, Köln/Graz 1987 (= Diss. Tübingen 1948)

700. CHRIST, K.: Die Römer. Eine Einführung in ihre Geschichte und Zivilisation, 3. Aufl. München 1994
701. FRIEDLÄNDER, L.: Darstellungen aus der Sittengeschichte Roms, 4. Bde., 9./10. Aufl. Leipzig 1919–21 (von verschiedenen Autoren)
702. HARTKE, W.: Römische Kinderkaiser. Eine Strukturanalyse römischen Denkens und Daseins, Berlin 1951
703. KAHRSTEDT, U.: Kulturgeschichte der römischen Kaiserzeit, 2. Aufl. Bern 1958

b. Das politische und gesellschaftliche Denken und Handeln

704. DINZELBACHER, P. (Hg.): Europäische Mentalitätsgeschichte, Stuttgart 1993 (nach Sachgruppen wie „Individuum", „Lebensalter" oder „Ängste und Hoffnungen" geordnete Mentalitätsgeschichte von der Antike bis in die Neuzeit)
705. GIRARDET, K.M.: ‚Traditionalismus' in der Politik des Oktavian/Augustus – mentalitätsgeschichtliche Aspekte, in: Klio 75 (1993) S. 202–218
706. GUTSFELD, A.: Zur Wirtschaftsmentalität nichtsenatorischer Oberschichten. Aemilia Pudentilla und ihre Verwandten, in: Klio 74 (1992) S. 250–268
707. RILINGER, R.: Das politische Denken der Römer. Vom Prinzipat zum Dominat, in: Pipers Handbuch der politischen Ideen, hg. I. Fetscher, Bd. 1, München 1988, S. 521–593
708. SCHOTTLÄNDER, R.: Römisches Gesellschaftsdenken. Die Zivilisierung einer Nation in der Sicht ihrer Schriftsteller, Weimar 1969
709. SEEL, O.: Zur Morphologie des Römertums, in: DERS., Römertum und Latinität, Stuttgart 1964, S. 79–415

c. Die Spiele

710. BALTRUSCH, E.: Die Verstaatlichung der Gladiatorenspiele, in: Hermes 116 (1988) S. 324–337
711. BARTON, C.A.: The Sorrows of the Ancient Romans: The Gladiator and the Monster, Princeton 1993
712. WEEBER, K.-W.: Panem et circenses. Massenunterhaltung als Politik im antiken Rom, 2. Aufl. Mainz 1999
713. WIEDEMANN, TH.: Kaiser und Gladiatoren, Darmstadt 2001 (engl.: Emperors and Gladiators, London/New York 1992)

d. Das Recht

714. BAUMANN, R.A.: Lawyers and Politics in the Early Roman Empire, München 1989 (zur politischen Rolle der römischen Juristen bis in die Zeit Hadrians)

715. HATTENHAUER, H.: Europäische Rechtsgeschichte, Berlin 1992
716. KUNKEL, W.: Herkunft und soziale Stellung der römischen Juristen, 2. Aufl. Wien 1967 (grundlegende Definition und Einordnung der „Adelsjurisprudenz" in Rom)
717. KUNKEL, W.: Kleine Schriften. Zum römischen Strafverfahren und zur römischen Verfassungsgeschichte, Weimar 1974
718. MOMMSEN, TH.: Römisches Strafrecht, Leipzig 1899
719. ZIMMERMANN, R.: The Law of Obligations. Roman Foundations of the Civilian Tradition, Johannesburg 1990 (Einordnung des römischen Privatrechts in die europäische „civilian tradition")

e. Die Religion

720. BAYET, J.: Histoire politique et psychologique de la religion romaine, 2. Aufl. Paris 1969
721. CANCIK, H. (Hg.): Römische Reichsreligion und Provinzialreligion, Tübingen 1997 (Aufsatzsammlung)
722. CLAUSS, M.: Mithras. Kult und Mysterien, München 1990
723. ECK, W. (Hg.): Religion und Gesellschaft in der römischen Kaiserzeit. Kolloquium zu Ehren von F. Vittinghoff, Köln 1989 (Aufsatzsammlung)
724. HALSBERGHE, G.H.: The Cult of Sol Invictus, Leiden 1972
725. LATTE, K.: Römische Religionsgeschichte (HdAW 5, 4), München 1960
726. LIEBESCHUETZ, J.H.W.G.: Continuity and Change in Roman Religion, Oxford 1979
727. MACMULLEN, R.: Paganism in the Roman Empire, New Haven 1981 (Grundzüge der heidnischen Religion; ihre tägliche Attraktivität; Gründe für den Aufstieg des Christentums)
728. RÜPKE, J.: Die Religion der Römer, München 2001 (systematisch geordnet)
729. VERMASEREN, M.J. (Hg.): Die orientalischen Religionen im Römerreich, Leiden 1981
730. WISSOWA, G.: Religion und Kultus der Römer (HdAW 5, 2), München 1912 (ND 1971) (systematischer Zugriff analog zu Mommsens Staatsrecht)

f. Gebet und Fluch, Angst und Aberglaube, Träume und Visionen

731. BRODERSEN, K. (Hg.): Gebet und Fluch, Zeichen und Traum. Aspekte religiöser Kommunikation in der Antike, Münster 2001 (Aufsatzsammlung)
732. BROWN, P.: Die Gesellschaft und das Übernatürliche, Berlin 1993 (Aufsätze des Autors)
733. DICKIE, M.W.: Magic and Magicians in the Greco-Romen World, London 2001

734. DODDS, E.R.: Heiden und Christen in einem Zeitalter der Angst, Frankfurt 1985 (engl. 1965); dazu: R.C. SMITH/J. LOUNIBOS (Hgg.), Pagan and Christian Anxiety. A Response to E.R. Dodds, New York/London 1984 (beide zum Wandel der religiösen Grundstimmung)

735. FÖGEN, M.TH.: Die Enteignung der Wahrsager. Studien zum kaiserlichen Wissenmonopol in der Spätantike, Frankfurt a.M. 1993 (Tb 1997).

736. GRAF, F.: Gottesnähe und Schadenszauber. Die Magie in der griechisch-römischen Antike, München 1997

737. HERMES, L.: Traum und Traumdeutung in der Antike, Zürich 1996

738. KNEPPE, A.: Metus temporum. Zur Bedeutung von Angst in Politik und Gesellschaft der römischen Kaiserzeit des 1. und 2. Jhdts. n. Chr., Stuttgart 1994

739. KOLLMANN, B.: Jesus und die Christen als Wundertäter. Studien zu Magie, Medizin und Schamanismus in Antike und Christentum, Göttingen 1996

740. WEBER, G.: Kaiser, Träume und Visionen in Prinzipat und Spätantike, Stuttgart 2000

g. Kultur und Gedächtnis

741. ASSMANN, J.: Das kulturelle Gedächtnis. Schrift, Erinnerung und politische Identität in frühen Hochkulturen, München 1992

742. ASSMANN, A.: Erinnerungsräume. Formen und Wandlungen des kulturellen Gedächtnisses, München 1999

743. Kultur und Gedächtnis, hg. J. ASSMANN/T. HÖLSCHER, Frankfurt 1988 (Aufsatzsammlung)

744. Vergangenheit und Lebenswelt, hg. H.-J. GEHRKE/A. MÖLLER, Tübingen 1996 (Aufsatzsammlung)

745. HALBWACHS, Les cadres sociaux de la mémoire collective, Paris 1925, dt.: Das Gedächtnis und seine sozialen Bedingungen, 1966, ND Frankfurt 1985

E. DIE LITERATUR: DAS CHRISTENTUM

1. LEXIKA UND HANDBÜCHER

a. Lexika

746. Handbuch religionswissenschaftlicher Grundbegriffe, 5 Bde., hg. H. CANCIK u. a., Stuttgart 1988 ff.

747. Lexikon für Theologie und Kirche (LThK), 2. Aufl. hg. K. RAHNER u. a. Freiburg 1957–1965; 3. Aufl. hg. W. KASPER u. a., Freiburg 1993 ff.

748. Reallexikon für Antike und Christentum (RAC), hg. TH. KLAUSER u. a., Stuttgart 1941 (1950)ff.
749. Religion in Geschichte und Gegenwart. Handwörterbuch für Theologie und Religionswissenschaft (RGG), 3. Aufl., 6 Bde. u. 1 Reg.-Bd., Tübingen 1957–1965
750. Theologische Realenzyklopädie (TRE), hg. G. KRAUSE/G. MÜLLER, Berlin 1976 ff.

b. Forschungsberichte

751. HAHN, F.: Der gegenwärtige Stand der Erforschung der Apostelgeschichte. Kommentare und Aufsatzbände 1980–1985, in: Theologische Revue 82 (1986) S. 178–190
752. JUDGE, E.A.: Antike und Christentum: Towards a Definition of the Field. A Bibliographical Survey, in: ANRW II 23, 1, Berlin 1979, S. 3–58
753. KÜMMEL, W.G.: Vierzig Jahre Jesusforschung (1950–1990), 2. Aufl. Königstein 1994
754. HENGEL, M.: Aufgaben der neutestamentlichen Wissenschaft, in: New Testament Studies 40 (1964) S. 321–357
755. SCHWEITZER, A.: Geschichte der Leben-Jesu-Forschung, Tübingen 1913 (UTB 1302)
756. THEISSEN, G.: Jesus und die symbolpolitischen Konflikte in seiner Zeit. Sozialgeschichtliche Aspekte der Jesusforschung, in: Evang. Theol. 57 (1997) S. 378–400

2. ALLGEMEINE DARSTELLUNGEN DES FRÜHEN CHRISTENTUMS

757. ANDRESEN, C.: Die Kirchen der alten Christenheit, Stuttgart 1971 (Die Religionen der Menschheit, Band 29, 1/2) (vergleichende Darstellung der typischen Merkmale der frühkatholischen, reichskatholischen, römisch-katholischen und byzantinisch-orthodoxen Kirche)
758. BROWN, P.: Die Entstehung des christlichen Europa, München 1996
759. DASSMANN, E.: Kirchengeschichte Bd. 1: Ausbreitung, Leben und Lehre der Kirche in den ersten drei Jahrhunderten, 2. Aufl. Stuttgart 2000
760. ESLER, PH.E. (Hg.): The Early Christian World, 2. Bde., London 2000 (von verschiedenen Autoren bearbeitete Geschichte des Christentums bis Theodosius unter starker Betonung von Literatur und Kunst)
761. FRANK, K.S.: Lehrbuch der Geschichte der Alten Kirche, Paderborn 1996 (von der Heidenmission des Paulus bis zur 2. Trullanischen Synode 692; Überblick über die Quellen und die Forschung)
762. HARNACK, A. VON: Das Wesen des Christentums, Berlin 1900 (hg. T. RENDTDORFF, Gütersloh 1999)

763. JEDIN, H. (Hg.): Handbuch der Kirchengeschichte, Bd. I: Von der Urgemeinde zur frühchristlichen Großkirche, hg. K. BAUS/ H. JEDIN, Freiburg 1965
764. KÖTTING, B.: Ecclesia peregrinans. Das Gottesvolk unterwegs, 2 Bde., Münster 1988 (Aufsätze des Autors)
765. LIETZMANN, H.: Geschichte der Alten Kirche, 4 Bde., Berlin 1932–1944 (3. u. 4. Aufl.; einbändiger Nachdruck Berlin 1999)
766. MEYER, ED.: Ursprung und Anfänge des Christentums, 3 Bde., Stuttgart 1921–23 (verschiedene Nachdrucke)
767. TIMPE, D.: Römische Geschichte und Heilsgeschichte, Berlin 2001 (grundlegend zum christlichen Geschichtsverständnis bis Eusebius von Caesarea; Forschungsstand)

3. DIE ANFÄNGE

a. Jesus

768. BECKER, J.: Jesus von Nazareth, Berlin 1996
769. GNILKA, J.: Jesus von Nazaret. Botschaft und Geschichte, Freiburg 1993
770. HEILIGENTHAL, R.: Der Lebensweg Jesu von Nazareth. Eine Spurensicherung, Stuttgart 1994
771. KEE, H.C.: Was wissen wir über Jesus?, Stuttgart 1993 (ebenso knappe wie vorzügliche Diskussion der Quellen)
772. LÉMONON, J.-P.: Pilate et le gouvernement de la Judée. Textes et Monuments, Paris 1981 (umfassende Untersuchung zu allen einschlägigen Quellen)
773. LEROY, H.: Jesus. Überlieferung und Deutung, 3. Aufl. mit neuer Bibliographie, Darmstadt 1999
774. SANDERS, E.P.: Sohn Gottes. Eine historische Biographie Jesu, Stuttgart 1996
775. THEISSEN, G./MERZ, A.: Der historische Jesus: ein Lehrbuch, Göttingen 1996

b. Der Prozeß Jesu

776. COHN, CH.: Der Prozeß und Tod Jesu aus jüdischer Sicht, Frankfurt a.M. 1997 (betont die alleinige Zuständigkeit des römischen Statthalters; die jüdischen Behörden hätten versucht, Jesus als Juden vor dem Zugriff der Besatzungsmacht zu schützen)
777. BLINZLER, J.: Der Prozeß Jesu, 4. Aufl. Regensburg 1969
778. BROWN, R. E.: The Death of the Messiah: From Gethsemane to the Grave. A Commentary on the Passion Narratives in the Four Gospels, 2 Bde., New

York 1993/94 (Übersetzung der Passionsgeschichten; Kommentar; fast vollständige Forschungsgeschichte; vorrangiges Ziel: die Intention der Evangelisten zu klären)
779. KERTELGE, H. (Hg.): Der Prozeß gegen Jesus. Historische Rückfrage und theologische Deutung, 2. Aufl. Freiburg 1989 (wichtige Aufsatzsammlung)
780. ROSEN, K.: Rom und die Juden im Prozeß Jesu (um 30 n. Chr.), in: A. DEMANDT (Hg.), Macht und Recht, München 1991, S. 39–58

c. Paulus

781. BAUER, W.: Mündige und Unmündige beim Apostel Paulus, Diss. Marburg 1902 = Aufsätze und Kleine Schriften, Tübingen 1967, S. 122–154
782. GNILKA, J.: Paulus von Tarsus. Apostel und Zeuge, Freiburg 1996
783. HENGEL, M.: Der vorchristliche Paulus, in: M. HENGEL u. a., Paulus und das antike Judentum, Tübingen 1991, S. 177–294
784. HENGEL, M./SCHWEMER, A.M.: Paulus zwischen Damaskus und Antiochien. Die unbekannten Jahre des Apostels, Tübingen 1998 (die religiöse, historische, soziale und geographische Kulisse des frühen Paulus; betont besonders die jüdische Prägung des Apostels)
785. LOHSE, E.: Paulus. Eine Biographie, München 1996
786. RIESNER, R.: Die Frühzeit des Apostels Paulus. Studien zur Chronologie, Missionsstrategie und Theologie, Tübingen 1994
787. SANDERS, E.P.: Paul and Palestinian Judaism, London 1977 = Paulus und das palästinensische Judentum, Göttingen 1985
788. SANDERS, E.P.: Paul, Oxford 1991, dt. Übers. Stuttgart 1995 (Paulus als missionarischer Praktiker; kritisch dazu E. LOHSE, in: Göttingische Gelehrte Anzeigen 249 (1997) S. 66–81)
789. SCHELKLE, K.H.: Paulus, Leben – Briefe – Theologie, Darmstadt 1981
790. WENHAM, D.: Paulus. Jünger Jesu oder Begründer des Christentums?, Paderborn 1999 (die Lehre des Paulus stehe den Aussagen Jesu, wie sie die Evangelien überliefern, sehr nahe)

d. Die Gemeinden des 1. Jahrhunderts

791. CONZELMANN, H.: Geschichte des Urchristentums, 3. Aufl. Göttingen 1976
792. FISCHER, K.M.: Das Urchristentum, 2. Aufl. Berlin 1991
793. HENGEL, M.: Reich Christi, Reich Gottes und Weltreich im Johannesevangelium, in: HENGEL, M./SCHWEMER, A.M., Königsherrschaft Gottes und himlischer Kult, Tübingen 1991, S. 163–184
794. KRAFT, H.: Die Entstehung des Christentums, Darmstadt 1981
795. MARKSCHIES, CHR.: Zwischen den Welten wandern. Strukturen des antiken Christentums, Frankfurt a.M. 1997

796. THEISSEN, G.: Die Religion der ersten Christen. Eine Theorie des Urchristentums, Gütersloh 2000

e) Die Christen des 2. und 3. Jahrhunderts (s. auch 867–883)

797. Die Geschichte des Christentums: Religion, Politik, Kultur, dt. Ausgabe hg. N. BROX u. a., Bd. 2: Das Entstehen der einen Christenheit (250–430), Freiburg 1996
798. HAENDLER, G.: Von Tertullian bis zu Ambrosius, 4. Aufl. Leipzig 1992
799. LAMPE, P.: Die stadtrömischen Christen in den ersten beiden Jahrhunderten, 2. Aufl. Tübingen 1989 (mit ausführlicher Prosopographie der wichtigsten Christen Roms)
800. WILKEN, Robert L.: Die frühen Christen. Wie die Römer sie sahen, Graz 1986 (engl. 1984)
801. WISCHMEYER, W.: Von Golgotha zum Ponte Molle. Studien zur Sozialgeschichte der Kirche im dritten Jahrhundert, Göttingen 1992

4. DIE AUSBREITUNG DES CHRISTENTUMS

a. Der Glaube

802. BARKER, D. (Hg.): Schism, Heresy and Religious Protest, Cambridge 1972 (Studies in Church History 9; Sammelband zu allen wesentlichen religiösen Bewegungen)
803. BAUER, W.: Rechtgläubigkeit und Ketzerei im ältesten Christentum, 2. Aufl. Tübingen 1964
804. BENDIX, R.: Der Anspruch auf absolute Wahrheit im frühen Christentum, in: Max Webers Sicht des okzidentalen Christentums, hg. von W. SCHLUCHTER, Frankfurt/M 1988, S. 129–164
805. BERGER, K.: Historische Psychologie des Neuen Testaments, Stuttgart 1991
806. BROX, N.: Der einfache Glaube und die Theologie, in: Kairos 14 (1972) S. 161–187
807. BROX, N.: Terminologisches zur frühchristlichen Rede von Gott, München 1996
808. GRILLMEIER, A.: Christus licet vobis invitus deus. Ein Beitrag zur Diskussion über die Hellenisierung der christlichen Botschaft, in: Kerygma und Logos (Festschrift C. Andresen), hg. A.M. RITTER, Göttingen 1979, S. 226–257
809. KELLY, J.N.D.: Altchristliche Glaubensbekenntnisse. Geschichte und Theologie, 3. Aufl. Göttingen 1972 (Entwicklungsgeschichte der Glaubensbekenntnisse bis in die Zeit Karls des Großen)

b. Dogmen- und Theologiegeschichte

810. BERGER, K.: Theologiegeschichte des Urchristentums. Theologie des Neuen Testaments, Tübingen 1994
811. GRILLMEIER, A.: Jesus Christus im Glauben der Kirche, 4. Bde., 3. Aufl. Freiburg 1990
812. Handbuch der Dogmen- und Theologiegeschichte, hg. C. ANDRESEN, Bd. 1: Die Lehrentwicklung im Rahmen der Katholizität, von C. ANDRESEN/A.M. RITTER, u. a., Göttingen 1982
813. HARNACK, A. VON: Lehrbuch der Dogmengeschichte, 3 Bde., 4. Aufl. Tübingen 1909 (ND 1990) (Entwicklungsgeschichte des christlichen Dogmas; Kernthese von der Hellenisierung der christlichen Botschaft)
814. STRECKER, G.: Theologie des Neuen Testaments, Berlin 1996

c. Die jüdische Umwelt

815. BERGMANN, W./HOFFMANN, CH.: Kalkül oder „Massenwahn"? Eine soziologische Interpretation der antijüdischen Unruhen in Alexandria 38 n. Chr., in: Antisemitismus und jüdische Geschichte (Festschrift H.A. Strauß), Berlin 1987, S. 15–46
816. HENGEL, M.: Jerusalem als jüdische und hellenistische Stadt, in: Hellenismus, hg. B. FUNCK, Tübingen 1997, S. 269–306
817. HORSLEY, R.A./HANSON, J.S.: Bandits, Prophets, and Messiashs, Popular Movements in the Time of Jesus, Minneapolis 1985
818. NOETHLICHS, K.L.: Das Judentum und der römische Staat. Minderheitenpolitik im antiken Rom, Darmstadt 1996
819. PRICE, J.J.: Jerusalem under Siege. The Collapse of the Jewish State, 66–70 C.E., Leiden 1992
820. SCHÄFER, P.: Geschichte der Juden in der Antike. Die Juden Palästinas von Alexander dem Großen bis zur arabischen Eroberung, Stuttgart 1983
821. SCHWARTZ, D.R.: Agrippa I: The Last King of Judaea, Tübingen 1990 (dazu K. STROBEL, in: Gnomon 68 (1996) S. 126–134 mit eingehender Literaturdiskussion)
822. SCHÜRER, E.: Geschichte des jüdischen Volkes im Zeitalter Jesu Christi, 3 Bde., 2. Aufl. Leipzig 1901–1909, ND Hildesheim 1964; engl. Bearbeitung F. MILLAR, u. a.: History of the Jewish People, 3 vol. in 4, Edinburgh 1973–87
823. SMALLWOOD, E.M.: The Jews under Roman Rule from Pompey to Diocletian. A Study in Political Relations, 2. Aufl. Leiden 1981

d. Juden und Christen: Trennungsprozeße (s. auch J. MARTIN, OGG 5, S. 300 f.)

824. BALTRUSCH, E.: Die Christianisierung des Römischen Reiches. Eine Zäsur in der Geschichte des Judentums?, in: HZ 266 (1998) S. 23–46

825. NIEBUHR, K.-W.: „Judentum" und „Christentum" bei Paulus und Ignatius von Antiochia, in: Zeitschrift für Neutestamentliche Wissenschaft 85 (1994) S. 485 ff.

826. WANDER, B.: Trennungsprozesse zwischen frühem Christentum und Judentum im 1. Jahrhundert n. Chr.: datierbare Abfolgen zwischen der Hinrichtung Jesu und der Zerstörung des Jerusalemer Tempels, Tübingen 1994

e. Die geistige Auseinandersetzung mit Rom und der griechischen Intelligenz (s. auch 244–250)

827. CONZELMANN, H.: Heiden – Juden – Christen. Auseinandersetzungen in der Literatur der hellenistisch-römischen Zeit, Tübingen 1981

828. HAEHLING, R. VON (Hg.): Rom und das himmlische Jerusalem. Die frühen Christen zwischen Anpassung und Ablehnung, Darmstadt 2000 (Aufsatzsammlung)

829. KINZIG, W.: Novitas Christiana: die Idee des Fortschritts in der Alten Kirche bis Eusebius, Göttingen 1994

830. SCHNEIDER, C.: Geistesgeschichte des antiken Christentums, 2 Bde., München 1954; gekürzte Ausgabe unter dem Titel: Geistesgeschichte der christlichen Antike, München 1970

f. Mission und Ausbreitung: Der Weg zur Universalreligion (s. auch 781–790)

831. BARDY, G.: La conversion au Christianisme durant les premiers siècles, Paris 1949 (dt.: Menschen werden Christen, Freiburg 1988)

832. FROHNES, H./KNORR, U.W. (Hgg.): Kirchengeschichte als Missionsgeschichte Bd. 1: Die alte Kirche, München 1974

833. HARNACK, A. VON: Die Mission und Ausbreitung des Christentums, 4. Aufl. Leipzig 1924 (die großen Weltmissionare der ersten Stunde finden keine Nachfolger; nach ihnen erfolgt das Wachstum der Kirche durch „stetige Gärung" ohne missionarische Anstrengungen)

834. KERTELGE, K. (Hg.): Mission im Neuen Testament, Freiburg 1982

835. LANE FOX, R.: Pagans and Christians in the Mediterranean World from the Second Century A.D. to the Conversion of Constantine, 4. Aufl. New York 1987

836. MACMULLEN, R.: Christianizing the Roman Empire (A.D. 100–400), New Haven 1984

837. REINBOLD, W.: Propaganda und Mission im ältesten Christentum. Eine Untersuchung zu den Modalitäten der Ausbreitung der frühen Kirche, Göttingen 2000 (die Ausbreitung in den ersten drei Jahrhunderten ist mehr der alltäglichen Kommunikation als der spektakulären Missionspredigt zu danken)

5. DIE SOZIALE ORDNUNG DER CHRISTLICHEN GEMEINDEN

a. Eigentum und Reichtum

838. COUNTRYMAN, L.W.: The Rich Christian in the Church of the Early Empire. Contradictions and Accomodations, New York 1980
839. HENGEL, M.: Eigentum und Reichtum in der frühen Kirche: Aspekte einer frühchristlichen Sozialgeschichte, Stuttgart 1973
840. KEE, H.C.: Das frühe Christentum in soziologischer Sicht, Göttingen 1982
841. LEIPHOLDT, J.: Der soziale Gedanke in der altchristlichen Kirche, Leipzig 1952
842. RITTER, A. M.: Christentum und Eigentum bei Klemens von Alexandrien auf dem Hintergrund der frühchristlichen „Armenfrömmigkeit" und der Ethik der kaiserzeitlichen Stoa, in: Zeitschrift f. Kirchengeschichte 86 (1975) S. 1–25
843. TROELTSCH, E.: Die Soziallehren der christlichen Kirchen und Gruppen, in: Gesammelte Schriften I, Tübingen 1922, S. 1–178

b. Die soziale Schichtung

844. BARCLAY, J.M.: Paul, Philemon and the dilemma of christian slave-ownership, in: New Testament Studies 37 (1991) S. 161–186
845. DEISSMANN, A.: Das Urchristentum und die unteren Schichten, 2. Aufl. Göttingen 1908
846. ECK, W.: Christen im höheren Reichsdienst im zweiten und dritten Jahrhundert?, in: Chiron 9 (1979) S. 449–464
847. ECK, W.: Das Eindringen des Christentums in den Senatorenstand bis zu Konstantin dem Großen, in: Chiron 1 (1971) S. 381–406
848. GRIMM, B.: Untersuchungen zur sozialen Stellung der frühen Christen in der römischen Gesellschaft, Diss. München 1975
849. GÜLZOW, H.: Christentum und Sklaverei in den ersten drei Jahrhunderten, Bonn 1969
850. JUDGE, E.A.: Christliche Gruppen in nichtchristlicher Gesellschaft. Die Sozialstruktur christlicher Gruppen im 1. Jahrhundert, Wiesbaden 1964
851. JUDGE, E.A.: The Social Identity of the First Christians: A Question of Method in Religious History, in: JRH 11 (1980/81) S. 201–217 (mit Forschungsbericht)
852. SCHLEICH, TH.: Missionsgeschichte und Sozialstruktur des vorkonstantinischen Christentums. Die These von der Unterschichtenreligion, in: GWU 33 (1982) S. 269–296
853. SCHÖLLGEN, G.: Ecclesia sordida? Zur Frage der sozialen Schichtung frühchristlicher Gemeinden am Beispiel Karthagos zur Zeit Tertullians, Münster 1984

854. Schöllgen, G.: Die Teilnahme der Christen am städtischen Leben in vorkonstantinischer Zeit – Tertullians Zeugnis für Karthago (1982), in: 893: Martin/Quint, S. 319–357

855. Stark, R.: Der Aufstieg des Christentums. Neue Erkenntnisse aus soziologischer Sicht, Weinheim 1997 (betont die Rolle der Diaspora-Juden und der Frauen)

856. Stegemann, E.W./Stegemann, W.: Urchristliche Sozialgeschichte. Die Anfänge im Judentum und die Christusgemeinden in der mediterranen Welt, 2. Aufl. Stuttgart 1997 (vier Schwerpunkte: Allgemeine Wirtschaftsgeschichte, Sozialgeschichte des Judentums, die christlichen Gemeinden in den Städten des Imperiums, die Frauen)

857. Theissen, G.: Studien zur Soziologie des Urchristentums, 2. Aufl. Tübingen 1983 (Aufsätze des Autors zur Methodik, den Evangelien, den Briefen des Paulus, methodisch grundlegend S. 231–271: Soziale Schichtung in der korinthischen Gemeinde)

6. Organisation und Verfassung

858. Campenhausen, H. von: Kirchliches Amt und geistliche Vollmacht in den ersten drei Jahrhunderten, 2. Aufl. Tübingen 1963

859. Dassmann, E.: Ämter und Dienste in den frühchristlichen Gemeinden, Bonn 1994 (Aufsätze des Autors zum Thema)

860. Eisen, U.E.: Amtsträgerinnen im frühen Christentum: epigraphische und literarische Studien, Göttingen 1996

861. Faivre, A.: Ordonner la fraternité. Pouvoir d'innover et retour à l'ordre dans l'église ancienne, Paris 1992 (überarbeitete Aufsätze des Autors zur Entfaltung und Ausbildung der kirchlichen Hierarchie)

862. Ferguson, E. (Hg.): Church, ministry and organisation in the early church era, London/New York 1993

863. Harnack, A. von: Entstehung und Entwicklung der Kirchenverfassung und des Kirchenrechts in den zwei ersten Jahrhunderten, Leipzig 1910 (ND Darmstadt 1978)

864. Herrmann, E.: Ecclesia in re publica. Die Entwicklung der Kirche von pseudostaatlicher zu staatlich inkorporierter Existenz, Frankfurt a.M. 1980

865. Martin, J.: Die Genese des Amtspriestertums in der frühen Kirche, Freiburg 1972 (Quaestiones Disputatae 48)

866. Schöllgen, G.: Die Anfänge der Professionalisierung des Klerus und das kirchliche Amt in der syrischen Didaskalie, Münster 1998

7. Der römische Staat und die Christen

a. Allgemeine Darstellungen

867. Aland, K.: Das Verhältnis von Kirche und Staat in der Frühzeit, in: ANRW II 23, 1, Berlin 1979, S. 60–246
868. Hornus, J.-M.: Politische Entscheidungen in der Alten Kirche, München 1963
869. Klein, R. (Hg.): Das frühe Christentum im römischen Staat, WdF 267, Darmstadt 1971 (Aufsatzsammlung)
870. Nesselhauf, H.: Der Ursprung des Problems „Staat und Kirche", Konstanz 1975

b. Die Konfrontation in den ersten beiden Jahrhunderten

871. Botermann, H.: Das Judenedikt des Kaisers Claudius. Römischer Staat und Christiani im 1. Jahrhundert, Stuttgart 1996 (These: Das Claudiusedikt ist das früheste Echo der christlichen Mission)
872. Bringmann, K.: Christentum und römischer Staat im ersten und zweiten Jahrhundert n. Chr., in: GWU 29 (1978) S. 1–19
873. Freudenberger, R.: Das Verhalten der römischen Behörden gegen die Christen im 2. Jahrhundert, dargestellt am Brief des Plinius an Trajan und den Reskripten Trajans und Hadrians, 2. Aufl. München 1969
874. Keresztes, P.: Imperial Rome and the Christians, 2 Bde., New York 1989
875. Molthagen, J.: Die ersten Konflikte der Christen in der griechisch-römischen Welt, in: Historia 40 (1991) S. 42–76
876. Molthagen, J.: Die Lage der Christen im römischen Reich nach dem 1. Petrusbrief, in: Historia 44 (1995) S. 422–458
877. Mommsen, Th.: Der Religionsfrevel nach römischem Recht, in: Gesammelte Schriften III, Berlin 1907, S. 389–422
878. Vittinghoff, F.: „Christianus sum". Das „Verbrechen" von Außenseitern der Römischen Gesellschaft, in: 452: Ders., Civitas romana, S. 322–347

c. Die Verfolgungen von Decius bis Diokletian und die innerkirchlichen Konsequenzen

879. Frend, W.H.C.: Martyrdom and Persecution in the Early Church. A Study of a Conflict from the Maccabees to Donatus, Oxford 1965
880. Molthagen, J.: Der römische Staat und die Christen im zweiten und dritten Jahrhundert, 2. Aufl. Göttingen 1975
881. Schwarte, K.-H.: Die Christengesetze Valerians, in: W. Eck (Hg.), Religion und Gesellschaft in der Römischen Kaiserzeit, Köln 1989, S. 103–163

882. SCHWARTE, K.-H.: Diokeltians Christengesetz, in: E fontibus haurire, hg. R. GÜNTHER/S. REBENICH, Paderborn 1994, S. 203–240
883. STADE, K.: Der Politiker Diokletian und die letzte große Christenverfolgung, Diss. Frankfurt 1927

d. Die Verklärung der Märtyrer

884. BAUMEISTER, TH.: Die Anfänge der Theologie des Martyriums, Münster 1980
885. BOWERSOCK, G.W.: Martyrdom and Rome, Cambridge 1995
886. BUTTERWECK, CHR.: „Martyriumssucht" in der Alten Kirche? Studien zur Darstellung und Deutung frühchristlicher Martyrien, Tübingen 1995
887. CAMPENHAUSEN, H. VON: Die Idee des Martyriums in der alten Kirche, Göttingen 1936 (2. Aufl. 1964)
888. GRABAR, A.: Martyrium. Recherches sur le Culte des Reliques et l'Art chrétien antique, Bd. 1: Architecture, Bd. 2: Iconocraphie, Paris 1946
889. STE.CROIX, G.M.D. DE: Why Were the Early Christians Persecuted?, in: Past and Present 26 (1963) S. 6–38

8. CHRISTLICHES LEBEN IN DER HEIDNISCHEN GESELLSCHAFT

a. „Das dritte Geschlecht": Christen als Außenseiter (siehe auch 844–857)

890. BROWN, P.: Die Keuschheit der Engel. Sexuelle Entsagung, Askese und Körperlichkeit am Anfang des Christentums, München 1991
891. ESLER, PH.F.: The First Christians in their Social Worlds, 1994
892. FELDMEIER, R.: Die Christen als Fremde. Die Metapher der Fremde in der antiken Welt, im Urchristentum und im 1. Petrusbrief, Tübingen 1992 (vgl. J. MOLTHAGEN, in Gnomon 67 (1995) S. 701–705)
893. MARTIN, J./QUINT, B. (Hgg.): Christentum und antike Gesellschaft, Darmstadt 1990 (Aufsatzsammlung)
894. MEEKS, A.W.: Urchristentum und Stadtkultur. Die soziale Welt der paulinischen Gemeinden, Gütersloh 1993
895. SCHÄFKE, W.: Frühchristlicher Widerstand, in: ANRW II 23, 1, Berlin 1979, S. 460–723
896. STAMBAUGH, J./BALCH, D.: Das soziale Umfeld des Neuen Testaments, Göttingen 1992 (Grundrisse zum Neuen Testament 9)

b. Die christliche Umgewichtung der irdischen Existenz

897. MCGINN, B.: The Presence of God, deutsch: Die Mystik im Abendland, Bd. 1: Ursprünge, Freiburg 1994

898. MEEKS, W.A.: The Origins of Christian Morality. The First Two Centuries, New Haven/London 1993
899. THEISSEN, G.: Tradition und Entscheidung. Der Beitrag des biblischen Glaubens zum kulturellen Gedächtnis, in: 743: ASSMANN/HÖLSCHER, S. 170–196

c. Die Romanisierung des Christentums

900. CANCIK, H.: Christus Imperator, in: Der Name Gottes, hg. H. VON STIETENCRON, Düsseldorf 1975, S. 112–130
901. HOFFMANN, A.: Kirchliche Strukturen und Römisches Recht bei Cyprian von Karthago, Paderborn 2000
902. PETERSON, E.: Der Monotheismus als politisches Problem (1935), in: Theologische Traktate, München 1951, S. 45–147
903. PLÜMACHER, E.: Identitätsverlust und Identitätsgewinn. Studien zum Verhältnis von kaiserzeitlicher Stadt und frühem Christentum, Neukirchen/Vluyn 1987
904. SCHMITT, C.: Politische Theologie II. Die Legende von der Erledigung jeder Politischen Theologie, Berlin 1970

d. Die Forderung nach religiöser Toleranz

905. GARNSEY, P.: Religious Toleration in Classical Antiquity, in: W.J. SHEILS, Persecution and Toleration, Oxford 1984, S. 1–27
906. KÖTTING, B.: Religionsfreiheit und Toleranz im Altertum (1977), in 764: DERS., Ecclesia peregrinans, S. 158–187

ANHANG

Abkürzungsverzeichnis

AE	L'année épigraphique
AncSoc	Ancient Society
ANRW	Aufstieg und Niedergang der römischen Welt, hg. H. Temporini u. W. Haase, Berlin 1972 ff.
BJbb	Bonner Jahrbücher
CAH	Cambridge Ancient History
CIL	Corpus Inscriptionum Latinarum
FCh	Fontes Christiani. Zweisprachige Neuausgabe christlicher Quellentexte, hg. N. Brox u. a.
FGrHist	Die Fragmente der griechischen Historiker, hg. F. Jacoby, Berlin 1923 ff.
FIRA I	Fontes Iuris Romani Anteiustiniani I: Leges, hg. S. Riccobono, 2. Aufl. Florenz 1941
GWU	Geschichte in Wissenschaft und Unterricht
HdAW	Handbuch der Altertumswissenschaften
HA	Historia Augusta
HZ	Historische Zeitschrift
ILS	H. Dessau, Inscriptiones Latinae Selectae, 3 Bde., Berlin 1892 ff.
JbDAI	Jahrbuch des Deutschen Archäologischen Instituts
Jb RGZM	Jahrbuch des Römisch-Germanischen Zentralmuseums Mainz
JHS	Journal of Hellenic Studies
JRS	Journal of Roman Studies
JThS	Journal of Theological Studies
PGLit	Propyläen-Geschichte der Literatur, Berlin 1981 ff.
RAC	Reallexikon für Antike und Christentum
RÉA	Revue des Études Anciennes
RE	Paulys Real-Encyclopädie der classischen Altertumswissenschaft
RG	Römische Geschichte
RM	Römische Mitteilungen (Mitteilungen des Deutschen Archäologischen Instituts, Römische Abteilung)
SB	Sitzungsberichte
SDHI	Studia et Documenta Historiae et Iuris
TRE	Theologische Realenzyklopädie
WdF	Wege der Forschung
ZSavStift R.A.	Zeitschrift der Savigny-Stiftung, Romanistische Abteilung

Zeittafel

43 v.–14 n. Chr.	Das Ende der Bürgerkriege und die Ausbildung der Monarchie (Prinzipat). Augustus verzichtet auf die Eroberung des Partherreiches, führt aber die römische Expansion in die Binnenräume West- und Mitteleuropas weiter. Der Rhein und die Donau bilden im Norden die Grenze des Imperium Romanum.
29 v. Chr.	Octavian gestattet auf Antrag der Landtage von Bithynien und Asia den Provinzialen die Einrichtung eines Kultes für die Göttin Roma und seine eigene Person. Das Modell für die künftige kultische Verehrung des Kaisers als Gott ist gefunden.
27 v. Chr.	Octavian legt alle außerordentlichen Gewalten der Bürgerkriegsära nieder. Die Herrschaft über das Imperium wird geteilt: Der Senat regiert wie bisher die befriedeten Provinzen, der Prinzeps übernimmt die Grenzprovinzen und erhält als Rechtstitel ein befristetes *imperium proconsulare*, das mehrmals verlängert wird. Der Senat verleiht Octavian das Cognomen Augustus; der offizielle Name des Prinzeps lautet nunmehr: Imperator Caesar Divi filius Augustus.
23 v. Chr.	Augustus verzichtet auf die jährlich neue Bekleidung des Konsulats. Die *tribunicia potestas*, nach der künftig die Regierungsjahre der Kaiser gezählt werden, tritt neben das *imperium proconsulare*. Der Prinzipat konstituiert sich als Rechtsordnung.
13–9 v. Chr.	Errichtung des Altars der Friedensgöttin (*ara pacis*) auf dem Marsfeld. Sein Bildprogramm verherrlicht die augusteische Ordnung als die Erfüllung der römischen Geschichte.
12 v.–16 n. Chr.	Der römische Versuch, die Elbe zu erreichen und Germanien zu provinzialisieren, scheitert nach großen Anfangserfolgen des Drusus (12–9 v. Chr.) am germanischen Widerstand, der seit 9 n. Chr. von dem abgefallenen Auxiliaroffizier Arminius geführt wird.
14–68	Die Julisch-Claudische Dynastie (Tiberius: 14–37; Gaius: 37–41; Claudius: 41–54; Nero: 54–68). Ausbau der kaiserlichen Zentralverwaltung. In den senatorischen Provinzen regieren seit Augustus im jährlichen Wechsel Prokonsuln, in den kaiserlichen ohne feste zeitliche Befristung proprätorische *legati Augusti*, neben denen ritterliche Prokuratoren die Finanzen verwalten.
30	Wahrscheinlich am 7. April wird Jesus von Nazareth vor dem *praefectus Iudaeae* Pontius Pilatus angeklagt, zum Tode verurteilt und gekreuzigt.

48–58	Etwa 20 Jahre nach dem Tode Jesu setzt Paulus, der sich von Gott zum Apostel berufen glaubt („Damaskuserlebnis"), die Heidenmission gegen den Widerstand judenchristlicher Gruppen durch. In drei großen Missionsreisen gründet er zahlreiche Gemeinden in den Ostprovinzen. Seine brieflich der römischen Gemeinde vermittelte Lehre von der gottgewollten Obrigkeit wies den Christen den Weg zum Gehorsam gegenüber Kaiser und Staat.
68/69	Nachfolgekrise, Bürgerkrieg und Vierkaiserjahr. Das Fehlen einer verbindlichen Nachfolgeordnung führt nach dem Sturz Neros zum Kampf der Grenzarmeen und ihrer Generäle um das kaiserliche Amt.
69–96	Die Flavische Dynastie (Vespasian: 69–79; Titus: 79–81; Domitian: 81–96). Die Feldzüge in England (77–84 unter Iulius Agricola) und in Germanien (83–85: Chattenkrieg Domitians) führen zur dauerhaften Besetzung Englands bis zur Tyne-Salway-Linie und zur Einrichtung des Decumatlandes am oberen Neckar; die bisherigen germanischen Heeresbezirke werden in die Provinzen Germania Inferior und Superior umgewandelt. Die seit Claudius in der kaiserlichen Zentralverwaltung mächtigen Freigelassenen werden weitgehend durch Angehörige des Ritterstandes ersetzt. Im August 79 zerstört ein Ausbruch des Vesuv die Städte Pompeii und Herculaneum.
70–120	Zerstörung Jerusalems durch Titus im Jahre 70. In den christlichen Gemeinden schwindet die Hoffnung auf die baldige Wiederkunft Christi. Binnen dreißig Jahren erscheinen vier Biographien über Jesus und die Apostelgeschichte. Die Kirche löst sich von der Synagoge.
112/113	Trajan regelt die staatliche Behandlung der Christenfrage neu: Das Christsein an sich (*nomen ipsum*) ist strafbar, die staatlichen Behörden bearbeiten private und namentlich gemachte Anzeigen gegen die Christen, spüren selbst jedoch keine Christen auf.
98–180	Das Jahrhundert der „Adoptivkaiser" (Trajan: 98–117; Hadrian: 117–138; Antoninus Pius: 138–161: Mark Aurel: 161–180). Die Monarchie wird für alle Belange der Reichsbevölkerung zuständig, soweit diese nicht im Rahmen der Städte gelöst werden können. Trajan erobert Dakien (106); die Reichsgrenzen werden befestigt. Die Eliten der Provinzialen nehmen das angebotene römische Bürgerrecht an, so daß die römische Herrschaft ihren Charakter als Fremdherrschaft allmählich verliert.

161–180	Von Rom nicht kontrollierbare Völkerwanderungen im germanischen Raum lösen die Einfälle der Markomannen, Quaden und Iazygen in die Donauprovinzen aus. 167 schleppen aus Mesopotamien zurückkehrende Truppen die Pest ein, die sich über alle Provinzen ausbreitet.
150–200	Unter Berufung auf die apostolische Tradition und den Willen Gottes bilden die Christen eine hierarchische Kirchenverfassung aus: Bischöfe, Presbyter und Diakone übernehmen die Leitung der Gemeinden, die Unterstützung der Armen, die Verkündigung der Lehre und die Feier des Gottesdienstes.
193–235	Die Dynastie der Severer (Septimius Severus: 193–211; Caracalla: 211–217; Elagabal: 218–22; Severus Alexander: 222–235). Die Armeen an Rhein, Donau und Euphrat gewinnen angesichts wachsender Bedrohungen an politischer Bedeutung; ihre Rekrutierung erfolgt nahezu ausschließlich in den Grenzprovinzen.
212/213	Das römische Bürgerrecht wird durch Caracalla an fast alle Reichsbewohner verliehen.
224/226	Mit der Krönung Ardaschirs beginnt im Iran der Aufstieg des Sassanidenreiches, das unter Schapur I. (241–272) Anspruch auf die Weltherrschaft und die römischen Ostprovinzen erhebt. Die Lehre Zarathustras wird Staatsreligion; die Priesterschaft, hierarchisch gegliedert, erhält einen vom König eingesetzten höchsten Amtsträger.
235–284	Das Zeitalter der Soldatenkaiser (Gallienus: 253–268; Aurelian: 270–275). Die Bestellung der Kaiser wird Sache der Armeen (insgesamt über 40 Kaiser). Trotz schwerer Niederlagen gegen Germanen und Perser behauptet sich das Imperium. Die Konzentration des Großgrundbesitzes nimmt zu; der Bauer bearbeitet das Land vorwiegend als Pächter, der faktisch an seine Scholle gebunden wird.
260–268	Kaiser Gallienus annulliert die Verfolgungsedikte gegen die Christen. Im innerkirchlichen Streit um den Umgang mit den vom Glauben Abgefallenen (*lapsi*) setzt sich der Grundsatz durch, dass es außerhalb der offiziellen Kirche keinen Glauben und keine Heilsgewißheit geben könne.
259/260	Der obergermanisch-rätische Limes wird aufgegeben. Um die Verteidigungsfähigkeit des Reiches zu erhöhen, werden im Hinterland bewegliche Reiterverbände als operative Reserve stationiert; der Ritterstand übernimmt alle wichtigen militärischen Kommandostellen.
270–275	Aurelian stellt die Reichseinheit wieder her (*restitutor orbis*); die Hauptstadt wird befestigt („Aurelianische Mauer"). Das Kaisertum wird mit dem solaren Monotheismus ideologisch verknüpft (offizieller Staatskult des Deus Sol Invictus).

311 Das Toleranzedikt des Galerius beendet endgültig die Verfolgungen der Christen; die Ausübung ihrer Religion wird staatlich sanktioniert, um dem bedrängten Reich nunmehr auch den Segen des christlichen Gottes zu sichern.

REGISTER

Register Moderner Autoren

Aland, K. 339
Albrecht, M. v. 157, 158, 289
Alföldi, A. 12, 168, 181, 183, 184, 186
Alföldy, G. 144, 149, 154, 164, 165, 180, 183, 197 ff., 202, 204, 211, 217, 218, 219, 223, 228, 230, 233, 268, 348
Ameling, W. 256
Ando, C. 262
Andreae, B. 274, 275
Andreau, J. 220
Andresen, C. 299, 315, 317, 332, 348, 350
Angenendt, A. 283, 287, 299, 312
Arendt, H. 203
Assmann, J. 144, 266 f.
Auffarth, Chr. 256
Ausbüttel, F. M. 202, 238

Baltrusch, E. 187, 200, 222, 268, 271, 288, 325, 330
Bammel, C. 316
Bardenhewer, O. 288
Bardy, G. 312, 328
Barghop, D. 272
Barrett, Ch. K. 222, 290, 291, 303, 342
Barton, C. A. 269
Bastiaensen, A. A. R. 309
Bauernfeind, O. 290
Baumeister, Th. 311
Baur, F. Chr. 323
Beaujeu, J. 347
Beck, A. 352
Becker, J. 320, 322, 323, 337
Behrends, O. 216
Bellen, H. 147, 193, 216, 228
Beloch, K. J. 208 f.
Benabou, M. 259
Bender, P. 252
Béranger, J. 180, 181, 183
Berger, K. 273, 281, 290, 293, 294, 296, 297, 311, 317, 318
Bering-Staschewski, R. 165
Berry, J. 254
Betz, H. D. 278, 315
Bianchi Bandinelli, R. 190, 274
Bichler, K. 315
Bickermann, E. 186, 251 f.

Binder, G. 175, 177, 285
Birley, A. 231
Biser, E. 322
Blank-Sangmeister, U. 164
Bleicken, J. 1, 24, 141, 142, 148, 156, 159, 165, 173 f., 179, 180, 181, 188, 195, 215, 236, 238, 248, 278, 287, 288, 312, 334, 341, 343, 344, 346, 347, 349, 354
Boatwright, M. 242
Böcher, O. 302
Boissier, G. 194
Borbein, A. H. 183, 253, 275, 279, 280
Bornkamm, G. 291, 296, 302
Botermann, H. 213, 288, 319
Bowersock, G. W. 196, 237, 280, 309
Brandt, E. 339, 341
Breeze, D. J. 231
Brenk, B. 275
Bringmann, K. 171, 172, 173, 212, 345, 346
Brödner, E. 245
Broughton, T. R. S. 254
Brown, P. 220, 255, 271, 274, 280, 282, 306, 309, 326, 329, 330, 333, 352
Brown, R. E. 324, 345
Brox, N. 311, 313, 332, 334, 341
Brunt, P. 198, 209, 215, 238, 252, 253
Bruun, Chr. 245
Buchan, J. 175
Buchner, E. 191 f.
Buckland, W. W. 219
Bultmann, R. 295
Burckhardt, J. 145, 273
Burkert, W. 162, 281, 282, 284
Butterweck, Chr. 310, 311, 348

Caballos, A. 157, 194
Campbell, J. B. 188, 229, 230
Campenhausen, H. v. 352
Cancik, H. 210, 256, 267, 285, 294, 295, 313, 326
Carrié, J.-M. 231
Cavallo, G. 157
Cerfaux, L. 185
Chadwick, H. 353
Chantraine, H. 186

Charbonnel, N. 249
Charlesworth, M. P. 181, 183, 202, 203
Chartier, R. 157
Cherry, D. 260
Chevalier, R. 243
Christ, K. 147ff., 153, 164, 244, 251, 259, 288
Christol, M. 153, 154, 155
Clarke, 286, 326
Clauss, M. 147, 185, 210, 227, 233, 276, 280, 288, 345, 346, 347
Clementz, H. 290
Cohn, C. 345
Collatz, Chr.-F. 198
Colpe, C. 294, 313
Conze, W. 160
Conzelmann, H. 304, 317, 319, 320, 324, 337, 343
Countryman, L. W. 351
Croix, G. E. M. de Ste. 310, 346
Crossan, J. D. 293
Cumont, F. 282
Cüppers, H. 225

D'Arms, J. H. 219, 220
Dahlheim, W. 146, 173, 206, 231, 246, 252, 253, 290, 309, 338
Dassmann, E. 309, 313, 333, 345, 352
Deininger, J. 169, 184, 185, 206, 253, 254, 270
Deissmann A. 294, 325
Demandt, A. 142, 146, 151, 193, 210, 259, 345
Den Boer, W. 166
Dessau, H. 142, 156, 167, 184, 188, 201, 214, 240, 241, 246, 247, 250, 339
Dettenhofer, M. H. 176, 195, 222
Devijver, H. 231
Dihle, A. 158, 161f., 289
Dilke, Charles 257
Dilke, O. A. W. 209
Dinzelbacher, P. 264
Dobesch, G. 256
Dobson, B. 231
Dodds, E. R. 272, 279, 280
Domaszewski, A. v. 232
Döpp, H.-M. 293, 324
Dormeyer, D. 289, 292, 293, 294, 295, 299, 321
Downey, G. 319
Dreroll, C. 249

Dressel, G. 265
Drexhage, H.-J. 211
Duby, G. 212, 268
Dülmen, R. van 265
Duthoy, R. 185
Düwell, K. 226
Dyson, St. L. 254

Ebertz, M. N. 318
Ebner, M. 273
Eck, W. 157, 173, 194, 197, 198, 201, 203, 209, 215, 216, 217, 222, 238, 240, 241, 245, 248, 250, 351
Edwards, M. J. 267
Ehlich, K. 285
Eisen, U. 329
Eisenhut, W. 163f.
Elze, M. 327
Engesser, F. 241, 242
Ensslin, W. 186f.
Epting, K. 258
Erdmann, E. 154
Esler, P. F. 313

Fabre, G. 219
Faivre, A. 305
Fantham, E. 157
Fears, J. R. 177
Febvre, L. 264
Feldmeier, R. 341, 343
Fellmeth, U. 202, 225
Fernández, F. 194
Fiedrowicz, M. 307, 308, 316
Finley, M. I. 211, 212, 215, 224, 234, 246
Fischer, K. M. 289
Flach, D. 157, 163, 201, 213, 221, 223, 224, 234, 299
Flaig, E. 176, 181, 189, 195
Fögen, M. Th. 277, 278, 279
Förster, W. 313
Frank, K. S. 256, 286, 300, 305, 307, 308, 313, 317, 322, 325, 336, 338, 344
Freis, H. 234, 239, 260
Frend, W. H. C. 316
Freudenberger, R. 309, 345
Friedländer, L. 189, 192, 214, 243
Frier, B. W. 209, 210
Frohnes, H. 304, 307
Fuchs, H. 183, 235
Fuhrmann, M. 146, 157, 158, 166

Gabba, E. 171, 172, 207
Gabelmann, H. 205
Gadamer, H. 286
Gagé, J. 186, 192, 203
Galinsky, K. 192
Gall, L. 149
Galsterer, H. 206, 243, 246, 247, 248
Gardner, J. 221, 222
Garnsey, P. 149, 212, 221, 225, 226, 237, 248, 249, 260, 306
Gaudemet, J. 238, 250
Gebhardt, W. 318
Geerlings, W. 305
Gehrke, H. J. 212
Gelzer, M. 180
Gercke, A. 163
Gesche, H. 258
Giardina, A. 162
Gibbon, E. 147, 154
Giebel, M. 173
Giesen, H. 303
Gladigow, B. 285
Gnilka, J. 322, 323
Göbl, R. 153
Goffart, W. 224
Goldsworthy, A. K. 228
Gonzales, J. 157, 247
Görgemanns, H. 158
Gotter, U. 175
Grabar, A. 275, 348
Graf, F. 277
Grant, M. 149, 243
Grant, R. M. 331, 339
Grew, F. 243
Grillmeier, A. 334, 335, 337
Gross-Albenhausen, K. 166
Gruen, E. S. 170, 177
Gülzow, H. 325, 329, 350, 351
Gundel, H. 183
Gutsfeld, A. 213, 259
Guyot, P. 280, 316, 329, 342, 344, 348

Habermann, W. 245
Habermehl, P. 280
Habicht, Chr. 309
Haehling, R. v. 307, 310, 320, 352
Haendler, G. 289
Haensch, R. 238
Hägg, T. 160
Hahn, F. 293, 303, 334
Halfmann, H. 187, 189, 198

Halsberghe, G. H. 186
Harmand, L. 241, 242
Harnack, A. v. 285, 286, 288, 309, 311, 313, 315, 320, 321, 323, 324, 327 ff., 333, 335, 336, 345, 351
Hartke, W. 169, 168
Hartmann, F. 230
Hatschek, J. 252
Hatt, J. J. 259
Häuser, Ph. 314
Heil, M. 253, 254
Heiligenthal, R. 290
Heilmann, A. 293, 309, 332, 351
Heinen, H. 226, 245
Heinrichs, J. 215, 216, 217
Hellholm, D. 302
Helm, R. 161
Hengel, M. 143, 281, 287, 293, 302, 318, 319, 322, 324, 347, 351
Hennecke, E. 161, 292, 297, 299, 303, 326
Herder, J. G. 257
Herrmann, P. 154, 181, 182
Herz, P. 226
Heuss, A. 141, 142, 148, 151, 152, 155, 156, 158, 170, 175 ff., 183, 184, 188, 193, 211, 233, 241, 253, 255, 261, 263, 265, 267, 287, 346, 354
Hingley, R. 258
Hirschfeld, O. 151, 156, 187
Hobley, B. 243
Hochhut, R. 171
Hoffmann, A. 353
Hoffmann, R. J. 315
Hoffmann, W. 206
Hoheisel K. 314
Hohl, E. 167
Holder, P. A. 227
Hölkeskamp, K.-J. 267
Hölscher, T. 164, 186, 190 f., 275
Holzberg, N. 160, 171
Hopfner, Th. 280
Hopkins, K. 197, 214, 226, 268 f.
Horn, H. J. 289
Hose, M. 255
Hübner, H. 322
Huyse, Ph. 153

Jacoby, F. 170
Jacques, F. 153
Jahnkuhn, H. 159, 160
Jantsch, J. 286

Jedin, H.   325
Johne, K. P.   153, 198, 224
Johnson, A.   227
Jones, A. H. M.   203, 224, 237, 246, 248, 256, 278, 303, 326, 342

Kaelble, H.   283
Kaser, M.   218
Kautzsch, E.   309
Kee, H. C.   273, 314, 325, 351
Keen, M.   144
Kehl, A.   332
Kelly, J. N. D.   334
Kelsen, H.   351
Keppie, L.   227, 229
Kerényi, K.   162
Keresztes, P.   349
Kertelge, K.   326, 345
Kettenhofen, E.   253
Kienast, D.   147, 170, 171, 172, 176, 177, 178, 197, 209, 217, 228, 262
Kinzig, W.   324, 327, 339
Kippenberg, H. G.   290, 291
Kitzinger, R.   149, 243
Klauck, H.-J.   276, 278, 280, 296, 304, 312, 313, 315, 320, 347
Klauser, Th.   337
Klein, R.   144, 280, 316, 326, 329, 342, 344, 348
Kloft, H.   175, 220, 224
Kneissl, P.   202, 347
Kneppe, A.   264, 272
Knorr, U. W.   304, 307
Köhn, J.   224
Kolb, F.   142, 153, 154, 186, 187, 189, 191, 204, 214, 226, 238, 245, 268
König, I.   147, 251
Kornemann, E.   141, 163
Körtner, U. H.   303
Koselleck, R.   146
Kötting, B.   311, 312, 326, 339, 350, 352
Kraft, H.   293, 309, 317, 332, 335, 351
Krause, J.-U.   223, 328, 330
Kretschmar, G.   304, 330
Krieger, K.-S.   290
Krüger, R.   253
Kümmel, W. G.   303, 345
Kunkel, W.   142, 183, 195, 206, 238

L'Orange, H. P.   143, 186
Lamberti, F.   247

Lampe, P.   210, 330
Landfester, M.   161
Lane Fox, R.   273, 285, 310, 311, 328 ff., 349, 350, 352
Lang, B.   278
Langhammer, O.   248
Laqueur, Th.   220
Lassère, J.-M.   260
Latte, K.   282
Laurence, R.   254
Le Roux, P.   232
Le Roy Ladurie, E.   264 f.
Lebek, W. D.   157
Lefèbre, E.   171
Lehmann, H.   149
Lehnen, J.   189
Lémonon, J.-P.   345
Lendon, J. E.   197, 241 f.
Leppin, H.   215
Leroy, H.   345
Leutzsch, M.   303
Levick, B.   197, 234
Lewison, W.   210
Liebeschuetz, J. H. W. G.   183, 286, 331
Liebs, D.   249, 277
Lietzmann, H.   286, 300, 307, 327, 328, 331, 350
Lindemann, A.   304, 320
Lintott, A.   237, 238
Lippold, A.   167, 168
Lohse, Ed.   322, 323
Lorenz, Th.   243
Losemann, V.   202, 347
Lounibos, J.   272
Luz, U.   320, 323, 337

Mack, B. L.   294, 295
Maier, F. G.   210
Malcovati, H.   170
Mann, Golo   164
Mann, J. C.   231
Markschies, Chr.   286, 294, 299, 313, 326
Martin, J.   148, 223, 243, 329, 353
Martino, F. de   179, 219, 224, 240
Mason, St.   290
Mathews, Th. F.   275, 348
Mattern, S. P.   253
Mause, M.   187
MacMullen, R.   142, 154, 200, 202, 231, 248, 249, 259, 307, 327
Meeks, W. A.   283, 286, 329

Meer, F. van der 275, 348
Mehl, A. 157
Meier, Chr. 175, 283
Meier, J. P. 290
Meissner, B. 160, 212, 213
Melville, G. 267
Merkelbach, R. 162, 227
Merlan, P. 315
Merten, E. 167
Merz, A. 279, 286, 296, 329, 345
Mette-Dittmann, A. 222, 223
Metzger, B. M. 300
Meuthen, E. 146
Meyer, Ed. 183, 286, 288, 289, 302, 315
Meyer, M. W. 278
Michel, O. 259, 290, 294
Middleton, P. 226
Millar, F. 162, 165, 175, 181, 187, 188, 189, 194, 202, 229, 237, 250, 253, 255, 322, 347
Miller, P. C. 280
Mitchel, St. 249
Mitteis, L. 250
Mitterauer, M. 265
Mohr, H. 267
Mölk, U. 277
Molthagen, J. 288, 339, 341, 343, 344, 349
Momigliano, A. 144, 148, 153, 155, 157, 182, 196
Mommsen, Th. 10, 56, 141, 145, 149, 150, 151, 155, 167, 168, 178 f., 184, 192, 193, 246, 247, 249, 258, 344
Montesquieu, Ch.-L. 180, 206, 263
Mühlmann, W. E. 283
Müller, K. E. 162, 253
Musurillo, H. 280, 309, 348

Neesen, L. 238, 248
Nesselhauf, H. 231, 234, 344
Nesselrath, H.-G. 278
Nestle, W. 315, 349
Nicolet, C. 196, 253
Nicols, J. 241
Niebuhr, B. G. 281, 323
Nippel, W. 152, 246, 283, 323
Nipperdey, Th. 265, 281
Noethlichs, K. L. 320
Nord, Chr. 293, 343
Norden, E. 163
Nörr, D. 235 f., 251

Opelt, I. 253

Pabst, A. 181
Pack, E. 330
Pagels, E. 339
Parkin, T. G. 209, 210
Patzek, B. 221
Pékary, Th. 191, 254
Perkouning, C.-M. 222
Pesch, R. 326
Peterson, E. 144
Petzke, G. 279
Pflaum, H.-G. 180, 254, 259, 261
Piganiol, A. 260
Pippidi, D. M. 259
Pitz, E. 287
Pleket, H. W. 202, 209 f., 212
Pöschl, V. 234
Preisker, C. H. 296
Premerstein, A. v. 181

Quint, B. 329

Raaflaub, K. 206, 227
Raepsaet-Charlier, M.-Th. 198
Rahner, K. 339
Räisänen, H. 337
Ramage, E. S. 170
Ranke, L. 145
Rathbone, D. W. 238
Reddé, M. 228
Reinbold, W. 327, 328, 331, 341
Reinhold, M. 204
Reitzenstein, R. 282
Reventlow, H. 299
Reynolds, J. 319
Rickman, G. 225
Riesner, R. 319, 320
Riess, W. 162
Rilinger, R. 142, 169, 249
Ritter, A. M. 276, 299, 304, 309, 313, 315, 316, 347, 350
Rives, J. B. 316
Roller, M. B. 206, 242
Rösger, A. 167
Rostovtzeff, M. 142, 153, 159, 211, 220, 223, 247 f., 259
Rother, K. 210
Rouland, N. 218
Rousselle, A. 222
Roxan, M. 232
Rüdiger, H. 146
Runciman, W. G. 269

Rüpke, J.   256, 276, 282, 285, 294, 326
Rutledge, S. H.   195, 215

Saddington, D. B.   227
Said, S.   162, 256
Saller, R. P.   149, 182, 201, 202, 203, 212, 221, 222, 237, 241
Sanders, E. P.   322
Sartre, M.   237
Sattler, P.   195
Saurer, E.   265
Schäfer, N.   172, 201
Schäfke, W.   344
Scheer, T. S.   279
Scheffczyk, L.   335
Scheid, J.   153
Schelkle, K. H.   321, 322
Schenke, L.   318
Schiavone, A.   148, 153, 215, 216
Schindel, U.   277
Schlange-Schöningen, H.   210
Schleich, Th.   212
Schluchter, W.   282
Schlumberger, J.   166
Schmaus, M.   337
Schmithals, W.   292
Schmitt, C.   144
Schmitt, M. T.   254
Schmitthenner, W.   172
Schmitzer, U.   172
Schnabel, F.   257
Schneemelcher, W.   161, 292, 297, 299, 303, 326
Schneider, C.   289, 309, 334 ff.
Schneider, G.   297, 305, 339, 343
Schneider, H.   211, 212, 214, 223, 224, 244
Schöllgen, G.   304, 305, 306, 315, 330, 333, 351, 353
Scholten, C.   313
Schottländer, R.   201, 271
Schreckenberg, H.   324
Schreiner, K.   337
Schriewer, J.   283
Schuckert, L.   180
Schulten, A.   259
Schulze, H.   146, 264
Schumacher, L.   156, 215, 229, 247
Schürer, E.   330
Schuster, M.   253
Schütt, H.-W.   277

Schwaiger, G.   300, 338
Schwarte, K.-H.   184, 278, 349
Schwartz, Ed.   314
Schweitzer, A.   286
Schwemer, A. M.   319, 322
Scott, J. M.   320
Seeck, O.   156
Seel, O.   263, 267
Seeley, R.   257
Sellin, V.   263, 264
Settis, S.   275
Shaw, B. D.   162, 280, 309
Sherk, R. K.   234
Sherwin-White, A. N.   239, 251, 344
Simmons, M. B.   315, 316
Simon, E.   177, 192
Smallwood, E. M.   325
Smith, M.   279
Smith, R.   278
Smith, R. C.   272
Snell, B.   276
Söder, R.   161, 297
Southern, C. H.   173
Späth, Th.   222
Speidel, M. P.   228, 229
Speyer, W.   253
Stahl, M.   201, 236, 248
Stahlmann, I.   220, 222
Stark, R.   325, 328, 331
Starr, C. G.   228
Stegemann, E. W.   319, 325, 329, 330
Stern, M.   290, 343
Stoll, O.   231
Strasburger, H.   165, 171, 188, 199, 206, 218, 219
Strauss, D. F.   285
Strecker, G.   321
Streng, M.   204
Strobel, K.   144, 154, 155, 272, 273, 288, 306, 348
Stroux, J.   239
Studer, B.   308, 309, 324
Stumpp, B. E.   222
Sünskes Thompson, J.   181
Swain, S.   162, 256, 267
Syme, R.   175, 180, 181, 194 f., 206 f., 252, 253

Talbert, R. J. A.   193 f.
Tannenbaum, R.   319
Taubes, J.   144, 313

Thébert, V. 215
Theissen, G. 267, 273, 279, 284, 286, 292, 294, 296, 300, 302, 318, 321ff., 327, 329, 333, 334, 345
Theobald, M. 321
Thiede, C. P. 293
Thiedemann, H. 271
Thompson, L. L. 342
Thompson, S. 270
Thornton, C.-J. 290, 291, 303, 342
Till, R. 234
Timpe, D. 151, 152, 159, 160, 177, 179, 184, 194, 196, 226, 252, 253, 254, 267, 278, 302, 303, 304, 306, 307, 308, 310, 314, 325
Toher, M. 206
Tondriau, J. 185
Treggiari, S. 222
Troeltsch, E. 286
Tröger, K.-W. 289, 304
Turcan, R. A. 193

Uffelmann, U. 154
Ulrich, J. 342
Urban, R. 178

Veh, O. 148
Vermaseren, M. J. 282
Veyne, P. 147, 192, 200, 202, 217, 220, 221, 222, 256, 267, 270, 271
Vielhauer, Ph. 289
Visscher, F. de 239
Vittinghoff, F. 173, 209, 212, 217, 231, 232, 237, 239, 240, 246, 248, 249, 250, 251, 260, 262, 341ff., 201
Vogt, J. 255
Volkmann, H. 170, 260
Vouga, F. 318

Wacke, A. 249
Waldstein, W. 218, 219
Wallace-Hadrill, A. 192
Wallinger, E. 222
Walser, G. 229, 232
Walter, U. 267

Wander, B. 318, 319, 324
Warnke, M. 190
Weaver, P. R. C. 193, 218
Weber, G. 279, 280
Weber, M. 152, 155f., 282, 283, 318, 323
Weber, V. 170, 223, 224
Weeber, K.-W. 269
Wehler, H.-U. 149, 283
Weinstock, St. 183
Weippert, O. 178
Weiss, Joh. 296
Wells, C. 148
Welskopp, Th. 149
Welwei, K.-W. 177
Wenger, L. 239
Wengst, K. 340
Wenham, D. 322
Werner, R. 179, 183, 258
Wesch-Klein, G. 199, 231
Wewers, G. A. 290, 291
White, P. 171
Whittaker, C. R. 226, 259, 260
Wickert, L. 180, 181, 183, 206
Wiedemann, Th. E. 218, 219, 269, 343
Wierschowski, L. 202, 226, 229
Wilamowitz U. v. 150
Wilken, R. L. 315
Winkelmann, F. 314
Winterling, A. 192, 193, 200, 211
Wischmeyer, W. 329, 331, 352
Wiseman, T. P. 197
Wissowa, G. 282
Witschel, Chr. 154, 212, 223
Wlosok, A. 185, 186
Wolff, H. 210, 218, 233, 235, 246, 251
Wohlgemuth, J. 334

Yavetz, Z. 196
Young, G. K. 224

Zanker, P. 142, 143, 177, 186, 190, 191, 204f., 274f.
Zeller, D. 297
Zoeppfel, R. 223

Personenregister

Aelius Aristides 84, 101, 114, 159, 242 f., 244, 254 f., 280, 262, 207
Aetrius Ferox (Centurio) 241
Agricola (Statthalter Britanniens) 107, 234
Agrippa 170, 244
Agrippina (Kaiserin) 222
Alexander der Große (als Vorbild) 82, 86, 88, 89, 177 f.
Ammianus Marcellinus 166, 231
Antoninus Pius (Kaiser) 52 f., 84, 87
Apollonios (Wanderprediger) 279, 314
Appian 254 f.
Apuleius 157, 161, 162, 202, 213, 239, 276 f.
Aristides (christlicher Apologet) 131
Arius 334
Arminius 77, 90
Arnobius 316
Arrius Antoninus (Procos. in Asia) 129
Artemidor (Traumdeuter) 280
Asinius Pollio 170
Athanasius (Kirchenvater) 299
Augustinus 253, 271, 274, 284, 299
Augustus (Imperator Caesar Augustus)
– als Gott 3 f., 11, 185
– als Kriegsherr und Weltherrscher 9, 11, 70 f., 72 f., 75, 76, 80, 82, 83 f., 85, 86 f., 88 ff., 94, 98, 184
– Name 11, 184
– als Patron/Stadtgründer 10, 11, 28, 59, 72 f., 108 f.
– als Politiker 24, 25, 27, 36, 40, 41, 42, 62
– Rechtsstellung 7 ff., 12, 30 f.
– Wirtschaftspolitik 58 f.
– als Vorbild 16, 28, 39 f., 183
– Usurpation der Macht 1–13, 80, 82
– Forschung 277 f., 279, 169 ff., 209, 215, 222, 227, 239, 242, 254
Aurelian (Kaiser) 26
Aurelius Victor (Historiker) 153, 166, 167

Barnabas (Missionar) 119
Bartholomäus (Apostel) 162
Bocchus (Kg. v. Mauretanien) 94

Caesar (Gaius Julius) 3 f., 17, 18, 21, 33, 44, 66, 70, 71, 75, 78, 82, 83, 86, 88, 97, 98, 104, 175 f., 210, 234

Caligula s. Gaius
Calpurnius Piso (Senator) 157, 194
Caracalla (Kaiser) 110, 114, 251 f.
Cassius Dio (Historiker) 16, 23, 74 f., 84, 128, 152 f., 158, 163, 165 f., 168, 170, 207, 254 f.
Censorinus 166
Cerialis (Legionskommandeur) 114
Cicero (cos 63 v. Chr.) 2 f., 12, 15, 57, 68, 80, 82, 84, 126, 204, 213, 284, 340
Civilis (Anführer des Bataver-Aufstandes) 77
Claudius (Kaiser) 36, 37, 76, 109, 216, 232, 233, 250, 251
Clemens von Alexandrien (Kirchenvater) 335 f.
Columella (Agrarschriftsteller) 67
Commodus (Kaiser) 19, 29 f., 153, 203, 253
Cornelius Balbus (Triumphator 19 v. Chr.) 197
Cornelius Nepos (Historiker) 295
Crassus (cos. 70 v. Chr.) 86, 88
Cyprian (Bischof von Karthago) 68, 136, 138, 166, 303, 306 f., 327, 348, 352

Decius (Kaiser) 130, 133 f., 136, 306 f., 348, 349
Dexippos (Historiker) 166, 168
Dio Chrysostomos 61, 187
Diokletian (Kaiser) 30, 50, 54, 92, 125, 133, 137, 139
Dion von Prusa 203
Dionysios (Bischof von Alexandrien) 278, 348, 349
Domitian (Kaiser) 28, 36, 43, 78, 90, 342 f.
Drusus (Feldherr in Germanien) 24, 89, 90, 96

Eusebius (Kirchenhistoriker) 144, 313, 326
Eutrop (Historiker) 167

Fabius (Patron von Tergeste) 241
Flavius Josephus (Historiker) 290
Frontin 244
Fronto 269

Gaius (Jurist) 217
Gaius (Kaiser) 18, 22, 94, 203
Galen (Arzt) 220
Galerius (Kaiser) 125, 134, 343
Gallienus (Kaiser) 68, 73f., 92
Germanicus (Feldherr in Germanien) 90
Gracchen 19, 35, 40, 66, 105

Hadrian (Kaiser) 16, 21, 36, 38, 39, 84, 229, 242
Hannibal 80, 81
Heliodor 161, 168
Heraklios (Kaiser) 16
Herder 255
Herodian (Historiker) 152, 168, 253
Hieronymus (Kirchenvater) 289, 292
Horaz 29, 30, 82, 85, 88, 170f., 177, 215

Irenäus (Apologet) 300, 313
Isis 162

Jahwe s. Altes Testament
Jesus (als Magier) 278f.
Jesus 115, 119, 120, 124, 137, 144, 272, 273, 274, 285, 287, 290, 291, 292, 297f., 312, 318, 326, 332, 333, 334, 342, 345
Johannes (Evangelist) 294, 296f.
Johannes Chrysostomos (Kirchenvater) 269
Juba II. (Kg. von Mauretanien) 94
Julian (Kaiser) 341
Junius Tiberianus (Stadtpräfekt) 168
Justin (Apologet) 306, 308, 309, 332, 339, 341
Juvenal 269

Kelsos (Philosoph) 132, 315f., 328, 342
Konstantin (Kaiser) 125, 126, 137, 186, 191

Laktanz 306
Livia (Kaiserin) 222
Livius (Historiker) 85, 169, 170, 177f.
Longos (Dichter) 161, 162
Lucilius Capito (Prokurator) 101
Lukas (Evangelist) 293, 294, 296f., 301, 302, 326, 351
Lukian 255, 278, 315
Luther 321

Maecenas 170
Marcion (Häretiker) 299, 313
Maria (Gottesmutter) 326f., 351
Marius (cos. 107 v. Chr.) 19, 105
Mark Anton (Triumvir 43–33 v. Chr.) 6, 33
Mark Aurel (Kaiser) 18, 39, 45, 66, 84, 94, 125, 153, 155, 216, 251, 253
Markus (Evangelist) 293, 294, 295, 296f.
Maroboduus (König der Markomannen) 74, 76, 89f.
Matthäus (Evangelist) 294, 296f., 347
Maximinus Thrax (Kaiser) 132, 153
Melito (Bischof von Sardes) 125, 299
Minucius Felix 308, 316, 129, 131
Mithras 288
Montesquieu 206, 262f.
Muhammad 292

Napoleon III. 228
Nero (Kaiser) 19f., 28, 79, 94, 130, 254, 324, 344, 346
Nerva (Kaiser) 16, 18, 39
Nikolaos von Damaskus (Historiker) 170, 207

Oktavian 3ff., 7f., 11, 20, 22f., 27, 33, 70 s. auch Augustus
Origenes (Kirchenvater) 16, 125, 137, 143, 166, 315, 330, 335f., 342
Ovid 170f., 177, 186

Papias (Bischof) 292
Paulus (Apostel) 58, 116, 117, 119, 121, 123, 124, 130, 135, 138, 255, 291, 293, 294, 301, 302, 317, 319–325, 326, 327, 330, 332, 336, 337, 341
Pedanius Secundus (Stadtpräfekt) 216
Perpetua (Märtyrerin) 280
Petronius 161, 200, 219f.
Petrus (Apostel) 294, 323
Philon von Alexandrien (jüd. Philosoph) 118
Plinius der Jüngere
– Bericht über die Christen 121f., 127, 130f., 164, 193, 194, 215, 254, 274, 314, 340, 344f.
– als Senator und Patron 16, 18, 24, 29, 37, 46f., 60, 67, 101
Plutarch 170, 202, 237, 254f., 276
Polybios 82

Polykarp 309
Pompeius (cos. 70 v. Chr.) 8 f., 33, 70, 82, 83, 86, 88, 94, 106, 108, 115, 255
Pontius Pilatus (Statthalter) 115, 124, 324, 342, 345
Porphyrios (Philosoph) 315 f., 328

Romulus (als Vorbild) 6, 11, 183, 184

Schapur I. (sassanidischer Kg.) 92, 153, 428
Seeley, Robert 257
Seian 196
Seneca 68, 195, 217
Septimius Severus (Kaiser) 52, 84
Sex. Aelius Catus (cos 4) 96
Sokrates 292
Strabon 164
Sueton 92, 170, 163, 164, 314
Sulla (dict. 82–79 v. Chr.) 5, 8, 15, 33, 43, 74, 86

Tacfarinas 262 s. auch Widerstand
Tacitus 17, 60, 80, 84, 96, 104, 107, 114, 163, 164, 171 f., 193, 195, 200, 203, 206, 206 f., 208, 234, 245, 265, 266, 271, 277, 314, 343, 348
Tatian 327
Terentius (Ritter) 195 f.

Tertullian 64, 123, 124, 130, 132, 134, 135, 136, 144, 300, 306, 307, 308 f., 311, 313, 316, 320, 328, 332 f., 338, 339, 340, 343, 350
Thomas (Apostel) 161
Tiberius (Kaiser) 29, 30, 34, 43, 73, 76, 79, 83 f., 87, 90, 101, 157, 164, 177, 194
Tibull 170 f.
Titus (Kaiser) 290
Trajan (Kaiser) 16, 18, 43, 45, 62, 74, 77, 83, 101, 102, 104, 130 f., 198, 260, 344, 346
Trimalchio 66, 202 f., 219 f.

Ulpian (Jurist) 100

Valerian (Kaiser) 92, 133, 134, 136, 153, 278, 348, 349, 351
Valerius Maximus 164
Varus (Quinctilius, Feldherr in Germanien) 73, 77, 90
Vergil 10 f., 82 f., 85, 88, 170 f., 177, 184, 255
Vespasian (Kaiser) 15, 20, 23, 24, 25, 28, 36, 66, 79, 95, 260, 290

Wettstein (Pfarrer in Basel) 296
Wilson 258

Zarathustra 91, 428

SACH- UND ORTSREGISTER

a libellis (Amt der kaiserlichen Zentrale) 37 f.
Aberglaube 277 f.
Abhängigkeit (als Konstante des antiken Lebens) 199, 200–203
Adoption 11, 17 f.
Adventus principis 189
aerarium militare 35 s. auch Veteranen
aeternitas 16, 80, 82 f.
Afrika/nordafrikanische Provinzen 24, 51, 56, 57, 66, 71, 78, 84, 90, 94, 98, 104, 107, 114, 132, 244, 251, 258, 259 f., 261 f.
Agrarschriftsteller 58, 223 f.
Agrostädte 55 f., 65
Ägypten (Provinz) 34, 40, 44, 55, 58 f., 71
Aktium (Schlacht) 3, 20, 58, 70, 72
Alemannen 91 f.

Alexandria (Ägypten) 55, 118
alimenta/Alimentationen 35
Alpenländer 34, 76, 88, 91
Altes Testament 285, 298, 299, 303, 307, 313, 317, 323, 335
amici principis 192
amicitia (völkerrechtl. Verhältnis) 88 f., 93 f., 96
Amt
– Laufbahn (*cursus honorum*) 33 ff.
– christliche Ämter 305 f., 325, 329, 353 s. auch Bischof, Klerus
Amtsgewalt/Amtsvollmachten 9 f., 12, 15, 18, 22, 34, 37
Angst 144, 271 f.
Annalistik 163
Anthropologie 265 f., 272

Antiochien (christliche Gemeinde) 117,
   318–319
Aphrodisias 319
Apokalypse 144, 293, 302 f., 339, 342 f.
Apokryphe Schriften 297 f.
Apologie/apologetische Literatur 124,
   125, 130, 306–309
Apostel 292, 294 f., 300, 305 f., 338
Apostelakten 161, 297 f.
Apostelgeschichte 129, 130, 288, 293, 301,
   318, 326 f., 341
Apotheose (des Kaisers) 186
Appellation 37 f., 93
Aquädukte 244 f.
Aquileia (Oberitalien) 54
Ara pacis 28, 30, 191, 426
Arabien 83
Arbeit
– Effektivität 67
– Wertschätzung 51 f., 57, 67
Arcana imperii 41
Archäologie 204 f., 226, 274
Architektur 26 ff., 274 f.
Arelate (Gallien) 55
Aristokratie s. Eliten, Reichsadel, Ritter,
   Senat
Armenien 88, 94
Armenpflege 351
Armutsideal 350 f.
Asien/Provinz Asia 22 f., 74, 89, 91, 101
Assos (Stadt in Kleinasien) 22
Astrologen 277 f.
Athen 56
Attribution 52 f., 106
auctoritas 13, 21, 206
auctoritas iuris 39, 68
auctoritas principis 37, 68
Aufklärung (Zeitalter der A.) 280
Aufsteiger s. Mobilität
augustales 32, 185 f.
Augusteische Dichtung 82 f., 170 f.
Aula Caesaris 192 f.
Ausbeutung der Provinzen 34, 84,
   238 ff.
Auspicium 126
Außenpolitik (s. auch Grenzen)
– Antriebskräfte 79 f., 81, 82 f., 84 f., 253
– Definition 92
– Mittel 87, 92 ff., 96 f.
– Planung u. Entscheidungsfindung 85 ff.
– Ziele 83 f., 85 ff., 253–254

Autonomie (Begriff) 236
Auxiliartruppen 51, 69, 74 ff., 89 f., 110,
   227, 232, 233

Baetica 24, 47
Balkanpolitik 88, 89 f., 91 f., 104, 108,
   s. auch Donaugrenze
Banasa (Tafel von B.) 251
Barbaren (Abgrenzung) 253
Bauer/bäuerliche Existenz 48, 55 f., 57,
   58, 65 ff., 110, 213 f., 223–224, 428
Bauer (als Leitbild) 205 f., 213
Baupolitik 21, 25, 26 ff., 35, 46, 48, 54 f.,
   57, 59, 61, 102
Befriedungspolitik 76, 95 f., 106 f., 111
Begräbnis/Begräbnisvereine 62 ff., 108,
   212, 268
Bekenner (*confessores*) 310, 350
beneficium 46
Bevölkerung
– der Großstädte 19 f., 85, 209
– des Reiches 67, 209 f., 223
– Zahl der Christen 330–331
Bevölkerungsgeschichte 208–210
Bewirtschaftungsformen 214 ff.
Bilder 274
Biographie 163 f., 170, 267 s. auch Evangelien
Bischof/Bischofsamt 122, 134, 135, 136,
   137 f., 300, 305 f., 313, 325, 338, 350, 352–
   353
Bithynien 23, 29, 101, 106, 108
Bodenrecht 21, 65 f.
Boscoreale (Becher von) 30
Brand Roms 19 f.
Breviarien 164, 166
Briefe (der frühen Christen) 291 ff., 301,
   304, 320 f.
Britannien 60, 78, 83, 84, 85, 87, 94, 98,
   104, 107, 245
Bürgerrecht/Bürgerrechtspolitik 20, 33,
   49, 53, 60, 76, 78, 93, 109 ff., 112, 114,
   218, 232, 250–252
Bürgerkriege 3 ff., 7 f., 10, 70, 72, 78, 84,
   85
Buße 333, 350
Byzanz/byzantinisches Reich 145 f.,
   256 f.

Caesarea (Stadt in Kappadokien) 55
Callistratus (Jurist) 51 f.

Sach- und Ortsregister 441

Camolodunum (Kolonie in Britannien) 104f.
canabae 198f.
Canon Muratori 299
Carner (Volksstamm) 52f.
Carrhae (Schlacht) 29, 88, 177
Centurionen 70, 71, 228ff.
Chatten 90
Cherusker 96
Christen/Christentum
- Ausbreitung 64f., 117, 118ff., 122, 125, 131f., 137, 325–333, 351
- Dienst im Heer 136f.
- Ethik 116, 120, 122
- Gegner 314–316
- Glaube 116f., 118, 119, 122, 128, 136f., 138, 312–313, 331f., 333, 334, 346f.
- Gründe des Sieges 272f., 274, 282–283, 285, 289
- innere Konflikte 129f., 139 s. auch Häresie
- Name 319
- Organisation 121f., 137f., 350f., 353–354 s. auch Klerus, Bischof
- Rolle der Frauen 328–330
- soziale Zusammensetzung 118f., 120f., 122f., 132f., 135, 136, 317f., 325, 333
- Staatsverständnis 143, 339f., 341
- Theologie 332–333, 334ff., 337f.
- Verhältnis zur Gesellschaft 68, 115f., 128ff., 133f., 134, 139, 338–341
- Verhältnis zur jüdischen Tradition 117, 118, 124, 323–325, 336
- Verhältnis zum griechischen Weltverständnis 118, 119
Christenverfolgung 122f., 125f., 130f., 133f., 306f., 310, 324, 329, 338, 341–350
Christliche Gemeinden 296, 303, 318f.
Christliche Kunst 275, 348
Christliche Literatur 161f., 288–303
civitas/civitates 21, 49f., 51, 55, 108f., 235, 236
civitates stipendiariae 106
Clemensbrief (Erster) 304, 305, 311, 339, 343
cohortes urbanae 99
Como 51
coniuratio 20
consilium (des Kaisers) 32, 38, 86
Constitutio Antoniniana 110, 251f.
conventus civium Romanorum 106

Corpora 156
cura annonae 35
cursus honorum s. Amt
custos imperii Romani 30, 83

Daker/Dakerkriege 91, 105
Dalmatien 89f.
Dämonen/Dämonenaustreibung 273f.
dediticii 251f.
Dedition 93
Dekrete 37
Dekurionen 32, 44, 48ff., 51f., 71, 108, 135, 201, 237, 240, 248f.
Denkformen 263–280
Diaspora, jüdische 319, 336
Dichter/augusteische Zeit 82f., 170f.
Didache 305
dies imperii 16
Digesten 39
dignitas 1, 7, 80, 94f.
Dogma 334
Domänen des Kaisers 34, 57, 66, 67f., 69, 250
Dominat 142f.
dominus et deus 28
domus aurea 28
Donaugrenze 77, 78, 79, 88, 89ff.
Donauprovinzen 104, 108
Druiden 130
Duoviri 50
Dura Europos 121
Dyarchie 179f.
Dynastie 17ff., 27, 28

ecclesia triumphans 125, 353f.
Edikte 37, 39, 133, 239
Ehe 221f., 329, 338, 253
Ehegesetze 222
Ehrungen (*honores*) 103, 241–242
Eid/Treueid auf den Kaiser 18, 20, 22, 24, 44, 72, 181
Einheit des Reiches 111ff. s. auch Zusammengehörigkeitsgefühl
Einkünfte des Reiches 31, 238f.
Eliten
- Aufgaben 31ff., 34ff., 38, 40ff., 46ff., 61f., 99, 102f., 106f., 109f., 174, 180, 196–199
- Abkehr vom Staat 68f.
- Ethos 31, 33, 39, 41, 54, 62, 81ff., 110f.
- Kontrolle der E. 43ff., 109

- lokale E. 32, 45, 46, 48 ff., 50 f., 60, 99, 106 f., 248 f. s. auch Dekurionen
- Lebenstil 200
- Legitimation 60
- des Reiches 30 ff., 39 ff., 42 ff., s. auch Reichsadel
- Selbstdarstellung 202–203
- Verhältnis zu den Heimatstädten 45 ff., 60, 61, 68, 110 f., 247 f.
- Zusammensetzung und Integration 39 ff., 50 f., 52, 57, 71, 107 f.

Emotionen/Gefühlswelt 119, 122, 165, 264
Endzeiterwartung s. Apokalypse
Entkolonialisierung 259 f.
Exorzismus 273
Ephesos 58
Epigraphik 155–157, 358–360
Equites Romani s. Ritterstand
Erlösung/Sehnsucht nach E. 26, 85, 118, 120, 123 s. auch Christen/Theologie
Essener 290
Ethik und Fürsorge 17, 31, 33, 62, 68, 80, 98, 103, 110, 136, 203
Eucharistie 122, 129, 344
Euphratgrenze 79, 80, 88, 91 f., 94
Europa und die Antike 144 ff., 152
Evangelien 119, 123, 124, 132, 291, 292, 293 f., 336, 342
Ewigkeit 116
exempla 183
Expansionspolitik 73, 77, 79, 85 ff., 98

Familia Caesaris 192 f.
Familie 17 f., 199, 220–223, 264, 325, 333
Familienbetrieb 65 f., 67, 223
Fehden 248
Feldheere 78, 428
Fernhandel 224 f., 226
Finanzpolitik 34, 36, 50 f., 53 ff., 58 f.
flagitia 122, 127, 129, 130, 131, 132, 316, 342, 343 f., 346
Flotte 228 f.
Forum Augustum 27 f., 59
Forum Romanum 27, 59, 84
Franken 91
Frauen/Stellung der Frau 220–223 s. auch Christen
Freigelassene
- in kaiserlichen Diensten 32, 35 f.
- soziale Stellung 32, 55, 66, 105, 204, 215, 217–220

Freiheit (Begriff) 236
Friede (als Gefahr) 60, 84
Friede/Ideologie 84, 159, 177, 190, 192, 254, 259 s. *pax Romana*
Friedensbrief 350
Friedenspolitik 84
Furcht 264, 271 f.
Fürsprecher 311 f.
Fürstenethik 18

Gades 83
Galiläa 317
Gallien
- Narbonensis 24, 51, 71, 105
- Provinzialisierung 107 ff.
- Provinzen 24, 51, 54, 56, 74, 77, 86, 88, 89, 98, 104, 243, 246

Gebete für Kaiser und Reich 16, 121, 123, 124 f., 130, 137, 138
Gefolgschaft 181
Gemeindeverfassung 305 f.
Genua 240
Gerechtigkeit 82, 83, 114
Germanien
- als Kriegsschauplatz 51, 59, 73, 74, 76 f., 78, 83, 88, 89 f., 93, 94, 95 f., 253
- seit Mark Aurel 91 f., 95
- die Provinzen 90 f., 107, 427
Geschichtsschreibung der Kaiserzeit 150, 163 ff., 361–368
Geschichtsverständnis 11, 82 f., 85, 133, 143 f.
Gesellschaftsdenken/Gesellschaftsideal 57, 65
Gesellschaftsordnung 5, 30, 36 f., 41 f., 43, 45 ff., 47, 48 f., 50 f., 52, 55 ff., 59 ff., 65 ff., 111 f., 123, 199–203
Gesetz als Grundlage der Monarchie 14 f.
Gesetzgebung 10, 39
Geten 96
Getreide/Getreideversorgung 35, 58, 225, 260
Gladiatoren 176, 269
Glaubensbekenntnis 334 f.
Glaubenssätze 118, 120
gloria 80
Gnomon des Idios Logos 37
Gnosis 212–313
Goten 91 f.

Sach- und Ortsregister 443

Götter (als Hüter des Staates) 16, 23 f., 30, 41, 83, 133 f., 143, 185, 277, 347–349
Götter/Göttervorstellung 277, 282, 339
„Gottesfürchtige" 318 f.
Grabinschriften 200 f., 214 f., 218
Grabreliefs 205, 275
Grenze/Grenzpolitik/Grenzprovinzen 75 f., 77 ff., 84, 88, 91 f., 93, 96 f., 108 f., 232
Griechen (Verhältnis zu Rom) 152, 255–257
Griechenland (als Vorbild) 113 f.
Griechisch (als Weltsprache) 292
Großgrundbesitzer 40, 45, 65 ff., 136, 223, 250
Grundbesitz (Wertschätzung) 213
Grundherr 48 f., 49 f., 51, 53 f., 56, 57, 65 ff.
Grundherrschaft 69

Handel/Händler 48, 51 f., 54 ff., 57, 58 f., 63, 220, 224–226
Handwerk/Handwerker 51 f., 57, 58, 122
Häresie 299, 300, 308, 311, 312, 313, 323, 334, 337–338
Haustafel (Kolosserbrief) 325
Heer 69–79, 226–233
– Aufgaben 69, 73 ff.
– Dienstzeit 76
– Effektivität 74, 76, 77, 78, 87
– Korpsgeist 71, 77, 78 f., 81, 231
– Meutereien 76 f., 79, 89 f.
– Offizierskorps 33, 40, 51, 60, 71 f., 75, 79, 81, 137
– Organisation 73, 74 f., 226–230
– Privilegien 233
– Rekrutierung und Stationierung 19 f., 59, 73 f., 77 ff., 87, 99, 108 f., 227, 229, 231, 428
– Stellung zum Staat/Kaiser 17, 18, 19, 26, 33, 69 f., 72 f., 79, 80, 87, 229 f.
– Verhältnis zur Provinz 225 f., 231 ff.
– als Wirtschaftsfaktor 225 f., 229
Heer und Gesellschaft 227, 229, 230–233
Heiland (Begriff) 14, 22, 23, 85, 115, 294
Heilige Dreikönige 30
Heilserwartung/Parusie 116 f., 120, 138
Heilsgeschichte 143 f., 289, 314
Hellenisierung des Christentums 335 f.
Heroen 23
Herrschaftsausübung 237–242

Herrschaftsfunktionen 99, 100, 101 f.
Herrschaftsinteresse Roms 53, 104, 111, 130, 239 f.
Herrschaftssystem Roms
– Effektivität 100, 102 f., 237
– Formen 74, 76, 88 f., 91, 95 f., 100 ff., 108 ff., 127, 237–240
– im griechischen Osten 99
– Gründe der Dauer 97 f., 101, 110 f., 111 ff., 250 ff., 254 ff.
– Objektivierung 98, 114
– Schwächen 68 f., 91 f.
– in West- und Mitteleuropa 99 f., 105 ff.
Herrscherkult im Hellenismus 23, 25
Herrschertitulatur 184
Hexerei 276 f.
Hierarchie der Gesellschaft 41 f., 47, 64
Hirt des Hermas 271, 303 f., 340
Historia Augusta 167 ff.
Hochverrat 43 f.
Hoffnung (auf Erlösung) 272 f.
Hofhaltung/kaiserlicher Hof 151, 192 f.
Hofzeremoniell 30, 186
homines novi 72
Humanismus 281
humiliores/honestiores 249 f.
Hunger 225

Ideale (militärische) 80 f., 82 f., 85, 231
Identität (christliche) 299 f., 349 f.
Identitätsbewußtsein 267
Illyrien 89 f.
imitatio Christi 311
Immunität 21, 49, 233, 249
Imperator/*praenomen imperatoris* 11, 18, 426
imperium proconsulare 8 f., 10, 15, 18, 37
Imperium Romanum
– als Geschenk der Götter 262 f., 347 f.
– Ausdehnung 70, 73, 75, 81, 85 ff., 98, 149 f., 152
– Dauer (Gründe) 97 f., 101, 110 f., 111 ff., 177, 250 ff., 254 ff.
– Grenzen 90 f., 92 f.
– Legitimation 16, 82, 125, 128, 138, 144, 253–263
– innere Ordnung 42 f., 44 f., 49 f., 50, 53, 56 f., 60, 68 f., 97 ff., 104 ff., 237 f.
– moderne Urteile 257–262
– Repräsentation 244 f.
– universaler Anspruch 82 ff., 183, 253

- Verhältnis zur Monarchie 33, 36, 82f., 101f.
- Verherrlichung 27, 29, 54, 81f., 83
- Zusammenwachsen 49, 98, 109ff., 111ff., 139

imperium/Imperiumsträger 6f., 9, 21, 126
Indirekte Herrschaft 89, 94f., 96
Individuum/Individualität 145, 204, 268
Indus/Indien 83, 89
Inschrift von Behistun 153f.
Inschrift von Maktar 200f.
Inschriften 155f., 224, 234, 276, 358-360
Integrationspolitik 250f., 252, 285
Italien
- unter Augustus 20, 24, 29, 33, 42, 58f., 70f., 85, 89
- Organisation 30, 33, 43, 74, 98f., 102, 182
- Verwaltung 50f., 52f.
- Wirtschaft 66f., 105f.

Iudaea 34, 115f.
ius auxilii 9, 10
ius conubii 232
ius Italicum 21
ius Latii 105f.
ius respondendi 38

Jenseitsvorstellung 116, 118, 138
Jerusalem (Zerstörung) 117, 324
Jerusalem/Urgemeinde 317
Juden/jüdische Geschichte 290, 319, 323f., 343
Jupiter 79, 83
Juristen/Jurisprudenz 37ff., 373-374

Kaiserbildnis 28f., 72, 134, 191
Kaisereid 181f.
Kaisergericht 37f.
Kaiserkult 23ff., 64, 127, 134, 184-186, 346-347, 426
Kaiserporträt 191
Kaisertitulatur 83, 184
Kaiser von Gottes Gnaden 186f.
Kanonbildung 299f., 312
Kataster von Orange 104, 260
Kelten 159
Kirche (als Institution) 138
Kirchengeschichte (antike) 314
Kirchenordnungen 304, 305-306
Klerus 30, 349, 352-353
Klientel
- Formen 45ff.
- Begründungsakte 44, 46f., 218f.
- Herrschaftsmittel 20f., 34f., 44
- kaiserl. K. 18f., 20, 21, 22, 34f., 58f., 88
- militärische K. 11, 72f., 228
- des Reichsadels u. der lokalen Eliten 44f., 45ff., 65f., 68, 102ff.
- soziale Bedeutung 45ff.

Klientelkönige 88, 89, 91, 92ff.
Koina 23, 25, 101
Kollegien
- Funktion 25, 32, 62, 63, 185
- Motive der Bildung 64
- Organisation 62ff.
- soziale Zusammensetzung 32, 62f.

Kolonat/*colonatus* 65ff., 223-224
Kolonie/Kolonisation
- Bedeutung für den Kaiser 20f., 24
- Funktion 49f., 78, 88, 101, 104f., 112
- Gründungen 20f., 44, 66, 70f., 78, 94, 104ff., 242, 260
- Organisationsform 44
- Rechtsstellung 21

Komitien 10, 15, 16
Kommendationsrecht 10
Königseinsetzung/*rex datus* 96
Konstitutionen 37
Konsul/Konsulat 7f., 9, 10, 16, 41, 176
Konsularfasten 27
Konversion 327f.
Konzil von Ephesos 337
Konzil von Nizäa 312, 334
Konzil von Konstantinopel 334
Kosmokrator 28, 29, 30, 183
Krieg s. auch Heer
- Führung 74f., 89f.
- soziale Bedeutung 59, 60f., 73, 78, 80
- Verherrlichung 80ff., 176f.

Krisen
- der inneren Ordnung 68, 77, 79, 84
- des Reiches 67, 78, 91, 131f., 138f., 152ff., 165, 152ff., 186f., 230, 248, 348, 428

Kulte
- christl. K. 121f., 126, 129f., 138, 139
- soziale Funktion 59, 64, 119
- Vollzug 22, 25, 63, 126, 127, 133, 134

Kulturgeschichte 149
Kulturelles Gedächtnis 266, 267
Kulturmission 257f.
Kunst und Politik 190ff., 275

Kunst/Kunstgeschmack 26ff., 204f., 275
Kurator 50f., 240, 244
Kyrene-Edikt 37, 239, 359
Kyzikos 55

lapsi 349f., 428
Latifundien 66ff.
Latini Iuniani 219
Lebensalter 210, 221
Lebensstil/Lebensformen 57, 199, 200–203, 204, 211–215, 263–280, 326
legati Augusti 33f., 37, 72, 73, 426
leges provinciae 239
Legion s. Heer
Legionslager 73, 74, 77, 78, 88
Leibwache (des Kaisers) 228
Leistungsprinzip 51f.
Leitbilder/Vorbilder 3, 5f., 80, 82, 84, 86, 113f., 199–200
lex Atelia Sentia 217
lex coloniae Genitivae Iuliae 44
lex Cornelia de maiestate 43
lex de imperio Vespasiani 15
lex Fufia Caninia 217
lex Gabinia 8f.
lex Irnitana 247, 360
lex Iulia de collegiis 62f.
lex Iulia maiestatis 43
lex Ursonensis 246, 360
libelli 134, 348
liberalitas 202
libertas 182f., 208
Liebesroman 160f.
Limesanlagen 77f., 84, 91
Liturgie s. *munera*
Logienquelle (Q) 296
Loyalität
– der Christen 123, 124f., 131, 133, 138
– der Eliten 32f., 41, 42ff., 53, 110f.
– der Untertanen 18, 22, 47, 59, 74, 96, 102f., 106
Loyalitätsakt 181f.
Lugdunum (Lyon) 55, 329
Luxusgüter 224, 226

Magie 273, 276–280, 316
Märchen 161
Mäcenas-Rede 165f.
Magistrate/Magistratur 2, 5, 6f., 12, 32, 33, 35, 50, 52f.
maiestas 43, 58, 59

maiestas imperii 244f.
Majestätsverbrechen 29, 43f., 62f., 195f.
Makedonien 88
Malaga 246f.
Mandate 37
Maria/Marienkult 336–337
Markomannen 89, 91, 95, 137
Markt/Märkte 48, 55, 65, 67, 212
Markttage (*ius nundinarum*) 55f.
Marsfeld 16, 191f.
Märtyrer/Märtyrerakten 123, 129, 134, 138, 280, 289, 309–312, 341, 343, 347, 348
Märtyrerprivilegien 311f.
Mauretanien 34, 71, 94, 105
Mausoleum des Augustus 27f.
Mentalität/Mentalitätsgeschichte 33, 41, 49, 51, 57, 62, 64f., 80, 161f., 176f., 199f., 211, 212f., 253, 263–265, 274
Mesopotamien 84f., 87, 88
Messias/Messiastitulatur 115, 118, 119, 317, 320
Methodik 145, 155f., 157ff., 167, 234, 235, 286
Militärdiplome 232
Militärreform des Augustus 227f.
Militärtribune 72
militia Christi 123, 311f.
Mission/Missionierung 118ff., 125, 131f., 137, 317f., 319–323, 327f.
Mobilität (politische und soziale) 38, 41, 43, 51f., 55, 60f., 67, 78, 110f., 198, 200f., 203f., 205, 211, 213, 217, 218, 219f., 231, 248, 255
Monarch/Monarchie 13–30, 178–196
– Ehrungen 45
– als Gesetzgeber 37f., 39, 62f., 67
– als Heiland 185, 186f., 187
– Gründung der M. 1–13, 73, 86, 172ff.
– als Kriegsherr und Weltherrscher 70f., 73, 79, 80, 82, 83f., 85, 98, 182, 237
– als Richter 21, 36, 38
– als Wirtschaftsfaktor 213, 240
– Legitimation 22ff., 28, 29, 30, 35, 74, 80f., 82f., 84f., 208
– auf Reisen 189
– Nachfolge 15, 26, 70, 79, 203
– patronale Pflichten 18, 21, 34f., 44, 52, 61f., 68, 94, 100f., 182, 202, 242
– Personalpolitik 35ff., 72
– Rechtsstellung 12, 16, 19, 22, 30f., 43f., 175, 180

- Regierungsstil 31, 42, 50f., 72, 85f., 101, 114, 187ff.
- Regierung der Provinzen 8f., 100ff., 113f., 242
- Repräsentation 26ff., 114, 181, 190ff., 197, 203
- Tugenden 29f., 80
- sakrale Verehrung 64, 184ff.
- Vermögen 17, 34, 58, 66, 67f.
- eigene Verwaltung 35f., 102, 198
- Privatleben 193
- Tugenden 163f., 202
- Widerstand gegen den M. 176f., 194, 206f.

Monumentum Ancyranum s. Tatenbericht
Moral/Erneuerung 3, 33, 84f., 158, 163f., 270f.
mos maiorum 3, 4, 9, 22, 26f., 42, 84f., 133, 164, 183
munera 45ff., 48, 50, 52f., 132, 241, 248f.
Munizipalgesetzgebung 58f.
Munizipium 24, 78, 52f., 105ff.
Mysterienkulte 119

Nachfolgeregelung 16–19, 79, 427
Nächstenliebe 120f., 129
Nicomedia (Stadt in Bithynien) 63
nomen Christianum 344
Nominationsrecht 10
Noricum 34
Notabeln (städtische) 248f.

Öffentlichkeit/öffentliche Meinung 81, 84, 86, 90
officium 204
Offiziere s. Heer
Ökonomie/Grundstruktur 201f., 211–215
Opfer/Opferedikte 131, 133f., 135, 136
oppida (der Kelten) 107f.
Orakel 279
Orange (Arausio) 260
ordo s. Senat, Ritter, Dekurionen
ornamenta consularia 8
Ostia 20, 55
Ostpolitik 88f., 91f., 93, 95, 177f.

Pacht/Pächter 48, 65ff., 223
Palastbauten 28
Palästina 115f., 117, 294
Palmyra 55

Panegyricus des Plinius 16, 18
Panegyrik 187
Pannonien 59, 76f., 89f., 104
Panopeus (phokische Stadt) 54
Parther/Partherreich 29, 74, 84, 85, 87f., 91, 93, 96, 177f.
pater patriae 12, 28, 35, 183, 184, 242
Patron/Patronat
- in der Gesellschaft 18f., 44f., 46ff., 52f., 65f., 68, 72, 200–203, 237
- Stadtpatronate 102ff.
Patrone (christliche) 352
pax Romana 29, 54, 60, 67, 83, 87, 114, 125, 159, 190f., 254, 259
Pergamon 244
Periodisierung 142f., 147f., 153f.
Petrusbrief (Erster) 340f., 343
Pisa 83
plebs urbana 270
Polis/Poleis 21, 49f., 59, 61, 64, 99f.
Politische Mitsprache 270
Politische Theologie 143, 144
Pompeii 55
Pontifex maximus 126
Pontos 23, 94, 106
Popularklage 345
potentiores 68f., 249f.
Praefectus annonae 35
Präfekte/*praefecti* 34, 35
Prätorianer/Prätorianerpräfekt 18, 38, 40, 74, 99
Preisedikt Diokletians 214
Prestige/soziales Ansehen 30, 31, 46, 47f., 49, 57, 64f., 76
Priesteramt 126
Primaporta (Panzerstatue) 29, 177
Prinzipat und Dominat 142f.
Prinzipat und Republik 179, 180f., 182f.
Privatleben 62ff., 160, 193, 268
Privilegien 41, 64, 107, 110
Prokonsuln 9, 33f.
Prokuratoren/*procuratores* 32, 34, 36f., 40f., 66, 68, 72
Proletarier 78, 105
propagator imperii 84
Proprätoren 33f.
Prosopographie 197–199, 238
providentia senatus/p. principis 16
Provinzen
- Aufbau 21, 30, 53, 235f., 238f.

Sach- und Ortsregister 447

- Bevölkerungsstruktur 37, 48 ff.
- Grenzen 91
- Gründungen 84, 95, 98, 106 f., 108
- Herrschaftssystem 8 f., 234, 235, 238
- Pflichten gegenüber Rom 237 ff.
- politische Bedeutung 8 f., 20 f., 25, 43 f., 78, 94 f.
- Rechtsstellung 100, 207 f.
- Stellung zum Kaiser/Loyalität 22 ff., 24, 34, 37, 58, 74 f., 77, 101 f.
- Stellung zur Senatsaristokratie 46 f.
- Verwaltung 20 f., 31, 33 f., 36, 37, 41, 43, 52, 63, 100 ff., 108, 111, 113, 237 ff.
- Wirtschaftsleben 58 f., 212

Provinziallandtage 22 ff., 45
Prozeß Jesu 345
Prozeßrecht 37 f., 39, 47
publicani 34

quaestor provinciae 34
Quellen, archäologische 159, 190 f.
Quellenkritik 157 ff.
Qumran/Qumrantexte 290, 317, 322
Räuber 162
Raetien/Räter 34, 76, 91
Rat (*senatus*) der Städte
- Funktion 50 f.
- Zusammensetzung 50, 51 ff., 71

Raumauffassung 253
Recht/Rechtsdenken 93, 126 f., 145
Rechtspolitik in den Provinzen 112 f.
Rechtssprechung 36 ff., 50, 60, 90, 111
rectores 75
Reichsadel 30 ff., 39 ff., 42 ff., 45 ff., 49, 54, 56, 68, 103, 196–199
Reichsbewußtsein 151, 152, 158, 159, 256 f., 301
Reichsgeschichte 151, 234
Reichsideologie 171, 177
Reichsrecht 112 f.
Reichsverwaltung 8 f., 156 f., 237–242
Reichtum 200, 203, 209, 248
Reichtum (christliches Verständnis) 350–352
Reisetätigkeit 189 f.
Rekrutierung s. Heer
Religion
- Funktion 162, 267, 272, 282, 285, 288 s. auch Kaiserkult
- Staatsreligion 22 f., 119, 126 f.
- Ursprünge 267, 283 f.

- Verständnis 126 f., 272, 284
Reliquienkult 312
Renaissance 146
Repetundenverfahren 100
Republik als Leitbild 1–13, 16, 18, 33, 34, 35, 42, 43, 62, 73, 75, 80, 86, 89, 92, 97 f., 100, 101 f., 113, 175 f., 179
res publica restituta 1–15, 169, 182, 206, 208
Reskripte 36, 37 f., 130 f., 345
Rezeptionsgeschichte 146 f.
Rheingrenze 74, 77, 78, 79, 88, 89 ff., 108
Rhodos 55
Richter 40
Ritter/Ritterstand
- Aufgaben 14, 32 ff., 34, 36 f., 38, 39 ff., 196 f., 72
- Ethos 40 f., 43, 80 ff.
- soziale Herkunft 32, 40 ff., 51, 53, 136, 180, 211
- Verhältnis zur Monarchie 36 f., 40 ff., 43 f.
- Vermögen 66

Rom (Stadt)
- Bevölkerung 19 f., 35, 45, 209 f.
- Versorgung 20, 35, 56, 63, 225 f.
- Verwaltung 34 f., 39

Roma aeterna 92, 97
Romanliteratur 160 f., 168, 256, 309, 368–369
Romanisierung 42, 76, 104 ff., 112 ff., 150, 238, 254–257, 268
Ruhm/Ruhmsucht 61, 65, 80 f., 84, 90, 253

Sakralbau 121
Sakramente 138
Säkularfeier 17 v. Chr. 83
Salasser 59
Salpensa 246
saltus 67 f.
salus generis humani 43
salus populi Romani 16
Sarmaten 91
Sarmizegetusa (röm. Kolonie) 105
Scheidung 221 f., 223
Schiedspruch der Minucier 240
Schisma 318 f.
Scili (nordafrikanische Stadt) 347
securitas 16, 54, 67
Selbstbestimmungsrecht der Völker 258 f.

Selbstverwaltung der Städte 99, 100, 111 f., 240, 247 ff.
Senat/Senatoren 196–200
- Entmachtung 40 f., 42, 68
- Ethos 41, 80 ff.
- Kompetenzen 18, 19, 27, 31, 32, 34, 35, 37 f., 39, 62, 72, 86, 101 f., 165 f., 179 f.
- Patronate 44 f., 103
- Pflichten 45 ff., 165, 193 f.
- Verhältnis zur Monarchie 4 ff., 16 f., 21, 39, 42 ff., 101 f.
- Vermögen 45, 47, 66
- Zusammensetzung 30, 33, 39 ff., 45, 46, 63
Senatsgericht 24, 47, 101
senatus consultum
- *Calvisianum* 47
- *de tenuioribus* 62
- *de Pisone* 157
- *Silanianum* 216
Sendungsbewußtsein Roms 83 f., 86, 90, 133, 262 f.
Septuaginta 303
Sexualität 222, 271, 329
Siegessäulen 84
simplicitas 123, 332
Sklaven 199, 215–217
Sklavenrecht 216
Sol invictus 26, 186
Söldner 75
Sonnenuhr (des Augustus) 191 f.
Soziale Ächtung/Mißachtung 47, 57, 220
Soziale Distanz 201–203, 204
Soziale Veränderungen 49, 51 ff., 67
Sozialstruktur 30 f., 51 ff., 211 ff., 213 f., 215–220, 243 f., 247 ff.
Spanien/spanische Provinzen 24, 59, 71, 76, 98, 104, 105, 107, 114, 246 f.
Spenden
- des Kaisers 20, 57
- der lokalen Eliten 45 f., 57 f., 248 f.
- der Senatsaristokratie 46 f.
Spiele 35, 45, 48, 57, 61, 268, 269, 270, 316
Staatsdenken 169
Staatsverständnis 3, 17, 31, 33, 39, 41 f., 43, 53 f., 62, 66, 68, 80, 103, 136, 139, 203 f., 206
Stadt und Land 243, 247–248
Stadt/städtische Lebensordnung
- Architektur 243 f.
- Finanzen 48, 50 f., 52, 55 ff.

- Funktionsfähigkeit 47, 48, 53 f., 67 f., 69
- Gründungen 56, 58, 68, 103 ff., 245, 246
- Herrschaftsaufgaben 49 f., 52 f., 56 f., 99, 103 ff., 111 f.
- Lebensformen 49, 59 ff., 235, 242–245
- politische Ordnung 20, 50, 60, 61, 65
- Selbstverwaltung 235 f., 240 f., 245 f.
- soziale Ordnung 48 f., 54 ff., 111, 247 ff., 249 f.
- Wirtschaftsleben 213 f.
Stadtpatronate 102 ff., 240–241
Stadtflucht 50, 52
Stadtrechte 246 f.
Stammesadel 51, 76
Stammesverbände 75, 91, 95 ff.
Stand (*ordo*) 60, 64
Standesabzeichen 40
Standesbewußtsein 31, 40 ff., 64, 136, 269 f.
Statthalter (Funktionen) 9, 33 f., 52, 58, 60, 100, 101 f., 109, 111, 239, 270
Statuen 26, 114
Statussymbole 40, 41 f., 204
Sterblichkeit 210
Steuern/Steuerpolitik 34, 48 f., 52, 59, 60, 65, 67, 69, 98 f., 239
Stiftungen 64
Stilwandel 274
Strafrecht 32, 39, 233
Straßen 35, 54, 59, 214
Sueben 96 f.
Sugambrer 96
Sünde/Sündenvergebung 312 f., 333, 303 f.
Synagoge 323
Synode von Arles 137
Syrien 74, 79, 89, 94

Tabula Siarensis 157
Tatenbericht des Augustus 10, 12, 17, 20, 42, 83, 85, 88, 92 f., 170, 177, 183, 206, 209
Tatenbericht des Pompeius 82
Taufe 303 f., 319, 329, 334
Technik/Technikgeschichte 54, 159 f.
Teilung des Imperiums 256
Tempel (Funktion) 121
Tergeste 241
Teutoburger Wald (Schlacht) 74, 90
Theologie 127
Tifernum 46
Timokratisches Prinzip 41, 51, 110, 199, 239

Toleranz 339
Toleranzedikt des Galerius 125, 134, 343, 429
trabea 205
Tradition (Macht der T.) 1 ff., 13 ff., 16 f., 18 f., 22, 26 f., 40, 41, 60, 72, 75, 80 f., 82, 132, 133, 267, 292
Trajansäule 84
Transport 55, 63, 214, 226
Traumdeuter 280
Träume 279 f.
Treueid 181
tribunicia potestas 9 f., 15, 18, 176, 426
Tribute 34, 56, 60, 65, 67, 106
Trier 226, 244, 245
Triest/Tergeste 52 f.
Triumph 27 f., 72, 197
Triumphbogen 27, 84, 88
Tuficum (Umbrien) 241
tutela 16

Umsiedlungen 96, 99 f., 104, 106
Unsterblichkeit
- durch Taten 57, 65, 80 f., 203 f.
- christliche Vorstellung 272, 287
Unterentwicklung 259 f.
Unterschichten/Plebs 14, 58, 62 ff., 78, 105, 118 f., 120, 122, 132
Untertänigkeit 99, 104, 110, 114
Urbanisierungspolitik 104 ff., 111 f., 235, 248, 260
Urso (spanische Stadt) 246
Usurpationen 181
utilitas publica 216

Vereine s. Kollegien
Vergangenheit (als Vorbild) 2, 26, 42, 84 f., 205., 206, 267
Vergöttlichung 22 f., 29 s. Kaiserkult
Verhaltensweisen 270 f.
Verkehr 55, 213 f., 225
Verteidigungssystem 77 f.
Veteranen/Veteranenversorgung 19 f., 35, 44, 58, 66, 70 f., 72, 79, 104 f., 109, 224, 232-233
Victoria 27
Villen 57, 200, 202
virtus/virtutes 26 f., 29, 182 f.
Volk/Volksversammlung 10, 15, 18, 37, 39, 46, 59

Völkerrecht 88, 91, 92 ff.
Volksfrömmigkeit 332 f.
Volksrecht 112 f.
Volkstribunat 2
Volkszählung 209
Vulgata 192

Wanderprediger 295, 317, 320, 326
Wasserversorgung 244-245
Weinanbau 226
Weltherrscher 183, 191
Weltherrschaftsanspruch 20, 23, 26, 27, 29, 61, 74, 75, 81, 82 ff., 87 f., 90, 92, 93, 128, 171, 177, 183 f., 253
Weltreich s. *Imperium Romanum*
Wertesystem 164, 183, 199, 200-206
Wettstreit der Eliten 47 f., 61
Widerstand
- gegen den Kaiser 4, 58, 60, 176 f., 179, 193-196, 206 f.
- gegen Rom 76 f., 79, 89 ff., 107, 110, 254, 255, 260, 290, 303
- geistiger 255 s. auch Apokalypse
Wirtschaft
- Grundzüge 211 f.
- Formen 211-215
- auf dem Lande 48, 65 ff., 212
- in den Städten 53, 54 ff., 58 f., 213
Wirtschaftspolitik 35, 45, 58, 63, 65 ff.
Wirtschaftstheorie 65, 67, 211 f.
Witwen 223, 330
Wohlfahrt 34 f. s. auch Armenpflege
Wunder/Wundergeschichten 23, 130, 273 f., 278 f.
Wunderheilungen 279

Zauberei 276, 277, 278 f., 316
Zegrenser (nordafrikanischer Stamm) 251
Zeloten 115
Zensus 51, 209 f.
Zentralort 104, 108 f.
Zentralverwaltung 32, 33, 35 f., 38, 68
Zeremoniell, kaiserliches 151 f.
Zivilisation 152, 243 ff., 258
Zölle 34
Zusammengehörigkeitsgefühl
- innerhalb der Gesellschaft 59, 60, 64 f.
- im Imperium 109 ff., 114 f., 252, 262 f., 267

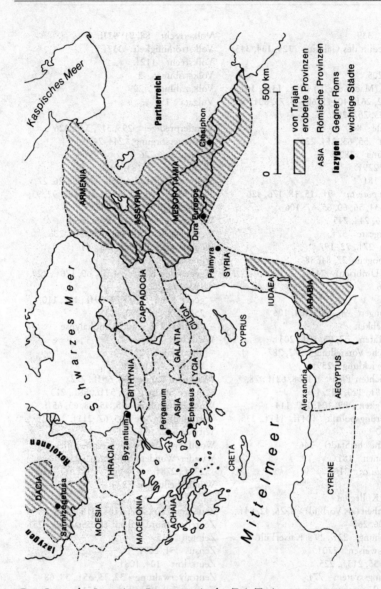

Der Osten des Imperium Romanum in der Zeit Trajans

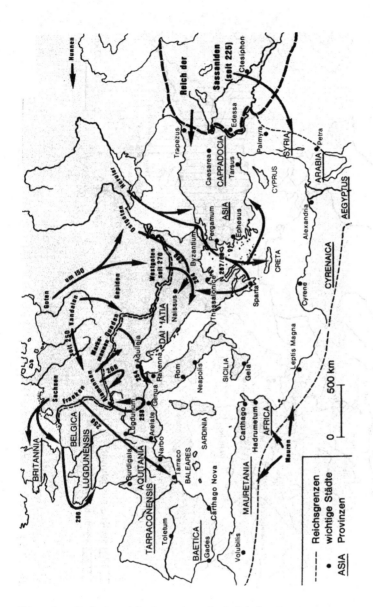

Die äußere Bedrohung des Imperiums im 3. Jahrhundert

452 Anhang

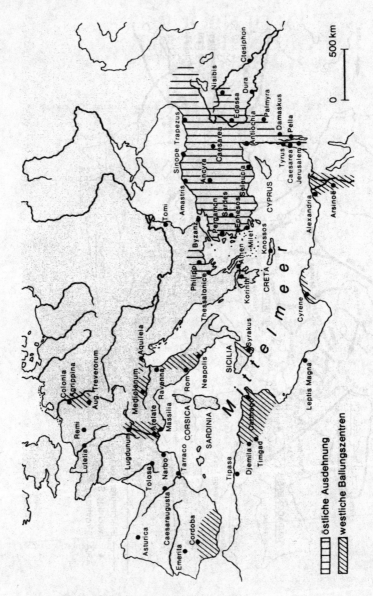

Die Ausbreitung des Christentums in den ersten drei Jahrhunderten

OLDENBOURG GRUNDRISS DER GESCHICHTE

Herausgegeben von Jochen Bleicken, Lothar Gall und Hermann Jakobs

Band 1: *Wolfgang Schuller*
Griechische Geschichte
5. Aufl. 2002. 267 S., 4 Karten
ISBN 3-486-49085-0

Band 1A: *Hans-Joachim Gehrke*
Geschichte des Hellenismus
2. Aufl. 1995. 285 S.
ISBN 3-486-53052-6

Band 2: *Jochen Bleicken*
Geschichte der Römischen Republik
5., überarb. und erw. Aufl. 1999.
XV, 342 S., 2 Karten
ISBN 3-486-49665-4

Band 3: *Werner Dahlheim*
Geschichte der Römischen Kaiserzeit
3., überarb. und erw. Aufl. 2003. 452 S., 3 Karten
ISBN 3-486-49673-5

Band 4: *Jochen Martin*
Spätantike und Völkerwanderung
4. Aufl. 2000. 336 S.
ISBN 3-486-49684-0

Band 5: *Reinhard Schneider*
Das Frankenreich
4., überarb. u. erw. Aufl. 2001. 222 S., 2 Karten
ISBN 3-486-49694-8

Band 6: *Johannes Fried*
Die Formierung Europas 840–1046
2. Aufl. 1993. 302 S.
ISBN 3-486-49702-2

Band 7: *Hermann Jakobs*
Kirchenreform und Hochmittelalter 1046–1215
4. Aufl. 1999. 380 S.
ISBN 3-486-49714-6

Band 8: *Ulf Dirlmeier/Gerhard Fouquet/ Bernd Fuhrmann*
Europa im Spätmittelalter 1215–1378
2003. Ca. 375 S.
ISBN 3-486-49721-9

Band 9: *Erich Meuthen*
Das 15. Jahrhundert
3., erg. und erw. Aufl. 1996. 327 S.
ISBN 3-486-49733-2

Band 10: *Heinrich Lutz*
Reformation und Gegenreformation
5. Aufl., durchges. und erg.
v. Alfred Kohler 2002. 288 S.
ISBN 3-486-49585-2

Band 11: *Heinz Duchhardt*
Das Zeitalter des Absolutismus
3., überarb. Aufl. 1998. 302 S.
ISBN 3-486-49743-X

Band 12: *Elisabeth Fehrenbach*
Vom Ancien Régime zum Wiener Kongreß
4., überarb. u. erw. Aufl. 2001. 323 S., 1 Karte
ISBN 3-486-49754-5

Band 13: *Dieter Langewiesche*
Europa zwischen Restauration und Revolution 1815–1849
3., überarb. und erw. Aufl. 1993. 259 S., 3 Karten
ISBN 3-486-49763-4

Band 14: *Lothar Gall*
Europa auf dem Weg in die Moderne
1850–1890
3., überarb. und erw. Aufl. 1997. 332 S.,
4 Karten
ISBN 3-486-49773-1

Band 15: *Gregor Schöllgen*
Das Zeitalter des Imperialismus
4. Aufl. 2000. 277 S.
ISBN 3-486-49784-7

Band 16: *Eberhard Kolb*
Die Weimarer Republik
6. Aufl. 2002. 335 S., 1 Karte
ISBN 3-486-49796-0

Band 17: *Klaus Hildebrand*
Das Dritte Reich
6. Aufl. 2003. Ca. 480 S.
ISBN 3-486-49095-8

Band 18: *Jost Dülffer*
Europa nach dem Zweiten Weltkrieg
1945 bis zur Gegenwart
In Vorbereitung

Band 19: *Rudolf Morsey*
Die Bundesrepublik Deutschland
Entstehung und Entwicklung bis 1969
4., überarb. und erw. Aufl. 2000. 343 S.
ISBN 3-486-52354-6

Band 20: *Hermann Weber*
Die DDR 1945–1990
3., überarb. und erw. Aufl. 2000. 355 S.
ISBN 3-486-52363-5

Band 21: *Horst Möller*
Europa zwischen den Weltkriegen
1998. 278 S.
ISBN 3-486-52321-X

Band 22: *Peter Schreiner*
Byzanz
2., überarb. und erw. Aufl. 1994. 260 S.,
2 Karten
ISBN 3-486-53072-0

Band 23: *Hanns J. Prem*
Geschichte Altamerikas
1989. 289 S., 4 Karten
ISBN 3-486-53031-3

Band 24: *Tilman Nagel*
Die islamische Welt bis 1500
1998. 312 S.
ISBN 3-486-53011-9

Band 25: *Hans J. Nissen*
Geschichte Alt-Vorderasiens
1999. 276 S., 4 Karten
ISBN 3-486-56373-4

Band 26: *Helwig Schmidt-Glintzer*
Geschichte Chinas bis zur mongolischen
Eroberung 250 v. Chr.–1279 n. Chr.
1999. 235 S., 7 Karten
ISBN 3-486-56402-1

Band 27: *Leonhard Harding*
Geschichte Afrikas im 19.
und 20. Jahrhundert
1999. 272 S., 4 Karten
ISBN 3-486-56273-8

Band 28: *Willi Paul Adams*
Die USA vor 1900
2000. 294 S.
ISBN 3-486-53081-X

Band 29: *Willi Paul Adams*
Die USA im 20. Jahrhundert
2000. 296 S.
ISBN 3-486-53439-0

Band 30: *Klaus Kreiser*
Der Osmanische Staat 1300–1922
2001. 252 S.
ISBN 3-486-53711-3

Band 31: *Manfred Hildermeier*
Die Sowjetunion 1917–1991
2001. 238 S., 2 Karten
ISBN 3-486-56179-0

Band 32: *Peter Wende*
Großbritannien 1500–2000
2001. 234 S., 1 Karte
ISBN 3-486-56180-4

Band 33: *Christoph Schmid*
Russische Geschichte 1547–1917
2003. Ca. 255 S., 1 Karte
ISBN 3-486-56704-7